U1005607

经典传家

经典回到生活　阅读从心开始

经典传家

『经典传家』丛书遴选了清代《四库全书》的精华，而且每一种书在注释、译文、解读等方面做了大量的、扎实的工作。

——傅璇琮

国学就是中国人的学问。『经典传家』是一套非常适合大众阅读的国学经典丛书。国学的传承和发展迫切需要好的大众读本。

——毛佩琦

《四库全书》浩如烟海，真正的必读经典就这百余部。

——任德山

国学是相互通融的，切忌断章或是割裂。今人只有从《周易》等原始经典入手，才能真正找到进入国学的门径。

——刘君祖

经典传家系列丛书

图解韩非子

韩非子 著

崇贤书院 释译

黄山书社

《韩非子》阅读指南

释义全面弥合古今差异

题解、原文、注释、译文帮助读者解读经典，注音随文添加，便于顺畅阅读。

精审精校保证书稿质量

以最精致的品质呈现给读者最权威的《韩非子》读本。

题 解

- 简述本篇主旨。
- 精炼原文的主要内容。
- 简述原文中的谋略思想。

选字注音

- 将生僻字选出单独标注拼音。
- 将古今读音相异的字单独标注拼音。
- 将重复出现的生字生词反复标注。

译 文

- 以白话文翻译古代经典，忠于原文，通俗易懂。
- 帮助读者更准确地把握先贤的智慧。

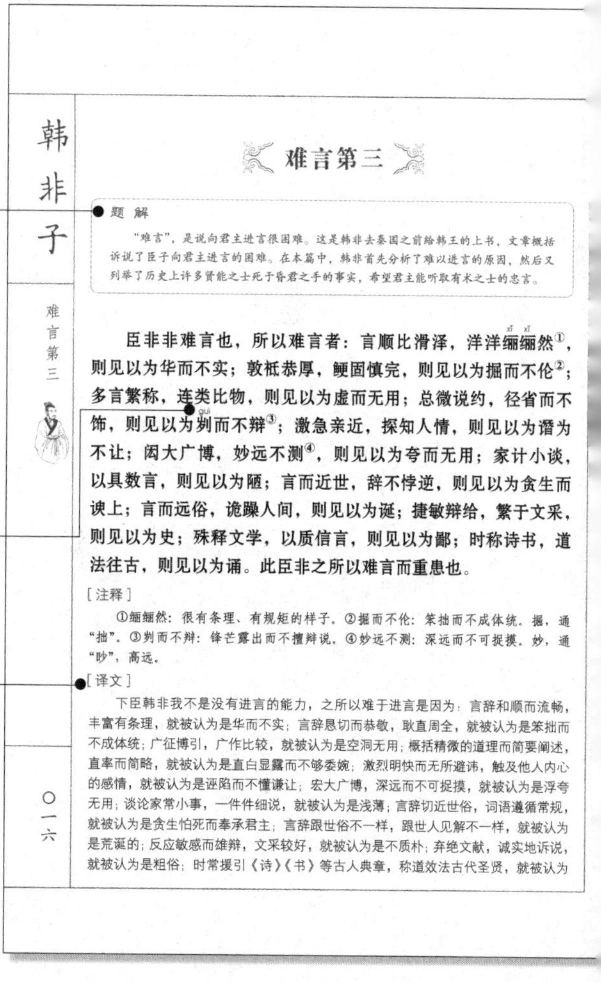

韩非子

难言第三

难言第三

题 解

“难言”，是说向君主进言很困难。这是韩非去秦国之前给韩王的上书，文章概括诉说了臣子向君主进言的困难。在本篇中，韩非首先分析了难以进言的原因，然后又列举了历史上许多贤能之士死于昏君之手的事实，希望君主能听取有术之士的忠言。

臣非非难言也，所以难言者：言顺比滑泽，洋洋纚纚（xǐ xǐ）然①，则见以为华而不实；敦祗恭厚，鲠固慎完，则见以为掘而不伦②；多言繁称，连类比物，则见以为虚而无用；总微说约，径省而不饰，则见以为刿（guì）而不辩③；激急亲近，探知人情，则见以为谮而不让；闳大广博，妙远不测④，则见以为夸而无用；家计小谈，以具数言，则见以为陋；言而近世，辞不悖逆，则见以为贪生而谀上；言而远俗，诡躁人间，则见以为诞；捷敏辩给，繁于文采，则见以为史；殊释文学，以质信言，则见以为鄙；时称诗书，道法往古，则见以为诵。此臣非之所以难言而重患也。

［注释］

①纚纚然：很有条理、有规矩的样子。②掘而不伦：笨拙而不成体统。掘，通“拙”。③刿而不辩：锋芒露出而不擅辩说。④妙远不测：深远而不可捉摸。妙，通“眇”，高远。

［译文］

下臣韩非我不是没有进言的能力，之所以难于进言是因为：言辞和顺而流畅，丰富有条理，就被认为是华而不实；言辞恳切而恭敬，耿直周全，就被认为是笨拙而不成体统；广征博引，广作比较，就被认为是空洞无用；概括精微的道理而简要阐述，直率而简略，就被认为是直白显露而不够委婉；激烈明快而无所避讳，触及他人内心的感情，就被认为是诬陷而不懂谦让；宏大广博，深远而不可捉摸，就被认为是浮夸无用；谈论家常小事，一件件细说，就被认为是浅薄；言辞切近世俗，词语遵循常规，就被认为是贪生怕死而奉承君主；言辞跟世俗不一样，跟世人见解不一样，就被认为是荒诞的；反应敏感而雄辩，文采较好，就被认为是不质朴；弃绝文献，诚实地诉说，就被认为是粗俗；时常援引《诗》《书》等古人典章，称道效法古代圣贤，就被认为

〇一六

《韩非子》阅读指南

图文配合还原经典产生年代

精选二百余幅古版画，皆为古人绘制，并配有精致图说，力求生动形象地展示书中的谋略。

重现经典在国人中的权威

编者以弘扬中国传统经典之心，将此书献给所有爱读书却还未读过《韩非子》的读书人。

是死记硬背、不懂得实践。这些就是下臣韩非我难于对君主进言进而感到忧虑的原因。

故度量虽正，未必听也；义理虽全，未必用也。大王若以此不信，而小者以为毁訾诽谤，大者患祸灾害死亡及其身。故子胥①善谋而吴戮之，仲尼善说而匡围之，管夷吾实贤而鲁囚之。故此三大夫岂不贤哉？而三君②不明也。上古有汤，至圣也；伊尹③，至智也。夫至智说至圣，然且七十说而不受，身执鼎俎为庖宰，昵近习亲，而汤乃仅知其贤而用之。故曰：以至智说至圣，未必至而见受，伊尹说汤是也；以智说愚必不听，文王说纣是也。故文王说纣而纣囚之；翼侯④炙；鬼侯腊(xī)，比干剖心；梅伯醢(hǎi)⑤；夷吾束缚；而曹羁奔陈⑥；伯里子道乞；傅说转鬻(yù)；孙子膑脚于魏；吴起⑦抆泣于岸门，痛西河之为秦，卒枝解于楚；公叔痤(cuó)言国器反为悖；公孙鞅奔秦；关龙逄(páng)斩；苌弘分胣；尹子阱于棘；司马子期死而浮于江；田明辜射；宓子贱⑧、西门豹不斗而死人手；董安于⑨死而陈于市；宰予不免于田常；范睢(jū)⑩折胁于魏。此十数人者，皆世之仁贤忠良有道术之士也，不幸而遇悖乱暗惑之主而死。然则虽贤圣不能逃死亡避戮辱者，何也？则愚者难说也，故君子难言也。且至言忤于耳而倒于心，非贤圣莫能听，愿大王熟察之也。

邹忌讽齐王纳谏

“文死谏、武死战”，可谓伴君如伴虎。战国时期齐国谋士邹忌，巧妙地将自己的妻、妾、客人与威王的宫妇、群臣、邻国进行类比，轻而易举地让齐王明白确实受了蒙蔽，展现了高超的谈话技巧。

[注释]

①子胥：伍子胥，名员，军事家，春秋时期楚国人，曾任吴国大夫。②三君：指的是当时鲁国的国君、吴王夫差和匡地的行政长官。③伊尹：商汤的相，曾在商汤建国时

版画插图

- 所选插图皆为古人原创，确保原汁原味。
- 选图方面，精益求精保证版画的清晰质感。
- 以图释文，务求一一对应，切合古文阐释意境。

注 释

- 权威、准确、客观，注重知识性和启发性。
- 扫除阅读障碍，丰富国学知识。

总 序

国学是什么？简单说，就是中国人之所以成为中国人的学问。因此，国学不仅包括数千年积累流传下来的经典，比如“四书五经”、《老子》《庄子》《孙子》《史记》《汉书》、唐诗、宋词，也包含研究中国人思维方式、生活方式、行为方式乃至娱乐方式的各种学问。广言之，国学研究的对象不仅包括文献，也包括实物；不仅包括物质文化遗产，也包括非物质文化遗产，如我国各民族的建筑、服饰、饮食、音乐、绘画、医药、戏曲等等。

国学是不断丰富、不断发展的学问。上面说的从“四书五经”到唐诗、宋词就是一个不断丰富发展的过程。近代以来，国学的研究范围还在不断地扩大，比如敦煌学、甲骨学，是随着有关文物的出土而兴起的；比如红学，是随着文学理论和学术风气的发展变化而兴起和发展的。随着时间的推移和学术的进步，必将有更多的学问被纳入国学研究的范围。

数千年来，中国人做学问形成了自己独特的理论和方法，比如思想理论、史学理论、文学理论，以及训诂学、考据学、音韵学等等。但这些理论和方法并不是一成不变的。比如，在史学研究领域，由于地下文物的出土，王国维等人提出了以地下文物与传世文献相补充互证的“二重证据法”。近代以来，西风劲吹。国人主动借鉴西方学术研究的理论和方法，研究中国学问。王国维借鉴尼采的哲学理论研究中国的文学戏剧，胡适以杜威的实验主义研究中国的“国故”。国学从来没有拒绝外国学问的融合，佛教传入中国后，经过改造，形成了中国独特的佛学、因明学；自明朝末年西学传入中国后，中国的天文学、数学等就已经融入了西学的因素。马克思主义传入中国后，不少人用马克思主义理论研究中国历史文化，它们自然也成为了国学的一部分。因此，国学又是开放的、随时代而进步的。那么，当今我们研究、振兴国学，不允许也不应该倒退，不允许也不应该僵化。

然而，国学又是与西学明显区分的。国学是西学的对应物，是与西学完全不同的学术体系。在近代，西学挟坚船利炮强势进入中国之后，中国人还视自我，对于中国固有之学问的称呼出现了中学、国故学、国粹、国学这样的名称。面对“帝国主义”的强大，中国人自愧不如，一方面拼命地学习、引进西学，另一方面拼命地贬低、抛弃国学。虽然也有一些人，如张之洞为保护中华文化之根本，提出“中学为体，西学为用”，如胡适，提出“整理国故”，以“再造文明”“建立民族自信心”，但其声音终被时代所淹没。国学一再被严重曲解和轻视，造成了中国历史文化的大断裂。也许，这一历史过程是必然的。但回顾过去，中国在走向独立富强的过程中，国学所付出的代价实在太大、太惨重了。

新中国成立后，饱受屈辱的中国人从此站立了起来，民族自信心大大加强，但没有能够及时认识到国学在新时代的重要性，甚至仅存的一点点国学遗产也进一步成为被抛弃的对象。改革开放三十年之后，走向富强的国人终于幡然醒悟，保护和振兴国学逐渐成为全民的共识。一个强大的自立于世界民族之林的国家，必然要有与之相匹配的伟大的民族文化。中国人，从领导者、学术界到普通百姓，都在重新发现国学的现代价值。同时，在走向全球化的进程中，东西方各国也把目光投向了中国。中国学问，中国的一切都在被重新评价。中国不仅为了自身的建设和发展需要从传统文化中汲取智慧，而且也面临着以优秀的中华文化向全人类贡献智慧的责任和挑战。

那么，这套经典传家丛书的编纂就是可喜的，编纂者的初衷和努力就是可敬的。希望这套丛书能发挥点滴作用，如同涓涓细水与千百万有志者的努力一道汇成大潮，去迎接中华民族的伟大复兴！

是为序。

毛佩琦

二〇一五年五月

前言

《韩非子》是先秦法家集大成之杰作，是我国古代政治学方面的名著，在古代哲学、文学史上也享有盛誉。作者韩非，生卒年不详，《史记》有载，韩非为战国时期韩国人，因口吃不善言谈，曾与秦国丞相李斯同拜于荀子门下。

韩非之前，法家有三派。商鞅一派重“法”，以严刑厚赏来推行法令，健全法制。申不害一派重“术”，君王要有驾驭群臣、掌握政权、推行法令的策略和手段。慎到重“势”，君主的权势要尽量扩大，独掌军政大权。韩非指出了商鞅、申不害、慎到三人理论上的缺陷，同时吸纳了儒、法、道诸家的观点，以法治思想为中心，博采众家之长，形成一套完善的“法”“术”“势”三派相结合的法家思想体系。

《韩非子》内容共二十卷分为五十五篇，总字数达十多万言，绝大多数为韩非亲著。《史记》所载的韩非著作有《孤愤》《说难》《内外储说》《说林》等篇，可以肯定为韩非亲著。而如首篇《初见秦》《存韩》《问田》等篇，学界主张或为他人所作，或为截录他书。韩非的文章文风犀利，议论透辟，推证事理，切中要害。在先秦散文中风格独树一帜。《韩非子》中出现了大量浅显的寓言故事和丰富的历史知识。如：守株待兔、自相矛盾、讳疾忌医、郑人买履等，因其丰富的内涵，生动的故事，成为脍炙人口的典故，至今仍给人以深刻的启迪。

韩非的老师荀子是儒家思想的继承者。韩非没有承袭荀子的儒家思想，却爱好“刑名法术”之学，且归本于“黄老之学”，一套由“道”“法”共同完善的政治统治理论。《韩非子》一书中记载了韩非对先秦诸子的理论思想的评论，其中有《喻老》《解老》《扬权》《主道》等六篇解说《老子》。

韩非说君王应如“日月所照，四时所行，云布风动；不以智累心，不以私累己；寄治乱于法术，托是非于赏罚，属轻重于权衡。”（《韩非子·大体》）意思是：古代懂得顾全大局的人，能够像遵循自然规则一样；把治理国家的事情寄托在法制术数上，把是非曲直寄托在奖惩制度上，把厉害轻重寄托在权衡利弊上；不违背自然法则，不违背人之本性。这与道家的“无为，无不为”的无为思想相合。在解说老子与道家的其他各篇中，也能清晰看出韩非对“黄老之学”的继承与吸收。

在《韩非子》一书中，韩非认为儒家崇尚文饰、空谈仁义无益于国家，当然他对儒家的思想主张并非全盘否定，他也在自己的文章中引用《诗》《书》，提倡对儒家学说中愚昧无用者“不用”“不誉”，对于符合法家主张的内容则报以肯定和吸收的态度。虽然韩非批判儒家的“德治”，崇尚“法治”，但自汉代到清，中国是以“内儒外法”的方式治国。所谓“内”即是内在的核心价值观念，指导思想。“内儒”即是以儒家重视人、以人为本、合理分配利益等观念为原则。所谓“外”，则是外在变现，具体的措施。“外法”，即以法家的观念建立政治架构，以法治观念治国。这种表面上推崇儒家思想，但是实际操作上也依赖法家的思想，往往是儒法结合、儒法互济。

宋朝名相赵普说：“半部《论语》治天下。”近代著名学者章太炎称“半部《韩非子》治天下”。这里的两个“半部说”，恰好合二为一，说明儒、法思想整体上的结合，也说明儒、法的互补性、可合成性。不仅儒、法两家如此，两家与百家也是互相渗透、相辅相成，形成了共同支撑我国传统文化，并从不同角度完成其历史使命的格局。

崇賢書院

目录

初见秦第一

题 解

“初见秦”为《韩非子》的第一篇，主要讲初次见到秦王的情况，实际上，此为韩非求见秦王的上书。大意是作者力劝秦王通过战争的手段来一统天下，取代诸侯割据势力，文中列举了许多丧失战机的例子，以证明谋臣误国这一说法。对于此篇作者，说法不一，有说为范雎、蔡泽、吕不韦所作，但亦无确凿证据。

臣闻：“不知而言，不智；知而不言，不忠。”为人臣不忠，当死①；言而不当，亦当死。虽然②，臣愿悉言所闻，唯大王③裁④其罪。

［注释］

①当死：应该被处死。②虽然：虽是这样，即使这样。③大王：这里指秦昭襄王（公元前325—前251年）。④裁：判断，裁决。

［译文］

我听说：“不知道的事情还要说，是不明智的；知道的事情却不说，是不忠诚的。”作为臣子不忠诚，应该被处死；说话不恰当，也应该处死。即使这样，我仍然愿意把我的见闻都说出来，请您裁断我进言之罪。

韩非子

韩非子（约公元前280—前233年），战国末期著名思想家、法家代表人物。荀子的学生，也是得老子思想精髓最多的人之一。

臣闻：天下阴燕阳魏①，连荆固②齐，收③韩而成从(zòng)④，将西面以与⑤强秦为难。臣窃笑之。世有三亡，而天下得之，其此之谓乎！

［注释］

①阴燕阳魏：北面是燕国，南面是魏国。意指赵国处于中心位置。②固：紧密结合。③收：接纳，归入。④从：通“纵”，合纵。⑤与：这里用为朋党、同类之意。

［译文］

臣听说："普天之下，赵国的北面是燕国，南面是魏国，连接着齐国和楚国，又纠合韩国而成合纵之势，将要向西抵抗秦国。臣私下讥笑他们。世间有三种灭亡的方法，这六国现在都具备了，这大概就是合纵攻秦的情形吧。

臣闻之曰："以乱攻治者亡，以邪攻正者亡，以逆攻顺者亡。"今天下之府库不盈，囷（qūn）仓①空虚，悉其士民，张②军数十百万，其顿首③戴羽④为将军断死于前不至千人，皆以言死。白刃在前，斧锧（zhì）⑤在后，而却走不能死也。非其士民不能死也，上不能故也。言赏则不与，言罚则不行，赏罚不信，故士民不死也。今秦出号令而行赏罚，有功无功相事也。出其父母怀衽⑥之中，生未尝见寇耳。闻战，顿足徒裼（xī）⑦，犯白刃，蹈炉炭，断死于前者，皆是也。夫断死与断生者不同，而民为之者，是贵奋死也。

［注释］

①囷仓：囷和仓指的都是储藏粮食的仓库，其中圆形的称之为囷，方形的称之为仓。②张：张设、部署、设置。③顿首：这里指俯伏听令的意思。④戴羽：把羽毛绑在头盔上，古时以此为将军的标志。⑤斧锧：锧，垫在囚犯身下的砧木；斧锧是指古代腰斩时所用的刑具，此处为斧之意。⑥怀衽：胸前的衣襟怀抱。⑦徒裼：露出上身，为赤膊上阵的意思。

［译文］

臣听说："以混乱的军队进攻安定的军队一定会灭亡，用邪恶的军队进攻正义的军队一定会灭亡，用倒行逆施的军队进攻顺应天理的军队也一定会灭亡。"如今六国的国库不满，谷仓亏空，发动他们的百姓设置了数十百万的军队，其中在将军面前发誓的不止一千人，都说要战死沙场。锋利的刀剑在前面，刑具在后面，还是退逃不去作战。不是说士兵们不能死战，而是六国君主没有使他们死战的缘故。说赏却不赏，说罚也不罚，所以士兵不愿战死。如今，秦国发出实行赏罚的法令，有功无功分别对待。百姓们从父母的怀抱脱离后，有生以来还不曾见过敌人呢。但一听说要打仗，光着脚赤膊上阵，迎着刀刃，踏着炭火，上前拼死的比比皆是。拼死与贪生不一样，而百姓之所以这样做，是因为他们崇尚为战而死的精神。

夫一人奋死可以对十，十可以对百，百可以对千，千可以对万，万可以克天下矣。今秦地折长补短，方数千里，名师①数十百万。秦之号令赏罚，地形利害②，天下莫若也。以此与天下，天下不

足兼而有也。是故秦战未尝不克，攻未尝不取，所当未尝不破，开地数千里，此其大功也。然而兵甲顿③，士民病，蓄积索④，田畴荒，囷仓虚，四邻诸侯不服，霸王之名不成。此无异故，其谋臣皆不尽其忠也。

[注释]

①名师：这里指威名天下的精锐部队。②利害：指地居险要之处。③顿：通“钝”。④索：这里用为离散之意。

[译文]

一个人奋勇杀敌可以抵得上十个人，十人可以抵得上一百个，百人可以抵得上一千个，千人可以抵得上一万个，万人就可以攻克天下了。如今，秦国截长补短，方圆数千里，精锐部队数百万。秦国的法令赏罚分明，地形险要，天下没有其他国家比得上。凭借这些有利条件，想要兼并天下无需费力。因此，秦国打仗没有不取胜的，攻城没有不占领的，阻挡他们的人没有不被击败的，开辟封疆数千里，这是一件大功。但是，秦国的士兵疲惫，百姓困乏，积蓄空虚，田园荒芜，谷仓空虚，四面诸侯不归服，霸主之名并不副实。其中并没有别的缘故，只因秦国的谋臣没有尽到职责。

臣敢言之：往者齐南破荆①，东破宋②，西服秦③，北破燕④，中使韩、魏，土地广而兵强，战克攻取，诏令天下。齐之清济浊河，足以为限；长城巨防，足以为塞。齐，五战之国也，一战不克而无齐。由此观之，夫战者，万乘⑤之存亡也。

[注释]

①齐南破荆：指齐宣王十九年（公元前301年）联合秦国击溃楚军一事。②东破宋：指齐湣王十五年（公元前286年）齐国共灭宋王偃一事。③西服秦：指齐湣王三年（公元前298年）齐国联合魏国、韩国攻秦，最后秦割让河东三城求和一事。④北破燕：指齐宣王六年（公元前314年）齐国攻打燕国，燕王哙和子之被杀一事。⑤万乘：古代万乘一词指的是天子，这里借指大国。

[译文]

我斗胆进言：之前齐国南面打败楚军，东面歼灭宋王，西面使秦国屈服，北面击败燕国，中部驱遣韩国和魏国。土地广阔兵力强大，战无不胜、攻无不取，号令天下。齐国的济水、黄河，足以当作防线；长城、巨防，足以当作要塞。齐国打过五次胜仗，后来因一次失利而濒于灭亡。从这点来看，战争是关系到大国存亡的决定性因素。

且臣闻之曰：“削株无遗根，无与祸邻，祸乃不存。”秦与荆

人战，大破荆，袭郢(yǐng)[①]，取洞庭、五渚、江南。荆王君臣亡走，东服[②]于陈[③]。当此时也，随荆以兵，则荆可举；荆可举，则其民足贪[④]也，地足利也，东以弱齐、燕，中以凌三晋[⑤]。然则是一举而霸王之名可成也，四邻诸侯可朝也；而谋臣不为，引军而退，复与荆人为和。令荆人得收亡国，聚散民，立社稷主，置宗庙，令率天下西面以与秦为难。此固以失霸王之道一矣。

［注释］

①郢：古代中国楚国的都城，今在湖北江陵附近。②服：防守、保住。③陈：周代的一个诸侯国，故都在今淮阳。《孟子·尽心下》：“孔子在陈曰：‘盍归乎来！吾党之士狂简。’”④贪：夺取，占领。⑤三晋：指取代晋国而建立的韩、赵、魏三国。

［译文］

况且臣听说过这样的话：“砍树不留根，不跟祸害接近，祸害就不会发生。”秦国跟楚军作战，大胜楚军，攻下郢都，占领洞庭、五渚、江南一带。楚国的君臣逃走，困守在东部的陈地。正当此时，用兵追歼楚军，就可以占领楚国；既然占领了楚国，楚民就可以归您所有，楚地就可以归您所用，向东面前进可以削弱齐国、燕国，在中原可以控制韩、赵、魏。这样就能一举成就霸王之名，四面的诸侯都来朝拜；然而，秦国谋臣不这样做，却率军队撤退，重新跟楚人讲和，使得楚国人可以收回沦陷土地，重新聚集百姓，立社稷坛，设置宗庙。让他们统率军队向西来与秦国作对，这确实是秦国失去一次称霸天下的机会。

天下又比[①]周[②]而军华下[③]，大王以诏破之，兵至梁[④]郭下。围梁数旬，则梁可拔；拔梁，则魏可举；举魏，则荆、赵[⑤]之意绝；荆、赵之意绝，则赵危；赵危而荆狐疑[⑥]；东以弱齐、燕，中以凌三晋。然则是一举而霸王之名可成也，四邻诸侯可朝也；而谋臣不为，引军而退，复与魏氏为和。令魏氏反收亡国，聚散民，立社稷主，置宗庙；令率天下西面以与秦为难。此固以失霸王之道二矣。前者穰侯之治秦也，用一国之兵而欲以成两国之功，是故兵终身暴露于外，士民疲病于内，霸王之名不成。此固以失霸王之道三矣。

［注释］

①比：相合，和同。②周：细致，周密。③华下：华，魏国地名“华阳”的简

称，位于今河南密县东北。④梁：周时诸侯国名。战国七雄之一，即魏。⑤赵：战国七雄之一，位于今山西北部、河北西部和南部一带。⑥狐疑：做事瞻前顾后，犹豫不决。这里指楚国在战、守、和的策略上举棋不定。

［译文］

天下各国相互配合而驻兵在华阳之下，大王您发布命令攻城，秦军到达大梁城下。包围大梁几十天，就可以攻下大梁；攻下了大梁，就可以占据魏国；占据魏国之后，那么楚国和赵国联合的意图就断绝了；楚国和赵国联合的意图断绝，那么赵国就非常危险了；赵国非常危险的话，楚国就会犹豫不决。秦国可以借机东面削弱齐国、燕国，中部可以控制韩、赵、魏三国。如果真能这样，那就可以一举成就霸王的功名，四面的诸侯邻国就会竞相朝拜。但秦国的谋臣却不这样做，率军队撤退后，与魏国人讲和。这样就使魏国得以收回沦陷土地，聚集逃散的百姓，立社稷坛，设置宗庙。让他们统率军队向西来与秦国为敌，这确实是再次让秦国失去了称霸天下的第二次机会。以前穰侯治理秦国，用秦国的全部兵力来建立两国的功绩，因此秦军常年在外艰苦作战，百姓在国内疲惫不堪，霸王的功名没法成就。这确实是秦国第三次失去称霸天下的机会。

赵氏，中央之国也，杂民所居也，其民轻而难用也。号令不治，赏罚不信，地形不便，下不能尽其民力。彼固亡国之形也，而不忧民萌[1]，悉其士民军于长平[2]之下，以争韩上党[3]。大王以诏破之，拔武安[4]。当是时也，赵氏上下不相亲也，贵贱不相信也。然则邯郸[5]不守。拔邯郸，莞[6]山东河间[7]，引军而去，西攻修武[8]，逾羊肠[9]，降代、上党。代三十六县，上党十七县，不用一领甲，不苦一士民，此皆秦有也。代、上党不战而毕为秦矣，东阳、河外不战而毕反为齐矣，中山、呼沲以北不战而毕为燕矣。然则是赵举，赵举则韩亡，韩亡则荆、魏不能独立，荆、魏不能独立，则是一举而坏韩、蠹[10]魏、拔荆，东以弱齐、燕，决白马之口以沃魏氏，是一举而三晋亡，从者败也。

［注释］

①民萌：通“氓”，民众。②长平：地名。赵国的一个城，位于今山西高平西北。③上党：地名。韩国的一个城，位于今山西东南部。④武安：地名。赵国的一个城，位于今河北武安。⑤邯郸：地名。赵国的一个城，位于今河北南部。⑥莞：通“管”，掌握、控制。⑦河间：战国时赵国的领地，地处黄河与永定河之间。⑧修武：地名。赵国的一个城，位于今河南获嘉。⑨羊肠：古要塞名，位于今山西壶关东南。

⑩蠹：蛀虫，这里意为侵蚀或消耗国家。

[译文]

赵国，是处于天下中央的国家，是各类游民居住的地方，那里的百姓轻率而难以管理。赵国的法令制度不完备，赏罚执行不严谨，地形不利防守，又不能使下面的百姓使出全部力量。它本就处在亡国的形势下，却又不顾及百姓，把全部士民都调集在长平城下，来争夺韩国的上党。大王您下令攻击他们，攻克了武安。在这个时候，赵国君臣上下不能相互亲近，贵族与平民之间相互不信任，这样邯郸就没法保住。秦军攻下邯郸，包抄山东河间一带，率军进一步攻克，向西攻修武，翻过要塞羊肠，降服代郡、上党。代郡三十六县，上党十七县，不费一兵一卒，不动用一个士民，这些地方都归秦国所有了。代郡、上党不经战斗就是秦国的了，东阳、河外不经战斗而全归齐国所有，中山、呼沲以北地区不经战斗而全归燕国所有。这样一来，赵国就被占领了；赵国被占领，韩国就灭亡了；韩国灭亡了，楚国、魏国就不能独存；楚国、魏国不能独存，这就等于一举摧毁了韩国、侵蚀了魏国、挟制了楚国，东面因此削弱了齐国、燕国，决开白马渡口淹没了魏国，这样就一举消灭了赵、魏、韩三个国家，和他们合纵的盟国也遭到失败了。

大王垂拱[1]以须之，天下编随而服矣，霸王之名可成。而谋臣不为，引军而退，复与赵氏为和。夫以大王之明，秦兵之强，弃霸王之业，地曾不可得，乃取欺于亡国，是谋臣之拙也。且夫赵当亡而不亡，秦当霸而不霸，天下固以量秦之谋臣一矣。乃复悉士卒以攻邯郸，不能拔也，弃甲兵弩，战竦[2]而却[3]，天下固已量秦力二矣。军乃引而复，并于李下，大王又并军而至，与战不能克之也，又不能反，军罢而去，天下固以量秦力三矣。内者量吾谋臣，外者极吾兵力。由是观之，臣以为天下之从，几不难矣。内者，吾甲兵顿，士民病，蓄积索，田畴荒，囷仓虚。外者，天下皆比意[4]甚固。愿大王有以虑之也。

[注释]

①垂拱：拱手，形容极其轻松。②竦：通“悚”，惊悚、恐惧。③却：这里用为后退之意。④比意：这里指山东六国联合在一起抵抗秦国的意图。

[译文]

大王您只要垂手等待，天下诸侯国就会排队向您臣服，霸王的功名也可以借此成就。但是，秦国的谋臣不这样做，他们带着军队撤退，而后又与赵国讲和。凭大王的英明，秦国军队的强大，却舍弃霸王的功业，土地竟然没有取得，还受到即将被灭

的赵国的欺骗，这都是因为谋臣的愚蠢。况且赵国应当灭亡而没能灭亡，秦国应当称霸而没能称霸，天下各国已经估计到秦国谋臣的愚笨，这是其一。而后秦国竟然发动全部的兵力去进攻邯郸，邯郸没能攻下，还丢掉铠甲兵器和弓弩，战战兢兢地后退，天下诸侯各国已经估计到秦国的武力不济，这是其二。于是秦国的军队又被带了回来，聚集在李下一带，大王您派来了援军，不能打败赵军又不能撤回，军队疲惫而退兵，天下诸侯各国已经估计到秦国的实力，这是其三。各诸侯国既估量到我国谋臣的实力，在外部又耗尽了我国的兵力。由此看来，我认为山东六国的合纵，差不多没什么困难了。现在在国内，我们的武器破损，士兵困顿，百姓疲弊，积蓄用尽，田地荒芜，粮仓空虚；在国外，天下各国联合在一起抵抗秦国的意图更强了。希望大王考虑下我刚才说的这些啊。

且臣闻之曰：“战战栗栗，日慎一日，苟慎其道，天下可有。”何以知其然也？昔者纣为天子，将率天下甲兵百万，左饮于淇溪①，右饮于洹[huán]溪②，淇水竭而洹水不流，以与周武王为难。武王将素甲③三千，战一日，而破纣之国，禽④其身，据其地而有其民，天下莫伤。知伯率三国⑤之众以攻赵襄主⑥于晋阳⑦，决水而灌之三月，城且拔矣，襄主钻龟筮⑧占兆⑨，以视利害，何国可降。乃使其臣张孟谈，于是乃潜行而出，反知伯之约，得两国之众，以攻知伯，禽其身，以复襄主之初。今秦地折长补短，方数千里，名师数十百万。秦国之号令赏罚，地形利害，天下莫如也。以此与天下，天下可兼而有也。臣昧死⑩愿望见大王，言所以破天下之从，举赵，亡韩，臣荆、魏，亲齐、燕，以成霸王之名，朝四邻诸侯之道。大王诚听其说，一举而天下之从不破，赵不举，韩不亡，荆、魏不臣，齐、燕不亲，霸王之名不成，四邻诸侯不朝，大王斩臣以徇国，以为王谋不忠者戒也。

[注释]

①淇溪：淇水，位于今河南东北部，流入卫河。②洹溪：位于今河南北部之安阳河，是卫河的一个支流。③素甲：本色的布帛，因为周武王当时正在守孝穿丧服，所以作白甲。④禽：通“擒”，战胜、克服。⑤三国：指智伯和韩、魏。⑥赵襄主：赵襄子，名毋恤，春秋末期晋国大夫。⑦晋阳：地名，位于今山西大部与河北西南地区，地跨黄河两岸。后被晋国大夫韩、赵、魏所分。⑧钻龟筮：指一种古代的占卜术。⑨占兆：指占卜问吉凶。⑩昧死：冒着被处死的危险。

[译文]

况且我听说:“因畏惧而胆战心惊,一天比一天更谨慎。如果能谨慎遵循治国之道,就可以拥有天下。”怎么知道会是这样呢?从前殷纣做天子,准备率领天下百万大军,东到淇溪饮水,西到洹溪饮水,使淇溪的水干了而洹溪的水也断流了,用这样强大的阵容来和周武王作战。周武王率领身着丧服的士兵三千人,仅仅作战一整天,就一举攻下了殷纣的国都,活捉了纣本人,占据了他的领土而拥有了他的臣民,天下的人没有谁同情纣王。智伯率领自己和韩、魏三家大军去到晋阳攻打赵襄子,决开晋水的河堤而淹灌晋阳三个月。晋阳城快要攻下的时候,赵襄子通过钻龟占卦来推测利害吉凶,权衡利益得失,看可以去哪一家军队投降。他派出家臣张孟谈,张孟谈秘密出城,使韩、魏违背了三家盟约,争取到两家的军队来合力反攻智伯,活捉了智伯本人,恢复了赵襄王当初的势力。如今秦国的土地取长补短,方圆数千里,精锐军队有数十、百万之多。秦国的法令赏罚严明,地理位置优越,天下其他国家都比不上。凭这些有利条件来与天下争霸,天下就可以被兼并和占有。我冒着被处死的危险拜见大王,说出可以破坏天下合纵同盟,攻占赵国,灭亡韩国,使楚国、魏国臣服,让齐国、燕国前来投靠,成就霸王功名,让四邻诸侯到秦国来朝拜的策略。大王如果真的听从我的策略,采取一次行动而合纵同盟不破,赵国不能攻取,韩国不能灭亡,楚国、魏国不能臣服,齐国、燕国不来投靠,霸王功名不能成就,四邻诸侯不来秦国朝拜,大王可以杀了我并斩首示众,作为给大王谋划不忠者的教训。

存韩第二

题 解

“存韩”，即保存韩国之意，是韩非给秦王的上书。本篇分成三部分，其主旨在于劝秦王先攻打赵国，从而达到暂时保存韩国的目的。本篇后两部分并非韩非所作，只因涉及韩国的存亡问题，固为后世编辑者所加。

韩事[1]秦三十余年，出则为扞(hàn)[2]蔽[3]，入则为席荐[4]。秦特出锐师取地而韩随之，怨悬于天下，功归于强秦。且夫韩入贡职，与郡县无异也。今臣窃闻贵臣之计，举兵将伐韩。夫赵氏聚士卒，养从徒，欲赘(zòng)[5]天下之兵，明秦不弱则诸侯必灭宗庙，欲西面行其意，非一日之计也。今释赵之患，而攘[6]内臣之韩，则天下明赵氏之计矣。

[注释]

①事：动词，侍奉之意。②扞：通“捍”，保卫、抵御。③蔽：遮住，庇护。④席荐：草席和生垫，这里引申为侍奉的意思。⑤赘：通“缀”，连缀、附着。⑥攘：努力去除，排斥。

[译文]

韩国臣事秦国三十多年，在外就像屏障一样保护着秦国，在内就像常坐的草席和坐垫一样听用于秦国。秦国只要派出自己的精兵去攻打其他国家，韩国就总是追随其后，韩国与天下各国都结下怨恨，而利益则归于强大的秦国。而且韩国向秦国入贡尽职，与秦国的郡县没有区别。现在我听说秦国尊贵大臣们的计谋，准备发兵攻打韩国。赵国聚集士兵，豢养了一群主张合纵抗秦的人，想要联合天下各国的军队，宣传不削弱秦国则各诸侯一定会灭亡的道理，他们打算西向攻秦来实现自己的意图，这已不是一朝一夕的事情了。

秦始皇

秦王嬴政读过韩非子的著述后，立刻向韩国索要韩非子。韩非子在秦国受到嬴政信任，却招致李斯的记恨，最终遭陷害而死。

如今秦国要放下赵国这个祸患，而要除掉韩国这样的内臣，那么天下各国就明白赵国合纵攻秦的计谋是正确的了。

夫韩，小国也，而以应天下四击，主辱臣苦，上下相与同忧久矣。修守备，戒强敌，有蓄积，筑城池以守固。今伐韩，未可一年而灭，拔一城而退，则权轻于天下，天下摧我兵矣。韩叛，则魏应之，赵据齐以为原，如此，则以韩、魏资赵假齐以固其从，而以与争强，赵之福而秦之祸也。夫进而击赵不能取，退而攻韩弗能拔，则陷锐之卒勤于野战，负任之旅[1]罢于内攻，则合群苦弱[2]以敌而共二万乘(shèng)，非所以亡韩之心也。均[3]如贵臣之计，则秦必为天下兵质矣。陛下虽以金石相弊[4]，则兼天下之日未也。

［注释］

①负任之旅：负责后勤供给的运输队伍。②合群苦弱：指秦国召集的部队。③均：平均、平等，这里用为比较、衡量的意思。④弊：通“敝”，破旧、破损。

［译文］

韩国是一个小国，却要应付天下各国的攻击，它的君主受辱而臣子受苦，君臣上下共同忧患的日子已经很久了。韩国修筑防御工事，警戒强大的敌人，物资储备丰富，修建城墙、挖护城河用以固守。现在想要进攻韩国，不可能一年就消灭它。如果攻下一座城池便要撤退，那秦国就会被各国所轻视，天下各国就会摧毁秦军。韩国背叛秦国，魏国就会响应，赵国也会以齐国为后盾与秦国抗衡，如果这样，就等于用韩国协助赵国，赵国再借齐国来巩固合纵，从而与秦国争强，这是赵国的福祉，而是秦国的祸害啊。如果秦国向前进攻赵国而不能取胜，后退攻击韩国不能攻克，那么冲锋陷阵的士兵疲于外交野战，运输队伍疲于军内的消耗，这就相当于将一批困苦疲劳的军队集合起来来对付赵国、韩国，这并非是秦国之所以要灭亡韩国的本意。如果全按贵国大臣的计策行事，那么秦国一定会成为各国的攻击目标。陛下您虽然同金石一般长寿，但那兼并天下的日子也不会到来。

今贱臣之愚计：使人使荆，重币[1]用事之臣，明赵之所以欺秦者；与魏质以安其心，从韩而伐赵，赵虽与齐为一，不足患也。二国事毕，则韩可以移书定也。是我一举二国有亡形，则荆、魏又必自服矣。故曰：“兵者，凶器也。不可不审用也。”以秦与赵敌衡[2]，加以齐，今又背韩，而未有以坚荆、魏之心[3]。夫一战而

不胜，则祸构矣。计者，所以定事也，不可不察也。韩、秦强弱，在今年耳。且赵与诸侯阴谋[4]久矣。夫一动而弱于诸侯，危事也；为计而使诸侯有意伐之心，至殆也。见二疏[5]，非所以强于诸侯也。臣窃愿陛下之幸熟图之！攻伐而使从(zòng)者间焉，不可悔也。

[注释]

①币：原指重金，此处作动词，收买的意思。②衡：通“横”，蛮横。③坚荆、魏之心：坚定楚国、魏国与秦国联合的决心。④阴谋：私下谋划。⑤二疏：二次疏忽。

[译文]

如今我这个卑贱臣子的计策是：派人出使楚国，用重金收买楚国的执政大臣，让楚国知道赵国用来欺骗秦国的计谋，派人给魏国送去人质让其安心，与韩国攻打赵国。即使赵国与齐国联合，也是不用担心的。赵国、齐国的事情结束之后，那么韩国只要发一道书信就可以把它平定了。这样，秦国就可以一举使赵国、齐国濒临灭亡，而楚国、魏国也一定自动臣服了。所以说“军队是不祥的工具，不能不谨慎使用”。秦国和赵国相比力量差不多，加上与齐国为敌，现在又排斥韩国；而没有什么措施来坚定楚国、魏国联合秦国的决心，如果秦国这一仗打不胜，就要构成大祸了。计谋决定事情成败的关键，不能不仔细深察。韩国、秦国到底谁强谁弱，不出今年就可见出分晓。况且赵国和其他诸侯暗地里已经谋划好久了。秦国一次进攻韩国不能取胜而示弱于其他诸侯国，这是危险的事；制定计谋而使各诸侯国起心算计秦国，则是最大的危险。出现了以上两种漏洞，不是可以强过诸侯的办法。我希望陛下能周密地考虑！秦国攻打韩国而使合纵的国家钻了空子，后悔可就来不及了。

诏[1]以韩客之所上书，书言韩子之未可举，下臣斯。臣斯甚以为不然。秦之有韩，若人之有腹心之病也。虚处则㤥(hài)[2]然，若居湿地，著而不去，以极走，则发矣。夫韩虽臣于秦，未尝不为秦病，今若有卒报[3]之事，韩不可信也。秦与赵为难，荆苏使齐，未知何如。以臣观之，则齐、赵之交未必以荆苏[4]绝也；若不绝，是悉秦而应二万乘也。夫韩不服秦之义而服于强也，今专于齐、赵，则韩必为腹心之病而发矣。韩与荆有谋，诸侯应之，则秦必复见崤(xiáo)塞[5]之患。

非之来也，未必不以其能存韩也，为重于韩也。辩说属辞，饰非诈谋，以钓利于秦，而以韩利窥陛下。夫秦、韩之交亲，则

非重矣，此自便之计也。

［注释］

①诏：诏书，指君主下达指示和命令的文书。②恔：通“骇”，此处形容内心惊恐，不安。③卒报：卒，通“猝”，急赴。④荆苏：人名，曾奉命出使齐国，力劝齐国与赵国绝交。⑤崤塞：这里指崤山关口，即指函谷关，秦国的战略要地。崤，山名，位于今河南洛宁北。

［译文］

秦王下诏命令将韩非的关于“韩国不可攻取”的上书下达给大臣李斯，大臣李斯对韩非的说法很不以为然：秦国让韩国存在，就像人的心腹有大病一样不安。平时无事时就已经很难受了。如同住在潮湿的地方，总觉得身体不舒服，一旦要快跑起来，病就发作了。韩国虽然已经臣服于秦国，但不一定不是秦国的心病，如果遇上有紧急上报的事情，韩国是不可信任的。秦国与赵国为敌，荆苏出使齐国，不知结果怎么样。在我看来，齐国、赵国之间的联盟不一定因为荆苏的出使而断绝；如他们之间不绝交，这就是要秦国尽全力来应付两国兵力。韩国不会服从于秦国的道义，而是只会屈服于强权，现在如果集中对付齐国、赵国，韩国就一定会成为心腹之病而发作。韩国与楚国如果谋划攻秦，诸侯响应，那么秦国必定再次看到兵败崤塞的祸患。

韩非到秦国来，不一定不是因为他能保持韩国而求得韩国的重用。韩非能言善辩且擅用文辞掩饰真意，计谋欺诈，以便来从秦国捞取好处，而为了韩国的利益窥探陛下。如果秦国和韩国的交往亲密，那么韩非就重要了，这是他利于自己的计谋。

臣视非之言，文其淫①说靡②辩，才甚。臣恐陛下淫非之辩而听其盗心，因不详察事情。今以臣愚议：秦发兵而未名所伐，则韩之用事者以事秦为计矣。臣斯请往见韩王，使来入见；大王见，因内③其身而勿遣，稍召其社稷之臣，以与韩人为市，则韩可深割④也。因令象武⑤发东郡之卒，窥兵于境上而未名所之，则齐人惧而从苏之计，是我兵未出而劲韩以威擒，强齐以义从矣。闻于诸侯也，赵氏破胆，荆人狐疑，必有忠计⑥。荆人不动，魏不足患也，则诸侯可蚕食而尽，赵氏可得与敌矣。愿陛下幸察愚臣之计，无忽。秦遂遣斯使韩也。

［注释］

①淫：多，过度。②靡：华丽，美好。③内：通“纳”，扣留。④深割：吞并大块的土地。⑤象武：应是“蒙武”形近之误。蒙武，秦国大将蒙恬的父亲。⑥忠计：服从秦国的计议，这里也指被秦国的武力所震慑。

［译文］

下臣我考察韩非的言论，他用华丽的文辞修饰自己的学说，丰富自己的论辩，很有才华。我恐怕陛下您被韩非华丽的说辞所蒙蔽而顺从了他的野心，因而不详细考察事情的真相。现在按下臣的愚见：秦国可以派军队出去而不说明去进攻谁，那么韩国的执政者就会把臣事秦国作为计策。下臣李斯我请求去见韩王，让韩王来秦国朝见您，大王接见的时候，趁机扣留他而不遣返回去，随即召见韩国大臣，用韩王来和韩国人做交易，那么韩国的土地就可以割占。接着再趁机命令蒙武发动东郡的士卒，陈兵在国境上不说明去处，齐国人就会害怕而听从荆苏的计策，这样秦国的军队不出境，强大的韩国就会被我们的威势所震慑，强大的齐国也会由于道义而服从了。各诸侯国听到这个消息后，赵国人心惊胆战，楚国人犹豫不决，一定会产生忠于秦国的打算。楚国人不敢行动，魏国就不用忧虑了，各诸侯国就可以被我们蚕食掉，这样就可以与赵国对抗了。希望陛下您能仔细考虑我的计谋，不要忽视。于是秦王派李斯出使韩国。

李斯往诏韩王，未得见，因上书曰：“昔秦、韩戮①力一意，以不相侵，天下莫敢犯，如此者数世矣。前时五诸侯②尝相与共伐韩，秦发兵以救之。韩居中国，地不能满千里，而所以得与诸侯班位于天下，君臣相保者，以世世相教事秦之力也。先时五诸侯共伐秦，韩反与诸侯先为雁行以向秦军于关下矣。诸侯兵困力极，无奈何，诸侯兵罢。杜仓③相秦，起兵发将以报天下之怨而先攻荆。荆令尹患之，曰：‘夫韩以秦为不义，而与秦兄弟④共苦天下。已又背秦，先为雁行以攻关。韩则居中国，展转不可知。’天下共割韩上地十城以谢秦，解其兵。夫韩尝一背秦而国迫地侵，兵弱至今，所以然者，听奸臣之浮说，不权事实，故虽杀戮奸臣，不能使韩复强。

［注释］

①戮：并力，合力。②五诸侯：魏、赵、韩、宋、齐五国。③杜仓：人名，一作“士仓”，秦昭襄王时在秦国任宰相。④兄弟：结盟、联合的意思。

［译文］

李斯前去拜见韩王，没能见到，于是上书韩王说：“从前秦国、韩国同心协力，互不侵扰，天下各国没有一个敢来进犯，像这样平安度过很长时间了。前些年，五个诸侯国曾联合共同讨伐韩国，秦国发兵前来救援。韩国位于中原地带，领土不满千里，之所以能和诸侯并列于天下，君臣上下得以保全，是凭着世世代代侍奉秦国的结果。早些时候，魏、赵、韩、宋、齐五国共同讨伐秦国，韩国反而率先如雁阵的头雁一样

走在前面，并在函谷关下与秦军对阵。各诸侯国军队疲惫、力量耗尽，最后对秦国没办法，只好撤兵。此时杜仓担任秦国宰相，派兵遣将，来向诸侯报仇，但先攻楚国。楚国的令尹感到忧虑，说：‘韩国认为秦国不义，但又与秦国结成兄弟一起荼毒天下。后来又背叛了秦国，首先率领天下各国去攻打函谷关。韩国地处中原，反复无常令人不可捉摸。’诸侯各国共同迫使韩国割让了上党地区的十座城池去向秦国谢罪，解除了秦军的威胁。韩国一次背叛秦国而使得国家穷困、土地被占，直到现在兵力仍然衰弱，之所以会这样，是由于听从了奸臣的虚言浮说，不权衡事实，所以即使杀掉奸臣，也不能使韩国再度强盛。

“今赵欲聚兵士，卒①以秦为事，使人来借道，言欲伐秦，其势必先韩而后秦。且臣闻之：‘唇亡则齿寒。’夫秦、韩不得无同忧，其形可见。魏欲发兵以攻韩，秦使人将使者于韩。今秦王使臣斯来而不得见，恐左右袭曩（nǎng）②奸臣之计，使韩复有亡地之患。臣斯不得见，请归报，秦韩之交必绝矣。斯之来使，以奉秦王之欢心，愿效便计，岂陛下所以逆贱臣者邪？臣斯愿得一见，前进道愚计，退就菹（zū）③戮，愿陛下有意焉。今杀臣于韩，则大王不足以强，若不听臣之计，则祸必构矣。秦发兵不留行，而韩之社稷忧矣。臣斯暴（pù）身于韩之市，则虽欲察贱臣愚忠之计，不可得已。边鄙残，国固守，鼓铎④之声于耳，而乃用臣斯之计，晚矣。且夫韩之兵于天下可知也，今又背强秦。夫弃城而败军，则反掖之寇必袭城矣。城尽则聚散，聚散则无军矣。城固守，则秦必兴兵而围王一都，道不通，则难必谋，其势不救，左右计之者不用，愿陛下熟图之。若臣斯之所言有不应事实者，愿大王幸使得毕辞于前，乃就吏诛不晚也。秦王饮食不甘，游观不乐，意专在图赵，使臣斯来言，愿得身见，因急于陛下有计也。今使臣不通，则韩之信未可知也，夫秦必释赵之患而移兵于韩，愿陛下幸复察图之，而赐臣报决。”

［注释］

①卒：通“猝”，急促、仓促的意思。②曩：从前，过去。③菹：古代一种酷刑，把人剁成肉酱。④铎：本义指一种响器，木舌铜铃，为周朝宣布政教法令时或有战事

时召集众人所用。这里指军队集合的响器之意。

［译文］

“现在赵国准备聚集军队，仓促地进攻秦国，派人来向韩国借路，说是想伐秦，它的趋势一定是先攻打韩国而后攻打秦国。况且下臣我听说过这样的话：‘唇亡则齿寒。’秦国和韩国不能不同忧共患，这种情形可以看出。魏国想要调兵进攻韩国，秦国便派人把魏国派去的使者带到了韩国。如今秦王派我来韩国却不能见到您韩王，恐怕大王身边的大臣又要重演过去的奸臣之计，使韩国又有失去土地的忧患。我不能得到召见，请求回去报告，秦国和韩国的关系一定会断绝。我来出使的目的，是为了讨得秦王的欢心，希望进献有利韩国的计谋，难道这就是陛下您接待我的方式吗？我希望见大王一面，上前陈说我愚笨的计策，再退回来接受死刑，恳请陛下多加留意！现在即使您把我杀死在韩国，大王也不能因此而强大；但如果不听我的计策，那必然会构成祸患。秦国发兵不停地前进，韩国可就堪忧了。如果我在韩国暴尸街市，那么您想再听下臣我愚笨的计策，也就不可能了。等到贵国边境残破，国都需要死守，杀声贯耳的时候，再想到用我的计策，已经晚了。况且韩国的兵力怎样，天下人都知道的，现在又背叛强大的秦国。如果军队弃守城池而吃了败仗，那么内部谋反的人一定会乘虚袭击城邑；城邑丢弃了，百姓也就逃散了；百姓一散，军队就没有了。如果固守城市，那么秦国一定会出兵围攻其中的一座大城市，道路交通被阻断，难以谋划，这种形势就无法挽救，左右大臣的计谋没有用场，希望陛下仔细考虑。如果下臣我所说有与事实不符的，也希望大王能让我上前把话说完，然后再让我受刑也不晚。秦王吃不香，游玩不快乐，心里专门想着谋取赵国，秦王派我前来，希望得到您的亲自接见，为的是急于和大王商量计策。如今使臣不通，那么韩国的真诚就没法让人知道。秦国一定放下赵国这个祸患而把兵力转向韩国，希望陛下再一次认真考虑这个问题，赐给我您的答复。”

难言第三

题 解

“难言”，是说向君主进言很困难。这是韩非去秦国之前给韩王的上书，文章概括诉说了臣子向君主进言的困难。在本篇中，韩非首先分析了难以进言的原因，然后又列举了历史上许多贤能之士死于昏君之手的事实，希望君主能听取有术之士的忠言。

臣非非难言也，所以难言者：言顺比滑泽，洋洋𬙊𬙊然①，则见以为华而不实；敦祇恭厚，鲠固慎完，则见以为掘而不伦②；多言繁称，连类比物，则见以为虚而无用；总微说约，径省而不饰，则见以为刿而不辩③；激急亲近，探知人情，则见以为谮为不让；闳大广博，妙远不测④，则见以为夸而无用；家计小谈，以具数言，则见以为陋；言而近世，辞不悖逆，则见以为贪生而谀上；言而远俗，诡躁人间，则见以为诞；捷敏辩给，繁于文采，则见以为史；殊释文学，以质信言，则见以为鄙；时称诗书，道法往古，则见以为诵。此臣非之所以难言而重患也。

[注释]

①𬙊𬙊然：很有条理、有规矩的样子。②掘而不伦：笨拙而不成体统。掘，通“拙”。③刿而不辩：锋芒露出而不擅辩说。④妙远不测：深远而不可捉摸。妙，通“眇”，高远。

[译文]

下臣韩非我不是没有进言的能力，之所以难于进言是因为：言辞和顺而流畅，丰富有条理，就被认为是华而不实；言辞恳切而恭敬，耿直周全，就被认为是笨拙而不成体统；广征博引，广作比较，就被认为是空洞无用；概括精微的道理而简要阐述，直率而简略，就被认为是直白显露而不够委婉；激烈明快而无所避讳，触及他人内心的感情，就被认为是诬陷而不懂谦让；宏大广博，深远而不可捉摸，就被认为是浮夸无用；谈论家常小事，一件件细说，就被认为是浅薄；言辞切近世俗，词语遵循常规，就被认为是贪生怕死而奉承君主；言辞跟世俗不一样，跟世人见解不一样，就被认为是荒诞的；反应敏感而雄辩，文采较好，就被认为是不质朴；弃绝文献，诚实地诉说，就被认为是粗俗；时常援引《诗》《书》等古人典章，称道效法古代圣贤，就被认为是死记硬背、不懂得实践。这些就是下臣韩非我难于对君主进言进而感到忧虑的原因。

故度量虽正，未必听也；义理虽全，未必用也。大王若以此不信，而小者以为毁訾诽谤，大者患祸灾害死亡及其身。故子胥①善谋而吴戮之，仲尼善说而匡围之，管夷吾实贤而鲁囚之。故此三大夫岂不贤哉？而三君②不明也。上古有汤，至圣也；伊尹③，至智也。夫至智说至圣，然且七十说而不受，身执鼎俎为庖宰，昵近习亲，而汤乃仅知其贤而用之。故曰：以至智说至圣，未必至而见受，伊尹说汤是也；以智说愚必不听，文王说纣是也。故文王说纣而纣囚之；翼侯④炙；鬼侯腊(xī)，比干剖心；梅伯醢(hǎi)⑤；夷吾束缚；而曹羁奔陈⑥；伯里子道乞；傅说转鬻(yù)；孙子膑脚于魏；吴起⑦抆泣于岸门，痛西河之为秦，卒枝解于楚；公叔痤(cuó)言国器反为悖；公孙鞅奔秦；关龙逄(páng)斩；苌弘分胣；尹子阱于棘；司马子期死而浮于江；田明辜射；宓子贱⑧、西门豹不斗而死人手；董安于⑨死而陈于市；宰予不免于田常；范雎(jū)⑩折胁于魏。此十数人者，皆世之仁贤忠良有道术之士也，不幸而遇悖乱暗惑之主而死。然则虽贤圣不能逃死亡避戮辱者，何也？则愚者难说也，故君子难言也。且至言忤于耳而倒于心，非贤圣莫能听，愿大王熟察之也。

邹忌讽齐王纳谏

“文死谏、武死战”，可谓伴君如伴虎。战国时期齐国谋士邹忌，巧妙地将自己的妻、妾、客人与威王的官妇、群臣、邻国进行类比，轻而易举地让齐王明白确实受了蒙蔽。展现了高超的谈话技巧。

[注释]

①子胥：伍子胥，名员，军事家，春秋时期楚国人，曾任吴国大夫。②三君：指的是当时鲁国的国君、吴王夫差和匡地的行政长官。③伊尹：商汤的相，曾在商汤建国时

发挥巨大作用。④翼侯：鄂侯，商纣王的臣子，因进谏商纣王而被烧死。⑤梅伯：商纣王的臣子，因屡次进谏商纣王而被剁成肉酱。⑥曹羁奔陈：戎入侵曹国时，大夫曹羁曾劝曹伯宜守不宜攻，曹伯不听，战败而死，后曹羁奔逃陈国。⑦吴起：魏国将领，后至楚国任令尹，楚悼王死后被杀。⑧宓子贱：鲁国人，孔子的学生，曾在鲁国做官。⑨董安于：赵简子家臣，守卫晋阳。⑩范雎：字叔，战国时期魏国人。在魏国时，他曾受人陷害被打断肋骨，后来到达秦国，更名换姓后受封。

［译文］

所以，办事的原则虽然正确，君主不一定会听从；治国的道理虽然完善，君主不一定会采用。大王您如果认为这些话不可靠，轻则可以看成是诋毁诽谤，重则可以让进言者横遭死亡。因此伍子胥善于谋划而吴王杀了他，孔子善于游说却被匡人所围攻，管仲确实贤能而鲁君却将他囚禁起来。伍子胥、孔子、管仲这三位大夫难道没有贤能吗？但吴国、匡地、鲁国的君主却不够明智。上古的商汤，是极其圣明的；伊尹，是极其聪明的臣子。极其聪明的臣子去向极其圣明的君主进说自己的主张，说了七十次尚且不被采纳，最后伊尹只好亲自拿着炊具去给商汤做厨师，通过亲近熟悉之后，商汤才知道他贤德而重用了他。因此说：用最聪明的去进说最圣明的，这样的情况也不一定被接受，伊尹向商汤进言就是这样；用聪明的去进说愚蠢的一定不会被接受，周文王向商纣进说就是这种情况。所以，周文王向商纣王进说，商纣王囚禁了他；翼侯被烧死；鬼侯被纣王制成了肉干；比干被纣王挖去心脏；梅伯被纣王剁成肉酱；管仲被鲁庄公捆绑；而曹羁逃奔到了陈国；百里奚在齐国沿路乞讨；傅说做奴隶时被转卖；孙膑在魏国遭受膑刑；吴起在岸门擦泪，痛哭西河之地将成为秦地，他自己最后在楚国被肢解；公叔痤推荐国中杰出人才反被认为是说胡话；商鞅被迫出奔到了秦国；关龙逢因进谏被斩首；苌弘因进谏遭到剖腹；尹子被关进牢狱；司马子期被杀后尸首浮在江上；田明被分尸；宓子贱、西门豹不与人争斗却被他人杀害；董安于自杀后被陈尸示众；宰予遭到田常的杀戮；范雎在魏遭陷害而被打断肋骨。这十几个人，都是当时社会仁义、贤能、忠良而有本领的人，不幸遇上荒谬昏庸的君主而死去。那么即使贤圣也不能逃避死亡和刑辱，这是为什么呢？就是昏君难以劝谏，所以有道的君子难以进言。况且恳切合理的意见往往很逆耳，如果不是圣贤之君是听不进去的。我希望大王您能仔细考虑。

爱臣第四

题解

本篇取篇首二字为题。“爱臣”，意为君主宠爱的臣子。本篇主要阐述君主所宠爱的大臣是潜在的威胁，告诫君主必须注意控制权力。历史上，许多王朝的颠覆都跟实力强大、兵权在握的大臣有关，因此，英明的君主对于宠爱的大臣也应该有所防范。

爱臣太亲，必危其身；人臣太贵，必易主①位；主妾无等，必危嫡子②；兄弟不服，必危社稷。臣闻千乘之君③无备，必有百乘之臣在其侧，以徙其民④而倾其国；万乘（shèng）之君无备，必有千乘之家在其侧，以徙其威而倾其国。是以奸臣蕃息，主道衰亡。是故诸侯之博大，天子之害也；群臣之太富，君主之败也。将相之管主而隆家⑤，此君人者所外也。万物莫如身之至贵也，位之至尊也，主威之重，主势之隆也，此四美者，不求诸外，不请于人，议之而得之矣。故曰：人主不能用其富，则终于外也。此君人者之所识（zhì）也。

[注释]

①主：在春秋战国时期，妾通常称妻为主母。主妾即是妻妾。②嫡子：指由正妻所生的长子，简称“嫡”。③乘：古时候常把一车四马称为一乘。④徙其民：夺取君王治下的民众。⑤隆家：使私家兴盛、强大。

[译文]

喜欢的臣子过于亲近，一定会危害到自己；臣子的地位太高，一定会取代君王；妻妾不分等级，一定会危及嫡子；君主的兄弟如果不服，一定会危害到国家。我听说千乘小国的国君没有防备，一定会有拥有万乘兵马的臣子在身边，准备夺取他的百姓，颠覆他的国家；万乘大国的君主没有防备，一定会有千乘的大夫在身边，准备夺取他的权力，颠覆他的国家。奸臣势力强盛，君主权势就会衰亡。所以，诸侯强大是君主的危害；群臣富庶是君主的失败。将相控制君主而使私家兴盛，这是君主应该避免的。万事万物之中，没有比君身更高贵，比君王更值得尊重，比君威更强大，比君权更隆盛的了。这四样美好的东西，不用求助外界，不用借助别人，处理适当就可以得到。所以说：君主不能使用他的财富，最终会被排斥在外。这点是为人君

主者所应记住的。

昔者纣之亡，周之卑，皆从诸侯之博大也；晋之分也，齐之夺[1]也，皆以群臣之太富也。夫燕、宋之所以弑其君者，皆此类也。故上比之殷、周，中比之燕、宋，莫不从此术也。是故明君之蓄[2]其臣也，尽之以法，质[3]之以备。故不赦死，不宥[4]刑，赦死宥刑，是谓威淫，社稷将危，国家偏威。是故大臣之禄虽大，不得借威城市；党与虽众，不得臣士卒。故人臣处国无私朝，居军无私交，其府库不得私贷于家，此明君之所以禁其邪。是故不得四从[5]；不载奇兵；非传非遽[6]，载奇兵革，罪死不赦。此明君之所以备不虞[7]者也。

［注释］

①齐之夺：公元前 481 年，齐国大臣陈恒弑简公，控制齐国政权，史称“田氏代齐”。②蓄：通“畜”，这里是豢养的意思。③质：核查、验证。这里为双方对质的意思。④宥：赦免、宽恕。⑤四从：四匹马拉的车作为随从。四，通“驷”。⑥遽：传送紧急文件的快马。⑦不虞：想象不到的事情。这里指大臣的反叛。

［译文］

以前商纣的灭亡，周朝的衰败，都是因为诸侯的强大；晋国被三分，齐国被夺权，都是因为臣子太富有。燕国、宋国杀掉国君，也都是属于这类情况。所以上比之商、周，中间对应燕、宋，没有一个不是因为这种类原因的。因此，高明的君主蓄养他的臣子，完全依靠法律，立足于防备。所以不赦免死囚，不款待罪犯，赦免死囚、宽待罪犯，这叫威严丧失，会危害到江山社稷。因此，大臣的俸禄即使很优厚，但不能凭借权势建立权威；党羽虽然众多，但不能有自己的军队。所以，臣子在国内不许有私人朝会，在军中不能有私人的外交，个人财产不能私自借给别人。这是英明的君主用来禁止奸邪的好办法。因此，臣子出行不得有不合身份的车马跟随，不能在车上携带任何武器；若不是紧急送信，带有武器的即判处死刑，决不赦免。这是明智的君主用来防范不测之祸发生的措施。

主道第五

题解

所谓“主道”，就是为君之道。

本篇继承黄老学派，并对道家思想加以改造，让道家思想融入政治生活中去，其宗旨在于“无为”。文章分三个层次论述，层层渗透，详细讲解了韩非对于君主治国、用人等一系列政治行为的新理论。即君主在位，可以不必有任何作为，君主无为，群臣方可有为。作为国家的领导者，君主的主要责任在于发现各种才能不同的人才，让他们各司其职，只有这样，才能保证各得其所。

本篇用韵文写成，句式工整，别具一格，是韩非的代表作之一。

道者，万物之始，是非之纪也。是以明君守始以知万物之源，治纪以知善败之端。故虚静以待，令名自命也，令事自定也。虚则知实之情，静则知动者①正。有言者自为名，有事者自为形，形名参同，君乃无事焉，归之其情。故曰：君无见其所欲，君见其所欲，臣自将雕琢②；君无见其意，君见其意，臣将自表异。故曰：去好（hào）去恶（wù），臣乃见素③；去旧去智，臣乃自备。故有智而不以虑，使万物知其处④；有贤而不以行，观臣下之所因；有勇而不以怒，使群臣尽其武。是故去智而有明，去贤而有功，去勇而有强。群臣守职，百官有常，因能而使之，是谓习常。故曰：寂乎其无位而处，漻（liáo）乎⑤莫得其所。明君无为于上，群臣竦（sǒng）惧乎下。明君之道，使智者尽其虑，而君因以断事，故君不穷于智；贤者敕其材⑥，君因而任之，故君不穷于能；有功则君有其贤，有过则臣任其罪，故君不穷于名。是故不贤而为贤者师，不智而为智者正。臣有其劳，君有其成功，此之谓贤主之经也。

［注释］

①者：通“诸”，之。②雕琢：假装，伪饰。这里指精心粉饰言行的行为。③素：本色，这里是实情的意思。④处：办理、治理之意。⑤漻乎：寥廓，空旷高远的样

子。漻，通“寥”。⑥敕其材：鼓励他们贡献自己的才能。勑，勉励、鼓励。

［译文］

道是万物之本，是对错的准则。因此，英明的君主掌握通晓万物的本源，研究准则来了解事情成败的缘由。所以，君主虚无冷静地对待一切，顺应自然的教诲，听由事情自己决定。虚无就可以知道事情的真相，冷静就可以知道行动的准则。进言的人会自己形成主张，办事的人自会形成效果，主张与效果互相验证，君主不用做其它的，事情就会自己呈现真相。所以说：君主不要显露自己的欲望，君主显露欲望，臣子将会自我粉饰；君主不要显露自己的意图，君主显露意图，臣子将会自我伪装。所以说：君主没有爱好没有厌恶，就能看出臣子的本意；没有成见没有智慧，臣子就戒饬自己。所以君主有智慧也不用来思考，使万物得以各自恰当处理；有贤德也不显露出来，可以观察臣子处事的缘由；有勇气也不用来逞威，可以使群臣发挥他们的勇武。所以，君主抛弃智慧仍可洞察，离开贤能仍有政绩，不用勇力却仍有强力。群臣各守其责，百官都有常法，君主根据才能任用他们，这叫作遵循常道。所以说：君主没处在君位上就会寂寞，臣子不知道君主在哪就会空虚。英明的君主在上面无为而治，下面的群臣诚惶诚恐地尽职。英明的君主执政的方法，会让有智慧的人殚精竭虑，君主根据这点来判断事情，所以君主的智慧就不会穷尽。有才能的人贡献他们自己的才能，有过失的则让臣子来承担，所以君主的好名声不会穷尽。所以，君主不够贤能，但可以做贤者的老师，不够智慧，却可以做智者的君长。臣子承担辛劳，君主享受成功，这才是贤明君主的守常之道。

道在不可见，用在不可知。虚静无事，以暗见疵。见而不见，闻而不闻，知而不知。知其言以往，勿变勿更，以参合阅焉。官有一人，勿令通言，则万物皆尽。函掩[1]其迹，匿其端，下不能原[2]；去其智，绝其能，下不能意。保吾所以往而稽[3]同之，谨执其柄而固握之。绝其望，破其意，毋使人欲之。不谨其闭，不固其门，虎乃将存。不慎其事，不掩其情，贼乃将生。弑其主，代其所，人莫不与[4]，故谓之虎。处其主之侧为奸臣，闻其主之忒[5]，故谓之贼。散其党，收其余，闭其门，夺其辅，国乃无虎。大不可量，深不可测，同合刑名[6]，审验法式，擅为者诛，国乃无贼。是故人主有五壅[7]：臣闭其主曰壅，臣制财利曰壅，臣擅行令曰壅，臣得行义曰壅，臣得树人曰壅。臣闭其主，则主失位；臣制财利，则主失德；臣擅行令，则主失制；臣得行义，则主失明；

臣得树人，则主失党。此人主之所以独擅也，非人臣之所以得操也。

[注释]

①函掩：掩盖、包涵。函，通“含”，包含。②原：根本、根源。③稽：核对、考核。④与：这里为跟着、随从的意思。⑤忒：谬误、差错。⑥刑名：形名，原指形体（或实际）和名称，名为法令、言论的意思。刑名即名实。⑦壅：遮蔽，蒙蔽。

后主刘禅

刘禅继位初期，根据刘备遗诏，由丞相诸葛亮辅政，政事事无巨细，都由诸葛亮来决策。刘禅在位41年，其中有11年都由诸葛亮辅佐。

[译文]

君主的原则在于不被臣子看透心思，原则的运用在于不被臣子了解。君主保持虚静无为的状态，暗中观察臣子的过失。看见了就好像没看见，听见了就好像没听见，知道了就好像不知道。君主了解臣子的主张后，不要轻易变更，应该采用验证的方法来考察。每个官位只有一个人，不让他们互相通气，那么所有事情的真相都会显露出来。君主掩盖行迹、隐藏起念头，臣子就没办法推测缘由；君主抛弃智慧，不表现才能，臣子就不能揣度。保留我所向往的意见而考察臣子，谨慎地抓住权力并牢固掌握它。杜绝臣子的窥视，消灭臣子的揣度，不让人有过分的欲望。不谨慎地封闭，不牢固地守门户，那么贼子就会像老虎一样闯入。不能谨慎行事，不掩盖真实意图，奸臣的意图就会显露出来。杀掉自己的君主，取代君主的地位，没有人不归附于他，所以这样的奸臣就叫虎。在君主的身边做奸臣，窥探君主的过失，这样的奸臣就叫贼。君主应该解散其朋党，收拾其余孽，封闭其门户，铲除其帮凶，这样国家就没有老虎了。君主的意图广大无边，深不可测，对臣子的言行加以审核，要求一致，严惩擅自行动者，这样国家就没有奸贼了。因此，君主会遭遇五种受蒙蔽的情况：臣子使君主闭塞是一种蒙蔽，臣子控制财利是一种蒙蔽，臣子擅自发号施令是一种蒙蔽，臣子收取仁义的名声是一种蒙蔽，臣子扶植私人党羽是一种蒙蔽。臣子闭塞君主的耳目，君主就会失去帝位；臣子控制国家的财利，君主就会失去可以收买人心的恩德；臣子私自发号施令，君主就会失去控制权；臣子施行仁义获得名声，君主就会失去圣明；臣子得以扶植党羽，君主就会失去支持者。这些本是君主应该独自掌握的，不能让臣子所操纵。

人主之道，静退以为宝。不自操事而知拙与巧，不自计虑而知福与咎。是以不言而善应，不约而善增。言已应，则执其契[1]**；**

事已增，则操其符[②]。符契之所合，赏罚之所生也。故群臣陈其言，君以其言授其事，事以责其功。功当其事，事当其言，则赏；功不当其事，事不当其言，则诛。明君之道，臣不得陈言而不当。是故明君之行赏也，暧乎如时雨，百姓利其泽；其行罚也，畏乎如雷霆，神圣不能解也。故明君无偷赏，无赦罚。赏偷则功臣堕[③]其业，赦罚则奸臣易为非。是故诚有功，则虽疏贱必赏；诚有过，则虽近爱必诛。疏贱必赏，近爱必诛，则疏贱者不怠，而近爱者不骄也。

［注释］

①契：古时的一种凭证。在器物上刻字，分成两半，当事人各持一部分，验证时将其结合。②符：古时调兵遣将时的凭证。③堕：放松、懈怠。

［译文］

君主的原则，是要以“静退”为法宝。不亲自操持事务却能知道臣子做得好还是不好，不亲自谋划考虑却知道臣子的计谋是祸还是福。所以君主不说话却善于应对，不对臣子作规定而臣子却能做更多的事。既然口头上对臣子的主张做出反应，就应该拿出契约来核查；事情既然有了效果，就应该拿出契约来兑现。用凭证进行核查，就是赏罚的根据。所以，群臣陈述他们的想法，君主根据他们的主张交给他们要办的事情，根据交给他们的事情而责求应有的功效。功效与事情相符合，就给予奖赏；功效与事情不符，事情与当初的主张不相称，就给予处罚。英明君主的处事原则，要求臣子不能说话不算数，所以英明君主进行赏赐时，要像及时雨那样温润，使百姓都能感受到恩泽；君主施行处罚时，要像雷霆一样骇人，就是神明也不能解脱。因此英明的君主不会随便给予赏赐，也不会轻易赦免惩罚。随便给予赏赐，功臣就会不在意自己的事业；赦免应有的惩罚，奸臣就会为非作歹。所以，真正有功的，即使是与自己疏远卑贱的人也一定要赏赐；真正有罪的，就算是自己亲近喜爱的人也一定要惩罚。疏远卑贱的人一定奖赏，亲近喜爱的人一定惩罚，那么疏远卑贱的人就不会懈怠，而亲近喜爱的人也就不会骄横了。

有度第六

题 解

"有度"，意为治理国家要有法度。

此篇强调法对于治国的重要性，通过一些古代事例不难印证，能否秉公守法地处事是一个国家强弱兴衰的重要标志。只有坚决依法办事，社会才能得以稳定，国家才能得以兴盛。

《有度》是《韩非子》这一著作中少见的专论其"法"的一篇，在我国法治思想史上具有开创性的意义。

国无常强，无常弱。奉法者强，则国强；奉法者弱，则国弱。荆庄王并国二十六，开地三千里；庄王之氓①社稷也，而荆以亡。齐桓公并国三十，启地三千里；桓公之氓社稷也，而齐以亡。燕襄王以河为境，以蓟②为国，袭涿、方城，残齐③，平中山④，有燕者重，无燕者轻；襄王之氓社稷也，而燕以亡。魏安釐王攻燕救赵，取地河东⑤，攻尽陶、魏之地；加兵于齐，私平陆之都；攻韩拔管⑥，胜于淇下；睢阳之事，荆军老而走；蔡、召陵之事，荆军破；兵四布于天下，威行于冠带之国；安釐王死而魏以亡。故有荆庄、齐桓公，则荆、齐可以霸；有燕襄、魏安釐，则燕、魏可以强。今皆亡国者，其群臣官吏皆务所以乱而不务所以治也。其国乱弱矣，又皆释国法而私其外，则是负薪而救火也，乱弱甚矣！

[注释]

①氓：通"泯"，这里是灭、死的意思。②蓟：地名，燕国的都城，位于今北京西南。③残齐：攻破齐国。燕昭王二十八年（前284）燕国联合秦、赵、魏、韩等国攻打齐国，燕国大将乐毅攻破齐国。④平中山：灭掉中山国。燕昭王十七年（前295），燕国协助赵国灭掉了中山国。⑤取地河东：指前257—前256年，魏公子无忌在河东击败秦军，夺回失地。⑥攻韩拔管：魏公子无忌出兵攻打韩国管地一事。管，地名，位于今河南郑州。

楚庄王一鸣惊人

楚庄王刚继位时喜爱饮酒作乐，大夫伍举以“大鸟栖息朝堂，三年不飞，三年不鸣”劝谏楚庄王，楚庄王解散了乐队舞女，以实际行动兑现“三年不飞，一飞冲天，三年不鸣，一鸣惊人”的豪言壮志。

[译文]

国家不可能永远强盛，也不可能一直衰弱。君主依法办事，国家就会强盛；君主不依法办事，国家就会衰弱。楚庄王曾吞并了二十六个国家，打下三千里疆土；楚庄王抛弃国家而死之后，楚国也随之衰败了。齐桓公吞并三十个国家，开辟了三千里疆土；齐桓公死后，齐国也衰弱了。燕昭王以黄河作为国境，以蓟为国都，又将涿、方作为国都的外城，攻破了齐国，踏平了中山国，得到燕国支持的国家威望就重，得不到支持的威望就轻；燕昭王死后，燕国也因此衰弱。魏安釐王攻打燕国，营救赵国，夺回了失地，完全占领了定陶和卫国领土；对齐国用兵，夺取了平陆的都城；出兵攻打韩国管地，在淇水下游取胜；在睢阳的战争中，楚军因疲惫而逃走；在蔡和召陵的战争中，楚军被击败；魏国的士兵布满天下，威风传遍中原各国；魏安釐王死后魏国随之衰弱。因此，有了楚庄王、齐桓公，楚国、齐国就可以称霸；有了燕昭王、魏安釐王，燕国、魏国就可以强盛。现在这些国家都衰弱了，是因为群臣官吏做的事只会使国家变乱而不会使其得到治理。这些国家已经是混乱衰弱了，他们的群臣又不循国法、营私舞弊，这就好比背着干柴去救火，国家只会更加混乱、衰弱。

故当今之时，能去私曲就公法者，民安而国治；能去私行行公法者，则兵强而敌弱。故审得失有法度之制者，加以群臣之上，则主不可欺以诈伪；审得失有权衡之称者，以听远事，则主不可欺以天下之轻重。今若以誉进能，则臣离上而下比周；若以党举官，则民务交而不求用于法。故官之失能者其国乱。以誉为赏，以毁为罚也，则好赏恶罚[1]之人，释公行，行私术，比周以相为也。忘主外交，以进其与，则其下所以为上者薄矣。交众、与多，外内朋党，虽有大过，其蔽多矣。故忠臣危死于非罪，奸邪之臣安利于无功。忠臣之所以危死而不以其罪，则良臣伏矣；奸邪之臣安利不以功，则奸臣进矣：此亡之本也。若是，则群臣废法而

行私重，轻公法矣。数（shuò）至能人之门，不一至主之廷；百虑私家之便，不一图主之国。属数虽多，非所以尊君也；百官虽具，非所以任国也。然则主有人主之名，而实托于群臣之家也。故臣曰：亡国之廷无人焉。廷无人者，非朝廷之衰也。家务相益，不务厚国；大臣务相尊，而不务尊君；小臣奉禄养交，不以官为事。此其所以然者，由主之不上断于法，而信下为之也。故明主使法择人，不自举也；使法量功，不自度也。能者不可弊②，败者不可饰，誉者不能进，非③者弗能退，则君臣之间明辩而易治，故主雠（chóu）④法则可也。

［注释］

①好赏恶罚：喜欢奖赏，讨厌惩罚。好，喜欢。恶，讨厌。②弊：通“蔽”，遮蔽，隐身。③非：通“诽”，诋毁，诽谤。④雠：用，运用。

［译文］

所以在这个时代，能够除掉奸邪而公正执法，百姓就会得到安宁，国家就能治理得很好；能够除掉谋私利的行为而实行国家法令的，军队就会强大，敌人也就会变得弱小。因此，明察得失而又有法度的规定，凌驾在群臣之上，那么君主就不可能被欺诈；明察得失又以法度的标准听取远方的事情，君主就不会被轻重颠倒的事情所欺骗。现在如果以声誉选拔人才，那么群臣就会私下营私舞弊；如果以朋党的关系来推举官员，那么百姓就会勾结死党而不再依法行事。所以为官不称职，国家就会混乱。以虚假之名奖赏，以诽谤的流言作为依据来处罚，那么喜欢奖赏而讨厌处罚的人，就会丢掉国家的职责，玩弄个人权力，互相利用。臣子不考虑君主而在朝廷外忙于私交，利用机会推举他的党羽，那么这些臣子用来为君主尽力的心思就少了。臣子的私交多了，党羽多了，朝廷内外结成死党，虽然有了很大的罪，但为他遮掩的人很多。因此，忠臣无罪却遭遇危难而死，奸臣无功却坐享安乐利益。忠臣之所以遭遇危难并不是因为有罪，那么良臣就会隐退；奸臣坐享安乐却不是因为他们有功，那么奸臣就会得到进用：这是国家衰亡的根本原因。如果是这样，群臣就会不顾法律而设法获得个人利益，不把国家的法令当回事。屡次进出奸臣的家门，却一次也不去上朝；每天想着自己的好处，却不考虑君主与国家的利益。君主的下属官吏虽然很多，但都不是朝廷所需要的；各个官员虽然一应俱全，但不是君主需要用来担负国家大事的。这样就使得君主虽有一国之君的名声，但仍然要依附到群臣的私家。所以我说：衰亡的国家朝廷没有人。朝廷里没人，并不是臣子少。私家致力于相互谋利，而不想如何让国家富强起来；大臣致力于相互推崇，但不尊崇君主；小臣们则拿着国家的俸禄去培养私交，不把官位当回事。之所以会酿成这种局面，是因为君主在上面不依法决断政事，而任

凭下面的臣子胡作非为。所以英明的君主用法制来选拔人才，不凭自己的意愿来用人；按法制来考核臣子的功勋，而不是靠自己的主观看法。有才能的人不被埋没，坏人没法掩饰，只有虚名的人不得进用，遭受诽谤的人不被免职，那么君主就能明辨功过是非，国家也就容易治理，所以君主用法就行了。

贤者之为人臣，北面委质①，无有二心。朝廷不敢辞贱，军旅不敢辞难；顺上之为，从主之法，虚心以待令，而无是非也。故有口不以私言，有目不以私视，而上尽制之。为人臣者，譬之若手，上以修头，下以修足；清暖寒热，不得不救；镆铘传体②，不敢弗搏，无私贤哲之臣，无私事能之士。故民不越乡而交，无百里之慼③。贵贱不相逾，愚智提衡而立，治之至也。今夫轻爵禄，易去亡，以择其主，臣不谓廉。诈说逆法，倍主强谏④，臣不谓忠。行惠施利，收下为名，臣不谓仁。离俗隐居，而以诈非上，臣不谓义。外使诸侯，内耗其国，伺其危险之陂(bēi)，以恐其主曰“交非我不亲，怨非我不解”，而主乃信之，以国听之。卑主之名以显其身，毁国之厚以利其家，臣不谓智。此数物者，险世之说也，而先王之法所简也。先王之法曰：“臣毋或作威，毋或作利，从王之指⑤；无或作恶，从王之路。”古者世治之民，奉公法，废私术，专意一行，具⑥以待任。

［注释］

①北面委质：向北面的君主行礼。委质，初次见面想尊重献礼的意思。质，通“贽”，礼物。②镆铘传体：剑逼近身体。镆铘，一作“莫邪”，古代名剑。傅，通“附”，逼近，靠近。③慼：通“戚”，亲戚，家属。④倍主强谏：违背君主的意愿，强行进谏。倍，通“背”，违背。⑤从王之指：顺从君主的旨意。⑥具：通“俱”，全部，完全。

［译文］

有贤能的人去做臣子，向北面朝见君主行礼，没有二心。在朝廷不敢推掉卑贱的职务，在军中不敢拒绝危险的战事；顺从君主的旨意，遵守君主的法令，虚心等待命令，没有个人的是非之见。所以臣子有口而不为私利辩解，有眼而不为个人的目的观察，君主完全可以控制。做臣子，就好比人的手，上面修饰头，下面修饰脚；无论冷暖，不得不用手来护卫身体；剑逼近身体，不得不用手去格斗。不私心偏袒贤能而有智慧的大臣，不偏爱侍奉有才能的人。所以臣民不跨越乡间去交游，没有百里之外

的亲戚。富贵的人和贫穷的人不超越界限，愚者和智者以法为准则立身社会，这是治理国家的境界。如今，那些人轻视官位和俸禄，随便就会易主，我不认为这种行为是忠。施行恩惠，收买人心，我不认为这种行为是仁。离群索居，用欺诈的言论诋毁君主，我不认为这种行为是义。出使其它国家，而损害自己的国家，等到国家危机的时候，恐吓君主说：“与其他国家之间交好没我不行，与其他国家之间的怨恨也只有我才能解开。”而君主就会相信他，把国家交给他处理，他会贬低君主的名声来彰显自己的能力，毁掉国家的财富而为私家谋利，我不认为这是智。这几件事，是动荡的社会里面的说法，却是先王的法令所排斥的。先王的法令说：“臣子不要逞威，不要谋求私利，顺从君主的旨意；不要作恶，遵循君主的道路。”古代治理出色的国家的臣民，遵循法令，废除谋私利的手段，专心为君主做事，一切等待君主的任用。

夫为人主而身察百官，则日不足，力不给。且上用目，则下饰观；上用耳，则下饰声；上用虑，则下繁辞。先王以三者为不足，故舍己能而因法数，审赏罚。先王之所守要①，故法省而不侵。独制四海之内，聪智不得用其诈，险躁不得关其佞，奸邪无所依。远在千里外，不敢易其辞；势在郎中②，不敢蔽善饰非；朝廷群下，直凑单微，不敢相逾越。故治不足③而日有余，上之任势使然也。

［注释］

①要：方法，要领。②郎中：古时君主的侍从，多负责通报和警卫工作。③治不足：没有过多的事情要做，意思是办事不费力。

［译文］

如果做君主的要亲自审察百官，那么时间就会不够用，精力也不够用。况且君主用眼，臣子就会修饰外观；君主用耳，臣子就会修饰声音；君主用思想，臣子就会修饰语言。先王因为靠耳、目、思这三者是不够的，所以放弃了自己的才能而用法令，严明赏罚。先王守护要领，所以法律虽简单但不受侵犯。独自掌握着天下的一切，聪明的人也不能玩弄他们的奸诈，阴险的人也不能让他们施展谄媚的口才，奸邪之人就没什么依靠了。臣子远在千里之外，不敢隐瞒事实；在郎中的位置，也不敢隐瞒好事掩饰坏事；朝廷群臣在下面，直接将个人力量汇集到君主那里，不敢相互逾越职守。所以君主会觉得事情不够办而每天都有空闲，这是君主任用权势使其这样的。

夫人臣之侵其主也，如地形焉，即渐以往，使人主失端，东西易面而不自知。故先王立司南①以端朝夕。故明主使其群臣不游意于法之外，不为惠于法之内，动无非法。峻法，所以禁过外

私也；严刑，所以遂令惩下也。威不贰错[2]，制不共门。威制共，则众邪彰矣；法不信，则君行危矣；刑不断，则邪不胜矣。故曰：巧匠目意中(zhòng)绳[3]，然必先以规矩为度；上智捷举中事，必以先王之法为比。故绳直而枉木斫，准夷而高科削，权衡县而重益轻，斗石[4]设而多益少。故以法治国，举措而已矣。法不阿贵，绳不挠曲。法之所加，智者弗能辞，勇者弗敢争。刑过不避大臣，赏善不遗匹夫。故矫上之失，诘下之邪，治乱决缪，绌羡齐非，一民之轨，莫如法。厉官威民，退淫殆，止诈伪，莫如刑。刑重，则不敢以贵易贱；法审，则上尊而不侵。上尊而不侵，则主强而守要，故先王贵之而传之。人主释法用私，则上下不别矣。

[注释]

①司南：古代测量方向的仪器。朝夕，本意指早上和晚上，这里指东西两个方向。②威不贰错：威势不能两方面一起树立。贰，指君臣两方面。错，通“措”。③中绳：合乎绳墨。绳，木匠拉直的墨线。④斗石：古代计量容量单位，十斗为一石。

[译文]

人臣侵犯他的君主，跟地形一样，是逐渐地改变，让君主迷失方向，东西位置调换了自己也不知道。所以先王用司南来测定方向。因此英明的君主不让他的群臣在法律之外思考，不在法律之内施加恩惠，所有的行动都是合法的。峻法，是用来防止谋私的方法；严刑，是用来贯彻命令、惩罚臣子的手段。威势不能君臣一起树立，权力不能君臣共有。威势和权力如果君臣共同拥有，那么各种违法活动就会明目张胆地进行；执法不落实，君主就会有危险；执行不果断，奸邪就无法控制了。所以说：巧妙的工匠用肉眼测量就可以合乎绳墨，但必须先以规则作为法度；聪明的人很快就能把事情做好，但一定要以先王的法制为标准。因此墨线量直，弯曲的木头就会被砍断；用基准来测量平，高出的部分就会削掉；用秤测重，重的部分就要分给轻的部分一些；用斗石来测量多少，多的就要减轻一部分给少的。所以依法治国，就是这样的举措。法律不偏袒权贵，准绳不偏袒曲木。法令施加到人身上，有智慧的人不能推辞，有勇气的人也不敢抗争。惩罚不避开大臣，奖赏不遗漏百姓。因此纠正上面的过失，质问下面的罪恶，治理混乱而判断失误，削减多余而纠正错误，这就是统一民众行为的途径，没有比法律更好的了。整顿官吏树立威名，遏止懈怠的行为，制止诈骗伪装，没有比刑法更管用的了。刑法严厉，身居高位的人就不敢鄙视身份低微的人；法令严明，君主就可以得到尊敬而不被侵犯。君主得到尊敬而不被侵犯，君主就会强大的掌握着治国方法，所以先王把它看得很重并将其传承下来。君主如果放弃法制而以私人意愿处事，那君与臣就没有区别了。

二柄第七

题 解

“二柄”，指刑与赏，即用杀戮和赏赐这两种权柄来管理臣子。

该篇分为三段来论述这一问题：首先分析了这两种权柄的重要性，以及其指挥作用；然后论述了如何正确使用这两种权柄；最后进一步阐述君主在运用此二种手段时应该注意的问题。今天看来，这些论述对于管理仍有很大的启发作用。

明主之所导制其臣者，二柄而已矣。二柄者，刑德①也。何谓刑德？曰：杀戮之谓刑，庆赏之谓德。为人臣者畏诛罚而利庆赏，故人主自用其刑德，则群臣畏其威而归其利矣。故世之奸臣则不然，所恶则能得之其主而罪之，所爱则能得之其主而赏之。今人主非使赏罚之威利出于己也，听其臣而行其赏罚，则一国之人皆畏其臣而易其君，归其臣而去其君矣，此人主失刑德之患也。夫虎之所以能服狗者，爪牙也，使虎释其爪牙而使狗用之，则虎反服于狗矣。人主者，以刑德制臣者也，今君人者释其刑德使臣用之，则君反制于臣矣。故田常上请爵禄而行之群臣，下大斗斛而施于百姓，此简公失德而田常用之也，故简公见弑②。子罕③谓宋君曰：“夫庆赏赐予者，民之所喜也，君自行之；杀戮刑罚者，民之所恶也，臣请当之。”于是宋君④失刑而子罕用之，故宋君见劫。田常徒⑤用德而简公弑，子罕徒用刑而宋君劫。故今世为人臣者兼刑德而用之，则是世主之危甚于简公、宋君也。故劫杀拥蔽之主，兼失刑德而使臣用之，而不危亡者，则未尝有也。

[注释]

①德：恩德，庆赏。②弑：古时常把臣下杀死君主或者子女杀死父母称为弑。③子罕：战国时期皇喜氏，姓戴，名喜，字子罕。曾任宋国司城。他在公元前 370 年废掉宋桓侯，夺取了宋国政权。④宋君：指宋桓侯，战国时宋国的国君。又称“辟公”，子姓，名兵，或作“壁兵”“辟兵”。⑤徒：这里用为独、仅仅之意。

[译文]

英明的君主用来控制臣子的，只是两种权柄而已。这两种权柄，指的就是刑德。什么是刑德呢？答案是：杀戮称为刑，奖赏称为德。做臣子的畏惧刑罚而贪图奖赏，所以君主亲自掌握刑赏的权力，群臣就会畏惧他的威势而贪图奖励。但现在的奸臣不是这样的，他们对所憎恶的人，能够从君主那里获得权力给予惩罚；对所喜欢的人，能够从君主那里取得权力给予奖赏。如果君主不把赏罚的威严和利益控制在自己的手里，而是听任他的臣下去施行赏罚，那么全国的人就都会害怕权臣而轻视君主，就都会归附权臣而背离君主了。这是君主失去刑赏大权的祸害。老虎可以制服狗，是因为老虎有锋利的爪牙；如果去掉它的爪牙而让狗使用，那么老虎反而就会被狗所制服了。君主是要靠刑德二柄来制服臣子，如果做君主的丢掉刑赏大权而让臣下使用，那么君主反而会被臣子控制。所以田常向君主请求爵禄而赐给群臣，对下用大斗出、小斗进这个办法向百姓施舍恩惠，这样齐简公失去奖赏大权而田常则掌握了它，简公也因此被田常杀害。子罕对宋桓侯说：“奖赏恩赐，是百姓所喜爱的，君王自己施行；杀戮刑罚，是百姓所憎恶的，我请求掌管。”因此宋桓侯失去刑罚大权而由子罕掌控。因此，宋桓侯遭到杀害。田常只是控制了奖赏大权，齐简公就被杀害；子罕仅仅掌握了刑赏大权，宋桓侯就被杀害。所以现在做臣子的如果统摄了刑赏两种权柄，那么君主的危险就会比齐简公、宋桓侯更严重。因此，被劫杀被蒙蔽的君主，一旦同时失去刑德二柄而由臣下掌控，这样还不身陷危亡的，还未有过。

人主将欲禁奸，则审合刑①名；刑名者，言与事也。为人臣者陈而言，君以其言授之事，专以其事责其功。功当其事，事当其言，则赏；功不当其事，事不当其言，则罚。故群臣其言大而功小者则罚，非罚小功也，罚功不当名也。群臣其言小而功大者亦罚，非不说于大功也，以为不当名也害甚于有大功，故罚。昔者韩昭侯醉而寝，典冠者见君之寒也，故加衣于君之上，觉寝而说②，问左右曰：“谁加衣者？”左右对曰：“典冠。”君因兼罪典衣与典冠。其罪典衣，以为失其事也，其罪典冠、以为越其职也。非不恶寒也，以为侵官之害甚于寒。故明主之畜臣，臣不得越官而有功，不得陈言而不当。越官则死，不当则罪。守业其官，所言者贞也，则群臣不得朋党相为③矣。

[注释]

①刑：通“形”，事实。②说：通“悦”，下文“觉而说”与此相同。③相为：这里指互相包庇，谋取私利。

[译文]

君主要想禁止奸邪，就要去审核形名是否相符。形名，指言论和职事。做臣子的陈述自己的言论，君主就根据他的言论授予相应的职事，又专就他的职事责求他相应的功效。功效与职事相符合，职事与他的言论相符合，就应当赏赐；功效与职事不符，职事与不言论不符，就应当惩罚。所以群臣的言论大功效小就要罚，不是要罚功效小，而是要罚功效与言论不符。群臣言论小功效大也要罚，不是不喜欢大的功效，是因为言行不符的危害比所建的大功还要大，所以也要惩罚。从前，韩昭侯酒醉后睡着了，掌管君主帽子的官员见他冷，就拿衣服盖在了他的身上。韩昭侯睡醒后很高兴，问身边的随从说："是谁给我盖上了衣服？" 身边的随从回答说："是负责帽子的官员。" 韩昭侯因此分别处罚了负责帽子和负责衣服的官员。他处罚掌衣官，是因为掌衣官失职；他处罚掌帽官，是因为掌帽官超越了自己的职权。韩昭侯不是喜欢寒冷，而是因为超越职权的危害超过了寒冷。所以，英明的君主驾驭臣下，臣下不能越权去立功，也不能说不恰当的话。超越职权就应该处死，言行不一也应该治罪。臣子司守自己的职位，言行一致，那么，群臣就不可能结成朋党营私了。

韩昭侯任贤

申不害本是小官，但是韩昭侯很欣赏申不害的"刑名之学"，就任命他为韩国的相国。在昭侯的支持下，申不害对内整治政教，对外应付各国，十五年间使韩国一直保持着强国的地位。

人主有二患：任贤，则臣将乘于贤以劫其君；妄[1]举，则事沮不胜。故人主好贤，则群臣饰行以要[2]君欲，则是群臣之情不效；群臣之情不效[3]，则人主无以异其臣矣。故越王[4]好勇而民多轻死；楚灵王[5]好细腰而国中多饿人；齐桓公[6]妒而好内，故竖刁[7]自宫以治内，桓公好味，易牙[8]蒸其子首而进之；燕子哙(kuài)[9]好贤，故子之[10]明不受国。故君见恶，则群臣匿端，君见好，则群臣诬能。人主欲见，则群臣之情态得其资矣。故子之托于贤以夺其君者也，竖刁、易牙因君之欲以侵其君者也。其卒，子哙以乱死，桓公虫流出户而不葬。此其故何也？人君以情借臣之患也。

人臣之情非必能爱其君也，为重利之故也。今人主不掩其情，不匿其端，而使人臣有缘以侵其主，则群臣为子之、田常不难矣。故曰：“去好去恶，群臣见素。”群臣见素，则大君不蔽矣。

[注释]

①妄：张扬，狂妄。这里指狂乱，胡作非为的意思。②要：邀请，约见。③效：呈现，显示。④越王：指春秋末期越国的君主勾践，他被吴击败后，卧薪尝胆十年，最终将吴国灭掉。⑤楚灵王：也称楚荆王，春秋时期楚国君主。⑥齐桓公：春秋时齐国国君，春秋五霸之一，本姓姜，名小白。⑦竖刁：齐桓公的僮仆，他与易牙都是桓公宠幸的近臣。齐桓公死后，诸子争立，二人专权为乱。⑧易牙：易牙是齐桓公时一位善烹调的人，后与竖刁为虐。⑨燕子哙：战国时期燕国的国君，在位三年，后让位于相国子之，随后兵乱，他与子之都被杀害。⑩子之：燕国的宰相，办事果断干脆，善于监督考核臣属。

[译文]

君主有两种祸患：如果任用贤人，那么臣子就会借助贤能的名声来威逼君主；恣意选用人才，事情就会败坏而不能成功。所以君主喜欢用贤能的人，那么群臣会修饰自己的言行去迎合君主的喜好，这样群臣的真实情感就不会显露；群臣的真实情感不呈现的话，那么君主就无法分辨他的臣子的好坏了。所以越王勾践喜好勇敢，而民众大多不害怕死亡。楚灵王喜欢细腰，结果楚国很多人为使腰变细而甘愿挨饿。齐桓公妒忌男人而喜好女色，所以竖刁自行阉割以便掌管宫内的事情。齐桓公喜好美味，易牙就蒸了自己儿子的头进献给齐桓公。燕王子哙喜欢贤名，所以子之表面上不接受燕王的位置。所以，君主表现出厌恶什么，群臣就会把这方面的事情隐藏起来；君主表现出爱好什么，群臣就会假装有这方面的能力。君主的欲望表现出来，群臣就会借此表现自己的情态。所以，子之假托贤名来篡夺君主的位置，竖刁和易牙借着君主的喜好来侵害君主。结果子哙死于叛乱之中，齐桓公的尸体直到蛆虫爬到门外而得不到安葬。这究竟是为什么呢？是君主把自己的真情呈现给臣子而招致的祸害啊。臣下显露出的真情不一定是因为爱戴他的君主，而可能只是注重利益的结果。如果现在君主不掩盖自己的真情，不隐藏起自己的意图，而使臣子有机会来侵害自己，那么，群臣要做子之、田常也就不难了。所以说：“君主去掉喜好和厌恶，群臣才能显露其本来的面目。”群臣显露了本来的面目，君主就不会受到蒙蔽了。

扬权第八

题解

“扬权”，即宣扬君权。

这篇主要是从哲学的角度宣扬了君权至上的思想。权，是君主和圣人的专利，其他人不得侵犯，也不能随便给属下行使。君主、圣人，应该树立至高无上的权威，保持独尊的地位。

天有大命[1]，人有大命。夫香美脆味，厚酒肥肉，甘口而疾[2]形；曼理皓齿，说情而捐精。故去甚去泰[3]，身乃无害。权不欲见，素无为也。事在四方，要[4]在中央。圣人执要，四方来效。虚而待之，彼自以之。四海既藏，道阴见阳。左右[5]既立，开门而当[6]。勿变勿易，与二俱行，行之不已，是谓履理也。

[注释]

①命：天命、命运，这里指自然规律之意。②疾：古时候轻微的患症称疾，重的患症称病。③泰：通“太”，过于、过分。④要：机要，纲要。⑤左右：指辅政大臣，一说指文事和武备。⑥开门而当：广开耳目听取信息。开门，打开耳目等感官。当，获得、接受。

[译文]

自然有必然的法则，人也有人类的法则。鲜香美脆的美味，甘醇的好酒，肥美的肉食，吃在嘴里很可口但对身体有害；皮肤细嫩、牙齿洁白的美女，令人萌生爱意却耗费掉人的精力。因此去掉这些过分的和过度的嗜欲，身体不会受到伤害。权谋不应显露出来，它本是自然无为的。政事在四方，机要在中央。圣明的

妲己害政

苏氏之女妲己是难得一见的美女，纣王沉迷于她的美色，荒理朝政，对她言听计从，到了“妲己之所誉贵之，妲己之所憎诛之”的地步。

君主掌握着要害，各地的臣民就都会来效力。君主用虚静的态度对待臣子，臣子自会用上全部的才能。天下太平，君主就可以从静态中观察到动态。文事武备官员既已按法律设置，君主就可以广开耳目听取信息。不要经常变更，不要擅自改动，要按照自然和人的法则去行动。坚持这样做不停止，这就是遵循自然法则治理天下。

夫物者有所宜[1]，材者有所施，各处其宜，故上无为。使鸡司夜，令狸执鼠，皆用其能，上乃无事。上有所长，事乃不方[2]。矜（jīn）[3]而好能，下之所欺；辩惠[4]好生，下因其材。上下易用，国故不治。

[注释]

①宜：通“仪”，标准、法度之意。②方：方法，办法。③矜：矜持，这里为庄重之意。④惠：通“慧”，聪慧、聪明。

[译文]

事物都有它合适的用途，才能都有施展的地方，各自处在合适的位置上，天下就能无为而治了。让公鸡负责报晓，让猫捉老鼠，如果都像这样施展才能，君主就没有事情做了。如果君主在某些方面过于显示自己的特长，就会在处理国家大事方面有所失当。君主喜欢自夸而喜欢贤能，就会被臣子所蒙蔽。君主喜欢卖弄口才和智慧，臣子就会加以利用。君主和臣子的职能颠倒了，国家就得不到很好的治理。

用一之道，以名为首。名正物定，名倚[1]物徙[2]。故圣人执一以静，使名自命，令事自定。不见其采，下故素正。因而任之，使自事之。因而予之，彼将自举之；正与处之，使皆自定之。上以名举之，不知其名，复修其形。形名参[3]同，用其所生。二者诚信，下乃贡（gòng）[4]情。

[注释]

①倚：倾斜，偏斜。②徙：本意指步行，迁移。这里指游移不定的意思。③参：搭配，配合。④贡：进贡，这里指表达、告诉的意思。

[译文]

用道的方法治理国家，要把确定名分摆在首位。名分合适，事情就可以确定；名分有偏差，事情就会走样。所以圣明的人掌握统一规律而采取虚静的态度，让名分自然形成，让事情自己确定。君主不彰显自己的才能，臣子就会表露本色了。根据其本色对他们加以任用，使他们自行办事；根据其本色给他们分派任务，他们将会自行完成。恰当地安排他们，使他们都能自动地尽职尽责。君主根据臣子的主张任用他们，如果不知道他的主张是否恰当，那就再考察臣子行动的效果。如果效果和言行相等，那就根据情况予以奖赏。如果赏罚确实得到了兑现，臣子就会贡献真诚。

宋太祖赵匡胤

谨修所事，待命于天。毋失其要，乃为圣人。圣人之道，去智与巧，智巧不去，难以为常。民人用之，其身多殃，主上用之，其国危亡。因天之道，反形之理，督[①]参鞠(jū)[②]之，终则有始。虚以静后，未尝用己。凡上之患，必同其端。信而勿同，万民一从。

[注释]

①督：察看、督促，这里有监督之意。②鞠：劝告，告诫。

[译文]

君主应该谨慎地处理政事，等待天的命令。不要丧失治国的根本，这样才能成为圣人。圣人的治理原则，要摒弃智和巧；如果智巧不能摒弃，就难以维持正常的秩序。平民使用智巧，自身就会招来灾祸；君主使用智巧，国家就会危殆灭亡。遵循自然规律，推及至事物的具体道理，深入观察寻根问底，这样周而复始。认识皆产生于虚静之后，从来不会用主观的意愿。凡是君主遇到祸患，一定是由于片面赞同某种意见。要是能做到不轻易赞同某一方面的意见，全民就会一致服从君主。

夫道者，弘大而无形；德[①]者，核[②]理而普至。至于群生，斟酌用之，万物皆盛[③]，而不与其宁。道者，下周于事，因稽而命，与时生死。参名异事，通一同情。故曰：道不同于万物，德不同于阴阳，衡不同于轻重，绳不同于出入，和不同于燥湿，君不同于群臣。——凡此六者，道之出也。道无双，故曰一。是故明君贵独道之容[④]。君臣不同道，下以名祷[⑤]，君操其名，臣效其形，形名参同，上下和调也。

[注释]

①德：指客观规律。②核：查对，审查。③盛：通“成”，指范围广大，广泛之意。④容：模式，样式。⑤祷：盼望之意，常在书信中用作敬词，以表示请求和期望。

[译文]

道，是宏大而没有具体形状的；德，是内含真理而普遍存在的。至于万物，都是自然地吸收了一定的道和德而形成的，可不与它们一同停息。道，普遍存在于万事之中，根据对事物的考核而给予其相应的名称，让它们随着时间的推移而产生、消亡。虽然名称不同，事物各异，但贯通着同一的普遍规律。所以说：道和它所生成的万物是不同的，德和它所包含的阴阳也不相同，衡器和它所衡量的轻重不相同，墨线和它所矫正的直曲不相同，定音器与影响声音的干湿不相同，君主和他所任用的臣子不相同。以上这六种具体情况，都是道衍化而来的。道是独一无二的，所以称它为一。所以，英明的君主会很尊重道的独一无二的模样。君主和臣子遵循的原则不同，臣子用自己的主张向君主祈求。君主掌管着臣子的主张，臣子贡献出他们的事功，事功和主张交验相符，君臣上下的关系就和谐了。

凡听之道，以其所出，反以为之入。故审名以定位，明分以辩类。听言之道，溶①若甚醉。唇乎齿乎，吾不为始乎；齿乎唇乎，愈惛(hūn)惛②乎。彼自离之，吾因以知之。是非辐凑，上不与构③。虚静无为，道之情也；参伍④比物，事之形也。参之以比物，伍之以合虚。根干不革，则动泄⑤不失矣。动之溶⑥也，无为而攻之。喜之，则多事；恶之，则生怨。故去喜去恶，虚心以为道舍。上不与共之，民乃宠之；上不与义之，使独为之。上固闭内扃(jiōng)，从室视庭⑦，咫尺⑧已具，皆之其处。以赏者赏，以刑者刑。因其所为，各以自成。善恶必及，孰敢不信？规矩既设，三隅乃列。

[注释]

①溶：通“容”，容貌。②惛：通“昏”，这里指昏乱糊涂的意思。③构：连结，交合。④参伍：言多而错杂，意思是将多方面的情况放在一起加以对比。参，即参，原意参两。⑤泄：假借为“歇”。本意为停歇。这里引申为不摇动之意。⑥溶：通“搈”，动词，也作“容”，⑦从室视庭：从室内向庭院中望，比喻“道阴见阳”。⑧咫尺：比喻距离很近。咫，古代八寸为咫。

[译文]

君主听取意见的原则，是根据臣子发表出来的言论，反过来作为他们所做事情

的核查依据。所以，要审核言论来确定官职，弄清是非来判断臣子的类别。听取言论的最佳方法，应当是像喝了酒一样如痴如醉。群臣纷纷动唇动舌，君主我却总也不开口；群臣越是纷纷动嘴动舌，君主就应越发装得糊涂，让他们自己去分析厘清，之后君主我再加以了解；是非一起集中上来，君主并不和他们一起讨论。虚静无为是道的本来面貌，交叉连结是事物的本来面貌。从联系中检验事物，从联系中发现规律。树木的根本不改变，任凭怎样动摇也不会出现失误。无论是动荡还是纷扰，君主仍旧要用无为原则对待。君主表示喜悦，臣子就会讨好惹事；君主表示厌恶，臣子就会生怨。所以君主要摒弃爱憎的表现，空下心来，作为道的住所。君主不和臣民共事，臣民才会尊敬君主；君主不和臣民议事，要让他们自己去干。君主把门关上，从室内观察庭院，近在咫尺，全在眼里。认为该奖赏的就奖赏，该惩罚的就惩罚。赏罚的根据在于臣子的行为，一切都是他们自己造成的。善恶都会有相应的赏罚规则，谁还敢不诚实？法令规则既然已经设置了，其他方面就都可以确定了。

主上不神，下将有因；其事不当，下考①其常②。若天若地，是谓累③解；若地若天，孰疏孰亲？能象天地，是谓圣人。欲治其内，置而勿亲；欲治其外，官④置一人；不使自恣⑤，安得移并？大臣之门，唯恐多人。凡治之极，下不能得。周合刑名，民乃守职；去此更求，是谓大惑。猾民愈众，奸邪满侧。故曰：毋富人而贷焉，毋贵人而逼焉，毋专信一人而失其都国焉。腓(féi)大于股⑥，难以趣走。主失其神，虎随其后。主上不知，虎将为狗。主不蚤止，狗益无已。虎成其群，以弑其母。为主而无臣，奚国之有！主施其法⑦，大虎将怯；主施其刑，大虎自宁。法刑苟信，虎化为人，复反其真。

十常侍乱政

汉灵帝时，最被皇帝信任的宦官是张让、赵忠等人，他们的官职都是中常侍，被当时人称为十常侍。他们玩弄少帝于股掌之中，以至灵帝称“张常侍是我父，赵常侍是我母”。

[注释]

①考：考察，询问。②常：这里是规则、

制度的意思。③累：也作“缧”，这里为绳索之意。④官：这里为官舍、官府之意。官置一人，即一官设一人，人不兼官，官不兼事。⑤恣：这里为放纵之意。⑥腓大于股：小腿肚大于大腿。腓，胫骨后的肉，俗称“腿肚子”。⑦法：这里为效法、模仿的意思。

［译文］

君主不神秘莫测，臣子就会有造假的依据；君主处理事情不当，臣下将会作为成例。像天和地那样，这才叫作平正；像地和天那样，哪个疏远，哪个亲近？能像天地那样行事，就可以称为圣人了。想把宫廷治理得出色，必须设置官员但又不能过分亲近他们；想治好宫外，要每个官职只设置一人。不让他们放肆行动，怎么会出现越职侵权的情况呢？大臣的门下，最令人担心的就是有很多人投奔。凡是治理的最佳状态，就是臣子不能结党营私；名实切合，臣民才会恪守职责。舍弃这个办法而寻求其他出路，就是最大的迷惑；阴险的人就会越来越多，奸邪之臣就会遍布君侧。所以说：不要使人太富裕，自己反而去借贷；不要使人太显贵，自己反而受逼迫；不要专门信任一个人，自己反而丧失都城和国家。小腿比大腿粗，难以快跑。君主失去神秘莫测的驭人本领，奸臣就会紧随其后。君主仍不知情，如老虎一样的奸臣就会伪装成狗。君主不能及早制止，狗就会不断增加。等到像老虎一样的奸臣成了群，他们就会一起杀掉君主。做君主的没有忠臣，那这个君主也就没有国家。君主施行他的法令，如虎的奸臣就会害怕；君主施行他的刑罚，如虎的奸臣就会安静驯服。法令刑罚如果真正执行了，如虎的奸臣也会重新变成人，恢复他作为人的本来面目。

欲为其国，必伐其聚；不伐其聚，彼将聚众。欲为其地，必适其赐；不适其赐，乱人求益。彼求我予，假仇人斧，假之不可，彼将用之以伐我。黄帝①有言曰：“上下一日百战。”下匿其私，用试其上；上操度量，以割其下。故度量之立，主之宝也；党与之具，臣之宝也。臣之所不弑其君者，党与不具也。故上失扶②寸，下得寻③常。有国之君，不大其都；有道之臣，不贵其家。有道之君，不贵其臣。贵之富之，彼将代之。备危恐殆(dài)，急置太子，祸乃无从起。内索出圉(yǔ)，必身自执其度量。厚者亏之，薄者靡之。亏靡有量，毋使民比周，同欺其上。亏之若月，靡之若热。简令谨诛，必尽其罚。

［注释］

①黄帝：古代传说中的人物，上古的圣帝明王，被尊为华夏民族的始祖。②扶：古代长度计算单位，大约相当于四指并列的宽度。③寻：古代长度单位的一种，八

尺为寻。

［译文］

要想治理好国家，必须除掉私党；不除掉私党，他们将聚得越来越多。要想治理好国家，必须赏赐恰当；赏赐不当的话，乱臣就会要求得更多。他要什么我给什么，等同于借给仇人斧头；借给仇人斧头是不行的，否则他将用斧头来砍我。黄帝曾经说过这样的话：“君主和臣子一天之间就能有上百次冲突。”臣子隐藏私情，用以试探君主；君主掌握法度，用来赏罚臣下。所以法令的设置是君主的法宝；朋党的形成是臣下的法宝。臣子之所以不杀死君主，是因为私党还未形成气候。所以君主失掉一尺，臣下就得到一丈。拥有国家的君主，不使封出去的城邑扩大；服从法令的大臣，不使属下的私家显贵。国家防备危险的方法，是尽快立太子，这样祸患就无从发生。纳入法度，出入囹圄，君主一定要亲自执掌法度标准。对位高禄厚的人要加以削减，对位低禄薄的人要予以增加；减少和增加都要有分寸。不要使臣民紧密勾结在一起，共同欺侮君主。减少爵禄要像月亮那样逐渐变小，增加爵禄要像物体受热般逐渐变大。简明法令，惩罚谨慎，对该罚的人一定要罚。

毋弛①而弓，一栖两雄。一栖两雄，其斗㘖(yán)㘖②。豺狼在牢③，其羊不繁。一家二贵，事乃无功。夫妻持政，子无适从。

［注释］

①弛：这里为争斗之意。②斗㘖㘖：形容鸟争斗鸣叫的声音。③牢：指关养牛马等牲畜的圈。

［译文］

不要放松你的弓，要防止一个窝里有两只雄鸟。一个鸟窝里有两只雄鸟，必然会发生争斗。豺狼待在羊圈里，羊的数量就不会增多。一家有两个尊贵的人，家务就没有一件能决定。夫妻共同主持家务，孩子就无所适从。

为人君者，数(shuò)披①其木，毋使木枝扶疏；木枝扶疏，将塞公闾(lǘ)②，私门将实，公庭将虚，主将壅围。数披其木，无使木枝外拒③；木枝外拒，将逼主处④。数披其木，毋使枝大本小；枝大本小，将不胜春风；不胜春风，枝将害心④。公子既众，宗室忧唫⑤。止之之道，数披其木，毋使枝茂。木数披，党与乃离。掘其根本，木乃不神。填其汹渊，毋使水清。探其怀，夺之威。主上用之，若电若雷。

[注释]

①披：分开、裂开，这里用修整、修葺的意思。②闾：里巷的大门。公闾就是官室的门。③拒：拒绝、抵制之意，这里引申为向外生长的意思。④枝将害心：树枝将损害树干。心，指树的主干。⑤噲：困忧愁而叹息。

[译文]

做君主的，就要像劈削树木一样管理臣子，不要让使树木过于茂盛；树木过于茂盛，就会把朝廷堵塞起来；私家的门下就会充实富裕，朝廷将会空虚，君主将受到蒙蔽。经常劈削树木，不要让树枝向外伸展；树枝向外伸展，就会威胁君主的位置。经常劈削树木，不要使树枝大树干小；树枝大树干小，将会经不住春风的吹拂；经不住春风，树枝将会损害树干。太子以外的公子太多，整个宗族就会陷入忧愁叹息之中。制止他们的方法，就是要经常劈削树木，不要使枝叶茂盛。树木经常劈削，私党才会离散。掘掉树根，树木就没有生气了。将私党势力雄厚的深渊填起来，不要让水奔腾。探测臣下和公子心中的计谋，剥夺他们的权势。君主使用自己的权势，要像雷电一般果断迅速。

八奸第九

题解

“八奸”，指奸臣谋取君位的八种阴险手段。此篇一一列举了奸臣的不同手段，阐明其对君主的危害，并提出相应的防范措施，最后说明如果君主不能及时处理这些问题的话，很可能会危害到整个国家。

凡人臣之所道成奸者有八术：一曰同床，何谓同床？曰：贵夫人，爱孺子，便(pián)僻[①]好色，此人主之所惑也。托于燕处之虞[②]，乘醉饱之时，而求其所欲，此必听之术也。为人臣者内事之以金玉，使惑其主，此之谓“同床”。二曰在旁。何谓在旁？曰：优笑侏儒[③]，左右近习，此人主未命而唯唯，未使而诺诺，先意承旨，观貌察色以先主心者也。此皆俱进俱退，皆应皆对，一辞同轨(guǐ)以移主心者也。为人臣者内事之以金玉玩好，外为之行不法，使之化其主，此之谓“在旁”。三曰父兄。何谓父兄？曰：侧室公子[④]，人主之所亲爱也；大臣廷吏，人主之所与度计也。此皆尽力毕议，人主之所必听也。为人臣者事公子侧室以音声子女，收大臣延吏以辞言，处约言事，事成则进爵益禄，以劝其心，使犯其主，此之谓“父兄”。四曰养殃。何谓养殃？曰：人主乐美宫室台池，好饰子女狗马以娱其心，此人主之殃也。为人臣者尽民力以美宫室台池，重赋敛(liǎn)以饰子女狗马，以娱其主而乱其心，从其所欲，而树私利其间，此谓“养殃”。五曰民萌[⑤]。何谓民萌？曰：为人臣者散公财以说(yuè)民人[⑥]，行小惠以取百姓，使朝廷市井皆劝誉己，以塞其主而成其所欲，此之谓“民萌”。六曰流行。何谓流行？曰：人主者，固壅其言谈，希于听论议，易移以辩说。为人臣者求诸侯之辩士，养国中之能说者，使之以语其私。为巧

文之言，流行之辞，示之以利势，惧之以患害，施属虚辞以坏其主，此之谓“流行”。七曰威强。何谓威强？曰：君人者，以群臣百姓为威强者也。群臣百姓之所善，则君善之；非群臣百姓之所善，则君不善之。为人臣者，聚带剑之客，养必死之士，以彰其威，明为己者必利，不为己者必死，以恐其群臣百姓而行其私，此之谓“威强”。八曰四方。何谓四方？曰：君人者，国小则事大国，兵弱则畏强兵。大国之所索，小国必听；强兵之所加，弱兵必服。为人臣者，重赋敛，尽府库，虚其国以事大国，而用其威求诱其君；甚者举兵以聚边境而制敛于内，薄者数内⑦大使以震其君，使之恐惧，此之谓“四方”。凡此八者，人臣之所以道成奸，世主⑧所以壅(yōng)劫，失其所有也，不可不察焉。

［注释］

①便僻：善于阿谀奉承。②燕处之虞：借指君主退朝后的安逸生活。燕，通“晏”，安乐。虞，通“娱”，快乐。③优笑侏儒：身材矮小，并以歌舞等方式取乐君主的人。④侧室公子：本意为君主嫡长子之外的儿子，这里指君主的叔伯或兄弟。⑤民萌：民众。萌，通“氓”。⑥说民人：讨好百姓。说，通“悦”，取悦、讨好。⑦数内：多次引进。内，通“纳”，引进。⑧世主：当代的君主。

［译文］

大凡臣子用来造成他们的奸诈目的的手段基本有八种：一是同床。什么是同床？就是说宠幸的夫人，美貌的姬妾，她们善于运用美色，这些都是迷惑君主的对象。她们趁着君主安逸快乐的时候，酒酣饭饱之际来请求她们想要得到的东西，这是让君主一定听从的手段。做臣子的在后宫用金钱财宝贿赂她们，让她们迷惑君主，这就叫“同床”。二是在旁。什么是在旁？就是指侏儒以及君主身边的亲信。这些人在君主没下令的时候就开始应承，没指使的时候就唯唯诺诺，君主的意图尚未表露他们已经领会，通过察言观色来猜测君主的心意。这些人都是一致行动、一同应对，只要他们统一口径和行动就可以改变君主的心意。做臣子的通过内线用金玉珍宝贿赂他们，在外帮他们干不法的事情，让他们影响君主，这就叫“在旁”。三是父兄。什么是父兄？就是指叔伯、兄弟等人，他们是君主亲近爱护的人；大臣和朝廷的官吏，是与君主一起谋划事情的人。这些人竭力参与议政，这是君主必然听取的。做臣子的用音乐和美女来侍奉君主的叔伯、兄弟，又用花言巧语来笼络大臣官吏，让他们在关键时候进言，事成之后就晋爵加禄，这样来怂恿他们，让他们干扰君主，这就叫“父兄”。四是养殃。什么是养殃？就是君主喜欢修饰宫室楼台，喜欢打扮子女狗马让自己开心，这是君主

的祸殃。做臣子的用尽民力来修饰宫室楼台，加重赋税来打扮子女狗马，用来博得君主的欢心，以便君主能顺从他的欲望，而从中达到他们自私的目的，这就叫“养殃”。五是民萌。什么是民萌？就是臣子散发公家的财物来获取民心，施行小恩小惠来收买百姓，让朝廷和百姓都称赞自己，以蒙蔽君主而使他们的欲望得呈，这就叫“民萌”。六是流行。什么是流行？就是作为君主，闭塞与他人之间的交流，很少听取臣子的言论，这样就容易被花言巧语所打动。做臣子的寻找国内外善辩的人，供养国内能言的人，让他们来为自己的私利进言。辩士们用华丽的言语，流利的词句开导君主，用祸害来恐吓他，编造不真实的言辞来损害君主，这就叫“流行”。七是威强。什么是威强？就是君主以群臣百姓为自己的强大威势。群臣百姓认为好的，君主就认为好；群臣百姓认为不好的，君主也就不认为是好的。做臣子笼络大批的侠客，供养一些亡命之徒，以显示自己的威风，表明拥护他的人一定会得到好处，不顺从他的一定要死，这样来恐吓群臣百姓从而实现个人意图，这就叫“威强”。八是四方。什么是四方？就是说做国君的，自己的国家小，就要侍奉大国，军队弱就害怕强兵。大国的强行勒索，小国必定听从；强大的军队逼近，弱兵必定服从。做臣子的，加重赋税，用尽国家的储备，掏空自己国家的力量去侍奉大国，借用大国的威势来诱迫自己的君主；严重的，引来大国的军队压境来挟制国内，轻些的，就多次引进大国的使者来威胁君主，让他因恐惧而屈从于自己，这就叫“四方”。以上这八种手段，是臣子实现奸谋的途径，是当代的君主受到蒙蔽挟制乃至于失去自己所有权势的原因，君主对于此是不能不明察的。

明君之于内也，娱其色而不行其谒，不使私请。其于左右也，使其身必责其言，不使益辞。其于父兄大臣也，听其言也必使以罚任于后，不令妄举。其于观乐玩好也，必令之有所出，不使擅进擅退，不使群臣虞其意。其于德施也，纵禁财，发坟仓[1]，利于民者，必出于君，不使人臣私其德。其于说议也，称誉者所善，毁疵者所恶，必实其能，察其过，不使群臣相为语。其于勇力之士也，军旅之功无逾赏，邑斗之勇无赦罪，不使群臣行私财。其于诸侯之求索也，法则听之，不法则距[2]之。所谓亡君者，非莫有其国也，而有之者皆非己有也。令臣以外为制于内，则是君人者亡也。听大国为救亡也，而亡亟于不听，故不听。群臣知不听，则不外诸侯，诸侯知不听，则不受臣之诬[3]其君矣。

［注释］

①坟仓：大的仓库，借指国家的粮仓。②距：通“拒”，拒绝、不接受。③诬：

欺骗，不真实。

［译文］

英明的君主对于后宫的美人，欣赏她们的美色而不理睬她们的劝告，不让她们有私人的请求。对于身边的近侍，使用他们但要考察他们的言论，不能夸大其辞。对于父兄和大臣，听取他们的建议，但需要采取一定的惩罚措施来担保后果，不让他们任意举荐。对于观赏玩乐的东西，一定要在法令上有所依据，不让群臣擅自进献或撤裁，不让群臣揣度君主的心意。英明的君主对恩惠的施行，发放国库的财物和官仓的粮食，有利于民众的事，必须要以君主的名义，不能让臣子将恩德私自归到他自己身上。对于辩说议论，赞美称颂的人所称颂的，诽谤批评的人所痛恨的，一定要去核查他们的才能，查明他们的过失，不能让群臣相互吹捧或者诽谤。对于有勇力的人，作战立功不能破格行赏，私斗犯法也不能赦免其罪，不让群臣用个人财富收买有勇力的人。英明的君主对于其他诸侯国的索求，合理的就听从，不合理的就拒绝。被称为亡国之君的，并不是没了这个国家，而是这个国家虽然存在，但已经完全不归自己所有。让臣子用外力控制国内，那么君主就会丧失自己的国家了。为了挽救国家危亡而听从大国的索求，这比不听从亡得还要快，所以不去听从。群臣知道君主不听从，就不去同国外诸侯勾结；各诸侯国知道自己的要求这个君主不会听从，也就不接受该国臣子对自己的胡言乱语了。

主明臣直

长乐公主为皇后之女，唐太宗十分疼爱，因此长乐公主出嫁时，嫁妆比长公主多一倍。魏徵直言强谏，引征礼义来抑制君王的私情。连皇后也欣赏魏徵的正直敢言，赏赐他钱帛。

明主之为官职爵(jué)禄也，所以进贤材①劝有功也。故曰：贤材者处厚禄，任大官；功大者有尊爵，受重赏。官贤者量其能，赋禄者称其功②。是以贤者不诬能以事其主，有功者乐进其业，故事成功立。今则不然，不课贤不肖③，不论有功劳，用诸侯之重，听左右之谒，父兄大臣上请爵禄于上，而下卖之以收财利及以树私党。故财利多者买官以为贵，有左右之交者请谒以成重。功劳之臣不论，官职之迁失谬。是以吏偷官而外交④，弃事而亲财。

是以贤者懈怠而不劝，有功者隳而简其业，此亡国之风也。

[注释]

①材：通“才”，此处为人才之意，下同。②称其功：判断他的功绩。称，衡量。③不肖：德才不佳，与“贤”相对。④外交：和国外诸国结交。

[译文]

英明的君主设置官职和爵禄，是用来晋升优秀的贤才的。所以说，有贤才的人受厚禄，可以做大官；功劳大的人有尊爵，可以接受丰厚的赏赐。任命贤才的时候根据他的才能，授予俸禄的时候要根据他的功绩。所以，有才能的人不隐藏自己的才能来为君主效力，有功劳的人乐于进献功绩，所以事情可以办成，功业可以建立。而现在却不是这样，不考核贤能与否，也不论有无功劳，任用被他国诸侯所看重的人，听从左右近侍的请求，父兄大臣在上面向君主请求加官晋爵，在下面又出卖它来收取财利和营私结党。所以财富多的就买官而成为尊贵的人，同君主近侍有交往的就靠托人请求而成为有权势的人。有功劳的臣子得不到评定，官职的变动颠倒错乱。因此官吏玩忽职守而四处交往，抛弃事务而贪图财利。因此有才能的人事业懈怠而不努力做事，有功劳的人堕落而轻慢自己的职务，这是亡国的风气啊！

十过第十

题 解

“十过”，指君主治国时会犯的十种过错。韩非把它总结出来，是希望君主能从中吸取经验教训，并能以此为鉴。文章先总说“十过”的内容，然后分别进行阐述，其文字流畅，具体且生动，韩非希望君主可以借此把国家治理得井井有条，避免重蹈历史的覆辙。

十过①：一曰，行小忠，则大忠之贼②也。二曰，顾小利，则大利之残也。三曰，行僻自用，无礼诸侯，则亡身之至也。四曰、不务听治而好五音③，则穷身之事也。五曰，贪愎喜利，则灭国杀身之本也。六曰，耽于女乐，不顾国政，则亡国之祸也。七曰，离内远游而忽于谏士，则危身之道也。八曰，过而不听于忠臣，而独行其意，则灭高名为人笑之始也。九曰，内不量力，外恃诸侯，则削国之患也。十曰，国小无礼，不用谏臣，则绝世之势也。

［注释］

①过：过错，错误。②贼：伤害，坑害。③五音：本意指古代音乐中的官、商、角、徵、羽五种音调，此处泛指音乐。

［译文］

十种过错：第一种是对个人奉献小忠，这是对大忠的危害。第二种叫贪图眼前的小利，这是对大利的危害。第三种叫行为怪僻而自以为是，对其他的诸侯国没有礼貌，这是丧生的最大危险。第四种是不致力于治理国家而沉溺于音乐，这是使自身走上末路的事。第五种是贪心固执喜欢追求私利，这是亡国杀身的祸根。第六种叫沉溺于轻歌曼舞，不关心国家政事，这是亡国的祸害。第七种是离开朝廷到远方游玩，并且不听谏士的规劝，这是危害自身的做法。第八种叫有过错却不听忠臣的劝谏，而又要一意孤行，这是丧失好名声并被人取笑的开始。第九种是在国内不自量力，在国外靠其它诸侯国，这是国家被削弱的祸患。第十种是国家弱小而又无礼，不听谏臣的建议，这是断绝后代的趋势。

奚谓小忠？昔者楚共王①与晋厉公②战于鄢陵③，楚师败，而

共王伤其目。酣（hān）战之时，司马子反④渴而求饮，竖谷阳⑤操觞酒而进之。子反曰：“嘻！退，酒也。”谷阳曰：“非酒也。”子反受而饮之。子反之为人也，嗜酒，而甘之，弗能绝于口，而醉。战既罢，共王欲复战，令人召司马子反，司马子反辞以心疾。共王驾而自往，入其幄中，闻酒臭（xiù）而还，曰：“今日之战，不谷亲伤，所恃者，司马也，而司马又醉如此，是亡楚国之社稷而不恤吾众也，不谷无复战矣。”于是还师而去，斩司马子反以为大戮⑥。故竖谷阳之进酒，不以雠（chóu）⑦子反也，其心忠爱之而适足以杀之。故曰：行小忠则大忠之贼也。

［注释］

①楚共王：春秋时期楚国的君主，名审，字不谷。②晋厉公：春秋时期晋国的君主，名州蒲，又名寿曼。③鄢：古邑名。周国名。春秋时为郑所灭，改名鄢陵，在今河南鄢陵。④司马子反：司马，古代官名，掌管军政；子反，楚公子侧，时任楚国司马。⑤竖谷阳：年轻的侍从谷阳。竖，年轻侍从。谷阳，人名。⑥大戮：斩首陈尸，古时的一种酷刑。⑦雠：通“仇”，这里用作仇恨、仇怨之意。

［译文］

什么是小忠呢？从前楚共王和晋厉公在鄢陵大战，楚军被打败，而楚共王的眼睛受了伤。战斗激烈的时候，楚军的司马子反居然口渴想要水喝，年轻的侍从谷阳拿酒来给他。子反说：“哼！拿开，这是酒。”谷阳说：“这不是。”子反就接过来喝掉了。子反这个人，嗜好喝酒，觉得酒味甘美，就不停地喝，结果喝醉了。战斗已经结束，楚共王想再战，派人召见司马子反，司马子反以心病为由推辞不去。楚共王乘车自己去找他，进入子反的帐中，闻到一股酒气就回去了，楚恭王说：“今天的战斗，我自己都受了伤，我们作战依靠的人是司马子反。可是他却又醉成这样。这是忘了楚国的江山社稷不关心我的民众。我不能再同晋国继续战斗了。”于是他把军队撤回去了，把司马子反斩首陈尸。所以年轻的侍从谷阳献酒，并不是因为他仇恨子反，他的内心是忠爱子反的，可是却导致了司马子反被杀的结局。所以说，献小忠，就是对大忠的坑害。

奚谓顾小利？昔者晋献公①欲假道于虞②以伐虢（guó）③。荀息④曰：“君其以垂棘⑤之璧⑥与屈产⑦之乘，赂虞公，求假道焉，必假我道。”君曰：“垂棘之璧，吾先君之宝也；屈产之乘，寡人之骏马也。若受吾币不假之道，将奈何？”荀息曰：“彼不假我道，必不敢受我币。若受我币而假我道，则是宝犹取之内府而藏之外府也，

马犹取之内厩而著之外厩也。君勿忧。”君曰：“诺。”乃使荀息以垂棘之璧与屈产之乘，赂虞公而求假道焉。虞公贪利其璧与马而欲许之。宫之奇⑧谏曰：“不可许。夫虞之有虢也，如车之有辅⑨，辅依车，车亦依辅，虞、虢之势正是也。若假之道，则虢朝亡而虞夕从之矣。不可，愿勿许。”虞公弗听，遂假之道。荀息伐虢克之，还反处三年，兴兵伐虞，又克之。荀息牵马操璧而报献公，献公说曰：“璧则犹是也。虽然，马齿⑩亦益长矣。”故虞公之兵殆而地削者何也？爱小利而不虑其害。故曰：顾小利则大利之残也。

［注释］

①晋献公：春秋时期晋国的国君，名诡诸。②虞：春秋时诸侯国名，位于今山西平陆东北。③虢：春秋时的诸侯国名，在今山西平陆县境。④荀息：晋献公时晋国的大夫。⑤垂棘：春秋时期晋国地名，传说盛产美玉。⑥璧：宝玉。指平而圆，中心有孔的玉。⑦屈产：地名。在今山西石楼东南有屈产泉。据说出名马。⑧宫之奇：人名。虞公执政时虞国的大夫。⑨辅：古代绑在车子旁起保护作用的木棍。⑩马齿：马的牙齿，因为马齿随年龄而长，这里比喻马的年龄。

［译文］

什么叫贪图小利？从前晋献公想借道虞国去攻打虢国。荀息说：“君王您最好用垂棘的宝玉和屈产的宝马来贿赂虞国君主，向他请求借路，这样他一定会把路借给我们。”晋献公说：“垂棘的宝玉是我祖先流传下来的宝物，屈产的宝马是我的骏马坐骑。如果他接受了我贵重的礼物，而又不借道给我，那该怎么办？”荀息说：“虞公如果不借路给我们，就一定不敢接受我们的礼物。如果接受了我们的礼物而借路给我们，那么这宝玉就好比从宫内取出来藏到宫外的府库一样，骏马就好比是从宫内的马厩牵出来拴到宫外的马厩一样。您不必为此担忧。”晋君说：“好吧。”于是就让荀息用垂棘的宝玉和屈产的宝马，去贿赂虞公，问他借路。虞公贪图宝玉和宝马的小利而打算答应借路。宫之奇进谏说：“这不能答应。虞国的边上就是虢国，这好比车子两边的护木。护木依靠车子存在，车子也依靠护木保护，虞虢两国的形势正是如此。如果借路给晋国，那么虢国早上灭亡而虞国晚上就要步其后尘。不能借，希望您不要答应晋国。”虞公不听宫之奇的进谏，执意借路给晋国。荀息讨伐虢国获胜，回来后仅仅过了三年，就发兵攻打虞国，又打败了虞国。荀息牵着宝马拿着宝玉回来报告晋献公，献公高兴地说：“宝玉还是原来的样子。尽管这样，马的年龄却长了几岁。”那么，虞公的军队失败而国土被侵占的原因是什么呢？是因为他贪恋小利而没有顾及它的危害。所以说，贪图眼前的小利，这是对大利的危害。

奚谓行僻？昔者楚灵王[1]为申[2]之会，宋太子[3]后至，执而囚之；狎[4]徐君[5]；拘齐庆封[6]。中射士[7]谏曰："合诸侯，不可无礼[8]，此存亡之机也。昔者桀[9]为有戎之会，而有缗叛之；纣为黎丘之蒐，而戎、狄叛之，由无礼也。君其图之。"君不听，遂行其意。居未期年，灵王南游，群臣从而劫之，灵王饿而死乾溪[10]之上。故曰：行僻自用，无礼诸侯，则亡身之至也。

［注释］

①楚灵王：春秋时期楚国的君主，又称楚荆王。②申：西周时期诸侯国名，位于今河南南阳北。③宋太子：春秋时期宋国君主宋平公的儿子，名佐。④狎：戏弄，轻慢。⑤徐君：春秋时期徐国的君主。徐，春秋时期的诸侯国名，位于今安徽泗县。⑥庆封：人名，春秋时齐国的卿。⑦中射士：春秋时君主宫中的武职侍卫官。⑧礼：礼法、礼节，这里也指等级社会的典章制度，传统习惯等等。⑨桀：夏朝最后的一个国王，发的儿子。发病死后继位，历史上著名的暴君之一。⑩乾溪：也写作"乾谿"，楚国地名，位于今安徽亳县东南。

［译文］

什么叫行为怪僻呢？从前楚灵王召集诸侯赴申地会盟，宋太子迟到了，楚灵王把他抓住并囚禁起来。楚灵王又戏弄徐国的国君，把齐国的庆封扣留下来。楚灵王手下的中射士进谏说："聚集诸侯，不能不讲礼貌，这是国家生死存亡的关键。从前夏桀主持有戎的诸侯集会而有缗氏背叛，商纣王组织在黎丘检阅的诸侯，而戎、狄少数民族背叛，都是因他们不讲礼仪引起的。君王您还是仔细考虑一下吧。"楚灵王不听，执意按照自己的意思去做。过了不到一年，楚灵王南游，群臣借此机会劫持了他。楚灵王饿死在乾溪上。所以说，行为怪僻而自以为是，对其他的诸侯国没有礼貌，是丧生的最大危险。

奚谓好音？昔者卫灵公[1]将之晋，至濮[2]水之上，税[3]车而放马，设舍以宿。夜分，而闻鼓[4]新声者而说之，使人问左右，尽报弗闻。乃召师涓[5]而告之，曰："有鼓新声者，使人问左右，尽报弗闻，其状似鬼神，子为我听而写之。"师涓曰："诺。"因静坐抚琴而写之。师涓明日报曰："臣得之矣，而未习也，请复一宿习之。"灵公曰："诺。"因复留宿，明日，已习之，遂去之晋。晋平公[6]觞之于施夷[7]之台，酒酣，灵公起，公曰："有新声，愿请以

示。”平公曰：“善。”乃召师涓，令坐师旷[8]之旁，援琴鼓之。未终，师旷抚止之，曰：“此亡国之声，不可遂也。”平公曰：“此道奚出？”师旷曰：“此师延之所作，与纣为靡靡之乐也。及武王[9]伐纣，师延东走，至于濮水而自投，故闻此声者，必于濮水之上。先闻此声者，其国必削，不可遂。”平公曰：“寡人所好者，音也，子其使遂之。”师涓鼓究[10]之。平公问师旷曰：“此所谓何声也？”师旷曰：“此所谓清商也。”公曰：“清商固最悲乎？”师旷曰：“不如清徵。”公曰：“清徵可得而闻乎？”师旷曰：“不可，古之听清徵者，皆有德义之君也，今吾君德薄，不足以听。”平公曰：“寡人之所好者音也，愿试听之。”

［注释］

①卫灵公：春秋时期卫国君主，名元。②濮：古代水名，位于在今河南东北部，现在已不存。③税：通“脱”，这里是解脱之意。④鼓：泛指敲击，弹奏。⑤师涓：人名。卫灵公的乐官。⑥晋平公：春秋时期晋国君主，名彪。⑦施夷：晋国地名，位于今山西曲沃西。⑧师旷：春秋时代晋国的著名乐师。⑨武王：周国的开国君主，周文王之子。⑩究：到底，穷尽。

［译文］

什么叫沉溺于音乐？从前卫灵公准备去晋国，来到濮水边上，卸下车解开马，布置住处准备住宿。半夜的时候，卫灵公听见有人弹奏新乐曲，非常喜欢，便叫人问身边的侍从，侍从都说没听见。卫灵公便对乐官师涓说：“我听见有人在弹奏新乐曲，让人问身边的侍从，都说没有听见。这种情况好像是有鬼神，你替我听着并把它记录下来吧”。师涓说：“好吧。”于是静坐弹琴把这首乐曲记录了下来。师涓第二天回报卫灵公说：“乐曲我已经记录下来了，但还不太熟悉，请给我一个晚上熟悉它吧。”灵公说：“好吧。”于是他又留宿一个晚上。第二天，师涓已经熟悉了，就离开卫国前往晋国。晋平公在施夷的高台上宴请卫灵公。酒喝得高兴之时，卫灵公站了起来，说：“我有新乐曲，希望演奏给大家听。”晋平公说：“好的。”于是把师涓召来，让他坐在师旷的旁边，拿起琴来演奏。还没演奏完，师旷轻轻按住琴弦制止道：“这是亡国之音，不能把它弹完。”晋平公说：“这首乐曲是从哪里来的？”师旷说：“这是师延的作品，是他为商纣创作的靡靡之音。等到武王伐纣的时候，师延向东逃跑，到了濮水就投河自尽。所以听见这个乐曲的，一定是在濮水边。先听见这个乐曲的，他的国家一定被削弱，不能把曲子弹完。”晋平公说：“我所喜欢的是音乐，所以还是把它奏完吧。”师涓奏完了这首乐曲。晋平公问师旷说：“这叫什么曲调？”师旷说：“这就是人们所说的清商调。”平公说：“清商调是最悲伤的音调吗？”师旷说：“不如清徵调悲伤。”晋平公说：“能弹首清徵调听听吗？师旷说：“不能。古代听清徵调的，都是有德行、有仁义的君主。现在您的德行与仁义还不够，不具备听它的资格。”晋平公说：“我所爱好的是音乐，希望能试着听一下。”

师旷不得已，援琴而鼓。一奏之，有玄鹤二八①，道南方来，集于郎门之垝②。再奏之，而列。三奏之，延颈而鸣，舒翼而舞。音中宫商之声，声闻于天。平公大说，坐者皆喜。平公提觞而起为师旷寿，反坐而问曰：“音莫悲于清徵乎？”师旷曰：“不如清角。”平公曰：“清角可得而闻乎？”师旷曰：“不可。昔者黄帝合鬼神于泰山之上，驾象车而六蛟龙，毕方③并锗（xiá）④，蚩尤⑤居前，风伯⑥进扫，雨师⑦洒道，虎狼在前，鬼神在后，腾蛇⑧伏地，凤皇覆上，大合鬼神，作为清角。今吾君德薄，不足听之，听之，将恐有败。”平公曰：“寡人老矣，所好者音也，愿遂听之。”师旷不得已而鼓之。一奏之，有玄云从西北方起；再奏之，大风至，大雨随之，裂帷幕，破俎（zǔ）豆，隳廊瓦。坐者散走，平公恐惧，伏于廊室之间。晋国大旱，赤地三年。平公之身遂癃（lóng）⑨病。故曰：不务听治，而好五音不已，则穷身之事也。

[注释]

①二八：每排八只，二八即是二排。②垝：通“危”，本意指廊门的顶，这里比喻高险之处。③毕方：神名。传说中的木神。④锗：通“辖”。指大车轴头上穿着的小铁棍，它的作用是可以管住轮子使不脱落。⑤蚩尤：人名。传说是古代九黎族首领，相传他以金作兵器，可以呼风唤雨，与黄帝战于涿鹿。⑥风伯：神名。传说中的风神。⑦雨师：神名。传说中的雨神。⑧腾蛇：传说中的神物，一种能兴云雨的龙。⑨癃：瘫痪病。

[译文]

师旷没有办法，拿过琴来演奏。弹了一遍，有十六只黑色的鹤由南方飞来，在宫廷廊门顶上聚集。弹了第二遍，这些鹤排列成一行。弹了第三遍，这些鹤伸长脖子鸣叫，张开翅膀起舞。鹤的叫声正和音律，声音响彻天际。晋平公非常高兴，在座的人也都很兴奋。晋平公拿起酒杯站起来向师旷庆祝，回到座位上问道：“音乐没有比清徵调更悲伤的了吗？”师旷说：“清徵调比不上清角调悲伤。”平公说：“清角调能弹给我听听吗？”师旷说：“不行。从前黄帝在泰山顶上聚合鬼神，驾着象牙车赶着六条蛟龙，木神毕方站在车辖的旁边，蚩尤在前面开路，风神在前面清扫，雨神洒水冲

洗道路，虎狼在前守卫，鬼神在后跟从，腾蛇匍匐在地上，凤凰飞翔在天空里，广泛汇合鬼神，才创作出清角调。现在君主您的德行尚浅，还不足以欣赏这个音调。如果听了，恐怕会有灾难。”晋平公说：“我老了，喜爱的是音乐，很希望能听到它。”师旷没办法，不得不演奏起来。第一遍奏乐时，有黑云从西北方升起；再次演奏时，大风刮来，大雨跟随在后，吹裂了帐幕，吹翻了食器，毁坏了廊瓦。在座的人四处逃散。晋平公十分害怕，趴在廊屋之间。晋国因此遭受旱灾，三年里土地寸草不生。晋平公自己也得了瘫痪病。所以说，不努力治理国家政务而无止境地沉溺于音乐，是使自己走上末路的事情。

奚谓贪愎？昔者智伯[1]瑶率赵、韩、魏而伐范、中行，灭之。反归，休兵数年，因令人请地于韩，韩康子[2]欲勿与。段规谏曰：“不可不与也。夫知伯之为人也，好利而骜[3]愎。彼来请地而弗与，则移兵于韩必矣。君其与之。与之，彼狃[4]，又将请地他国。他国且有不听，不听，则知伯必加之兵。如是，韩可以免于患而待其事之变。”康子曰：“诺。”因令使者致万家之县一于知伯，知伯说。又令人请地于魏，宣子[5]欲勿与，赵葭谏曰：“彼请地于韩，韩与之。今请地于魏，魏弗与，则是魏内自强，而外怒知伯也。如弗予，其措兵于魏必矣。不如予之。”宣子“诺”。因令人致万家之县一于知伯。知伯又令人之赵请蔡[6]、皋狼[7]之地，赵襄子[8]弗与，知伯因阴约韩、魏将以伐赵。

［注释］

①智伯：人名。荀氏，名瑶，史称“智氏”“智伯”，是智文子荀跞的孙子，春秋末期晋国六卿之一，势力最为强大。②韩康子：人名。春秋时期韩国的君主。③骜：通“傲”，这里引为骄傲之意。④狃：习惯，习以为常。⑤宣子：魏宣子，晋国的卿大夫，名驹，也作“魏桓子”。⑥蔡：晋国地名，当时属于赵国。⑦皋狼：晋国地名，位于今山西离石西北。⑧赵襄子：人名。春秋末期赵国的卿大夫，赵简子之子。

［译文］

什么是贪心固执？从前智伯瑶率领赵、韩、魏去进攻范氏和中行氏，消灭了他们。返回自己的地方之后，休兵多年，于是派人向韩请求割让土地。韩康子不想割地，段规劝谏说：“土地不能不割让给他。智伯这个人的特点，就是贪图利益并且傲慢。他来请求割地，如果你不给，他就一定会调兵攻打韩国。您还是给他。给他土地，他就会习以为常，又向其它国家请求割地。其它国家将会有不听从他的。如果不听从，智

伯就一定派兵去进攻。如果这样，韩国就可以免于灾难而等待事情的变化。”韩康子说：“好吧。”因而派使者把一个有万户人口的县送给智伯，智伯很高兴。他就又派人向魏国请求割让土地。魏宣子想不给，赵葭劝谏说：“智伯向韩康子要地，韩康子给了他土地。现在向魏要地，魏国假如不给，就是魏国自恃强大，而对外则激怒了智伯。如果不给，他就一定会派兵来攻打。不如给他土地。”魏宣子说：“好吧。”于是也派人送了一个有万户人口的县给智伯。智伯又派人到赵国要求割让蔡、皋狼的土地，赵襄子不给他。智伯就暗地里约好韩、魏两国准备去讨伐赵国。

襄子召张孟谈而告之曰：“夫知伯之为人也，阳亲而阴疏，三使韩、魏而寡人不与焉，其措兵于寡人必矣，今吾安居而可？”张孟谈曰：“夫董阏于①，简主②之才臣也，其治晋阳，而尹铎循之，其余教犹存，君其定居晋阳而已矣。”君曰：“诺。”乃召延陵生，令将车骑先至晋阳，君因从之。君至，而行其城郭及五官之藏，城郭不治，仓无积粟，府无储钱，库无甲兵，邑无守具。襄子惧，乃召张孟谈曰：“寡人行城郭及五官之藏，皆不备具，吾将何以应敌？”张孟谈曰：“臣闻圣人之治，藏于民，不藏于府库，务修其教不治城郭。君其出令，令民自遗三年之食，有余粟者入之仓；遗三年之用，有余钱者入之府；遗有奇人者使治城郭之缮。”君夕出令，明日，仓不容粟，府无积钱，库不受甲兵。

[注释]

①董阏于：董安于，春秋时期晋国人，晋卿赵鞅的家臣。②简主：赵简子，赵襄子之父。

[译文]

赵襄子召来张孟谈，把这一情况告诉他说：“智伯的为人，对待他人，表面亲近而实际疏远。他三次派人出使韩、魏，而我不给他土地，所以他肯定会来攻打我。现在我应该怎么处置才好呢？”张孟谈说：“董阏于，是您父亲赵简子手下的重臣，他以前治理过晋阳，现在尹铎继任，但董阏于的教化仍然存在，您到晋阳去定居就行了。”赵襄子说：“好吧。”便召来延陵生，命令他率领车马先到晋阳，赵襄子随后也跟着去了。赵襄子到了晋阳，巡视了晋阳的内外城防以及各种职官府库的储藏。城墙没有修缮好，仓库里没有存粮，库房中没有储备，武器库里没有武器，城内没有防守的装备。赵襄子很害怕，于是就召来张孟谈说：“我察看了内外城防以及各种职官府库的储藏，都不完备，我将用什么来迎敌？”张孟谈说：“我听说圣人治理国家，藏富于民，而不在国家府库，努力搞好教化而不是单纯修缮城郭。您可以下达命令，让百姓自己留

足三年的口粮，有余粮的送进官仓里；留足三年的用度，有多余的钱就送进宫府；留下耕种者后多余的闲散人员去修整城郭。”赵襄子晚上下令，第二天，谷仓里的粮食装不下，官府里的钱堆不下，兵库也装不下新的兵器了。

居五日而城郭已治，守备已具。君召张孟谈而问之曰：“吾城郭已治，守备已具，钱粟已足，甲兵有余。吾奈无箭何？”张孟谈曰：“臣闻董子之治晋阳也，公宫之垣皆以荻(dí)[1]蒿[2]楛(hù)[3]楚[4]墙之，有楛高至于丈，君发而用之。”于是发而试之，其坚则虽箘簵(jùn lù)[5]之劲弗能过也。君曰：“吾箭已足矣，奈无金何？”张孟谈曰：“臣闻董子之治晋阳也，公宫令舍之堂，皆以炼铜为柱、质。君发而用之。”于是发而用之，有余金矣。号令已定，守备已具，三国之兵果至，至则乘晋阳之城，遂战。三月弗能拔。因舒军而围之，决晋阳之水以灌之，围晋阳三年。城中巢居而处，悬釜而炊，财食将尽，士大夫羸病。襄子谓张孟谈曰：“粮食匮(kuì)，财力尽，士大夫羸病，吾恐不能守矣！欲以城下，何国之可下？”张孟谈曰：“臣闻之，亡弗能存，危弗能安，则无为贵智矣，君失此计者。臣请试潜行而出，见韩、魏之君。”张孟谈见韩、魏之君曰：“臣闻唇亡齿寒。今知伯率二君而伐赵，赵将亡矣。赵亡，则二君为之次。”二君曰：“我知其然也。虽然，知伯之为人也，粗中而少亲。我谋而觉，则其祸必至矣，为之奈何？”张孟谈曰：“谋出二君之口而入臣之耳，人莫之知也。”二君因与张孟谈约三军之反，与之期日。

[注释]

①荻：多年生草本植物，叶子长形，生在水边，花为紫色。②蒿：植物名。这里指青蒿。③楛：植物名。荆棘类植物，茎可做箭杆。④楚：植物名。这里用为牡荆之意。⑤箘簵：箣竹属、青篱竹属和亲近的属中的木本或树状禾草，可做箭干，也称箘。

[译文]

五天之后，城郭已经修整好，守卫的装备已经足够。赵襄子召来张孟谈，问他说：“我的城郭已经修缮，守卫的装备已经足够，钱粮已充足，武器已有余。但我缺少箭

怎么办？”张孟谈说：“我听说过，董阏于治理晋阳的时候，官署的住处都用荻、蒿、楛、楚等植物作墙，有的楛杆长达一丈高。您不妨把它削成箭使用。”于是削了楛杆来试验，它的坚韧程度比箘簬这样坚硬的竹子更甚。赵襄子说：“我的箭已经够了，但没有用来做箭头的铜应该怎么办？”张孟谈说：“我听说董阏于治理晋阳的时候，官署的厅堂都用冶炼出来的铜作为柱下的基石。您可以取出来使用。”于是取出基石加以使用，还有富余的铜。号令已经制定，守卫的装备已经完备，智伯率领韩、魏三国的军队果然到达。到达后就开始进攻晋阳城，于是开战。三个月还不能攻克，三家就疏散开军队来包围晋阳，决开晋阳的河水来淹灌。围困了晋阳三年。晋城的居民在高处居住，吊起锅来做饭，财物食品将要用完，官员虚弱疲惫。赵襄子对张孟谈说：“粮食缺少，财力耗光，官员虚弱疲惫。恐怕坚守不住此城了，我想要开城投降，可向哪个国家投降好呢？”张孟谈说：“我听说，不能让灭亡变成生存，不能让危险变成安全，就不必重视贤能了。您姑且打消这个念头吧！请让我尝试偷偷出城，去见见韩、魏的君主。”张孟谈拜见韩、魏之君说：“我听说唇亡齿寒这个道理。现在智伯率二位君主来伐赵国，赵国快要灭亡了。赵国灭亡后，韩、魏就会紧随其后。”二位君主说：“我们知道会是这样。尽管如此，但智伯为人粗暴而少仁爱。如果我们谋划的事被他发现，就会大难临头。这该怎么办？”张孟谈说：“计谋从您二位的嘴里说出来进入我耳朵里，没有人会知道。”于是，两位君主和张孟谈约好三家军队一起反抗智伯，和他们约好了日期。

夜遣孟谈入晋阳，以报二君之反。襄子迎孟谈而再拜之，且恐且喜。二君以约遣张孟谈，因朝知伯而出，遇智过[1]于辕门之外。智过怪其色，因入见知伯曰：“二君貌将有变。”君曰：“何如？”曰：“其行矜而意高，非他时之节也，君不如先之。”君曰：“吾与二主约谨矣，破赵而三分其地，寡人所以亲之，必不侵欺。兵之著于晋阳三年，今旦暮将拔之而向其利，何乃将有他心，必不然，子释勿忧，勿出于口。”明旦，二主又朝而出，复见智过于辕门，智过入见曰：“君以臣之言告二主乎？”君曰：“何以知之？”曰：“今日二主朝而出，见臣而其色动，而视属[2]臣，此必有变，君不如杀之。”君曰：“子置勿复言。”智过曰：“不可，必杀之。若不能杀，遂亲之。”君曰：“亲之奈何？”智过曰：“魏宣子之谋臣曰赵葭，韩康子之谋臣曰段规，此皆能移其君之计，君与其二君约，破赵国因封二子者各万家之县一，如是则二主之心

智瑶倚强凌弱

冯梦龙的演义小说《东周列国志》中写道：智伯攻打卫国归来，在庆功宴中，智瑶趁着酒兴，戏谑韩虎，并连同韩氏的家臣段规一并羞辱。

可以无变矣。知伯曰："破赵而三分其地，又封二子者各万家之县一，则吾所得者少。不可。"智过见其言之不听也，出，因更其族为辅氏。至于期日之夜，赵氏杀其守堤之吏而决其水灌知伯军，知伯军救水而乱，韩、魏翼而击之，襄子将卒犯其前，大败知伯之军而擒知伯。知伯身死军破，国分为三，为天下笑。故曰：贪愎好利，则灭国杀身之本也。

[注释]

①智过：晋国大夫，智伯族人。②属：通"瞩"，注目、注视。

[译文]

夜晚派张孟谈后回到晋阳城，去向赵襄子报告韩、魏两国谋反这一喜讯。赵襄子迎来张孟谈两次向他下拜，又惊又喜。韩康子、魏宣子约好遣返张孟谈后，接着朝见智伯，出来的时候，在军营的门外遇见了智过。智过对他们二人的脸色感到奇怪，因而进营帐见智伯说："从韩、魏二君的样子不难看出，事情将有变故。"智伯说："怎么回事？"智过说："他们行为傲慢又趾高气扬，不像平时的样子，不如您先动手吧。"智伯说："我和他们商量得很周密，打下赵国后瓜分它的土地，我因为同盟的关系对他们很友好，他们也一定不会欺骗我。军队围攻晋阳已经三年了，现在旦夕之间将攻下来占得利益。怎么还会有他心？一定不会这样的。你放心吧，不要将这些话说出去让他们听到。"第二天早上，韩康子、魏宣子又朝见智伯，出来之后，在军营的门外又遇上了智过。智过拜见智伯说："您把我的话告诉他们两人了吗？"智伯说："你是怎么知道的？"智过说："今天他们朝见出门后，看到我时脸色有变化，而且用眼睛死盯着我。这里面肯定有变故，您不如动手杀了他们。"智伯说："不要再说了。"智过说："不行，一定要杀了他们。如果不杀，那就亲近他们。"智伯说："如何亲近他们呢？"智过说："魏宣子的谋臣是赵葭，韩康子的谋臣是段规，这两个人都能改变他们君主的主意。您应该与两位君主约好，攻下赵国后，就封赵葭、段规每人一个万户人家的县。这样一来，两位君主的心思就不会再变了。"智伯说："攻下赵国后三家瓜分其土地，再封这两个人万户人家的县各一个，那么我所得到的就很少了。这不行。"智过见他的建议不被接受，就出走了，并把家族改为辅氏。到了约定日期的晚上，赵襄子的人杀掉了智伯的守堤官，决水灌进智伯的军营。智伯军队因救水而大乱，韩魏二军从两侧攻击智伯的军队，赵襄子率领兵从正面进攻，打败智伯的军队并活捉了智伯。智伯身死军破，他的领地被一分为三，从而为天下人所耻笑。所以说，贪心固执喜欢私利，就是亡国杀身的祸根。

奚谓耽于女乐？昔者戎王①使由余聘②于秦，穆公③问之曰："寡人尝闻道而未得目见之地，愿闻古之明主得国失国何常以？"由余对曰："臣尝得闻之矣，常以俭得之，以奢失之。"穆公曰："寡人不辱而问道于子，子以俭对寡人，何也？"由余对曰："臣闻昔者尧④有天下，饭于土簋(guǐ)⑤，饮于土铏(xíng)⑥，其地南至交趾⑦，北至幽都，东西至日月之所出入者，莫不宾⑧服。尧禅天下，虞舜⑨受之，作为食器，斩山木而财之，削锯修其迹，流漆墨其上，输之于宫以为食器。诸侯以为益侈，国之不服者十三。

[注释]

①戎王：古代戎族首领。②聘：询问，访问。③穆公：春秋时期秦国的君主，名任好。④尧：这里指中国古代的皇帝陶唐氏之号。⑤簋：古代青铜器或陶制盛食物的容器。⑥铏：指古代盛羹的鼎，有盖，两耳三足，较多用于祭祀。⑦交趾：越南的古名。⑧宾：归服，顺从。⑨虞舜：中国传说中父系氏族社会后期部落联盟领袖。

[译文]

什么是沉溺于女子的轻歌曼舞？从前戎王派由余出使秦国，秦穆公问由余说："我曾经听说治国的道理但从未亲眼看见，希望听你说说古代君主兴国亡国的原因是什么？"由余回答说："我曾经听说过，经常是俭朴而获得天下，因为奢侈而丢失国家。"秦穆公说："我不惜屈身向你询问治国的道理，你用'俭朴得天下'来回答我，这是为什么呢？"由余回答说："我听说从前尧统治天下，用土制的簋来吃饭，用土制的铏喝水。他的国土南到交趾，北到幽都，东西到达太阳升起和落下的地方，没有人不臣服于他。尧禅让天下，虞舜接受下来，制作饮食的器具，都是砍下山上的树木来制作，削减成器，打磨光滑，在上面涂抹油漆，送到宫里作为饮食器具。诸侯们认为这些过于奢侈，不臣服的诸侯国有十三个。

舜禅天下而传之于禹①，禹作为祭器，墨染其外，而朱画其内，缦②帛为茵，蒋③席颇缘，觞酌(shāngzhuó)有采，而樽④俎⑤有饰，此弥侈矣，而国之不服者三十三。夏后氏没，殷人受之，作为大路⑥，

而建九旒(liú)⑦，食器雕琢，觞酌刻镂，四壁垩⑧墀，茵席雕文。此弥侈矣，而国之不服者五十三。君子皆知文章矣，而欲服者弥少。臣故曰：俭其道也。”由余出，公乃召内史廖而告之，曰：“寡人闻邻国有圣人，敌国之忧也。今由余，圣人也，寡人患之，吾将奈何？”内史廖曰：“臣闻戎王之居，僻陋而道远，未闻中国之声。君其遗⑨之女乐，以乱其政，而后为由余请期，以疏其谏(jiàn)。彼君臣有间而后可图也。”君曰：“诺。”乃使史廖以女乐二八遗戎王，因为由余请期，戎王许诺。见其女乐而说之，设酒张饮，日以听乐，终岁不迁，牛马半死。由余归，因谏戎王，戎王弗听，由余遂去之秦。秦穆公迎而拜之上卿，问其兵势与其地形。既以得之，举兵而伐之，兼国十二，开地千里。故曰：耽于女乐，不顾国政，亡国之祸也。

[注释]

①禹：传说中远古时期的夏部落领袖，夏代的第一任帝王，姒姓，名文命，鲧之子。②缦：形容没有花纹的丝织品。③蒋：植物名，即茭白，古时称为“菰”。禾本科，菰属，可供食用。④樽：古代时用来盛酒的器具。⑤俎：为供祭祀或宴会时用的四脚方形木漆盘或青铜盘等，常用来陈设牛羊肉。⑥路：通“辂”，这里指大车。⑦旒：指旗子下边悬垂的饰物。⑧垩：白色的土，可用来粉饰墙壁。⑨遗：给予，赠送。

[译文]

虞舜禅让，把天下传给了夏禹，夏禹制作祭祀用的器具，在外面涂上漆，里面绘上彩画，用没有花纹的丝织品做车垫，用草编成的席子有斜纹，酒杯和勺子上有花纹，礼器上有装饰。这就比过去要奢侈多了，而不臣服的诸侯国有三十三个。夏灭亡之后，殷商接受了天下，制造了天子专用的大车，车子上树有九条飘带，食器上雕刻着花纹，酒杯和勺子上刻着镂空的图案，墙壁和台阶都用白色涂饰，坐垫上绘饰了纹彩。这比以前更加奢侈，而不臣服的诸侯国有五十三个。君主注重用华丽的纹彩来装饰，而愿意臣服的诸侯国就越来越少。所以我说，俭朴是治国之道。”由余从宫中离开后，秦穆公就召来内史廖，并告诉他说：“我听说别的国家有圣人，就是敌对国家的忧患。现在由余就是个圣人，我很担忧。我该怎么办才好？”内史廖说：“我听说戎王所处的地方，地势偏僻而道路遥远，没有听到过中原的声乐。您可以送给他一些能歌善舞的女子，去干扰他的政事，而后再为由余请求延长回国的时间，借以疏远由余的劝谏。君臣之间有了嫌隙，然后就可以从中谋利了。”秦穆公说：“好吧。”于是

就派内史廖把十六名能歌善舞的女子送给了戎王，借机替由余请求延长回国的时间。戎王答应了，他看到能歌善舞的女子非常高兴，摆开酒席开怀畅饮，每天听歌赏舞，一年都不改变，他的牛马死了一半。由余回国，立即劝谏戎王，戎王不接受，由余就离开戎国去了秦国。秦穆公迎接他并任他为上卿，向由余询问西戎的军队情况和地理形势。掌握了地方的情况后，开始出兵伐戎，兼并了十二个国家，开辟上千里的疆土。所以说，沉溺于女子的轻歌曼舞，不顾及国家政事，就是亡国的灾害。

奚谓离内远游？昔者齐景公①游于海而乐之，号令诸大夫曰："言归者死。"颜涿(zhuó)聚②曰："君游海而乐之，奈臣有图国者何？君虽乐之，将安得？"齐景公曰："寡人布令曰'言归者死'，今子犯寡人之令。"援戈将击之。颜涿聚曰："昔桀杀关龙逄③而纣杀王子比干④，今君虽杀臣之身，以三之可也。臣言为国，非为身也。"延颈而前曰："君击之矣！"君乃释戈趣(cù)⑤驾而归，至三日，而闻国人有谋不内齐景公者矣。齐景公所以遂有齐国者，颜涿聚之力也。故曰：离内远游，则危身之道也。

［注释］

①齐景公：春秋时齐国的国君，名杵。②颜涿聚：人名，齐国的大夫，孔子的学生。③关龙逄：夏桀王的臣子，因谏诤夏桀王而被杀。④比干：商代贵族，纣王叔父，官少师。相传因强谏纣王，被剖腹掏心。⑤趣：通"促"，催促。

［译文］

什么是远离朝廷去远方游玩？从前齐景公到渤海游玩并以此为乐，对诸位臣子下令说："说要回去的就处死。"颜涿聚说："君王您来海上游玩并且很开心，要是臣子中有图谋不轨的人该怎么办呢？您虽然以此为乐，但日后失去国家还怎么能这样呢？"齐景公说："我下达命令说提出回去的就得处死，现在你违犯了我的命令。"拿起戈来就要杀颜涿聚。颜涿聚说："从前夏桀杀了关龙逄而商纣杀了王子比干，现在君王您即使杀死我，把我和关龙逄、比干凑成三个也是可以的。我进言是为了国家，不是为了我自己。"颜涿聚伸着脖子上前说："您来砍吧！"齐景公便放下戈，催促驾车立即回宫。回去三天之后，就听说都城里有人图谋不让齐景公回城。齐景公之所以能继续统治齐国，依靠的是颜涿聚的智慧。所以说，离开朝廷去远方游玩，是危害自己的做法。

奚谓过而不听于忠臣？昔者齐桓公九合诸侯，一匡①天下，为五伯②长，管仲佐之。管仲老，不能用事，休居于家。桓公从

而问之曰：“仲父家居有病，即不幸而不起此病，政安迁之？”管仲曰：“臣老矣，不可问也。虽然，臣闻之，知臣莫若君，知子莫若父，君其试以心决之。”君曰：“鲍叔牙③何如？”管仲曰：“不可。鲍叔牙为人，刚愎而上悍。刚则犯民以暴，愎则不得民心，悍则下不为用，其心不惧。非霸者之佐也。”公曰：“然则竖刁何如？”管仲曰：“不可。夫人之情莫不爱其身。公妒而好内，竖刁自獖(fén)④以为治内，其身不爱，又安能爱君？”公曰：“然则卫公子开方何如？”管仲曰：“不可。齐、卫之间不过十日之行，开方⑤为事君，欲适君之故，十五年不归见其父母，此非人情也。其父母之不亲也，又能亲君乎？”公曰：“然则易牙何如？”管仲曰：“不可。夫易牙为君主味，君之所未尝食唯人肉耳，易牙蒸其子首而进之，君所知也。人之情莫不爱其子，今蒸其子以为膳于君，其子弗爱，又安能爱君乎？”

［注释］

①匡：扶正，匡正。②五伯：指公、侯、伯、子、男五等爵位。这里的五伯指春秋时期的五霸，即齐桓公、晋文公、楚庄王、吴王、越王。③鲍叔牙：春秋时期齐国的大臣。④獖：通“豮”，阉割。⑤开方：人名。卫国君主的公子，在齐国做官，很受齐桓公的宠信。

［译文］

什么是有过错而不听信忠臣的劝谏？从前齐桓公九次汇合诸侯，一举匡正天下，成为春秋五霸之首，管仲辅佐他。管仲老了，无法执政，安居在家。齐桓公去看望他说：“您在家病着，如果不幸一病不起，国家的事务应该交给谁？”管仲说：“我老了，不值得询问了。尽管这样，我听说，没有人比臣子更了解君主，没有人比父亲更了解儿子。您就按照自己的想法来决定吧。”桓公说：“鲍叔牙这个人你认为如何呢？”管仲说：“不行。鲍叔牙刚强顽固而凶悍。刚强就会粗暴地对待民众，顽固就无法赢得民心，凶悍臣民就不听他使唤。他的心里对这些没有忌讳，不能成为霸主的得力帮手。”桓公说：“那么，竖刁怎么样呢？”管仲说：“不行。人之常情没有不爱惜自己的身体。他生性嫉妒男子而爱好女色，竖刁就阉割自己来管理宫内的事务。他连自己的身体都不爱惜，又怎么能爱您呢？”恒公说：“那么，卫公子开方怎么样呢？”管仲说：“不行。齐、卫两国不过十天的路程，开方为了侍奉君主，迎合您的缘故，十五年不回去看他的父母，这不符合人之常情。他连自己的父母都不亲近，还能真心亲近君主吗？”桓公说：“那么，易牙怎么样呢？”管仲说：“不行。易牙为您主管伙食，您不曾吃过的

只有人肉，易牙蒸了亲生儿子的头贡献给您，这您是知道的。人之常情没有不怜爱自己儿子的，现在易牙蒸自己的儿子当食物贡献给您，他连儿子都不怜爱，又怎么能爱您呢？”

公曰：“然则孰可？”管仲曰：“隰（xí）朋[1]可。其为人也，坚中而廉外，少欲而多信。夫坚中，则足以为表；廉外，则可以大任；少欲，则能临[2]其众；多信，则能亲邻国。此霸者之佐也，君其用之。”君曰：“诺。”居一年余，管仲死，君遂不用隰朋而与竖刁。刁莅事三年，桓公南游堂阜，竖刁率易牙、卫公子开方及大臣为乱，桓公渴馁而死南门之寝公守之室，身死三月不收，虫出于户。故桓公之兵横行天下，为五伯长，卒见弑于其臣，而灭高名，为天下笑者，何也？不用管仲之过也。故曰：过而不听于忠臣，独行其意，则灭其高名为人笑之始也。

［注释］

①隰朋：春秋时期齐国的大臣。②临：监视，统治，治理。

［译文］

桓公说：“那么谁合适呢？”管仲说：“隰朋这个人可以胜任。他内心坚贞，行为廉洁，私欲不多，很守信用。内心坚贞，就足以作表率；行为廉洁，就可以担当大任；私欲不多，就能驾驭百姓；很守信用，就能与邻国亲近。这样的人是霸主的好助手，您可以任用他。”桓公说：“好吧。”过了一年多，管仲去世了，齐桓公不用隰朋而任用竖刁。竖刁执政三年，齐桓公去堂阜游玩时，竖刁率领易牙、卫公子开方及许多大臣趁机作乱。齐桓公因为饥渴死在南门寝宫的守卫房屋里，死后三个月没人埋葬，蛆虫爬出了门外。齐桓公的军队横行天下，而他身为五霸之首，结果却是被臣子所害，而且毁掉了他的好名声，被天下人所耻笑，这是为什么呢？是因为他不听管仲忠告的过失啊。所以说，有过失却不听忠臣的劝告，完全按照自己的意念行动，是丧失好名声并被人耻笑的开始。

奚谓内不量力？昔者秦之攻宜阳[1]，韩氏急。公仲朋[2]谓韩君[3]曰：“与国不可恃也，岂如因张仪[4]为和于秦哉！因赂以名都而南与伐楚，是患解于秦而害交于楚也。”公曰：“善。”乃警公仲之行，将西和秦。楚王[5]闻之，惧，召陈轸（zhěn）而告之曰：“韩朋将西和秦，今将奈何？”陈轸曰：“秦得韩之都一，驱其练甲，秦、韩为

一以南向楚，此秦王之所以庙祠而求也，其为楚害必矣。王其趣发信臣，多其车、重其币以奉韩，曰：‘不穀之国虽小，卒已悉起，愿大国之信意于秦也。因愿大国令使者入境视楚之起卒也。’”韩使人之楚，楚王因发车骑陈之下路⑥，谓韩使者曰：“报韩君，言弊(bì)邑之兵今将入境矣。”使者还报韩君，韩君大悦，止公仲。公仲曰：“不可。夫以实告我者，秦也；以名救我者，楚也。听楚之虚言而轻强秦之实祸，则危国之本也。”韩君弗听，公仲怒而归，十日不朝。宜阳益急，韩君令使者趣(cù)⑦卒于楚，冠盖相望⑧而卒无至者。宜阳果拔，为诸侯笑。故曰：内不量力，外恃诸侯者，则国削之患也。

［注释］

①宜阳：春秋时韩国地名，位于今河南宜阳。②公仲朋：人名。韩国的相国。③韩君：这里指韩国的君主韩宣惠王。④张仪：秦惠王的相，战国时著名的纵横家。⑤楚王：指楚怀王。⑥下路：指“夏路”，楚国通向中原其它国家的道路。⑦趣：通“促”，督促、催促。⑧冠盖相望：冠服和车盖相望于道，比喻赴楚求援的使者非常之多。

［译文］

什么是在国内不自量力？从前秦国攻打韩国宜阳的时候，韩国情况危急。公仲朋对韩宣惠王说：“楚国这个盟国是不可靠的，还不如通过张仪去跟秦国讲和呢！我们用一个著名的大城去贿赂秦国，和秦国一道向南攻打楚国，这样不仅解除了秦国对韩国的祸害，还可以把祸患转嫁给楚国。”韩宣惠王说：“好的。”于是派公仲朋出使秦国，准备跟西面的秦国讲和。楚怀王听说此事后，非常害怕，他召来陈轸说：“韩国的公仲朋准备跟西面的秦国讲和，我们现在应该怎么办？”陈轸说：“秦国得到韩国的一座大城，驱使它的精锐军队，韩国、秦国联合起来向南讨伐楚国，这是秦王在庙祭的时候所祈求的，这一定会成为楚国的祸害。大王您最好迅速派遣可靠的使臣，多带车马，准备厚礼进献给韩国，并说：‘楚国虽然很小，但士兵们已经全部发动起来支持韩国，希望您向秦国表明不屈的决心。为此希望贵国派使者前来观察我国动员起来的士卒。’”韩国派使者来到楚国，楚怀王便调动兵马排列在通往韩国的大路上，对韩国的使者说：“请禀告韩国国君，就说楚国的军队现在就要进入韩国的境内了。”使者回去报告给韩宣惠王，韩宣惠王非常兴奋，便制止公仲朋去秦国讲和。公仲朋说：“不可以这样做。实际上危害我们的是秦国；名义上援助我们的是楚国。听信楚国的空话而轻视秦国的实际祸害，是危害国家的祸根。”韩宣惠王不接受他的劝告。公仲朋生气地回去了，十天没有上朝。宜阳更加危急，韩宣惠王派使者到楚国催兵求援，

使者去了很多人，但楚军一个也没有到来。最终宜阳被攻下，韩国被其它诸侯国所耻笑。所以说，在国内不自量力，在国外依靠别的诸侯国，是削弱国家的祸患。

奚谓国小无礼？昔者晋公子重耳①出亡，过于曹②，曹君袒裼(tǎn xī)③而观之。厘负羁④与叔瞻侍于前。叔瞻谓曹君曰：“臣观晋公子，非常人也。君遇之无礼，彼若有时反国而起兵，即恐为曹伤。君不如杀之。”曹君弗听。厘负羁归而不乐。其妻问之曰：“公从外来而有不乐之色，何也？”负羁曰：“吾闻之，有福不及，祸来连我。今日吾君召晋公子，其遇之无礼。我与在前，吾是以不乐。”其妻曰：“吾观晋公子，万乘之主也；其左右从者，万乘之相也。今穷而出亡过于曹，曹遇之无礼。此若反国，必诛无礼，则曹其首也。子奚不先自贰焉。”负羁曰：“诺”。盛黄金于壶，充之以餐，加璧其上，夜令人遗公子。公子见使者，再拜，受其餐而辞其璧。公子自曹入楚，自楚入秦。入秦三年，秦穆公召群臣而谋曰：“昔者晋献公与寡人交，诸侯莫弗闻。献公不幸离群臣，出入十年矣。嗣子不善，吾恐此将令其宗庙不祓除而社稷不血食也。如是弗定，则非与人交之道。吾欲辅重耳而入之晋，何如？”群臣皆曰：“善”。公因起卒，革车五百乘，畴(chóu)骑⑤二千，步卒五万，辅重耳入之于晋，立为晋君。重耳即位三年，举兵而伐曹矣。因令人告曹君曰：“悬叔瞻而出之，我且杀而以为大戮。”又令人告釐负羁曰：“军旅薄(pò)⑥城，吾知子不违也。其表子之闾，寡人将以为令，令军勿敢犯。”曹人闻之，率其亲戚而保厘负羁之闾者七百余家。此礼之所用也。故曹，小国也，而迫于晋、楚之间，其君之危犹累卵也，而以无礼莅之，此所以绝世也。故曰：国小无礼，不用谏臣，则绝世之势也。

［注释］

①公子重耳：春秋时期晋国国君晋献公的庶子，曾因受骊姬的祸害，被迫出亡国外，十余年后返国。②曹：春秋时期诸侯国名，位于今山东定陶。③袒裼：脱去上

衣露出上身。这里是袒臂露身的意思。④釐负羁：即僖负羁，春秋时期曹国大夫。⑤畴骑：同样规格的马。畴，同类。⑥薄：通“迫”，逼近、迫近。

［译文］

什么是国家弱小而无礼？从前晋国的公子重耳出亡国外，途经曹国，曹国的国君趁他脱去上衣露出上身的时候偷看他的骈肋。釐负羁和叔瞻一同在曹国国君前侍奉。叔瞻对曹君说：“我看晋公子重耳不是平常之人。您对待他没有礼貌，他如有机会回国发兵报复，恐怕会危害到曹国。您不如现在就杀了他。”曹国的国君不听。釐负羁回家，郁郁寡欢。他的妻子问他说：“您从外面回来就不高兴，到底是因为什么呢？”釐负羁说：“我听说，君主有福轮不到我，有祸却牵连我。今天国君召见晋公子重耳，他待重耳很没有礼貌。我在君王面前参与其事，就是因此而不高兴。”他的妻子说：“我看晋公子重耳像万乘之国的君主，他身边的侍从都像是万乘之君的相。现在被迫逃亡，途经曹国，曹国待他不礼貌，日后如果他返回晋国，一定会讨伐那些无礼对他的人，那么曹国就是第一个了。您为什么不表明自己是与曹君不同的呢？”釐负羁说：“好吧。”于是就把黄金放在壶中，上面装满饭，用璧玉盖上，晚上派人送给了晋公子重耳。公子见了使者，拜了两拜，接受了饭食而拒绝璧玉。晋公子重耳从曹国到楚国，又从楚国到秦国。来到秦国三年，秦穆公召集群臣商议：“从前晋献公和我结交，诸侯都听说了。晋献公不幸去世，前后已经有十年了。他继位的儿子不好，我怕他会让晋国的宗庙日后无人洒扫，社稷得不到祭祀。这种情况下再不去安定晋国，那就不是两国交往的原则了。我想辅助重耳让他回国，怎么样？”群臣都说：“好。”秦穆公因而发兵，兵车五百辆，同一规格的骑兵两千人，步兵五万人，辅佐晋公子重耳回到晋国，立为晋国的国君。重耳登基三年后，就发兵讨伐曹国。他派人告诉曹国的国君说：“把叔瞻从城上吊下来，我将斩首示众。”又派人告诉釐负羁说：“军队迫近曹国都城，我知道您不会反抗我。请在您住的街巷上做好标记，我将发布命令，让军队不去冒犯。”曹国人听说之后，率领他们的亲戚去依附釐负羁以求保全性命的有七百多家。这就是讲究礼节的作用。所以，曹国是小国，要在晋国和楚国之间生存，君主的危险就像叠起来的鸡蛋一样，而他还以无礼的态度来招待他人，这就是它灭亡的原因。所以说：国家弱小而无礼，不任用进谏的大臣，就是断绝后代的趋势。

孤愤第十一

题 解

“孤愤”，即孤独与愤怒的意思，此篇主要阐述法家思想家在与当权重臣斗争时的出现的两种问题。文章分段论述，条理清晰，观点鲜明，逻辑严密，带有浓厚的感情色彩。著名史家司马迁认为此篇是韩非被囚禁在秦国时所作，并以此激励自己著书立说。

智术之士①，必远见而明察，不明察，不能烛私；能法之士②，必强毅而劲直，不劲直，不能矫奸。人臣循令而从事，案③法而治官，非谓重人也。重人也者，无令而擅为，亏法以利私，耗国以便家，力能得其君，此所为重人为。智术之士，明察听用，且烛重人之阴情；能法之士，劲直听用，且矫重人之奸行。故智术能法之士用，则贵重之臣必在绳之外矣。是智法之士与当涂之人，不可两存之仇也。

[注释]

①智术之士：懂得驭臣之术的人。②能法之士：能够推行法治的人，这里借指法家人物③案：通“按”，依照、按照。

[译文]

懂得驭臣之术的人，一定有远见并且能明察秋毫，不明察秋毫，就不能察觉私情；能够推行法治的人，一定坚决果断并且刚劲正直，不刚劲正直，就不能矫正惩治邪恶的人。臣子遵循法令去做事，依照法律履行职责，不能称为控制大权的人。所谓控制大权的人，根本无视国家法令而独断专行，破坏法律以谋取私利，损害国家为自家提供便利，他的势力可以控制君主，这才叫作控制大权的人。懂得驭臣之术的人明察秋毫，如果听信并任用他们，他们就能洞察控制大权的人的阴谋诡计；能够推行法治的人刚劲正直，如果听信并任用他们，将会矫正控制大权的人的邪恶行为。因此，懂得驭臣之术的人若被任用，那么位尊权重的臣子一定为法制所不容。如此，懂得驭臣之术的人与控制大权的人，是不能并存的。

当涂之人擅(shàn)事要，则外内为之用矣。是以诸侯不因，则事不

应，故敌国为之讼[1]；百官不因，则业不进，故群臣为之用；郎中[2]不因，则不得近主，故左右为之匿；学士不因，则养禄薄礼卑，故学士为之谈也。此四助者，邪臣之所以自饰也。重人不能忠主而进其仇，人主不能越四助而烛察其臣，故人主愈弊[3]而大臣愈重。

［注释］

①讼：通“颂”，歌颂、颂扬。②郎中：官名。君主的侍从人员，负责通报等事务。战国始置，一直沿用到清朝。③弊：通“蔽”，遮盖、遮挡。

［译文］

当权的重臣控制国家大权，那么外交和内政就会为他所用。因此，诸侯们如果不依靠他，那么事情就得不到照应，所以其他诸侯国就会颂扬他。朝中百官不依靠他，功绩就不能被上报，所以群臣也都会为他所用。君主的侍从不依靠他，就不能亲近君主，所以侍从都会为他隐瞒罪行。治学的人不依靠他，俸禄就会变得微薄而待遇也会降低，所以治学的人为他吹捧。这四种辅助力量，是奸邪的臣子用来粉饰自己的手段。控制大权的人不能忠于君主并且推举怨恨君主的人，君主不能越过这四种辅助力量来洞察他的臣子们，所以君主越来越受蒙蔽，而重臣的权力越来越大。

凡当涂者之于人主也，希不信爱也，又且习[1]故。若夫即主心，同乎好恶，固其所自进也。官爵贵重，朋党又众，而一国为之讼。则法术之士欲干上者，非有所信爱之亲、习故之泽也；又将以法术之言，矫人主阿辟之心[2]，是与人主相反也。处势卑贱，无党孤特。夫以疏远与近爱信争，其数不胜也；以新旅与习故争，其数不胜也；以反主意与同好恶争，其数不胜也；以轻贱与贵重争，其数不胜也；以一口与一国争，其数不胜也。法术之士，操五不胜之势，以岁数而又不得见；当涂之人，乘五胜之资，而旦暮独说于前。故法术之士奚道得进，而人主奚时得悟乎？故资必不胜，而势不两存，法术之士焉得不危？其可以罪过诬者，以公法而诛之；其不可被以罪过者，以私剑而穷之。是明法术而逆主上者，不僇[3]于吏诛，必死于私剑矣。

［注释］

①习：宠信，亲信。②阿辟之心：邪恶的心。阿，迎合；辟，通“避”，回避、

躲避。③僇：同“戮”。杀戮、杀害。

［译文］

凡是当道掌权的人对于他们的君主，很少有不被信任和不被宠爱的，而且都是君主的亲信。至于迎合君主的心意，投合君主的好恶，这本来就是他们能得以晋升的手段。他们官职爵位高，党羽又多，而且全国都在赞颂他们。然则法术之士要想得到君主的重用，既没有受到信任和宠爱的那种关系，也没有亲昵和熟悉的交情，又要用法术的言论纠正君主的偏心，这就跟君主的心意相违背了。法术之士的政治地位很低，没有党羽，孤立无援。以与君主疏远的关系跟君主宠信的人争斗，从常理上说是不能取胜的；以新客的身份与君主所熟悉的人相争，从常理上说是不能取胜的；凭着与君主心意违背与迎合君主好恶相争，从常理上说是不能取胜的；凭着卑贱的地位与位尊权重的人争斗，从常理上说是不能取胜的；凭着一个人与举国上下相争，从常理上说是不能取胜的。法术之士处在这五种不能取胜的情势下，再加上常年不能与君主见面；当道掌权者凭借着这五种有利条件，再加上他们随时能向君主进言。法术之士通过什么方式才能得到任用，而君主又何时才能醒悟呢？因此，必定不能取胜的条件，又与掌管大权的臣子势不两立，法术之士怎么能不危险？当道掌权者对那些能用罪名诬陷的，就用国家的法律来诛杀；对那些无法强加罪名的，就用私家的刺客杀掉他们。这样精通法术而违背君主意图的人，不是被为官吏所杀害，就必定会死在私家的刺客手里。

朋党比周以蔽主，言曲[1]以便私者，必信于重人矣。故其可以功伐借者，以官爵贵之；其不可借以美名者，以外权重之。是以蔽主上而趋于私门者，不显于官爵，必重于外权矣。今人主不合参验而行诛，不待见(xiàn)[2]功而爵禄，故法术之士安能蒙死亡而进其说？奸邪之臣安肯乘利而退其身？故主上愈卑，私门益尊。

［注释］

①曲：扭曲，歪曲。②见：通“现”，表现。

［译文］

结党营私来蒙蔽君主，歪曲事实来便利私家的人，一定会被控制大权的人所信任。所以对于可以用功劳做借口的人，就会用官职爵位来让他们显贵；对于没有美名可作凭借的人，就利用国外诸侯的势力使他们得以显贵。因此蒙蔽君主而奔走权臣之家的人，不是在官爵上显贵，就一定因为国外势力而得到重用。现在君主不检验名实就行使刑罚，不等待功绩就授予爵禄，所以法术之士怎么能冒着死亡的危险来进言他们的主张？奸邪之臣又怎么肯当着利益而善罢甘休呢？所以君主的地位越来越低下，而权臣私家的地位越来越尊贵。

吕尚磻溪垂钓

姜子牙（约前1156年—约前1017年），姜姓，吕氏，名尚，也称吕尚，姜子牙辅佐武王伐纣，牧野之战纣兵大败，纣王登台自焚而死，从此商亡周立。

夫越[1]虽国富兵强，中国之主皆知无益于己也，曰："非吾所得制也。"今有国者虽地广人众，然而人主壅蔽，大臣专权，是国为越也。智不类越，而不智不类其国，不察其类者也。人之所以谓齐亡者，非地与城亡也，吕氏[2]弗制而田氏用之，所以谓晋亡者，亦非地与城亡也，姬氏[3]不制而六卿[4]专之也。今大臣执柄独断，而上弗知收，是人主不明也。与死人同病者，不可生也；与亡国同事者，不可存也。今袭迹于齐、晋，欲国安存，不可得也。

[注释]

①越：古代国名，也称"于越"。相传始祖是夏少康庶子无余，封于会稽。②吕氏：西周初时，周武王把齐地封给开国功臣吕尚，即姜太公。此后齐国为吕尚后代世袭，所以齐国也称吕氏之国。③姬氏：黄帝的姓。④六卿：周天子下统率六军的主将。

[译文]

越国虽然国富兵强，中原地区的君主都知道对自己没有什么好处，他们说："不是我们能控制的。"现在国家虽然地广人多，然而君主闭塞，大臣专权，这样国家也就变得跟越国没有区别了。感觉自己的国家与越国不一样，却不知道现在国家失去了控制，这是不懂明察事情的原因。人们之所以说齐国灭亡，并不是说土地和城市丧失了，而是说吕氏不能控制它而被田氏占有了。之所以说晋国灭亡，也不是说土地和城市丧失了，而是指姬氏不能控制它而六卿把持了它。现在大臣执政独断，而君主还不知道收回，是君主的不明智。和死人的症状相同，不可能活下去；和灭亡的国家相同，不可能继续存在。现在沿袭着齐、晋的道路，想要国家安稳存在下去，是不可能的。

凡法术之难行也，不独万乘，千乘亦然。人主之左右不必智也，人主于人有所智而听之，因与左右论其言，是与愚人论智也；人主之左右不必贤也，人主于人有所贤而礼之，因与左右论其行，

是与不肖论贤也。智者决策于愚人，贤士程[1]行于不肖，则贤智之士羞而人主之论悖矣。人臣之欲得官者，其修士且以精[2]洁[3]固身，其智士且以治辩进业。其修士不能以货赂事人，恃其精洁而更不能以枉法为治，则修智之士不事左右、不听请谒矣。人主之左右，行非伯夷[4]也，求索不得，货赂不至，则精辩之功息，而毁诬之言起矣。治辩之功制于近习，精洁之行决于毁誉，则修智之吏废，则人主之明塞矣。不以功伐决智行，不以参伍审罪过，而听左右近习之言，则无能之士在廷，而愚污之吏处官矣。

［注释］

①程：法律，规程，制度。②精：精细，精密。③洁：德行高尚，行为清白。④伯夷：殷朝末年诸侯国孤竹国君的儿子。

［译文］

大凡法术难以推行的，不只是大国，小国家也是。君主身边的近臣不一定有智慧。君主认为某人有智慧而听取他的意见，然后跟身边的近臣讨论这个人的言论，这是与愚蠢的人讨论智慧。君主身边的近臣不一定贤德。君主认为某人有贤德而礼遇他，因而与近臣探讨这个人的品行，这是和品德不好的人讨论贤德。智者的计谋由愚蠢的人来评价，贤者的品德由不贤的人来估量，那么品德好、有才智的人就会感到耻辱，而君主的论断也一定是荒谬的了。臣子中想谋求官位的，那些品德好的人将用廉正高洁的精神来约束自己，那些智慧之士将用优秀的才能去推动事业。这些品德好的人不可能用财物贿赂去侍奉别人，坚持自身的廉正高洁而不违法办事，而那些智士不会枉法治理，那么品德好、有才智的人也就不会奉承君主身边的近侍，不会理睬私下请托了。君主身边的近臣，不具备伯夷那么好的品行，想要的东西得不到，贿赂的财物不上门，那么贤士与智者廉正高洁的精神就要被埋没，而诽谤诬陷的言论也就随之四起了。办事的能力和功绩被君主的近侍所制约，廉正高洁的品行被君主的近侍所毁掉，那么品德好、才智高的官吏就要被斥退，君主的明察也就被阻塞了。不凭功劳去决定人的才智和品德，不借助事实的多方验证审查人的罪行，却听信身边随从的言辞，那么没有才能的人就会占据朝廷，愚蠢贪污的官吏就会窃居职位。

万乘之患，大臣太重；千乘之患，左右太信：此人主之所公患也。且人臣有大罪，人主有大失，臣主之利与相异者也。何以明之哉？曰：主利在有能而任官，臣利在无能而得事；主利在有劳而爵禄，臣利在无功而富贵；主利在豪杰使能，臣利在朋党用

私。是以国地削而私家富，主上卑而大臣重。故主失势而臣得国，主更称蕃[①]臣，而相室剖符[②]。此人臣之所以谲[③]主便私也。故当世之重臣，主变势而得固宠者，十无二三。是其故何也？人臣之罪大也。臣有大罪者，其行欺主也，其罪当死亡也。智士者远见而畏于死亡，必不从重人矣；贤士者修廉而羞与奸臣欺其主，必不从重臣矣。是当涂者之徒属，非愚而不知患者，必污而不避奸者也。大臣挟愚污之人，上与之欺主，下与之收利侵渔，朋党比周，相与一口，惑主败法，以乱士民，使国家危削，主上劳辱，此大罪也。臣有大罪而主弗禁，此大失也。使其主有大失于上，臣有大罪于下，索国之不亡者，不可得也。

[注释]

①蕃：通“藩”，这里是外邦小诸侯的意思。②剖符：指剖分信符来任命官吏，分封领地，调兵遣将等。③谲：欺诈，诡谲。

[译文]

大国的祸害，是大臣的权势太重；小国家的祸害，在于君主宠信近臣太过；这是君主共同的祸患。况且臣子犯了大罪，君主有了大的过失，臣子和君主的利益是相互对立的。为什么这样讲呢？这是因为：君主的利益在于具有才能而授予官职，臣子的利益在于没有才能而得到任用；君主的利益在于有功劳而授以爵禄，臣子的利益在于没有功劳而获得财富；君主的利益在于让豪杰发挥功效，臣子的利益在于结党营私。因此，国君的土地减少而私家却更富裕，君主失去权势而大臣的权势愈重。所以，君主失去权势而大臣却获得国家，君主改称藩臣，臣子用君权发号施令，这就是大臣欺骗君主谋取私利的情形。因此当代控制大权的臣子，君主地位变化后还能得到宠信的，十个中还没有两三个。这是为什么呢？这是臣子的罪行太大了。有大罪的臣子，他们的行为欺瞒君主，依照罪行应该判处死刑。有智慧的人见识高远而怕受牵连，肯定不敢跟随掌握大权的臣子。有贤德的人洁身自好，耻于跟欺骗君主的人为伍，也一定不会追随掌握大权的臣子。这些当权者的门徒党羽，不是愚蠢而不清楚祸害的人，就一定是贪污而不避讳奸邪的人。大臣挟持着愚蠢且贪婪的人，对上同他们一道欺瞒君主，对下和他们一起谋取财物，营私结党，一个腔调说话，迷惑君主，败坏法制，以此扰乱百姓，使国家危难受侵、君主忧愁受辱，这是极大的罪恶。臣子有罪而君主却不禁止，这是很大的过失。假如一个国家的君主在上面有大过失，臣子在下面有大的罪行，还想着国家不灭亡，这是不可能的。

说难第十二

题 解

“说难”，就是游说、进说君主时遇到的困难。游说，在战国时期非常盛行，韩非自己曾多次游说韩王而没有成功。此篇是根据韩非自身的切身体会所写，分析了进谏君主时所能遭遇到的困难和危险，详细分析了游说成败的原因，认为其根源在于难以揣度君主的真实心理，并据此提出了相应的游说方法，很值得后人借鉴。

凡说(shuì)①之难：非吾知②之有以说之之难也又非吾辩之能明吾意之难也；又非吾敢横失③而能尽之难也。凡说之难，在知所说之心，可以吾说当之。所说出于为名高者也，而说之以厚利，则见下节而遇卑贱，必弃远矣。所说出于厚利者也，而说之以名高，则见无心而远事情，必不收矣。所说阴为厚利而显为名高者也，而说之以名高，则阳收其身而实疏之，说之以厚利，则阴用其言显弃其身矣。此不可不察也。

[注释]

①说：游说，劝说。②知：通“智”。③横失：横佚，这里形容进言无所顾忌。失，通“佚”。

[译文]

大凡进说的困难，不是难在我没有可以用来向君主进说的才智；不是难在我的口才不能够表明我的心意；也不是难在我不敢无顾忌地把看法全部说出来。大凡进说的困难，难在了解进说对象的心理，以便能够用我的语言适应他。进说对象想要追求好名声的，却用丰厚的利益去说服他，就会显得节操低下而卑贱，一定会受到疏远。进说对象想要得到厚利的，却用好名声去说服他，就会显得没有心计而又脱离现实，肯定不会被接受和任用。进说对象暗地追求丰厚的利益而表面追求好名声的，就用好名声向他进说，他就会表面上任用而实际上疏远进说者；用丰厚的利润向他进说，他就会暗地采纳进说者的主张而表面疏远进说者。这些是不能不明察的。

夫事以密成，语以泄败，未必其身泄之也，而语及所匿之事，如此者身危。彼显有所出事，而乃以成他故，说者不徒知所出而

已矣，又知其所以为，如此者身危。规异事而当，知者揣[1]之外而得之，事泄于外，必以为己也，如此者身危。周泽未渥[2]也，而语极知，说行而有功，则德忘；说不行而有败，则见疑，如此者身危。贵人有过端，而说者明言礼义以挑其恶，如此者身危。贵人或得计而欲自以为功，说者与知焉，如此者身危。强(qiǎng)以其所不能为，止以其所不能已，如此者身危。故与之论大人，则以为间[3]己矣；与之论细人，则以为卖重，论其所爱，则以为借资，论其所憎，则以为尝己也。径省其说，则以为不智而拙之；米盐[4]博辩，则以为多而久[5]之。略事陈意，则曰怯懦而不尽；虑事广肆[6]，则曰草野而倨侮。此说之难，不可不知也。

[注释]

①揣：猜想，揣度。②渥：全身沾满。③间：离间，挑拨。④米盐：日常琐事，这里形容细致具体。⑤交：交错，错杂。⑥肆：本是陈列的意思，这里引申为展现之意。

[译文]

事情由于保密而成功，谈话由于泄密而失败。不一定是进说者泄密，而是进言时涉及到了君主心中隐藏的事，像这样就会遭遇危险。君主表面上做这件事，内心里却想办成别的事，进说者不仅要清楚君主所做的事，也要清楚他这样做的意图，像这样的情况进说者就会遭到危险。进说者筹划一件不平常的事情并且言论符合君主的心意，聪明的人从外部就能将事情看出来了，事情在外面泄露了，君主一定认为是进说者泄露的，像这样的情况就会身遭危险。君主对进说者的恩泽不深厚，进说者却知无不言，如果主张可以施行并获得成功，功劳就会被君主忘记；主张行不通而遭到失败，就会被君主怀疑，这样的情况进说者就会遭遇危险。君主有过错，而进说者毫不掩饰地挑他的毛病，这样的情况就会身遭危险。君主有时计谋得当而想要自己立功，进说者也知道这个计谋，这样的情况进说者就会遭到不测。强迫君主去做他所不能做的事，制止君主他不愿意停止的事，这样就会身遭危险。所以进说者如果和君主议论大臣，君主就会认为是想离间君臣关系；和君主谈论身边的近侍，就被认为是想卖弄自己的身价；谈论君主喜爱的人，君主就会认为是寻找靠山；谈论君主憎恶的人，君主就会认为是试探他。直截了当地进说，君主会认为进说者不聪明；广泛地谈话，君主就会认为进说者太过冗长啰唆。进说者简略陈述意见，君主就会认为他是怯懦而不敢说出意见；把心中想法都说出来，君主就会认为他是粗野而不懂礼貌。这些进说的困难，是不能不知道的。

凡说之务，在知饰所说之所矜(jīn)[1]而灭其所耻。彼有私急也，必以公义示而强之。其意有下也，然而不能已，说者因为之饰其美而少其不为也。其心有高也，而实不能及，说者为之举其过而见其恶，而多其不行也。有欲矜以智能，则为之举异事之同类者，多为之地，使之资说于我，而佯不知也以资其智。欲内相存之言，则必以美名明之，而微见其合于私利也。欲陈危害之事，则显其毁诽(fěi)而微见其合于私患也。誉异人与同行者，规异事与同计者。有与同污者，则必以大饰其无伤也；有与同败者，则必以明饰其无失也。彼自多其力，则毋以其难概[2]之也；自勇其断，则无以其谪(dí)[3]怒之；自智其计，则毋以其败穷之。大意无所拂悟，辞言无所系縻，然后极骋智辩焉，此道所得，亲近不疑而得尽辞也。

[注释]

①矜：自夸，自恃。②概：称量米麦粟时刮平斗斛用的器具。古代称量米麦时，放在斗斛上刮平，不使过满。本意为刮平之意，这里引申为折服的意思。③谪：这里用为有意指摘、责备之意。

[译文]

大凡进说的要领，在于懂得粉饰进说对象自恃得意的事而掩盖他认为羞耻的事。君主有隐秘急切的请求，进说者一定要指明这是合乎公义的而勉励他去做。君主心中有卑下的念头，却又不能克制，进说者就应趁机把这个念头美化而抱怨他不去做。君主有过高的期望，而实际上却达不到，进说者就为他举出这件事的缺点并揭示它的坏处，称赞他不去这样做。君主想要炫耀自己的智慧，进说者就应该替他列举不同事情中的同类情况，多给他提供事实依据，使他能借助于我的主张，而进说者自己却假装不知道，用来帮他炫耀才智。进说者想向君主进献与人相安之言，就一定要用美好的名义阐明，并暗示它合乎君主的私利。进说者想要陈述有危害的事情，就一定要表明这件事会带来的毁谤，并暗示它对君主也有害处。进说者想要称赞君主行为相同的另一个人，谋划另一件与君主考虑相同的事。有和君主污行相同的，就必须对它大加粉饰，说它没有害处；有和君主遭受同样失败的，就必须对它明言掩饰，说他没有过失。君主夸耀自己的力量，就不要用难办的事情去压抑他；君主自以为他的决断勇敢，那就不要用他的过失去触怒他；君主自以为计谋明智的时候，就不要用他的失败去困窘他。进说的主旨对君主没有违逆，言辞与君主的心意没有抵触，那就可以充分施展自己的智慧和口才了。通过这种方式得到的，君主就能对进说者亲近不疑，而进说者才能畅所欲言。

伊尹为宰，百里奚为虏，皆所以干[①]其上也。此二人者，皆圣人也，然犹不能无役身以进，如此其污也！今以吾言为宰虏，而可以听用而振世，此非能仕之所耻也。夫旷日离久，而周泽既渥（wò），深计而不疑，引争而不罪，则明割利害以致其功，直指是非以饰[②]其身，以此相持，此说之成也。

[注释]

①干：获得，求取。②饰：整治，整饬。

[译文]

伊尹曾经做过厨师，百里奚曾经做过奴隶，都是为了求得君主的重用。这两个人都是圣人，却还不得不通过做一些卑微奴役的事情来求得任用，他们是如此的卑下啊！现在如果因为我的话能被采用而去做厨师和奴隶，可以被听从采用而拯救济世，这就不是智能之士认为的耻辱了。经过很长时间，君主的恩德已经深厚，进说者深入谋划不会被怀疑，据理力争而不会获罪，就可以明确分析利害来建立功业，直接指出是非来端正君主的言行，能以这样的方式相互对待，就是进说的成功了。

昔者郑武公[①]欲伐胡，故先以其女妻胡君以娱其意。因问于群臣："吾欲用兵，谁可伐者？"大夫关其思[②]对曰："胡[③]可伐。"武公怒而戮之，曰："胡，兄弟之国也，子言伐之何也？"胡君闻之，以郑为亲己，遂不备郑。郑人袭胡，取之。宋有富人，天雨墙坏，其子曰："不筑，必将有盗。"其邻人之父亦云。暮而果大亡其财，其家甚智其子，而疑邻人之父。此二人说者皆当矣，厚者为戮（lù），薄者见疑，则非知之难也，处知则难也。故绕朝[④]之言当矣，其为圣人于晋，而为戮于秦也。此不可不察。

[注释]

①郑武公：春秋初期郑国的君主，名掘突。②关其思：人名，郑国大夫。③胡：春秋时期诸侯国名，位于今河南西南。④绕朝：人名，春秋时期秦国大夫。

[译文]

从前郑武公想要进攻胡国，故意先将自己的女儿嫁给胡国君主使他快乐。然后郑武公问诸位臣子："我想打仗，哪个国家可以讨伐？"大夫关其思回答说："胡国可以攻打。"郑武公大怒而杀了他，说："胡国是我们的兄弟国家，你说讨伐它，是什么意思？"胡国君主听说了，认为郑国和自己友好，结果就不再防备郑国。郑国偷袭了胡国，攻占了它。宋国有个富人，大雨把他家的墙冲坏了，富人的儿子说："不修的话，肯定会有盗贼来偷。"邻居的老人也这么说。结果到了晚上，果然丢了很多财物。这个富人认为自己的儿子很聪明，却怀疑邻居的老人。关其思和这位老人的话都很恰当，而重者被杀，轻者被怀疑；那么，这说明不是了解事情有困难，而是处理了解的情况是很困难的。所以，绕朝的话本是对的，但他在晋国被看成圣人，在秦国却被杀害，这种情况是不得不明察的。

昔者弥子瑕①有宠于卫君②。卫国之法，窃驾君车者罪刖③。弥子瑕母病，人间往夜告弥子，弥子矫驾君车以出，君闻而贤之曰："孝哉，为母之故，忘其刖(yuè)罪。"异日，与君游于果园，食桃而甘，不尽，以其半啖君，君曰："爱我哉，忘其口味，以啖寡人。"及弥子色衰爱弛，得罪于君，君曰："是固尝矫驾吾车，又尝啖我以余桃。"故弥子之行未变于初也，而以前之所以见贤，而后获罪者，爱憎之变也。故有爱于主，则智当而加亲；有憎于主，则智不当见罪而加疏。故谏说谈论之士，不可不察爱憎之主而后说焉。

夫龙之为虫④也，柔可狎(xiá)⑤而骑也；然其喉下有逆鳞径尺，若人有婴⑥之者，则必杀人。人主亦有逆鳞，说者能无婴人主之逆鳞，则几⑦矣。

龙

古代皇帝自比为龙，相传龙身体覆盖鳞片，脖子下都有巴掌大小的一块白色鳞片，呈月牙状，即俗称逆鳞，触碰逆鳞是会让龙感到疼痛的。后来把抵触皇帝的意思，犯颜直谏称为"逆鳞"。

［注释］

①弥子瑕：春秋时期卫国君主卫灵公的嬖臣。②卫君：卫灵公，春秋时期卫国君主，名元。③刖：古代削足之刑。④虫：古代泛指所有的动物。⑤狎：接近，亲近。⑥婴：通"撄"，触犯、冒犯。⑦几：几乎，差不多。

［译文］

从前弥子瑕深受卫灵公的宠信。卫国的法令规定，私下驾驶国君的车子要处以削足的酷

刑。弥子瑕的母亲病重，有人抄近路连夜去告诉弥子瑕，弥子瑕假托君主的命令驾驶卫灵公的车子出城。卫灵公听说之后，却称赞他说："真孝顺！为了母亲的缘故，忘了自己犯罪要受罚。"另一天，他和卫灵公在果园游览，吃桃子觉得甜，没有吃完，就把剩下的一半留给卫君吃。卫君说："多么爱我啊！忘记这是他自己喜欢吃的东西而留给我吃。"等到弥子瑕面容苍老宠爱减退的时候，得罪了卫灵公，卫灵公说："这人本来就曾经假借我的命令私自驾驶我的车子，又曾经把吃剩下的半个桃子给我吃。"虽然弥子瑕的行为和当初并没变化，但先前被认为是美德后来却因此获罪的原因，是卫君的爱憎之情发生了变化。因此如果被君主宠爱，那么智谋就会被认为得当而与君主更加亲近；被君主憎恶的时候，才智就显得不合适而被治罪，与君主的关系也就被疏远。所以进谏的人不能不观察君主的爱憎，然后再对君主进说。

龙这种动物，驯服时可以和它游戏并驾驭它；但它的喉下有一尺来长倒长着的鳞，如果有人触动了这些鳞片，龙就一定会伤害他。君主也有倒长着的"鳞"，进说的人能够不触动君主的"鳞片"，那就差不多了。

和氏第十三

题　解

“和氏”，即卞和，本篇以文中的人名为题目。在本篇中，韩非先讲述了和氏璧的故事，说明法术之士的困境和难处，最后再借其它事例加以论证，警示君主，同时也委婉地表达了惋惜之情。

楚人和氏得玉璞(pú)楚山中，奉而献之厉王①。厉王使玉人相之。玉人曰：“石也。”王以和为诳，而刖其左足。及厉王薨(hōng)，武王即位。和又奉其璞而献之武王。武王使玉人相之。又曰：“石也。”王又以和为诳，而刖其右足。武王薨，文王②即位。和乃抱其璞而哭於楚山之下，三日三夜，泪尽而继之以血。王闻之，使人问其故，曰：“天下之刖者多矣，子奚哭之悲也？”和曰：“吾非悲刖也，悲夫宝玉而题之以石，贞士而名之以诳，此吾所以悲也。”王乃使玉人理其璞而得宝焉，遂命曰：“和氏之璧。”

[注释]

①厉王：春秋时期楚国的国君，名眴。②文王：楚文王，武王之子，芈姓，熊氏，名赀。

[译文]

楚国人卞和在荆山之中得到一块璞玉，将它进献给了楚厉王。楚厉王找人来鉴定这块玉。鉴定它的人说：“这是块石头。”楚厉王认为卞和欺骗自己，于是砍掉了卞和的左脚。到了楚厉王去世的时候，楚武王继位。卞和又将这块玉进献给楚武王。楚武王找人来鉴定这块玉。鉴定它的人又说：“是块石头。”楚武王也认为卞和欺骗自己，于是砍掉了卞和的右脚。到了楚武王去世的时候，楚文王继位。卞和就抱着他的璞玉在山下哭泣，一直哭了三天三夜，以致泪哭干了流出血来。楚文王听说之后，派人去问其原因，对卞和说：“天下被治罪砍脚的人很多，你为什么哭得这样悲伤呢？”卞和说：“我不是因为被砍脚而伤心，而是伤心我的璞玉被称为石头，我是忠贞的人却因此被认为是在欺骗，这才是让我感到伤心的地方。”楚文王便派玉匠加工他的璞玉，果然从里面获得了一块宝玉，于是就把它命名为“和氏之璧”。

夫珠玉，人主之所急也。和虽献璞而未美，未为主之害也，然犹两足斩而宝乃论，论宝若此其难也。今人主之于法术也，未必和璧之急也；而禁群臣士民之私邪。然则有道者之不僇也，特帝王之璞未献耳。主用术，则大臣不得擅断，近习不敢卖重；官行法，则浮萌[1]趋于耕农，而游士危于战陈；则法术者乃群臣士民之所祸也。人主非能倍[2]大臣之议，越民萌之诽，独周乎道言也，则法术之士虽至死亡，道必不论矣。

[注释]

①浮萌：游民，百姓。萌，通“氓”，民。②倍：通“背”，违背。

[译文]

珍珠宝玉，是君主急切需要的。卞和进献的璞玉即使不是很美，也不会成为君主的危害，然而还是在卞和的双脚被砍之后，璞玉才被鉴定，像这样论定宝玉是多么困难啊！现在君主对于法术，不一定像需求和氏璧那样急迫；而法术又是直指群臣百姓的不良行为的。然而法术之士没有遭到伤害，是因为他们的璞玉还没有进献上去而已。君主运用权术，臣子就不能独断，身边的侍从就不敢玩弄职权；官府执行法令，游民就要去从事农耕，而游说的人就要在战场上冒险；法术之士就成了群臣百姓认为祸害的东西。君主如果不能力排大臣的议论，超越民众的毁谤，独自使自己的主张与法术相契合，那么法术之士即使到死，其学说也不会被认定。

昔者吴起[1]教楚悼王以楚国之俗曰：“大臣太重，封君[2]太众。若此，则上逼主而下虐民，此贫国弱兵之道也。不如使封君之子孙三世而收爵禄，绝减百吏之禄秩，损不急之枝官[3]，以奉选练之士。”悼王行之期年而薨矣，吴起枝解[4]于楚。商君[5]教秦孝公以连什伍，设告坐之过，燔诗书而明法令，塞私门之请而遂公家之劳，禁游宦之民而显耕战之士。孝公行之，主以尊安，国以富强，八年而薨，商君车裂于秦。楚不用吴起而削乱，秦行商君法而富强。二子之言也已当矣，然而枝解吴起而车裂商君者，何也？大臣苦法而细民恶治也。当今之世，大臣贪重，细民安乱，甚于秦、楚之俗，而人主无悼王、孝公之听，则法术之士，安能蒙二子之危也而明己之法术哉？此世所以乱无霸王也。

[注释]

①吴起：法家代表人物，战国时期卫国人。②封君：这里特指有封地的贵族。③枝官：多余的官。枝，树的旁支，比喻多余的无用之物。④枝解：撕裂肢体的酷刑。枝，通“肢”。⑤商君：指商鞅，战国时期卫国人，又称公孙鞅，法家人物。

[译文]

从前吴起用楚国的情况教导楚悼王说：“楚国臣子的权势太大，有封地的贵族太多。像这样的情况，就会对上危及君主，对下虐待百姓，这是让国家贫穷、军队削弱的做法。还不如贵族子孙超过三代就收回封地，取消各个等级官员的俸禄，开除冗余的官员，用节省下来的费用选拔武士。”楚悼王推行吴起的办法仅一年就去世了，吴起被处以肢解的酷刑。商鞅教秦孝公对百姓运用什伍编制，设立连坐的罪过，烧掉诗书以明示法令，堵塞私人的请求而启用对国家有功劳的人，禁止以游说谋求官职的人而使耕战之士显贵。秦孝公施行商鞅变法，君主遂得以尊贵平安，国家富强，八年后去世，商鞅在秦地被处以车裂的酷刑。楚国不用吴起而国家被削弱，秦国施行商鞅变法而富强。他们二人的主张是正确的，然后吴起被肢解而商鞅被车裂，这是为什么呢？臣子苦于他们的法令而百姓憎恨他们的法治。现在的社会，大臣贪婪，百姓安于混乱，比秦、楚的状况还要严重，但君主不能像楚悼王、秦孝公那样听取意见，那么法术之士，又怎么能冒着吴起、商鞅那样的危险来阐明自己的法术呢？这就是当今社会混乱而没有君主成为霸王的原因。

奸劫弑臣第十四

题 解

“奸劫弑臣”，即奸邪、劫主、弑君的臣子。本篇分两大部分，详细阐述了奸臣的不良行为及其带来的危害。在奸臣当道的情况下，韩非提出了自己的主张，即仍以法、术、势三者为基础，善于权力，明确职责；文章的后半段，韩非批评了“仁义惠爱”的儒家思想，为其“严刑重罚”主张正名，文风犀利，思想深刻，可读性很高，今人颇有可钻研之处。

凡奸臣皆欲顺人主之心以取亲幸之势者也。是以主有所善，臣从而誉之；主有所憎，臣因而毁之。凡人之大体，取舍同者则相是也，取舍异者则相非也。今人臣之所誉者，人主之所是也，此之谓同取；人臣之所毁者，人主之所非也，此之谓同舍。夫取舍合而相与逆者，未尝闻也。此人臣之所以取信幸之道也。夫奸臣得乘信幸之势以毁誉进退群臣者，人主非有术数以御之也，非参验以审之也，必将以曩(nǎng)[1]之合己信今之言，此幸臣之所以得欺主成私者也。故主必欺于上而臣必重于下矣，此之谓擅[2]主之臣。

[注释]

①曩：过去，以前。②擅：控制，掌握。

[译文]

凡是奸臣都想要顺从君主的心意以取得亲近宠爱的地位。所以君主有喜欢的东西，臣子就跟着赞美它；君主有所不喜欢的，臣子就跟着诋毁它。凡是人的大致情况，取舍相同的互相肯定，取舍相异的就互相反对。现在臣子所赞美的，都是君主所赞同的，就叫作同取。臣子所诋毁的，都是君主所不赞同的，就叫作同舍。取舍相同但相互对立的，还未曾听过，这是臣子用来取得宠信的办法。奸臣能够凭借宠信来诋毁或者夸奖，进而提升或罢免群臣，君主如果没有法术来控制他，不用检验的办法来考察他，就会因为从前他与自己意见相同而相信现在他所说的话，这是君主宠信的臣子能够欺骗君主、谋得私利的原因。所以君主在上面一定会被欺骗，臣子一定会在下面掌握重权，这就叫作控制君主的臣子。

国有擅主之臣，则群下不得尽其智力以陈其忠，百官之吏不得奉法以致其功矣。何以明之？夫安利者就之，危害者去之，此人之情也。今为臣尽力以致功，竭智以陈忠者，其身困而家贫，父子罹（lí）[①]其害；为奸利以弊人主，行财货以事贵重之臣者，身尊家富，父子被其泽；人焉能去安利之道而就危害之处哉？治国若此其过也，而上欲下之无奸，吏之奉法，其不可得亦明矣。故左右知贞信之不可以得安利也，必曰：“我以忠信事上，积功劳而求安，是犹盲而欲知黑白之情，必不几[②]矣。若以道化行正理，不趋（qū）富贵，事上而求安，是犹聋而欲审清浊之声也，愈不几矣；二者不可以得安，我安能无相比周、蔽主上、为奸私以适重人哉？”此必不顾人主之义矣。其百官之吏亦知方正之不可以得安也，必曰：“我以清廉（lián）事上而求安，若无规矩[③]而欲为方圆也，必不几矣；若以守法不朋党治官而求安，是犹以足搔顶也，愈不几也。二者不可以得安，能无废法行私以适重人哉？”此必不顾君上之法矣。故以私为重人者众，而以法事君者少矣。是以主孤于上而臣成党于下，此田成[④]之所以弑简公[⑤]者也。

商鞅立木

[注释]

①罹：受到，遭受。②几：通“机”，这里是机会、时机的意思。③规矩：指画圆形和画方形时所用的工具。④田成：指田常，春秋时期齐国的大臣。⑤简公：春秋末期齐国君主，后被田常所杀害。

[译文]

国家有了控制君主的臣子，那么群臣就不能充分发挥智慧来效忠君主，各种职务的官员也不能按照法治来贡献他们的功绩。怎么知道是这样呢？安全有利的事情就去追求，有危险的事情就要逃避，这是人之常情。现在臣子尽

全力去建功，用尽才智去进献忠诚，结果自身困苦、家庭贫穷，父亲和儿子都遭到祸害；作奸谋私来蒙蔽君主，用钱财去贿赂达官重臣，自身尊贵，家庭富有，父亲与儿子都得到好处；人怎么能离开安全有利的道路而走上危险的旅途呢？治理国家出现了这样的过错，而君主希望臣子们不奸诈，官吏奉公守法，这是不可能做到的事也就很明显了。所以君主的近臣知道忠贞诚实不能得到安全利益，一定会说："我用忠贞诚实的态度侍奉君主，积攒功劳来求得平安，这就像盲人想分辨黑白一样，肯定没有希望；如果按照法术推行正理，不去攀附权贵，只去侍奉君主而求得平安，这就像聋子想辨别声音，更没有希望了。这两条路都不能寻得平安，我怎么能不与他人相互勾结、蒙蔽君主、作奸行私来讨好重臣了呢？"这样就一定不会考虑到臣子侍奉君主的道德礼义了。各个职务的管理也懂得正直不能求安乐，一定说："我凭着清正廉明侍奉君主来求得平安，就像没有规矩而想画出方圆，肯定没什么希望；如果要靠守法、不结党营私、履行职责来求得平安，这就好像用脚搔头一样，更没有希望了。这两条途径都不能得到平安，怎么能不抛开法度来迎合有权势的人呢？"这样就一定不会顾及君主的法令了。因此徇私去帮助重臣的人就会更多，依法侍奉君主的人就很少。这样君主在上面被孤立而臣子在下面结成私党，这是田成之所以能杀掉齐简公的原因。

夫有术者之为人臣也，得效度数[①]之言，上明主法，下困奸臣，以尊主安国者也。是以度数之言得效于前，则赏罚必用于后矣。人主诚明于圣人之术，而不苟于世俗之言，循名实而定是非，因参验而审言辞。是以左右近习之臣，知伪诈之不可以得安也，必曰："我不去奸私之行，尽力竭智以事主，而乃以相与比周妄毁誉以求安，是犹负千钧[②]之重，陷于不测之渊而求生也，必不几矣。"百官之吏亦知为奸利之不可以得安也，必曰："我不以清廉方正奉法，乃以贪污之心枉法以取私利，是犹上高陵之颠堕峻溪之下而求生，必不几矣。"安危之道若此其明也，左右安能以虚言惑主，而百官安敢以贪渔下？是以臣得陈其忠而不弊，下得守其职而不怨。此管仲之所以治齐，而商君之所以强秦也。

[注释]

①度数：法术，法度和术数。②钧：古代计量单位，三十斤为一钧。

[译文]

懂得法术的人担任臣子，能够进献法术的主张，对上彰明君主的法令，对下制服奸臣，是尊崇君主，安定国家的人。因此，法术主张能先行进献出来，那么赏罚制度就能跟在后面实行了。君主真正懂得了法治的措施，不迁就世俗的言论，根据名实来辨别是非，根据比较、检验来审查言论是否正确。因此君主左右的近侍宠臣，知道欺诈不可能求得平安，一定说：“我不摒弃奸私的行为，竭尽全力去侍奉君主，而用相互勾结、妄加褒贬来求得平安，这好比背负着千钧重担掉入无底的深渊还想求得生存，一定是没什么希望的。”各级官吏也知道作奸营私不可能求得平安，一定说：“我不用清洁廉正的方式来执行法令，竟用贪诈的心思违反法令来谋取私利，这就像从高山的顶端坠入深谷之中还想逃生，一定是没什么希望的。”平安和危险的道路是这样清楚，身边的臣子怎么敢用假话迷惑君主，而百官怎么敢用贪欲来鱼肉百姓呢？所以，臣子能够呈现他的忠心而不蒙蔽君主，官吏能够忠于职守而毫无怨言。这就是管仲能使齐国得到治理、商鞅能使秦国变得强大的原因。

从是观之，则圣人之治国也，固有使人不得不爱我之道，而不恃人之以爱为我也。恃人之以爱为我者危矣，恃吾不可不为者安矣。夫君臣非有骨肉之亲，正直之道可以得利，则臣尽力以事主；正直之道不可以得安，则臣行私以干上。明主知之，故设利害之道以示天下而已矣。夫是以人主虽不口教百官，不目索奸邪，而国已治矣。人主者，非目若离娄[1]乃为明也，非耳若师旷乃为聪也。目必不任其数[2]，而待目以为明，所见者少矣，非不弊之术也。耳必不因其势，而待耳以为聪，所闻者寡矣，非不欺之道也。明主者，使天下不得不为己视，天下不得不为己听。故身在深宫之中而明照四海之内，而天下弗能蔽弗能欺者，何也？暗乱之道废而聪明之势兴也。故善任势者国安，不知因其势者国危。

［注释］

①离娄：古代传说中的人物，相传视力极好，百步之外可以把事物看得一清二楚。②数：方法，道数。

［译文］

由此看来，圣人治理国家，本来就有使人不得不爱我的办法，而不是依赖他人根据自己的偏爱来为我效力。如果依赖他人根据自己的偏爱来为我效力就危险了；依靠我使人不得不为我效力的方法才能平安。君臣之间本来没有骨肉之间的亲情，如果依靠正直的态度可以获得利益，臣子就会尽力侍奉君主；依靠正直的态度不能求得安全，臣子就会营私来侵害君主。英明的君主懂得这个道理，所以设立奖赏和惩罚的措施来昭示天下。因此君主虽不亲口教化百官，不亲眼搜索奸邪，而国家已经治理好了。君主，并非视力像离娄一样才算眼明，并非耳朵像师旷一样才算耳聪。观察事物不用

法术，而要等到亲眼看见才以为看清了，所能看见的东西就少了；这不是不受蒙蔽的办法。假定耳朵不依靠君主的权势，而要等到亲耳听见才算清楚，能听到的东西就少了；这不是不受欺骗的方法。英明的君主，要使天下的人不得不为我看，不得不为我听。所以，君主身处深宫之中，明察四海之内，而天下臣民不能蒙蔽和欺骗他，这是什么原因呢？因为愚昧混乱的法则废除了，耳聪目明的形势形成了。所以善于运用权势的国家就安定；不知道借用权势的，国家就很危险了。

古秦[1]之俗，君臣废法而服私，是以国乱兵弱而主卑。商君说秦孝公以变法易俗而明公道，赏告奸，困末作而利本事。当此之时，秦民习故俗之有罪可以得免，无功可以得尊显也，故轻犯新法。于是犯之者其诛重而必，告之者其赏厚而信，故奸莫不得而被刑者众，民疾怨而众过日闻。孝公不听，遂行商君之法，民后知有罪之必诛（zhū），而告私奸者众也，故民莫犯，其刑无所加。是以国治而兵强，地广而主尊。此其所以然者，匿罪之罚重而告奸之赏厚也。此亦使天下必为己视听之道也。至治之法术已明矣，而世学者[2]弗知也。

［注释］

①古秦：以前的秦国，这里指商鞅变法以前的秦国。②世学者：当世的学者，这里指那些反对法家学说的学者。

［译文］

古代秦国的风俗，君臣都废除法令而营私，因此国家混乱兵力衰弱而君主的地位卑下。商鞅说服秦孝公要修正法令改变旧风俗，倡明公道，奖励告发私奸，抑制工商，推动农耕。这个时候，秦国的百姓习惯了可以免罪，无功可以显贵等旧俗，因此很容易触犯新法。于是对违反新法的人刑罚严厉而坚决，对告发奸邪的人赏赐优厚而讲信用，所以奸邪的人被逮捕，遭受刑罚的人很多，民众怨恨，大家的责难声每天都能听到。秦孝公不理睬这些，坚持推行商鞅的新法。后来民众就知道有罪一定会受到惩罚，告发营私奸诈的人很多，所以百姓们没有敢犯罪的，刑罚也就没有施加的对象。因此，国家治理得很好而且军队强大，土地广阔而君主尊贵。之所以能这样，是因为隐瞒犯罪的刑罚重，对告发奸私的奖赏很优厚。这也是使天下人一定能成为自己耳目的方法。治国的法术已经很清楚了，而当世的学者却不知道。

且夫世之愚学，皆不知治乱之情，讘䛟（zhé jiá）[1]多诵先古之书，以乱当世之治；智虑不足以避阱（jǐng）井之陷，又妄非有术之士。听其言

者危，用其计者乱，此亦愚之至大而患之至甚者也。俱与有术之士有谈说之名，而实相去千万也，此夫名同而实有异者也。夫世愚学之人比有术之士也，犹蚁垤（dié）[2]之比大陵也，其相去远矣。而圣人者，审于是非之实，察于治乱之情也。故其治国也，正明法，陈严刑，将以救群生之乱，去天下之祸，使强不陵[3]弱，众不暴寡，耆老得遂，幼孤得长，边境不侵，君臣相亲，父子相保，而无死亡系虏之患，此亦功之至厚者也。愚人不知，顾以为暴。愚者固欲治而恶其所以治，皆恶危而喜其所以危者。何以知之？夫严刑重罚者，民之所恶也，而国之所以治也；哀怜百姓轻刑罚者，民之所喜，而国之所以危也。圣人为法国者，必逆于世而顺于道德[4]。知之者，同于义而异于俗；弗知之者，异于义而同于俗。天下知之者少，则义非矣。

[注释]

①谖诶：本意指叠在胸前的衣领，这里形容话多，喋喋不休。②蚁垤：蚂蚁窝上隆起的小土堆。③陵：侵犯之意。④道德：指法家治国的标准，源自黄老道家学说又有所变化。

[译文]

社会上那些愚蠢的学者，都不懂得治和乱的实情，喋喋不休地引用古书，来扰乱当世的政治；他们的智慧不足以避开陷阱，又胡乱批评懂得法术的人。听信他们的言论治理国家就会危险，用他们的计谋管理国家就会发生混乱，这些人可以说是最愚蠢的，其言论也是危害最大的。同样都称自己懂得法术，但实际上相差很远，这是名声相同但实质不同的两种人。现在的那些愚蠢学者和法术之士相比，就好比是蚂蚁窝隆起的小土堆和大山相比一样，二者相差太远了。而圣人，能够明辨是非的实情，明察治乱的真相。所以他治理国家时，公正地阐明法令，设置严厉的刑罚，用来解救百姓的祸乱，消除天下的灾难，使强的不欺凌弱的，人多的不欺负人少的，老年人安享天年，幼子孤儿能顺利成长，国家边境不受侵犯，君臣关系密切，父子互相护养，没有死亡和被俘的忧患，这也是最重大的功劳！愚蠢的人不知道，反而认为这些是残暴。他们本来希望国家得以安治，却反而对达到安治的方法十分憎恶；厌恶危险，却又喜欢造成危险的原因。怎么知道是这样的呢？因为严刑重罚，是百姓所厌恶的，却是国家得以治理的好方法；哀怜百姓减轻刑罚，是百姓所喜欢的，却是国家陷入危险的原因。圣人以法治国，一定会违反社会的意见而顺应道德。懂得这些的人，就会赞成这个原则而违背世俗偏见；不懂这些的人，就会违背原则而与世俗偏见相同。天下懂得

这些的人少，这个原则就变得不合理了。

处非道之位，被众口之谮，溺于当世之言，而欲当严天子而求安，几①不亦难哉！此夫智士所以至死而不显于世者也。楚庄王②之弟春申君有爱妾曰余，春申③君之正妻子曰甲，余欲君之弃其妻也，因自伤其身以视君而泣，曰:“得为君之妾，甚幸。虽然，适夫人非所以事君也，适君非所以事夫人也。身故不肖，力不足以适二主，其势不俱适，与其死夫人所者，不若赐死君前。妾以赐死，若复幸于左右，愿君必察之，无为人笑。”君因信妾余之诈，为弃正妻。余又欲杀甲而以其子为后，因自裂其亲身衣之里，以示君而泣，曰:“余之得幸君之日久矣，甲非弗知也，今乃欲强戏余，余与争之，至裂余之衣，而此子之不孝，莫大于此矣。”君怒，而杀甲也。故妻以妾余之诈弃，而子以之死。从是观之，父之爱子也，犹可以毁而害也。君臣之相与也，非有父子之亲也，而群臣之毁言，非特一妾之口也，何怪夫贤圣之戮死哉！此商君之所以车裂于秦，而吴起之所以枝解于楚者也。凡人臣者，有罪固不欲诛，无功者皆欲尊显。而圣人之治国也，赏不加于无功，而诛必行于有罪者也。然则有术数者之为人也，固左右奸臣之所害，非明主弗（fú）能听也。

［注释］

①几：不也是，这里表示疑问之意。②楚庄王：此处指楚顷襄王，战国时期楚国的君主，名横。③春申：黄歇的封号，春秋战国时期楚国的公子。

［译文］

处在不合理的地位，被众人诬陷，淹没在世俗的流言蜚语中，却想在严厉的君主面前求得平安，不也是非常困难的吗！这就是法术之士到死都不能在社会上享有声望的原因。楚顷襄王的弟弟春申君有个爱妾叫作余，春申君的正妻的儿子叫作甲。余想让春申君离开他的正妻，便弄伤自己的身体来给春申君看，并哭着说;“能做您的侍妾，我感到非常高兴。尽管这样，顺从您的正妻就不能侍候好您，顺从您又不能侍候您的正妻。我本来没有贤能，能力不够服侍你们二位，实际情形是不能都服侍好，与其死在夫人那里，还不如死在您面前。我死之后，如果您身边再有得到宠幸的人，希望您

一定要明察这种情形，不要被人笑话。”春申君因而相信了余的欺诈，为她抛弃了正妻。余又想杀死甲而让自己儿子成为继承人，便撕破了自己贴身衣服的里子，拿去让春申君看并哭着说：“我得到您的宠幸已经很久了，甲不是不知道，今天竟想强行调戏我。我和他争执，他竟然撕破了我的衣服。不孝顺的儿子，没有比这更厉害的了。”春申君发怒而杀了甲。所以春申君的正妻因余的欺诈而被抛弃，儿子也因此而死。由此看来，父亲爱子，尚且可以因诽谤而加害，君臣之间的交往没有父子关系那样亲密，而群臣的毁谤又不只是一个妾那样只有一张嘴，无怪乎贤人圣人要遭到杀害了！这就是商鞅之所以在秦国被车裂、吴起之所以在楚国被肢解的原因。大凡做臣子的，犯有罪行但不想被惩罚，没有功绩却想尊贵显赫。而圣明的人治理国家，赏赐不给予没有功劳的人，刑罚一定施加给犯罪的人。既然如此，那么法术之士处世，一定会遭到君主身边奸臣的陷害，不是英明的君主不会听从他的主张。

世之学术者说人主，不曰“乘威严之势以困奸邪之臣”，而皆曰“仁义惠爱而已矣”。世主美仁义之名而不察其实，是以大者国亡身死，小者地削主卑。何以明之？夫施与贫困者，此世之所谓仁义；哀怜百姓不忍诛罚者，此世之所谓惠爱也。夫有施与贫困，则无功者得赏；不忍诛罚，则暴乱者不止。国有无功得赏者，则民不外务当敌斩首，内不急力田疾作，皆欲行货财事富贵，为私善立名誉，以取尊官厚俸(fèng)。故奸私之臣愈众，而暴乱之徒愈胜，不亡何待？夫严刑者，民之所畏也；重罚者，民之所恶也。故圣人陈其所畏以禁其邪，设其所恶以防其奸。是以国安而暴乱不起。吾以是明仁义爱惠之不足用，而严刑重罚之可以治国也。无捶策①之威，衔橛(jué)②之备，虽造父③不能以服马；无规矩之法，绳墨之端，虽王尔不能以成方圆；无威严之势，赏罚之法，虽尧(yáo)舜不能以为治。今世主皆轻释重罚严诛，行爱惠，而欲霸王之功，亦不可几也。故善为主者，明赏设利以劝之，使民以功赏而不以仁义赐；严刑重罚以禁之，使民以罪诛而不以爱惠免。

[注释]

①策：本义指驾驭马匹的工具，包括缰绳之类。引申为驾驭马匹。②橛：马嚼子。马口中所衔的横木。后亦用金属制成。③造父：西周时期周穆王的车夫，传说最善于驾驭马车。

[译文]

当世的学者劝说君主，不说“凭借威严的权势去抑制奸邪的臣子，”却都说“只要仁义惠爱就可以了”。现在的君主欣赏仁义的名声而不考察它的实质，因此，严重者国家灭亡而君主身死，轻者丧失土地，君位变得卑下。凭什么证明这一点呢？施舍财物给贫困的人，这是世人所说的仁义；哀怜百姓而不去惩罚他们，这是世人所谓的惠爱。如果施舍给贫困的人，那么没有功劳的人就会得到奖赏；不忍心惩罚有罪的人，那么暴乱就不能制止。国家有了无功得赏的人，那么百姓对外就不会致力于作战杀敌，对内就不会致力于种田耕作，都想要用财货巴结权势者，用私人的善行树立名誉，以获取高官厚禄。所以谋私作奸的臣子越来越多，暴乱分子越来越猖獗，国家不灭亡还等什么呢？严酷的刑律是百姓所畏惧的，沉重的惩罚是百姓所讨厌的。所以圣明的君主设置老百姓畏惧的刑罚来惩治奸邪，设置他们所厌恶的惩罚来防止奸诈，因此，国家安定而暴乱就不会发生。我根据这些知道仁义惠爱不值得使用，而严刑重罚就可以把国家治理好。没有马鞭的威风、没有马嚼子的约束，即使是善于驾车的造父也无法驯服马匹；不把规矩当作准则、墨线用来校正，即使是君王也无法成就方圆；没有威严的权势、赏罚的法制，即使尧舜也不能把国家治理好。现在的君主都轻易放弃重罚严刑，实行仁爱恩惠，想要建立霸王的功业，也是没有希望的。所以，善于做君主的人，明确设置奖赏来鼓励百姓，使百姓凭借功劳奖赏，而不靠君主行仁义来得到恩赐；用严厉的刑罚来约束百姓，使百姓因犯罪受罚而不是因为仁义恩惠来赦免。

是以无功者不望，而有罪者不幸矣。托于犀车良马之上，则可以陆犯阪阻之患；乘舟之安，持楫之利，则可以水绝江河之难；操法术之数，行重罚严诛，则可以致霸王之功。治国之有法术赏罚，犹若陆行之有犀[①]车良马也，水行之有轻舟便楫也，乘之者遂得其成。伊尹得之，汤以王；管仲得之，齐以霸；商君得之，秦以强。此三人者，皆明于霸王之术，察于治强之数，而不以牵于世俗之言；适当世明主之意，则有直任布衣之士，立为卿相之处；处位治国，则有尊主广地之实：此之谓足贵之臣。汤得伊尹，以百里之地立为天子；桓公得管仲，立为五霸主，九合诸侯，一匡天下；孝公得商君，地以广，兵以强。故有忠臣者，外无敌国之患，内无乱臣之忧，长安于天下，而名垂后世，所谓忠臣也。若夫豫让[②]为智伯臣也，上不能说人主使之明法术度数之理以避祸难之患，下不能领御其众以安其国；及襄子之杀智伯也，豫让乃自黔劓，败其形容，以为智伯报襄子之仇。是虽有残刑杀身以

为人主之名，而实无益于智伯若秋毫之末。此吾之所下也，而世主以为忠而高之。古有伯夷、叔齐者，武王让以天下而弗受，二人饿死首阳之陵。若此臣者，不畏重诛，不利重赏，不可以罚禁也，不可以赏使也，此之谓无益之臣也。吾所少而去也，而世主之所多而求也。

［注释］

①犀：坚固，锋利。②豫让：春秋末期晋国智伯的家臣，公元前453年，赵襄子杀智伯，他决心为智伯报仇，便自毁容貌，改名换姓，谋划刺杀赵襄子，后逮捕，自杀身亡。

［译文］

因此没有功劳的人不要指望得到奖赏，犯有罪过的人别想侥幸逃脱惩罚。凭借坚固的车子和宝马，就可以在陆地上克服山坡险要的危险；凭借船的安稳，依仗桨的作用，就能在水上克服横渡江河的困难；掌握法术的方法，实行严刑重罚，就可以成就霸主的功业。治理国家通过法术进行赏罚，就好像在陆地有坚固的车子和宝马，水路有轻便的船和合适的桨一样，乘坐它们的人就能获得成功。伊尹掌握了法术赏罚，商汤因此统一天下；管仲掌握了法术赏罚，齐桓公因此称霸天下；商鞅掌握法术赏罚，秦国因此富强。这三个人，都精通成就霸王之术，了解治理国家、磨练军队的方法，而不被世俗的说教所限制；他们顺应当世君主的心意，就会由平民百姓直接得到任用；他们处在卿相的位置上治理国家，就有使君主受到尊崇、领土得到扩大的实效：这种人便是值得尊重的大臣。商汤得到伊尹，凭借百里之地而成为天子；齐桓公得到管仲，成为五霸之首，九次联合诸侯，一举匡正天下；秦孝公得到商鞅，领土因此扩张，军队因此强盛。所以有忠臣的君主，对外没有敌国入侵的忧患，对内没有叛乱臣子的担忧，天下长治久安，名声流传后世，这就是所谓的忠臣。至于豫让作为智伯的臣子，对上无法劝说君主使他通晓法术之理，以躲避灾难祸患，对下无法率领军队安定国家。等到赵襄子杀了智伯，豫让才涂黑肌肤，割去鼻子，毁坏自己的面容，以便为智伯报赵襄子的仇。虽然这是毁坏身体，冒着生命危险来效忠君主，但实际上对智伯没有丝毫的好处。这是我看不起他的原因，但君主认为他忠诚而十分推崇。古代有伯夷、叔齐，周武王把天下让给他们而他们却不接受，最后饿死在首阳山上。像这样的臣子，不害怕重刑，不贪图丰厚的赏赐，不能用刑罚来限制他们，不能用赏赐来役使他们，这是对国家无益的臣子。这些都是我所鄙弃的人，却是当世君主所称赞访求的人。

谚曰：“厉①怜王。”此不恭之言也。虽然，古无虚谚，不可不察也。此谓劫杀死亡之主言也。人主无法术以御其臣，虽长年而美材，大臣犹将得势擅事主断，而各为其私急。而恐父兄豪杰之

士，借人主之力，以禁诛于己也，故弑贤长而立幼弱，废正的而立不义。故《春秋》[2]记之曰：“楚王子围[3]将聘于郑，未出境，闻王病而反。因入问病，以其冠缨（yīng）绞王而杀之，遂自立也。齐崔杼其妻美，而庄公[4]通之，数如崔氏之室。及公往，崔子之徒贾举率崔子之徒而攻公。公入室，请与之分国，崔子不许；公请自刃于庙，崔子又不听；公乃走，踰于北墙。贾举射公，中其股，公坠，崔子之徒以戈斫公而死之，而立其弟景公[5]。”近之所见：李兑之用赵也，饿主父[6]百日而死；卓齿[7]之用齐也，擢湣（zhuó mǐn）王[8]之筋，悬之庙梁，宿昔而死。故厉虽痈[9]肿疕（bǐ）[10]疡，上比于《春秋》，未至于绞颈射股也；下比于近世，未至饿死擢筋也。故劫杀死亡之君，此其心之忧惧，形之苦痛也，必甚于厉矣。由此观之，虽“厉怜王”可也。

［注释］

①厉：古同“癞”“疠”，传染病、恶疮。②《春秋》：中国现存的第一部编年体史书。记载了春秋时鲁国从隐公元年（公元前722）到哀公十四年（公元前481）或十六年间的历史大事，内容广泛，涵盖政治、军事、经济、文化、天文气象、物质生产、社会生活等各个方面。③王子围：楚灵王，又称为楚荆王，春秋时期楚共王之子，名围。④庄公：春秋时期齐国君主，名光。公元前553—548年在位。⑤景公：春秋时齐国的国君，名杵臼。公元前547—490年在位。⑥主父：赵武灵王，名雍。战国时期赵国的君主，公元前325—299年在位。公元前299年，他把王位传给小儿子赵惠文王。公元前295年，李兑帮助赵惠文王与赵武灵王长子章争夺君权，与公子成合谋，将赵武灵王困在沙丘宫达三个月之久，赵武灵王因此被饿死。⑦卓齿：也作“淖齿”，人名，战国时期楚国将领。⑧湣王：战国时期齐国的君主，或作齐闵王、齐愍王，姓田，名地。齐宣王之子，约公元前300—284年在位。⑨痈：一种毒

孔子与《春秋》

《春秋》据传是由孔子修订的．书中用于记事的语言极为简练，然而几乎每个句子都暗含褒贬之意，被后人称为“春秋笔法”。

疮，患者的皮肤和皮下组织发炎化脓，非常疼痛。中医指恶性脓疮。⑩疕：头疮，患者头发脱落，头痛。

［译文］

有谚语说："患传染病的人怜悯君主。"这是一句不恭敬的话。尽管这样，古代没有虚妄的谚语，不能不加以明察。这句话是为被劫杀死亡的君主而说的。君主不用法术来驾驭他的臣子，即使年长资深，大臣也还要获得权势擅自处理和决断事情，而各人只顾各人的私事，奸臣害怕君主的叔伯、兄弟和豪杰之士，借助于君主的力量来约束和诛罚自己，因而杀掉贤良成年的君主而拥立幼小懦弱的君主，废掉嫡长子而立不该继位的人。所以《春秋》上记载说："楚国的公子围将访问郑国，还没出国境，听说父亲病重就返回了。趁进入宫中探病的机会，用系帽的带子勒死了父亲，于是自立为王。齐国崔杼的妻子长得很漂亮，齐庄王与她通奸，多次钻进崔杼家中。等到齐庄公又一次去他家的时候，崔杼的家臣贾举就率领崔杼的仆人攻打齐庄公。齐庄公逃回屋内，请求分一部分国家给崔杼，崔杼不答应；齐庄公又请求让他在宗庙里自杀，崔杼还是不答应；于是齐庄公逃跑，翻过崔家的北墙。贾举箭射庄公，射中了大腿，齐庄公掉了下来，崔杼的手下人用戈把齐庄公杀掉了，之后崔杼拥立庄公的弟弟齐景公为主。"从近处说：李兑在赵国掌权，赵武灵王被困百天而死；卓齿在齐国掌权，抽了齐湣王的筋，把他吊在宗庙的梁上，一夜后死去。所以，虽然患传染病的人痈肿疮烂，上比于春秋时代，还不至于缠住脖颈和射中大腿；下比于当世，还不至于饿死抽筋。因此被劫杀而死亡的君主，他们内心的忧惧，肉体的痛苦，一定超过了患传染病的人。从这些看来，即使是说"患传染病的人怜悯君主"，也没有什么不可以。

亡征第十五

题解

“亡征”，即亡国的征兆。本篇先列举了可能导致国家灭亡的47种征兆，是韩非从政治、经济、军事、文化，以及对君主的修养爱好等多个方面进行调查得出的结论；而后分析了导致国家灭亡的内因和外因，起到警醒君主的作用。此篇主题鲜明，条理清晰，是韩非的代表作之一。

凡人主之国小而家大，权轻而臣重者，可亡也。简[1]法禁而务谋虑，荒封内而恃交援者，可亡也。群臣为学，门子好辩，商贾外积，小民右仗者，可亡也。好宫室台榭陂池，事车服器玩，好罢[2]露百姓，煎[3]靡货财者，可亡也。用时日，事鬼神，信卜筮，而好祭祀者，可亡也。听以爵不待参验，用一人为门户者，可亡也。官职可以重求，爵禄可以货得者，可亡也。缓心而无成，柔茹[4]而寡断，好恶无决，而无所定立者，可亡也。饕(tāo)[5]贪而无餍，近利而好得者，可亡也。喜淫辞而不周于法，好辩说而不求其用，滥于文丽而不顾其功者，可亡也。浅薄而易见，漏泄而无藏，不能周密，而通群臣之语者，可亡也。

[注释]

①简：轻视，怠慢。②罢：同“疲”，使疲劳。③煎：本为煎熬之意，此处引申为榨取的意思。④茹：估计，揣测。⑤饕：本指传说中的一种凶恶贪食的野兽，这里用来形容极贪欲、极贪财的意思。

[译文]

凡是君主的国家弱小而臣子的领域广阔的，君主的权势轻而臣下的权势重，国家就可能灭亡。轻视法令而喜欢运用计谋，荒废政事而依靠国外援助的，国家就可能灭亡。群臣都各自活动，贵族子弟喜欢辩术，商人把财物放在国外，普通百姓崇尚武斗，国家就可能灭亡。喜好修建宫殿、楼阁、池塘，热爱车马、服饰等玩物，喜欢让百姓疲劳困顿，榨取挥霍百姓钱财，国家就可能灭亡。办事挑选吉日良辰，侍奉鬼神，迷信卜筮且喜好祭神祀祖，国家就可能灭亡。听取意见只看官位的高低而不去检验是

否正确，只通过一个人通报，国家就可能灭亡。官职可以通过权势获得，爵禄可以用钱财买到，国家就可能灭亡。办事拖沓而不见成效，软弱怯懦而优柔寡断，好坏不分没有决断，国家就可能灭亡。极度贪心而不知满足，追求钱财而贪图便宜，国家就可能灭亡。喜欢浮夸言辞而不考虑是否合法，喜好美丽的说辞而不求实用，沉溺于华丽的文采而不管功效，国家就可能灭亡。君主浅薄而轻易表露感情，泄露机密而不加掩藏，不能周密行事而通报群臣言论的，国家就可能灭亡。

很[1]刚而不和，愎谏而好胜，不顾社稷而轻为自信者，可亡也。恃交援而简近邻，怙[2]强大之救而侮所迫之国者，可亡也。羁[3]旅侨士，重帑(tǎng)在外，上间[4]谋计，下与民事者，可亡也。民信其相，下不能其上，主爱信之而弗能废者，可亡也。境内之杰不事，而求封外之士，不以功伐课试，而好以名问举错，羁(jī)旅起贵以陵故常者，可亡也。轻其适(dí)[5]正，庶(shù)子称衡，太子未定而主即世者，可亡也。大心而无悔，国乱而自多，不料境内之资而易其邻敌者，可亡也。国小而不处卑，力少而不畏强，无礼而侮大邻，贪愎而拙交者，可亡也。太子已置，而娶于强敌以为后妻，则太子危，如是，则群臣易虑；群臣易虑者，可亡也。

[注释]

①很：险恶，凶暴。②怙：依仗，凭借。③羁：寄居，旅居。④间：离间，这里为参与、加入的意思。⑤适：通“嫡”。古代正妻生的长子称为嫡子。

[译文]

凶狠暴戾而不随和，拒绝他人的劝谏而争强好胜，不考虑国家安危而自以为是，国家就可能灭亡。凭借盟国援助而怠慢邻国，仰仗强大的国家支持而轻侮邻近的小国，国家就可能灭亡。寄居在国内的外来游士，把大量钱财存放在国外，上能刺探国家机密，下能干预民众的事务，国家就可能灭亡。民众只相信相国，而不能亲近君主，君主又宠信相国而不能废弃他，国家就可能灭亡。国内的杰出人才不用，反而去寻求国外的人士，不依照功劳进行审核，反而根据名望来任免官员，寄居的游士升为高官，而本国原来的大臣却不受重用，国家就可能灭亡。轻视嫡长子，使庶子和嫡子平起平坐，太子还未确定而君主就去世了，国家就可能灭亡。君主狂妄自大而不思悔悟，国家混乱而自我感觉良好，不能正确估计本国实力而轻视邻近敌国的，国家就可能灭亡。国家弱小而不谦卑，国力薄弱而不怕强大的势力，没有礼貌而侮辱邻近大国，贪婪固执而不在意外交，国家就可能灭亡。已经设立太子，而又要娶强大敌国的女子作为正妻，那么太子就很危险了，这样一来群臣就会变心；群

臣变心，国家就可能灭亡。

怯慑而弱守，蚤见而心柔懦，知有谓可，断而弗敢行者，可亡也。出君在外而国更置，质太子未反而君易子，如是则国携[1]；国携者，可亡也。挫辱大臣而狎其身，刑戮小民而逆其使，怀怒思耻而专习则贼生；贼生者，可亡也。大臣两重，父兄众强，内党外援以争事势者，可亡也。婢妾之言听，爱玩之智用，外内悲惋而数行不法者，可亡也。简侮大臣，无礼父兄，劳苦百姓，杀戮不辜者，可亡也。好以智矫法，时以行杂公，法禁变易，号令数下者，可亡也。无地固，城郭恶，无畜积，财物寡，无守战之备而轻攻伐者，可亡也。种类不寿，主数即世，婴儿为君，大臣专制，树羁旅以为党，数割地以待交者，可亡也。太子尊显，徒属众强，多大国之交，而威势蚤具者，可亡也。变[2]褊而心急，轻疾而易动发，心悁忿而不訾[3]前后者，可亡也。主多怒而好用兵，简本教而轻战攻者，可亡也。

［注释］

①携：通“愶”，背叛、离散。②变：改变、变化。③訾：衡量，计数。

［译文］

君主胆小怕事而不敢坚持自己的主张，早已发现问题却没有勇气去解决，知道可以怎样做，但决定了又不敢去执行，国家就可能会灭亡。君主在国外而国内另立了君主，做人质的太子还没回来而君主又另立太子，国人就有了二心；国人有了二心，国家就可能灭亡。折磨污辱了大臣后又去亲近他，用刑罚惩戒了百姓而又违背常理地使用他们，这些人心怀怨恨，不忘耻辱，而君主又和他们特别亲近，那么劫杀的事情就会难免发生，劫杀事件不断发生，国家就可能灭亡。两个大臣同时被重用，君主的叔伯和兄弟众多势力强大，国内私结党羽，国外寻找诸侯作为援助来争夺权势，国家就可能灭亡。轻易听信婢妾的言语，任用亲近大臣的计谋，朝廷内外悲愤而不依法行事，国家就可能灭亡。轻慢凌侮大臣，对亲戚没有礼貌，使百姓劳累，杀戮无辜人士，国家就可能灭亡。君主喜欢用小智谋来改变法度，经常用个人的行为去扰乱公事，法令制度不断变化，朝令夕改的，国家就可能灭亡。没有险要的地形，城墙修筑得不坚固，国家没有积蓄，财物也很少，没有守卫和作战的准备而轻易去进攻别国，国家就可能灭亡。王族短命，君主接连去世，小孩子当了君主，大臣专权，扶植外来游士来当同谋，经常割让土地来换取外援，国家就可能灭亡。太子过于尊贵显赫，党徒人多势众，

结交众多的大国，这样他个人的威势过早具备，国家就可能灭亡。君主性格偏激而暴躁，处理事情草率冲动，激愤易怒而不思前顾后，国家就可能灭亡。君主容易发怒而爱好战争，轻视农耕而对军事不上心，国家就可能灭亡。

贵臣相妒，大臣隆盛，外借敌国，内困百姓，以攻怨仇，而人主弗诛者，可亡也。君不肖而侧室贤，太子轻而庶子伉①，官吏弱而人民桀②，如此则国躁；国躁者，可亡也。藏怨而弗发，悬罪而弗诛，使群臣阴憎而愈忧惧，而久未可知者，可亡也。出军命将太重，边地任守太尊，专制擅命，径为而无所请者，可亡也。后妻淫乱，主母畜秽，外内混通，男女无别，是谓两主，两主者，可亡也。后妻贱而婢妾贵，太子卑而庶子尊，相室轻而典谒重，如此则内外乖；内外乖③者，可亡也。大臣甚贵，偏党众强，壅塞主断而重擅国者，可亡也。

［注释］

①伉：高大，高尚。②桀：通“杰”，这里是杰出、优秀的意思。

［译文］

权贵之臣互相嫉妒，大臣权势强大，在外依靠敌国，在内困扰百姓，攻击与自己有冤仇的对头，而君主却不诛罚他们，国家就可能灭亡。君主能力不足而他的兄弟很贤能，太子权势轻而庶子权势强大，官吏软弱而百姓不服管教，这样的话国家就会动荡不安；动荡不安的话，国家就可能灭亡。君主怀恨而不发作，对犯有过错的臣子迟迟不加惩罚，使群臣暗中憎恨君主而内心恐惧，长期不知自己的结果如何，国家就可能灭亡。派出军队时授予将领的权势太大，驻守边疆的官吏地位过高，独断专行，自己处理事情而不向君主请示，国家就可能灭亡。君主的正妻淫乱后宫，太后养奸，宫廷内外混淆串通，男女之间没有分别，这样国家就形成了两个权力中心；形成两个权力中心，国家就可能灭亡。君主的正妻不受重视而婢妾地位尊贵，太子地位低下而庶子受尊崇，执政大臣权力轻而通报官吏的权势重，这样就会使朝廷内外背离；内外背离，国家就可能灭亡。大臣非常显贵，私党人多势强，封锁君主的决定而又独揽国家大权，国家就可能灭亡。

私门之官用，马府之世绌（chù）①，乡曲之善举，官职之劳②废，贵私行而贱公功者，可亡也。公家虚而大臣实，正户贫而寄寓富，耕战之士困，末作之民利者，可亡也。见大利而不趋，闻祸端而

不备，浅薄于争守之事，而务以仁义自饰者，可亡也。不为人主之孝，而慕匹夫之孝，不顾社稷之利，而听主母之令，女子用国，刑余用事者，可亡也。辞辩而不法，心智而无术，主多能而不以法度从事者，可亡也。亲臣进而故人退，不肖用事而贤良伏，无功贵而劳苦贱，如是则下怨；下怨者，可亡也。父兄大臣禄秩过功，章服侵等，宫室供养太侈，而人主弗禁，则臣心无穷；臣心无穷者，可亡也。公婿公孙与民同门，暴慠其邻者，可亡也。

［注释］

①绌：通“黜”，贬谪、贬退。②劳：忧劳，操心。

［译文］

贵族权臣的私属被任用，立下功劳的臣子却被排斥，偏僻乡村里有善名的人被选拔，在职官员的功劳反而被抹杀，重视谋私的行为而轻贱为国立功的行为，国家就可能灭亡。国家空虚而大臣富足，常住的住户贫困而寄寓客居却很富裕，农民和战士十分困顿，而从事工商业者得利，国家就可能灭亡。看到国家利益而不去追求，发现祸乱的苗头却不加防备，对带兵打仗的事浅薄无知，而致力于用仁义道德来粉饰自己，国家就可能灭亡。不致力于君主的孝道，而效仿一般人的孝，不顾及国家利益，而听从母后的命令，女人当国，宦官掌权，国家就可能灭亡。夸夸其谈而不符合法制，头脑聪明但缺乏法术，君主多才多艺但不按法度办事，国家可能灭亡。近臣得到任用而原来的大臣却被辞退，无才无能的人得以重用而贤良的人却被迫隐匿起来，没有功绩的人地位显贵而辛苦劳作的人地位卑下，如果这样臣民就要怨恨；臣民怨恨，国家就可能灭亡。君主亲戚的俸禄等级超过他们的功劳，旗帜车服超过规定的等级，宫室的供养太奢侈，而君主不知道加以禁止，那么臣下的欲望会没有止境；臣下欲望没有止境，国家就可能灭亡。王亲国戚和普通百姓在一起居住，对百姓横行霸道，国家就可能灭亡。

亡征者，非曰必亡，言其可亡也。夫两尧不能相王(wàng)，两桀不能相亡；亡、王之机，必其治乱、其强弱相踦(qī)①者也。木之折也必通蠹(dù)②，墙之坏也必通隙。然木虽蠹，无疾风不折；墙虽隙，无大雨不坏。万乘之主，有能服术行法以为亡征之君风雨者，其兼天下不难矣。

［注释］

①踦：偏重，不平衡。②蠹：腐蚀，蛀蚀。

[译文]

亡国的征兆，不是说一定会灭亡，而是说可能灭亡。两个尧不能相互称王，两个夏桀不能相互灭亡；灭亡或称王的关键，一定是对比了双方的国家治理得好或坏。木头折断一定是由于蛀蚀，墙壁的倒塌一定是由于有了裂缝。但是木头虽然生了蛀虫，没有大风不会折断，墙壁虽然有了裂缝，没有大雨是不会倒塌。万乘之国的君主，如果能运用法术作为暴风骤雨去摧毁那些已有灭亡征兆的国家，那么他兼并天下是不难的！

三守第十六

题 解

“三守”，即君主必须遵守的三条原则。此三条原则概括来说就是指君主必须深藏不露、自行决断以及独揽大权，韩非认为君主若要巩固大权，必做到此三条。本篇是《韩非子》一书中篇幅较短的一篇，言简意赅。

人主有三守①。三守完，则国安身荣；三守不完，则国危身殆。何谓三守？人臣有议当途之失、用事之过、举臣之情，人主不心藏而漏（lòu）之近习能人②，使人臣之欲有言者，不敢不下适近习能人之心，而乃上以闻人主。然则端言直道之人不得见，而忠直日疏。爱人，不独利也，待誉而后利之；憎人不独害也，待非而后害之。然则人主无威而重在左右矣。恶自治之劳惮，使群臣辐（fú）凑③之变，因传柄（bǐng）移藉，使杀生之机、夺予之要在大臣，如是者侵。此谓三守不完。三守不完，则劫杀之征也。

[注释]

①守：控制，掌握。②能人：指善于钻营，得到重用的人。③辐凑：本意指车子的辐条，这里比喻向中心归附。

李世民

[译文]

君主有三条必须遵守的原则。三条必须掌握的原则使用完备，就能做到国家安定而自身繁荣；三条必须遵守的规则使用得不好，就会国家不安而自身危险。什么叫三条必须遵守的规则？臣子中有人议论当权大臣的过失、执政者的过失以及揭发一般臣子的隐情，君主不把这些隐藏在心中而泄漏给左右亲信和善于钻营而受重用的人，使得臣子中想向君主进言的人不敢不先屈从于亲信权贵的心意，而后再向君主进言。这样讲话耿直、办事诚实的人就不能见到君主，而忠诚耿直的人就会一天天被疏远。君主喜爱一个人，不独自决定去奖赏他，要等到身边的人赞誉他后才加以奖赏；君主憎恶一个人，不独自决定处罚他，要等到有人反对他后才给予处罚。这样君主就没有权势而大权旁落于近臣了。君主讨厌自己亲自处理政事太过劳累，让群臣聚集在一起施行政事，臣子就会借机靠投机的人或君主的亲信转移权柄，使杀生予夺的关键控制在大臣手里，这样君主就会受到侵害。这就叫作君主必须遵守的三条原则。三条必须遵守的规则如果使用得不好，就会发生劫主篡君位的征兆。

凡劫有三：有明劫，有事劫，有刑劫。人臣有大臣之尊，外操国要以资群臣，使外内之事非已不得行。虽有贤良，逆者必有祸，而顺者必有福。然则群臣直莫敢忠主忧国以争社稷[1]之利害。人主虽贤，不能独计，而人臣有不敢忠主，则国为亡国矣。此谓国无臣。国无臣者，岂郎中虚而朝臣少哉？群臣持禄养交，行私道而不效公忠，此谓明劫。鬻（yù）宠擅权，矫外以胜内，险言祸福得失之形，以阿主之好恶。人主听之，卑身轻国以资之，事败与主分其祸，而功成则臣独专之。诸用事之人，一心同辞以语其美，则主言恶者必不信矣，此谓事劫。至于守司囹圄（líng yǔ），禁制刑罚，人臣擅之，此谓刑劫。三守不完，则三劫者起；三守完，则三劫者止。三劫止塞，则王[2]矣。

［注释］

①社稷：本意指土地神和谷神，这里比喻国家。②王：称王，一统天下。

［译文］

凡是篡夺君位的情况有三种：有公开篡权的，有通过政事篡权的，有专擅刑罚篡权的。臣子有了大臣的显要地位，在外面操纵国家权柄来收买满朝文武群臣，使朝廷内外的事情不通过自己就不能办。即使有贤能正直的人，违逆他的意愿就一定有祸，而顺从他的人就一定得福。这样，群臣中简直就没有敢于忠君忧国，为国家利益抗争的人了。君主虽然有贤才，但不能独自来决策国事，而群臣又不敢忠于君主，那么国家就跟已经灭亡没有两样了。这叫国家没有臣子。国家没有臣子，难道是近侍职位空缺而朝中臣子太少了吗？群臣用俸禄去培养党羽，谋求个人利益而不效忠于国家，这叫作公开篡权。卖弄君主对他的宠爱独揽大权，凭借外部势力来控制国内，渲染祸福得失的形势，用来迎合君主的好恶。君主听了他的话，降低身份轻视国家利益来资助他们。事情失败了就让君主分担祸害；事情成功了臣子就独占功劳。许多投机钻营的人，异口同声地说他好，那么君主再说他不好就一定不会被信服，这叫通过政事来篡权。至于说守司监狱，掌管刑罚，臣子独揽大权，这就是专擅刑罚篡权。三条原则使用不完备，那么三种篡权的情况就会产生了；三条原则使用完备，三种篡权的状况就禁止了。三种篡权的情况杜绝了，君主就可以统治天下了。

备内第十七

题 解

“备内”，即防备宫内后妃、皇子等人的弑君篡位。本篇是韩非阐述其“性恶论”的代表篇章之一，他认为，人与人之间都存在着利害关系，“夫以妻之近与子之亲而犹不可信，则其余无可信者矣”，此结论以先前的历史经验为教训，对人性的本质进行深刻分析。本篇三段呈递进关系，层层阐释，警示君主要严防统治集团内部的争斗。

人主之患在于信人。信人，则制于人。人臣之于其君，非有骨肉之亲也，缚①于势而不得不事也。故为人臣者，窥觇其君心也无须臾之休，而人主怠傲处其上，此世所以有劫君弑主也。为人主而大信其子，则奸臣得乘于子以成其私，故李兑②傅赵王而饿主父。为人主而大信其妻，则奸臣得乘于妻以成其私，故优施③傅丽姬杀申生而立奚齐。夫以妻之近与子之亲而犹不可信，则其余无可信者矣。

[注释]

①缚：通“薄”，迫、迫于。②李兑：战国时期赵国人，曾任赵国司寇。③优施：春秋时期晋国人，擅长以歌舞取乐，名施。

[译文]

君主的祸患在于相信他人。相信他人，就会被他人所掌控。臣子对于他的君主，并没有骨肉亲情，只是迫于权势而不得不侍奉。所以做臣子的，窥测君主的意图没有一刻停止，君主却傲慢懈怠地高高在上，这就是世上有劫持杀害君主事件出现的原因。做君主的人太相信自己的儿子，那么奸臣就能利用君主的儿子来成就自己的私利，所以李兑辅助赵惠文王最终将赵武灵王饿死。做君主而非常相信自己的妻子，奸臣就能利用君主的妻子达到个人目的，所以优施帮助丽姬杀掉了太子申生而改立奚齐为太子。以妻子的亲近和儿子的亲情关系还不能相信，那么其余的人就更没有可以相信的了。

且万乘之主，千乘之君，后妃、夫人适子为太子者，或有欲其君之蚤死者。何以知其然？夫妻者，非有骨肉之恩也，爱则亲，不爱则疏。语曰：“其母好者其子抱。”然则其为之反也，其

母恶者其子释。丈夫年五十而好色未解①也，妇人年三十而美色衰矣。以衰美之妇人事好色之丈夫，则身见疏贱，而子疑不为后，此后妃、夫人之所以冀其君之死者也。唯母为后而子为主，则令无不行，禁无不止，男女之乐不减于先君，而擅万乘不疑，此鸩（zhèn）②毒扼（è）昧之所以用也。故《桃左春秋》③曰：“人主之疾死者不能处半。”人主弗知，则乱多资。故曰：利君死者众，则人主危。故王良④爱马，越王勾践爱人，为战与驰。医善吮人之伤，含人之血，非骨肉之亲也，利所加也。故舆人成舆，则欲人之富贵；匠人成棺（guān），则欲人之夭死也。非舆人仁而匠人贼也，人不贵，则舆不售；人不死，则棺不买。情非憎人也，利在人之死也，故后妃、夫人太子之党成而欲君之死也，君不死，则势不重。情非憎君也，利在君之死也。故人主不可以不加心于利己死者。故日月晕⑤围于外，其贼在内，备其所憎，祸在所爱。是故明王不举不参之事，不食非常之食；远听而近视以审内外之失，省同异之言以知朋党之分，偶参伍之验以责陈言之实；执后以应前，按法以治众，众端以参观；士无幸赏，无逾行；杀必当，罪不赦；则奸邪无所容其私。

［注释］

①解：通“懈”，松懈、减弱。②鸩：毒鸟，传说用其羽毛泡酒可毒死人。③《桃左春秋》：先秦时期盛行的一部史书，现已失传。④王良：春秋时期晋国人，以善于驾驭车马著称。⑤晕：指环绕着日月的白色光圈。

［译文］

况且拥有千万兵车的君主，他们的正妻、后妃所生的孩子做了太子的，也盼着自己的君主早点死掉。怎么知道会是这样的呢？妻子与君主并没有骨肉的感情，宠爱就亲近，不宠爱就疏远。俗话说：“母亲漂亮，她的孩子就受到宠爱。”那么反过来的话，就是母亲丑的，她的孩子就会被疏远。男人五十岁而喜好女性的兴致不减弱，女人三十岁容貌就衰减了。美色衰减的女人侍奉好色的男人，女人就会被疏远鄙视，她的儿子就会怀疑自己不能成为继承人，这正是夫人、后妃夫人盼望君主早死的原因。只要母亲做了太后而儿子做了君主，那时就能使所有的命令都行得通，所有的禁忌都可以停止，太后和君主的乐事并不比君主在位时减少，独掌大权无疑，这正是在酒中下毒、绞刑杀人等事件发生的原因。所以《桃左春秋》一书中说:“君主因病而死的还占不到一半。”君主不懂得这个道理，奸臣作乱就有了更多地凭借。所以说，认为君主死亡对自己有利的人多，君主就很危险。所以王良爱马，越王勾践爱民，就是为了战争和奔驰。医生善于吸吮病人的伤口，吸出病人的污血，不是有骨肉之亲，而是因为利益加在这种行为上。所以造车的人造好车子，就希望别人富贵;做棺材的人做好棺材，就希望别人早死。这不是造车的人仁慈而做棺材的人歹毒:别人不富贵，那么车子就卖不掉;别人不死，那么就没人买棺材。本意并不是憎恨别人，而是利益就在别人的死亡上。所以后妃、夫人、太子的私党结成后就会盼望君主早死;君主不死，那他们的权势就不会加重。他们的本意并不是憎恨君主，而是他们的利益就在君主的死亡上。因此君主不能不留心那些会从自己死亡中得利的人。所以日月外面有白色光圈环绕，内部就一定有毛病;防备自己所憎恨的人，祸害却来自自己所亲爱的人。所以英明的君主不做没有验证过的事情，不吃不寻常的食物;打听远处的情况，观察近处的事情，从而考察朝廷内外的过失;核查相同的和不同的言辞，进而通晓朋党的区别，用事后的结果进行验证臣下陈言的可靠性;用事后的结果来对照事前的言行，按照法令来治理民众，根据各方面的情况来检验观察;士兵没有侥幸得到奖赏的，没有违犯法令的;诛杀的一定得当，有罪的不予赦免。那么，奸邪行为就没有地方容身了。

吴起吮卒病疽

吴起，春秋时期生于卫国，他手下有士兵得了恶性毒疮，吴起用嘴替他吸吮脓液。这个士兵的母亲听说后放声大哭。有人问:“将军亲自替他吸吮脓液，你怎么还哭呢?”那位母亲回答说:“当年吴起替我的丈夫吸吮毒疮，我的丈夫在战场上勇往直前，死在敌人手里;如今他又给我儿子吸吮毒疮，我因此才哭啊。”

徭役多则民苦，民苦则权势起，权势起则复除重，复除重则贵人富。苦民以富贵人，起势以藉人臣，非天下长利也。故曰:徭役少则民安，民安则下无重权，下无重权则权势灭，权势灭则德在上矣。今夫水之胜火亦明矣，然而釜鬵间之，水煎沸竭尽其上，而火得炽盛焚其下，水失其所以胜者矣。今夫治之禁奸又明于此，然守法之臣为釜鬵之行，则法独明于胸中，而已失其所以禁奸者矣。上古之传言，《春秋》[1]所记，犯法为逆以成大奸者，未尝不

从尊贵之臣也。然而法令之所以备，刑罚之所以诛，常于卑贼，是以其民绝望，无所告愬(sù)[2]。大臣比周，蔽上为一，阴相善而阳相恶，以示无私，相为耳目，以候主隙(xì)，人主掩蔽，无道得闻，有主名而无实，臣专法而行之，周天子是也。偏借其权势，则上下易位矣，此言人臣之不可借权势也。

[注释]

①《春秋》：春秋时期一部编年体史书，这里泛指史书。②愬：通“诉”，申诉。

[译文]

徭役过多，百姓就会困苦；百姓困苦，臣子就会发展其势力；臣下势力发展起来，免除徭役和赋税的人就增多；免除徭役和赋税的人增多了，贵人就富有起来了。用使百姓受苦的方式使贵族富有，用形成权势的途径来帮助臣子让他们富贵，这不是国家的长远利益。所以说，徭役轻，百姓就安定；百姓安定，臣子就没有过重的权力；臣子没有过重的权力，他们的权势就消失了；臣子的势力全部消灭了，恩惠就全归君主了。现在，水能灭火的道理已经很清楚了，然而用锅之类的器具把水和火隔开，水在上面沸腾以致烧干，而火在下面却烧得非常旺盛，这是因为水失去了灭火的条件。现在法治的禁止奸邪的道理比这更明白，但执法的臣子起到锅子那样的阻隔作用，那么法律只在君主自己的心里明白，却已经失去了禁奸的作用。上古流传的传说里，《春秋》这些史书所记载的，都表明违法乱纪而构成大罪，差不多都出自尊贵的大臣。然而，法令要防备的，刑罚要惩办的，通常是地位低贱的人，因此百姓感到绝望，没有地方可以申诉冤屈。臣子们相互勾结而串通一气，表面上相互憎恶而暗地里互相要好，这样来表示他们没有私情。他们互相作为耳目，等着钻君主的空子。君主被他们所蒙蔽，没有办法了解真相，有君主之名而无君主之实，大臣垄断法令而独断专行；周天子就是这样。君主的权势陷落，那么君臣的位置也就改变了；这是说君主是不能把自己的权势让给臣子的。

南面第十八

题 解

古代君主听政的时候经常坐北朝南，所以用“南面”以示尊贵，这里借指君王统治天下。本篇以此为题，论述了君主治国的几项原则，涉及任用人臣、核实言辞、变法革新等多个方面，为君主开辟了一条新路，坚定了其统治地位。

人主之过，在已任臣矣，又必反与其所不任者备之，此其说必与其所任者为仇，而主反制于其所不任者。今所与备人者，且曩（nǎng）①之所备也。人主不能明法而以制大臣之威，无道得小人之信矣。人主释法而以臣备臣，则相爱者比周而相誉，相憎（zèng）者朋党而相非。非誉交争，则主惑乱矣。人臣者，非名誉请谒②无以进取，非背法专制无以为威，非假于忠信无以不禁，三者，惛（hūn）主③坏法之资也。人主使人臣虽有智能，不得背法而专制；虽有贤行，不得逾（yú）功而先劳；虽有忠信，不得释法而不禁：此之谓明法。

[注释]

①曩：之前，过去。②请谒：私下里求人说情。③惛主：这里是迷惑君主的意思。惛，糊涂、愚蠢。

[译文]

君主的过失，在于已经任用了臣子，却又总是反过来和没被任用的人一起去防备他，这样被任用的臣子与没被任用的人意见一定是相反的，而君主反而会被他没被任用的人所控制。现在与君主一起防备别人的人，正是君主过去所要防备的人。君主不能彰明法度来控制大臣的威势，就没办法得到小人的信任。君主抛弃法制而采用一些臣子去防备其它的臣子，关系好的人就会相互勾结而相互吹捧，关系不好的就会各自营私结党而相互诽谤。诽谤和吹捧争斗不止，那么君主就迷惑昏乱了。做臣子的人，不互相吹捧和私下求人说情就无法加官晋爵，不违法和专权就无法建立自己的威势，不假借忠信之名就不能逃脱法禁；这三项，是迷惑君主、败坏法制的手段。君主要使臣子即使有智慧才能，也不会违法专权，即使有贤能的行为，也不在立功之前提起得到赏赐；即使有忠信的品德，也不放弃法制而不加约束：这就叫作彰明法度。

人主有诱于事者，有壅（yōng）于言者，二者不可不察也。人臣易言事者，少索资，以事诬主。主诱而不察，因而多之，则是臣反以事制主也。如是者谓之诱，诱于事者困于患。其进言少，其退费多，虽有功，其进言不信。不信者有罪，事有功者不赏，则群臣莫敢饰言以惛主。主道者，使人臣前言不复于后，后言不复于前，事虽有功，必伏其罪，谓之任下。

人臣为主设事而恐其非也，则先出说设言曰：“议是事者，妒事者也。”人主藏是言，不更听群臣；群臣畏是言，不敢议事。二势者用，则忠臣不听而誉臣独任。如是者谓之壅于言，壅于言者制于臣矣。主道者，使人臣必有言之责，又有不言之责。言无端末①辩无所验者，此言之责也；以不言避责持重位者，此不言之责也。人主使人臣言者必知其端以责其实，不言者必问其取舍②以为之责，则人臣莫敢妄言矣，又不敢默然矣，言、默则皆有责也。

人主欲为事，不通其端末，而以③明其欲，有为之者，其为不得利，必以害反。知此者，任理去欲。举事有道，计其入多，其出少者，可为也。惑主不然，计其入，不计其出，出虽倍其入，不知其害，则是名得而实亡。如是者功小而害大矣。凡功者，其入多，其出少，乃可谓功。今大费无罪而少得为功，则人臣出大费而成小功，小功成而主亦有害。

[注释]

①端末：开头与结尾。②取舍：赞成和反对的态度。·③以：通“已”，已经。

[译文]

君主有被事情迷惑的，有被言辞蒙蔽的，对这两面不能不注意。臣子中把事情说得很轻易的人，要求的代价少，用事情来欺瞒君主。君主受这种人的诱惑而不加考察，因而夸奖他，那么臣子就会反过来用事情控制君主。像这样的情况就叫作诱惑，被事情所诱惑的君主就会被祸患所困窘。臣子对君主进言，办事花费的很少，但下去办事时花的代价很多，事情即使办成了，也说明他讲的话不诚实。不诚实的人就有罪，事情即使办成了也不能赏赐，这样群臣就不敢用修饰言辞来蒙蔽君主了。做君主的原

则是，假如臣子之前讲的话和后来办的事不一致，后来说的话和先前办的事不一致，即使事情办成了，也一定要让他受到应得的惩罚，这就叫作使用臣下的方法。

臣子为君主筹划事情而恐怕遭受别人非议，就事先放出口风："议论这件事的人，就是嫉妒这件事的人。"君主把这些话藏在心里，不再听取臣子们的意见；臣子们害怕听这种话，不敢议论这件事。这两种局面起了作用，那么忠臣的话就不会被听取而徒有虚名的臣子就会被任用。像这种情况，就叫作被言论所蒙蔽，被言论所蒙蔽的君主也就被臣子所控制了。做君主的原则是，要让臣子必须负起言论适当的责任，也要负起该说不说的责任。言论无头无尾、辩词无法验证的，这就是言论不当的责任；用不说话来逃避责任，保持其重要权势的，这就是该说不说的责任。君主对说话的臣子，要让他显露出来龙去脉，从而责求他的实效；对不说话的臣子，必须问他赞成还是反对，从而明确他的责任。那么臣子就不敢乱说，也不敢不说话了，因为说话和不说话就都有了他的责任。

君主想做某件事，没有掌握事情的全部情况，就将自己的想法表明出来，这样去做的话，不但没有好处，反而一定会受害。懂得这些的君主，就会顺应客观事理而去掉主观欲望。办事情有他的原则，考虑其获利多、付出的代价少，就可以这样做。昏聩的君主不是这样，只考虑获利，不考虑代价，付出的代价成倍地超过利益，不知道其中的危害，这就是名义上获利而实际上失去利益。像这样，就是功劳小而危害大了。凡是功劳，一件事情利益多，付出的代价少，这才可以叫作功劳；现在花费很大没有罪而获得很小的功绩却有功，那么臣子就会以大的耗费去换取小的成功，即使取得了小的功绩而君主也会被损害。

不知治者，必曰："无[①]变古，毋易常。"变与不变，圣人不听，正治而已。然则古之无变，常之毋(wù)易，在常古之可与不可。伊尹[②]毋变殷，太公毋变周，则汤、武不王矣。管仲毋易齐，郭偃毋更晋，则桓、文不霸矣。凡人难变古者，惮易民之安也。夫不变古者，袭乱之迹；适民心者，恣(zī)奸之行也。民愚而不知乱，上懦而不能更，是治之失也。人主者，明能知治，严必行之，故虽拂于民，必立其治。说在商君之内外而铁殳(shū)，重盾而豫戒也。故郭偃之始治也，文公有官卒；管仲始治也，桓公有武车：戒民之备也。是以愚戆窳堕之民，苦小费而忘大利也，故夤虎受阿谤。而振小变而失长便，故邹贾非载旅。狎习于乱而容于治，故郑人不能归[③]。

［注释］

①无：通"勿"，不要、不许。②伊尹：商汤的宰相，曾帮商汤灭夏。③"而振

小”至“故郑人不能归”：注释家疑其有错漏，文意不通，无法译出。

［译文］

不懂治理国家的人，一定会说：“不要变改古法，不要更替常规。”改变与不改变，圣人并不理会，正确治理就可以了。既然这样，古法改变或不变，常规改变或不变，只在于它们是可行还是不可行的。如果伊尹不改变殷的古法，姜太公不改变周朝的常规，商汤和周武王就不能统治天下。管仲不改变齐国的古法，郭偃不改变晋国的常规，那么齐桓公、晋文公就不能称霸。凡是难以改变古法的人，是由于害怕改变民众的习惯。而不改变古法，是重蹈乱国的覆辙；适应民众的心意，是放纵奸邪的行为。老百姓愚蠢而不懂得什么是乱，君主怯懦而不能进行改革，是治理国家的过失。做君主的人，他的明智是应该懂得如何治理国家，他的严厉一定能执行法令，所以虽然会违背百姓的心意，但也一定要确立治国的方法。这种说法表现在商鞅在朝或外出的时候，都用兵甲和层层盾牌预先戒备。所以郭偃开始施行法治的时候，晋文公身边带有卫兵；管仲开始治国的时候，齐桓公的周围跟着战车，这些都是防备百姓的措施。因此愚蠢鲁莽而懒惰的人，总会只在乎个人得失而忽视国家利益。而辗小变而失长便，故邹贾非载旅。狎习于乱而容于治，故郑人不能归。（最后两句史实不详，故不能解。）

饰邪第十九

题 解

饰，通“饬”，饰邪，即整饬邪恶之意。在本篇中，韩非引用历史事实来论证了迷信和邪术的荒诞和不合理，接着说明了明法亲民的重要程度，反对靠大国扶持等行为。文章破立皆存，在反对玩弄智巧的同时，又阐明了韩非的法治思想，很值得当时的君主借鉴。

凿龟①数策②，兆③曰“大吉”，而以攻燕者，赵也。凿龟数策，兆曰“大吉”，而以攻赵者，燕也。剧辛④之事燕，无功而社稷危；邹衍⑤之事燕，无功而国道绝。赵代⑥先得意于燕，后得意于齐，国乱节高，自以为与秦提衡，非赵龟神而燕龟欺也。赵又尝凿龟数策而北伐燕，将劫燕以逆秦，兆曰“大吉”，始攻大梁而秦出上党⑦矣，兵至釐（lí）而六城拔矣，至阳城⑧，秦拔邺（yè）矣，庞援揄兵而南，则鄣尽矣。

［注释］

①凿龟：占卜，古时用钻烧龟甲来预测吉凶。②数策：即占筮。用计算蓍的茎来预测吉凶的方法。策，蓍草的茎。③兆：古时烧龟甲出现的裂纹，借指征兆。④剧辛：人名。战国时期燕国的军事将领。⑤邹衍：人名。齐国人，后去燕国为燕昭王师。⑥代：地名。位于今山东东北部和河北蔚县一带。⑦上党：地名。位于今山西东南部。⑧阳城：地名，在今河南登封北部。

［译文］

用钻烧龟甲和计算蓍草来预测吉凶，兆象说是“大吉”，据此进攻燕国的，是赵国。用钻烧龟甲和计算蓍草来预测吉凶，兆象说是“大吉”，据此进攻赵国的，是燕国。剧辛在燕国效力，没有建立功绩，却导致国家危险；邹衍在燕国效力，没有建立功绩，却导致国家命脉断绝。赵国先战胜燕国，之后又战胜齐国，国内秩序混乱却趾高气扬，自以为和秦国势均力敌了，这并不是因为赵国的占卜灵验而燕国的占卜不灵。赵国又曾经通过占卜而向北攻打燕国，想要挟持燕国去抗击秦国，兆象说是“大吉”。刚开始进攻大梁，秦国的军队就从上党出发了；赵国军队到达燕国的釐地，自己的六座城已被秦国攻占了；赵军到达阳城的时候，秦军已经攻占下邺地；等到庞援引兵往南救

援时，连鄗一带的地方也已经被秦军全部占领了。

臣故曰：赵龟虽无远见于燕，且宜近见于秦。秦以其“大吉”，辟地有实，救燕有有名。赵以其“大吉”，地削兵辱，主不得意而死。又非秦龟神而赵龟欺也。初时者，魏数年东乡[1]攻尽陶[2]、卫[3]，数年西乡以失其国，此非丰隆[4]、五行、太一[5]、王相[6]、摄提、六神、五括、天河、殷抢、岁星数年在西也，又非天缺、弧逆、刑星、荧(yíng)惑、奎台非数年在东也。故曰：龟策鬼神不足举胜，左右背乡不足以专战。然而恃之，愚莫大焉。

[注释]

①乡：通“向”，此处用作动词。②陶：定陶，位于今山东定陶。③卫：地名。原位于今河南东北部，后疆域缩小。④丰隆：指神话中的云师，这里用为云雷之神之意。⑤太一：也作“泰一”，神名。⑥王相：星名，即“王良星”。下文中的摄提、六神、五括、殷抢、岁星、天缺、荧、奎等皆为星名。

[译文]

所以我说：赵国的占卜即使对攻打燕国缺乏远见，也应对秦国攻打赵国有所预见。秦国根据自己“大吉”的占卜，有开辟疆土的实惠，又有救援燕国的美名，赵国根据自己“大吉”的占卜，领土被削减，士兵被击溃，赵王因不能如愿而死亡，这也并不是秦国的占卜灵验而赵国的占卜不灵。以前的时候，魏国接连几年间向东讨伐攻下了陶、卫等国，又连续几年向西丧失了自己的国土。这并不是因为丰隆、五行、太一、王相、摄提、六神、五括、天河、殷抢、岁星等吉星有几年都处在西方，也不是天缺、弧逆、刑星、荧惑、奎台等凶星有几年都处在东方。所以说：占卜鬼神不足以决定战争的胜负，星体的方位变化不能决定战争的结果。既然这样，却还要仰仗它们，真是再愚蠢不过。

古者先王尽力于亲民，加事于明法。彼法明，则忠臣劝[1]；罚必，则邪臣止。忠劝邪止而地广主尊者，秦是也；群臣朋党比周以隐正道、行私曲而地削主卑者，山东[2]是也。乱弱者亡，人之性也。治强者王，古之道也。越王勾践恃大朋[3]之龟与吴战而不胜，身臣入宧于吴；反国弃龟，明法亲民以报吴，则夫差[4]为擒。故恃鬼神者慢于法，恃诸侯者危其国。曹恃齐而不听宋，齐攻荆而宋灭曹。荆恃吴而不听齐，越伐吴而齐灭荆。许恃(shì)荆而不

听魏，荆攻宋而魏灭许。郑恃魏而不听韩，魏攻荆而韩灭郑。今者韩国小而恃大国，主慢而听秦、魏，恃齐、荆为用，而小国愈亡。故恃人不足以广壤，而韩不见也。荆为攻魏而加兵许、鄢，齐攻任、扈而削魏，不足以存郑[⑤]，而韩弗知也。此皆不明其法禁以治其国，恃外以灭其社稷者也。

［注释］

①劝：鼓励，勉励。②山东：这里指华山之东的各个诸侯国。③朋：古时候以贝壳为货币，五贝为一系，两系为一朋。④夫差：人名。吴王阖闾之子，春秋末期吴国君主，公元前 495—473 年在位。⑤郑：地名。当时韩国的都城，位于今河南新郑。

［译文］

古代的先王致力于亲近百姓，从事于彰明法度。彰明法度，忠臣就能受到鼓励。刑罚坚决执行，奸臣就能停止作恶。忠臣受到鼓励而奸臣停止作恶，国土就能得到拓展、君主也就更加尊贵，秦国就是这样。群臣营私结党，勾结在一起来破坏法治使得国土丧失，君主的地位卑下，华山以东的各个诸侯国正是这样。混乱弱小的国家衰亡，这是人事的规则；社会安定强盛的国家称霸天下，这是自古以来的道理。越王勾践依仗贵重的龟甲占卜去跟吴国争斗，结果没有取得胜利，自己却成了俘虏去吴国服贱役；回国之后抛弃龟甲占卜，彰明法度、亲近百姓以求报复吴国，结果吴王夫差被他擒获。所以依靠鬼神保佑就会忽视法治，仰仗其他国家的援助就会危害自己的国家，曹国依仗齐国而不服从宋国，齐国攻打楚国的时候宋国就灭掉了曹国。楚国依仗吴国而不服从齐国，越国讨伐吴国的时候，齐国就灭了楚国。许国依仗楚国而不服从魏国，楚国攻打宋国的时候，魏国就灭了许国。郑国依仗魏国而不服从韩国，魏国攻打楚国的时候，韩国就灭了郑国，现在韩国弱小而依仗大国，君主忽视法治而服从秦国和魏国，依仗齐国和楚国可以利用，结果使本就弱小的韩国趋于灭亡。所以依仗别人不如开拓疆土，而韩国却看不见这一点。楚国为了攻打魏国而用兵许国、鄢国，齐国攻打任、扈而侵夺魏地，这都不能保存韩国，而韩国却不明白这一点。这些都是不彰明法令来治理自己的国家，却依仗国外的势力而致使祖国灭亡的例子。

臣故曰：明于治之数，则国虽小，富；赏罚敬[①]信，民虽寡，强。赏罚无度，国虽大兵弱者，地非其地，民非其民也。无地无民，尧、舜不能以王，三代不能以强。人主又以过予，人臣又以徒取。舍法律而言先王明君之功者，上任之以国。臣故曰：是愿古之功，以古之赏赏今之人也。主以是过予，而臣以此徒取矣。

主过予，则臣偷幸[2]；臣徒取，则功不尊。无功者受赏，则财匮(kuì)而民望；财匮而民望，则民不尽力矣。故用赏过者失民，用刑过者民不畏。有赏不足以劝，有刑不足以禁，则国虽大，必危。

［注释］

①敬：谨慎，严谨。②偷幸：抱有侥幸心理。

［译文］

所以我说：懂得治理国家的办法，那么国家即便小，也会富有；赏罚谨慎而遵守规则，民众即使少，也可以很强大。赏罚没有衡量准则，国家虽然很大，但军队衰弱，土地就不会属于自己，百姓也不会属于自己。没有了土地和民众，即使尧舜也不能统领天下，夏、商、周三代也不能强盛。君主又因此错误地行赏，臣子又白白地获得赏赐。那些置法律于不顾而谈论先王明君功绩的人，君主却把国事委托给他。所以我说：这是指望有古代君主的功绩，却拿古代君主的奖赏标准去奖励今天的人。君以此种方式错误行赏，臣子以这种形式白白获赏。君主错误地行赏，臣子就会抱有侥幸心理；臣下平白无故地得赏。那么功劳就不再尊贵了。没有功劳的人获赏，国家的财力就会匮乏，百姓就会抱怨；财力匮乏而民生怨恨，那么民众就不会为君主尽力了。所以奖赏不当就会失去民众，滥用刑罚百姓就不再畏惧。有赏赐却不能起勉励作用，有刑罚不能起禁止的作用，那么国家即使很强大，也一定很危险。

故曰：小知不可使谋事，小忠不可使主法。荆恭王[1]与晋厉公[2]战于鄢[3]陵，荆师败，恭王伤。酣战，而司马子反渴而求饮，其友竖谷阳奉卮(zhī)酒而进之，子反曰："去之，此酒也。"竖谷阳曰："非也。"子反受而饮之。子反为人嗜(shì)酒，甘之，不能绝之于口，醉而卧。恭王欲复战而谋事，使人召子反，子反辞以心疾。恭王驾而往视之，入幄中，闻酒臭而还，曰："今日之战，寡人目亲伤。所恃者司马，司马又如此，是亡荆国之社稷而不恤吾众也。寡人无与复战矣。"罢师而去之，斩子反以为大戮。故曰：竖谷阳之进酒也，非以端恶子反也，实心以忠爱之，而适足以杀之而已矣。此行小忠而贼大忠者也。故曰：小忠，大忠之贼也。若使小忠主法，则必将赦(shè)罪以相爱，是与下安矣，然而妨害于治民者也。

［注释］

①荆恭王：楚共王，春秋时期楚国君主，字不谷。②晋厉公：春秋时期晋国君

主，名州蒲，又名寿曼。③鄢：古邑名，周国名，位于今河南省鄢陵县。

［译文］

所以说：小聪明不可以去谋划事情，小忠诚不可以去执掌法令。楚共王和晋厉王在鄢陵交战，楚军战败，恭王受伤。战斗正激烈的时候，楚国的司马子反口渴要水喝，他的亲信侍仆谷阳捧了一壶酒递给他。子反说："拿开，这是酒。"侍仆谷阳说："这不是酒。"子反接过来把它喝了，子反本人喜欢喝酒，觉得酒味甘甜，酒一入口就不能控制自己的酒量了，结果喝醉后睡着了。楚共王想重新开战和他谋划战事，让人去叫子反，子反以心病为借口推辞。楚共王乘车前去看望他，进入帐中，闻到酒气就回来了，说："今天的战斗，我自己眼睛受了伤。我所仰仗的是司马，司马又醉成这样，这是不顾楚国的江山，不关心楚国的百姓。我不能和敌人再作战了。"于是撤兵离开，将司马子反杀死示众。所以说：侍仆谷阳进献出酒，本来不是憎恨子反，而是真心地忠爱子反，但恰恰起到了杀害他的效果。这就叫行小忠是大忠的祸害。所以说：小忠是对大忠的祸害。如果让行小忠的人执掌法令，那就必然会赦免罪犯并加以爱护，这样他与下面的人是相安无事了，却妨害了治理民众。

当魏之方明《立辟》[1]、从宪令之时，有功者必赏，有罪者必诛，强匡天下，威行四邻；及法慢，妄予，而国日削矣。当赵之方明《国律》[2]、从大军之时，人众兵强，辟地齐、燕；及《国律》慢，用者弱，而国日削矣。当燕之方明《奉法》[3]、审官断之时，东县齐国，南尽中山[4]之地；及奉法已亡，官断不用，左右交争，论从其下，则兵弱而地削，国制于邻敌矣。故曰：明法者强，慢法者弱。强弱如是其明矣，而世主弗为，国亡宜矣。

［注释］

①《立辟》：春秋战国时期魏国的刑书。这里引为法律的意思。②《国律》：指战国时期赵国的刑书。③《奉法》：指春秋战国时期燕国的刑书。④中山：地名，春秋时期诸侯国名。公元前 296 年被赵国所灭。

［译文］

当魏国正在彰明《立辟》之法、遵从宪法律令的时候，有功劳的人一定会受到奖赏，有罪过的人一定会受到惩罚，国家强大得可以使天下归正，它的威名横行四周的邻国；等到法令松弛的时候，随便去给予奖赏，国家便日渐削弱了。当赵国刚刚彰明《国律》、准备扩建军队的时候，百姓众多、兵力强盛，把土地开辟到齐国、燕国境内；等到赵国的《国律》废弛了，执政的人懦弱无能，赵国就日益削弱了。当燕国刚刚彰明《奉法》、重视官府决策之时，往东把齐国的领土作为自己的郡县，往南攻克了中山国的土地；等到《奉法》律令消失，不执行官方决策，君主身边的亲信互相争斗，赏罚听

从臣下决策，结果兵力衰弱而疆土被割削，国家被附近的敌国所控制。所以我说：彰明法治国家就能兴盛，废弛法治国家就会衰弱。强盛和衰弱是如此明显，而君主不严明法制，国家灭亡也就是理所当然的了。

语曰："家有常业，虽饥不饿；国有常法，虽危不亡。"夫舍常法而从私意，则臣下饰于智能；臣下饰于智能，则法禁不立矣。是妄意之道行，治国之道废也。治国之道，去害法者，则不惑于智能，不矫于名誉矣。昔者舜使吏决鸿①水，先令有功而舜杀之；禹朝诸侯之君会稽之上，防风之君后至而禹斩之。以此观之，先令者杀，后令者斩，则古者先贵如令矣。故镜执清而无事，美恶从而比焉；衡执正而无事，轻重从而载焉。夫摇镜则不得为明，摇衡则不得为正，法之谓也。故先王以道为常，以法为本，本治者名尊，本乱者名绝。凡智能明通，有以则行，无以则止。故智能单道，不可传于人。而道法万全，智能多失。夫悬衡而知平，设规而知圆，万全之道也。明主使民饰于道之故，故佚②而则功。释规而任巧，释法而任智，惑乱之道也。乱主使民饰于智，不知道之故，故劳而无功。

[注释]

①鸿：通"洪"，洪水。②佚：通"逸"，舒适、安逸。

[译文]

俗语说："家中有固定的产业，即使遇上荒年也不会挨饿；国家有固定的法制，即使遇上危难也不会衰亡。"舍弃固定的法制凭个人意志行事，臣子就会用智慧来粉饰自己；臣子用智慧来粉饰自己，法律禁令就无法起作用。这样，随心所欲的做法就会通行起来，以法治国的原则就废弃了。依法治国的原则，是舍弃危害法制的行为，就不会被智能所迷惑，不会被虚名所欺骗。从前舜派官吏疏通洪水，没下命令就先行立功，结果舜把他杀了；禹在会稽山上接受诸侯国君的朝见，防风氏迟到，禹因此就把他杀掉了。由此看来，先于命令的杀，后于命令的也杀，古代首先重视的原则就是依法办事。所以镜子保持清亮而不受干扰，美丑就自行显现出来了；衡器保持平正而不受干扰，轻重就可以衡量出来。摇动的镜子不能保持清晰，摇动的衡器不能保持平正，说的就是要遵守法制。所以先王把道作为治国的常规，把法作为立国的根本。法制严明，君主名位就尊贵；法制混乱，君主名位就会丧失。凡是智能高强的人，有道、法两样作为基本原则才能治国，没有的话就停止。所以智能只是一个偏道，不能传给

大禹图

禹，姓姒，名文命，史称大禹、帝禹。相传，禹治理黄河有功，受舜禅让而继承帝位。在诸侯的拥戴下，禹王正式即位，国号夏。

他人。道和法才是万全之策，智能则往往容易偏失。衡器设立起来才知道平不平，圆规设置好了才知道能不能画得圆，这就是万全的方法。英明的君主能让百姓用道来端正自己，所以他不用费力就能把国家治理好。放弃规矩而凭技巧，放弃法治而凭智慧，是使人迷惑混乱的办法。昏聩的君主使民众用智巧粉饰自己，是不懂道的缘故，所以辛劳且没有功绩。

释法禁而听请谒(yè)，群臣卖官于上，取赏于下，是以利在私家而威在群臣。故民无尽力事主之心，而务为交于上。民好上交，则货财上流而巧说者用。若是，则有功者愈少。奸臣愈进而材臣退，则主惑而不知所行，民聚而不知所道。此废法禁、后功劳、举名誉、听请谒之失也。凡败法之人，必设诈托物以来亲，又好言天下之所希有，此暴君乱主之所以惑也，人臣贤佐之所以侵也。故人臣称伊尹、管仲之功，则背法饰智有资①；称比干、子胥之忠而见杀，则疾强谏(jiàn)有辞②。夫上称贤明，下称暴乱，不可以取类，若是者禁。君之立法，以为是也，今人臣多立其私智以法为非者，是邪以智，过法立智。如是者禁，主之道也。

[注释]

①资：依据，根据。②辞：说辞，这里是借口的意思。

[译文]

放弃法令而听从私人请托，群臣在上面出卖官爵，在下面获得报酬，所以利益归于私门而威权就落到了群臣手里。所以百姓没有尽力侍奉君主的心意，却竭尽全力地结交上面的臣子。百姓喜欢结交上面的臣子，财货就向上流入大臣的手里，而花言巧语的人就会被任用。如果是这样，那么去立功的人就越来越少。奸臣越来越得到进用而有才能的臣子却被斥退，那么君主就会迷惑而不知道怎么办，百姓聚在一起也不知道何去何从。这是松弛法令、轻视功劳、重视名声、听从请托的过错。凡是败坏法制的人，一定会设下骗局，假托事故来亲近君主，又喜欢谈论天下少见的东西，这就是暴君乱主受到迷惑、贤人佐臣受到侵害的原因。所以臣子赞美伊尹、管仲的功劳，他们违法弄智就有了根据；称颂比干、伍子胥的忠贞而被杀，那么他们向君主进谏就有了借口。前者称说君主贤明，后者说君主暴乱，这两件事不能拿来类比，像这样的类比行为应该禁止。君主立法，认为它是正确的，现在臣子大多标榜个人智巧来否定国法，这就是用智巧来肯定奸邪，诋毁法制而标榜智巧。像这样的情况一定要禁止，这是做君主的原则。

明主之道，必明于公私之分，明法制，去私恩。夫令必行，禁必止，人主之公义①也；必行其私，信于朋友，不可为赏劝，不可为罚沮，人臣之私义②也。私义行则乱，公义行则治，故公私有分。人臣有私心，有公义。修身洁白而行公行正，居官无私，人臣之公义也；污行从欲，安身利家，人臣之私心也。明主在上，则人臣去私心行公义；乱主在上，则人臣去公义行私心，故君臣异心，君以计畜臣，臣以计事君，君臣之交，计也。害身而利国，臣弗为也；害国而利臣，君不行也。臣之情，害身无利；君之情，害国无亲。君臣也者，以计合者也。至夫临难必死，尽智竭力，为法为之。故先王明赏以劝之，严刑以威之。赏刑明，则民尽死；民尽死，则兵强主尊。刑赏不察，则民无功而求得，有罪而幸免，则兵弱主卑。故先王贤佐尽力竭智。故曰：公私不可不明，法禁不可不审，先王知之矣。

［注释］

①公义：指代表国家利益的原则。②私义：追求个人私利的原则。

［译文］

英明的君主的原则，一定要明确公私的区别，彰明法制，摒弃不符合法制的私人恩惠。有令必行，有禁必止，是君主的公义；一定要实现自己的私利，在朋友中取得信任，不能被国家的赏赐鼓励，不能用君主的惩罚来阻止，这是臣子的私义。私义实行国家就会混乱，公义实行国家就会安定，所以公私一定要有所区分。臣子有私心，有公义。修身廉洁而办事公正，做官不谋私利，这是臣子的公义；玷污操行，放纵欲望，求自身的安乐和家族的利益，这是臣子的私心。英明的君主在上，臣子就会摒弃私心而实行公义；昏聩的君主在上，臣子就会摒弃公义而实行私心。所以君臣心愿不

同，君主靠算计蓄养臣子，臣子靠算计侍奉君主，君主与臣子的交往靠的是算计。有害于自身而有利于国家，臣子不做这样的事；对国家有害而对臣子有利，君主不做这样的事。臣子的本心，对自身有害就谈不上利益；君主的本心，对国家不利就谈不上亲近。君臣关系是用算计结合起来的。至于臣子遇到危难一定拼死效忠，竭尽自己的智慧和力量，是法度使他们这样做的。所以先王彰明奖赏来勉励他们，用严厉的刑罚来制服他们。赏罚严明，百姓就会尽力效忠；百姓尽力效忠，兵力就会强盛，君主就会尊贵。刑赏不分明，百姓就会没有功劳而谋取利益，有罪而侥幸免罚，结果是兵力弱小，君主卑下。所以先王贤臣都竭力尽心。所以说，公私界限一定要分明，法律禁令不可不分明，先王是懂得这个道理的。

解老第二十

题　解

“解老”，即韩非对《老子》的解释。《老子》一书又名《道德经》，分为“道经”和“德经”两篇，共计八十一章，大约5000字上下，书中包含大量朴素辩证法观点，对我国的哲学发展有着极其深刻的影响。

在这篇里，韩非根据自己的理解，从法家的角度来对《老子》进行解读，并借此抒发了自己的哲学观点与政治思想，本篇还是我国阐释《老子》的开山之作，是我国训诂史上的一个里程碑。

德①者，内也。得者，外也。“上德不德”，言其神不淫②于外也。神不淫于外，则身全。身全之谓德。德者，得身也。凡德者，以无为集，以无欲成，以不思安，以不用固。为之欲之，则德无舍；德无舍，则不全。用之思之，则不固；不固，则无功，无功，则生于德。德则无德，不德则有德。故曰：“上德不德，是以有德。”

所以贵无为无思为虚者，谓其意无所制也。夫无术者，故以无为无思为虚也。夫故以无为无思为虚者，其意常不忘虚，是制于为虚也。虚者，谓其意无所制也。今制于为虚，是不虚也。虚者之无为也，不以无为为有常。不以无为为有常，则虚；虚，则德盛；德盛之谓上德。故曰：“上德无为而无不为也。”

[注释]

①德：中国古代的哲学概念，指事物的本质属性或者客观规律。②淫：通“游”。遨游。

[译文]

德，是内部所具有的东西。得，是外部获得的东西。“上德不德”，是说人的精神不游离在自身之外。精神不游离在自身之外，那么自身的本质就能保全。自身的本质能够保全，就叫作德。德，是说具有自己内在的本质。凡是德，都是以无为来积聚，用无欲来成就，以不思虑来获取安定，以不使用来进行巩固的。如果有作为、有欲望，德就不能巩固；德不能巩固，就没有作用了。如果使用了，思虑了，德就不能牢固；

不牢固，就没有功效；没有功效是由于自以为有德。自以为有德，就是没有德；不自以为有德，就保全了德。所以《老子》中说："上德不自以为有德，因此它才有德。"

推崇无为、无思作为虚的原因，是说人的心意可以不受任何牵制。那些没有掌握道术的人，故意用无为、无思来表现虚。故意用无为无思来表现虚，他的心里往往不忘记虚，这就是被虚所牵制了。虚，是说人的心意不受任何牵制。现在被虚所牵制，就不是真正的虚了。真正做到虚的人，对待无为，是不把无为当作经常要注意的事情。不把无为当作经常要注意的事，就虚了；心意中虚了，德就充实；德充实了，也就到达最高的德。所以说："上德无为而又无所不为。"

仁者，谓其中心欣然爱人也；其喜人之有福，而恶人之有祸也；生心之所不能已也，非求其报也。故曰："上仁为之而无以为也。"

义者，君臣上下之事，父子贵贱之差也，知交朋友之接也，亲疏内外之分也。臣事君宜①，下怀上宜，子事父宜，贱敬贵宜，知交友朋之相助也宜，亲者内而疏者外宜。义者，谓其宜也，宜而为之，故曰："上义为之而有以为也。"

礼者，所以貌情也，群义之文②章也，君臣父子之交也，贵贱贤不肖之所以别也。中心怀而不谕，故疾趋卑拜而明之；实心爱而不知，故好言繁辞以信之。礼者，外饰之所以谕(yù)③内也。故曰："礼以貌情也。"凡人之为外物动也，不知其为身之礼也。众人之为礼也，以尊他人也，故时劝时衰。君子之为礼，以为其身；以为其身，故神之为上礼；上礼神而众人贰(èr)④，故不能相应；不能相应，故曰："上礼为之而莫之应。"众人虽贰，圣人之复恭敬尽手足之礼也不衰。故曰："攘(rǎng)臂而仍之。"

［注释］

①宜：合适，适宜。②文：本指纹理、花纹之意，后引申为包括美好的言语、行为、思想、处世等表之于外的都称为"文"，也有文献、学问的意思。③谕：倾诉，告诉。④贰：有二心，不专一。

［译文］

仁，是说内心欣喜地去爱人；喜欢别人得到幸福，而不喜欢别人遭受祸害。这是内心抑制不住的情感冲动，并不是为了求得别人的报答。所以说："最高的仁有所

表现，但不是为了什么而去表现。”

义，是指君臣上下的关系，父子贵贱的差异，知己朋友的交往，亲疏内外的区分。臣子侍奉君主恰到好处，下属依恋上司恰到好处，孩子侍奉父亲恰到好处，卑贱礼敬尊贵恰到好处，知交朋友互助恰到好处，内亲外疏的关系处理得恰到好处。义，说的是各种关系处理得很合适，适宜的才去做。所以说：“最高的义就是要去做，而且做得很恰当。”

礼，是用来表现内心感情的，是人与人之间各种关系有条理的体现，君臣父子的交往准则，贵与贱、贤与不肖分别的形式。内心怀有尊敬的感情而不能表达，所以用小步急行，卑下的参拜等动作来表明心意；心中确实有所爱慕而对方却不了解，所以用美好动听的言辞来加以申述。礼，是用外在的文饰形式来表明内心感情的方法。所以说：礼是用来表现内心感情的。凡是人受外界事物的影响而有所动作，并不懂得这种动作就是他自身的礼。一般人行礼，是用来尊重他人的，所以有时认真有时马虎。君子行礼，是为了他自身表现感情的需要；为了自身的需要，所以专心对待它而使它成为最高的礼；最高的礼专心一意而一般的人却是三心二意，所以两方面不能相应；两方面不能相应，所以说：“最高的礼实行起来却没有人响应。”一般人虽然行礼时是三心二意，圣人却仍然保持恭敬去实行，一举一动都遵循礼的规范而毫不懈怠。所以说：“振臂而继续行礼。”

道有积①而积有功②；德者，道之功。功有实而实有光；仁者，德之光。光有泽而泽有事，义者，仁之事也。事有礼而礼有文，礼者，义之文也。故曰：“失道而后失德，失德而后失仁，失仁而后失义，失义而后失礼。”

[注释]

①积：积聚，积累。②功：成效，成就。

[译文]

道是有所积聚，而积聚就有所功效；德，就是道的功效。功效有实际表观，而有实际表观就有光辉；仁，就是德的光辉。光辉有它的色泽，而色泽有表现它的事情；义，就是表现仁的事情。事情有礼的规定而礼表现有文饰；礼，就是义的文饰。所以说：“失去道之后也就失去了德；失去德之后也就失去了仁；失去仁之后也就失去了义；失去义之后也就失去了礼。”

礼为情貌者也，文为质饰者也。夫君子取情而去貌，好质而恶饰。夫恃貌而论情者，其情恶也；须饰而论质者，其质衰也。何以论之？和氏之璧，不饰以五采①；隋侯之珠②，不饰以银黄。

其质至美，物不足以饰之。夫物之待饰而后行者，其质不美也。是以父子之间，其礼朴而不明，故曰礼薄也。凡物不并盛，阴阳是也。理相夺予，威德是也；实厚者貌薄，父子之礼是也；由是观之，礼繁者，实心衰也。然则为礼者，事通人之朴心者也。众人之为礼也，人应则轻欢，不应则责怨。今为礼者事通人之朴心，而资之以相责之分，能毋争乎？有争则乱，故曰：“夫礼者，忠信之薄也，而乱之首乎。”

[注释]

①五采：五彩，即指蓝、黄、赤、白、黑五种颜色。②隋侯之珠：隋：古国名。比喻珍贵的物品。

[译文]

礼是内心情感的表现，文采是内在本质的修饰。君子只取内在情感而不要外在表现，喜欢内在本质而厌恶外在文饰。依靠外在的表现来评论内在的情感，那么这种情感就是不好的；依靠修饰来阐明本质的，那么这种本质就是衰弱的。和氏璧，不用五彩来装饰；隋侯之珠，不用黄金白银来装饰。它们二者的本质都很美，其他物质都不够修饰它们，一件事物等待修饰之后才流行的，它的本质肯定不美。因此父亲与儿子之间的礼纯朴自然而不拘形式，所以说礼是淡薄的。大凡事物都不能同时旺盛，阴阳就是这样的；事理相互之间总是排斥的，威和德就是这样；实情深厚的外貌就淡薄，父子之间的礼就是这样。由此看来，礼节烦琐的人内心的真实感情就很衰竭。既然这样，那么行礼这事是为了沟通人们朴实的内心。一般人施行礼，别人回应就欢乐，不回应就埋怨责备，现在行礼的人本想从事于沟通人们朴实的心意，却给众人提供了指责自己的借口，这能不发生争执吗？有争执就会混乱，所以说：“礼，是忠信淡薄的表现，是争乱的开始。”

先物行先理动之谓前识，前识者，无缘而忘意度也。何以论之？詹（zhān）何[①]坐，弟子侍，牛鸣于门外。弟子曰：“是黑牛也而白题[②]。”詹何曰：“然，是黑牛也，而白在其角。”使人视之，果黑牛而以布裹其角。以詹子之术，婴[③]众人之心，华焉殆矣！故曰：“道之华也。”尝试释詹子之察，而使五尺之愚童子视之，亦知其黑牛而以布裹（guǒ）其角也。故以詹子之察，苦心伤神，而后与五尺之愚童子同功，是以曰“愚之首也”。故曰：“前识者，道之华也，而愚之首也。”

所谓“大丈夫”者，谓其智之大也。所谓“处其厚不处其薄”者，行情实而去礼貌也。所谓“处其实不处其华”者，必缘理不径[④]绝也。所谓“去彼取此”者，去貌径绝而取缘理好情实也。故曰：“去彼取此。”

［注释］

①詹何：春秋战国时期楚国人，道家人物，也称“詹子”。②题：额头。③婴：通“撄”，纠缠、触犯。④径：径直，直接。

［译文］

在事物出现之前和事理没有表现出来之前就行动，这叫作前识。前识是没有根据而做出的主观猜测。凭什么这样说呢？詹何在屋里坐着，弟子在一旁侍候，听见一头牛在门外叫。弟子说：“这是头黑牛而且额头是白色的。”詹何说：“是这样的。这是头黑牛，白色在它的角上。”让人去看，果然是一头黑牛而用白布包着它的角。用詹何的方法来扰乱众人的心，华而不实且劳神。所以说：“前识只是道的外在文饰。”如果摒弃詹何的明察，而叫五尺高的小孩子去察看一下，也可以知道那是黑牛而用白布裹着它的角。所以凭詹何的明察，劳心伤神，然后才能和五尺高的小孩子取得相同效果，因此说“前识是愚蠢的开端”。所以说：“前识是道的虚华的外在文饰，是愚蠢的开端。”

所谓的“大丈夫”，是说他的智慧很高。所说的“立身淳厚而不立身轻薄”，是说表观真情实感而去掉外表的礼貌。所谓的“立身朴实而不立身虚华”，是说必须遵循事理而不能胡乱行事。所谓的“去彼取此”，是说去掉外表的礼貌和胡乱的行为而采取遵循事理、喜欢真情实感。所以说：“去掉那些，采取这些。”

人有祸，则心畏恐；心畏恐，则行端直；行端直，则思虑熟；思虑熟，则得事理。行端直则无祸害；无祸害则尽天年。得事理，则必成功，尽天年则全而寿[①]，必成功则富与贵，全寿富贵之谓福。而福本于有祸，故曰：“祸兮福之所倚。”以成[②]其功也。

［注释］

①寿：寿命，这里指长寿的意思。②成：完成，成就。

［译文］

人有灾祸内心就恐惧，内心恐惧行为就会正直；行为正直思维就会成熟；思维成熟就可以掌握事物的规律。行为正直就没有祸害，没有祸害就能尽享天年。掌握了事物的规律，就一定能成功。能尽享天年，就可以保全性命并且长寿。一定能成功，就可以富贵。保全身体、长寿又富贵叫作福。而福本源于有祸。所以说：“祸啊，是福所依存之地。”因为它成就了人们的功业。

人有福，则富贵至；富贵至，则衣食美；衣食美，则骄心生；骄心生，则行邪僻而动弃理。行邪僻，则身死夭；动弃理，则无成功。夫内有死夭之难而外无成功之名者，大祸也。而祸本生于有福，故曰：“福兮祸之所伏。”

夫缘道理以从事者，无不能成。无不能成者，大能成天子之势尊，而小易得卿相将军之赏禄。夫弃道理而忘举动者，虽上有天子诸侯之势尊，而下有猗（yī）顿①、陶朱②、卜（bǔ）祝③之富，犹失其民人而亡其财资也。众人之轻弃道理而易忘举动者，不知其祸福之深大而道阔远若是也，故谕人曰：“孰知其极。”

人莫不欲富贵全寿，而未有能免于贫贱死夭之祸也，心欲富贵全寿，而今贫贱死夭，是不能至于其所欲至也。凡失其所欲之路而妄行者之谓迷，迷则不能至于其所欲至矣。今众人之不能至于其所欲至，故曰“迷”。众人之所不能至于其所欲至也，自天地之剖判以至于今，故曰：“人之迷也，其日故以久矣。”

[注释]

①猗顿：春秋时期鲁国人，曾向陶朱公学致富之术。②陶朱：春秋时范蠡，他助越灭吴之后，离开越国隐居在陶，自称陶朱公。③卜祝：掌管占卜、祭祀的人。

[译文]

人有了福，富贵就会来到；富贵来了，衣食就会美好；衣食美好了，骄傲之心就产生；骄傲之心产生，人的行为就邪恶不正而举动违背常理；行为不正，那么身体就会夭亡；举动违背常理，就不会取得功绩。自身有夭亡的灾难而在外没有成功的名声，是很大的灾祸。而祸根源于有福。所以说：“福啊，是灾祸所潜伏之地。”

按照事物原本的法则去做事的人，没有不成功的。没有不成功的事业，大的方面就能成就天子的尊严权势，小的方面则可以容易取得卿相将军的赏赐与俸禄。抛弃事物的法则而轻举妄动的，即使上有天子诸侯的尊严权势，下有猗顿、陶朱以及卜祝的财富，还是会失去他的百姓并且丧失财产。一般人之所以轻易地违背事物原本的法则而轻举妄动，是因为不懂得祸福转化的道理广阔竟是如此深远，所以《老子》明确地告诉人们说：“谁知道它的究竟呢？”

人们没有不希望富贵长寿的，但没有人能避免贫贱早死的灾祸。心里想要富贵长寿，而现在却贫贱早死，这说明不能达到他想要达到的目的。凡是失掉他所要走的路而胡乱行走的，就称为“迷”。“迷”就不能到达他想到达的地方了，现在众人不能到达想要到达的地方，所以叫“迷”。众人不能到达想要到达的地方，从开天辟地直到现在都是这样。所以说：“人们陷入迷途，的确已经很长时间了。”

所谓方①者，内外相应也，言行相称也。所谓廉②者，必生死之命也③，轻恬④资财也。所谓直者，义必公正，公心不偏党也。所谓光者，官爵尊贵，衣裘壮丽也。今有道之士，虽中外信顺，不以诽谤(bàng)穷堕；虽死节轻财，不以侮罢⑤羞贪；虽义端不党，不以去邪罪私；虽势尊衣美，不以夸贱欺贫。其故何也？使失路者而肯听习问知，即不成迷也。今众人之所以欲成功而反为败者，生于不知道理而不肯问知而听能。众人不肯问知听能，而圣人强以其祸败适之，则怨。众人多而圣人寡，寡之不胜众，数也。今举动而与天下之为仇，非全身长生之道也，是以行轨节而举之也。故曰：“方而不割，廉而不刿，直而不肆，光而不耀。”

[注释]

①方：方正，品行端正。②廉：有棱角，有节操，这里用为正直、刚正之意。③必生死之命：舍生忘死，冒着生命危险也一定去完成使命。④恬：泰然，安然。⑤罢：通“疲”，软弱。

[译文]

所谓方，是指人内心与外表一致，言语与行动相符合。所谓廉，是指能舍生忘死，淡泊物质利益。所谓直，是指行为公正，有公正的心而不偏私。所谓光，是指人的官爵尊贵，衣着华丽光鲜。现在遵循道德的人，虽然内心和外表都真诚和顺，但并不因此议论困苦堕落的人；虽然能轻视资财，但并不因此侮辱软弱的人和耻笑贪利的人；虽然品行端正不结党营私，但并不因此摒弃行为不端的人和责备自私的人；虽然地位尊贵衣着光鲜，但并不因此藐视卑贱的人和欺侮贫穷的人。这是什么原因呢？如果迷路的人肯听从熟悉情况的人，并向懂得的人请教，就不会成为迷路的人了。现在一般人想要成功却反而成为失败者的原因，是由于他们本人不懂得事物的法则，而又不肯向懂得的人咨询意见。一般的人不肯请教懂得的人和听从能干的人，而圣人硬要拿他们惹出的乱子来责备他们，他们就会怨恨。一般的人较多而圣人比较少，人数少的胜不过人数多的，这个是必然的道理。如果一举一动都与天下人作对，那就不是保全自身和长寿的办法了，因此圣人用遵循法则来引导人们。所以说：“方正，却不割伤人；有棱角，却不刺伤人；正直，却不放纵；有光彩，却不炫耀。”

聪明睿智，天也；动静思虑，人也。人也者，乘[①]于天明以视，寄于天聪以听，托于天智以思虑。故视强，则目不明；听甚，则耳不聪；思虑过度，则智识乱。目不明，则不能决黑白之分；耳不聪，则不能别清浊之声；智识乱，则不能审得失之地。目不能决黑白之色则谓之盲，耳不能别清浊之声则谓之聋，心不能审得失之地则谓之狂。盲则不能避昼日之险，聋则不能知雷霆之害，狂则不能免人间法令之祸。书之所谓"治人"者，适动静之节，省思虑之费也。所谓"事天"[②]者，不极聪明之力，不尽智识之任。苟极尽，则费神多；费神多，则盲聋悖狂之祸至，是以啬[③]之。啬之者，爱其精神，啬其智识也。故曰："治人事天莫如啬。"

［注释］

①乘：仰仗，凭借。②事天：使用人本身所具有的能力，如听力、视力、智力等等。③啬：珍惜，爱惜。

［译文］

听力、视力和智力是自然赋予的，动、静和思考是人的行为。人，依靠自然赋予的视力看东西，依靠自然赋予的听力去听声音，依靠自然赋予的智力去思考。所以视力用得过度，眼睛就不会明亮；听力用得过度，耳朵就不会灵敏；思考过度，智识就会混乱。眼睛不明亮，就不能辨别黑白；耳朵不灵敏，就不能区别声音的清浊；智识功能混乱，就不能明察成败的根据。眼睛不能辨认黑白就叫作盲，耳朵不能区别声音清浊就叫作聋，心智不能明察成败的根据就叫作狂。盲就不能躲避白天容易发现的危险，聋就不能知道声如雷霆那样的危害，狂就不能免除人间法令的祸害。《老子》中所说的"治人"，就是要适应动静的节奏，节省思考问题的消耗。所说的"事天"，是说不用尽听力、视力，不竭尽智力的认识限度。如果完全过度使用，就会费神；过度费神，盲聋狂乱的灾祸就会到来，因此要爱惜它们。爱惜是指爱惜人的精神，爱惜人的智识。所以说："治人事天没有比爱惜更重要的了。"

众人之用神也躁，躁则多费，多费之谓侈(chǐ)。圣人之用神也静，静则少费，少费之谓啬。啬之谓术也，生于道理。夫能啬也，是从于道而服于理者也。众人离于患，陷于祸，犹未知退，而不服从道理。圣人虽未见祸患之形，虚无服从于道理，以称蚤(zǎo)[①]服[②]。故曰："夫谓啬，是以蚤服。"

［注释］

①蚤：通“早”，提前。②服：担当，承当。

［译文］

常人使用心神很浮躁，浮躁就会浪费，浪费叫作侈。圣人使用心神很安静，安静就少费，少费就叫作啬。爱惜作为一种方法，产生于事物的固有法则。人能够爱惜，也就是遵循事物的固有法则。常人遭受灾患，使他们陷入祸害，还不知道退让，不服从事物的法则。圣人虽然没有看见祸患的征兆，但是虚静无为地服从于事物固有的法则，这叫提前担当。所以《老子》说：“因为圣人爱惜，因此能够提前担当。”

知治人者其思虑静，知事天者其孔窍虚。思虑静，故德不去。孔窍①虚，则和气日入。故曰：“重积德。”夫能令故德不去，新和气日至者，蚤服者也。故曰：“蚤服，是谓重积德。”积德而后神静，神静而后和多，和多而后计得，计得而后能御万物，能御万物则战易胜敌，战易胜敌而论必盖世，论必盖世，故曰“无不克②”。无不克本于重积德，故曰“重积德则无不克”。战易胜敌则兼有天下，论必盖世则民人从。进兼天下而退从民人，其术远，则众人莫见其端末。莫见其端末，是以莫知其极。故曰：“无不克，则莫知其极。”

［注释］

①孔窍：指人的耳、眼、鼻等器官。②克：克服，完成。

［译文］

懂得安排人生的人，他的思虑平静；懂得遵循自然法则的人，他的耳、眼、鼻等器官就会很畅通。思虑平静，所以原有的德就不会丧失；器官畅通，和气就不断地被摄入。所以说：“重新积累德。”能让原来的德不丧失，新的和气每天不断地涌入，就是“早服”之人。所以说：“早服，这就是重新积累德。”积德之后能心神安静；心神安静然后和气增多；和气增多然后计谋得当；计谋得当然后能控制万物；能控制万物，打仗就容易战胜敌人；打仗容易战胜敌人，理论就必然称雄于世；理论必然称雄于世，所以说“无往而不胜”。无往而不胜的根源在于不断积德，所以说：“不断积德，就可以无往而不胜。”战斗容易战胜敌人，就会拥有天下；思想理论一定可以称雄于世，民众就会服从。进可以拥有天下，退可以使民众服从，这种法术非常深远，常人也就看不到它的首尾；看不到它的首尾，因此摸不清它的底细，所以说：“无往而不胜，就没有人知道他的究竟。”

凡有国而后亡之，有身而后殃之，不可谓能有其国、能保其身。夫能有其国，必能安其社稷[1]；能保其身、必能终其天年；而后可谓能有其国、能保其身矣。夫能有其国、保其身者，必且体道。体道，则其智深；其智深，则其会远；其会远，众人莫能见其所极。唯夫能令人不见其事极，不见其事极者为保其身、有其国，故曰："莫知其极[2]。""莫知其极，则可以有国。"

［注释］

①社稷：土地神和谷神，这里也代表国家。②极：究竟。

［译文］

凡是曾经拥有国家后来却又灭亡了的，拥有身体而后又使它受到伤害，这样的人不能说是能够拥有国家、保全身体的。能够拥有国家，一定能够安定江山；能够保全身体，一定能够尽享天年；然后才能说是能拥有国家、能保全身体了。能拥有国家、保全身体的人，一定能体会道。能体会道，他的智识就一定很深；智识很深，他的计谋就一定久远；计谋久远，一般人没有谁能看到他的究竟。只有那种能让人看不到究竟的人，也才能保全身体、拥有国家。所以说："没有人知道他的究竟。""没有人知道他的究竟，就可以拥有国家了。"

所谓"有国之母"[1]：母者，道也；道也者，生于所以有国之术；所以有国之术，故谓之"有国之母"。夫道以与世周旋者，其建[2]生也长，持禄也久。故曰："有国之母，可以长久。"树木有曼(màn)根，有直根。根者，书之所谓"柢(dǐ)"[3]也。柢也者，木之所以建生也；曼根者，木之所以持生也。德也者，人之所以建生也；禄也者，人之所以持生也。今建于理者其持禄也久，故曰："深其根。"体其道者，其生日长，故曰："固其柢。"柢固，则生长；根深，则视[4]久，故曰："深其根，固其柢，长生久视之道也。"

［注释］

①母：根本，源头。②建：竖起，树立。③柢：植物中向下生长的根叫柢。这里用为根深蒂固的意思。④视：处理，管理。

［译文］

所谓"有国之母"：母，是指治国之道；道，产生于拥有国家的方法；因为是保有国家的方法，所以叫作"有国之母"，即"保有国家的根本"。用道来处理世事的人，他的生命就会长久，保持的禄位就能长远。所以说："有国之母，可以长久。"树木有蔓延的细根，有直立的主根。直立的主根，就是《老子》书上所说的"柢"。柢是树木建立生命的根本，蔓延的细根是树木保持生命的条件。德，是建立生命的根本，禄，是人保持生命的条件。如果人的生命建立于事物自然的法则上，那么他的爵禄就能保持长久，所以说"加深它的蔓根"。能按照根本规律办事，他的生命也就长久，所以说"巩固它的主根"。主根巩固了，生命就长久；蔓延的细根加深了，国家就能长治久安，所以说："使它的根深远，使它的柢巩固，这是生存长久的方法。"

工人数变业则失其功，作者数摇徙则亡其功。一人之作，日亡半日，十日则亡五人之功矣；万人之作，日亡半日，十日则亡五万人之功矣。然则数变业者，其人弥众，其亏弥大矣。凡法令更则利害易，利害易则民务变，务变之谓变业。故以理观之：事[1]大众而数摇之，则少成功；藏大器而数徙之，则多败伤；烹小鲜而数挠(náo)之，则贼其泽；治大国而数变法，则民苦之，是以有道之君贵静，不重变法，故曰："治大国者若烹(pēng)小鲜[2]。"

[注释]

①事：使用，役使。②治大国者若烹小鲜：治理大国就像烹煮小鱼一样，出自《老子》第六十章。

[译文]

有技艺的人屡次变更他的职业就失去功效，劳动的人屡次变动就没有功绩。一个人工作，每天丢掉半天时间，十天就丢掉五个人的功效了；一万人的劳作，一天丢掉半天时间，十天就丢失五万人的功效了。这样看来屡次变更工作，这样的人越多，形成的损失就越大。凡是法令变更了，利害情况也就跟着改变了；利害情况改变了，民众做的工作也就跟着改变了；做的工作跟着改变了，就叫作变更作业。所以从道理上来看，役使民众而屡次让他们发生变动，就会减少功效；收藏贵重的物品而屡次加以挪动，就会造成很多损毁；烹煮小鱼而屡次加以翻动，就会伤害它的光泽；治理大国而屡次变更法令，就会使百姓受苦。因此懂得治国之道的君主推崇安定，不重视经常变更法

治大国，若烹小鲜

伊尹曾对商汤说："做菜既不能太咸，也不能太淡，要调好作料才行；治国如同做菜，既不能操之过急，也不能松弛懈怠，只有恰到好处，才能把事情办好。"商汤听了，很受启发，便重用伊尹为宰相。

令。所以说："治理大国就像烹煮小鱼一样。"

人处疾则贵医，有祸则畏鬼。圣人在上，则民少欲；民少欲，则血气治而举动理；举动理，则少祸害。夫内无痤(cuó)①疽(jū)②瘅③痔(zhì)之害，而外无刑罚法诛之祸者，其轻恬鬼也甚，故曰："以道莅天下，其鬼不神。"治世之民不与鬼神相害也，故曰："非其鬼不神也，其神不伤人也。"鬼祟也疾人之谓鬼伤人，人逐除之之谓人伤鬼也。民犯法令之谓民伤上，上刑戮民之谓上伤民。民不犯法，则上亦不行刑；上不行刑之谓上不伤人。故曰："圣人亦不伤民。"上不与民相害，而人不与鬼相伤，故曰："两不相伤。"民不敢犯法，则上内不用刑罚，而外不事利其产业。上内不用刑罚，而外不事利其产业，则民蕃(fān)息。民蕃息而畜积盛。民蕃息，而畜积盛之谓有德。凡所谓祟者，魂魄去而精神乱，精神乱则无德。鬼不祟人则魂魄不去，魂魄不去而精神不乱，精神不乱之谓有德。上盛畜积，而鬼不乱其精神，则德尽在于民矣。故曰："两不相伤，则德交归焉。"言其德上下交盛而俱归于民也。

[注释]

①痤：皮肤上的肿疮，这里指为惹人讨厌的脏病。②疽：毒疮，在皮肉深处的称为疽。③瘅：疟疾的一种，主要症状是发高烧、不打寒战、口渴、烦躁等。

[译文]

人在生病的时候就尊重医生，有灾祸的时候就敬畏鬼神。圣人在上面统治时，民众的欲望就很少；民众的欲望少，血气就通畅，举动就符合常理。举动符合常理，祸害就会减少。人的体内没有毒疮等疾病的危害，外面没有刑罚诛戮的祸患，他就会把鬼神看得很轻淡。所以说："依据道来统治天下，那些鬼神也就不灵了。"安定社会里的百姓，与鬼神不会相互伤害。所以说："不是说鬼神不灵了，而是说即使灵也不能伤害人。"鬼怪使人生病叫作鬼神伤人，人驱逐鬼神叫作人伤鬼。民众违犯法令叫作民众伤君主，君主严惩民众叫作君主伤民众。民众不犯法，则君主不行刑；君主不行刑叫作君主不伤人。所以说："圣人也不伤害民众。"君主与民众互相不加以伤害，而人们与鬼神也不互相伤害，所以说"两方面互不相伤。"民众不敢犯法，那么君主对内就不用刑罚；对外不从事于贪求民众财物的事业。君主对内不用刑罚，对外不从事于贪求民众财物的事业，那么民众就生息兴旺。民众生息兴旺，积蓄就会很多。民众生息兴旺，积蓄丰富，也就叫作有德。大凡所谓鬼怪作祟，就是人丧魂落魄而精神错乱。精神错乱就是无德。鬼神不作怪那么人的魂魄就不离去，魂魄不离去那么精神就不会错乱，精神不乱便属于有德。君主使民众蓄积丰富，鬼怪也不来扰乱民众的精神，那么德都在民众中了。所以说：“君主、鬼神不加害民众，那么德就同时归于君主和民众了。”也就是，上下两方面的德都兴盛而同归于民众了。

有道之君，外无怨仇于邻敌，而内有德泽于人民。夫外无怨仇于邻敌者，其遇诸侯也外有礼义。内有德泽于人民者，其治人事也务本[1]。遇诸侯有礼义，则役希[2]起；治民事务本，则淫(yín)奢止。凡马之所以大用者，外供甲兵而内给淫奢也。今有道之君，外希用甲兵，而内禁淫奢。上不事马于战斗逐北，而民不以马远淫通物，所积力唯田畴(chóu)，积力于田畴，必且粪灌，故曰：“天下有道，却走马以粪也。”

人君无道，则内暴虐其民，而外侵欺其邻国。内暴虐，则民产绝；外侵欺，则兵数起。民产绝，则畜生少；兵数起，则士卒尽。畜生少，则戎马乏；士卒尽，则军危殆。戎马乏，则将马出；军危殆则近臣役。马者，军之大用；郊者，言其近也。今所以给军之具于牸马近臣，故曰：“天下无道，戎马生于郊矣。”

［注释］

①本：本业，即指农业。②希：通“稀”，少。

［译文］

有道的君主，对外和邻国没有怨仇，而且在内对百姓也有恩惠。对外在邻国中没有怨仇，那么他对待诸侯就表现出有礼有义。在内对人民有恩惠，就说明他治理民事时努力于发展农业生产。对待诸侯有礼有义，那么国家的战争就很少；治理民事时努力发展农业生产，过度的奢侈就会被制止。一般来讲，马之所以有大用，在于对外满足打仗需要，对内供给过度的奢侈。现在有道的君主，对外很少用兵打仗，对内禁止过度的奢侈。君主不用马去参加战斗，追赶败逃的敌人，民众不用马过多地运输货物，所积蓄起来的力量只用于农耕。积聚的力量用于农耕，一定会从事施肥、灌溉。所以说：“天下太平无事，就会让奔跑的马施肥治田。”

君主无道，对内就会残忍地虐待百姓，对外就侵犯邻国。对内暴虐，就会让百姓的产业终结；对外侵犯，战争就会接连不断地发生。百姓产业耗尽了，那么蓄养的牲畜就会减少；战争接连不断，那么士卒就会耗尽。蓄养的牲畜减少，那么战马就会缺乏；士卒耗尽，那么军情就会危险。战马缺乏，那么快要生产的母马也要被拉出来

使用；军队危险，那么君主身边的近臣也要去服役。马，是军队中重要的战略物资；郊，是离君主很近的地方。现在所用来供给军队的都是快要生产的母马和身边的臣子了。所以说："天下无道，连军马都是在郊野出生的。"

人有欲，则计会乱；计会乱，而有欲甚；有欲甚，则邪心胜；邪心胜，则事经绝；事经绝，则祸难生。由是观之，祸难生于邪心，邪心诱于可欲。可欲之类，进则教良民为奸，退则令善人有祸。奸起，则上侵弱君；祸至，则民人多伤。然则可欲之类，上侵弱君而下伤人民。夫上侵弱君而下伤人民者，大罪也。故曰："祸莫大于可欲。"是以圣人不引五色，不淫于声乐；明君贱玩好而去淫丽。

人无毛羽，不衣则不犯[1]寒。上不属天而下不著地，以肠胃为根本，不食则不能活；是以不免于欲利之心。欲利之心不除，其身之忧也。故圣人衣足以犯寒，食足以充虚，则不忧矣。众人则不然，大为诸侯，小余千金之资，其欲得之忧不除也。胥靡(mí)[2]有免，死罪时活，今不知足者之忧，终身不解。故曰："祸莫大于不知足。"

故欲利甚于忧，忧则疾生；疾生而智慧衰；智慧衰，则失度量；失度量，则妄举动；妄举动，则祸害至；祸害至而疾婴内；疾婴内，则痛祸薄外；痛祸薄外，则苦痛杂于肠胃之间；苦痛杂于肠胃之间，则伤人也憯(cǎn)[3]，憯则退而自咎(jiù)，退而自咎也生于欲利。故曰："咎莫憯于欲利。"

[注释]

①犯：胜过，超过。②胥靡：古代服劳役的奴隶或刑徒。③憯：悲伤，心痛

[译文]

人一旦有欲望，他的计划谋略就会混乱；计划谋略混乱，欲望就会更为强烈；欲望强烈，邪恶的心愿就占上风；邪恶的心愿占上风，办事的准则就会丧失；如果准则丧失了，那么祸患灾难就会发生。由此看来，祸患灾难产生于邪恶的心愿，邪恶的心愿产生于欲望。可引起欲望的那类东西，进一步说可以使好人为奸，退一步说也可以使善人遇祸。奸诈的事情发生，向上就会侵害和削弱君主，而向下就会使百姓受到

伤害，向上侵害削弱君主而向下伤害百姓，这是很大的罪过。所以说：“祸患没有比可引起欲望的东西更大的了。”因此圣人不被五色所诱惑，不沉溺于音乐；英明的君主轻视珍贵的玩物，抛弃过分华丽的东西。

人没有长羽毛，不穿衣就不能御寒；上不接天而下不着地，把肠胃作为生存的根本，不吃东西就无法生存；因此也就不能免除贪图利益的心思。贪图利益的心思不除掉，这是他自身的忧患。所以圣人只要穿衣能御寒，吃东西能够充饥，就没有忧虑了。一般人却不这样，大到做了诸侯，小到积存千金的资财，贪得的忧愁仍不能除掉。犯有小罪有时可以赦免，死罪有时也可以活下来，现在那些不知足者的忧虑一辈子也无法解脱。所以说：“祸害没有比不知足更大的了。”

因此贪利的欲望的危害比忧愁更甚。忧愁就会得病；得病了智力就会衰减；智力衰减，行为就会失去准则；行为失去准则，就会胡乱行事；胡乱行事，祸害就会到来；祸害到来，内心就被疾病所缠绕；内心被疾病所缠绕，病痛就会向外侵扰；病痛向外侵扰，苦痛就聚集在肠胃的部位；苦痛聚集在肠胃的部位上，对人的伤害就非常惨痛；非常惨痛就会退下来自责，退下来自责是由贪利产生的。所以说：“罪责没有比贪利更惨痛的了。”

道者，万物之所然也，万理之所稽(jī)[1]也。理者，成物之文也；道者，万物之所以成也。故曰：“道，理之者也。”物有理，不可以相薄；物有理不可以相薄，故理之为物之制。万物各异理，而道尽稽万物之理，故不得不化；不得不化，故无常操[2]；无常操，是以死生气禀(bǐng)焉，万智斟酌(zhēnzhuó)焉，万事废兴焉。天得之以高，地得之以藏，维斗[3]得之以成其威，日月得之以恒其光，五常[4]得之以常其位，列星得之以端其行，四时得之以御其变气，轩辕[5]得之以擅[6]四方，赤松[7]得之与天地统，圣人得之以成文章。道，与尧、舜俱智，与接舆[8]俱狂，与桀、纣俱灭，与汤、武俱昌。以为近乎，游于四极；以为远乎，常在吾侧；以为暗乎，其光昭昭。以为明乎，其物冥冥；而功成天地，和化雷霆(tíng)，宇[9]内之物，恃之以成。凡道之情，不制不形，柔弱随时，与理相应。万物得之以死，得之以生；万事得之以败，得之以成。道譬诸若水，溺者多饮之即死，渴者适饮之即生。譬之若剑戟(jǐ)，愚人以行忿则祸生，圣人以诛暴则福成。故得之以死，得之以生，得之以败，得之以成。

人希见生象也，而得死象之骨，案其图以想其生也，故诸人之所以意想者皆谓之“象”也。今道虽不可得闻见，圣人执其见功以处见其形，故曰：“无状之状，无物之象。”

［注释］

①稽：符合，汇合。②操：掌握，把握。③维斗：指北斗星。④五常：指金、木、水、火、土五个行星。⑤轩辕：传说中的上古帝王黄帝的名号。黄帝是中国古代传说中的“人神杂糅”的人物，是大思想家、大发明家，被尊为华夏民族的始祖。⑥擅：压倒、胜过。⑦赤松：人名，古代传说中的仙人。⑧接舆：楚国的一个隐士。世人多称他为疯子，实际上他是以装疯来逃避乱世。⑨宇：这里指空间，天地之间的意思。

［译文］

道，是万物之所以这样的原因，是万理的总汇合。理，是构成万物的条理；道，是生成万物所以构成的依据。所以说：“道，是使万物条理化的东西。”万物各有自己的道理，不会互相侵扰，所以理成为万物的制约力量。万物各自有不同的理，而道却完全汇合了万物之理，所以道不能不随着具体事物而变化。因为不得不发生变化，所以也就没有统一的规则来掌握。没有统一的规则来掌握，因而生死之气皆由道来赋予，一切智慧由道发授，万事万物的兴废由它决定。天获得道而高，地获得道而包孕万物，北斗众星得道而形成威势，太阳、月亮得道而永恒地放出光芒，金、木、水、土、火五大行星得道而固定在他们的位置上，众星得道而在正确的轨道上运行，四时得道而控制节气的变化，黄帝得道而独自统治四方，赤松子得道与天地同寿，圣人得道而创造文明。道，与尧、舜一起为体现智慧，与接舆同在则表现为猖狂，与夏桀、殷纣同在便表现为灭亡，与商汤、周武同在便表现为昌盛。说它近吧，它能远行四极；说它远吧，它又常在我们的身边；认为它昏暗吧，它的光又是那么明亮；认为它明亮吧，它又很昏暗。它的功效造就天地，它酝酿化为雷霆，天地之间的万事万物，都要依靠它而存在。凡属道的真情，不做作，不外露，柔弱随时运行，与万物的理相对应。万物因得道而死亡，因得道而生存；万事因得道而失败，因得道而成功。道可以说如同水，溺水者多喝了就会死亡，口渴的人适量饮用了就会生存。道又像剑一样，愚蠢的人拿来行凶泄愤就会惹祸，圣人用来除暴安良就会造福。所以说因得道而死，因得道而生，因得道而失败，因得道而成功。

人们很少能见到活的象，却能得到死象的骨头。依据死象骨骼的模样来想象活象的样子，所以人们据以想象的东西都称为“象”。现在道虽然不能听到不能看见，圣人根据它所显现的功效来推得它的形象，所以说：“道是没有形状的形状，没有具体事物的物象。”

凡理者，方圆、短长、粗靡（mí）、坚脆之分也，故理定而后可得道也。故定理有存亡，有死生，有盛衰。夫物之一存一亡，乍死

乍生，初盛而后衰者，不可谓“常”[1]。唯夫与天地之剖判也具生，至天地之消散也不死不衰者谓常。而常者，无攸易，无定理。无定理，非在于常所，是以不可道[2]也。圣人观其玄虚，用其周行，强字之曰“道”，然而可论，故曰：“道之可道，非常道也。”

［注释］

①常：永恒，长久不变。②道：讲，谈论。

［译文］

理，是指万物的方圆、短长、粗细、坚强与脆弱的区别，所以理确定以后才可以进一步获得规律。因此确定的理有存亡，有生死，有盛衰。万物有存有亡，忽生忽死，开始兴盛后来衰败的变化，这些不能称为永恒。只有那些和天地的开辟一起产生，到天地消散而仍然不死亡不衰败的，才能叫作永恒。永恒，就是无所变化，没有定理。没有定理，不处在固定不变的某个场所，所以没法说明。圣人观察道的玄妙悠远，依据它永恒运行的规律，勉强给它取名为“道”，但不能论说。所以说：“道如果能说出来，那就不是永恒的道了。”

人始于生而卒于死。始之谓出，卒之谓入，故曰：“出生入死。”人之身三百六十节，四肢、九窍，其大具也。四肢与九窍十有三者，十有三者之动静尽属于生焉。属之谓徒[1]也，故曰：“生之徒也，十有三者。”至死也，十有三具者皆还而属之于死，死之徒亦有十三，故曰：“生之徒十有三，死之徒十有三。”凡民之生生，而生者固动，动尽则损也；而动不止，是损而不止也。损而不止，则生尽；生尽之谓死，则十有三具者皆为死死地也。故曰：“民之生，生而动，动皆之死地，之十有三。”是以圣人爱精神而贵处静，不爱精神不贵处静。此甚大于兕（sì）[2]虎之害。

［注释］

①徒：同一类，同一种。②兕：独角的犀牛。

［译文］

人的生命从出生开始，到死亡时结束。开始叫作出，最后叫作入，所以说：“出生入死。”人的身体有三百六十个关节，四肢和九窍是人身上的重要部件。四肢和九窍总共有十三件，这十三个部件的一动一静都属于生的范围。属于生的范围就叫作生之类，所以说：“属于生存一类的有十三件。”等到人死以后，这十三个部件都反过

来属于死亡这一边，死亡一类总共也有十三件。所以说："生存一类有十三件，死亡一类有十三件。"大凡民众生息不止，而活着的人本来就要动，动得过度就要受损害；而人的活动不停止，这种损害也不停止。损害不停止，生命就耗尽了；生命耗尽了就叫作死，那么人的十三个部件都为不断走向死亡准备了条件。所以说："人生下来，生下来就要动，动了都要走向死亡，这都是借助人的十三个部件。"因此圣人爱惜他的精神而重视置身体于虚静。不爱惜精神，不重视置身虚静，这里面的危害比野牛和猛虎还要大。

夫兕虎有域①，动静有时。避其域，省②其时，则免其兕虎之害矣。民独知兕虎之有爪角也，而莫知万物之尽有爪角也，不免于万物之害。何以论之？时雨降集，旷野闲静，而以昏晨犯③山川，则风露之爪角害之。事上不忠，轻犯禁令，则刑法之爪角害之。处乡不节，憎爱无度，则争斗之爪角害之。嗜(shì)欲无限，动静不节，则痤疽(cuó jū)之爪角害之。好用其私智而弃道理，则网罗之爪角害之。兕虎有域，而万害有原，避其域，塞其原，则免于诸害矣。凡兵革者，所以备害也。重生者，虽入军无忿争之心；无忿争之心，则无所用救害之备。此非独谓野处之军也，圣人之游世也，无害人之心，则必无人害；无人害，则不备人。故曰："陆行不遇兕虎。"入山不恃(shì)备以救害，故曰："入军不备甲兵。"远诸害，故曰："兕无所投其角，虎无所错其爪，兵无所容其刃。"不设备而必无害，天地之道理也。体天地之道，故曰："无死地焉。"动无死地，而谓之"善摄(shè)生"矣。

[注释]

①域：区域，范围。②省：观察，反省。③犯：越过，这里指跋涉的意思。

[译文]

野牛和猛虎有一定的活动范围，它们的动静有一定的时间。避开它们的活动范围，观察它们的活动时间，就可以避免野牛和老虎的危害了。人们只知道野牛和猛虎有爪牙和利角，却不知道万物都有爪牙和利角，所以就难以避免万物的侵害。用什么来证明呢？一场及时雨降落聚集，旷野闲静，如果在黄昏和清晨跋山涉水，风露的爪牙和利角就会侵害他。侍奉君主不忠诚，随便违犯禁令，那么刑法的爪牙和利角就会侵害他。生活在乡里不克制情绪，爱憎没有一定的准则，那么刑法和争斗的爪牙和利角就

会伤害他。贪图享乐没有限度，动静没有节制，那么毒疮的爪牙和利角就会侵害他。喜用个人智巧而背弃事理物情，法网的爪牙和利角就会侵害他。野牛和猛虎有它们的活动区域，各种祸害也都有它们的根源，如果避开猛兽的活动区域，堵塞祸害的根源，就可以避免这些危害了。大凡武器和盔甲都是用来防止各种伤害的。重视自己生命的人，即使深入到队伍中也没有忿怒争斗的心思；没有忿怒争斗之心，那么就没有地方使用避免祸害的防备措施。这不只是说处在野外的军队。圣人在世上活动，没有害人的心思；那么一定就没人害他；没人害他，就不用防备别人。所以说："在陆地上走路不会碰到野牛和猛虎"。走入山林不依靠武装措施来避免祸害，所以说"进入到军队中也不准备武器和盔甲"。远离各种危害，所以说："野牛没有地方使用它的利角，猛虎没有地方施展它的坚爪，刀剑没有地方展示它的锋刃。"不设置防备措施就一定不会被伤害，这是自然之间的固有法则。体验自然之间的固有法则，所以说"不会陷入死亡的境地"。活动而不会接近死地，就叫作"善于养生"。

爱子者慈于子，重生者慈于身，贵功者慈于事。慈母之于弱子也，务致其福；务致其福，则事除其祸；事除其祸，则思虑熟；思虑熟，则得事理；得事理，则必成功；必成功，则其行之也不疑；不疑之谓勇。圣人之于万事也，尽如慈母之为弱子[1]虑也，故见必行之道。见必行之道则明，其从事亦不疑；不疑之谓勇。不疑生于慈，故曰："慈，故能勇。"

周公曰："冬日之闭冻也不固，则春夏之长草木也不茂。"天地不能常侈常费，而况于人乎？故万物必有盛衰，万事必有弛张，国家必有文武，官治必有赏罚。是以智士俭用其财则家富，圣人爱宝[2]其神则精盛，人君重战其卒则民众，民众则国广。是以举之曰："俭，故能广。"

[注释]

①弱子：小孩子，幼儿。②宝：珍贵，爱惜。

[译文]

爱子女的人就会对子女非常慈爱，重视生命的人就会对身体倍加爱惜，看重功业的人就会对自己的事业很珍惜。慈母对于幼子，致力于给他幸福；致力于给他幸福，就从事于除去他的灾祸；从事于除去他的灾祸，就要考虑周详；考虑周详，就能掌握事物的法则；掌握事物的法则，就一定会成功；一定会成功，实行起来就没有疑惑；没有疑惑就叫作勇敢。圣人对于世间万事，全部都像慈母为幼子考虑的一样，所以能看到一定实行的道理。能看到一定实行的道理就明察，圣人做事时就没有疑惑；没有

疑惑就叫作勇。没有疑惑来自于慈爱之心，所以说："慈爱，故而能勇敢。"

周公说："冬天里冰冻得如果不坚固，那么春夏时草木的生长就不茂盛。"天地都不能经常浪费与消耗，更何况是人呢？所以万物一定有盛和衰，万事一定有张和弛，国家一定有文和武，官府办事一定有赏和罚。因此有智慧的人节省地使用资产，家庭就会富裕；圣明的人珍视他的精神，精力就会旺盛；君主不轻易用兵打仗，他的民众就很多；民众很多，疆域就宽广。因此称之说："节俭，所以能宽裕。"

凡物之有形者易裁也，易割也。何以论之？有形，则有短长；有短长，则有小大；有小大，则有方圆；有方圆，则有坚脆；有坚脆，则有轻重；有轻重，则有白黑。短长、大小、方圆、坚脆、轻重、白黑之谓理。理定而物易割(gē)也。故议于大庭而后言则立，权议之士知之矣。故欲成方圆而随其规矩，则万事之功形矣。而万物莫不有规矩。议言之士，计会规矩也。圣人尽随于万物之规矩，故曰："不敢为天下先。"不敢为天下先则事无不事，功无不功，而议必盖世，欲无处大官，其可得乎？处大官之谓为成事长，是以故曰："不敢为天下先，故能为成事①长。"

慈于子者不敢绝衣食，慈于身者不敢离法度，慈于方圆者不敢舍规矩。故临兵而慈于士吏则战胜敌，慈于器械则城坚固。故曰："慈于战则胜，以守则固。"夫能自全②也而尽随于万物之理者，必且有天生。天生也者，生心也。故天下之道尽之生也，若以慈卫之也。事必万全，而举无不当，则谓之宝矣。故曰："吾有三宝③，持而宝之。"

[注释]

①事：此处《老子》通行本均为"器"，原文为"我有三宝，持而保之。一曰慈，二曰俭，三曰不敢为天下先。慈故能勇；俭故能广；不敢为天下先，故能成器长。"②自全：保全自己，即不绝衣食，不离法度，不舍规矩。③三宝：指慈、俭、不为天下先。

[译文]

大凡有形状的物体就容易裁断，容易分割。凭什么这么说呢？有形状，就有短长；有短长，就有大小；有大小，就有方圆；有方圆，就有坚硬和脆弱；有坚硬和脆弱，就有轻重之分；有轻重之分，就有黑白。长短、大小、方圆、坚脆、轻重、黑白就叫

作条理。条理确定之后，物体就容易分割。所以经过朝廷议论，后发言的人的主张就能够成立，善于权衡各种议论的人都知道这一点。因此要想画成方圆而遵循规矩，那么一切事物的功效就都显现出来了。而万事万物无不存在它们的规矩，出谋献言的人，就是要计算人们的行为如何符合规矩。圣人所有的言行都依据事物的规矩，所以说“不敢走在天下人的前面”。不敢走在天下人的前面，事情就没有做不好的，功业就没有不能建立的，而他的议论一定超越世人，想要不处在重要职位上，这可能吗？处在重要职位上就是说成为办事的首领。因此说：“不敢走在天下人的前面，所以可以成为办事的首领。”

对子女慈爱的人不敢断绝衣食；爱惜身体的人不敢违背法令制度；看重方圆的人不敢丢掉规矩。所以临阵而爱惜士兵和官吏，那么战斗就会取胜；爱惜器械就能固守城池。所以说：“慈爱，用于战争就能取胜，用于防御就能固守。”那些能保全自己而完全遵循事物法则的人，一定会有自然的天性。自然的天性，就能产生思想，所以天下的道都要通过这种思想反映出来。如果用慈爱来护卫它，事情一定万无一失，而行为也没有不妥当的，这就是所谓的宝了。所以说：“我有三件宝，掌握并且珍视它。”

书之所谓“大道”也者，端道也。所谓貌“施”①也者，邪道也。所谓“径”②大也者，佳丽也。佳丽也者，邪道之分也。“朝甚除”③也者，狱讼(sòng)繁也。狱讼繁则田荒，田荒则府仓虚，府仓虚则国贫，国贫而民俗淫侈，民俗淫侈则衣食之业绝，衣食之业绝则民不得无饰巧诈，饰巧诈则知采文，知采文之谓“服文采”。狱讼繁、仓廪虚、而有以淫侈为俗，则国之伤也若以利剑刺之。故曰：“带利剑。”诸夫饰智故以至于伤国者，其私家必富，私家必富；故曰：“资货有余。”国有若是者，则愚民不得无术而效之；效之则小盗生。由是观之，大奸作则小盗随，大奸唱则小盗和。竽也者，五声之长者也，故竽先则钟瑟(sè)皆随，竽唱则诸乐皆和。今大奸作则俗之民唱，俗之民唱则小盗必和，故“服文采，带利剑，厌饮食，而货资有余者，是之谓盗竽(yú)矣。”

[注释]

①施：倾斜，歪斜。②径：本指道路，这里用为门路的意思。③除：修葺，修整。

[译文]

《老子》书中所说的“大道”，就是正道。所说的“施”，指的是邪道。所说的把“径”

当作大路，是因为小路精美华丽。而所谓精美华丽的小路，也就是邪道的一部分。所说的“朝甚除”，指的是诉讼案件繁多。诉讼案件繁多，就会使田地荒芜；田地荒芜，就会使仓库空虚；仓库空虚，就会使国家贫困；国家贫困，民俗就淫逸奢侈；民俗淫逸奢侈，那么百姓的衣食就会断绝；百姓衣食断绝，人民就不得不粉饰偷奸取巧；粉饰偷奸取巧，就知道了漂亮的打扮；知道了漂亮的打扮，就称为“服文采”。诉讼的案件多，仓库空虚，而又让淫逸奢侈形成习俗，那么国家受到的伤害也就像用利剑刺一样。所以说“带着利剑”。以上那些粉饰偷奸取巧以致伤害国家的，他的私家一定富有；私家富有，所以说“财物是多余的”。一个国家有像这样的人，那么愚蠢的百姓就不会没有办法来仿效他们；仿效了他们就会产生小盗贼。由此看来，大的奸诈兴起，小的盗贼就跟着产生；大的奸诈首先唱，小的盗贼就跟着附和。竽，是各种乐器的领头乐器，所以竽先吹奏起来，钟、瑟就会随之演奏；竽先吹出音乐，那么各种乐器就会都来附和。现在大的奸诈兴起了，庸人就会跟着来唱；庸人来唱了，小的盗贼就必然起而附和。所以说：“穿着光鲜漂亮，佩带着利剑，饮食充足，财物有余，这就叫作盗贼中的领唱的竽。”

人无愚智，莫不有趋舍。恬淡平安，莫不知祸福之所由来。得于好恶，怵于淫物，而后变乱。所以然者，引于外物，乱于玩好也。恬淡有趋舍之义，平安知祸福之计。而今也玩好变之，外物引之，引之而往，故曰：“拔[1]”。至圣人不然：一建其趋舍，虽见所好之物不能引，不能引之谓“不拔”；一于其情，虽有可欲之类神不为动，神不为动之谓“不脱”；为人子孙者，体此道以守宗庙，宗庙不灭之谓“祭祀（sì）不绝”。身以积精为德，家以资财为德，乡国天下皆以民为德。今治身而外物不能乱其精神，故曰：“修之身，其德乃真。”真者，慎之固也。治家，无用之物不能动其计，则资有余，故曰：“修之家，其德有余。”治乡者行此节，则家之有余者益众，故曰：“修之乡，其德乃长。”治邦者行此节，则乡之有德者益众，故曰：“修之邦，其德乃丰。”莅天下者行此节，则民之生莫不受其泽，故曰：“修之天下，其德乃普。”修身者以此别君子小人，治乡治邦莅天下者各以此科[2]适（dí）观息耗，则万不失一。故曰：“以身观身，以家观家，以乡观乡，以邦观邦，以天下观天下。吾奚以知天下之然也？以此。”

[注释]

①拔：这里是动摇的意思。②科：标准，准则。

[译文]

人们不论是愚蠢还是聪明，都会进行取和舍。恬淡平安的时候，没有人不知道祸福从何而来。被好恶情绪支配，被奢侈的东西诱惑，而后引起思想的变化。之所以会这样，是因为被外界事物所引诱，被珍贵好玩的东西所扰乱。清静寡欲就能设立取舍的标准，平平安安就知道祸福的计策。但现在被珍贵的玩物扰乱了，被外界的事物所引诱；一经引诱他就跟着走，所以说“拔”。至于圣人却不是这样：他们会牢固地确立自己的取舍标准，虽然见到喜欢的东西，却也不会被引诱；不会被引诱就叫作“不拔”；专一而不改变自己的性情，即使有能引起欲望的东西，精神却不为所动；精神不为所动就叫作“不脱”。作子孙的人，实践这个道理来保护宗庙；宗庙的香火不灭，就叫作“祭祀不绝”。身体以积累精气为德，家庭以积蓄财产为德，乡国和天下都以获得民众为德。现在勤于修养自身，外界事物不能扰乱他的精神，所以说：“修养施行到自己身上，他的德就会真。”所谓真，就是守护得很牢靠。治理家庭，没有用的东西不能改变他的计划，那么资财就会有余，所以说：“修养贯彻到家庭，他的德就有盈余。”治理乡里的人实行了这一原则，那么家庭的盈余就会更多，所以说：“贯彻到乡里，他的德就增长。”治理国家的人实行了这一原则，那么乡里有德的人就会更多，所以说：“贯彻到国家，他的德就丰富。”一统天下的人实行了这一原则，那么人民就会受他的恩泽，所以说：“贯彻到天下，他的德就会丰盛。”修治自身的人用这项原则来区别君子和小人，治理乡里和国家，以至统治天下的人各自用这项原则来对照观察兴盛和衰弱，那么就可以万无一失。所以说：“用自身来观察自身，用家庭来观察家庭，用乡里来观察乡里，用国家来观察国家，用天下来观察天下。我怎么知道天下是这样的呢？用的就是这个原则。”

喻老第二十一

题 解

“喻”即譬喻，是一种用具体事例说明抽象道理的方法；喻老，就是用具体历史事实来解释《老子》的哲学。此篇与《解老》不同，它主要是通过具体的事例来对《老子》一书进行说明。文章字句简练，条理清晰，结构恰当，很具说服力。

天下有道，无急患，则曰静，遽传①不用。故曰：“却走马以粪。”天下无道，攻击不休，相守数年不已，甲胄(zhòu)②生虮虱，燕雀处帷幄(wò)③，而兵不归。故曰：“戎马生于郊。”

翟人有献丰狐、玄豹之皮于晋文公。文公受客皮而叹曰：“此以皮之美自为罪。”夫治国者以名号为罪，徐偃王④是也；以城与地为罪，虞、虢(guó)是也。故曰：“罪莫大于可欲。”

智伯兼范、中行(háng)而攻赵不已，韩、魏反之，军败晋阳，身死高梁之东，遂卒被分，漆其首以为溲(sōu)器。故曰：“祸莫大于不知足。”

虞君欲屈产之乘，与垂棘(jí)之璧，不听宫之奇，故邦亡身死，故曰：“咎莫憯(cǎn)于欲得。”

[注释]

①遽传：古代传递紧急文件的方式，用马称为遽，用车称为传。②甲胄：战士的头盔和铠甲。甲，战衣；胄，作战时保护头部的帽子。③帷幄：军帐，军队用的帷幕。④徐偃王：西周时徐国国君，传说其目能仰视，看得到自己的额头，所以称为偃王。偃，仰卧，引申为“仰”。

[译文]

天下太平，没有急难灾祸，就叫静。传递紧急文件的车马都不用了，所以说：“歇下奔跑的马用来驮肥料。”天下不太平，战争连年不断，互相防卫着数年都不能停止，战士的头盔和铠甲都长出了虱子，燕子和麻雀在军帐上都筑起了窝，而军队仍然不能返回。所以说：“战马在郊外产下小马驹。”

有个狄国人把大狐狸、黑豹的皮进献给晋文公。晋文公接受下来后感叹道：“这

两种动物因为皮毛漂亮而使自己害了自己。”国君因为好名声而获罪，徐偃王就是这样；因为城池与土地获罪的，虞国、虢国就是这样。所以说：“罪过中没有比可以引起欲望更大的了。”

智伯兼并范氏、中行氏后二家仍不停地进攻赵氏，韩氏、魏氏两家反过来进攻智伯，智伯的军队在晋阳战败，智伯死在高梁东面，他的封地终于被三家瓜分，他的头骨被涂漆后用作饮器。所以说：“祸患中没有比不知足更大的了。”

虞国君主贪图屈产出的良马和垂棘出的璧玉，不听宫之奇的劝谏，所以他的国家灭亡而自己也失去了生命。所以说：“过失中没有比贪得更惨痛的了。”

邦以存为常，霸王其可也；身以生为常，富贵其可也。不以欲自害，则邦不亡，身不死。故曰：“知足之为足矣。”

楚庄王既胜，狩于河雍(yōng)，归而赏孙叔敖。孙叔敖请汉间之地，沙石之处。楚邦之法，禄臣再世而收地，唯孙叔敖(áo)独在。此不以其邦为收者，瘠也，故九世而祀不绝。故曰：“善建不拔，善抱不脱，子孙以其祭祀世世不辍。”孙叔敖之谓也。

制在己曰重，不离位曰静。重则能使轻，静则能使躁。故曰：“重为轻根，静为躁君。”故曰：“君子终日行不离辎重”也。邦者，人君之辎重也。主父生传其邦，此离其辎重者也。故虽有代、云中之乐，超然已无赵矣。主父，万乘之主，而以身轻于天下，无势之谓轻，离位之谓躁，是以生幽而死。故曰：“轻则失臣，躁则失君，主父之谓也。”

势重者，人君之渊也。君人者，势重于人臣之间，失则不可复得也。简公失之于田成，晋公失之于六卿，而邦亡身死。故曰：“鱼不可脱于深渊。”赏罚者，邦之利器也，在君则制臣，在臣则胜君。君见赏，臣则损之以为德；君见罚，臣则益之以为威。人君见赏，而人臣用其势，人君见罚而人臣乘其威。故曰：“邦之利器不可以示人。”

越王入宦于吴，而观之伐齐以弊[1]吴。吴兵既胜齐人于艾(ài)陵[2]，张之于江、济，强之于黄池[3]，故可制于五湖[4]。故曰：“将欲翕[5]之，必固张[6]之；将欲弱之，必固强之。”晋献公将欲袭虞，遗之

以璧马；知伯将袭仇由[7]，遗之以广车。故曰："将欲取之，必固与之。"起事于无形，而要大功于天下，"是谓微明"。处小弱而重自卑，谓"损弱胜强"也。

［注释］

①弊：衰落，疲惫。②艾陵：地名。当时齐国的领土。位于今山东博山东南。③黄池：地名。当时宋国的领土。位于今河南封丘西南。④五湖：地名。即今太湖。位于江苏南部，是中国第三大淡水湖。⑤翕：闭合，收拢。⑥张：通"胀"，这里用为胀满之意。⑦仇由：地名。春秋时期狄族在西北方建立的一个诸侯小国，位于今山西孟县东北。

［译文］

国家以生存作为根本，就有称王称霸的可能；身体以生命作为根本，就有实现富贵的可能。不用贪欲来祸害自身，那么国家就不会灭亡，身体也就不会死亡。所以说："知道满足才是真正的满足。"

楚庄王救郑已经获胜，在河雍地带打败晋国，归国后赏赐孙叔敖。孙叔敖请求汉水附近的土地，那地方很贫瘠。楚国的法律规定，享受封地的大臣到了第二代就要收回，可只有孙叔敖的封地依然存在。不收回他的封地，是因为土地太过贫瘠，因而孙叔敖的子孙好多代仍然享有这块封地。所以说："善于建立的就不能拔掉，善于抱持的就无法脱开，子孙因此世代祭祀而香火不断。"说的就是孙叔敖这样的情况。

控制权掌握在自己手中称为重，不离开君位称为静。君权重就能役使权位轻的臣子，君主静就能驾驭浮躁的臣子。所以说："重是轻的根本，静是躁的主宰。"所以说："君子整天走路，离不开辎重。"国家，即是君主的辎重。赵武灵王活着时就传位给儿子，这就是离开了他的辎重，所以虽然有代郡、云中的快乐，却怅然失去了赵国。武灵王是大国的君主，却使自己被天下人看轻。没有权势就叫作轻，离开了君主的位置就叫作躁，因此他活着被囚禁饿死。所以说："位轻就会失去臣下；浮躁就会失去君位。"说的就是赵武灵王这样的君主。

权势是君主的深渊。君主的权势一旦落到了臣子的手里，失去就不可能再得到了。齐简公的权势落到田成子的手中，晋国君主的权势落到了六卿手里，终于国破身亡。所以说："鱼不可以脱离深渊。"赏罚是国家的锐利武器，掌握在君主手里就能制服臣子，掌握在臣子手里就会压倒君主。君主露出行赏的意图，臣子就减少一部分去显示自己的恩德；君主露出行罚的意图，臣子就增加刑罚来显示自己的威风。君主表示要行赏，而臣子利用他的权势；君主表示要处罚，而臣子凭借他的威风。所以说："国家的锐利武器，不能拿给别人看。"

越王勾践到吴国去做吴王的奴仆，示意吴王北上攻打齐国以便削弱吴国。吴国军队已在艾陵战胜了齐国，势力扩张到长江、济水流域，又在黄池盟会上逞强，所以越国可以在太湖地区制服吴国。所以说："想要缩小它，必须暂且扩张它；想要削弱它，必须暂且先让它强大一下。"晋献公想要偷袭虞国，就把好玉和宝马赠送给虞君；智伯将要袭击仇由，就送给他一辆载着大钟的车。所以说："要想夺取它，必须暂且先给与它。"不露形迹地开始行动，设法在天下获取大功，这就叫微妙的明智。处在弱小的位置而能注重自行谦卑克制，这就叫作"弱能胜强"。

勾践事吴

越王勾践战败后，甘愿做吴王夫差的臣下。吴王认为越国已经不足为患，答应了越国的投降，把军队撤回了吴国。勾践带着妻子和大夫范蠡到吴国侍奉吴王，赢得吴王的欢心和信任。三年后，勾践被释放回国，他卧薪尝胆，励精图治，最终雪耻灭吴。

有形之类，大必起于小；行久之物，族必起于少。故曰："天下之难事必作于易，天下之大事必作于细。"是以欲制物者于其细也。故曰："图难于其易也，为大于其细也。"千丈之堤，以蝼蚁之穴溃；百尺之室，以突隙之烟焚。故曰："白圭之行堤也塞其穴，丈人之慎火也涂其隙，是以白圭无水难，丈人无火患。"此皆慎易以避难，敬细以远大者也。扁鹊[1]见蔡桓公[2]，立有间，扁鹊曰："君有疾在腠(còu)理[3]，不治将恐深。"桓侯曰："寡人无。"扁鹊出，桓侯曰："医之好治不病以为功。"居十日，扁鹊复见曰："君之病在肌肤，不治将益深。"桓侯不应。扁鹊出。桓侯又不悦。居十日，扁鹊复见曰："君之病在肠胃，不治将益深。"桓侯又不应。扁鹊出。桓侯又不悦。居十日，扁鹊望桓侯而还走。桓侯故使人问之，扁鹊曰："疾在腠理，汤熨之所及也；在肌肤，针石之所及也；在肠胃，火齐之所及也；在骨髓，司命之所属，无奈何也。今在骨髓，臣是以无请也。"居五日，桓公体痛，使人索扁鹊，已逃秦矣，桓侯遂死。故良医之治病也，攻之于腠理，此皆争之于小者也。夫事之祸福亦有腠理之地，故圣人蚤从事焉。"

[注释]

①扁鹊：我国古代神医，姓秦名越人，其生平事迹不详，一般认为活动年代在春秋末期至战国初期。②蔡桓公：蔡桓侯，名封人。③腠理：皮肤的纹理和皮下肌肉之间的空隙。

[译文]

有形体的东西，大的一定是从小的发展起来；经历长久的事物，数量多的一定是从单个积累起来的。所以说："天下的难事一定开始于简单，天下的大事一定开始于细微。"因此要在事物细小的时候控制它。所以说："解决困难的问题要从简单的地方着手，想做大事要从小处着手。"千丈的长堤，会因为蝼蚁营窟而导致崩塌；百尺的高屋，会因为烟囱的缝隙而导致焚毁。所以说："白圭巡视长堤时要堵塞小的洞穴，老年人防范火灾要封好缝隙，因此白圭没有水灾，在老年人的防范下没有火灾。"这些都是谨慎地对待容易的事来避免难事发生，郑重地对待细小的漏洞以避开大祸临头。扁鹊去拜见蔡桓公，站了一会儿，扁鹊说："您有病在表皮上，不治怕会加深。"蔡桓公说："我没有病。"过了十天，扁鹊又拜见桓公说："您的病到肌肤了，不治恐怕会加深。"蔡桓公不理睬。扁鹊走了。蔡桓公再次表示不高兴。过了十天，扁鹊又拜见蔡桓公说："您的病到了肠胃，不治还会加深。"蔡桓公再次不予理睬。扁鹊出去了。蔡桓公再次表示不高兴。过了十天，扁鹊看见蔡桓公转身就跑，蔡桓公特意派人问他。扁鹊说："病在表皮，药物熏敷可以治好；在肌肤，针灸可以治好，在肠胃，清热的汤药可以治好；在骨髓，属于主宰生命之神管辖的范围，没有办法了。现在君主您的病入骨髓，我是再也没有办法了。"五天之后，蔡桓公身体疼痛得厉害，派人找扁鹊，扁鹊已逃往秦国了。于是蔡桓公病死了。所以良医治病，趁病在表皮的时候就开始治，这都是在问题处于萌芽时期及早处理。事情的祸福也有处于表面的时候，所以圣人应尽早加以处理。

昔晋公子重耳出亡，过郑，郑君不礼，叔瞻(zhān)①谏曰："此贤公子也，君厚待之，可以积德。"郑君不听。叔瞻又谏曰："不厚待之，不若杀之，无令有后患。"郑君又不听。及公子返晋邦，举兵伐郑，大破之，取八城焉。晋献公以垂棘之璧假道于虞而伐虢(guó)，大夫宫之奇谏曰："不可。唇亡而齿寒，虞、虢相救，非相德也。今日晋灭虢，明日虞必随之亡。"虞君不听，受其璧而假之道。晋已取虢，还，反灭虞。此二臣者皆争于腠理者也，而二君不用也。然则叔瞻、宫之奇亦虞、郑之扁鹊也，而二君不听，故郑以破，虞以亡。故曰："其安易持也，其未兆易谋也。"

昔者纣为象箸而箕(jī)子怖。以为象箸必不加于土铏(xíng)②，必将犀(xī)

玉之杯；象箸玉杯必不羹菽藿[3]，则必旄、象、豹胎；旄、象、豹胎必不衣短褐而食于茅屋之下，则锦衣九重，广室高台。吾畏其卒，故怖其始。居五年，纣为肉圃，设炮烙，登糟丘，临酒池，纣遂以亡。故箕子见象箸以知天下之祸，故曰："见小曰明。"

［注释］

①叔瞻：人名，郑国大夫。②土铏：盛汤的器具，多为陶制。③菽藿：菽，一种豆类植物；藿，豆叶。

［译文］

从前晋国的公子重耳出国流亡，经过郑国，郑国君主对他不礼貌。叔瞻进谏说："这是贤明的公子，君主要好好待他，这样可以积下恩德。"郑国国君不听从。叔瞻又进谏道："不好好待他，还不如把他杀了，不要留有后患。"郑国国君还是不听从。等到重耳返回晋国的时候，起兵攻打郑国，把郑国打得大败，夺取了郑国的八座城。晋献公以垂棘产的宝玉相赠来向虞国借路去攻打虢国，大夫宫之奇进谏说："不行。唇亡而齿寒，虞国、虢国互相救援，不是在互相施受恩德。今天晋灭虢，明天虞必定会跟着灭亡。"虞国的国君不听，接受晋国的宝玉而借给晋军道路。晋在攻取虢后，返回的路上就灭了虞国。这两位臣子都抢在事物刚露苗头的时候就想出了办法，但两位君主不采纳他们的建议，因此郑国战败了，虞国灭亡了。所以说："事情安定的时候还容易维持，当事情的征兆没有显露时还容易想办法。"

从前商纣王制作象牙筷子使箕子非常恐惧，认为使用象牙筷子一定不会在陶制器皿里使用，一定会配合使用犀牛角或玉做的杯子；象牙筷玉杯一定不会用于吃豆类食品熬的浓汤，一定要去品尝牦牛、大象、豹子的幼体；吃牦牛、大象、豹子的幼体就一定不会穿粗布衣裳，不会在茅屋下面进食，那么就一定要穿多层的织锦衣服，住上高楼大厦。我害怕会造成严重的后果，所以深为这样的开端担忧。过了五年，商纣摆设肉林，设立了炮烙之刑，登上酒糟堆成的山丘，靠着酒池，商纣最终亡国身死。因此箕子看见象牙筷子就预感到了天下的祸害。所以说："能够看到事物的萌芽状态就叫作明。"

句践入宦于吴，身执干戈为吴王洗马[1]，故能杀夫差于姑苏。文王见詈于王门，颜色不变，而武王擒纣于牧野[2]。故曰："守柔曰强。"越王之霸也不病宦，武王之王[3]也不病詈。故曰："圣人之不病也，以其不病，是以无病也。"

宋之鄙人得璞玉而献之子罕，子罕不受，鄙人曰："此宝也，宜为君子器，不宜为细人用。"子罕曰："尔以玉为宝，我以不受

子玉为宝。”是鄙人欲玉，而子罕不欲玉。故曰：“欲不欲，而不贵难得之货。”

王寿负书而行，见徐冯于周涂，冯曰：“事者，为也；为生于时，知者无常事。书者，言也；言生于知，知者不藏书。今子何独负之而行？”于是王寿因焚(fén)其书而舞之。故知者不以言谈教，而慧者不以藏书箧(qiè)。此世之所过也，而王寿复之，是学不学也。故曰：“学不学，复归众人之所过也。”

［注释］

①洗马：走马前面，也称“马前卒”。洗，通“先”。②牧野：地名，位于现河南淇县内，武王讨伐商时的决战之地。③武王之王：武王称王。王，称王、统治。

［译文］

勾践到吴国去服贱役，手执兵器做吴王夫差的马前卒，因此能在姑苏把夫差杀死。周文王在商纣王的玉门前受到辱骂，面不改色，结果武王在牧野捉住了纣王。所以说：“能够保持柔弱即是刚强。”越王勾践成就霸业，并不因为担任贱役而苦恼；武王称王，并不因为被人辱骂而苦恼。所以说：“圣人之所以不苦恼，因为他心里不把那些事看成是苦恼的，所以就不苦恼。”

宋国有个乡下人得到一块玉璞，然后把它进献给子罕，子罕不肯接受。乡下人说：“这是宝物，应该成为君子的器物，而不应被小人使用。”子罕说：“你把玉看成宝，我把不接受你的玉看成宝。”这是因为乡下人想要玉，而子罕不想要玉。所以说：“把没有欲望当作欲望，不看重难得的财物。”

王寿正背着书行走，在大路上遇上了徐冯。徐冯说：“事情，是人做出来的；人的行为产生于当时的需要，聪明的人没有固定不变的做事方法。书本是记载言论的，言论产生于认识，明达的人是不藏书的。现在你为什么偏要背着书本走路呢？”于是王寿烧了他的书并扬掉灰烬。所以有智慧的人不用空言说教，而聪明的人不用藏书的箱子。不说教、不藏书是世人所指责的，而王寿现在重复了这样的做法，这是把不学习书本上的记载作为学习了。所以说：“把不学习作为学习，是回到众人认为错误的道路。”

夫物有常容①，因乘以导之。因随物之容，故静则建乎德，动则顺乎道。宋人有为其君以象为楮(chǔ)叶者，三年而成。丰杀茎柯，毫芒繁泽，乱之楮叶之中而不可别也。此人遂以功食禄于宋邦。列子闻之曰：“使天地三年而成一叶，则物之有叶者寡矣。”故不乘天地之资，而载一人之身；不随道理之数，而学一人之智，此

皆一叶之行也。故冬耕之稼，后稷不能羡也；丰年大禾，臧获不能恶也。以一人力，则后稷不足；随自然，则臧获有余。故曰："恃万物之自然而不敢为也。"

空窍②者，神明之户牖也。耳目竭于声色，精神竭于外貌，故中无主。中无主，则祸福虽如丘山，无从识之。故曰："不出于户，可以知天下；不窥于牖(yǒu)，可以知天道。"此言神明之不离其实也。

赵襄主学御于王子期，俄而与于期逐，三易马而三后。襄主曰："子之教我御，术未尽也？"对曰："术已尽，用之则过也。凡御之所贵：马体安于车，人心调于马，而后可以进速致远。今君后则欲逮臣，先则恐逮于臣。夫诱道争远，非先则后也。而先后心皆在于臣，上何以调于马？此君之所以后也。"白公胜虑乱，罢朝，倒杖而策锐贯颐，血流至于地而不知。郑人闻之曰："颐之忘，将何为忘哉！"故曰："其出弥远者，其智弥少。"此言智周乎远，则所遗在近也，是以圣人无常行也。能并智，故曰："不行而知。"能并视，故曰："不见而明。"随时以举事，因资而立功，用万物之能而获利其上，故曰："不为而成。"

[注释]

①常容：常态，平时的状态。②空窍：指人的五官。

[译文]

事物都有其固有的形态，应该因势利导。因为顺应了万物的固有形态，所以静止的时候能不失本性，运动的时候能顺应规律。宋国有个人，用象牙雕刻褚叶献给他的君主，三年才雕成。它的宽狭和上面的筋脉、绒毛、色泽丰富，混杂在真的楮叶中人们无法辨别出来。这个人后来因为雕刻褚叶的功劳而在宋国享受了俸禄。列子听说这件事后说；"假使自然界要经过三年才长成一片叶子，那么植物有叶子的就太少了！"因此不依靠自然条件而仅凭一个人的本领，不顺应自然提供的条件而表现一个人的智巧，这都是用三年时间雕刻一片叶子的行为了。所以冬天里种出的庄稼，后稷也不能使它多产；丰收之年里旺盛的庄稼，奴仆也不能使它枯败。凭一个人的力量，就是后稷也难以成事；顺应自然法则，就是奴仆也会成事有余。所以说："依照万物的自然法则行事而不能勉强去做。"

人的五官，是精神的门窗。耳目的能力被声色所耗尽，精神被外貌所耗尽，因此心中就没了主宰。心中失去主宰，那么祸福即使像山丘那么明显，也无法认识它。所以说："不出门户，就可以知道天下的事情；不从窗口向外张望，就可以知道自然变化的规律。"这是说精神不要离开实质。

赵襄子向王子于期学习驾驭车马的技巧，不久就和于期比赛，两人换了三次马而赵襄子三次都落后了。赵襄子说："您教我驾马，技巧没有完全教给我吧？"于期回答说："技巧已经完全教给您了，但您在运用上还有错误。凡是驾驭车马应重视的，是要让马套上辕能跟车配合稳妥，人的注意力和马的动作相协调，然后才可以快速跑到远方。现在您落在后面，就想赶上我；跑到前面，又怕被我追上。引导马进行远程赛跑，不是跑在前面，就是跑在后面；不管您是在前还是在后，注意力都在我身上，还怎么能与马协调一致呢？这就是您落后的原因。"白公胜考虑作乱，散朝回来后，他倒拿着马鞭结果鞭杆上的尖针刺穿了脸颊，他连血流到地上都没有感觉。郑国人听到后说："脸颊都忘记了，还有什么不会忘记呀！"所以说："人们外出越远，知道的反而越少。"这是说思想围着远事转，就会丢掉眼前的事情。因此圣人没有固定不变的行为。远处的事和近处的事能同时考虑到，所以说："不行动就全知道了"。能同时看到远近各处，所以说："不看就明白了"。随着适当的时机来办事，依靠客观条件来立功，利用万物的特性而在上面获利，所以说："不用去做就能成功。"

楚庄王莅政三年，无令发，无政为也。右司马[1]御（yù）座而与王隐曰："有鸟止南方之阜，三年不翅，不飞不鸣，嘿然无声，此为何名？"王曰："三年不翅，将以长羽翼。不飞不鸣，将以观民则。虽无飞，飞必冲天；虽无鸣，鸣必惊人。子释之，不穀知之矣。"处半年，乃自听政，所废者十，所起者九，诛大臣五，举处士六，而邦大治。举兵诛齐，则之徐州，胜晋于河雍，合诸侯于宋，遂霸天下。庄王不为小害善，故有大名；不蚤见示，故有大功。故曰："大器晚成，大音希声。"

楚庄王欲伐越，杜子谏曰："王之伐越何也？"曰："政乱兵弱。"杜子曰："臣愚患之。智如目也，能见百步之外而不能自见其睫。王之兵自败于秦、晋，丧地数百里，此兵之弱也；庄蹻为盗于境内而吏不能禁，此政之乱也。王之弱乱，非越之下也，而欲伐越，此智之如目也。"王乃止。故知之难，不在见人，在自见。故曰："自见之谓明。"

子夏见曾子。曾子曰：“何肥也？”对曰：“战胜，故肥也。”曾子曰：“何谓也？”子夏曰：“吾入见先王之义则荣之，出见富贵之乐又荣之，两者战于胸中，未知胜负，故臞。今先王之义胜，故肥。”是以志之难也，不在胜人，在自胜也。故曰：“自胜之谓强。”

周有玉版，纣令胶鬲索之，文王不予；费仲②来求，因予之。是胶鬲贤而费仲无道也。周恶贤者之得志也，故予费仲。文王举太公于渭滨者，贵之也；而资费仲玉版者，是爱之也。故曰：“不贵其师，不爱其资，虽知大迷，是谓要妙。”

［注释］

①右司马：楚国的官名，主管军政方面。②费仲：商纣王宠信的臣子，阿谀奉承。

［译文］

楚庄王执政三年，没有发布过任何命令，没有处理过任何政事。右司马在王座旁边用隐语对庄王说：“有只鸟栖息在南边的土丘上，三年不展翅，不飞翔不鸣叫，默默无声，这该怎么说？”庄王说：“这只鸟三年不展翅，是想借此长羽翼的；不飞翔不鸣叫，是用来观察民众的习惯。虽然没有起飞，一旦飞翔就会直冲云天；虽然没有鸣叫，一旦鸣叫一定会惊人。您放心吧，我已经明白您的意思了。”过了半年，楚庄王就亲自处理政事了。他废掉的事情有十件，兴办的事情有九件，诛杀了五个大臣，提拔了六个读书之士，结果把国家治理得非常好。他起兵讨伐齐国，在徐州打败了齐国的军队，在河雍战胜了晋国，在宋地会合诸侯，于是称霸天下。庄王不因小事妨碍自己的长处，所以能有大名；不预先表露出来，因而能建立大功。所以说：“大器晚成，大音希声。”

楚庄王准备攻打越国，杜子进谏说：“大王您要攻打越国，这是为什么呢？”楚庄王说：“因为越国政治混乱而军队弱小。”杜子说：“我愚昧地为此事担忧。人的智慧就好比眼睛，能看见百步以外的东西却不能看见自己的眼睫毛。大王您的军队曾被秦国、晋国打败，丧失了数百里的土地，这是军队弱小的表现；庄蹻在境内造反，官府却不能加以禁止，这是政乱。大王兵弱政乱，并不在越国之下，反而想去攻打越国，这就是智慧如同眼睛，见远不见近啊。”楚庄王便停止了他的计划。因此认识事物的困难，不在于看清别人，而在于看清自己。所以说：“能自己认识自己就叫作明察。”

子夏碰到了曾子，曾子说：“你怎么胖了？”子夏回答说：“打仗打赢了，所以胖了。”曾子说：“这是什么意思呢？”子夏说：“我在家里学习先王的道理，心中非常钦佩，出门后看见富贵的场面又总会十分羡慕，这两种情绪在心里发生了斗争，弄不清谁胜

谁负,因此消瘦了。现在先王的道理终于取胜了,所以胖了。”所以一个人立志的困难，不在于胜过别人，而在于战胜自己。所以说：“能够战胜自我，就叫作强。”

周文王拥有一块玉版，殷纣王派胶鬲前去索求，周文王不给他；费仲前去索求，周文王就给他了。这是因为胶鬲贤达而费仲是个奸佞之人。周文王讨厌贤德的人在商朝得志，因此将玉版给了费仲。周文王在渭水边提拔了姜太公，那是尊重他；而把玉版提供给费仲，却是希望他这样的人得志后可以扰乱殷纣。所以说：“假如不尊重他的老师，不爱惜可用的条件，虽然聪明，却是大糊涂，这就叫作奥妙。”

说林上第二十二

题 解

《史记·韩非传》索隐:“《说林》者，广说诸事，其多若林，故曰《说林》也。”说林，就是传说的林薮。说，是指史书所记载的以及口头上流传下来的历史故事与民间传说，其中还包括韩非收集创作的寓言；林，与后世“儒林”“艺林”的“林”意义相同，就是汇集的意思。所以“说林”也即相当于现在所说的“故事汇集”。

由于《说林》汇集的传说故事较多，所以分为两篇，题为“上”“下”。上篇共有三十四则故事。

汤以①伐桀，而恐天下言己为贪也，因乃让天下于务光。而恐务光之受之也，乃使人说务光曰:“汤杀君而欲传恶声于子，故让天下于子。”务光因自投于河。

秦武王令甘茂择所欲为于仆②与行事③。孟卯曰:“公不如为仆。公所长者，使也。公虽为仆，王犹使之于公也。公佩仆玺而为行事，是兼官也。”

子圉(yǔ)见④孔子于商太宰⑤。孔子出，子圉入，请问客。太宰曰:“吾已见孔子，则视子犹蚤虱之细者也。吾今见之于君。”子圉恐孔子贵于君也，因谓太宰曰:“君已见孔子，亦将视子犹蚤虱(shī)也。”太宰因弗复见也。

[注释]

①以：通“已”，已经。②仆：官职名，太仆。③行事：官职名，君主的使者，主要出使外国。④见：引见。⑤太宰：官名，相当于丞相。

[译文]

商汤已经消灭了夏桀，但怕天下人说自己贪心，于是要把天下让给务光。但怕务光真的接受了，于是又派人劝告务光说:“商汤杀害了君主却打算把坏名声转嫁给你，所以要把天下让给你。”务光因此投河自尽了。

秦武王要授予甘茂官职，让他在仆官与行事官中选择一个自己想要做的官职。孟卯劝甘茂说:“您不如做仆官。您的长处是做使臣，所以即使您做了仆官，君主仍会把使臣的事务交给您。您就可以佩带着仆官的印信，又可以做行事官的事情，这是

身兼二职啊！"

子圉把孔子引见给宋国的太宰。会见结束后，子圉进来，向太宰询问对孔子的看法。太宰说："我见过孔子之后，再看你就觉得你像跳蚤虱子一样渺小了。我现在准备把他引见给君主。"子圉怕孔子被君主看重，就告诉太宰说："君主见过孔子后，也会把你看作跳蚤虱子一般了。"于是太宰不再向宋君引见孔子。

魏惠王为臼（jiù）里之盟①，将复立于天子。彭喜谓郑君曰："君勿听。大国恶有天子，小国利之。若君与大不听，魏焉能与小立之？"

晋人伐邢，齐桓公将救之。鲍叔曰："太蚤。邢不亡，晋不敝②；晋不敝，齐不重。且夫持危之功，不如存亡之德大。君不如晚救之以敝晋，齐实利。待邢亡而复存之，其名实美。"桓公乃弗救。

子胥出走，边候③得之。子胥曰："上索④我者，以我有美珠也。今我已亡之矣。我且曰：'子取吞之。'"候因释之。

［注释］

①盟：盟会。②敝：疲敝，疲惫。③边候：守卫边境的官吏。④索：追捕。

［译文］

魏惠王主持臼里的盟会，想要恢复周天子的地位。彭喜对韩王说："君王别听他的。大国讨厌天子的存在，天子的存在只对小国有利。如果君王和其他大国都不听他的，魏国还怎么能和小国一起恢复周天子的地位呢？"

晋国攻打邢国，齐桓公想要前去解救。鲍叔说："为时过早，因为邢国不灭亡，晋国就不会疲惫；晋国不疲惫，齐国地位就不会提升。何况扶持危国的功德，没有使亡国恢复的功德大。您不如晚点救邢国，以便使晋国疲惫，这样才能使齐国真正得到好处。等邢国灭亡后再帮助他们复国，这才是真正的好名声。"齐桓公于是决定不去救援。

楚国人伍子胥出逃，守卫边境的官吏抓住了他。伍子胥说："君主要搜捕我，是因为我有珍贵的珍珠。现在我已丢失了珍珠，我会说是你把它抢去私吞了！"守边官吏害怕了，因此放走了伍子胥。

庆封为乱于齐而欲走越。其族人曰："晋近，奚不之晋？"庆封曰："越远，利以避难。"族人曰："变是心也，居晋而可；不变是心也，虽远越，其可以安乎？"

智伯索地于魏宣子，魏宣子弗予。任章曰：“何故不予？”宣子曰：“无故请地，故弗予。”任章曰：“无故索地，邻国必恐。彼重欲无厌，天下必惧。君予之地，智伯必骄而轻敌，邻邦必惧而相亲[1]。以相亲之兵[2]待轻敌之国，则智伯之命不长矣。《周书》曰：‘将欲败之，必姑辅之；将欲取之，必姑予之。’君不如予之以骄智伯。且君何释[3]以天下图[4]智氏，而独以吾国为智氏质[5]乎？”君曰：“善。”乃与之万户之邑。智伯大悦，因索地于赵，弗与，因围晋阳。韩、魏反之外，赵氏应之内，智氏自亡。

[注释]

①亲：亲睦，这里指团结。②兵：军队。③释：这里是放弃的意思。④图：这里是对付的意思。⑤质：攻击目标。

[译文]

庆封在齐国作乱后，打算逃到越国。同族的人说：“晋国要比越国近，为何不逃到晋国去？”庆封说：“越国远，有利于避难。”同族的人说：“你如果把作乱的想法改掉的话。住在晋国就可以了；不把这种想法改掉，即使远居越国，难道就能够安宁吗？”

智伯向魏宣子索要土地，魏宣子不给。任章劝告说：“为什么不给？”魏宣子说：“他没有依据地索要土地，所以我不给。”任章说：“智伯没有原因就索要土地，邻国一定会害怕。他贪得无厌，无法满足，天下一定会恐惧。您给了土地，智伯一定骄傲而轻敌，邻国一定因为恐惧而亲睦。用联合的军队来对付轻敌的国家，那么智伯灭亡的时间就不会远了。《周书》上说：‘想要打败它，必须姑且辅助它；想要夺取它，必须姑且给予它。’您把土地给予智伯，使他骄傲起来。所以，您为何不用天下的力量来对付智氏，而让我国成为智氏的靶子呢？”魏宣子说：“好。”于是就把一个万户人家的城邑给了智伯。智伯非常高兴，接着又向赵国索要土地。赵国不给，智伯就发兵围攻晋阳。韩国、魏国在城外攻打智伯，赵国在城内接应，智氏因此灭亡了。

秦康公筑台三年。荆人起兵，将欲以兵攻齐。任妄曰：“饥召兵，疾召兵，劳召兵，乱召兵。君筑台三年，今荆人起兵将攻齐，臣恐其攻齐为声[1]，而以袭秦为实也，不如备之。”戍东边，荆人辍(chuò)[2]行。

齐攻宋，宋使臧孙子南求救于荆。荆大说，许[3]救之，甚欢。臧孙子忧而反。其御曰：“索救而得，今子有忧色，何也？”臧孙

子曰："宋小而齐大。夫救小宋而恶于大齐，此人之所以忧也，而荆王说，必以坚我④也。我坚而齐敝，荆之所利也。"臧孙子乃归。齐人拔五城于宋而荆(jīng)救不至。

［注释］

①声：嘘声，幌子。②辍：这里是暂时停止的意思。③许：答应。④坚我：坚定我们抗齐的决心。

［译文］

秦康公用三年时间建筑台观。楚国出兵，要攻打齐国。任妄对秦康公说："饥荒招来敌兵，病害招来敌兵，劳民招来敌兵，国乱招来敌兵。您筑台观用了三年，现在楚国出兵要攻打齐国，我怕他们以攻打齐国为名，实际上攻打秦国。不如多加防范。"秦国派兵防守东面的边境，楚国就停止了军事行动。

齐国攻打宋国，宋国派臧孙子向楚国求救。楚国很高兴，答应给以救援，并且非常欢喜。但臧孙子忧心忡忡地返回宋国，他的车夫问："求救的事如愿以偿了，现在您为什么还忧愁呢？"臧孙子说："宋国是小国，齐国是大国。楚国会为救援弱宋来得罪强齐，这实在令人担忧；楚王却那么高兴，一定是想借此来使我们坚定抗齐的决心。我们坚持下去，齐兵就会疲敝，楚国的利益便在这里。"臧孙子回到了宋国。齐人攻下了宋国五座城池，然而楚国的救兵一直没来。

魏文侯借道于赵而攻中山，赵肃侯将不许。赵刻曰："君过矣。魏攻中山而弗能取，则魏必罢①。罢则魏轻，魏轻则赵重。魏拔中山，必不能越赵而有中山也。是用兵者魏也，而得地者赵也。君必许之。许之而大欢，彼将知君利之也，必将辍行。君不如借之道，示以不得已也。"

鸱(chī)夷子皮事②田成子，田成子去齐③，走而之燕，鸱夷子皮负传④而从。至望邑，子皮曰："子独不闻涸(hé)泽之蛇乎？涸泽，蛇将徙。有小蛇谓大蛇曰：'子行而我随之，人以为蛇之行者耳，必有杀子。不如相衔负我以行，人以我为神君也。'乃相衔负以越公道⑤。人皆避之，曰：'神君也。'今子美而我恶⑥。以子为我上客，千乘之君也；以子为我使者，万乘之卿也。子不如为我舍人。"田成子因负传而随之。至逆旅⑦，逆旅之君待之甚敬，因献酒肉。

[注释]

①罢：通“疲”，疲惫的意思。②事：这里是侍奉的意思。③去齐：离开齐国。④传：古时出入关卡之凭证。⑤公道：大路。⑥恶：这里是长得丑陋的意思。⑦逆旅：旅店。

[译文]

魏文侯向赵国借道去攻打中山国，赵肃侯不打算答应。赵刻说：“这样您就错了。魏国攻打中山国，如果不成功，魏国就一定会疲惫。魏国疲惫了，地位就会下降，魏国地位下降了，赵国地位就提高了。即使魏国攻克了中山国，也一定不能越过赵国来占有中山国。这样一来，出兵的是魏国，而得到中山国的是赵国。您一定得答应借道给他。答应时不要显得高兴，显得高兴的话，他就会知道您能从中得到好处，因此停止军事行动。所以，您不如借道给他，并表现出借道是出于不得已的事情。”

鸱夷子皮侍奉田成子。田成子离开齐国，逃跑到燕国，鸱夷子皮背着出关的符碟跟随着。到了望邑，子皮对田成子说：“难道您没听说过干枯湖沼里蛇的故事吗？湖沼干枯了，蛇打算迁移。一条小蛇对一条大蛇说：‘您走在前面，我跟在后面，人们会认为这只不过是路过的蛇，一定有人杀死您。不如相互衔着，您背着我走，人们就会把我看作神君。’于是相互衔嘴，背着穿过大路。见到的人们都躲开它们，说这是神蛇。现在您俊美而我丑陋。把您作为我的上客，人们会把我看成小国的君主；把您作为我的使者，人们会把我看成是大国的卿相。您不如做我的近侍，人们就会把我看成是大国的君主。”田成子因此背着符碟跟随在子皮身后。到了旅店，旅店的主人非常恭敬地接待了他们，并献上了酒肉。

温人之周，周不纳客。问之曰：“客耶？”对曰：“主人。”问其巷人而不知也，吏因囚之。君使人问之曰：“子非周人也，而自谓非客，何也？”对曰：“臣少也诵《诗》曰：‘普天之下，莫非王土；率①土之滨②，莫非王臣。’今君，天子，则我天子之臣也。岂有为人之臣而又为之客哉？故曰：“主人也。”君使出③之。

韩宣王谓樛（liáo）留曰：“吾欲两用公仲、公叔，其可乎？”对曰：“不可。晋用六卿而国分，简公两用田成、阚止而简公杀，魏两用犀首、张仪而西河之外亡。今王两用之，其多力者树其党，寡力者借外权。群臣有内树党以骄主④，有外为交⑤以削地，则王之国危矣。”

[注释]

①率：循，沿着。②率土之滨：这里指从这里到海边（的人）。③出：释放。④骄

主：骄慢地对待君主。⑤交：结交，勾结。

［译文］

温邑有个人到了周，周不接纳他。周人问他说："是客人吗？"温人回答说："是主人。"问他同一个里弄的人，大家都不认识他，小吏因此把他关了起来。周君派人问他："你不是周人，为什么又自称不是客人？"温人回答说："我小时候读的《诗经》上说：'普天之下，所有的土地都是君王的；四海之内，所有的民众都是君王的臣子。'现在您是天子，那我就该是天子的臣子。哪有人既是君主的臣子，又是君主的客人呢？所以我说是主人。"周君让人释放了他。

韩宣王对樛留说："我想同时重用公仲、公叔，可以吗？"樛留回答说："不可以。晋国重用六卿，结果使得国家被瓜分了；齐简公同时重用田成、阚止，结果齐简公被杀害了；魏国同时重用犀首、张仪，结果丧失了西河之地。如今大王同时重用他们，势力大的会成立私党，势力小的会借用国外势力。臣子在内成立私党就会傲慢地对待君主，臣子在外结交诸侯就会宰割国土，这样一来，大王的国家就会处于危险的境地。"

绍绩昧醉寐而亡其裘。宋君曰："醉足以亡裘乎？"对曰："桀以醉亡天下，而《康诰(gào)》曰：'毋彝(yí)酒[1]'者；彝酒，常酒也。常酒者，天子失天下，匹夫失其身。"

管仲、隰朋从于桓公而伐孤竹[2]，春往冬反，迷惑失道。管仲曰："老马之智可用也。"乃放老马而随之，遂得道。行山中无水，隰朋曰："蚁冬居山之阳，夏居山之阴。蚁壤(rǎng)一寸而仞(rèn)[3]有水。"乃掘地，遂得水。以管仲之圣而隰朋之智，至其所不知，不难[4]师于老马与蚁。今人不知以其愚心而师圣人之智，不亦过乎？

［注释］

①毋彝酒：不要经常喝酒。②孤竹：古国名，位于今河北、辽宁一带。③仞：古代计量单位，相当于今天的七尺或八尺。④难：以……为难。

［译文］

绍绩昧醉酒后睡着了，结果丢失了皮衣。宋国国君说："醉酒足以丢失皮衣吗？"绍绩昧回答说："夏桀就是因为醉酒而丢失了天下。《尚书·康诰》里说的'不要彝酒'，彝酒就是经常喝酒。经常喝酒的人，如果是天子就会失去天下，如果是平民就会失去性命。"

管仲、隰朋随着齐桓公去讨伐孤竹国，春季的时候就出发了，到了冬季才返回，结果迷失了道路。管仲说："可以利用老马的才智。"就放开老马，让它在前面走，大家跟在后面，结果找到了出路。走到山里没有水喝，隰朋说："蚂蚁到了冬天就会住在山的南面，在夏天的时候会住在山的北面。地上的蚁封有一寸高的话，地下八尺深的地方就会有水。”于是掘地，结果找到了水。凭借管仲的智慧和隰朋的才智，遇到到他们不知道的，尚且还要向老马和蚂蚁学习；现在的人不知道用他们的愚蠢之心去向圣人学习智慧，不是错了吗？

有献不死之药于荆王者，谒者①操之以入。中射之士②问曰：“可食乎？”曰：“可。”因夺而食之。王大怒，使人杀中射之士。中射之士使人说王曰：“臣问谒者，曰‘可食’，臣故食之，是臣无罪而罪在谒者也。且客献不死之药。臣食之而王杀臣，是死药也，是客欺王也。夫杀无罪之臣而明人之欺王也，不如释臣。”王乃不杀。

田驷欺邹君，邹君将使人杀之。田驷恐，告惠子。惠子见邹君曰：“今有人见君，则䀹其一目③，奚如？”君曰：“我必杀之。”惠子曰：“瞽④，两目䀹，君奚为不杀？”君曰：“不能勿犁。”惠子曰：“田驷东慢⑤齐侯，南欺荆王。驷之于欺人，瞽也，君奚怨焉？”邹君乃不杀。

[注释]

①谒者：古时泛指掌理传达、通报的近侍。②中射之士：负责宫中警卫的官员。③䀹其一目：用一只眼睛看，指看不起，蔑视。䀹，闭上。④瞽：盲人。⑤慢：通“谩”，欺骗。

[译文]

有人向楚王进献不死之药，传达官拿着不死之药进来了。侍卫官问：“可以吃吗？”传达官说：“可以。”侍卫官就抢过来吃了。楚王大怒，派人去杀死侍卫官。侍卫官让人对楚王说：“我问传达官，他说可以吃，我才吃了药。这证明我没罪，有罪的是传达官。况且客人进献不死之药，我吃了而大王却要杀我，那就不是不死之药，这是客人欺骗了大王。杀没有罪的人而表明了有人欺骗大王，还不如放了我。”于是楚王没有杀他。

田驷欺骗邹君，邹君打算派人杀他。田驷很害怕，就把这件事告诉了惠子。惠子谒见邹君说：“如果有一人见到您，就闭上一只眼，您会怎样做？”邹君说：“我一定会杀了他。”惠子说：“瞎子的两只眼都闭着，您为什么不杀呢？”邹君说：“那是因为瞎子不得不闭上双眼”惠子说：“田驷在东边欺骗齐侯，在南边欺骗楚王。田驷欺骗别人，好像瞎子习惯闭上眼睛，已经习以为常了，您为何还要怨恨他呢？”于是邹君没有杀掉田驷。

鲁穆公使众公子或宦①于晋，或宦于荆。犁钼曰："假②人于越而救溺子，越人虽善游，子必不生矣。失火而取水于海，海水虽多，火必不灭矣，远水不救近火也。今晋与荆虽强，而齐近，鲁患其不救乎！"

严遂不善③周君，患之。冯沮曰："严遂相，而韩傀贵于君。不如行贼④于韩傀，则君必以为严氏也。"

张谴相韩，病将死。公乘无正怀三十金⑤而问其疾。居一日，君问张谴曰："若子死，将谁使代子？"答曰："无正重法而畏上，虽然，不如公子食我之得民也。"张谴死，因相公乘无正。

［注释］

①宦：这里用为学习官吏的事务之意。②假：这里是凭借的意思。③不善：关系不好。④贼：贼害，这里指刺杀。⑤金：古代货币单位。

［译文］

鲁穆公让他的儿子们有的去晋国做官，有的去楚国做官。犁钼说："从越国找人来救溺水的孩子，虽然越国人善于游泳，但孩子一定不能被救活。失火了却要从海里取水来灭火，虽然海水很多，但火一定不能扑灭，因为远水救不了近火。虽然现在晋国和楚国很强大，但齐国离鲁国近，如果齐国攻打鲁国，晋国和楚国恐怕救不了鲁国的祸患。"

韩相严遂和西周国君的关系不好，西周国君为此很忧虑。冯沮说："严遂担任宰相，而韩傀受到韩国君主的重用。不如暗中刺杀韩傀，韩国国君就一定认为是严遂干的。"

张谴担任韩国的宰相，得了重病将要死去。公乘无正拿了三十块金币去探望。过了一天，韩国的国君问张谴说："如果您死了，让谁来代替您的职务呢？"张谴回答说："公乘无正重视法治而且敬畏君主，虽然如此，但他比不上公子食我更得民心。"张谴死后，韩国国君就让公乘无正做相。

乐羊为魏将而攻中山，其子在中山。中山之君烹其子而遗①之羹（gēng），乐羊坐于幕下而啜②之，尽一杯。文侯谓堵师赞曰："乐羊以我故而食其子之肉。"答曰："其子而食之，且谁不食？"乐羊罢中山③，文侯赏其功而疑其心。孟孙猎得麑（ní）④，使秦西巴载之持归，其母随之而啼。秦西巴弗忍而与之。孟孙归，至而求麑。答曰："余弗忍而与其母。"孟孙大怒，逐之。居三月，复召以为其子傅。其御曰："曩[5]将罪之，今召以为子傅，何也？"孟孙曰："夫不忍麑，又且忍吾子乎？"故曰："巧诈不如拙诚。"乐羊以有功见疑。秦西巴以有罪益信。

乐羊啜子羹

魏国的将领乐羊进攻中山。中山王以乐羊的儿子为要挟，乐羊不为所动。中山王就烹了他的儿子，派使者把鼎里的羹汤和人头给乐羊送去，乐羊流泪喝了三杯。使者回去报告中山王说："乐羊是个坚守法度，宁死也不改变臣节的人哪！不能够使他变节啊！"于是中山王就投降了。

[注释]

①遗：这里是给予、馈赠的意思。②啜：喝。③罢中山：从中山回来。④麑：幼鹿。⑤曩：从前，往昔。

[译文]

乐羊担任魏国的将军去攻打中山国，他的儿子却在中山国。中山国国君把乐羊的儿子煮了，并送给乐羊一些带汁的肉，乐羊坐在帐幕下吃肉，吃完了一杯。魏文侯对堵师赞说："乐羊由于我的缘故而吃了自己的儿子的肉。"堵师赞回答说："他连儿子都吃了，还有谁不敢吃呢？"乐羊从中山国回来，魏文侯奖赏他的功劳，却不相信他的忠心。孟孙猎捕到一只幼鹿，让秦西巴带着返回。幼鹿的母亲跟在后面啼叫。秦西巴不忍心，就把幼鹿放还给了母鹿。孟孙回来后，来要幼鹿。秦西巴回答说："我不忍心，就把它还给了它的母亲。"孟孙非常生气，把秦西巴赶走了。过了三个月，孟孙又把秦西巴召了回来，给他的儿子当老师。他的车夫说："为什么从前要加罪于他，现在又召来给儿子当老师呢？"孟孙说："他对幼鹿都不忍下狠心，何况对我的儿子呢？"所以说："机巧、奸诈比不上笨拙、诚实。"这就是乐羊因有功遭到怀疑，秦西巴因有罪倍受信任的原因。

曾从子，善相剑者也。卫君怨吴王。曾从子曰："吴王好剑，臣相剑者也。臣请为吴王相剑，拔而示之，因[1]为君刺之。"卫君曰："子之为是也，非缘义也，为利也。吴强而富，卫弱而贫。子必[2]往，吾恐子为吴王用之于我也。"乃逐之。

纣为象箸而箕子怖，以为象箸不盛羹于土铏[3]，则必犀玉之杯，玉杯象箸必不盛菽[4]藿[5]，则必旄、象、豹胎，旄、象、豹胎

必不衣短褐而舍茅茨⑥之下，则必锦衣九重，高台广室也。称此以求，则天下不足矣。圣人见微以知萌，见端以知末，故见象箸而怖(bù)，知天下不足也。

［注释］

①因：趁此。②必：这里是假如的意思。③铏：盛汤用的陶制器皿。铏，古代用来盛羹的两耳三足的鼎，盛食物的容器，这里用为“容器”的意思。④菽：豆类的总名，这里是指豆叶。⑤藿：豆叶的意思。⑥茅茨：指简陋的房屋。

［译文］

曾从子非常善于鉴定剑。卫君怨恨吴王。曾从子说：“吴王喜欢剑，我善于鉴定剑，请派我去替吴王鉴定剑，在拔剑给他看的时候，趁机帮您刺杀他。”卫君说：“你现在做这件事，目的不是为了义，而是为了利。吴国强大且富有，卫国弱小又贫穷。你假如去了，我担心你反而会被吴王利用来对付我。”于是把曾从子赶走了。

商纣用象牙制作筷子，箕子非常担心，认为商纣使用了象牙筷子后，就一定不会再使用陶制器皿来盛羹汤，就一定要会用犀牛角杯或玉杯来配合使用；用玉做的杯子一定不会用来盛豆类食品；用象牙做的筷子就一定要想吃牦牛、大象、豹子的胎儿；既然吃牦牛、大象、豹子的胎儿，就一定不会穿粗布短衣、住简陋的房屋，就一定要穿华美的织锦衣服，住上高大宽敞的屋子。按照这个方式追求下去，那么普天下的东西也不够他享受得了。圣人从微小的现象中可以知道事物的苗头，从事情的开端中可以看到最终结果，所以箕子见到象牙筷子后就感到恐惧了，知道普天下的东西都不能满足商纣王的贪欲。

周公旦已胜殷，将攻商盖。辛公甲曰：“大难攻，小易服。不如服众小以劫①大。”乃攻九夷而商盖服矣。

纣为长夜之饮，欢以失日②，问其左右，尽不知也。乃使人问箕子。箕子谓其徒曰：“为天下主而一国皆失日，天下其危矣。一国皆不知而我独知之，吾其危矣。”辞以醉而不知。

鲁人身善织屦(jù)③，妻善织缟(gǎo)④，而欲徙于越。或谓之曰：“子必穷矣。”鲁人曰：“何也？”曰：“屦为履⑤之也，而越人跣(xiǎn)行⑥，缟为冠之也，而越人被⑦发。以子之所长，游于不用之国，欲使无穷，其可得乎？”

［注释］

①劫：威胁，逼迫。②失日：忘记日子。③屦：这里指用麻、葛等制成的单底

鞋。④缟：白色绢，可以制帽。⑤履：践踏的意思，这里指穿在脚上。⑥跣行：光着脚走路。⑦被：通“披”。

[译文]

周公旦战胜殷商后，准备继续攻打商盖。辛公甲说：“大国很难攻取，小国比较容易征服。不如先攻克众多小国，进而威胁大国。”于是攻取了九夷，接着攻取了商盖。

商纣不分日夜地喝酒，因狂欢而忘记了日子，问他身边的随从，随从也不知道。于是派人去问箕子。箕子对随从说：“做了天下的君主，可自己和身边的人都不记得日子了，国家恐怕很危险了。整个国家的人都不知道，只有我一个人知道。我恐怕也危险了。”于是借口说喝醉了酒，并不知道日子。

鲁国有个人自己善长编草鞋，妻子擅长织白绢。他们想迁到越国去，有人告诉他说：“你一定会困窘的”。鲁国人问：“为什么？”这个人说：“草鞋是用来穿在脚上的，但越国人赤脚走路；白绢是用来做帽子戴在头上的，但越国人披发，不用戴帽。凭借你的长处倒用不着它们的国家去谋生，想要不困窘，怎么可能呢？”

陈轸(zhěn)贵于魏王。惠子曰：“必善事左右。夫杨，横树之即生，倒树之即生，折而树之又生。然使十人树之而一人拔之，则毋生杨。至以十人之众，树易生之物而不胜一人者，何也？树之难而去之易也。子虽工①自树于王，而欲去子者众，子必危矣。”

鲁季孙新弑其君，吴起仕焉。或谓起曰：“夫死者，始死而血②，已血而衄(nǜ)③，已衄而灰，已灰而土。及其土也，无可为者矣。今季孙乃始血，其毋乃④未可知也。”吴起因去之晋。

[注释]

①工：善于。②血：出血，流血。③衄：皮肉萎缩。④毋乃：恐怕。

[译文]

陈轸得到了魏惠王的器重。惠子说：“一定要善于与君主的侍从好好交往。杨树，横着栽就能成活，倒着栽也能成活，折断了再栽仍然能成活。但要是让十个人去栽，一个人来拔，也不会有能成活的杨树了。凭十人之众，栽种非常容易成活的杨树，却经不起一个人来拔，其中的原因是什么呢？因为栽树困难，而毁树容易。你虽然善于在君主面前树立自己，但排挤你的人很多，你就很危险了。”

鲁季孙杀了他的君主后不久，吴起在那里做官。有人对吴起说：“死去的人，刚死的时候流血；血流尽了，皮肉就萎缩；皮肉萎缩后，就剩下残骸；残骸又会化成尘土。到化成尘土后，就不会再有变化了。现在季孙刚刚杀死鲁国国君，以后有什么变化恐怕就难以弄清楚了！”吴起因此离开鲁国，到晋国去了。

隰(xí)斯弥见田成子，田成子与登台四望。三面皆畅，南望，隰子家之树蔽之。田成子亦不言。隰子归，使人伐之。斧离数创①，隰子止之。其相室曰："何变之数②也？"隰子曰："古者有谚曰：'知渊中之鱼者不祥。'夫田子将有大事，而我示之知微，我必危矣。不伐树，未有罪也；知人之所不言，其罪大矣。"乃不伐也。

杨子过于宋东之逆旅。有妾二人，其恶③者贵，美者贱。杨子问其故。逆旅之父答曰："美者自美，吾不知其美也；恶者自恶，吾不知其恶也。"杨子谓弟子曰："行贤而去自贤之心，焉往而不美？"

［注释］

①斧离数创：斧头刚砍了几下。离，砍、割。②数：通"速"，快，迅速。③恶：丑陋的意思。

［译文］

隰斯弥拜见田成子，田成子和他一起登上高台远望四方。三面都没有遮蔽，向南望去，视线被隰斯弥家的树挡住了。田成子并没有说什么。隰斯弥回家，就叫人砍树。斧头刚砍了几下，隰斯弥制止了砍树的人。他的管家说："为什么变得这么快？"隰斯弥说："古代有句谚语说：'知道河里有鱼的人不吉利。'田成子打算干大事，而我却表现出知道了他的隐秘，我就危险了。树没有砍到，就没有罪过；知道别人心里的事不肯说出来，这就是大罪过了。"于是决定不再砍树。

杨朱路过宋国东边的旅店。店主有两个妾，其中长得丑陋的地位高，长得漂亮的地位低。杨朱问店主原因，旅店的主人回答说："长得漂亮的自以为她很漂亮，但我不觉得她漂亮；长得丑的自以为她很丑陋，但我不觉得她丑陋。"杨朱对他的弟子说："品德高尚而又去掉自以为是的想法，到哪儿能不被赞美呢？"

卫人嫁其子①而教之曰："必私积聚。为人妇而出②，常也；其成居，幸也。"其子因私积聚，其姑③以为多私而出之。其子所以反者，倍其所以嫁。其父不自罪于教子非也，而自知其益富，今人臣之处官者，皆是类也。

鲁丹三说中山之君而不受也，因散五十金事其左右。复见，未语，而君与之食。鲁丹出，而不反舍，遂去中山。其御曰："反见，乃始善我，何故去之？"鲁丹曰："夫以人言善我，必以

人言罪我。”未出境，而公子恶之曰：“为赵来间④中山。”君因索而罪之。

田伯鼎好士而存其君，白公好士而乱荆。其好士则同，其所以为则异。公孙友自刖而尊百里，竖刁自宫而谄（chǎn）桓公。其自刑则同，其所以自刑之为则异。慧子曰：“狂者东走，逐者亦东走。其东走则同，其所以东走之为则异。故曰：‘同事之人，不可不审察也’。”

［注释］

①子：这里指女儿。②出：这里指被休。③姑：这里指婆婆。④间：挑拨、离间。

［译文］

有个卫国人嫁女儿，教育她说：“一定要私下积聚财物。做人家的妻子而被休，是常见的事；能终身与丈夫厮守在一起，是很侥幸的事。”他的女儿因此私下积聚财物，她婆婆认为她私心太多，于是休了她。他的女儿带回来的财物，比出嫁时所带去的东西多出一倍。她的父亲不归罪于自己教育女儿不对，而自以为增加财富是聪明的。现在处在官位上的臣子，都是这一类人。

鲁丹多次游说中山国君，但是他的意见总是不被采纳，于是拿出五十块金币贿赂国君的近臣。再次见到君主后，还没有说法，君主就赏赐他食物。鲁丹出来后，连住的地方都没回去，就马上离开了中山国。他的车夫说：“这次见面，才开始和我们交好，为什么急着离开？”鲁丹说：“因为别人的话才对我友好，也一定会因为别人的话来怪罪我的。”还没走出国境，公子就中伤他说：“鲁丹是为赵国来离间中山国的。”中山国国君因此搜捕他并要加罪于他。

田伯鼎喜欢士人，并因此挽救过他的君主；白公胜喜欢士人，却使楚国混乱。他们喜欢士人是一样的，但让士人干的事情是不同的。公孙友砍掉自己的脚使百里奚获得高官，竖刁阉割了自己来奉承齐桓公。他们都是在自我用刑，但他们自我用刑的目的是不同的。惠子说：“疯子向东边跑；追赶的人也向东边跑。他们都是在向东边跑，但他们向东边跑的目的是不同的。所以说，对做了同样事情的人，要严格地进行考察。”

说林下第二十三

题　解

“说林”所记录的故事，都经过韩非的精心加工，所以每个故事虽短小，却往往较为完整，而且文笔生动活泼，具有言简意赅、机智传神的特点，富有文学色彩，因此，它实为后世笔记小说的滥觞，在中国文学史上应该大书一笔。

由于《说林》汇集的传说故事较多，所以分为两篇，题为“上”“下”。“说林”指传说故事汇编。本篇共讲述了三十七则故事。

伯乐教二人相踶(dì)马①，相与②之③简子厩观马。一人举踶马。其一人从后而循④之，三抚其尻而马不踶。此自以为失相⑤。其一人曰：“子非失相也，此其为马也，踒(wō)肩而肿膝⑥。夫踶马也者，举后而任前，肿膝不可任也，故后不举。子巧于相踶马拙于任肿膝。”夫事有所必归⑦，而以有所肿膝而不任，智者之所独知也。惠子曰：“置猿于柙(xiá)⑧中，则与豚同。”故势不便，非所以逞能也。

卫将军文子见曾子，曾子不起而延⑨于坐席，正身于奥。文子谓其御曰：“曾子，愚人也哉！以我为君子也，君子安可毋敬也？以我为暴人也，暴人安可侮也？曾子不僇⑩，命也。”

［注释］

①踶马：踢人的烈马。踶，通“踢”。②相与：一起。③之：到。④循：抚摸。⑤失相：观察错误。⑥踒肩而肿膝：前腿筋骨损伤，膝部肿胀。踒，扭伤。⑦归：归宿，这里指原因。⑧柙：木笼。⑨延：请，引导。⑩僇：通“戮”。

［译文］

伯乐教两个人识别会踢人的烈马。这两个人一起到赵简子的马棚里去观察马。一个人选出了一匹踢人的烈马。另一个人从马的后面抚摸它，反复抚摸马的屁股，马却没有踢人。选中这匹马的人自以为观察失误了。另一个人说：“你并没有看错。这是一匹好马，只是前腿摔伤了，膝部肿了起来。凡是踢人的烈马，踢人时抬起后腿之后，就要靠前腿支撑全身。而这匹马前腿受伤了，无法承受全身重量，所以不能踢人了。你善于识别踢人的烈马，却不了解前膝肿大所带来的影响。”事情的发生都是有一定的起因，然而由于前腿肿了而不能承受全身重量的道理，只有聪明人才知道。惠子说："把大猩猩关到笼子里，就和小猪一样驯服。"因为没有有利的形势，就没有条件表现出才能。

卫国的将军文子拜见曾子，曾子没有起身就引导文子入座，自己却端坐在尊位上。文子对他的车夫说："曾子是个愚笨的人啊！他把我当作君子吧，怎么不尊敬君子呢？把我当作残暴的人吧，怎么能侮辱残暴的人呢？曾子没有被杀，这是他命大。"

伯乐相马

伯乐本名孙阳，一说他是赵简子御者，善相马，字子良，又称王良。他是春秋时代的人。由于他对马的研究非常出色，人们便忘记了他本来的名字，干脆称他为伯乐。

鸟有翢翢(zhōu zhōu)①者，重首而屈尾，将欲饮于河，则必颠②，乃衔其羽而饮之，人之所有饮不足者，不可不索其羽也。鳣③似蛇，蚕似蠋(zhú)④，人见蛇则惊核，见蠋则毛起。渔者持鳣，妇人拾蚕，利之所在，皆为贲、诸。

伯乐教其所憎者相千里之马，教其所爱者相驽马。千里之马时一有，其利缓；驽马日售，其利急。此《周书》所谓"下言而上用⑤者，惑也。"

桓赫曰："刻削之道，鼻莫如大，目莫如小。鼻大可小，小不可大也；目小可大，大不可小也。"举事⑥亦然。为其后可复者也，则事寡败矣。

崇侯、恶来知不适⑦纣之诛也，而不见武王之灭之也。比干、子胥知其君之必亡也，而不知身之死也。故曰："崇侯、恶来知心而不知事，比干、子胥知事而不知心。"圣人其备矣。

[注释]

①翢翢：古代的一种鸟。②颠：跌倒。③鳣：通"鳝"，黄鳝。④蠋：一种毛虫。⑤下言而上用：把具体的言论当作不变的规律来使用。⑥举事：办事。⑦适：顺从。

[译文]

有一种叫翢翢的鸟，头大尾短，如果要到河边饮水，就一定会跌倒在河里，这

就需要另一只鸟衔着它的羽毛它才能饮水。人也是如此，有了欲望，在条件还不成熟的条件下，就不得不寻求帮手。黄鳝像蛇，蚕像毛虫。人们看见蛇就会恐惧，看见毛虫就会害怕。但渔夫捕捉黄鳝，妇女喂养蚕，因为有了利益，都能像孟贲、专诸一样勇敢。

伯乐教他所讨厌的人识别千里马，教他所喜爱的人识别普通马。千里马偶尔出现一个，识别这种马获得利益的速度很慢，普通马每天都有人出售，识别这种马获得利益的速度很快。这就是《周书》上说的“把具体的言论当作不变的规律来使用，是一种错误”。

桓赫说：“雕刻的原则是，雕刻鼻子时不如先刻大一些，雕刻眼睛时不如先刻小一些。鼻子雕得大了可以修小，而雕得小了却不能修大；眼睛雕得小了可以修大，雕得大了却不能修小。”办事也是这样。做那种日后还能补救的事，办起来事情来就很少失败。

崇侯、恶来知道不顺从纣王就会被诛杀，却看不到武王会灭掉纣王。比干、子胥知道自己的君主一定会身死亡国，却不知道自身会被杀害。所以说：“崇侯、恶来知道君主的心思，却不知道国事的兴废；比干、子胥知道国事的兴废，却不知道君主的心思。”大概只有圣人才能二者兼备吧。

宋太宰贵而主断①。季子将见宋君，梁子闻之曰：“语必可与太宰三坐乎，不然，将不免。”季子因说以贵主而轻国②。

杨朱之弟杨布衣③素衣而出。天雨，解素衣，衣缁衣而反④，其狗不知而吠之。杨布怒，将击之。杨朱曰：“子勿击也，子亦犹是。曩(nǎng)者使女⑤狗白而往，墨而来，子岂能毋怪哉？“

惠子曰：羿执鞅持扞，操弓关⑥机，越人⑦争为持的。弱子扜弓，慈母入室闭户。”故曰：“可必⑧，则越人不疑羿；不可必，则慈母逃弱子。”

［注释］

①主断：处事专断。②贵主而轻国：重视养生而看轻国事。③衣：穿衣的意思。④反：通“返”，返回。⑤女：通“汝”，你的。⑥关：通“弯”，引，拉。⑦越人：比喻关系疏远。⑧可必：一定可以射中目标。

［译文］

宋国的太宰地位尊贵而处事专断。季子打算拜见宋国的国君，梁子听到后说：“你和国君主说话时，要表现得像太宰也在场一样。不然的话，就会遇到祸患。”季子因此进说了一些重视养生而看轻国事的意见。

杨朱的弟弟杨布穿着白色衣服出门。碰到天下雨了，他脱掉白色衣服，穿着黑

色衣服返回家中。他家的狗没有认出他，对他汪汪大叫。杨布很生气，打算打它。杨朱说："你不要打它，你自己都如此。假如之前你的狗出门时是白色的，回来后变成黑色的了，你难道不感到奇怪吗？"

惠子说："羿拿着拉弦工具带着皮质袖套，拉开弓箭时，连关系疏远的人都敢争着为他举靶。小孩子拉弓射箭时，连他的母亲都会躲进屋里。"所以说："一定可以射中目标时，就连关系疏远的人也不害怕后羿会射到自己；一定不能射到目标时，就连母亲也要躲避拉弓射箭的孩子。"

桓公问管仲："富有涯乎？"答曰："水之以涯，其无水者也；富之以涯，其富已足者也。人不能自止于足，而亡其富之涯乎！"

宋之富贾①有监止子者，与人争买百金之璞(pú)玉，因佯失而毁之，负其百金，而理②其毁瑕，得千溢③焉。事有举之而有败，而贤其毋举之者，负之时④也。

有欲以御见荆王者，众驺⑤妒之。因曰："臣能撽(qiào)⑥鹿。"见王，王为御，不及鹿；自御，及之。王善其御也，乃言众驺(zōu)妒之。

[注释]

①贾：商人。②理：这里是雕琢的意思。③溢：通"镒"，古代重量单位。④时：通"是"。⑤驺：马夫。⑥撽：追击。

[译文]

桓公问管仲："富足是有尽头的吗？"管仲回答说："水有边际，那个地方对水就不会有需求；富足有边际，就是人们已经富足到满足的时候了。人们不懂得在足够富裕的时候就应该加以收敛，就会失去富裕的边际了吧！"

有个叫监止子的宋国富商，与别人争相购买一块价值百金的玉璞，就假装失手摔破了玉璞，赔偿了百金，而他雕琢好摔坏的痕迹，又卖了千金。事情做了却失败了，就认为这样的事情还是不做为好，那是因为只看到赔钱的时候啊。

有个人想凭着好的驾车技术求见楚王，很多马夫都嫉妒他。他就说："我能驾车追击奔鹿。"于是受到楚王的接见。楚王自己驾车，没有追上奔鹿；马夫自己驾车，追上了奔鹿。楚王夸奖他的驾车技术好，他才说明有其他许多马夫嫉妒他。

荆令公子将①伐陈。丈人②送之曰："晋强，不可不慎也。"公子曰："丈人奚忧？吾为丈人破晋。"丈人曰："可。吾方庐③陈南门之外。"公子曰："是何也？"曰："我笑勾践也。为人之如是其易也，己独何为密密十年难④乎？"

尧以天下让许由，许由逃之，舍于家人，家人藏其皮冠。夫弃天下而家人藏其皮冠，是不知许由者也。

三虱相与讼，一虱过之，曰："讼者奚说？"三虱曰："争肥饶之地。"一虱曰："若亦不患腊[5]之至而茅之燥耳，若又奚患于是？"乃相与聚嘬（zuō）[6]其身而食之。彘臞（qú）[7]，人乃弗杀。

虫有虺（huǐ）[8]者，一身两口，争食相龁（hé）[9]也。遂相杀，因自杀。人臣之争事而亡其国者，皆虺类也。

宫有垩[10]，器有涤，则洁矣。行身亦然，其无垩之地则寡非矣。

［注释］

①将：率领（军队）。②丈人：这里指老人。③庐：修筑庐舍。④密密十年难：十年辛苦。密密：指勤苦。⑤腊：年终祭祀名。⑥嘬：叮、咬。⑦臞：消瘦。⑧虺：传说中一种两头蛇。⑨龁：咬。⑩垩：白土。这里是涂抹成白色的意思。

［译文］

楚国命令公子率领军队去攻打陈国，有个老人送他时说："晋国强大，你要谨慎啊。"公子说："您担心什么呢？我替您攻克晋国吧。"老人说："可以。我将在陈国都城的南门修筑庐舍等你。"公子说："这是为什么？"老人说："我这是在耻笑勾践呀。做人如果这么容易的话，他为何还要卧薪尝胆，饱受十年辛苦呢？"

尧把天下让给许由，许由逃了出去不肯接受，住到一个普通人家里。这家人担心许由偷走皮帽，就把皮帽藏了起来。许由连天下都不接受，而这家人却把皮帽藏起来，这是不了解许由的缘故啊。

三只虱子互相争吵，旁边来了另一只虱子，问道："你们在争吵什么啊？"三只虱子说："争占猪身上肥美的地方。"那只过路虱子说："你们难道不担心腊祭到了，人们打算用茅草来烤猪，到那时你们又何必在这些小地方争夺呢？"这些虱子便聚在一起吸食猪身上的血肉。猪消瘦了，人们就没有杀它祭祀。

动物中有一种叫虺的双头毒蛇，它长了两张嘴，因为争食而相互咬斗，最后因为这两张嘴互相残杀，而把自己杀死了。臣子之间争权夺利就像虺蛇一样，能导致国家灭亡。

宫墙涂成白色，器具用水冲洗，就显得干净了。做人也是这样，修身到一定地步，过失就很少有了。

公子纠将为乱，桓公使使者视之。使者报曰："笑不乐，视不见，必为乱。"乃使鲁人杀之。

公孔弘断发[①]而为越王骑，公孔喜使人绝之[②]，曰：“吾不与子为昆弟[③]矣。”公孙弘曰：“我断发，子断颈而为人用兵，我将谓之何？”周南之战，公孙喜死焉。

有与悍(hàn)者邻，欲卖宅而避之。人曰：“是其贯[④]将满矣，子姑待之。”答曰：“吾恐其以我满贯也。”遂去之。故曰：“物之几者，非所靡[⑤]也。”

孔子谓弟子曰：“孰能导[⑥]子西之钓名也？”子贡曰：“赐也能。”乃导之，不复疑也。孔子曰：“宽哉，不被于利！洁[⑦]哉，民性有恒！曲为曲，直为直。孔子曰：“子西不免。”白公之难，子西死焉。故曰：“直于行者曲[⑧]于欲。”

［注释］

①断发：古代越国的一种风俗。②绝之：与之绝交。③昆弟：兄弟。④贯：穿钱的绳子。⑤靡：迟缓，拖拉。⑥导：劝止，劝导。⑦洁：纯洁，高洁。多指人的品行。⑧曲：屈从。

［译文］

公子纠将要作乱，桓公派人前去察看动静。派去的使者回来报告说：“公子纠笑而不乐，视若不见，一定是要作乱了。”桓公就叫鲁人把他杀了。

公孙弘剪短了头发去做越王的骑士，公孙喜派人告诉他要和他绝交，说：“我与你不再是兄弟关系了。”公孙弘说：“我不过剪了头发，你却卖命地替人带兵打仗，我还能说你什么呢？”周南之战时，公孙喜死在战场。

有个人，他的邻居非常蛮横，于是打算卖掉住宅来躲避邻居。有人劝他说：“这人就要恶贯满盈了，你不妨再等待一下。”想卖住宅的人说：“我害怕的是我将成为他恶贯满盈的最后牺牲品。”于是就离开了。所以说：“事情到了危急关头，就不能再拖延了。”

孔子对弟子说：“谁能劝子西不要沽名钓誉呢？”子贡说：“我能。”于是前去劝导子西，不要再怀疑什么了。孔子说：“心胸宽广，就是不被利益所诱惑！品德纯洁，就是人的本性是恒定不变的！弯的就是弯的，直的就是直的。”孔子又说：“子西不能幸免于难。”白公胜政变时，子西最终被杀了。所以说：“行为刚直的人也会向欲望屈从。”

晋中行文子出亡，过于县邑。从者曰：“此啬夫[①]，公之故人。公奚不休舍[②]，且待后车？”文子曰：“吾尝好音，此人遗我鸣琴；吾好佩，此人遗我玉环：是振[③]我过者也。以求容[④]于我者，吾恐其以我求容于人也。”乃去之。果收文子后车二乘而献之其君矣。

周趮（zào）谓宫他曰：“为我谓齐王曰：‘以齐资我于魏，请以魏事王。’”宫他曰：“不可，是示之无魏也，齐王必不资于无魏者，而以怨有魏者。公不如曰：‘以王之所欲，臣请以听魏听王。’齐王必以公为有魏也，必因⑤公。是公有齐也，因以有齐、魏矣。”

［注释］

①啬夫：对约束官员的官的称谓。②休舍：应是“休于其舍”，在他的房舍里休息。③振：助长的意思。④求容：取悦。⑤因：依从。

［译文］

晋国的中行文子出逃，路过一个县城。随从说：“这里的乡官是您的故人。您为何不去他家里休息，不妨等待一下后面的车子？”文子说：“我曾经爱好音乐，这个人就送给我一把好琴；我喜欢玉饰，这个人就送给我玉环；这些都助长我犯错误。用这种方法取悦我的人，我怕他会拿我去取悦。”于是就离开了这个县城。果然，这个乡官没收了中行文子后面随从的车子，进献给他的主子了。

周趮对宫他说：“替我对齐王说明，如果齐国大力帮助我，使我能在魏国掌权，我就会用魏国侍奉齐王。”宫他说：“不可以。这样就说明您在魏国无权。齐王一定不会帮助在魏国无权的人，从而与魏国掌权的人结怨。您不如这样说：根据大王的要求，我愿意拿魏国听命于大王。齐王一定认为您是魏国的掌权者，一定依从您。这样您就获得了齐国的帮助，那么在齐国、魏国都有了地位。”

白圭谓宋大尹曰：“君长自知①政，公无事矣。今君少主也，而务名，不如令荆贺君之孝也，则君不夺公位，而大敬重公，则公常用宋矣。”

管仲、鲍叔相谓曰：“君乱甚矣，必失国。齐国之诸公子其可辅者，非公子纠，则小白也。与子人事一人焉，先达者相收②。”管仲乃从公子纠，鲍叔从小白。国人果弑君。小白先入为君，鲁人拘管仲而效之，鲍叔言而相之。故谚曰：“巫咸虽善祝，不能自祓③也；秦医虽善除，不能自弹④也。”以管仲之圣而待鲍叔之助，此鄙谚（yàn）所谓“虏自卖裘（qiú）而不售，士自誉辩而不信”者也。

［注释］

①知：掌管。②收：收容，录用。③自祓：通过祭祀除去自己的灾难。④弹：

用石针刺穴位治病。

［译文］

白圭对宋国大尹说：“贵国的君主长大后自己掌管政事，您就没有用武之地了。现在君主年纪小而且追求名声，不如让楚国来赞颂君主孝顺，君主不仅不会剥夺您的权位了，反而会更加敬重您，这样，您在宋国就能长期掌权了。”

管仲、鲍叔牙相互议论说：“现在的君主很昏庸，必定会使国家灭亡。齐国那么多的公子中值得辅佐的，只有公子纠和小白。我和你每人侍奉一个公子，先成功的就收容另一个人。”管仲就跟着公子纠，鲍叔牙就跟着小白。齐国人果真杀了君主。小白先回齐国做了君主。鲁国人派人抓了管仲，把他献给了小白，鲍叔牙提出建议，让管仲做齐国的相国。古时的俗语说：“巫咸虽然善于通过祭祀祈祷，却不能通过祭祀除去自己的灾祸；秦医虽然善于治病，却不能通过针灸为自己治好病。”以管仲的英明，还要等待鲍叔牙的帮助，这就是俗谚所说的“奴隶自己去卖裘衣是卖不出去的，士人替自己吹嘘辩解是没有人相信的”。

荆王伐吴，吴使沮卫、蹷(jué)融犒于荆师，而将军曰：“缚之，杀以衅鼓[①]。”问之曰：“女来，卜乎？”答曰：“卜。”“卜吉乎？”曰：“吉。”荆人曰：“今荆将以女衅(xìn)鼓，其何也？”答曰：“是故[②]其所以吉也。吴使臣来也，固视将军怒，将军怒，将深沟高垒；将军不怒，将懈怠。今也将军杀臣，则吴必警守矣。且国之卜，非为一臣卜。夫杀一臣而存一国，其不言吉，何也？且死者无知，则以臣衅鼓无益也；死者有知也，臣将当战之时，臣使鼓不鸣。”荆人因不杀也。

［注释］

①衅鼓：古时战前杀牲或人，以其血涂鼓。②故：通“固”，本来。

［译文］

楚王讨伐吴国，吴王派沮卫、蹷融拿着酒和食物去犒劳楚军，但楚国的将军说：“把他们捆起来，杀了，用他们的血来祭鼓。”楚人问沮卫、蹷融说：“你们来时，占卜了吗？”他们回答说：“占卜过。”“是吉兆吗？”他们说：“是吉兆。”楚人说：“现在要用你们祭鼓，怎么解释呢？”他们回答说：“这正是吉利的征兆了。吴王派我们来的时候，本来就是要看将军是否发怒，将军发怒了，吴军就要把壕沟挖深；如果将军不发怒，吴军就会麻痹懈怠。现在将军杀了我们，那么吴军就一定会加强警惕，严加防守。再说一个国家的占卜，绝不是在为一个臣子占卜。杀掉一个臣子而保存一个国家，这不正是吉兆吗？假如死了的人什么也不知道，用我们祭鼓也就没有好处；假如死了的人还能知晓，在打仗的时候，我会让楚军战鼓敲不响。”楚人因此没有杀掉他们。

知①伯将伐仇由而道难②不通，乃铸大钟遗仇由之君。仇由之君大说，除③道将内④之。赤章曼枝曰："不可。此小之所以事大也，而今也大以来，卒必随之，不可内也。"仇由之君不听，遂内之。赤章曼枝因断毂(gǔ)而驱⑤，至于齐，七月而仇由亡矣。

[注释]

①知：通"智"。②道难：道路艰险。③除：整治。④内：通"纳"。⑤断毂而驱：缩短车身赶路。

[译文]

智伯将要讨伐仇由，但道路艰险不容易通过，于是铸造了一口很大的钟送给了仇由的国君。仇由国君非常高兴，准备修通道路接受大钟。赤章曼枝说："不可以。送钟本是小国送给大国的，现在反而是大国送给小国，他们的军队一定跟随其后，我们不能接受大钟。"仇由的国君没有采纳，于是接受了大钟。赤章曼枝就截短了车身以便赶路，快速逃到了齐国。七个月后，仇由国就灭亡了。

越已胜吴，又索卒于荆而攻晋。左史倚相谓荆王曰："夫越破吴，豪士死，锐卒尽，大甲伤。今又索卒以攻晋，示我不病也。不如起师与分吴。"荆王曰："善。"因起师而从越①。越王怒，将击之。大夫种曰："不可。吾豪士尽，大甲伤②。我与战，必不克。不如赂之。"乃割露山之阴五百里以赂之。

荆伐陈，吴救之，军间三十里，雨十日，夜星。左史倚(yǐ)相谓子期曰："雨十日，甲辑而兵聚③。吴人必至，不如备之。"乃为陈④。陈未成也而吴人至，见荆陈而反。左史曰："吴反复⑤六十里，其君子⑥必休，小人必食。我行三十里击之，必可败也。"乃从之，遂破吴军。

[注释]

①从越：跟从越军对它施以威胁。②大甲伤：铠甲损毁。③甲辑而兵聚：铠甲和兵器都集中放置。辑，聚集。④陈：通"阵"。⑤反复：往返。⑥君子：与下文的"小人"分别指官兵。

[译文]

越国战胜了吴国后，又向楚国借兵去攻打晋国。史官倚相对楚王说："越国为攻占吴国，已经战死了很多豪杰之士，精锐部队已经消耗完了，武器装备已经毁坏了。

现在又来向我们借兵去攻打晋国，是向我们表示他们没有受损。楚国不如起兵和越国共同瓜分吴国。”楚王说：“好。”于是发兵跟踪越军并施以威胁。越王感到很气愤，准备进攻楚国的军队。大夫文种说：“不行。我国的豪杰之士已经战死很多了，武器装备毁坏了。我们和他们打仗，一定不能取胜，不如去贿赂他们。”于是把露山北面五百里的地方割让给了楚国。

楚国攻打陈国，吴国施以援救，楚吴两军相距三十里。雨下了十天，晚上终于放晴了。史官倚相对子期说：“雨下了十天，盔甲和兵器都集中存放着。吴军一定会来偷袭，不如多加防备。”于是布好了战阵。战阵还没布好，吴军就到了。吴军看到楚军布阵，就折返回去了。倚相说：“吴军往返六十里，当官的一定在休息，当兵的一定在吃饭。我们行军三十里去偷袭他们，一定能把他们打败。”于是跟随过去，并打败了吴军。

韩、赵相与为难[1]。韩子索兵于魏曰：“愿借师以伐赵。”魏文侯曰：“寡人与赵兄弟，不可以从[2]。”赵又索兵以攻韩。文侯曰：“寡人与韩兄弟，不敢从。”二国不得兵，怒而反。已乃知文侯以构[3]于己，乃皆朝魏。

齐伐鲁，索谗(chǎn)鼎[4]，鲁以其雁[5]往。齐人曰：“雁也。”鲁人曰：“真也。”齐曰：“使乐正子春来，吾将听子。”鲁君请乐正子春，乐正子春曰：“胡不以其真往也？”君曰：“我爱之。”答曰：“臣亦爱臣之信。”

［注释］

①为难：敌对。②从：听从。③构：讲和。④谗鼎：鼎名。⑤雁：通“赝”。

［译文］

韩国、赵国相互敌对。韩国的国君向魏国借兵，说：“希望借到军队去攻打赵国。”魏文侯说：“我国和赵国是兄弟，无法听命。”赵国也向魏国借兵去攻打韩国，魏文侯说：“我国和韩国是兄弟，不敢从命。”韩、赵两国都没有借到兵，愤怒地回去了。事后才知道魏文侯是用这种方法让两国和解，都很信服，于是都去朝见他。

齐国讨伐鲁国，索要谗鼎，鲁国就送去了一个赝品。齐国人说：“这是赝品。”鲁国人说：“是真的。”齐人说：“叫掌管音乐的子春来证明，我就相信你们。”鲁国的国君请求乐正子春，乐正子春说：“为什么不把真的送去？”鲁国的国君说：“我喜爱谗鼎。”乐正子春回答说：“我也爱惜我的名誉。”

韩咎立为君，未定也。弟在周，周欲重之，而恐韩咎不立也。綦毋恢曰：“不若以车百乘送之。得立，因曰为戒[1]；不立，则曰

来效贼也。”

靖郭君将城薛[2]，客多以谏者。靖郭君谓谒者[3]曰：“毋为客通。”齐人有请见者曰：“臣请三言而已。过三言，臣请烹。”靖郭君因见之。客趋[4]进曰：“海大鱼。”因反走。靖郭君曰：请闻其说。客曰：“臣不敢以死为戏。”靖郭君曰：“原为寡人言之。”答曰：“君闻大鱼乎？网不能止，缴[5]不能绀[6]也，荡而失水，蝼（lóu）蚁得意焉。今夫齐亦君之海也。君长有齐，奚以薛为？君失齐，虽隆薛城至于天，犹无益也。”靖郭君曰：“善。”乃辍，不城薛。

［注释］

①戒：警卫，保护。②城薛：在薛地筑城。③谒者：这里指管宾客谒见的人。④趋：小步跑。⑤缴：古时射箭时系在箭尾的彩色丝线，以便射鸟或鱼之后容易发现，这里代箭。⑥绀：通“挂”。

［译文］

韩咎被立为国君，但事情尚未最后确定。韩咎的弟弟在周国，周国想让他回国并能处在重要的位置上，但又怕韩咎最终不能被立为国君。綦毋恢说：“不如用百辆兵车送他回国。如果韩咎被立为国君，就说是给他做警卫的；如果韩咎不能被立为国君，就说是来把他的弟弟献给他的。”

靖郭君田婴打算在薛地筑城，门客中有很多人都来劝阻他。田婴对通报人员说：“不要替门客们通报了。”有个齐国人觐见，说：“我只要求说三个字。超过三个字，就请把我煮死好了。”田婴就接见了他。这个齐国人小跑上前说：“海大鱼。”说完回头就跑。田婴说：“请告诉我说的是什么意思。”齐国人说：“我不敢拿生命当儿戏。”田婴说：“希望你给我说清楚。”齐国人回答说：“您听说过海里的大鱼吗？网不能网住它，用丝绳系的飞箭也不能钓住它，但它要是胡乱游荡而脱离了水，蝼蚁都可以随心所欲地咬它。现在齐国也就相当于是您的大海。您能长期地掌管齐政，还要薛城干什么？您失去了齐国，即使把薛城筑得高耸云天，也没有用处啊。”田婴说：“好。”于是下令停止在薛地筑城。

荆王弟在秦，秦不出[1]也。中射之士曰：“资臣百金，臣能出之。”因载百金之晋，见叔向，曰：“荆王弟在秦，秦不出也。请以百金委叔向。”叔向受金而以见之晋平公曰：“可以城壶丘矣。”平公曰：“何也？”对曰：“荆王弟在秦，秦不出也，是秦恶荆也，必不敢禁我城壶丘。若禁之，我曰：‘为我出荆王之弟，吾不城

也。'彼如出之，可以德荆；彼不出，是卒恶也，必不敢禁我城壶丘矣。"公曰："善。"乃城壶丘。谓秦公曰："为我出荆王之弟，吾不城也。"秦因出之。荆王大说，以炼金②百镒遗晋。

[注释]

①出：放归。②炼金：纯净的金子。

[译文]

楚王的弟弟在秦国，秦国不放他回去。侍卫官说："给我一百金，我能让他回到楚国。"于是他带上一百金前往晋国，拜见叔向后，说："楚王的弟弟在秦国，但秦国不放他回去。"并把这一百金送给叔向，希望他能够办理这件事。叔向收了这一百金，并把它献给晋平公，说："可以在壶丘筑城了。"晋平公说："为什么？"叔向回答说："楚王的弟弟在秦国，秦国不放他回去，这说明秦国憎恨楚国，秦国也就一定不敢阻挡我们在壶丘筑城。如果秦国前来阻挡，我们就说：'看在我们的面上，放出楚王的弟弟，我们就不筑城了。'秦国如果放出楚王的弟弟，楚国就会感激我们；如果不放，说明秦国始终都憎恨楚国，他们一定不敢阻挡我们在壶丘筑城。"平公说："好。"于是就在壶丘筑城。晋平公对秦景公说："看在晋国的面子上，放了楚王的弟弟，若如此，我就不再筑城了。"秦因而放了楚王的弟弟。楚王非常高兴，就赠送了晋国一百镒纯金。

阖(hé)庐攻郢(yǐng)，战三胜，问子胥曰："可以退乎？"子胥曰："溺(nì)人者一饮而止，则无溺者，以其不休也。不如乘之以沈之。"

郑人有一子，将宦，谓其家曰："必筑坏墙，是不善，人将窃。"其巷人①亦云。不时②筑，而人果窃之。以其子为智，以巷人告者为盗。

[注释]

①巷人：同里之人。②时：及时。

[译文]

吴王阖庐攻打郢都，打赢了好几次后，他问伍子胥说："现在可以撤兵吗？"伍子胥回答说："想淹死他，让他只喝了一口水就停止，那是不会成功的，因为中途停止了。不如趁机使他沉入水底。"

有个郑国人，他的儿子将要做官，临走时告诉他的家人说："务必要把坏了的墙维修好，否则，别人会来偷窃。"他邻居也这样说。因为墙没有得到及时维修，别人果然偷了他家的东西。这个郑国人认为他的儿子很聪明，却怀疑劝说修墙的邻居是盗贼。

观行第二十四

题 解

“观行”的意思是观察自己与他人的行为。本篇主要论述的是观察人臣的方法。韩非认为，不同的人有不同的智慧和才能，各有专长，也各有局限。明主要知道自己的长处和短处，严格要求自己，“以有余补不足”。对于他人，要根据客观的可能性，不能苛求，应该运用法术，“则观行之道毕矣”。以法术为标准，顺应客观形势，找出容易成功的办法，便可能“用力寡而功名立”。

古之人目短于自见，故以镜观面；智短于自知，故以道正己。故镜无见[1]疵之罪，道无明过之恶。目失镜，则无以正须眉；身失道，则无以知迷惑。西门豹之性急，故佩韦(wéi)[2]以缓己；董安于之心缓，故弦统以自急。故以有余补不足，以长续短之谓明主。

[注释]

①见：通“现”。②韦：熟牛皮。这里指用熟牛皮做的带子。

[译文]

古代的人，眼睛不能看见自己，所以照镜子观察面容；因为才智不足以认识自己，所以用法术来端正自己。所以镜子没有照出瑕疵的罪过，法术没有招来暴露过失的怨恨。眼睛失去镜子，就没有办法修整胡子眉毛；人们离开法术，就没有办法来辨别是非。西门豹是个性情急躁的人，所以他佩带柔韧的皮带来提醒自己应该从容沉着；董安于是个慢性子的人，所以他佩带绷紧的弓弦来提醒自己应该行动敏捷。所以能够用有余弥补不足，以长补短，就叫作英明的君主。

天下有信数[1]三：一曰智有所有不能立，二曰力有所不能举，三曰强有所有不能胜。故虽有尧之智而无众人之助，大功不立；有乌获之劲而不得人助，不能自举；有贲、育之强而无法术，不得长胜。故势有不可得，事有不可成。故乌获轻千钧而重其身，非其身重于千钧也，势不便也。离朱易百步而难眉睫(jié)，非百步近而眉睫远也，道不可也。故明主不穷乌获以其不能自举，不困离

朱以其不能自见。因可势，求易道，故用力寡而功名立。时有满虚，事有利害，物有生死，人主为三者发喜怒之色，则金石之士②离心焉。圣贤之朴③深矣。古明主观人，不使人观己。明于尧不能独成，乌获之不能自举，贲、育之不能自胜，以法术则观行之道毕矣。

赵匡胤义结十兄弟

赵匡胤发动兵变代周建宋的基本力量之一，是以他为首的所谓“太祖义社兄弟”，也称为“义社十兄弟”，即赵匡胤、杨光义、石守信、李继勋、王审琦、刘庆义、刘守忠、刘廷让、韩重赟、王政忠。

［注释］

①信数：必然的道理。②金石之士：像金石一样坚贞的人。③朴：道术，这里指法术。

［译文］

天下有三种必然的道理：一是智慧虽然很高，但也有办不成的事情；二是力气虽然很大，但也有举不起来的东西；三是实力虽然很强，但也有打不赢的对手。所以即使有尧的智慧，如果没有众人的辅佐，也不能建立大功；有乌获那样大的力气，如果没有别人的帮助，也不可能自己举起自己；有孟贲、夏育那样的勇猛，如果没有法术指导，也不能永远取胜。所以客观条件总有不具备的时候，事情总有办不成的时候。所以乌获以千钧的东西为轻而以自身的重量为重，并不是他的身体比千钧重，而是客观条件不允许。离朱易于看清百步之外的毫毛，却难以看到自己的睫毛，并不是百步近而眉睫远，而是条件不允许。所以明君不因乌获不能自举而为难他；不因离朱不能看见自己睫毛刁难他。顺应可以获得成功的形势，寻找容易取胜的条件，所以花费很少的力气就能取得功名。季节有兴盛也有衰败，事情有益处也有害处，万物有生有死，君主对这三种变化表现出喜怒之色，那么即使像金石一样坚贞的人也会离心背德，聪明的人就会摸清君主底细。所以明君观察别人，而不能让别人观察自己。明白尧不能单独取胜，乌获不能自己举起自己，孟贲、夏育不能战胜自我，运用法术观察臣下行为的道理就全都在里面了。

安危第二十五

题　解

本篇讨论的是关于国家安危的问题，提出了七条使国家安定的原则以及六种导致国家混乱的错误做法。其中安术中赏罚、祸福、死生、尺寸等是属于韩非法术思想的重要内容，而善恶、贤不肖、愚智、无意度、有信等都属于韩非刑名学说的重要内容。韩非特别提出了“存亡在虚实”的重要性，因为“虚实”关系到君王是否掌握实权。文章最后阐述“明主之道忠法，其法忠心”的重要性，所谓“忠心”，即忠于心，即君王在进行决策时要独断。

安术有七，危道有六。

安术：一曰赏罚随是非，二曰祸福随善恶，三曰死生随法度，四曰有贤不肖而无爱恶，五曰有愚智而无非誉①，六曰有尺寸而无意②度，七曰有信而无诈。

危道：一曰断削于绳③之内，二曰断割于法之外，三曰利人之所害，四曰乐人之所祸，五曰危人于所安，六曰所爱不亲，所恶不疏。如此，则人失其所以乐生，而忘其所以重死。人不乐生，则人主不尊；不重死，则令不行也。

［注释］

①非誉：非议和称赞。②意：通“臆”，臆断。③绳：绳墨，比喻法度。

［译文］

使国家安定的法术有七种，使国家危乱的做法有六种。

使国家安定的法术：一是赏罚根据是非而定；二是福祸根据善恶而定；三是生死根据法律而定；四是人贤和不贤是客观存在的，不能根据个人的好恶决定；五是愚蠢和智慧是客观存在的，不能根据别人的非议和赞美来确定；六是衡量事物有尺寸的标准而不能凭主观臆断；七是要守信用而不能欺诈。

使国家陷入危乱的做法：一是砍削木材偏到准线以内，即裁决时徇私枉法；二是任意裁决，在法令之外滥施淫威；三是用别人的祸害谋划；四是用别人的祸害取乐；五是危害别人的安定生活；六是不亲近爱护自己的人，不疏远能危害自己的人。如果这样，人们就失去了乐于生存的前提，忘记了害怕死亡的条件。人们不贪生，君主就

得不到尊重；人们不怕死，法令就不能得以实行。

使天下皆极[①]智能于仪表[②]，尽力于权衡，以动则胜，以静则安。治世使人乐生于为是，爱身于为非，小人少而君子多。故社稷常立，国家久安。奔车[③]之上无仲尼，覆舟之下无伯夷。故号令者，国之舟车也。安则智廉生，危则争鄙[④]起。故安国之法，若饥而食，寒而衣，不令而自然也。先王寄理于竹帛[⑤]。其道顺，故后世服。今使人去饥寒，虽贲、育不能行；废自然，虽顺道而不立。强勇之所不能行，则上不能安。上以无厌[⑥]责已尽。则下对“无有”；无有，则轻法。法所以为国也，而轻之，则功不立，名不成。

［注释］

①极：穷尽。②仪表：与后文的“权衡”都比喻法令。③奔车：与后文的“覆舟”都比喻危乱之国。④争鄙：争斗粗鄙的人。⑤竹帛：古代用竹、帛进行书写，所以“竹帛”代指文献。⑥厌：满足。

［译文］

如果让天下人都能在法令范围内充分发挥智慧和才能，在法令范围内竭尽全力，用来打仗就能取得胜利，用来治国就能使国家安定。太平社会使人活得开心而去干好事，爱惜身体而不去做坏事，肖小之辈少而君子多。所以国家能长期的存在，永远安定。在危险混乱的国家里不会产生孔子那样的智者和伯夷那样的廉者。所以法令好比国家的船和车，只有在安定的时候才有智慧和清廉的人出现，而在危险混乱时争斗粗鄙的人就纷纷涌出。所以能使国家安定的法律，像饿了要吃饭、冷了要穿衣一样，不是命令而是自然需要的。先王把法令记入了文献，它的道理顺应了客观规律，所以后人都能信服。如今假设让人们去掉饥饿时吃饭、受冷时穿衣的自然需要，即使孟贲、夏育那样的勇士也做不到；违背自然规律，即使沿用先王之道也行不通。强制人们去做勇士也做不到的事，君主就不得安宁。君主以永不满足的贪欲去搜刮已被搜刮尽的民众，民众的回答自然是“再也没有了”；民众一无所有，就会轻视法令。法令是用来治理国家的，一旦被轻视了，那么君主就不能建立功业，成就名声。

闻古扁鹊之治其病也，以刀刺骨；圣人之救危国也，以忠拂耳。刺骨，故小痛在体而长利在身；拂耳，故小逆在心而久福在

国。故甚病之人利在忍痛，猛毅[1]之君以福拂耳。忍痛，故扁鹊尽巧[2]；拂耳，则子胥不失；寿安[3]之术也。病而不忍痛，则失扁鹊之巧；危而不拂耳，则失圣人之意。如此，长利不远垂[4]，功名不久立。

［注释］

①猛毅：勇猛，刚毅。②尽巧：这里指扁鹊充分发挥他的医术。③寿安：指君主长寿，国家安定。④垂：流传。

［译文］

听说古代名医扁鹊疗治疾病时，把刀插入骨中；圣人在挽救混乱的国家的时候，进献逆耳的忠言。刀子刺入骨中，虽然要身体承受一时的疼痛，但能使自己的身体得到长远的好处；忠言逆耳，虽然心里会暂时难受，但国家能得到长远的利益。因此，重危的病人从疼痛中得到好处，勇猛刚毅的君主不怕逆耳的进言就能得到福祉。病人忍住疼痛，所以扁鹊能充分发挥他的医术；君主不怕进言的逆耳，就不会失去伍子胥那样的忠臣；这是君主长寿、国家长治久安的方法。生病了却不能忍受疼痛，扁鹊的医术就不能施展出来；处于危险之中却害怕进言的逆耳，圣人的忠心就无法进献。这样一来，长远利益就不能流传，功名就不能永久建立。

人主不自刻[1]以尧而责人臣以子胥，是幸殷人之尽如比干；尽如比干，则上不失，下不亡。不权[2]其力而有田成，而幸其身尽如比干，故国不得一安。废尧、舜而立桀、纣，则人不得乐所长而忧所短。失所长，则国家无功；守所短，则民不乐生。以无功御[3]不乐生，不可行于齐民[4]。如此，则上无以使下，下无以事上。

［注释］

①自刻：自律。②权：权衡。③御：统治。④齐民：普通百姓。

［译文］

君主不拿尧来自律，却要求臣下都像伍子胥，这是幻想殷人都像比干一样忠诚；都像比干一样忠诚，君主就不会有什么过失，臣下也不会背弃君主。君主不能正确权衡自己的力量，而身边又有田成子那样图谋篡权的臣子，还侥幸地希望他们都像比干，所以国家连一时的安定也无法得到。假如废除像尧舜一样的圣君，而立像桀纣一样的暴君，那么人们就不可能发挥长处，却要常常因为短处而忧虑。失掉了长处，君主就不能建立功业；守着自己的短处，民众就无法安于生存。用不能建立功业的君主来统

治无法安于生存的民众，即使是普通的百姓也是不可能的。像这样的话，君主就无法统治臣下，臣下就无法侍奉君主。

安危在是非，不在于强弱。存亡在虚实①，不在于众寡。故齐，万乘也，而名实不称②，上空虚于国，内不充满于名实，故臣得夺主。桀③，天子也，而无是非；赏于无功，使谗谀（yú）以诈伪为贵；诛于无罪，使伛（yǔ）④以天性剖背。以诈伪为是，天性为非，小得胜大。

［注释］

①虚实：指君王徒有虚名或握有实权。②称：相称。③桀：夏代的最后一个君主，以残暴著称。④伛：驼背。

［译文］

国家是安定还是危乱在于君主是否能分清是非，而不在于国家的强弱。国家是能够保存还是要灭亡在于君主是徒有虚名还是掌握了实权，而不在于臣属的多少。所以，齐国虽然是大国，但名不符实，君主在国内的权力被架空了，名位和实权都已经旁落，所以君主的位置被篡夺了。桀是天子，但不能分清是非；奖赏无功的人，使阿谀奉承的人凭借欺诈的手段变得尊贵起来；杀戮无辜的人，使驼背的人因为先天不足而被剖背。把欺诈虚伪的当成正确的，把天性当成错误的，所以小小的商汤能够战胜强大的夏桀。

明主坚内①，故不外失。失之近而不亡于远者无有。故周之夺殷也，拾遗②于庭。使殷不遗于朝，则周不敢望秋毫于境。而况敢易位乎?

明主之道忠法，其法忠心，故临③之而法，去之而思。尧无胶漆之约④于当世而道行，舜无置锥之地于后世而德结。能立道于往古，而重德于万世者之谓明主。

［注释］

①坚内：巩固内部。②遗：失物。③临：管理，统治。④胶漆之约：比喻牢固的约定。

［译文］

英明的君主巩固内部政权，所以不会被远处别的国家消灭。如果国家内部治理得不好，却又不被远处别的国家消灭，这种情况从来不曾发生过。所以周朝夺取殷朝的政权，就好比在庭院内捡到别人的失物一样容易。假使殷朝没有丢失君权，那么周朝人连殷朝境内的一根毫毛也不敢觊觎，何况敢于夺取君位呢？

明君的治国原则要适合法制，这种法制要适合民众的心理。所以，用法制来统治臣民，一旦臣民脱离了法制反而会思念它。尧和当时的国民并没有订立牢固的约定，但治国的原则能够通行；舜没有留给后代一丁点儿土地，却结下了恩德。能够把古代尧舜作为榜样来确定治国原则，并把恩德永久留传给后代的君主，才能称之为明君。

守道第二十六

题 解

“守道”意思是君王把守权力的道理。韩非认为“守道”大要不离赏罚二字。具体方法则是“立法度量”，其主要的关键点有两个：其一是“其赏足以劝善，其威足以胜暴，其备足以必完法”；其二是“以其所重禁其所轻，以其所难止其所易”。这两个关键点也是韩非一贯倡导的严刑峻法思想的表现。因为“立法度量”有“君人者无亡国之图，而忠臣无失身之画”的好处，所以是“守道”的原则。

圣王之立法也，其赏足以劝善，其威足以胜①暴，其备②足以必完法。治世之臣，功多者位尊，力极者赏厚，情尽者③名立。善之生如春，恶之死如秋，故民劝极力而乐尽情，此之谓上下相得④。上下相得，故能使用力者自极于权衡，而务至于任鄙；战士出死⑤，而愿为贲、育；守道者皆怀金石之心，以死子胥之节。用力者为任鄙，战如贲(bēn)、育，中为金石，则君人者高枕而守已完矣。

[注释]

①胜：禁得住，制服。②备：措施。③情尽者：这里指竭尽忠诚的人。④相得：相互协调。⑤出死：献出生命。

[译文]

圣王确立的法治，赏赐丰厚得足以鼓励善行，权威严厉得足以制服暴乱，采取的措施足以保证法制得以坚决实施和完善。太平盛世的臣子，功劳多的人地位就尊贵，出力大的人赏赐就丰厚，竭尽忠诚的人名声就得以树立。好事物就像春天的草一样层出不穷，坏事物就像秋天的落叶一样枯萎凋谢，所以民众互相鼓励竭尽全力，乐于尽忠，这就叫作君臣上下相互协调。君臣上下相互协调，所以能出力的人都自觉地服从法度，务求能像大力士任鄙那样竭尽全力；战士们都愿意献出生命，情愿像勇士孟贲、夏育那样；维护法治的人都怀有如金石一般坚贞的心，抱定伍子胥尽忠守节那样的献身精神。出力的人都像任鄙，战士们都像孟贲、夏育，维护法治的人都坚贞得如同金石，做君主的就可以高枕无忧，把持权力的道术也就完备了。

古之善守者，以其所重禁其所轻，以其所难止其所易。故君子与小人俱正，盗跖与曾、史俱廉。何以知之？夫贪盗不赴溪而

掇(duō)[1]金，赴溪而掇金则身不全。贲、育不量[2]敌，则无勇名；盗跖不计可[3]，则利不成。明主之守禁也，贲、育见侵于其所不能胜，盗跖见害于其所不能取，故能禁贲、育之所不能犯，守盗跖之所不能取，则暴者守愿[4]，邪者反正。大勇愿，巨盗贞[5]，则天下公平，而齐民之情[6]正矣。

［注释］

①掇：拾取。②量：估量。③计可：预计成败。④愿：谨慎。⑤贞：通“正”，正派。⑥情：思想。

［译文］

古代善于把持君权的人，用非常严酷的刑罚来防止人们犯很小的罪过，用人们不敢违反的法令制止人们容易犯的罪行。所以君子和小人都很正派，盗跖和曾参、史鳍都一样廉洁。如何证明这个道理呢？贪婪的盗贼不去深涧拾取金子，因为去深涧拾取金子，难以保证自身的安全。孟贲、夏育不估量敌情，就得不到威武的名声；盗跖不预计成败，就不能获得利益。英明的君主把持禁令，孟贲、夏育若去攻打不可能取胜的地方，就要受到制裁；盗跖去不能偷窃的地方偷窃，就要受到惩罚；所以能禁止孟贲、夏育去攻打不能取胜的地方，防止盗跖去不能偷窃的地方偷窃。这样一来，强暴的人就得小心谨慎了，奸邪的人就得改邪归正了。强暴的人小心谨慎了，大盗贼变得正派了，那么天下就公正太平了，民众的思想也就归于正道了。

人主离法失人[1]，则危于伯夷不妄取，而不免于田成、盗跖之祸。何也？今天下无一伯夷，而奸人不绝世，故立法度量。度量信，则伯夷不失是，而盗跖不得非；法分明，则贤不得夺不肖，强不得侵弱，众不得暴寡。托天下于尧之法，则贞士不失分[2]，奸人不侥幸。寄千金于羿之矢，则伯夷不得亡[3]，而盗跖不敢取。尧明于不失奸，故天下无邪；羿巧于不失发，故千金不亡。邪人不寿而盗跖止。如此，故图不载宰予，不举六卿；书不著子胥，不明夫差。孙、吴之略废，盗跖之心伏。

［注释］

①离法失人：背离法度，用人失当。②分：本分。③亡：丢失。

［译文］

君主背离法度，用人失当，如此就比遇上像伯夷那样清廉的人变得胡乱索取还要可怕，当然还不能免于田成、盗跖这类人的祸害。为什么？如今天下没有一个伯夷，而奸人在社会上层出不穷，所以要确立法律制度。法律制度成了办事标准，那么，不但伯夷不会改变好的行为，而且盗跖也不能胡作非为了。法制分明，贤人不能攫取不贤的人，强大的不能欺凌弱小的，人多的不能欺负人少的。把天下置于尧的法令制度中，忠贞的人就不会失去本分，奸邪的人不会存有侥幸的心理。把千金置于后羿的神箭保护下，伯夷就不会变节了，盗跖也不敢偷窃了。尧懂得不放过坏人，所以天下就不存在奸邪；羿技艺高超，百发百中，所以千金不会丢失。所以，奸人无法生存了，盗跖也不敢再活动了。这样书籍里就不会记载宰予，不会提到六卿，也不会记载伍子胥，不会提到夫差了，孙武、吴起的谋略就会被遗弃，盗跖的贼心也会被收服。

人主甘服①于玉堂之中，而无瞋目切齿倾取②之患；人臣垂拱于金城之内，而无扼腕聚唇嗟唶(jiè)③之祸。服虎而不以柙④，禁奸而不以法，塞⑤伪而不以符，此贲、育之所患，尧、舜之所难也。故设柙，非所以备鼠也，所以使怯弱能服⑥虎也；立法，非所以备曾、史也，所以使庸主能止盗跖也；为符，非所以豫⑦尾生也，所以使众人不相谩也。不恃比干之死节，不幸⑧乱臣之无诈也；恃怯之所能服，握庸主之所易守。当今之世，为人主忠计，为天下结德者，利莫长于此。故君人者无亡国之图，而忠臣无失身之画。明于尊位必赏，故能使人尽力于权衡，死节于官职。通贲、育之情，不以死易生；惑于盗跖之贪，不以财易身；则守国之道毕备矣。

[注释]

①甘服：比喻锦衣玉食。②倾取：篡夺。③嗟唶：哀叹。④柙：兽笼。⑤塞：杜绝。⑥服：驯服。⑦豫：通“预”，预备。⑧幸：指望。

[译文]

君主在王宫里过着锦衣玉食的生活，不会再结下怒目切齿的仇恨，遭到被篡权的灾难；臣下在都城中垂衣拱手，没有忧愁，再不会遭到意外的灾祸，激起强烈的怨恨。驯服老虎而不用兽笼，禁止奸邪而不用刑法，杜绝虚假而不用符信，这是孟贲、夏育所忧心的，也是尧、舜为难的。所以准备兽笼，不是靠它来防备老鼠，而是为了使怯懦的人都能够驯服老虎；设立法度，不是靠它来防备曾参、史鳍的，而是为了使昏庸的君主也能禁止盗跖干非法的事；制作符信，不是靠它来防备尾生，而是为了使大家不再互相欺诈。不要只依赖比干那样的人誓死效忠，也不要幻想乱臣贼子不行欺诈；而要依靠那能够让怯懦的人都能驯服老虎的笼子，把持住能让昏庸的君主都容易保住政权的法令。处在如今这个时代，为君主尽忠竭虑，为天下造福的法宝，再没有

比上述这些更具有长远利益的了。所以做君主的没有亡国的忧心，忠臣没有杀身的危险。明白忠于职守就一定受到赏赐，所以能使人们根据法度竭尽全力办事，誓死忠于职守。即使有孟贲、夏育一样勇猛的性情，人们也不敢轻易交出生命；即使受盗跖一样贪心的迷惑，人们也不会为了财物去丧生；达到了这样的境界，确保政权稳固的原则就算完全具备了。

用人第二十七

题 解

“用人”的意思很简单，即如何使用人臣。君主如何任用臣子呢？其中的关键思想是韩非在此篇反复强调的见能授官、士不兼官、明赏必罚等，尤其是反对心治力倡法治的思想更是贯穿于全文，从反面指出君王处理好与近臣关系的重要性。

闻古之善用人者，必循天顺人而明赏罚。循天，则用力寡而功立；顺人，则刑罚省而令行；明赏罚，则伯夷、盗跖不乱。如此，则白黑分矣。治国之臣，效功于国以履位，见[1]能于官以受职，尽力于权衡[2]以任事。人臣皆宜其能，胜其官，轻其任，而莫怀余力于心，莫负兼官之责于君。故内无伏怨之乱[3]，外无马服[4]之患。明君使事不相干，故莫讼；使士不兼官，故技长；使人不同功，故莫争。争讼止，技长立，则强弱不觳(jué)[5]力，冰炭不合形[6]，天下莫得相伤，治之至也。

[注释]

①见：通“现”，表现，显现。②权衡：这里指职位、法度之类的事情。③伏怨之乱：心怀怨恨以致作乱。④马服：战国时赵将赵奢的赐号。这里指赵括的长平之战。⑤觳：通“角”，较量。⑥形：通“型”。

[译文]

听闻古代善于用人的君主，一定会遵循天道顺应人情且赏罚分明。遵循天道，就比较容易建立功业；顺应人情，法令就容易推行；赏罚分明，就能分清类似伯夷的忠臣和盗跖的奸佞。这样一来，黑白就分明了。国家太平，臣子就能为国立功，为公尽能来接受职务，依法尽力办事。做臣子的都充分发挥他们的才能，胜任他们的官职，完成他们的任务，而没有人包藏私心，对君主忠心不二，不需要对君主承担兼任其他职务的责任。所以在国内没有心怀怨恨的祸乱，在国外没有像赵括长平之战那样的祸患。贤明的君主使职事不相干挠，就不会发生争吵；使臣下不兼任官职，使臣下各自都有擅长的技能；使臣子不为同一件事情而立功，所以不会发生争抢功劳的事端。争吵平息了，就能各展所长，强弱之间就不会争胜，如同冰炭不在同一个器皿中一样，

人与人不得相互伤害，这是治世的最高境界。

释法术而心治，尧不能正一国，去规矩而妄意[1]度，奚仲(zhòng)[2]不能成一轮；废尺寸而差短长，王尔[3]不能半中[4]。使中主守法术，拙匠守规矩尺寸，则万不失矣。君人者能去贤巧之所不能，守中拙之所万不失，则人力尽而功名立。

［注释］

①意：通“臆”，主观地，缺乏客观依据的。②奚仲：大禹时期擅长造车的巧匠。③王尔：古代有名的工匠。④中：符合。

［译文］

不用法术而凭主观臆断办事，就是尧也不能把一个国家治理好；不依据规矩而凭空猜测，就是奚仲也不能做好一个车轮；废弃尺寸而比较物体的长短，就是王尔也不能做到有一半符合标准。如果中等才能的君主遵循法术，就像笨拙的匠人掌握规矩尺寸，就不会出什么差错了。君主不用贤人、巧匠也办不成事情的做法，奉行中等才能的人、拙匠都万无一失的做法，人们都会尽力去做事，功名也会建立起来了。

君臣惕益

帝尧命禹治水。禹治水三过家门而不入。尧帝因大禹治水有功，赏赐大禹。在庄子看来尧和舜治理天下，满心焦虑地推行仁义，并耗费心血来制定法度，是用仁义来扰乱人心。

明主立可为之赏，设可避之罚。故贤者劝赏[1]而不见子胥之祸，不肖者少罪而不见伛剖背[2]，盲者处平而不遇深谷，愚者守静而不陷险危。如此，则上下之恩结矣。古之人曰：“其心难知，喜怒难中[3]也。”故以表示目，以鼓语耳，以法教心。君人者释三易之数而行一难知之心，如此，则怒积于上而怨积于下。以积怒而御积怨，则两危矣。明主之表易见，故约立；其教易知，故言用；其法易为，故令行。三者立而上无私心，则下得循法而治，望

表而动，随绳而斫，因攒(zuān)[4]而缝。如此，则上无私威之毒，而下无愚拙之诛。故上居明而少怒，下尽忠而少罪。

［注释］

①劝赏：勉励立功得赏。②伛剖背：指驼背被剖那样的刑罚。③中：这里是猜中的意思。④攒：通“簪”，女红工具，锥孔。

［译文］

明君设立可以得到的赏赐和可以避免的刑罚。所以贤者就会自我勉励立功得赏而没有伍子胥那样的灾祸，不贤的人就会少犯罪，不会发生驼背被剖那样的冤枉刑罚，盲人处在平地而不会遇到深渊，笨拙的人过着安静的生活而不会陷入险境。这样的话，君臣之间就会结下恩情。古人说：“人的心是难以捉摸的，人的喜怒难以猜中。”所以用标记来提示眼睛，用鼓声来提示耳朵，用法度来训导人心。做君主的放弃这三种容易的方法而用一种难以捉摸的方法办事，这样的话，君主就会积累怒气，臣下就会积累怨气。满腔愤怒的君主来驾驭满腔怨气的臣下，君臣就都危险了。贤明君主的标准容易看到，信约就能确立；他的教导容易懂，说话就发挥作用；他的法制得到遵守，命令就会得到执行。这三方面都做到了，而君主又没有私心，臣下就可以依法办事，如同看着标志来行动，随着墨线来砍凿，根据锥孔来上针一样。这样一来，君主就没有胡乱发威的残酷，臣下也没有愚蠢笨拙的过失。所以君主处于明察的地位而很少发怒，臣下都尽了忠而很少被判罪。

闻之曰：“举事无患者，尧不得也。”而世未尝无事也。君人者不轻爵禄，不易富贵，不可与救危国。故明主厉[1]廉耻，招仁义。昔者介子推无爵禄而义随文公，不忍口腹而仁割其肌，故人主结其德[2]，书图著其名。人主乐乎使人以公尽力，而苦乎以私夺威；人臣安乎以能受职，而苦乎以一负二。故明主除人臣之所苦，而立人主之所乐。上下之利，莫长于此。不察私门之内，轻虑重事，厚诛薄罪，久怨细过，长侮偷快，数[3]以德追祸，是断手而续以玉也，故世有易身[4]之患。

［注释］

①厉：通“励”，劝勉。②结其德：铭记他的恩德。③数：多次。④易身：这里指易位。

［译文］

听人说：“办事不出差错，即使是尧也无法做到。”而社会从没有安定的时候，如果做君主的不肯放手赏给臣下爵禄和富贵，就不能解救国家的危亡。所以贤明的

君主鼓励廉耻，提倡仁义。过去介子推没有爵禄，仅仅凭着“忠义”追随晋文公逃亡；途中饥饿难忍的时候，又凭着“仁义”割下身上的肉给晋文公吃，所以君主铭记他的恩德，在书上记录了他的名字。君主希望臣下都为公尽力，却因他们为一己之私争权夺利而感到苦恼；臣子对量才录用感到满意，而对身兼二职感到苦恼。所以贤明的君主要消除使君臣感到苦恼的事，设立使君臣感到满意的事。君臣的利益，没有比这更重要的了。不考察大臣私下的活动，轻率地做出重大的决定，对犯了小罪的人给以过重地处罚，对臣下的小错长期怨恨，经常戏弄臣下来获得一时的愉快，多次用恩惠来补偿已经造成的灾难，这就像砍断手臂又接上来一样，所以世上就有易位的祸患。

人主立难为①而罪不及②，则私怨生；人臣失所长而奉难给③，则伏怨结。劳苦不抚循④，忧悲不哀怜；喜则誉小人，贤不肖俱赏；怒则毁君子，使伯夷与盗跖俱辱，故臣有叛主。

使燕王内憎其民而外爱鲁人，而燕不用而鲁不附。民见憎，不能尽力而务功；鲁见说，而不能离⑤死命而亲他主。如此，则人臣为隙穴⑥，而人主独立⑦。以隙穴之臣而事独立之主，此之谓危殆。

［注释］

①难为：难以办到的事情。②不及：没有达到要求的人。③奉难给：奉行难以办到的事。④抚循：安抚，慰问。⑤离：通“罹”，遭逢，遭遇。⑥隙穴：钻隙穴，指行奸邪之事。⑦独立：这里是孤立无援的意思。

［译文］

君主吩咐难以办到的事情，而去怪罪没有达到要求的人，臣下就会产生私怨；臣下不能发挥特长而去奉行难以办到的事情，心中就会积下怨恨。君主不安抚慰问臣子的劳苦，不同情他们的哀伤；高兴时连小人都称赞，对贤和不贤的人都给以赏赐；发怒时对君子也进行诋毁，使伯夷和盗跖遭受同样的侮辱；这样一来，臣子中就会有人背叛君主。

假如燕王对内憎恨本国民众，对外喜爱鲁国人，那么燕国的人就不为他效力，而鲁国的人也不会依附于他。燕国的人因为被燕王憎恨，所以尽了力也不能求得功劳；鲁国的人虽然被燕王喜爱，但不能冒着生命的危险去亲近别国的君主。如果这样，臣子就会行奸邪之事，君主就会陷于孤立无援的境地。用行奸邪之事的臣子去侍奉孤立无援的君主，这就危险了。

释仪的①而妄发，虽中小不巧；释法制而妄怒，虽杀戮而奸

人不恐。罪生甲，祸归乙，伏怨乃结。故至治之国，有赏罚而无喜怒。故圣人极；有刑法而死无螫(shì)毒②，故奸人服。发矢中的，赏罚当符，故尧复生，羿复立。如此，则上无殷、夏之患③，下无比干之祸④，君高枕而臣乐业，道蔽天地，德极万世矣。

[注释]

①仪的：射箭的靶子。②螫毒：这里比喻君主逞威害人。螫，有毒腺的虫子用毒刺刺人。③殷、夏之患：这里指亡国灭身。④比干之祸：这里指因忠谏而遭杀身之祸。

[译文]

弃射箭用的靶子不用而乱射，即使射中很小的东西也称不上技艺高超；弃法制不用而乱发脾气，即使大肆杀伐，犯罪的人也不会恐惧。甲犯了罪，却把乙判罪了，怨恨从此产生。所以治理得最好的国家，靠的是实行赏罚，而不凭借个人的喜怒。所以依法而行的君主能达到治国的最高境界，建立刑法，但不逞威害人，所以奸人服罪。射箭射中了箭靶，奖赏和惩罚都很得当，就像尧复生，羿再世一样。这样一来，君主就没有亡国身灭的祸患，臣下就没有因忠谏而遭杀身之祸的灾难，君主可以高枕无忧，臣下也乐于尽职守责，法术得以普遍地实行于天下，恩德流传千秋万代。

夫人主不塞隙穴而劳力于赭垩(zhě è)①，暴雨疾风必坏。不去眉睫之祸而慕贲、育之死，不谨萧墙之患②而固金城③于远境，不用近贤之课而外结万乘之交于千里，飘风④一旦起，则贲、育不及救，而外交不及至，祸莫大于此。当今之世，为人主忠计者，必无使燕王说鲁人，无使近世慕贤于古，无思越人以救中国⑤溺(nì)者。如此，则上下亲，内功立，外名成。

[注释]

①赭垩：涂墙壁的涂料，这里指粉饰、装饰、掩饰。②萧墙之患：起于内部的祸患。萧墙，宫门内作为屏障的短墙。③金城：坚固的城池。④飘风：旋风，这里比喻政治动乱。⑤中国：指中原地区。

[译文]

如果君主不堵塞缝隙而是致力于掩饰外表，一旦遇到暴风骤雨就会坏事。不消除眼前的祸患，却幻想有孟贲、夏育这类的人为自己效劳，不谨慎提防内部的祸患，却在边远地带加固城墙，不采纳国内贤士的建议，却去结交千里之外的大国，一旦突发变故，即使是孟贲、夏育也来不及解救，而结交的大国还没来得及赶到，没有比这更巨大的灾祸了。当今世上，替君主忠心献计的人，一定不要让君主学燕王爱鲁人，也不要使当世君主去仰慕古代的贤人，不要指望善于游泳的越国人去救在中原落水的人。这样一来，君臣之间就能亲密无间，在国内建立功业，在国外树立威名。

功名第二十八

题 解

本篇论述的是权势，阐述君王立大功、成大名的一些条件。文章认为君主要立大功、成大名必须具备四个条件：顺天时、得人心、运用技能、高居势位。集中阐述了君主凭势位御臣下的重要性，指出势由位生，只有处于君位才能把握权势。有了权势，君主对臣下才有了支配权，有了对全国发号施令的权力。君主必须得到臣下的支持与服从，“臣主同欲而异使”“尊主御忠臣，则长乐生而功名成”。同时也提出“人主之患在莫之应”，认为君主成就功名还必须得到众人、近者、远者、尊者之助，这种借助势位而建立功名的思想是韩非势治学说的补充和发展。

明君之所以立功成名者四：一曰天时，二曰人心，三曰技能，四曰势位①。非天时，虽十尧不能冬生一穗；逆人心，虽贲、育不能尽人力。故得天时，则不务而自生；得人心，则不趣②而自劝③；因技能，则不急而自疾；得势位，则不推进而名成。若水之流，若船之浮。守自然之道，行毋④穷之令，故曰明主。

[注释]

①势位：权势和地位。②趣：通“促”，督促。③劝：勉励。④毋：通“无”。

[译文]

开明的君主立功成名要具备四个条件：一是天时，二是人心，三是技能，四是权势地位。不顺天时，即使十个尧也不能让庄稼在冬天里结出一个穗子；违背人心，即使孟贲、夏育也不能让人们卖力。顺应了天时，即使不努力，庄稼也会自然生长；得到了人心，则不用督促，民众也会自我勉励；凭着技能，即使不急于求成，事情也会很快解决；得到了权势地位，即使不进取，也能成就声名。好比水的流动，好比船的飘浮，把握自然规则，推行畅通无阻的法令，所以称为明君。

夫有材①而无势，虽贤不能制不肖。故立尺材②于高山之上，则临千仞之溪，材非长也，位高也。桀为天子，能制天下，非贤也，势重也；尧为匹夫，不能正③三家，非不肖也，位卑也。千钧得船则浮，锱铢（zī zhū）④失船则沉，非千钧轻锱铢重也，有势之与无

势也。故短之临高也以位，不肖之制贤也以势。人主者，天下一力以共载[5]之，故安；众同心以共立之，故尊。人臣守所长，尽所能，故忠。以尊主御忠臣，则长乐生而功名成。名实相持而成，形影相应而立，故臣主同欲[6]而异使。

［注释］

①材：通“才”，才能。②材：这里指树木。③正：这里是治理好的意思。④锱铢：都是古代重量计算单位。锱，一两的四分之一。铢，一两的二十四分之一。⑤载：通“戴”，拥戴。⑥同欲：同一目标。

［译文］

有才能而没有权势，即使是贤人，也不能制服不肖的人。所以在高山上立着一尺长的树木，就能俯临千仞深的峡谷，树木并不高，而是所处的位置高。夏桀做天子，能控制天下，不是因为他贤明，而是因为他的权势重；尧作为普通人，不能管理好三户人家，不是因为他不贤，而是因为他地位低贱。千钧重物放在船上仍旧能浮起来，锱铢一般轻的东西没有船就沉下去了，不是因为千钧轻而锱铢重，而是因为没有依靠船的浮力这种势。所以矮树木居高临下依靠的是位置，没有才能的人制服贤人凭借的是权势。做君主的，天下合力来共同拥戴他，所以有稳定的地位；天下齐心来共同推举他，所以有尊贵的身价。臣下发挥特长，尽展所能，这叫作忠诚。用尊贵的君主驾驭忠诚的臣子，就能长治久安，建立起功业和名望。名、实互相扶持而成立，形、影互相对应而出现，所以君臣的目标相同而各自要做的事情不同。

周幽王烽火戏诸侯

人主之患在莫之应[1]，故曰：一手独拍，虽疾无声。人臣之忧在不得一，故曰：右手画圆，左手画方，不能两成。故曰：至治之国，君若桴(fú)[2]，臣若鼓，技若车，事若马。故人有余力易于应，而技有余巧便于事。立功者不足于力，亲近者不足于信，成名者不足于势。近者不亲，而远者不结，则名不称实者也。圣人德若尧、舜，行若伯夷，而位不

载于世，则功不立，名不遂。故古之能致功名者，众人助之以力，近者结之以成③，远者誉之以名，尊者载之以势。如此，故太山④之功长立于国家，而日月之名久著于天地。此尧之所以南面⑤而守名，舜之所以北面⑥而效功也。

［注释］

①应：响应。②桴：鼓槌。③成：通“诚”，真心，诚心。④太山：泰山。⑤南面：古代君主上朝时面南而坐。这里指处于君位。⑥北面：这里指处于臣位。

［译文］

君主的祸患在于没有人响应，所以说，只用一只手拍，虽然很用力，但发不出声音来。臣子的忧患在于不能专职，所以说，用右手画圆的，用左手画方的，不能同时做到。所以说，治理得好的国家，君主好比鼓槌，臣子好比鼓，技能好比车，职位好比马。所以，君主有余力，臣民容易响应召唤，技巧高超，事情就容易办成。建立功业的人力量不够大，亲近的人不够忠诚，成就名望的人权势太小，贴身的人不亲近，远方的人不交结，那就是名不符实了。圣人的道德如同尧、舜，行为如同伯夷，但势位不为世人所拥护，就不能成就功业，不能树立名望。所以古代能够功成名就的人，大家都竭力帮他，身边的人都诚心地交结他，远方的人都赞誉他的美名，地位尊贵的人用权势拥戴他。正因如此，所以君主的功业就好像泰山一样长期在国家之中建立了起来，君主的威名就如同日月一样在天地之间永远闪耀光芒。这就是尧之所以能南面称王而保持住名位，舜之所以要北面称臣而作出贡献的原因。

大体第二十九

题　解

“大体”的意思是事物的整体和根本。虽然本文中的“不引绳之外，不推绳之内，不急法之外，不缓法之内”几句也曾出现在《韩非子》的其他篇章中，但这里的“法”与“道”“成理”“自然”等概念相重合，与其他篇章中的“法”的意思大为不同。本篇所表达的思想更接近于《解老》《喻老》二篇，具有很浓的原始道家色彩，而关键词“大体”几乎就是“道”的韩非版。从本篇中可以进一步看出韩非对原始道家的继承。

古之全大体者：望天地，观江海，因①山谷，日月所照，四时所行，云布风动；不以智累心，不以私累己；寄治乱于法术，托是非于赏罚，属轻重于权衡；不逆天理，不伤情性；不吹毛而求小疵，不洗垢而察难知；不引绳之外，不推绳之内；不急法之外，不缓法之内；守成理，因自然；祸福生乎道法，而不出乎爱恶；荣辱之责在乎己，而不在乎人。故至安之世，法如朝露，纯朴不散；心无结怨，口无烦言。故车马不疲弊于远路，旌旗不乱于大泽，万民不失命于寇戎，雄骏不创寿于旗幢(chuáng)；豪杰不著名于图书，不录功于盘盂(yú)②，记年之牒(dié)③空虚。故曰：利莫长于简，福莫久于安。

[注释]

①因：依，顺着，沿袭。②盘盂：也写作“盘杅”，是圆盘和方盂的并称。用来盛放水和食物的器皿。古代人还在上面刻下文字用来记录功勋或表彰自己。③牒：古代用于书写的木片或竹片。小的书简称为牒，大的书简称为册；薄的书简称为牒，厚的书简称为牍。

[译文]

古代懂得顾全大局的人，能瞭望天地的变化，能观察沧海的水流，能顺应山谷的高低起伏，能够遵循日升月落，四季变化，风云变幻这一自然规则；不让智慧烦扰心境，不让私利拖累自身；把治理国家的事情寄托在法制术数上，把是非曲直寄托在奖惩制度上，把厉害轻重寄托在权衡利弊上；不违背自然法则，不违背人的本性。不

吹开毛发来寻找细微的瑕疵，不彻底洗净污垢而只为了观察那些难以知晓的底细；既不在准绳之外，也不在准绳之内；对法律规定以外的事情不苛求一致，对法律规定以内的事情不恣意宽容；遵守那些已经形成的规矩和道理，灾难和福祉的产生并不取决于人们的喜爱和憎恶，而是取决于自然的规律，荣誉和耻辱的责任不在于别人，而在于自己。因此在安稳的盛世里，法律如同清晨的露珠一样，纯洁质朴丝毫不显得杂乱；心里没有什么怨怼的情绪，口中自然就没有什么牢骚的话语。所以战车不用马不停蹄地奔赴边疆的战场，旌旗不用在广阔的湿地里杂乱飞舞，百姓不会在敌人外寇的袭击下丧命，英勇的士兵不会丧命在战旗之下；英雄豪杰不需要在青史上留名、在盘盂上记功，记载国家大事的史册也是空的。所以说：没有什么比简洁质朴的好处更大，没有什么比长治久安更有福气了。

使匠石①以千岁之寿操钩，视规矩，举绳墨，而正太山；使贲、育②带干将③而齐万民，虽尽力于功，极盛于寿，太山不正，民不能齐。故曰：古之牧天下者，不使匠石极巧以败太山之体，不使贲、育尽威以伤万民之性。因道全法，君子乐而大奸止；澹(dàn)然④闲静，因天命，持大体。故使人无离法之罪，鱼无失水之祸。如此，故天下少不可。

[注释]

①匠石：古代一个名叫石的能工巧匠。②贲、育：战国的勇士孟贲和夏育的并称。③干将：古代的宝剑名。④澹然：恬淡的样子。

[译文]

使匠石有一千岁的寿命，让他拿着钩子，看着圆规和矩尺，弹好墨线之后，去修整泰山；让孟贲、夏育带着干将宝剑去治理民众；即使在技巧上费尽心力，在寿命上特别优待，泰山也无法修得端正，万民也不会绝对平等。所以说：古代统领天下的人，不会让匠石费尽心思去破坏泰山的形体，不会让孟贲和夏育用尽威严去伤害百姓的本性。他们都是遵循自然法则，制定完整的法律法规来约束百姓，这样君子就能得到快乐，同时还能够避免奸佞之事；恬淡闲适，顺应天命，主持大局。因此才能使人没有触犯法律的罪行，使鱼儿没有离开水的灾祸。这样做的话，天下的事情很少会有行不通的。

上不天则下不遍覆，心不地则物不必①载。太山不立好恶，故能成其高；江海不择②小助，故能成其富。故大人寄形于天地而万物备，历心于山海而国家富。上无忿怒之毒，下无伏怨之患，上下交朴③，以道为舍。故长利积，大功立，名成于前，德垂于

后，治之至也。

[注释]

①毕：完全。②不择：古义为不拒绝，今意为不选择。③朴：这里是本质、本性的意思。

[译文]

如果天空不是那么辽阔就无法覆盖住广袤的地面，如果胸襟不够宽广就无法容纳世间万物。泰山之所以如此高大，正是因为它没有喜欢、憎恶之心；江河湖泊之所以浩瀚，是因为它从不拒绝任何一个小小的溪流汇入其中。所以君子要让自己像天地那样能够容纳万物，要让自己的心思像泰山和大海一样，能够不拒绝任何一个细小的好的事物。这样一来，向上不会招致君主的怨怼，向下不会有百姓反对的忧患，上下一心，彼此的交往都回归到纯朴的本性，把道作为最后的归宿。所以长远的利益就能聚集了，伟大的功绩也能够建立了，生前就会声名远扬，死后更会流芳千古，这就是治理国家的最高境界。

内储说上七术第三十

题解

“储”是积储的意思，“说”即历史、传说故事，《储说》是韩非汇集和储存大量历史故事和民间传说，用以阐明自己法治观点的短篇文集。《储说》分为内、外篇，内、外又各分上、下，《外储说》又分左、右。

所谓“七术”，是指专制君主驾驭臣下的七种方法，其中不乏诡诈手段，尔虞我诈、弄权施术的面目暴露无遗，可为后世政治学说的重要资粮。而事实上，浸透在文中的官场厚黑思想已不断被后世的专制者付诸实施，害人不浅。当然，其中也包括了依法治国的可贵思想，值得我们从中取其精华。

主之所用七术①，所察也六微②。七术：一曰众端参观，二曰必罚明威，三曰信赏尽能，四曰一听责下，五曰疑诏诡（guǐ）使，六曰挟知而问，七曰倒言反事。此七者，主之所用也。

经一参观

观听不参则诚不闻，听有门户则臣壅塞。其说在侏儒之梦见灶，哀公③之称“莫众而迷”。故齐人见河伯④，与惠子⑤之言“亡其半”也。其患在竖牛之饿叔孙⑥，而江乞之说荆俗也。嗣公欲治不知，故使有敌，是以明主推积铁之类，而察一市之患。

[注释]

①术：方式，方法。②微：隐情。③哀公：春秋时期鲁国的君主鲁哀公。④河伯：古代神话传说中的黄河水神。⑤惠子：惠施，战国时宋国人。⑥叔孙：指叔孙豹，是春秋后期掌握鲁国政权的三大贵族之一，前面提到的竖牛就是叔孙豹的侍童。

[译文]

君主共有七种方法来控制臣子，称之为七术；君主需要明察秋毫的共有六种隐情，称之为六微。七种方法包括：一是观察要全面；二是惩罚一定要体现出君主的威严；三是一定要竭尽所能奖赏那些效忠于自己的人；四是广泛听取意见并以此来监督臣子们的行动；五是故意发布令人猜疑的命令，让臣子们小心行事；六是拿自己已经知道的事情去向下属询问，以此来验证他们是否虚伪；七是故意说一些反话，做一些违背常理的事情来看臣子的反应。这七种方法，都是君主所使用的。

君主观察听取臣子的汇报，如果没有通过多方面的验证和参考，就不会了解实情；如果偏爱偏听一些臣子的话，就会阻塞臣子们进言的道路，从而使自己受到蒙蔽；有关于这一方面的解说在侏儒梦见灶，鲁哀公说他是“莫众而迷”中就说过了。所以齐国人看见黄河水神，与惠施所说的“亡其半”是一个道理。关于忧患，则表现在叔孙豹的侍童饿死叔孙豹，江乙说楚国的习俗等方面。卫嗣公想要治理国家却不知道恰当运用方法，所以才招来祸患，树立了很多敌人。因此，圣明的君主应该明白积毁销骨、三人成虎的道理。

经二必罚

爱多者则法不立，威寡者则下侵上。是以刑罚不必，则禁令不行。其说在董子之行石邑，与子产之教游吉也。故仲尼说陨霜，而殷法刑弃灰；将行去乐池，而公孙鞅重轻罪。是以丽水之金不守，而积泽之火不救。成欢以太仁弱齐国，卜皮以慈惠亡魏王。管仲知之，故断死人；嗣公知之，故买胥靡。

经三赏誉

赏誉薄而谩①者下不用也，赏誉厚而信者下轻死。其说在文子称“若兽鹿。”故越王焚宫室，而吴起倚车辕，李悝断讼以射②，宋崇门以毁死。勾践知之，故式③怒蛙；昭侯知之，故藏弊裤。厚赏之使人为贲、诸也，妇人之拾蚕，渔者之握鳣，是以效之。

[注释]

①谩：这里是欺骗、诽谤的意思。②射：这里是猜疑忖度的意思。③式：效法、效仿之意。

[译文]

如果太过仁爱，就无法建立起一套严谨的法律；如果缺少威信，下级就会僭越欺负上级。因此不实施适当的刑罚，就无法实行禁令。这个说法在董阏巡视石邑，与子产教导游吉那里就有。因此孔子对落霜的解说，与殷商制定法律，要对在道路上随便丢弃垃圾的人进行惩罚一样。将行来到乐池这个地方，公孙鞅因为他的一个小错而施以重罚。因此丽水固若金汤，甚至不需要建筑城墙来防守，积泽里的大火强大得无法扑灭。成欢认为太仁慈就会削弱齐国的势力，卜皮就是因为仁慈而将魏国断送。管

仲知道这个道理，所以会给有罪之人判处死刑；卫嗣公知道这个道理，所以买下了逃犯又杀了他。

上级如果不能够对有功之人重重行赏，或者许下承诺又不去兑现欺骗下属，下属就不会心甘情愿地为他所用。如果上级能够做到论功行赏，下属就一定会以死相报，死不足惜。这个道理在文子说“若兽鹿”里说过。因此越王勾践要火烧宫廷，吴起要奖励搬动车辕的人，李悝用射箭的方法来判断官司，宋国东门有人因为过度悲伤而死。勾践懂得赏誉的作用，所以会效仿怒蛙；昭侯知道赏誉的重要，所以会收藏破掉的裤子。丰厚的赏赐能让人们变成像孟贲、专诸那样的勇士，妇人善于捡蚕，渔夫善于捉鱼，就是这个道理。

经四一听

一听则愚智不分，责下则人臣不参。其说在“索郑”与“吹竽（yú）”。其患在申子之以赵绍、韩沓为尝试。故公子汜议割河东，而应侯谋驰上党。

经五诡使

数见久待而不任，奸则鹿散。使人问他则不鬻（yù）①私。是以庞敬还公大夫，而戴欢诏视辒②车，周主亡玉簪，商太宰论牛矢。

经六挟智

挟智而问，则不智者智；深智一物，众隐皆变。其说在昭侯之握一爪也。故必南门而三乡得。周主索曲杖而群臣惧，卜皮使庶子，西门豹详③遗辖（xiá）④。

［注释］

①鬻：出售、卖；这里是“卖弄”的意思。②辒：古代的一种卧车，也叫作“温车”。③详：通“佯”，假装的意思。④辖：插在大车轴头上的小铁棍，用来防止车轮脱落。

［译文］

只听取单方面的汇报，就会连愚蠢和智慧都分不清楚，无辜责备下属，下属就不会勇于提出个人意见。这种说法在“索郑”和“吹竽”中提到过。这种祸患表现在申不害通过赵绍、韩沓试图刺探韩昭侯这件事上。所以公子汜商议割让黄河东面的土地，而又听了应侯范雎的话决定放弃上党。

君主多次诏见一个人却不任用他，久而久之，那些奸佞之人就会像受惊的鹿群一样纷纷逃散。派人去询问他时就不会卖弄自己的小聪明了。因此庞敬要召回公大夫，而戴欢要下令巡视辒车，周君要故意弄丢玉簪，商朝太宰要审问牛屎。

如果仰仗着自己的小聪明去询问臣子，那么那些不知道的事情也知道了；真正深入了解一件事，许多不清楚的事情也都随着弄清楚了。这种说法在昭候抓着一只手的故事中提到过。所以南门全部都了解了，那么其他三个方向的事情也就明了了。周国的国君寻求弯曲的拐杖从而引起群臣的恐慌，卜皮派遣小老婆的儿子去做事，西门豹假装弄丢了车轴上的小铁棍。

经七倒言

倒言反事以尝所疑则奸情得。故阳山谩樛竖，淖齿为秦使，齐人欲为乱，子之以白马，子产离讼者，嗣公过关市。

说　一

卫灵公之时，弥子瑕有宠，专于卫国。侏儒有见公者曰：“臣之梦践矣。”公曰：“何梦？”对曰：“梦见灶，为见公也。”公怒曰：“吾闻见人主者梦见日，奚为见寡人而梦见灶？”对曰：“夫日兼烛天下，一物不能当也；人君兼烛一国人，一人不能拥①也。故将见人主者梦见日。夫灶，一人炀②焉，则后人无从见矣。今或者一人有炀君者乎？则臣虽梦见灶，不亦可乎！”

[注释]

①拥：阻塞的意思。②炀：烘烤、烤火的意思。

[译文]

说相反的话做相反的事来试探那些让自己产生怀疑的人和事，这样以后就可以看出奸邪的事情了。所以阳山要假装诽谤樛竖，淖齿会冒充秦使，齐国人想要作乱，事前却要刺探君主虚实。子之要用白马来试探左右，子产要离间诉讼双方，卫嗣公要化装成普通人通过关卡。

卫灵公时期，弥子瑕得到君主宠幸，在卫国只手遮天。有一个侏儒见到卫灵公时说道：“我做的梦应验了。”卫灵公询问：“是什么梦？”侏儒回答说：“臣梦见炉灶，因此就见到了您。”卫灵公生气地说：“我听说要见君主的人会梦见太阳，你为什么要见到寡人却梦见炉灶呢？”侏儒回答说：“那太阳照亮天下，任何东西也阻挡不了它的光芒；而君主照亮的是整个国家的人，任何一个人都不能阻挡他。所以才说要见到君主的人会梦见太阳。那炉灶，是给一个人用来烤火取暖的，那些后面的人是看不见炉灶的温暖和光亮的。现在，是不是有一个人在您面前烤火，因而将您的光芒挡住了呢？那么臣梦见炉灶，也并不是不可以啊。”

鲁哀公问于孔子曰：“鄙[1]谚曰：‘莫众而迷。’今寡人举事，与群臣虑之，而国愈乱，其故何也？”孔子对曰：“明主之问臣，一人知之，一人不知也；如是者，明主在上，群臣直议于下。今群臣无不一辞同轨乎季孙者，举鲁国尽化为一，君虽问境内之人，犹不免于乱也。”

一曰：晏婴子[2]聘鲁，哀公问曰：“语曰：‘莫三人而迷。’今寡人与一国虑之，鲁不免于乱，何也？”晏子曰：“古之所谓‘莫三人而迷’者，一人失之，二人得之，三人足以为众矣，故曰‘莫三人而迷’。今鲁国之群臣以千百数，一言于季氏之私。人数非不众，所言者一人也，安得三哉？”

［注释］

①鄙：郊野、郊外，引申为民间。②晏婴子：指晏婴，是春秋时期齐国的大夫，曾经奉齐景公之命出使晋国。

［译文］

鲁哀公问孔子说：“民间有句谚语说：‘莫众而迷。’我现在做事，都会与群臣再三商量，然而国家却更加混乱，这是为什么呢？”孔子回答说：“贤明的君王询问臣子，有的人知道，有的人不知道。这样的话，有君主在上，下面的群臣就可以畅所欲言。现在群臣没有不和季孙口径统一的，鲁国上下众口一词，大王您尽管是询问了所有人，也同询问一个人没什么分别，如此，国家混乱在所难免。”

另外一个说法是：晏婴出使鲁国，鲁哀公问晏婴说：“俗话说：‘莫三人而

晏婴沮封

齐景公问孔子怎样治理国家，孔子说：“要节省财力。”景公很高兴，想把尼谿的土地赏赐给他，遭到晏婴的反对。景公对孔子说：“我老了，不能用你了。”于是孔子离开了齐国。

迷。’我在举国上下一起商议，鲁国却仍然不能免于混乱，这是什么原因呢？”晏子说：“古人所说的‘莫三人而迷’，意思是一个人筹谋容易失策，两个人筹谋能够想到好的方法，三个人就可以说是众人了，所以说‘莫三人而迷’。如今鲁国上下群臣虽然数以千计，却都是与季氏家族统一口径。人数并不是不够多，而是大家所说的都是一样的话，那就怎么算是三人呢？”

齐人有谓齐王曰：“河伯，大神也。王何不试与之遇乎？臣请使王遇之。”乃为坛场大水之上，而与王立之焉。有间，大鱼动，因曰：“此河伯。”

张仪欲以秦、韩与魏之势伐齐、荆，而惠施欲以齐、荆偃(yǎn)①兵。二人争之。群臣左右皆为张子言，而以攻齐、荆为利，而莫为惠子言。王果听张子，而以惠子言为不可。攻齐、荆事已定，惠子入见。王言曰：“先生毋言矣。攻齐、荆之事果利矣，一国尽以为然。”惠子因说：“不可不察也。夫齐、荆之事也诚利，一国尽以为利，是何智者之众也？攻齐、荆之事诚不可利，一国尽以为利，何愚者之众也？凡谋者，疑②也。疑也者，诚疑：以为可者半，以为不可者半。今一国尽以为可，是王亡半也。劫主者固亡其半者也。”

[注释]

①偃：停止的意思。②疑：怀疑，质疑。

[译文]

有个齐国人对齐王说：“河伯是黄河水神，大王为什么不尝试下与他相见呢？臣请求大王恩准臣使大王与河伯见上一面。”于是，齐王命人在黄河岸边修建了祭坛，齐国人与齐王在祭坛上并肩站立，过了一会儿，一条大鱼出现在水面，齐国人趁机说：“这就是河伯。”

张仪想要联合秦国和韩国一起攻打齐国、楚国，而惠施想要齐国和楚国停止用兵，两人因为这件事争论起来。群臣左右都同意张仪的意见，认为攻打齐国、楚国对魏国有利，没有一个人赞同惠施的意见。结果魏王听从了张仪的意见，认为惠施的意见是不可取的。攻打齐国、楚国的计划已经确定下来，惠施前来拜见魏王。魏王说：“先生无需多言，攻打齐国、楚国这件事确实是很有好处的，全国上下都认为这样做是对的。”惠施抓住机会说：“大王您不得不深思熟虑啊。攻打齐国、楚国如果确实有利，整个国家的人都认为有利的话，国家真的有这么多有智慧的人吗？攻打齐国、楚国这件事确实没有好处的话，那么整个国家的人都那样愚蠢吗？大凡掌管大权的人，都应该经常心存疑问。这种怀疑指的是：认为可以的人占一半，认为不可以的人占一半。如今全国上下都认为可以，就是大王您丢失了另一半。那些被胁迫的君主也是失去了一半的权利啊！”

叔孙[1]相鲁，贵而主断。其所爱者曰竖牛，亦擅用叔孙之令。叔孙有子曰壬，竖牛妒而欲杀之，因与壬游于鲁君所。鲁君赐之玉环，壬拜受之而不敢佩，使竖牛请之叔孙。竖牛欺之曰：“吾已为尔请之矣，使尔佩之。”壬因佩之。竖牛因谓叔孙：“何不见壬于君乎？”叔孙曰：“孺子何足见也。”

竖牛曰：“壬固已数见于君矣。君赐之玉环，壬已佩之矣。”叔孙召壬见之，而果佩之，叔孙怒而杀壬。壬兄曰丙，竖牛又妒而欲杀之。叔孙为丙铸钟，钟成，丙不敢击，使竖牛请之叔孙。竖牛不为请，又欺之曰：“吾已为尔请之矣，使尔击之。”丙因击之。叔孙闻之曰：“丙不请而擅击钟。”怒而逐之。丙出走齐。居一年，竖牛为谢[2]叔孙，叔孙使竖牛召之，又不召而报之曰：“吾已召之矣，丙怒甚，不肯来。”叔孙大怒，使人杀之。二子已死，叔孙有病，竖牛因独养之而去左右，不内人，曰：“叔孙不欲闻人声。”不食而饿杀。叔孙已死，竖牛因不发丧也，徙其府库重宝，空之而奔齐。夫听所信之言而子父为人僇（lù）[3]，此不参之患也。

［注释］

①叔孙：当时长期掌握鲁国实权的三家之一，另外两家是季孙氏和孟孙氏。②谢：谢罪的意思。③僇：通“戮”，杀戮。

［译文］

叔孙氏担任鲁国相国之后，身份显贵，行事独断专行。他特别宠爱的人名叫竖牛，这个人也能够擅自使用叔孙氏的命令。叔孙氏有一个儿子叫壬，竖牛嫉妒叔孙壬想要将他杀死，因此同叔孙壬一起，在鲁国国君住处游玩。鲁国君主赏赐给叔孙壬一块玉佩，叔孙壬虽然跪拜接受了却不敢佩戴，让竖牛向叔孙氏请示。竖牛欺骗壬说：“我已经为你向叔孙氏请示过了，他让你佩戴这块玉佩。”因而壬将玉佩戴在身上，竖牛趁机对叔孙氏说：“为什么不带壬去见君王呢？”叔孙氏说：“小孩子怎么有资格见国君呢？”

竖牛说："壬早就见过国君好几次了。国君还赏赐给他一块玉佩，现在已经佩戴在身上了。"叔孙氏召见壬，看见他果然佩戴着玉佩，叔孙氏大怒，将壬杀掉了。壬有一个兄长名字叫丙，竖牛又嫉妒丙想要将他置于死地。叔孙氏为丙铸造了一个大钟，钟铸成后，丙不敢擅自敲击，便让竖牛向叔孙氏请示。竖牛没有为他向叔孙氏请示，又欺骗他说："我已经为你向叔孙氏请示了，他让你敲钟。"因此丙敲响了大钟。叔孙氏听见后说："丙没有经过请示就擅自敲钟。"叔孙氏大怒，将丙驱逐出府。丙逃亡到齐国。在齐国居住一年后，竖牛代替丙向叔孙谢罪，叔孙氏让竖牛将丙召回，竖牛从中作梗，没有召回反而对叔孙氏说："我已经昭告他了，丙非常生气，不肯回来。"叔孙氏大怒，派人将丙杀死。两兄弟死后，叔孙氏生病，竖牛借口叔孙氏要单独静养而屏退左右，不让任何人进入宫中，对外说："叔孙氏不想见任何人。"竖牛不给叔孙氏吃的将他活活饿死。叔孙氏死后，竖牛也不发丧，而是将他府上的所有宝物都搬走，直到空无一物，随后投奔齐国。那叔孙氏听信所宠之人的一面之词而使父子三人遭到杀身之祸，这就是不广泛听取意见的祸患啊！

江乞为魏王使荆，谓荆王曰："臣入王之境内，闻王之国俗曰：'君子不蔽[1]人之美，不言人之恶。'诚有之乎？"王曰："有之。""然则若白公之乱，得庶（shù）[2]无危乎？诚得如此，臣免死罪矣。"

卫嗣君重如耳，爱世姬，而恐其皆因其爱重以壅（yōng）[3]己也，乃贵薄疑以敌之如耳，尊魏姬以耦[4]世姬，曰："以是相参[5]也。"嗣君知欲无壅，而未得其术也。夫不使贱议贵，下必坐[6]上，而必待势重之钧也，而后敢相议，则是益树壅塞之臣也。嗣君之壅乃始。

［注释］

①蔽：遮盖、庇护的意思。②庶：希望发生或出现；但愿，或许的意思。③壅：堵塞，这里是蒙蔽的意思。④耦：通"偶"。这里用为双数、成对的意思。⑤参：相同。⑥坐：因…而获罪。

［译文］

江乞替魏王出使楚国，对楚王说："臣进入大王的国境之后，听过大王国家里的一句俗语说：'君子不蔽人之美，不言人之恶。'真是这样的吗？"楚王说："是的。""既然这样，那么像白公造反作乱这样的事情，或许没有危险了？如果真的是这样，我可以免除死罪了。"

卫嗣公对如耳十分器重，还十分宠爱世姬，却又害怕他们依仗着自己对他们的爱宠而反过来蒙蔽自己，于是便将另一位大臣薄疑的地位提高，使之与如耳互相牵制，又将魏姬的身份提高使之与世姬平起平坐。卫嗣公说："这样一来，他们就身份相同

了。”卫嗣公知道，自己不能受到他人的蒙蔽，但他使用的方法并不恰当。如果不让身份卑微的人去评价身份高贵的人，因下属获罪就一定会连累上级。如果一定等到臣子的地位全都不相上下才敢相互议论，那样做就是树立了更多蒙蔽君主的臣子。卫嗣公所受的蒙蔽也因此开始了。

夫矢[1]来有乡，则积铁以备一乡；矢来无乡，则为铁室以尽备之。备之则体不伤。故彼以尽备之不伤，此以尽敌之无奸也。

庞恭与太子质[2]于邯郸，谓魏王曰：“今一人言市有虎，王信之乎？”曰：“不信。”“二人言市有虎，王信之乎？”曰：“不信。”“三人言市有虎，王信之乎？”王曰：“寡人信之。”庞恭曰：“夫市之无虎也明矣，然而三人言而成虎。今邯郸之去魏也远于市，议臣者过于三人，愿王察之。”庞恭从邯(hán)郸反，竟不得见。

[注释]

①矢：箭。②质：这里用为动词，当人质的意思。

[译文]

箭有它射来的方向，那就可以堆砌城墙来对这个方向进行防御；如果射来的箭没有方向，那么就建造一个铁铸的房屋来抵御飞箭。有备无患身体才不会受到伤害。所以人们凭借全面的防备而防止受伤，君主凭借警惕来防止奸邪之人。

庞恭与太子在邯郸做人质。庞恭对魏王说：“现在一个人说集市上有只老虎出没，大王您相信吗？”魏王回答说：“不相信。”“两个人说集市上有老虎，大王您相信吗？”魏王说：“不相信。”“三个人说集市上有老虎出没，大王您相信吗？”魏王说：“我相信了。”庞恭说：“那集市上很明显没有老虎，但是三个人口径统一就成了有虎。如今邯郸离魏国比这离集市远得多，议论臣下的人远远多于三个，请大王明察秋毫。”庞恭从邯郸回来后，竟然真的没有再见到魏王。

说　二

董阏(yǎn)于为赵上地守。行石邑山中，涧深，峭如墙，深百仞，因问其旁乡左右曰：“人尝有入此者乎？”对曰：“无有。”曰：“婴儿、痴聋、狂悖(bèi)之人尝有入此者乎？”对曰：“无有。”“牛马犬彘尝有入此者乎？”对曰：“无有。”董阏于喟然太息曰：“吾能治矣。

使吾治之无赦，犹入涧之必死也，则人莫之敢犯也，何为不治？”

子产相郑，病将死，谓游吉曰：“我死后，子必用郑，必以严莅人。夫火形严，故人鲜灼；水形懦，人多溺。子必严子之形，无令溺子之懦故。”子产死。游吉不肯严形，郑少年相率为盗，处于藋[1]泽，将遂以为郑祸。游吉率车骑与战，一日一夜，仅能克之。游吉喟然叹曰：“吾蚤[2]行夫子之教，必不悔至于此矣。”

［注释］

①藋：古代的一种植物，可以食用，在沼泽地中生长。②蚤：通“早”，早些时候，早点的意思。

［译文］

董阏于赵国担任上党郡的郡守。他在巡视石邑山的时候，看见山涧深不见底，悬崖陡峭如墙，有上百仞深。于是他问随行的左右说：“有人曾经去到山涧下面吗？”左右回答说：“没有。”他又问：“婴儿、傻子、聋哑人或者那些精神病人有进到山涧底部的吗？”回答说：“没有。”“牛、马、狗、猪等动物有进到山涧里的吗？”左右回答说：“没有。”董阏于突然长叹一声说：“我能够治理好这个地方了。让我的治理没有任何宽赦，就像进入到这个山涧里就必死无疑一样，那么就不会有人敢触犯法律了。如此，又怎么会治理不好呢？”

子产在郑国担任相国，病得快要死掉的时候，跟游吉说：“我死之后，先生必定会掌管郑国，一定要用严厉的手段来管理民众。因为燃烧的大火形状看起来很凶狠，所以很少有人会被烧伤；水看起来比较懦弱，所以很多人溺水而死。先生一定要让自己看起来非常严厉，这样才能不会让人们因为您的懦弱而溺死。”子产死去了。游吉不肯树立严峻的形象，郑国的青年人聚集在长满藋菜的沼泽里当了强盗，逐渐成了郑国的祸害。游吉带领士兵前去剿灭强盗，战斗进行了一天一夜，才将他们勉强制服。游吉感慨地说：“我要是早点听从夫子的教诲，一定不会到现在这样令人后悔的地步。”

鲁哀公问于仲尼曰：“《春秋》之记曰：‘冬十二月霣(yǔn)[1]霜不杀菽(shū)。’何为记此？”仲尼对曰：“此言可以杀而不杀也。夫宜杀而不杀，桃李冬实。天失道，草木犹犯干之，而况于人君乎！”

殷之法，刑弃灰于街者。子贡以为重，问之仲尼。仲尼曰：“知治之道也。夫弃灰于街必掩人，掩人，人必怒，怒则斗，斗必三族相残也，此残三族之道也，虽刑之可也。且夫重罚者，人之所恶也；而无弃灰，人之所易也。使人行之所易，而无离所恶，

此治之道。”

一曰：“殷之法，弃灰于公道者断其手。”子贡曰：“弃灰之罪轻，断手之罚重，古人何太毅[2]也？”曰：“无弃灰，所易也；断手，所恶也。行所易，不关[3]所恶，古人以为易，故行之。”

［注释］

①贾：通“陨”，降；落下的意思。②毅：残忍、残酷。③关：涉猎、牵连、涉及的意思。

［译文］

鲁哀公问孔子：“《春秋》上有记载说：‘冬十二月贾霜不杀菽。’为什么要这样记载呢？”孔子回答说：“这句话意思是说霜降本来会造成伤害的，却并没有伤害。应该伤害却并没有伤害，桃李就会在隆冬结出果实。上天失去常规，草木尚且要触犯它，何况是为人君主呢？”

殷商的法律规定，处罚那些将垃圾倒在大街上的人。子贡认为这种刑罚太重了，去向孔子请教。孔子说：“这是了解治理百姓方法的举动啊。那些人将垃圾倒在大街上，灰尘一定会扑到行人的身上，行人身上沾了灰，一定会很生气，生气就会发生打斗，打斗的结果必然会引起家族之间互相残杀的恶果，这是残害家族的事情啊，因而虽然行使处罚，但是值得的。现在所谓的重罚，都是人们所厌恶的，而不乱倒垃圾，是很容易做到的事情。让人们做一些简单容易的事情，就能够避免那些让他们厌恶的事情发生，这就是治民之道啊！”

还有一种说法：“殷商的法律，规定那些在大街上乱倒垃圾的人要受到断手的惩罚。”子贡说：“倒垃圾只是一个小罪，断手却是一个很严重的刑罚，古人为什么要这么残酷呢？”孔子说：“让人不乱倒垃圾，这是一件容易的事情。断手的惩罚，又是人们所厌恶的。只要按照一些容易的要求去做，就能够远离那些自己厌恶的刑罚。古人认为这很容易做到，因此就立下了这样的法律。”

中山之相乐池以车百乘使赵，选其客之有智能者以为将行，中道[1]而乱。乐池曰：“吾以公为有智，而使公为将行，今中道而乱，何也？”客因辞而去，曰：“公不知治。有威足以服之人，而利足以劝之，故能治之。今臣，君之少客也。夫从少正长，从贱治贵，而不得操其利害之柄（bǐng）以制之，此所以乱也。尝试使臣：彼之善者我能以为卿相[2]，彼不善者我得以斩其首，何故而不治！”

［注释］

①中道：半路的意思。②卿相：执政的大臣。

[译文]

中山国的相国乐池率领百辆车马出使赵国，他从自己的门客中挑选出有智慧有才能的人随行，走到半路的时候车马大乱。乐池说：“我以为你很有智慧，所以才请你跟我一起出行，现在却半路发生混乱，这是为什么呢？”门客因此主动请辞离开，说：“主公您不知道治理的方法。有威严才能让人们屈从臣服，有好处人们才能听从你的劝导，所以这样才能将人治理好。现在我只是您门下一个年轻的门客，让年轻的我去纠正年长之人的过错，让身份卑微的我去治理那些权贵之人，我却没有能够控制他们的赏罚大权，这就是产生混乱的原因了。如果您尝试着让臣有这样的权力：他们当中听我指挥的人我可以任命他们为执政大臣，不听从我命令的人我能够砍了他们的头，那还有什么理由治理不好呢！”

公孙鞅(yāng)之法也重轻罪。重罪者，人之所难犯也；而小过者，人之所易去也。使人去其所易，无离其所难，此治之道。夫小过不生，大罪不至，是人无罪而乱不生也。

一曰：公孙鞅曰：“行刑重其轻者，轻者不至，重者不来，是谓以刑去刑也。”

荆南之地，丽水之中生金，人多窃采金。采金之禁：得而辄(zhé)辜(gū)①磔(zhé)②于市。甚众，壅离其水也，而人窃金不止。大罪莫重辜磔于市，犹不止者，不必得也。故今有于此曰：“予汝天下而杀汝身。”庸人不为也。夫有天下，大利也，犹不为者，知必死。故不必得也，则虽辜磔，窃金不止；知必死，则天下不为也。

[注释]

①辜：这里指肢解、分裂肢体的酷刑。②磔：以车分裂人体，指的是古代的一种酷刑。

[译文]

公孙鞅制定的法律也向来是轻罪重判。所谓重罪，都是人们很难触犯的，而小的罪行，人们却很容易触犯。让人们改掉容易犯的过错，又不去犯那些重罪，这就是治理国家的方法。不产生那些小的过错，大的罪行就不会到来，这样以后就会人人无罪，社会秩序也不会混乱不堪了。

还有一种说法：公孙鞅说：“施行处罚，如果能够重罚那些犯轻罪的人，人们就不会再犯小的罪行，而犯重罪的人也不会产生，这就是所说的用刑罚来除掉刑罚啊！”

楚国南面，有一个地方山清水秀，水中盛产黄金，很多人都到那里去偷窃黄金。偷采黄金的禁令明文规定：抓到偷采黄金的人就在集市上处以车裂之刑，五马分尸。

可偷金者仍然络绎不绝，被抓住的人非常多，甚至堵塞了河流。对于重罪最大的处罚不过就是在集市上处以肢解酷刑，然而仍然屡禁不止，是因为偷金者心存侥幸，认为不一定会被捉到。所以现在这里有人说："将整个天下都给你之后却杀了你。"那些寻常的普通人是不会那样做的。然而拥有整个天下，是一个巨大的利益，在巨大的利益面前仍然不为所动的，是明白结果必然会死掉。所以不一定要抓住他们，这样一来，尽管刑罚残酷，偷盗金子的人仍然屡禁不止；明知道必死无疑，就算是给你整个天下也不会那样做的。

鲁人烧积泽。天北风，火南倚，恐烧国。哀公惧，自将众趣①救火。左右无人，尽逐兽而火不救，乃召问仲尼。仲尼曰："夫逐兽者乐而无罚，救火者苦而无赏，此火之所以无救也。"哀公曰："善。"仲尼曰："事急，不及以赏；救人者尽赏之，则国不足以赏于人。请徒行罚。"哀公曰："善。"于是仲尼乃下令曰："不救火者，比②降北之罪；逐兽者，比入禁之罪。"令下未遍而火已救矣。"

[注释]

①趣：通"促"，催促，急促的意思。②比：这里用为"相合、和同"之意。

[译文]

鲁国人放火焚烧草木丛生的沼泽。那天正刮着北风，火势向南蔓延，鲁国人担心会烧到国都。鲁哀公很害怕，亲自督促众人一起救火。鲁哀公身边没有人，大家都去追逐野兽却不救火，鲁哀公召见孔子询问。孔子说："那些追逐野兽的人感到很开心同时也没有受到惩罚，而那些辛苦救火的人很劳累也没什么奖赏，这就是没人救火的原因了。"鲁哀公说："好。"孔子说："事情紧急，来不及思考奖赏的办法；所有救火救人的人都要奖赏的话，这个国家就算倾其所有也奖赏不完。因而请大王使用刑罚。"鲁哀公说："好。"于是孔子下令说："不救火的人，按投降败北的罪行论处；追逐野兽的人，按擅闯进宫的罪行论处。"命令还没传遍，火就已经被扑灭了。

成欢谓齐王曰："王太仁，太不忍①人。"王曰："太仁，太不忍人，非善名邪？"对曰："此人臣之善也，非人主之所行也。夫人臣必仁而后可与谋，不忍人而后可近也；不仁则不可与谋，忍人则不可近也。"王曰："然则寡（guǎ）人安所太仁？安不忍人？"对曰："王太仁于薛公，而太不忍于诸田。太仁薛公，则大臣无重；太不忍诸田，则父兄犯法。大臣无重，则兵弱于外；父兄犯法，则

政乱于内。兵弱于外，政乱于内，此亡国之本[2]也。”

［注释］

①忍：狠心，残忍。②本：事物的根源。

［译文］

成欢跟齐王说：“大王您太仁慈，对人太不狠心了。”齐王说：“太仁慈，对人太不狠心，这些难道不是好名声吗？”成欢回答说：“这是为人臣子应该具备的品行，而不是为人君主应该具备的品行。那些人臣一定要仁慈才可以与人共事，一定不要心狠才能让人可以亲近；如果人臣不够仁慈的话就不能够让人与他共事，太过残忍就不能让人亲近。”齐王说：“既然这样，那么我什么地方太过仁慈，什么地方不够狠心呢？”成欢回答说：“大王您对薛公太过仁慈，对田氏家族太不够狠心。对薛公太仁慈，就会让大臣们没有权力，对田氏家族太不狠心，就会让他们的父兄接连触犯法律。大臣们没有大权，那么士兵对外就会软弱无能；父兄接连犯法，那么对内就会扰乱朝政。外部兵将软弱，内部朝政混乱，这些都是亡国的根源所在啊！”

魏惠王谓卜皮曰：“子闻寡人之声闻亦何如焉？”对曰：“臣闻王之慈惠[1]也。”王欣然喜曰：“然则功且安至？”对曰：“王之功至于亡。”王曰：“慈惠，行善也。行之而亡，何也？”卜皮对曰：“夫慈者不忍，而惠者好与也。不忍，则不诛[2]有过；好予，则不待有功而赏。有过不罪，无功受赏，虽亡，不亦可乎？”

［注释］

①惠：惠爱。②诛：责罚。

［译文］

魏惠王问卜皮：“先生在外听说我的名声如何？”卜皮回答说：“臣听说大王仁慈惠爱。”大王高兴地说：“既然这样，那么我最大的功绩是什么呢？”卜皮回答说：“大王的功绩就是让魏国走向灭亡。”魏惠王说：“仁慈惠爱，这是在做好事啊。做好事反而会导致国家灭亡，这是什么原因呢？”卜皮回答说：“那些仁慈的人不忍心，而惠爱的人也喜欢送东西给人。不狠心，就不会责罚犯错的人，喜欢送东西给人，就不会等到他人有功的时候再行赏。有错不罚，无功受赏，导致国家就这样灭亡，不也是很有可能的吗？”

齐国好厚葬，布帛尽于衣衾，材木尽于棺椁。桓公患之，以告管仲曰：“布帛尽，则无以为蔽[1]；材木尽，则无以为守备[2]。而人厚葬之不休，禁之奈何？”管仲对曰：“凡人之有为也，非名

之，则利之也。”于是乃下令曰：“棺椁(guǒ)过度者，戮(lù)③其尸，罪夫当丧者。”夫戮死，无名；罪当丧者，无利：人何故为之也？

［注释］

①蔽：遮盖。②守备：防御戒备。③戮：杀。

［译文］

齐国人喜欢为去世的人举行奢侈的葬礼，死人的衣服和被子都是上等的布帛，棺椁都是上等的木材。齐桓公为此感到很忧虑，他将这件事告诉管仲说：“国家的布帛都用尽了，人们就没有什么东西用来遮盖了；木材都耗尽了，就没有什么东西用来建造防御工程了。然而那些举行奢侈葬礼的人仍然络绎不绝，想要禁止的话，我应该怎么做呢？”管仲回答说：“大多数人的所作所为，不过是为了两件事：不是贪图名声，就是贪图巨大的利益。”于是颁布法令说：“凡是举行奢侈葬礼的人，就会开棺戮尸，同时严惩那些举行丧礼的人。”开棺戮尸，会让死者失去名誉，惩罚举行奢侈葬礼的人，会让他们没有利益可图，无名无利，还有谁会去做这件事情呢？

卫嗣(sì)君之时，有胥靡①逃之魏，因为襄王之后治病。卫嗣君闻之，使人请以五十金买之，五反而魏王不予，乃以左氏易之。群臣左右谏曰：“夫以一都买胥靡，可乎？”王曰：“非子之所知也。夫治无小而乱无大。法不立而诛不必，虽有十左氏无益也；法立而诛必，虽失十左氏无害也。”魏王闻之曰：“主欲治而不听之，不祥②。”因载而往，徒献之。

［注释］

①胥靡：古代服劳役的囚犯。②祥：吉利，好兆头。

［译文］

卫嗣公在位的时候，卫国有个囚犯逃到了魏国，适逢当时魏襄王后妃重病，囚犯将后妃之病治愈，因而罪行得以赦免。卫嗣公知道这件事后，派人带着五十金前往魏国，想要将囚犯买回来，可来回往返了五次，魏王仍然不答应，后来就用左氏这座城池来交换这个囚犯。大臣们纷纷劝谏说：“大王您用一座城池去换回一个囚犯，这样做值得吗？”卫嗣公说：“事情并不是你们想象的那样啊，只要是关于治理国家的事情，没有什么大小之分。不制定法令，处罚就不会到位，这样一来，就算我有十座左氏城池也没用；如果法制得以确立，我虽然失去十座左氏城池，也没有什么害处。”魏王听说这件事后，说道：“卫嗣公想要治理国家我要是不听从他的话，这不是一个好兆头。”所以将囚犯装上囚车，无偿地送还给卫嗣公。

说　三

齐王问于文子曰："治国何如？"对曰："夫赏罚之为道，利器也。君固握之，不可以示人。若如臣者，犹兽鹿也，唯荐[1]草而就[2]。"

越王问于大夫文种曰："吾欲伐吴，可乎？"对曰："可矣。吾赏厚而信，罚严而必。君欲之，何不试焚宫室？"于是遂焚宫室，人莫救之。乃下令曰："人之救火者死，比死敌之赏；救火而不死者，比胜敌之赏；不救火者，比降北之罪。"人涂其体被濡衣而走火者，左三千人，右三千人。此知必胜之势也。

［注释］

①荐：聚集。②就：走近、靠近。

［译文］

齐王问于文子说："怎样治理国家呢？"于文子回答说："赏赐惩罚有一定的规矩，这就是最有利的武器。大王您一定要握住这个利器，不可以随便给任何人看。假如有人像臣这样，那就如同是野兽中的公鹿，只要看见一堆青草就会奔跑过去。"

越王勾践问大夫文种："我想要讨伐吴国，你觉得可以吗？"文种回答说："可以。我奖赏丰厚而且重视信誉，惩罚严厉而且有错必罚。大王您想要那样做的话，为什么不火烧宫殿试探一下呢？"于是勾践命人将宫殿点燃，没有一个人前去营救。于是下令说："因为救火而死掉的人，受到与平定国家动乱等同的奖赏；如果救火而不死，赐相当于战胜敌人的奖励；不救火的人，按照投降敌人的罪行论处。"因此，士兵人人将身上的衣服用水沾湿，冲进火场里救火。所有加起来一共有几千人。勾践从中了解到自己必定战胜吴国的趋势。

吴起为魏武侯西河之守。秦有小亭临境，吴起欲攻之。不去，则甚害田者；去之，则不足以征[1]甲兵。于是乃倚一车辕于北门之外而令之曰："有能徙此南门之外者，赐之上田、上宅。"人莫之徙也。及有徙之者，还赐之如令。俄[2]又置一石赤菽(shū)东门之外而令之曰："有能徙此于西门之外者，赐之如初。"人争徙之。乃下令曰："明日且攻亭，有能先登者，仕之国大夫，赐之上田宅。"人争趋之。于是攻亭，一朝而拔之。

[注释]

①征：召集。②俄：形容很短的时间内。

[译文]

吴起担任魏武侯的西河郡郡守。秦国有一个小亭子临近魏国边境，吴起想要带兵去攻打。如果不除掉这个小亭子，那么就会给当地种田的人带来很大的伤害；如果除掉这个小亭子，它却又不值得吴起召集军队，动用甲兵。因此，吴起就将一根车辕斜放在北门外面然后下令说："如果有人能将这个车辕从这里搬到南门外面，就赏赐给他上等的田地，上好的住宅。"但是没一个人上前搬车辕。等到有人去将车辕搬到南门后，吴起履行了事先的诺言。不久，吴起又将一石红豆放到东门外，然后下令说："有人能将这石红豆搬到西门外，我就给他像上次搬车辕一样的赏赐。"人们听了，争相去搬。吴起趁机下令说："明天我们要攻占那座小亭，有谁先登上那座亭，就任命他当大官，赏赐给他上好的田地和宅院。"人人趋之若鹜。于是吴起下令攻亭，只用了一个早上就攻克了。

李悝为魏文侯上地之守，而欲人之善射也，乃下令曰："人之有狐疑之讼者，令之射的，中之者胜，不中者负。"令下而人皆疾习射，日夜不休。及与秦人战，大败之，以人之善战射也。

宋崇门之巷人服丧而毁，甚瘠(jí)[1]，上以为慈爱于亲，举以为官师。明年，人之所以毁死者岁十余人。子之服亲丧者，为爱之也，而尚可以赏劝[2]也，况君上之于民乎！

[注释]

①瘠：或作"膌"，瘦弱的意思。②劝：勉励。

[译文]

李悝担任魏文侯的上地郡郡守，想要让人们都学会骑射，于是下令说："人们有哪些心存疑虑而始终不能裁决的案子，可是让他们射箭靶，射中箭靶的人胜诉，不中箭靶的人败诉。"号令下达之后人人争相练习骑射，无论白天晚上都不休息。等到魏国与秦国开战之后，魏国之所以大败秦国，就是因为人人都擅长骑射征战的原因。

宋国崇门的一个巷口之人为了给亲人守丧而累坏了身体，非常消瘦。上级听见他的事迹认为他对亲人有慈爱之心，就推荐他当了官师。第二年的时候，身边因为亲人去世守丧饿得消瘦的人有十多个。子女为亲人守丧，是出于爱的心理，尚且可以用奖赏来鼓励，更何况是君王对于百姓呢！

越王虑伐吴，欲人之轻死也，出见怒蛙[1]，乃为之式。从者

曰："奚敬于此？"王曰："为其有气故也。"明年之请以头献王者岁十余人。由此观之，誉之足以杀人矣。

一曰：越王勾践见怒蛙而式之。御者曰："何为式？"王曰："蛙有气如此，可无为式乎？"士人闻之曰："蛙有气，王犹为式，况士人之有勇者乎！"

是岁，人有自刭死以其头献者。故曰越王将复吾而试其教：燔②台而鼓之，使民赴火者，赏在火也；临江而鼓之，使人赴水者，赏在水也；临战而使人绝头刳(kū)腹而无顾心者，赏在兵也。又况据法而进贤，其助甚此矣。

［注释］

①怒蛙：鼓足气的青蛙。②燔：焚烧的意思。

［译文］

越王勾践想要讨伐吴国，想要让人们拼死作战。一次，他在外出的时候看见一只鼓足气的青蛙，勾践立即学着青蛙的样子趴在地上。随从问道："大王您为何敬重一只青蛙到这样的地步呢？"勾践说："因为它有勇气。"第二年，甘愿拿自己的头颅献给越王的人有十多个。这样看来，只要有很多赞赏就足够杀人。

还有另外一种说法：越王勾践看见一只鼓足气的青蛙而效仿它。他的车夫问："为什么要效仿一只青蛙呢？"越王说："青蛙能有如此勇气，难道不值得效仿吗？"士兵们听说后说："青蛙鼓气大王都会去效仿，更何况是有勇气的人呢！"

当年，就有人自刎将自己的头颅献给越王的。过去越王勾践想要报复吴国而试探自己士兵的训练结果：他点燃了高台来鼓舞士兵，人人争相奔向火海里，因为奖赏就在大火里。面朝长江，勾践又让人们跳到水里，因为赏赐在江中。等到真正作战的时候，人人具有抛头颅洒热血的决心，因为赏赐就在战场上。更何况同时又有相关规定，有贤能的人会被擢升，这样一来动力就更大了。

韩昭侯使人藏弊①裤，侍者曰："君亦不仁矣，弊裤不以赐左右而藏之。"昭侯曰："非子之所知也。吾闻明主之爱一嚬(pín)②一笑，嚬有为嚬，而笑有为笑。今夫裤，岂特嚬笑哉！裤之与嚬笑相去远矣。吾必待有功者，故收藏之未有予也。"

鳣似蛇，蚕似蠋(zhú)。人见蛇则惊骇，见蠋则毛起。然而妇人拾蚕，渔者握鳣，利之所在，则忘其所恶，皆为孟贲。

说　四

魏王谓郑王曰：“始郑、梁一国也，已而别，今愿复得郑而合之梁。”郑君患之，召群臣而与之谋所以对魏。郑公子谓郑君曰：“此甚易应也。君对魏曰：‘以郑为故魏而可合也，则弊邑亦愿得梁而合之郑。”魏王乃止。

[注释]

①弊：这里是破旧的意思。②嚬：通“颦”，皱眉的意思。

[译文]

韩昭侯让人将自己的破裤子藏起来，侍从说：“大王您不仁慈啊，破裤子为什么不赏赐给我们这些下人反而要自己藏起来呢？”韩昭侯说：“并不是你所想的那样。我听说贤明的君主都爱惜自己的一次皱眉和一次微笑。皱眉有皱眉的理由，笑有笑的理由。现在这条破裤子，难道比皱眉或者微笑还要难得吗？裤子与皱眉和微笑相比，相差很远。我一定要等待有功之人，因此才将它收藏起来没有赠送给其他人。”

鳝鱼看起来像蛇，蚕看起来像条青色的虫子。人们见到蛇都会非常害怕，见到青虫就会汗毛竖起。然而养蚕的妇女拾蚕，打渔的渔夫能够握住滑溜的鳝鱼，都是因为这样做有好事，所以人们忘记了自己厌恶的事情，都成为像孟贲一样的勇士。

魏王对郑王说：“起初的时候，郑国、梁国是一个国家，后来分成两个国家，现在我想要得到郑地再合并入梁地。”郑国国君担心这件事，于是召集了群臣来商量对付魏国的计策。郑公子对郑国国君说：“这很容易回答，您对魏王说：‘把郑地看成是魏国原有的土地就可以合并了。那样一来我们也愿意得到梁地后再并入郑国之中。’”魏王听说后，果然停止了自己的言行。

齐宣王使人吹竽①，必三百人。南郭处士请为王吹竽，宣王说之，廪②食以数百人。宣王死，湣王立，好一一听之，处士逃。

一曰：韩昭侯曰：“吹竽者众，吾无以知其善者。”田严对曰：“一一而听之。”

赵令人因申子于韩请兵，将以攻魏。申子欲言之君，而恐君之欲疑己外市③也，不则恐恶于赵，乃令赵绍、韩沓（tà）尝试君之动貌而后言之。内则知昭侯之意，外则有得赵之功。

[注释]

①竽：古代的一种簧管乐器。形状与笙很像而比笙略大。②廪：米仓的意思。

③市：交易。

[译文]

齐宣王命人吹竽，一定要三百人一起吹。南郭先生请求为齐宣王吹竽，宣王很高兴，用米仓的粮食来养活这几百人。齐宣王死后，湣王继位，喜欢听人单独吹竽，南郭先生于是逃跑了。

还有一种说法：韩昭侯说："吹竽的人太多了，我不知道谁吹得好。"田严回答说："可以让他们一个一个吹给您听。"

赵国派人通过申子向韩国请求兵力支援，准备攻打魏国。申子想要将这件事跟国君说的时候，又担心国君怀疑自己与其他国家的人有什么私下交易，不说的话又担心得罪赵国。于是申子命令赵绍、韩沓两个人先去试探下君主的态度然后再说这件事。这样对内就了解了韩昭侯的意思，对外也有使赵国满意的效果。

三国兵至韩①，秦王谓楼缓曰："三国之兵深矣！寡人欲割河东而讲，何如？"对曰："夫割河东，大费也；免国于患，大功也。此父兄之任也，王何不召公子汜而问焉？"王召公子汜(sì)而告之，对曰："讲亦悔，不讲亦悔。王今割(gē)河东而讲，三国归，王必曰：'三国固且去矣，吾特以三城送之。'不讲，三国也入韩，则国必大举②矣，王必大悔。王曰：'不献三城也。'臣故曰：王讲亦悔，不讲亦悔。"王曰："为我悔也，宁亡三城而悔，无危乃悔。寡人断讲矣。"

[注释]

①韩：乃"函"的误字，指的是秦国函谷关。②举：攻克、占领的意思。

[译文]

三国的军队到达了秦国的函谷关，大王问楼缓说："三个国家的军队已经深入我国境内了，寡人想要将黄河东面的土地割让，你觉得怎么样？"楼缓回答说："将河东割让给三国，实在是一个巨大的损失；但能让国家免于灾难，这才是莫大的功绩。这些事是父亲、兄长们的责任，大王您为什么不召见公子汜询问下呢？"秦王召见公子汜，并且将这件事告诉他，公子汜说："讲和了要后悔，不讲和也会后悔。大王如今要割让河东土地来作为讲和的条件，三国一定会撤兵。大王一定要说：'三国的军队本就会撤兵的，我这是专门白送给他们三座城池啊。'要是不讲和的话，三国就要进入函谷关，国家的大部分领土一定会被侵占，大王到时就一定会后悔。大王会说：'不如当初送给他们三座城池了。'因此臣说：大王讲和也会后悔，不讲和也会后悔。"秦王说："如果我一定会后悔，我宁愿因为失去三座城池而后悔，也不能等国家陷入危险才后悔。我决定了，要与他们讲和。"

应侯谓秦王曰："王得宛、叶、兰田、阳夏，断河内，困梁、郑，所以未王者，赵未服也。弛[①]上党在一而已，以临东阳，则邯郸口中虱也。王拱而朝天下，后者以兵中之。然上党之安乐，其处甚剧，臣恐驰之而不听，奈何？"王曰："必弛易[②]之矣。"

说　五

庞敬，县令也。遣市者行，而召公大夫而还之。立有间，无以诏之，卒遣行。市者以为令与公大夫有言，不相信，以至无奸。

戴欢，宋太宰，夜使人曰："吾闻数夜有乘车至李史门者，谨为我伺之。"使人报曰："不见辒车，见有奉笥[③]而与李史语者，有间，李史受笥。"

［注释］

①弛：松弛、放松的意思。②易：变动、改变。③笥：竹制器具，用来盛饭食或衣物。

［译文］

应侯对秦王说："大王得到宛、叶、兰田、阳夏等地，将河内地区断绝，困住梁郑两国，之所以没称王的原因，是赵国尚未臣服。如果大王放松对上党的警惕，那只是一个微不足道的地方，兵力向东逼近东阳，那么邯郸就犹如同一只虱子一样不堪一击了。大王挥挥手就可以统治天下，然后将兵力集中攻打上党。现在上党地区一派安定祥和的场面，它的地理位置十分险峻，趁担心放松对上党的警惕这个建议大王不会听从，那该怎么办呢？"秦王说："我一定会放松对上党的警惕，换成其他目标。"

庞敬，是一个县令。他让聚集在集市上的人散开，然后又召集公大夫们回来。在集市上站立片刻之后，没发现什么昭告和命令，于是将大夫们遣散。集市上的人认为县令与大夫们说了什么话，不相信什么也没说，因而此后集市上再也没有奸邪的事情发生了。

戴欢，是宋国的太宰。夜里他派人说："我听说好几天夜里都有车马来到李史家门口，你们要谨慎认真地查办这件事。"派去的人回来报告说："没见到车马，只是看见有捧着笥器和李史说话的人，说了一会儿之后，李史就接过笥器。"

周主亡[①]玉簪，令吏求之，三日不能得也。周主令人求而得之家人之屋间。周主曰："吾之吏之不事事也。求簪，三日不

得之，吾令人求之，不移日而得之。”于是吏皆耸惧，以为君神明也。

商太宰使少庶子之市，顾反而问之曰：“何见于市？”对曰：“无见也。”太宰曰：“虽然，何见也？”对曰：“市南门之外甚众牛车，仅可以行耳。”太宰因诫[2]使者：“无敢告人吾所问于女。”因召市吏而诮之曰：“市门之外何多牛矢？”市吏甚怪太宰知之疾也，乃悚惧其所也。

［注释］

①亡：失去。②诫：告诫。

［译文］

周国君主遗失了一个玉簪，命令官吏去寻找它，找了整整三天也没能找到。君王又要别人去寻找，最后在家人的屋子里找到了玉簪。君主说：“我的官吏没有好好处理我交代的事情啊。找玉簪，三天都没有找到，我让别人找，不出一天就找到了。”于是官吏们个个心惊胆战，认为周君是一个圣明的君主。

商朝的太宰命令少庶子到集市上去，回来之后问他说：“你在集市上看见什么了？”少庶子回答说：“什么也没看见。”太宰说：“既然这样，你去见什么了呢？”回答说：“集市的南门外有很多牛车停在那里，拥挤的只容得下行人通行。”太宰趁机告诫使者：“不要把我问你的事情告诉别人。”接着召见集市上的官吏讽刺说：“南门之外为什么有那么多牛屎？”管理市场的官吏感到很奇怪，为什么太宰会知道得这么快，于是就很谨慎的履行自己的职责。

说　六

韩昭侯握爪[1]，而佯亡一爪，求之甚急，左右因割其爪而效之。昭侯以此察左右之诚不。

韩昭使骑于县。使者报，昭侯问曰：“何见也？”对曰：“无所见也。”昭侯曰：“虽然，何见？”曰：“南门之外，有黄犊（dú）食苗道左者。”昭侯谓使者：“毋敢泄（xiè）吾所问于女。”乃下令曰：“当苗时，禁牛马入人田中固有令入，而吏不以为事，牛马甚多入人田中。亟[2]举其数上之；不得，将重其罪。”

于是三乡举而上之。昭侯曰：“未尽也。”复往审之，乃得南

门之外黄犊。吏以昭侯为明察，皆悚惧其所而不敢为非。

［注释］

①爪：指甲或趾甲。②亟：赶紧，赶快。

［译文］

韩昭侯将指甲藏在手中，假装丢失了一个手指甲，到处寻找，很着急的样子。身边的侍卫因此争相割下自己的指甲献给韩昭侯，昭侯利用这种方法来观察身边的近侍是否忠诚。

韩昭侯命令骑兵到县城去察看。使者回来报告，韩昭侯询问说："你看见什么了？"使者回答说："没看见什么。"昭侯说："尽管如此，你难道什么都没看吗？"使者说："南门外，有很多小黄牛正在吃道路左边的庄稼。"昭侯对使者说："这件事不要对任何人说起。"于是下令说："现在正是庄稼生长的时候，禁止牛马进入田里的命令早就颁下了，而很多官吏不按照规矩办事，很多牛马都跑到了农田里，赶紧将跑进农田的牛马数量报上来；如果报不上来，按重罪论处。"

于是很多乡镇纷纷上报。韩昭侯说："还是没有完全查清。"于是官吏们又重新返回调查，终于在南门外找到小黄牛。官吏们认为昭候明察秋毫，都感到很惊恐，从此不敢再胡作非为。

周主下令索曲杖，吏求之数日不能得。周主私使人求之，不移①日而得之。乃谓吏曰："吾知吏不事事②也。曲杖甚易也，而吏不能得，我令人求之，不移日而得之，岂可谓忠哉！"吏乃皆悚(sǒng)惧其所，以君为神明。

［注释］

①移：挪动。"不移日"意思就是太阳还没有挪动，形容时间很短，不到一天。②事事：第一个"事"当动词用，是做，处理的意思。"事事"就是处理事情的意思。

［译文］

周国国君下令寻找曲杖，手下的官吏找了几天也没能找到。国君私下派别人寻找，不到一天就找到曲杖了。周君对官吏说："我知道官吏们不好好做事，但是寻找曲杖本来是件很容易的事情，可是你们却办不到，我派别人去寻找，不到一天就找到了，你们这样的做法就是所谓的忠诚吗！"官吏们都很害怕，从此各尽其责，以为周君是一个贤明的君王。

卜皮为县令，其御史污秽而有爱妾，卜皮乃使少庶子佯(yáng)爱之，以知御史阴情①。

西门豹为邺(yè)令，佯亡其车辖，令吏求之不能得，使人求之而

得之家人屋间。

说　七

阳山君相卫，闻王之疑己也，乃伪谤樛竖以知之。

淖齿闻齐王之恶己也，乃矫②为秦使以知之。

齐人有欲为乱者，恐王知之。因诈逐所爱者，令走王知之。

子之相燕，坐而佯言曰："走出门者何，白马也？"左右皆言不见。有一人走追之，报曰："有。"子之以此知左右不诚信。

［注释］

①阴情：私事，隐情的意思。②矫：假托的意思。

［译文］

卜皮担任县令的时候，知道他的御史为人卑鄙下流，还有一个十分宠爱的小妾，卜皮命令一个年轻人假装喜欢那个小妾，用这种方法来得知御史不可告人的私事和隐情。

西门豹担任邺城县令的时候，假装丢失了车轴上的插销，命令衙吏寻找，没找到，于是另派别人寻找，却在一户人家中的屋子里找到。

阳山君在卫国辅助君王，听说君王对自己产生了怀疑，就假装诽谤樛竖来试探君主。

淖齿听说大王讨厌自己，就派人假托是秦国的使者去打听这件事。

齐国有人想要作乱，担心齐王知道，趁机假装成驱赶自己的爱人，令传言传到齐王的耳朵里，以便了解齐王的反应。

子之在燕国辅佐朝政，坐在那里假装说："走出门去的是什么东西，是白马吗？"所有随从都说没看见，有一个人跑着追了出去，回来后报告说："是有一匹白马。"子之用这种方法得知身边的人是否诚实。

有相与讼者，子产离之而无使得通辞，倒其言以告而知之。

卫嗣公使人为客过关市①，关市苛(kē)②难之。因事关市以金，关吏乃舍之。嗣公为关吏曰："某时有客过而所，与汝金，而汝因遣之。"关市乃大恐，而以嗣公为明察。

［注释］

①关市：关隘与市场。古代一些设立在交通要道上的集市。②苛：过于严厉

的意思。

［译文］

遇到互相争斗诉讼的人时，子产将他们隔离开，好让他们之间不能通话，然后将他们说过的话反过来说给对方听，从而了解事情的真相。

卫嗣公派人佯装成游客通过关市，负责管理关市的人故意过分刁难他。因此这个人拿出金钱赠送给管理关市的人，官吏这才放他过去。卫嗣公对官吏说：“任何时候只要有一个客人经过这个地方，给你金钱等好处之后，你才会放走他。”负责管理关市的人大惊失色，认为卫嗣公能明察秋毫。

内储说下六微第三十一

题解

六微，即臣下和外敌危害君权的六种隐微手段。韩非在本文中用大量生动的历史故事、传说来告诫君主提高警惕加强防范，在国内杜绝六微，在国外运用六微，达到巩固君权的目的。

六微：一曰权借在下，二曰利异外借，三曰托于似类，四曰利害有反，五曰参疑内争，六曰敌国废置。此六者，主之所察也。

经一权借

权势不可以借人。上失其一，臣以为百。故臣得借则力多，力多则内外为用，内外为用则人主壅。其说在老聃①之言失鱼也。是以人主久语，而左右鬻②怀刷③。其患在胥僮之权厉公，与州侯之一言，而燕人浴矢（shǐ）也。

[注释]

①老聃：道家创始人老子。②鬻：把东西卖出去，出售的意思。③刷：清洗，洗涮干净。

[译文]

六种危害君权的隐微手段：一是君主的权势转借给臣下；二是当利益不同时，臣下借助外部势力谋取私利；三是臣下假托类似的事进行欺骗；四是君臣之间利害相反，臣下因私害公；五是参差不齐互相怀疑且在内部相争；六是敌对的国家操纵本国储君和大臣的废立。这六种情况是君主应该明察的。

权势不可以转借给他人。上级在失去一种权势之后，下级就可以因此而得到百种权势。所以臣下能够借用，那么力量就会增多，力量增多之后，朝廷内外就会被重臣所利用，被重臣利用，君主就会被壅塞。这个说法在老聃所说的失鱼中。因此君主长时间说话，左右臣下就可以卖弄自己并且怀着洗刷自己的目的。这种祸患发生在胥僮劝说晋厉公之事中，与州侯同一样言说，而燕国人用狗屎洗浴。

经二利异

君臣之利异，故人臣莫忠，故臣利立而主利灭。是以奸臣者，召敌兵以内除，举外事①以眩主，苟成其私利，不顾国患。其说在卫人之妻夫祷(dǎo)祝也。

故戴歇议子弟②，而三桓③攻昭公；公叔内④齐军，而翟黄召韩兵；太宰嚭(pǐ)说大夫种，大成午教申不害；司马喜告赵王，吕仓规秦、楚；宋石遗卫君书，白圭教暴谴。

[注释]

①外事：外交上的举动。②子弟：这里指楚国诸公子。③三桓：春秋后期掌握鲁国政权的三家贵族，即季孙氏、孟孙氏、叔孙氏。④内：通“纳”，接纳的意思。

[译文]

当君臣之间的利益不同时，做臣子的就不会忠诚，所以臣下的利益能得到而君主的利益就失去了。所以奸臣招引敌国的力量来剪除内部的对手，拿各种外交上的举动来迷惑君主，以此来成就他的私利，而不顾国家的祸患。这个说法在卫国一对夫妻的各自寿祝上。

所以戴歇议论楚国诸公子，而三桓围攻鲁昭公；韩国的公叔要接纳齐国的军队，而魏国的翟黄能召来韩国的军队；吴国太宰伯嚭要劝说越国大夫文种，而赵国的大成午开要开导韩国的申不害；中山国的司马喜向赵王告密，而魏国的吕仓规劝秦、楚两国攻打魏国；魏国的宋石赠送书信给卫国的君主，而魏相白圭教诲韩相暴谴。

经三似类

似类之事，人主之所以失诛①，而大臣之所以成私也。是以门人捐水而夷射诛，济阳自矫②而二人罪，司马喜杀爰骞而季辛诛，郑袖言恶臭而新人劓(yì)，费无忌教郄(xì)宛而令尹诛，陈需杀张寿而犀首走。故烧刍癐(guì)而中山罪，杀老儒而济阳赏也。

[注释]

①失诛：惩罚失当，当罚不罚。②自矫：假传王命。

[译文]

那些类似的事情所带来的假象，是使君主处罚不当，而大臣能够谋取私利的原因。因此守门人泼水而夷射被处罚；济阳君矫王命攻打自己而使他的两个仇人获罪；司马喜杀掉爰骞而季辛被诛杀；郑袖说新来的美人厌恶楚王的气味，而使美人被割去了鼻子；费无忌引诱郄宛上当，令尹把郄宛杀了；陈需暗杀张寿，使犀首被迫出逃。所以近侍烧掉马草仓库，而中山国君就加罪于公子；济阳君的一个门客杀掉老儒，济阳君却奖赏了他。

经四有反

事起而有所利，其尸[1]主之；有所害，必反察之。是以明主之论也，国害则省[2]其利者，臣害则察其反者。其说在楚兵至而陈需相，黍种贵而廪吏覆。是以昭奚恤执贩茅，而僖侯谯其次，文公发绕炙，而穰侯请立帝。

[注释]

①尸：与“主”同义，主持、执掌。②省：观看、观察、审视。

[译文]

事情发生了并且有利益可得，君主就应该主持它，如果有害，一定要秘密地从反面加以考察。因此明君考虑问题时，国家受害，就要察看谁能从中得到好处；臣子受害，就要考察与他利害相反的人。这个说法在楚军来到魏国边境而陈需升任魏相，黍种价高而粮仓官吏受到检查的一系列事件中。因此昭奚恤逮捕贩卖茅草的人，韩昭侯怒责厨师的副手，晋文公追查把头发缠在烤肉上的人，穰侯请齐王称帝。

经五参疑

参疑之势，乱之所由生也，故明主慎之。是以晋骊姬杀太子申生，而郑夫人用毒药，卫州吁杀其君完，公子根取东周，王子职甚有宠而商臣果作乱，严遂、韩廆争而哀侯果遇贼，田常、阚止、戴欢、皇喜敌[1]而宋君、简公杀。其说在狐突之称“二好”，与郑昭之对“未生”也。

[注释]

①敌：权势相当。

[译文]

等级参差不齐相互怀疑的局面，是产生祸乱的原因，所以明君应该慎重地对待它。

因此晋国的骊姬杀掉太子申生，郑君的夫人用毒药毒死郑君，卫国的州吁杀掉他哥哥卫桓公，公子根夺取了东周，楚国王子职很受宠而太子商臣果然兴兵作乱。韩国的严遂、韩廆夺权势，结果韩哀侯遇刺，齐国的田常和阚止、戴欢和皇喜势均力敌，结果宋君、齐简公被杀。有关解说在狐突谈论“二好”，以及郑昭回答“未生”的两则故事中。

骊姬巧计杀申生

骊姬为让自己的儿子继位，百般挑拨晋献公与太子申生的父子关系。最终诬陷太子下毒欲毒杀晋献公，而彻底激怒了晋献公。晋献公下令讨杀申生，申生自杀。

经六废置

敌之所务，在淫①察而就②靡③，人主不察，则敌废置矣。故文王资④费仲，而秦王患楚使；黎且去仲尼，而干象沮(jǔ)⑤甘茂。是以子胥宣王言而子常用，内美人而虞、虢(guò)亡，佯(yáng)遗书而苌弘死，用鸡猳⑥而郐桀尽。

［注释］

①淫：惑乱。②就：靠近、走近。③靡：错误。④资：帮助。⑤沮：阻止。⑥鸡猳：祭祀时的牲畜。猳：公猪。

［译文］

敌国力求做到的，是惑乱对立国君主的视听使之做出错误的判断，君主如果不能明察，就会按敌国的意图来任免自己的大臣。所以周文王资助商臣费仲，秦王担忧楚国使者能干，齐国的黎且设法让鲁君赶走孔子，楚国的干象阻止楚王扶持甘茂。因此伍子胥宣布吴王的话而楚国子常得以任用，因为收纳晋君献来的美女而虞虢两国终于灭亡，叔向故意丢失书信而使苌弘被杀，郑桓公通过订立盟约的假象而使邻国残杀自己的豪杰。

经七庙攻

“参疑”“废置”之事，明主绝之于内而施之于外。资其轻者，辅其弱者，此谓“庙攻”。叁伍①既用于内，观听又行于外，则敌

伪得。其说在秦侏儒之告惠文君也。故襄疵言袭邺，而嗣公赐令席。

［注释］

①参伍：言多而杂，引申为用各方面的事实进行验证。

［译文］

“参疑内争”“敌国废置”的事情，明君要杜绝它在国内发生，还要把它作为一种策略运用在国外。资助那些权势轻的官员，辅助那些地位弱的官员，这就叫作“宗庙内的攻击”。君主既要把多方面的情况加以比照、验证用在内部，又能对国外观察、探听，那么敌人的一切诈伪之情都可以识破。这个说法在秦国侏儒告诉秦惠文王自己偷听到的楚国计谋中。所以襄疵告诉魏王赵想偷袭邺，卫嗣公把席子赐给县令。

说　一

势重者，人主之渊也；臣者，势重之鱼也。鱼失于渊而不可复得也，人主失其势重于臣而不可复收也。古之人难正言①，故托之于鱼②。

赏罚者，利器也，君操之以制臣，臣得之以拥主。故君先见③所赏，则臣鬻(yù)之以为德，君先见所罚，则臣鬻之以威。故曰：“国之利器，不可以示人。”

［注释］

①正言：直言。②托之于鱼：这里指《老子》第三十六章：“鱼不可脱于渊，国之利器不可以示人。”③见：通“现”，表露出。下同。

［译文］

权势就像是君主的深渊，臣子就是君主权势这一深渊里的鱼，鱼离开深渊，就不能再得到它了；君主把权势给了臣子，就不能再收回来。古人难以直说，所以把事理假托在鱼身上。

赏罚是很厉害的武器，君主掌握它来制服臣子，臣子得到它可以拥立君主。所以君主事先表露出要赏罚，臣子就会卖弄它来作为自己的威势。所以说：“国家的锐利武器，是不能显露出来给别人看到的。”

靖郭君相齐，与故人久语，则故人富；怀①左右刷②，则左右重。久语怀刷，小资也，犹以成富，况于吏势乎？

晋厉公之时，六卿贵。胥僮、长鱼矫谏曰：“大臣贵重，敌主争事，外市树党，下乱国法，上以劫主，而国不危者，未尝有也。”公曰：“善。”乃诛三卿。胥僮、长鱼矫又谏曰：“夫同罪之人偏诛[3]而不尽，是怀怨而借之间也。”公曰：“吾一朝而夷三卿，予不忍尽也。”长鱼矫对曰：“公不忍之，彼将忍公。”公不听。居三月，诸卿作难，遂杀厉公而分其地。

［注释］

①怀：赐予。②刷：毛巾之类的小物品。③偏诛：只诛杀一部分。

［译文］

靖郭君田婴任齐国的相国，和老熟人谈了很长时间的话，于是那个老熟人很快就变得富有了；赏赐近侍小物品，从而使近侍的地位尊贵起来。谈话时间长、赏赐小物品，都是很小的资助，尚且可以使人借此得到富贵，何况是官吏的权势呢？

晋厉公的时候，六卿地位很高。胥僮和长鱼矫劝谏说：“大臣地位高，权势重，敌国君主就会争着来侍奉，他们与外国勾结，树立私党，对下扰乱国家法制，对上以此挟持君主，出现了这样的局面而国家不危乱的，这是没有的事。”晋厉公说：“说得好，”于是就杀了三卿。胥僮、长鱼矫又劝谏说：“对于罪状相同的人，只杀了一部分，而不根除，是让留下的人怀恨在心，还给了他们复仇的机会。”晋厉公说：“我一下子就杀了三位大卿，不忍心赶尽杀绝。”长鱼矫回答说：“您不忍心杀他们，他们将要狠心来害您。”晋厉公没有听从劝告。过了三个月，其他几个卿作乱，结果杀了厉公，并瓜分了他的领土。

州侯相荆，贵而主断[1]。荆王疑之，因问左右，左右对曰“无有”，如出一口也。

燕人无惑，故浴狗矢(shǐ)[2]。燕人，其妻有私通于士，其夫早自外而来，士适出。夫曰：“何客也？”其妻曰：“无客。”问左右，左右言“无有”，如出一口。其妻曰：“公惑易也。”因浴之以狗矢。

一曰：燕人李季好远出，其妻私有通于士，季突至，士在内中，妻患之。其室妇曰：“令公子裸(luǒ)而解发，直出门，吾属[3]佯不见也。”于是公子从其计，疾走出门。季曰：“是何人也？”家室皆曰：“无有。”季曰：“吾见鬼乎？”妇人曰：“然。”“为之奈何？”曰：“取五牲之矢浴之。”季曰：“诺。”乃浴以矢。一曰浴以兰汤。

[注释]

①主断：擅权独断。②矢：通“屎”。③吾属：我们。

[译文]

州侯做了楚国的相国，地位显贵并专权独断。楚王怀疑他有二心，就问左右近侍，左右近侍回答说：“没有。”众人同声，如出一口。

燕国有个人没有中邪迷惑，别人却要借故用狗屎给他洗身。这个燕国人，他的妻子和一个读书人通奸，他早上从外面回来，正碰上读书人出门。丈夫说：“这是什么客人？”他妻子说：“没有客人。”丈夫又问身边的人，大家都说“没有客人”，如出一口。他妻子说：“您是中邪迷惑了吧。”于是就用狗屎给他洗身。

另一种说法是：“燕国人李季喜欢出门游历，他的妻子和一个读书人通奸，李季突然回来了，读书人还在屋内，他的妻子非常担忧。她的女仆说：“让这位公子光着身子，解开发结，径直走出门外，我们这些人都假装没看见”。于是这位读书人听从她的计谋，赤裸快步跑出门外。李季说：“这是什么人？”家里的人都说：“没有人啊。”李季说：“我看见鬼了吗？”他妻子说：“是的。”“那怎么办呢？”妻子说：“找五种牲畜的屎来洗浴就好了。”李季说：“好吧。”于是就用屎来洗身。一种说法是用兰草煮的水来洗身。

说　二

卫人有夫妻祷者，而祝曰：“使我无故①，得百来束布。”其夫曰：“何少也？”对曰：“益是，子将以买妾。”

荆王欲宦诸公子于四邻，戴歇曰：“不可。”“宦公子于四邻，四邻必重之。”曰：“子出者重，重则必为所重之国党，则是教子于外市也，不便②。”

[注释]

①无故：无灾无难。②不便：不利。

[译文]

卫人有一对夫妻在祈祷，妻子祈祷说：“让我平安无事，能得到一百捆布。”她丈夫说：“为什么求这么少呢？”妻子回答说：“多了，您将会用它去买小老婆。”

楚王想让几个儿子到四周的邻国去做官，戴歇说：“不可以。”楚王说：“让儿子到四周邻国去做官，四周邻国必然要器重他们。”戴歇说：“公子出国做官受到器重，受到器重必然会与这些国家结成朋党，那么这就是在教儿子在外搞交易，这样做不利于国家。”

鲁孟孙、叔孙、季孙相戮力[1]劫昭公，遂夺其国而擅其制[2]。鲁三桓逼公，昭公攻季孙氏，而孟孙氏、叔孙氏相与曰：“救之乎？”叔孙氏之御者曰：“我，家臣也，安知公家？凡有季孙与无季孙于我孰利？”皆曰：“无季孙必无叔孙。”“然则救之。”于是撞西北隅(yǔ)[3]而入。孟孙见叔孙之旗入，亦救之。三桓为一，昭公不胜。逐之，死于乾侯。

[注释]

①戮力：并力。②擅其制：专擅其政。③撞西北隅：突破包围圈的西北角。

[译文]

鲁国的三桓孟孙氏、叔孙氏、季孙氏通力合作胁迫了鲁昭公，随即夺取了鲁国，垄断了他的权势。鲁国的三桓威逼鲁昭公时，鲁昭公攻打季孙氏，孟孙氏、叔孙氏互相商量说：“去救援季孙氏吗？”叔孙氏的车夫说：“我是个家臣，哪里知道公室的事呢？有季孙氏和没有季孙氏哪样对我们更有利？”大家都说：“没有季孙氏就必然没有叔孙氏。”车夫说：“既然这样，那么就去救他。”于是他们就从西北角冲了进去。孟孙氏见叔孙氏的旗帜已经进入战场，也去救援。三桓军队合兵一处，鲁昭公不能取胜。三桓驱逐了鲁昭公，结果鲁昭公死在晋国的乾侯。

公叔相韩而有[1]攻[2]齐，公仲甚重于王，公叔恐王之相公仲也，使齐、韩约而攻魏。公叔因内齐军于郑。以劫其君，以固其位，而信两国之约。

翟璜，魏王之臣也，而善于韩。乃召韩兵令之攻魏，因请为魏王构之以自重也。

越王攻吴王，吴王谢而告服，越王欲许之。范蠡(lǐ)、大夫种曰：“不可。昔天以越与吴，吴不受，今天反夫差，亦天祸也。以吴予越，再拜受之，不可许也。”太宰嚭(pǐ)遗大夫种书曰：“狡兔尽则良犬烹，敌国灭则谋臣亡。大夫何不释吴而患越乎？”大夫种受书读之，太息而叹曰：“杀之，越与吴同命。”

[注释]

①有：通“又”。②攻：交好。

[译文]

公叔伯婴担任韩国的相国，又要拼命和齐国交好。公仲朋很受韩王器重。公叔伯婴害怕韩王让公仲朋担任相国，就让齐国与韩国约定去攻打魏国。公叔伯婴乘机把齐军引入韩国国都，以此威胁他的君主，巩固自己的相位，并重申两国的协约。

翟璜是魏王的大臣，却与韩国亲善。他召来韩国的军队，让他们攻打魏国，接着请求替魏王去与韩国讲和，用来提高自己的地位。

越王勾践攻打吴王夫差，吴王谢罪并宣布投降，越王想要答应他。范蠡和大夫文种说："不行。过去上天把越国给了吴国，吴国不接受，如今上天不帮助吴王夫差，这也是天灾啊。上天把吴国给了越国，应当再次拜谢上天才能接受，不能答应吴王的要求。"吴国的太宰送给大夫文种的信上说："狡猾的兔子被杀光后，好的猎狗就会被煮来吃；敌国灭亡了，谋臣也会被杀害。大夫您为什么不放过吴国，让它成为越国的忧患呢？"大夫文种接信读完后，长叹一声说："杀掉谋臣，越和吴将会遭到同样的下场。"

大成午从赵谓申不害于韩曰："以韩重我于赵，请以赵重子于韩，是子有两韩，我有两赵。"

司马喜，中山君之臣也，而善于赵，尝①以中山之谋微告赵王。

吕仓，魏王之臣也，而善于秦、荆。微讽②秦、荆令之攻魏，因请行和以自重也。

宋石，魏将也；卫君，荆将也。两国构难③，二子皆将。宋石遗卫君书曰："二军相当，两旗相望，唯④毋一战，战必不两存。此乃两主之事也，与子无有私怨，善者相避也。"

[注释]

①尝：通"常"。②微讽：暗中劝说。③构难：交战的委婉说法。④唯：表希望的语气词。

[译文]

大成午从赵国对在韩国的申不害说："您用韩国的力量来加强我在赵国的势力，我再用赵国的力量使您得到韩国的重用，这样一来，就像您有两个韩国，我有两个赵国一样了"。

司马喜是中山国君的臣子，而与赵国亲善，经常把中山国的谋略密告给赵王。

吕仓是魏王的臣子，但与秦、楚两国亲善。他暗中劝说秦、楚，让两国攻魏，以便借机请求前去讲和来提高自己的地位。

宋石是魏国的大将，卫君是楚国的大将。两国交战，宋石、卫君分别担任两国将领。宋石送信给卫君说："两军力量相当，双方军旗相望，希望不要交战，交战后一定不能两存。这是两个君主的事情，我与你没有仇怨，认为我的话对就请回避。"

白圭(guī)相魏，暴谴相韩。白圭谓暴谴曰："子以韩辅我于魏，我以魏待[1]子于韩，臣长用魏，子长用韩。"

说　三

齐中大夫有夷射者，御饮于王，醉甚而出，倚于郎[2]门。门者刖跪请曰："足下无意赐之余沥[3]乎？"夷射曰："叱，去！刑余之人，何事乃敢乞饮长者！"刖跪走退。及夷射去，刖跪因捐水郎门霤(liù)下，类溺[4]者之状。明日，王出而呵之，曰："谁溺(nì)于是？"刖跪对曰："臣不见也。虽然，昨日中大夫夷射立于此。"王因诛夷射而杀之。

［注释］

①待：通"持"，扶持。②郎：室外有顶的过道及官殿廷廊，置侍卫人员所在。③余沥：喝剩的酒。④溺：本意为排泄小便。后来作"尿"。

［译文］

白圭担任魏国的相国，暴谴担任韩国的相国。白圭对暴谴说："您用韩国的力量辅佐我在魏国掌权，我用魏国的力量支持您在韩国掌权，我就能长期在魏国掌权，您也能长期在韩国掌权。"

齐国有个叫夷射的中大夫，在齐王那里陪同喝酒，喝得酩酊大醉后出来，倚靠在宫中廊门上。一个受过刑的守门人跪下来请求说："您不想赏给我一点吃剩下的酒吗？"夷射说："滚！受过刑的人怎么竟敢向尊长要酒喝！"守门人慌忙退下。等到夷射离开后，守门人就把水泼在廊门的檐沟下，像尿湿的样子。第二天，齐王出来看见了，责问："谁在这儿撒尿？"守门人回答说："我没看见。虽说如此，昨天中大夫夷射在这儿站过。"齐王因而对夷射进行惩罚并把他杀了。

魏王臣二人不善济阳君，济阳君因伪令人矫王命而谋攻己。王使人问济阳君曰："谁与恨？"对曰："无敢与恨。虽然，尝与二人不善，不足以至于此。"王问左右，左右曰："固然。"王因诛二人者。

季辛与爰骞相怨。司马喜新与季辛恶，因微[1]令人杀爰骞，中山之君以为季辛也，因诛之。

［注释］

①微：暗中。

［译文］

魏王的臣子中有两个人与济阳君关系不好，济阳君因此作假让人伪造魏王的命令攻打自己。魏王派人去问济阳君说："你与谁有仇？"济阳君回答说："我不敢和谁有仇。虽说这样，也曾和两个人关系不好，但还不至于到这种地步。"魏王问左右近侍，左右近侍都说："的确如此。"魏王因此杀了这两个人。

季辛和爰骞相互怨恨。司马喜和季辛的关系刚刚恶化，因此暗中派人杀了爰骞。中山国君认为是季辛干的，于是就杀了季辛。

荆王所爱妾有郑袖者。荆王新得美女，郑袖因教之曰："王甚喜人之掩口也，为近王，必掩口。"美女入见，近王，因掩口。王问其故，郑袖曰："此固言恶王之臭[1]。"及王与郑袖、美女三人坐，袖因先诫御者曰："王适有言，必亟听从王言。"美女前近王甚，数掩口。王悖然怒曰："劓之。"御因揄刀而劓美人。

一曰：魏王遗荆王美人，荆王甚悦之。夫人郑袖知王悦爱之也，亦悦爱之，甚于王。衣服玩好，择其所欲为之。王曰："夫人知我爱新人也，其悦爱之甚于寡人，此孝子所以养亲，忠臣之所以事君也。"夫人知王之不以己为妒也，因为[2]新人曰："王甚悦爱子，然恶子之鼻，子见王，常掩鼻，则王长幸子矣。"于是新人从之，每见王，常掩鼻。王谓夫人曰："新人见寡人常掩鼻，何也？"对曰："不已知也。"王强[3]问之，对曰："顷尝言恶闻王臭。"王怒曰："劓之！"夫人先诫御者曰："王适有言必可从命。"御者因揄刀而劓美人。

［注释］

①臭：气味。②为：通"谓"。③强：竭力，再三。

［译文］

楚王有个宠妾叫郑袖。楚王最近得到一个美女，郑袖因而教她说："楚王非常喜欢别人捂住嘴巴，你要是接近大王，一定要捂住嘴巴。”美女进宫，走近楚王就捂住嘴巴。楚王询问什么缘故，郑袖回答说：“她本来就说过讨厌大王的气味。”等到楚王和郑袖、美女三人坐在一起的时候，郑袖就事先告诫侍从说：“大王如果有什么吩咐，一定要立即听从大王的话！”美女上前来到靠楚王很近的地方，几次捂住嘴巴。楚王勃然大怒说：“把她的鼻子割掉！”侍从于是拔出刀来就把美人的鼻子割掉了。

另一种说法：魏王送给楚王一个美女，楚王非常喜爱她。楚王夫人郑袖得知楚王很宠爱这位美女，也很喜爱她，而且比楚王还喜爱。衣服珍宝，挑选美女想要的给她。楚王说：“夫人知道我宠爱新来的美人，你喜欢她超过了我，这是孝子奉养父母、忠臣侍奉君主的行为啊。”郑袖知道楚王不认为自己嫉妒，就对新来的美人说：“大王非常喜爱你，然而不喜欢你的鼻子。你见到大王，要时常捂住鼻子，大王就会长久宠爱你了。”于是美人听从了郑袖的话，每次见到楚王，都捂住鼻子。楚王对郑袖说：“新来的美人见我时常捂住鼻子，为什么？”郑袖回答说：“我不知道其中的原因。”楚王竭力追问她，郑袖回答说：“不久前听她曾说讨厌闻到大王的气味。”楚王发怒说：“把她的鼻子割掉。”郑袖事先告诫侍从说：“如果大王有什么吩咐，一定要听从命令。”侍从于是就拔出刀来割掉了美人的鼻子。

费无极，荆令尹之近者也。郄(qiè)宛新事令尹，令尹甚爱之。无极因谓令尹曰：“君爱宛甚，何不一为酒其家？”令尹曰：“善。”因令之为具于郄宛之家。无极教宛曰：“令尹甚傲而好兵①，子必谨敬，先亟陈兵堂下及门庭。”宛因为之。令尹往而大惊，曰：“此何也？”无极曰：“君殆，去之！事未可知也。”令尹大怒，举兵而诛郄宛，遂杀之。

［注释］

①好兵：喜欢兵器。

［译文］

费无极是楚国令尹子常亲近的人。郄宛新近侍奉令尹，令尹很是喜爱他。费无极就对令尹说：“您很喜爱郄宛，为什么不到他家喝酒？”令尹说：“好吧。”令尹就让费无极到郄宛家置办酒席。费无极开导郄宛说：“令尹非常高傲而且喜欢兵器，您一定要小心恭敬，先快些把兵器陈列在厅堂下面和大门前空地上。”郄宛就照办了。令尹到郄宛家时大吃一惊，说：“这是为什么？”费无极说：“您很危险，快离开这里！事情还不知会怎样呢。”令尹非常愤怒，发兵向郄宛问罪，然后就杀了郄宛。

犀首与张寿为怨，陈需新入，不善犀首，因使人微杀张寿。魏王以为犀首也，乃诛之。

中山有贱公子[①]，马甚瘦，车甚弊。左右有私不善者，乃为之请王曰："公子甚贫，马甚瘦，王何不益之马食？"王不许。左右因微令夜烧刍厩(jiù)[②]。王以为贱公子也，乃诛之。

魏有老儒而不善济阳君。客有与老儒私怨者，因攻老儒杀之，以德于济阳君，曰："臣为其不善君也，故为君杀之。"济阳君因不察而赏之。

一曰：济阳君有少庶子，有不见知欲入爱于君者。齐使老儒掘药于马梨之山，济阳少庶子欲以为功，入见于君曰："齐使老儒掘(jué)药于马梨之山，名掘药也，实间君之国。君不杀之，是将以济阳君抵(dǐ)罪于齐矣。臣请刺之。"君曰："可。"于是明日得之城阴而刺之，济阳君还[③]益亲之。

［注释］

①贱公子：地位低贱的公子。②刍厩：存放草料的马棚。③还：随即。

［译文］

犀首和张寿结下怨仇，陈需刚到魏国，与犀首关系不好，就派人暗杀了张寿。魏王以为是犀首干的，就诛杀了他。

中山国有个地位低贱的公子，他的马很瘦弱，他的车很破旧。有个和他私下不和的国君近侍，就替他向国君请求说："公子很贫穷，他的马很瘦弱，大王为何不给他增加点马料呢？"国君不允许。近侍就暗中派人在晚上烧了存放草料的马棚。国君认为是这个地位低贱的公子干的，就把他诛杀了。

魏国有个年老的儒生与济阳君不和。济阳君的门客中有个和老儒生有私人恩怨的，乘机攻击老儒并杀了他，以此来讨好济阳君，说："我因他与您不和，所以替您杀了他。"于是济阳君不加明察就奖赏了他。

另一种说法：济阳君家的年轻侍从中，有一个没有被济阳君赏识而想得到宠爱的。齐国派一个老儒生到马梨山挖草药，这个侍从想借这件事立功，进见济阳君说："齐国派一个年老的儒生到马梨山挖草药，名义上是挖草药，实际上是来侦察您的封地。您不杀了他，将会使您因他的泄密而被齐国治罪。请让我去刺杀他。"济阳君说："可以。"于是第二天侍仆在城北找到老儒并刺杀他，济阳君随即渐渐亲近这个侍仆了。

说　四

陈需，魏王之臣也，善于荆王，而令荆攻魏。荆攻魏，陈需

因请为魏王行解之，因以荆势相魏。

韩昭侯之时，黍种尝贵甚。昭侯令人覆廪，吏果窃黍种而粜①之甚多。

昭奚恤之用荆也，有烧仓痞窌②者而不知其人。昭奚恤令吏执贩茅者而问之，果烧也。

昭僖侯之时，宰人上食而羹中有生肝焉，昭侯召宰人③之次而诮之曰："若何为置生肝寡人羹中？"宰人顿首服死罪，曰："窃欲去尚宰人也。"

一曰：僖侯浴，汤中有砾。僖侯曰："尚浴免，则有当代者乎？"左右对曰："有。"僖侯曰："召而来。"谯④之曰："何为置砾汤中？"对曰："尚浴免，则臣得代之，是以置砾汤中。"

[注释]

①粜：卖出粮食。②窌：地窖。③宰人：厨师。④谯：通"诮"。

[译文]

陈需是魏王的臣子，与楚王的关系很好，就让楚国攻打魏国。楚国来攻打魏国了，陈需乘机请求替魏王去楚国进行调解，于是他利用楚国的势力当上了魏国的相国。

韩昭侯时期，黍种的价格曾经很高。韩昭侯派人检查粮仓，管粮仓的官吏果然盗窃了黍种并且卖掉了很多。

昭奚恤在楚国执政时，有人纵火烧了粮仓、地窖和草料库，却不知道纵火的人是谁。昭奚恤命令官吏抓来贩卖茅草的人一审问，果然是那个人放的火。

韩昭侯时期，厨师端上饭菜，肉汁中却有生肝。韩昭侯召来厨师的助手，责骂他说："你为什么把生肝放到我的肉汁中？"厨师助手叩头求饶承认犯了死罪，说："我私下想除掉主管大王膳食的人。"

另一种说法：韩昭侯洗澡，洗澡水中有小石子。韩昭侯说："主管洗澡的差役如果被免职，那么有能够继任的人吗？"左右近侍回答说："有。"韩昭侯说："叫他来。"韩昭侯责问他说："为什么在洗澡水里放小石子？"那人回答说："如果管洗澡水的差役被免职，我就能够代替他，因此在洗澡水中放了小石子。"

文公之时，宰臣上炙①而发绕之。文公召宰人而谯之曰："女欲寡人之哽耶，奚为以发绕炙？"宰人顿首再拜请曰："有死罪三：援砺②砥刀，利犹干将也，切肉肉断而发不断，臣之罪一也；

援木而贯脔[3]而不见发，臣之罪二也；奉[4]炽炉，炭火尽赤红，而炙熟而发不烧，臣之罪三也。堂下得无[5]微有疾臣者乎？”公曰：“善。”乃召其堂下而谯之，果然，乃诛之。

一曰：晋平公觞客，少庶子进炙而发绕之，平公趣[6]杀炮人[7]，毋有反令。炮人呼天曰：“嗟乎！臣有三罪，死而不自知乎！”平公曰：“何谓也？”对曰：“臣刀之利，风靡[8]骨断而发不断，是臣之一死也；桑炭炙(zhì)之，肉红白而发不焦，是臣之二死也；炙熟，又重睫(jié)而视之，发绕炙而目不见，是臣之三死也。意者堂下其有翳憎臣者乎？杀臣不亦蚤[9]乎！”

[注释]

①炙：烤肉。②砺：磨刀石。③脔：切成小片的肉。④奉：通“捧”，端。⑤得无：莫非，恐怕。⑥趣：通“促”，督促。⑦炮人：庖人。⑧风靡：倒下。“望风披靡”的省文，形容刀之锋利。⑨蚤：通“早”。

[译文]

晋文公时期，掌管膳食的官员端上烤肉而上面有头发缠绕。晋文公召来厨师怒责他说：“你想让我吐出来吗？为什么有头发缠绕烤肉？”厨师叩头拜过两拜请罪说：“我的死罪有三条：拿来磨刀石磨刀，锋利得像宝剑干将一样，能把肉切断而头发却切不断，这是我的第一条罪状；拿起木棒穿肉片却没有看见头发，这是我的第二条罪状；捧着烧得很旺的炉子，炭火都烧得通红，肉都烤熟了，头发却没有烧掉，这是我的第三条罪状。您的堂下侍从中该没有暗中嫉恨我的人吧？”文公说：“说得好。”于是召来堂下侍从来责问，果真这样，于是就诛杀了那个嫉恨厨师的人。

另一种说法：晋平公招待客人喝酒，年轻的侍从端来烤肉，却有头发缠在肉上，晋平公督促去杀掉厨师，不得违反命令。厨师大声喊着老天爷说：“啊呀！我有三条罪状，死了也不知是犯的哪一条啊！”晋平公说：“这话怎么说？”厨师回答说：“我的刀很锋利，锋利得能斩断骨头，而斩不断头发，这是我的第一条死罪；用桑树烧成的木炭来烤肉，烤得瘦肉发红肥肉发白，头发却没烧焦，这是我的第二条死罪；烤肉熟了，又眯着眼睛细看，有头发缠在烤肉上，却没有看见，这是我的第三条死罪。想来堂下侍从中该有暗恨我的吧？杀我不也太早点了吗？”

穰侯相秦而齐强。穰侯欲立秦为帝而齐不听，因请立齐为东帝，而不能成也。

说　五

晋献公之时，骊姬贵，拟[①]于后妻，而欲以其子奚齐代太子申生，因患[②]申生于君而杀之，遂立奚齐为太子。

郑君已立太子矣，而有所爱美女欲以其子为后，夫人恐，因用毒药贼君杀之。

卫州吁重于卫，拟于君，群臣百姓尽畏其势重。州吁果杀其君而夺之政。

公子朝，周太子也，弟公子根甚有宠于君。君死，遂以东周叛，分为两国。

[注释]

①拟：比拟，匹敌。②患：馋毁。

[译文]

穰侯魏冉担任秦国相国时齐国就强大了。穰侯想立秦王为帝，齐国不愿听从，他就请求立齐王为东帝，但事情没有成功。

晋献公时期，骊姬的地位很高，地位相当于君主的正妻。她想让自己的儿子奚齐来取代太子申生，因此在晋献公面前陷害申生并杀了他，随后晋献公立奚齐为太子。

郑君已经确立了太子，而有个受宠的美女想让自己的儿子当继承人，郑君的夫人害怕了，就用毒药暗杀了郑君。

卫国的州吁在卫国权势很大，可以和卫君匹敌，群臣百姓都害怕他的权势，后来州吁果真杀了君主并夺取了他的政权。

公子朝是周君太子，他的弟弟公子根十分受宠。周君死后，公子根就率领东周叛乱，周随即分裂为两国。

楚成王以商臣为太子，既而又欲置公子职。商臣作乱，遂攻杀成王。

一曰：楚成王以商臣为太子，既欲置公子职。商臣闻之，未察也，乃为[①]其傅潘崇曰："奈何察之也？"潘崇曰："飨江芈而勿敬也。"太子听之。江芈曰："呼，役夫！宜君王之欲废女而立职也。"商臣曰："信矣。"潘崇曰："能事之乎？"曰："不能。""能为之诸侯乎？"曰："不能。""能举大事乎？"曰："能。"于是乃

起宿营之甲而攻成王。成王请食熊膰而死，不许，遂自杀。

［注释］

①为：通“谓”。

［译文］

楚成王立商臣为太子，不久又想立小儿子职为太子。于是商臣发动叛乱，起兵杀了楚成王。

另一种说法：楚成王立商臣为太子，又想立小儿子职为太子。商臣听说了这件事，但还没有弄清楚，就对他师傅潘崇说：“怎样才能查清这件事呢？”潘崇说：“设宴招待成王的妹妹江芈，但不要尊敬她。”太子听从了潘崇的建议。江芈说：“呸，下贱的东西，难怪君主想废掉你而立职呢。”商臣说：“我相信了。”潘崇说：“你能侍奉职吗？”商臣说：“不能。”潘崇说：“能做一个诸侯吗？”商臣说：“不能。”潘崇说：“你能干一番大事吗？”商臣说：“能。”于是商臣就发动守卫宫殿的军队去攻打成王。成王请求吃了熊肝再死，商臣没有答应，成王只好自杀了。

韩隗(wěi)相韩哀侯，严遂重于君，二人甚相害也。严遂乃令人刺韩隗于朝，韩隗走君而抱之，遂刺韩隗而兼哀侯。

田恒相齐，阚止重于简公，二人相憎而欲相贼也。田恒因行私惠以取其国，遂杀简公而夺之政。

戴欢为宋太宰，皇喜重于君，二人争事①而相害也，皇喜遂杀宋君而夺其政。

狐突曰：“国君好内，则太子危，好外，则相室危。”

郑君问郑昭曰：“太子亦何如？”对曰：“太子未生也。”君曰：“太子已置而曰‘未生’，何也？”对曰：“太子虽置，然而君之好色不已，所爱有子，君必爱之，爱之则必欲以为后②，臣故曰：‘太子未生’也。”

［注释］

①争事：争权夺利。②后：继承人。

［译文］

韩隗担任韩哀侯的国相，而严遂受到韩君的器重，二人相互仇视，情形已很严重。于是严遂就派人在朝廷上刺杀韩隗，韩隗跑到哀侯身边抱住哀侯，刺客就把韩哀侯与韩隗一起刺死了。

田常担任齐国的相国，而阚止受到齐简公的器重，田常、阚止二人互相憎恨并且都想杀死对方。田常因此施行私人恩惠收买了齐国民心，用来夺取国家政权，随后杀掉了齐简公，夺取了政权。

戴欢担任宋国的太宰，而皇喜受宋桓侯的器重，戴欢、皇喜争权夺利而互相伤害，结果皇喜杀了宋君，夺取了政权。

狐突说："君王宠爱内宫姬妾，太子就会有危险；宠信外朝大臣，相国就会有危险。"

郑国国君问郑昭说："太子到底怎么样？"郑昭回答说："太子还未出生。"郑君说："太子已经立好了，你却说没有出生，为什么？"郑昭回答说："太子虽然确立了，但是君王的好色之心不减，您宠爱的姬妾如果有了儿子，您必定喜爱他，您喜爱他，就一定想他成为继承人，所以我说太子还没有出生。"

说　六

文王资费仲而游[1]于纣之旁，令之谏（jiàn）纣而乱其心。

荆王使人之秦，秦王甚礼之。王曰："敌国有贤者，国之忧也。今荆王之使者甚贤，寡人患之。"群臣谏曰："以王之贤圣与国之资厚[2]，愿荆王之贤人，王何不深知之而阴有之。荆以为外用也，则必诛之。"

仲尼为政于鲁，道不拾遗，齐景公患之。黎且谓景公曰："去仲尼犹吹毛耳。君何不迎之以重禄高位，遗哀公女乐以骄荣其意。哀公新乐之，必怠于政，仲尼必谏，谏必轻绝于鲁。"景公曰："善。"乃令黎且以女乐六遗哀公，哀公乐之，果怠于政。仲尼谏，不听，去而之楚。

[注释]

①游：活动。②资厚：丰饶的财富。

[译文]

周文王用钱财资助费仲在商纣身边活动，让他劝谏纣王，扰乱纣王的心思。

楚王派人到秦国去，秦王很有礼节地接待了这位使者。秦王说："敌国有贤能的人，就是我国的忧患。如今楚王的使者很能干，我很担心。"群臣劝谏说："以大王的圣明和国家资财的丰富，如果羡慕楚王手下的贤人，大王为何不与他结成深交，暗中加以笼络呢？楚国以为他被外国利用，一定会诛杀他。"

孔子在鲁国执政，路不拾遗，齐景公很担忧。黎且对齐景公说："除去孔子就像吹去一根毫毛一样容易。您何不用优厚的待遇和高贵的地位招引孔子，送给鲁哀公歌

姬来放纵惑乱他的意念。鲁哀公沉溺在新进的女乐之中，对政事一定会懈怠，孔子一定会加以劝谏，劝谏不听孔子必然会离开鲁国。”景公说：“很好。”就让黎且把六个歌姬送给鲁哀公，鲁哀公迷恋上歌姬，果真懈怠于政事。孔子劝谏，鲁哀公不听，孔子就离开鲁国到楚国去了。

楚王谓干象曰：“吾欲以楚扶甘茂而相之秦，可乎？”干象对曰：“不可也。”王曰：“何也？”曰：“甘茂少而事史举先生，史举，上蔡之监门①也，大不事君，小不事家，以苛刻闻天下。茂事之，顺焉。惠王之明，张仪之辨也，茂事之，取十官而免于罪，是茂贤也。”王曰：“相人敌国而相贤，其不可何也？”干象曰：“前时王使邵滑之越，五年而能亡越。所以然者，越乱而楚治也。日者②知用之越，今亡之秦，不亦太亟亡乎！”王曰：“然则为之奈何？”干象对曰：“不如相共立。”王曰：“共立可相，何也？”对曰：“共立少见爱幸，长为贵卿，被③王衣，含杜若，握玉环，以听于朝④，且利以乱秦矣。”

［注释］

①监门：看门人。②日者：从前。③被：通“披”，穿。④听于朝：在朝廷上处理政事。

［译文］

楚王对干象说：“我想用楚国的力量扶持甘茂，让他在秦国做相国，可以吗？”干象回答说：“不可以。”楚王说：“为什么？”干象说：“甘茂年轻的时候曾经侍奉过史举先生。史举是上蔡的看门人，从大的方面来说他不侍奉君主，从小的方面来说他不侍奉家庭，他以刻薄而闻名天下。甘茂侍奉史举，还顺从他。以秦惠王的明智，张仪的明察，甘茂侍奉他们，会得到很多官职，还能够免于很多罪过，这些都说明甘茂很能干。”楚王说：“要是别人在敌对的国家做了相国还很能干，为什么不可以呢？”干象说：“过去大王派邵滑去越国做官，五年就能灭掉越国。之所以能够这样，是因为越国混乱而楚国治理得很好。往日大王懂得用不贤的人去灭掉越国，如今忘了把这个经验用到秦国去，不是忘得太快了吗！”楚王说：“那么该怎么办？”干象回答说：“不如让共立做秦国的相国。”楚王说：“共立可以做相国，为什么呢？”干象回答说：“共立年轻时就受秦王喜爱，长大后又被封为卿大夫，穿着秦王的衣服，嘴里含着香草，手里拿着玉环，用这种人在朝廷上处理问题，将有利于扰乱秦国。”

吴攻①荆，子胥使人宣言于荆曰：“子期用，将击之；子常用，

将去之。”荆人闻之，因用子常而退子期也，吴人击之，遂胜之。

晋献公伐虞、虢(guó)，乃遗[2]之屈产之乘，垂棘(jí)之璧，女乐六，以荣[3]其意而乱其政。

叔向之谗(chǎn)苌弘也，为书曰：“苌弘谓叔向曰：‘子为我谓晋君，所与君期者，时可矣，何不亟以兵来？’”因佯遗其书周君之庭而急去行[4]。周以苌弘为卖周也，乃诛苌弘而杀之。

［注释］

①政：通“征”，征伐。②遗：给予，馈赠。③荣：通“荧”，炫惑的意思。④去行：离开。

［译文］

吴国征伐楚国，伍子胥派人到楚国宣称：“如果子期得到任用；吴国将进攻楚国；如果子常得到任用，吴国将离开楚国。”楚人听说后，就用子常为将，罢免了子期，吴国攻打楚国，随后取得了胜利。

晋献公讨伐虞、虢两国，曾先送给他们屈产的良马，垂棘的宝玉，六个歌姬，以惑乱他的意志，扰乱他们国家的政事。

晋人叔向陷害周人苌弘时，伪造了一封书信说：“苌弘对叔向说：‘你代我告诉晋君，当时和他约好的事，时机已经到了，为什么还不快点带兵来攻打呢？’”接着假装把书信掉在周君的朝廷上，接着急忙离去，周君认为苌弘出卖周朝，就将苌弘诛杀了。

郑桓公将欲袭郐(kuài)，先问郐之豪杰、良臣、辨智果敢之士，尽与姓名，择郐之良田赂之，为官爵之名而书之。因为设坛场郭门[1]之外而埋之，衅之以鸡猳，若盟状。郐君以为内难[2]也而尽杀其良臣。桓公袭郐，遂取之。

说　七

秦侏儒善于荆王，而阴有善荆王左右而内重于惠文君。荆适有谋，侏儒常先闻之以告惠文君。

邺(yè)令襄疵，阴善赵王左右。赵王谋袭邺，襄疵常辄(zhé)闻而先言之魏王。魏王备之，赵乃辄还。

卫嗣君之时，有人于令之左右。县令有发蓐[3]而席弊甚，嗣

公还④令人遗之席，曰："吾闻汝今者发蓐(rù)而席弊甚，赐汝席。"县令大惊，以君为神也。

［注释］

①郭门：外城之门。②内难：在内部作乱。③蓐：通"褥"，床单。④还：通"旋"，立即。

［译文］

郑桓公想要袭击郐国，先打听郐国的豪杰、良臣和明智果断的人士，把他们的名字全都记录好，选择郐国好的田地写在他们名下表示贿赂了他们，又在他们名下写上官爵名称表示已被收买。然后在外城门外设了坛场，把有关记录掩埋在地下，洒上鸡和猪的血来加以祭祀，做得像结盟似的。郐国君主认为这些人与郑国勾结，因而杀了全部良臣。郑桓公偷袭郐国，结果把它攻取了。

秦国有个侏儒得到楚王的喜欢，暗中又和楚王的左右侍从很亲密，在国内又受到惠文君的器重。如果楚国有什么打算时，侏儒常常先听说，然后把它告诉给惠文君。

魏邺县县令襄疵暗中结交赵王的左右侍从。赵王谋划偷袭邺县，襄疵常常能够马上得到情报，并告诉魏王。魏王加以防备，赵国于是就撤兵了。

在卫嗣君的时候，有人专门在县令身边窥探。有一次县令掀起褥子时，露出了很破旧的席子，嗣公马上派人赠送他席子，说："我听说你掀起褥子，而席子很破旧，赏赐给你席子。"县令非常吃惊，认为卫嗣君是神明。

外储说左上第三十二

题　解

本篇主要阐述的是功利主义学说。除了《经六》和《说六》宣扬守信用外，前面五部分都强调以功利为原则的治国思想。本篇中的历史故事和民间传说生动形象，有滋有味，如“买椟还珠”“画犬马难”“郢书燕说”“郑人置履”等故事都极为精彩，所以至今脍炙人口。

经　一

明主之道，如有若①之应密子②也。明主之听言也，美其辩；其观行也，贤其远。故群臣士民之道言者迂弘，其行身也离世。其说在田鸠对荆王也。故墨子③为木鸢（yuān）④，讴癸筑武宫。夫药酒忠言，明君圣主之以独知也。

[注释]

①有若：有子，孔子的弟子。②密子：宓子贱，孔子的弟子。③墨子，名翟，春秋战国之际宋国人，思想家，墨家学说创始人。④鸢：鹰的一种。

[译文]

明君治理国家的原则，就像有若回答密子所说的那样。英明的君主听取意见时，要赞美他们能言善辩；观察他们的行为时，要夸奖他们的好高骛远。所以臣子和民众讲起话来，就高深莫测，做起事来就远离实际。这个说法在田鸠回答楚王时就有了。所以有墨子用木头做鹰巧而无用，讴癸用唱歌鼓舞修筑武宫的故事。药酒苦口利于病，忠言逆耳利于行，这是只有明君圣主才能明白的道理。

经　二

人主之听言也，不以功用为的①，则说者多“棘刺”“白马”之说；不以仪②的为关③，则射者皆如羿也。人主于说也，皆如燕王学道也；而长说者，皆如郑人争年也。是以言有纤察微难而非

公孙龙

白马非马，这是中国古代逻辑学家公孙龙（约公元前320—公元前250年）提出的一个著名的逻辑问题。他的《白马论》和《坚白论》，是著名的诡辩学代表著作，提出了逻辑学中的“个别”和“一般”之间的相互关系。

务也，故季、惠、宋、墨皆画策也；论有迂深闳(hóng)大，非用也，故魏、长、瞻、陈、庄皆鬼魅也；行有拂难坚确，非功也，故务、卞、鲍、介、田仲皆坚瓠(hù)④也。且虞庆诎匠也而屋坏，范且穷工而弓折。是故求其诚者，非归饷(xiǎng)也不可。

［注释］

①的：目标。②仪：准的。③关：通“贯”，贯通、贯穿的意思。④坚瓠：实心葫芦，比喻无用的东西。

［译文］

君主听取意见，不以实际效用作为目的，进说的人多半就会说些“在棘刺上刻猴子”“白马不是马”之类的话；不把箭靶作为射击目标，射箭的人都能像羿一样能干了。君主对待进说，都像燕王派人学习不死之道一样被欺骗；而擅长辩说的人，都像郑国人争论年龄一样了。因此，言谈也有细致、明察、微妙、难能但不是当务之急，所以像季良、惠施、宋研、墨翟的学说不过是画在纸上的计策；他们的论说深远广大但不切实用，所以像魏牟、长卢子、詹何、陈骈、庄周这些人的学说，都不过是纸上的鬼魅；言论虽然不艰难而坚定确切，但对于国家并不实用，所以像务光、卞随、鲍焦、介子推、田仲这些人的作为，都和坚硬的实心葫芦一样，厚重却不实用。再说虞庆虽然指责工匠，而匠人照他的话造出屋来最终还得坍塌；范且虽能把匠人说得无言可对，而匠人照他的话造出的弓一拉就折断了。因此要想得到真实的东西，不能像小孩做游戏那样把泥巴当饭吃，最终还是不得不回去吃饭的。

经　三

挟①夫②相为则责望，自为则事行。故父子或怨譟(zào)③，取庸作者进美羹。说在文公之先宣言与勾践之称如皇也。故桓公藏蔡怒而攻楚，吴起怀瘳实而吮伤。且先王之赋颂，钟鼎之铭，皆播吾

之迹，华山之博也。然先王所期者利也，所用者力也。筑社之谚，目辞说也。请许学者而行宛曼于先生，或者不宜今乎？如是，不能更也。郑县人得车厄(è)也，卫人佐弋[4]，卜子妻写[5]弊裤也，而其少者也。先王之言，有其所为小而世意之大者，有其所为大而世意小者，未可必知也。说在宋人之解书与梁人之读记也。故先王有郢书，而后世多燕说。夫不适国事而谋先王，皆归取度者也。

[注释]

①挟：怀着。②夫：语首助词。③谍：通“噪”，叫嚷、喧闹的意思。④佐弋：掌管射猎者。⑤写：放置的意思。

[译文]

怀着互相依赖的心理，就会责备和埋怨；自己依靠自己，事情就能进行。所以父子之间有时也会埋怨和责怪，为了让雇工多干活而给他们丰美的食物。这些说法在文公伐宋国前先要发表宣言，越王勾践伐吴之前先宣布吴王筑如皇之台的罪状这两则故事之中。所以齐桓公隐藏对蔡国的愤怒而去攻打楚国；吴起怀着使士兵伤愈之后拼命作战的念头而为他们吮吸伤口。况且颂扬先王的赋颂，钟鼎上铭刻的铭文，都是和传播吾山上的遗迹，华山上的博文同样的东西。然而前代帝王所期求的是有利于人民，所使用的是气力。修筑社坛的谚语，是晋文公为自己辩解而鼓动他人卖力的说辞。允许学者瞎说，而实行渺茫广远的先王之道，或许有些东西不适宜今天吧？虽然这样，却又不能改变它。郑县人得到车厄却误以为被人所欺，掌管射飞禽的卫国人射不到鸟，卜子之妻照旧裤子的样子做新裤子，以及年轻人侍候年纪大的人喝酒都是同样的行为。先王的言论，有涉及小事，当今社会上却理解为意义重大；有涉及大事，当今社会上却理解为意义小；这是没有人能够真正弄清楚。这个说法在宋国人误解书意做了蠢事，以及梁国人读书变呆。所以先王的话有时像郢人写信那样，而后世的人理解起来，却多属于燕相看信时胡乱解释一类。那些不适合国家的事宜而去谋求先王之道，都是不按自己的脚来买鞋的人。

经　四

利之所在，民归之；名之所彰，士死之。是以功外于法而赏加焉，则上不能得所利于下；名外于法而誉加焉，则士劝名而不畜之于君。故中章、胥己仕，而中牟之异弃田圃而随文学者邑之半；平公腓痛足痹(bì)而不敢坏坐，晋国之辞仕托者国之锤(chuí)[1]。此三

士者，言袭法，则官府之籍也；行中事，则如令[2]之民也：二君之礼太甚。若言离法而行远功，则绳外民也，二君又何礼之？礼之当亡。且居学之士，国无事不用力，有难不被甲。礼之，则惰修耕战之功；不礼，则害主上之法。国安则尊显，危则为屈公之威，人主奚得于居学之士哉？故明王论李疵视中山也。

［注释］

①锤：古代重量单位，一锤等于八铢（一说六铢，或十二两）。这里用为十分之一之意。②如令：遵令而行。

［译文］

利益在什么地方，民众就归向什么地方；名声能够彰显的事情，读书人就拼死为它奋斗。因此对法制之外的功劳给予赏赐，君主就不能从臣下那里得到利益；对不符合法制的名声给予赞誉，读书人就会追求名誉而不屈从于君主。所以中章、胥己做了官，中牟地方的民众放弃田间耕作而追随研究文献典籍的人的数量占了一半；晋平公敬重叔向，坐得腿痛脚麻也不敢违礼，晋国辞去官职的人也只占十分之一。这三个人，言谈沿袭法治，那么就是官府中的典籍；行为合宜，那也不过是遵从法令的人；而两个君主对他们的礼遇太过了。如果言论背离法制而行为没有什么功劳，那就是法度之外的人了，两个君主又为何要礼遇他们呢？礼遇这种人，国家必定要灭亡。况且那些隐居而论学的人，国家没有战争时不耕田出力，国家有难时也不披甲上阵。礼遇这种人，人们就不再努力从事修筑耕耘作战；不礼遇这种人，他们就会危害君主的法制。国家安定时他们尊贵而显赫；国家有危难时，他们就屈从公事的威势，君主从这些隐居而论学的人那里能得到什么呢？所以明君肯定李疵对中山国的看法。

经　五

《诗》曰："不躬不亲，庶民不信。"傅说之以"无衣紫"，援[1]之以郑简、宋襄，责之以尊厚耕战。夫不明分，不责诚，而以"躬亲"位下，且为"下走""睡卧"，与夫"掩弊""微服"。孔丘不知，故称犹[2]盂（yú）[3]；邹君不知，故先自僇[4]。明主之道，如叔向赋猎与昭侯之奚听也。

［注释］

①援：援引。②犹：好比。③盂：用于盛饭的器皿。④僇：羞辱。

[译文]

《诗经》上说："君主对政事不躬亲，民众就不会相信。"齐王的师傅用君主自己不穿紫衣服，以影响民众来说明这个道理；可以援引郑简公委任臣子做事而国治、宋襄公亲自参战而兵败的事例印证得失，根据尊重耕战的观点来加以批评。如果不明确君臣名分，不督责臣下的诚信，反要亲自管理臣下，那将会像齐景公不用车子而下去奔跑，魏昭王读简学法而昏昏睡去，以及那种秘密巡视、微服出行的事情一样愚蠢。孔子不知道这个道理，所以会说出君主像盂民之类的话；邹君不知道这个道理，所以先羞辱了自己。明君的治国原则，要像叔向分配猎获物和韩昭侯听取意见那样。

经 六

小信成则大信立，故明主积于信。赏罚不信则禁令不行，说在文公之攻原与箕郑救饿也。是以吴起须故人而食，文侯会虞人而猎。故明主表信，如曾子杀彘(zhì)也。患在尊厉王击警鼓与李悝谩(kuī mán)两和[1]也。

说 一

宓子贱治单父。有若见之曰："子何臞(qú)[2]也？"宓子曰："君不知贱不肖，使治单父，官事急，心忧之，故臞也。"有若曰："昔者舜鼓五弦、歌《南风》之诗而天下治。今以单父之细也，治之而忧，治天下将奈何乎？故有术而御之，身坐于庙堂之上，有处女子之色，无害于治；无术而御之，身虽瘁(cuì)臞，犹未有益。"

[注释]

①两和：两军。和，这里指军门。②臞：瘦。

[译文]

在小事上能够讲求信用，那么在大事上就能够建立起信用，所以明君要在遵守信用上积累声望。赏罚不诚信，那么禁令就无法推行。这个说法在"说六"中晋文公攻打原邑和箕郑救济饥荒上。因此吴起一定要等老朋友来了才吃饭。魏文侯一定要会见虞侯才去打猎。所以明君表明信用，就像曾子杀猪那样说到做到。不守信用的祸患表现在楚厉王乱击报警用的鼓和李悝欺骗两军上。

宓子贱治理单父，有若会见他说："您怎么瘦了？"宓子贱说："君王不知道我没有才能，派我治理单父，政务紧急，心里很担心，所以瘦了。"有若说："从前舜弹奏

着五弦琴，唱着《南风》，就能治理天下了。如今单父这么个小地方，治理起来却要担忧，那么治理天下该怎么办呢？所以有了办法治理国家，就是安闲地坐在朝廷里，脸上有少女般红润的气色，对治理国家也没有什么妨害；没有办法治理国家，身体即便又累又瘦，也是没有什么益处的。”

楚王谓田鸠曰：“墨子者，显学也。其身体则可，其言多而不辩，何也？”曰：“昔秦伯嫁其女于晋公子，令晋为之饰装，从衣文之媵七十人。至晋，晋人爱其妾而贱公女。此可谓善嫁妾，而未可谓善嫁女也。楚人有卖其珠于郑者，为木兰之椟[1]，薰以桂椒，缀以珠玉，饰以玫瑰，辑以翡翠。郑人买其椟而还其珠。此可谓善卖椟矣，未可谓善鬻珠也。今世之谈也，皆道辩说文辞之言，人主览其文而忘有用。墨子之说，传先王之道，论圣人之言，以宣告人。若辩其辞，则恐人怀其文忘其直，以文害用也。此与楚人鬻(yù)珠、秦伯嫁女同类，故其言多不辩。”

［注释］

①椟：木匣。

［译文］

楚王对田鸠说：“墨子是一位声名显赫的学者。他亲自实践，但他的言论繁多而没有辩解，为什么？”田鸠说：“从前秦国君主把女儿嫁给晋国公子，让晋国为他女儿准备好妆饰，衣着华丽的陪嫁女子有七十人。到了晋国，晋国人却喜欢她的侍女而看不起秦君的女儿。这可以叫作善于嫁侍女，不能说是善于嫁女儿。楚国有个在郑国出卖宝珠的人，他用木兰做了一个匣子，这个匣子用香料熏过，用珠玉作点缀，再装饰上红色的玉，用翡翠连结。郑国的人买了他的匣子，但把里面的珠子还给了他。这可以说是善于卖匣子，而不能说是善于卖宝珠。现在世上的言论，都是一些巧妙辩说的文辞，君主只看文采而不管它是否有功用。墨子的学说，传扬先王之道，阐明圣人的言论，用宣传的方式告诉人们。如果要辩解修饰文辞的话，就担心人们会留意于文采而忘掉实际价值，这是以文采防功用。这和楚人卖宝珠、秦君嫁女儿是同一类的事，所以墨子的学说虽然动听，但不实用。”

墨子为木鸢，三年而成，蜚[1]一日而败[2]。弟子曰：“先生之巧，至能使木鸢飞。”墨子曰：“吾不如为车輗(ní)[3]者巧也。用咫尺之木，不费一朝之事，而引三十石之任，致远力多，久于岁数。今

我为鸢，三年成，蜚一日而败。”惠子闻之曰：“墨子大巧，巧为輗，拙为鸢。”

宋王与齐仇也，筑武宫，讴癸倡，行者止观，筑者不倦。王闻，召而赐之。对曰：“臣师射稽之讴又贤于癸。”王召射稽使之讴，行者不止，筑者知倦。王曰：“行者不止，筑者知倦，其讴不胜如癸美，何也？”对曰：“王试度其功。”癸四板，射稽八板；擿其坚，癸五寸，射稽二寸。

[注释]

①蜚：通“飞”。②败：毁坏。③輗：连接车辕和车衡的一个部件。

[译文]

墨子花了三年时间用木头制作了一只飞鸢，飞了一天就坏了。他的弟子说：“先生手艺真巧，以至于能让木制鸢都能飞了。”墨子说：“我比不上制造车的人手巧。他们用细小的木头，不费一天工夫，就能牵引三十石的负荷，到达很远的地方，并且可以用很多年。现在我做了木鸢，三年才做成，才飞了一天就坏了。”惠子听到后说：“墨子真精明，他知道做车是精明的，做木鸢是笨拙的。”

宋王和齐国有仇，专为习武修建宫殿。歌手癸在工地上领唱夯歌，走路的人都停下来了，修筑的工人不感到疲劳。宋王听说后，召见歌手癸并加以赏赐。癸回答说：“我的老师射稽的歌唱得比我还好。”宋王召来射稽让他唱歌，但走路的人还不停地走，建筑的人也感到疲倦。宋王说：“走路的人还不停地走，建筑的人也感到疲劳，射稽唱得不如你，这是为什么？”歌手癸回答说：“大王可以检查一下我们两人的工作效率。”癸唱歌时建筑的人只筑了四板，射稽唱歌时却筑了八板；再检查墙的坚固程度，癸唱歌时能打进去五寸，射稽唱歌时筑的墙只能打进去两寸。

夫良药苦于口，而智者劝而饮之，知其入而已己疾也。忠言拂于耳，而明主听之，知其可以致功也。

说　二

宋人有请为燕王以棘刺之端为母猴者，必三月斋然后能观之。燕王因以三乘①养之。右御冶工言王曰：“臣闻人主无十日不燕②之斋。今知王不能久斋以观无用之器也，故以三月为期。凡刻削者，以其所以削必小。今臣冶人也，无以为之削，此不然物也。王必

察之。”王因囚而问之，果妄，乃杀之。冶人谓王曰：“计无度量，言谈之士多‘棘刺’之说也。”

一曰：燕王好微巧。卫人曰：“能以棘刺之端为母猴。”燕王说之，养之以五乘之奉③。王曰：“吾试观客为棘刺之母猴。”客曰：“人主欲观之，必半岁不入宫，不饮酒食肉。雨霁日出，视之晏阴之间④，而棘刺之母猴乃可见也。”燕王因养卫人，不能观其母猴。郑有台下之冶者谓燕王曰：“臣，削者也。诸微物必以削削之，而所削必大于削。今棘刺之端不容削锋，难以治棘刺之端。王试观客之削，能与不能可知也。”王曰：“善。”谓卫人曰：“客为棘刺之母猴也，何以理之？”曰：“以削。”王曰：“吾欲观见之。”客曰：“臣请之舍取之。”因逃。

［注释］

①乘：土地的丈量词。《管子》：“方六里为一乘之地。”②燕：通“宴”，宴请。③奉：通“俸”，俸禄。④晏阴之间：阴晴交错之时。

［译文］

良药苦口，有智慧的人却要努力喝下去，因为他知道喝下去后能治好疾病。忠言逆耳，但明智君主还是听从，这是因为他知道它可以用来取得业绩。

宋国有个请求替燕王在棘刺尖上雕刻猕猴的人，他让燕王一定要在斋戒三个月以后才能观看猕猴，燕王就用近三乘的土地来供养他。右御属下的冶铁工匠对燕王说：“我听说君主没有十天不宴饮的斋戒。如今他知道君主不能长时间斋戒去看那件没有用处的东西，所以定了三个月的期限。凡是刻削的东西，用来雕刻的工具一定更小。我是个铁匠，没有办法制作出这么小的刻刀。所以雕刻那猕猴是不可能的事情，大王一定要明察。”燕王于是把那个宋人拘禁起来加以询问，那个宋人果然在弄虚作假，于是就杀了他。铁匠对燕王说：“计谋如果没有一定的标准来衡量，那么游说的人就会有‘在棘刺尖上刻制’的言说。”

另一种说法：燕王喜欢小巧玲珑的东西。有个卫国人说：“我能在棘刺尖上雕刻猕猴。”燕王很高兴，用五乘土地的俸禄去供养他。燕王说：“我想看你雕刻在棘刺尖上的猕猴。”卫人说：“君王要想看，必须半年不到内宫住宿，不饮酒吃肉。在雨停日出，半晴半阴的时候才能看清楚我在棘刺尖上刻的猕猴。”燕王因而供养了这个卫人。郑国台下有个铁匠对燕王说：“我是制刀的人。各种小巧的东西必须用削刀来雕刻，被雕刻的东西一定会比削刀大。现在棘刺尖根本容纳不下刀锋，削刀的刀锋难以刻削棘刺的顶端，大王不妨看看卫国客人的削刀，能不能在棘刺尖上刻东西也就可以知道了。”燕王说：“好。”于是对那个卫国人说：“你在棘刺尖上制作猕猴，用什么来雕刻？”

卫国人说："用削刀。"燕王说："我想看一下你的削刀。"卫人说："我请您允许我到住处去取削刀。"趁机就逃跑了。

兒说，宋人，善辩者也，持"白马非马也"[1]服齐稷下之辩者。乘白马而过关，则顾[2]白马之赋。故籍[3]之虚辞，则能胜一国；考实按形，不能谩（màn）[4]于一人。

夫新砥（dǐ）砺杀矢[5]，彀弩而射，虽冥[6]而妄发，其端未尝不中秋毫也，然而莫能复其处，不可谓善射，无常仪的也。设五寸之的，引十步之远，非羿、逢（páng）蒙不能必全者，有常仪的也。有度难而无度易也。有常仪的，则羿、蒙以五寸为巧；无常仪的，则以妄发而中秋毫为拙。故无度而应之，则辩士繁说；设度而持之，虽知者犹畏失也，不敢妄言。今人主听说，不应之以度而说其辩；不度以功，誉其行而不入关[7]。此人主所以长欺，而说者所以长养也。

[注释]

①白马非马也：春秋战国时期名家的一个重要的逻辑命题。②顾：通"雇"，酬报，交纳。③籍：通"藉"，凭借。④谩：欺骗。⑤杀矢：用来打猎的箭。⑥冥：通"瞑"闭眼。⑦入关：符合一定准则的意思。关：规范。

[译文]

兒说是宋国人，是个善于辩说的学者。他凭借"白马不是马"的命题说服了稷下的辩说家们。他有一次骑着白马过关口，需要交纳白马的税。所以，凭借空话，他可以压倒一个国家能言善辩的人；考察实际情形，他连一个人也欺骗不了。

用新磨出的利箭，拉满弓弩发射出去，即使闭着眼睛乱射，箭头未尝不能射中细小的东西。然而他不能再次射中原处，这不能认为他善于射箭，因为没有固定的箭靶作目标。设置一个直径五寸的箭靶，在十步远的地方射箭，除非后羿和逢蒙这样的射箭能手，其他人就不一定能全部射中，因为有固定的目标。设靶射箭是困难的，无靶射箭是容易的。有固定的目标，人们会把后羿和逢蒙射中五寸直径的范围认为精巧；没有固定的目标，人们会把乱射射中细小的东西认作笨拙。所以，没有标准加以衡量的话，辩士们就会用繁言絮语进说；设置标准并以之衡量，即便是很有智慧的人也怕失误，而不敢乱说。如今君主听取言论，不是用一定的标准去衡量，而是喜欢他们动听的言辞；不是用实际功效去衡量，而是赞赏他们的行为，不问是否符合准则。这是君主长期受欺骗，而辩说的人长期被供养的缘由。

客有教燕王为不死之道者，王使人学之，所使学者未及学而客死。王大怒，诛之。王不知客之欺己，而诛学者之晚也。夫信不然之物而诛无罪之臣，不察之患也。且人所急无如其身，不能自使其无死，安能使王长生哉？

郑人有相与争年者。一人曰：“吾与尧同年。”其一人曰：“我与黄帝之兄同年。”讼此而不决，以后息者为胜耳。

客有为周君画荚者，三年而成。君观之，与髹[1]荚者同状。周君大怒。画荚者曰：“筑十版之墙，凿八尺之牖（yǒu）[2]，而以日始出时加之其上而观。”周君为之，望见其状，尽成龙蛇、禽兽、车马，万物之状备具。周君大悦。此荚之功非不微难也，然其用与素髹荚同。

［注释］

①髹：油漆。②牖：窗。

［译文］

有个能教燕王修炼长生不死道术的客人，燕王派人去向他学习。所派的人还没来得及学，那个客人就先死了。燕王非常恼怒，杀了去学的人。燕王不知道是客人在欺骗自己，却怪罪去学的人太迟笨。相信不可能的事，而杀掉没有罪过的人，这就是不能明察的危害。况且一个人最看重的是自己的生命，那个客人不能使自己不死，又怎能使燕王长生呢？

郑国有两个争论年龄大小的人。一个说；“我和唐尧同岁。”另一说：“我和黄帝的哥哥同岁。”为此争执不断，最后只能以停止争辩的人作为胜利者。

宾客中有个为周君画荚的客人，三年才完成。周君去观看，和漆过的荚一样，周君非常恼怒。画荚的人说；“筑一道十版高的墙，在墙上凿一个八尺见方的窗，然后在太阳刚出来时把荚放在窗上对着阳光看看。”周君按他的话做了，看见画的形状都成了龙、蛇、飞禽、车马的样子，万物的形状全都具备。周君非常高兴。画荚的技巧并不难，然而它的价值和一般油漆荚是相同的。

客有为齐王画者，齐王问曰：“画孰[1]最难者？”曰：“犬马难。”“孰易者？”曰：“鬼魅最易。”夫犬马，人所知也，旦暮[2]謦（qìng）于前，不可类[3]之，故难。鬼神，无形者，不謦于前，故易之也。

齐有居士田仲者，宋人屈谷见之，曰：“谷闻先生之义，不恃

仰人而食。今谷有巨瓠（hù），坚如石，厚而无窍，献之。”仲曰：“夫瓠所贵者，谓其可以盛也。今厚而无窍，则不可剖以盛物；而任重如坚石，则不可以剖而以斟。吾无以瓠为也。”曰：“然，谷将以欲弃之。”今田仲不恃仰人而食，亦无益人之国，亦坚瓠之类也。

［注释］

①孰：谁，什么。②旦暮：早晚，引申为经常。③类：类似，相像。

［译文］

宾客中有个替齐王画画的人，齐王问道：“画什么最难？”客人说：“画狗和马最难。”“画什么最容易？”客人说：“画鬼怪最容易。”狗和马是人们都知道的，常常在人们的面前出现，不可能画得很像，所以很难；鬼怪是没有形状的，不显现在眼前，所以很容易画出来。

齐国有个隐居的人叫田仲，宋人屈谷见到他说：“我听说您很有骨气，不仰人鼻息来糊口。现在我有一个巨大的葫芦，坚硬得像块石头，皮厚实得没有空隙，我准备把它献给您。”田仲说：“葫芦可贵的地方在于用它来装东西。现在它厚实得没有空隙，就不能剖开来装东西了；坚硬得像石头，就不能剖开来斟酒了。我要这种葫芦做什么呢？”屈谷说：“说得对，我准备把它扔了。”如今田仲不仰人鼻息来糊口，对国家也没有什么用处，正和坚硬的实心葫芦同一类型。

虞庆为屋，谓匠人曰：“屋太尊①。”匠人对曰：“此新屋也，涂濡②而椽生。”虞庆曰：“不然。夫濡涂重而生椽（chuán）挠③，以挠椽任重涂，此宜卑。更日久，则涂干而椽燥。涂干则轻，椽燥则直，以直椽任轻涂，此益尊。”匠人诎④，为之而屋坏。

一曰：虞庆将为屋，匠人曰：“材生而涂濡。夫材生则挠，涂濡则重，以挠任重，今虽成，久必坏。”虞庆曰：“材干则直，涂干则轻。今诚得干，日以轻直，虽久，必不坏。”匠人诎，作之成，有间，屋果坏。

［注释］

①尊：高，指屋脊至屋檐的坡度太陡。②濡：湿。③挠：弯曲。④诎：屈服，指无话可说。

［译文］

虞庆建造房子，对工匠说：“这屋的坡度太陡了。”工匠回答说：“这是新建的房子，泥土是潮湿的，椽木也没有干透。”虞庆说：“不对。潮湿的泥土重，未干的椽木是弯曲的，用弯曲的椽木承受很重的泥巴，房顶就应当造得低一些。经历长时间之后，泥土也干了，椽木也干了。泥土干了就会变轻，椽木干了就会变直，挺直的椽木承受变轻的泥土，房顶就会更加高陡了。”工匠无话可说，按照虞庆的话造出房子来，结果房子坍塌了。

另一种说法：虞庆打算造房子，工匠说：“木材没有干透，泥土也是潮湿的。木材没干透就会弯曲，泥土潮湿重量就太大；用弯曲的木材承受重量大的泥土，现在即使能够造成房屋，时间长了必然坍塌。”虞庆说：“木材干了就会变直，泥土干了就会变轻。如今情形是，木材和泥土如果确实干燥后，它们会一天比一天变直变轻；即使是时间长久，也不会坍塌。”工匠无话可说，就把房子造了起来。过了一段时间，房子果然坍塌了。

范且曰：“弓之折，必于其尽也，不于其始也。夫工人张弓也，伏檠（qíng）①三旬而蹈弦，一日犯机②，是节③之其始而暴④之其尽也，焉得无折？且张弓不然：伏檠一日而蹈弦，三旬而犯机，是暴之其始而节之其尽也。”工人穷也，为之，弓折。

范且、虞庆之言，皆文辩辞胜而反事之情。人主说而不禁，此所以败也。夫不谋治强之功，而艳⑤乎辩说文丽之声，是却有术之士而任“坏屋”“折弓”也。故人主之于国事也，皆不达乎工匠之构屋张弓也。然则士穷乎范且、虞庆者：为虚辞，其无用而胜；实事，其无易⑥而穷也。人主多无用之辩，而少无易之言，此所以乱也。今世之为范且、虞庆者不辍，而人主说之不止，是贵“败”“折”之类而以知术之人为工匠也。不得施其技巧，故屋坏弓折；知治之人不得行其方术⑦，故国乱而主危。

[注释]

①伏檠：安放校正弓弩的工具。伏：安放。檠：校正弓弩的工具。②犯机：触动弩牙，指放箭。犯：触动。机：弩牙，控制发射的机件。③节：节制，指缓慢。④暴：粗率，指急促。⑤艳：羡慕。⑥无易：无可改变。⑦方术：道术，指治国的方法。

[译文]

范雎说：“弓折断的时候，必然是在拉的最后阶段，而不是在拉的开始阶段。工匠张弓时，把弓放在校正器具上三十天才装上弦，才过一天就去触发扳机。这是开始节制缓慢而最后使用时急促，怎么会不折断呢？我拉弓时就不是这样：用校正工具校上一天就装上弦，过了三十天才触发扳机，这就是开始的时候粗率，而在最后阶段有所节制。”工匠无言可对，照范雎的话去做，结果弓折断了。

范雎、虞庆的言论，都道理十足能说服人，但违背了事情的本质。君主对这一类话喜爱而不加禁止，这就是政事败坏的根源。不去谋求强国的实际功效，却羡慕那种华丽动听的诡辩，这就是排斥有道术的人士，而去任用那些“能导致屋塌、能折断弓弩”的人。所以君主对于国家政事，都不通晓工匠造屋和张弓的道理。然而有治国良方的人之所以被范雎、虞庆那样的人物辩驳得无话可说，是因为他们讲起虚浮的话来，虽然毫无用处，却能取得胜利，干起实际的事来，虽然不可改变，却会遭到失败。君主看重没有实际功效的诡辩，看轻不可改变的言论，这也就是国家混乱的原因。如今像范雎、虞庆那样的人还在不断地出现，君主却喜悦而不禁止，这就是重视“导致屋塌、弓折”之类的人，而把懂得道术的人当作被动的工匠。工匠不能施展技巧，所以导致屋塌、弓折的结果；懂得治理国家的人不能实行治国方略，所以国家混乱而君主处于险境。

夫婴儿相与戏也，以尘为饭，以涂为羹，以木为胾(zì)[①]，然至日晚必归饷(xiǎng)者，坐饭涂羹可以戏而不可食也。夫称上古之传颂，辩而不悫[②]，道先王仁义而不能正国者，此亦可以戏而不可以为治也。夫慕仁义而弱乱者，三晋也；不慕而治强者，秦也，然而未帝者，治未毕也。

说　三

人为婴儿也，父母养之简，子长而怨；子盛壮成人，其供养薄，父母怒而诮[③]之。子、父，至亲也，而或谯[④]或怨者，皆挟相为而不周于为己也。夫买庸[⑤]而播耕者，主人费家而美食，调布而求易钱者，非爱庸客也，曰：如是，耕者且深，耨者熟耘也。庸客致力而疾耘耕者，尽巧而正畦陌者，非爱主人也，曰：如是，羹且美，钱布且易云也。此其养功力，有父子之泽矣，而心调于用者，皆挟自为心也。故人行事施予，以利之为心，则越人易和；以害之为心，则父子离且怨[⑥]。

[注释]

①胾：大块的肉。②悫：恭谨、厚道、朴实的意思。③诮：责骂。④谯：通“诮”，责骂。⑤庸：通“佣”，雇工。⑥离且怨：分离埋怨。且：又。

[译文]

小孩子在一起做游戏时，拿尘土当饭食，拿泥巴当汤汁，拿木头当大块肉。但到了晚上还是必然要回家吃饭，因为泥巴做的饭菜可以用来玩耍，而不能真吃。说上古的传颂，虽然动听却不实在；奉行先王的仁义道德，却不能使国家走上正路，这样的情形只能称为游戏，而不能作为治国的方法。因追求仁义而使国家弱小混乱的例子有韩、赵、魏三国；不追求仁义而把国家治理得强盛的，秦国就是例子。然而秦国至今没有称帝，是治理的方法还不完善。

人在婴儿时，父母对他扶养马虎，孩子长大了就要埋怨父母；孩子长大了，对父母的供养微薄，父母就会发怒而且责骂他。孩子与父母是至亲骨肉，但有时怒责，有时埋怨，都是因为怀有相互依赖而又认为对方不能周到地照顾自己的心理。雇用工人来播种耕耘，主人花费家财给他们准备丰盛的饭菜，挑选布匹去交换钱币以便给予报酬，并不是喜欢雇工，而是说，这样做，耕地的人才会耕得深，锄草的人才会锄得净。雇工卖力而快速地耘田，使尽技巧整理畦埂，这样做并不是爱主人，而是说，这样做，饭菜才会丰富，钱币才容易得到。主人这样来供养雇工就有了父子之间的恩惠，而雇工专心一意地工作，都是怀着为自己着想的心理。所以人们办事和给人好处，如果以利人利己为中心，那么疏远的人也容易和好；如果以害人害己为中心，那么父子间也会分离并相互埋怨。

文公伐宋，乃先宣言曰："吾闻宋君无道，蔑侮长老[1]，分财不中，教令不信[2]，余来为民诛之。"

越伐吴，乃先宣言曰："我闻吴王筑如皇之台，掘深池，罢[3]苦百姓，煎靡[4]财货，以尽民力，余来为民诛之。"

蔡女为桓公妻，桓公与之乘舟，夫人荡舟，桓公大惧，禁之不止，怒而出之。乃且复召之，因复更嫁之。桓公大怒，将伐蔡。仲父谏曰："夫以寝席之戏[5]，不足以伐人之国，功业不可冀也，请无以此为稽也。"桓公不听。仲父曰："必不得已，楚之菁(jīng)茅不贡于天子三年矣，君不如举兵为天子伐楚。楚服，因还袭蔡，曰'余为天子伐楚，而蔡不以兵听从'，遂灭之。此义于名而利于实，故必有为天子诛之名，而有报仇之实。"

[注释]

①长老：年资高，品德好的人。②信：守信用。③罢：通"疲"，疲惫。④煎靡：耗费。⑤寝席之戏：夫妻之间的玩笑。

[译文]

文公讨伐宋国。预先就公开宣布说："我听说宋君荒淫无道，轻视侮辱德高望重的人，分配财产不公平，发布命令不守信用。我来此的目的是为百姓诛杀他。"

越国讨伐吴国，事先就公开宣布说："我听说吴王修筑皇台观，挖掘深池，使百姓疲劳困苦，耗费财物，耗尽了民力。我来为百姓诛杀他。"

葵丘会盟

春秋五霸，以齐桓公最盛。齐桓公九合诸侯，以葵丘之会最盛。在葵丘之会上，齐桓公代表诸侯各国宣读了共同遵守的盟约。通过葵丘的盛会，齐桓公终于达到了联合诸侯，称霸中原的目的。

蔡侯的女儿成为齐桓公的夫人。桓公和她一起坐船游玩，夫人摇着小船，桓公非常害怕，制止她但她还是不停下来，桓公愤怒地把她休回娘家。后来桓公想召她回来，蔡国却因此把她改嫁了。桓公非常气愤，想要讨伐蔡国。管仲劝谏说："夫妻之间的玩笑，不值得讨伐别人的国家，既然不能指望因此建立功业，就请不要为这件事再计较什么。"桓公不听劝谏。管仲说："如果实在不得已的话，楚国已有三年不向周王朝进贡菁茅了，您不如起兵替天子讨伐楚国。楚国顺服了，就回来袭击蔡国，就说'我替天子讨伐楚国，而你们却不率领军队听命助攻。'然后就灭掉蔡国。这样行事既有正义，又在实际上是有利的，所以一定要有替天子讨伐的名义，然后才有报仇的实效。"

吴起为魏将而攻中山。军人有病疽者，吴起跪而自吮(shǔn)其脓(nóng)。伤者之母立泣，人问曰："将军于若子如是，尚何为而泣？"对曰："吴起吮其父之创①而父死，今是子又将死也，今吾是以泣。"

赵主父令工施钩梯而缘②播吾，刻疏人迹其上，广三尺，长五尺，而勒之曰："主父常游于此。"

秦昭王令工施钩梯而上华山，以松柏之心为博③，箭④长八尺，棋长八寸，而勒之曰："昭王尝与天神博于此矣。"

[注释]

①创：伤口。②缘：攀登。③博：古代游戏工具，与后世的棋子相似。④箭：游戏用的骰子。

［译文］

吴起担任魏国的将军去攻打中山国。士兵中有人患了毒疮，吴起亲自跪着为他吸掉毒疮中的脓血。这个士兵的母亲听说后马上哭起来，有人问道："将军如此对待你的儿子，你为什么还要哭泣？"这位母亲回答说："吴起吸过他父亲的伤口，他父亲就拼命战死了；现在儿子也要为他战死了，现在我就是为此哭泣的。"

赵武灵王命令工匠用钩梯攀登播吾山，在山上刻上脚印，宽三尺，长五尺，并刻上字说："主父曾到此游玩。"

秦昭王命令工匠用带钩的梯子登上华山，用松柏的心做成一副棋子，骰子长八尺，棋子长八寸，并刻上字说："昭王曾在这里和天神下过棋。"

文公反[1]国，至河，令笾(biān)豆捐(juān)[2]之，席蓐[3]捐之，手足胼胝(pián zhī)[4]、面目黧(lí)黑者后之[5]。咎犯闻之而夜哭。公曰："寡人出亡二十年，乃今得反国。咎犯闻之不喜而哭，意不欲寡人反国耶？"犯对曰："笾豆，所以食也，席蓐(rù)，所以卧也，而君捐之；手足胼胝，面目黧黑，劳有功者也，而君后之。今臣有与在后，中不胜其哀，故哭。且臣为君行诈伪以反国者众矣，臣尚自恶也，而况于君？"再拜而辞。文公止之曰："谚曰：'筑社者，撠(qiān)[6]撅[7]而置之，端冕而祀之。'今子与我取之，而不与我治之；与我置之，而不与我祀之；焉可？"解左骖而盟于河。

［注释］

①反：通"返"，返回。②捐：丢去，舍弃。③蓐：通"褥"，卧具。④手足胼胝：手脚磨出了老茧。⑤后之：这里指走在队伍的后面。⑥撠：通"褰"，揭起。⑦撅：用手把东西拨在一边之意。

［译文］

晋文公返回晋国的时候，来到黄河边，命令把流亡过程中用旧的食物用具、睡觉的卧具都丢掉，叫手脚磨出老茧和脸色黑的人退到队伍的后面。咎犯听说后夜里哭了起来，晋文公说："我流亡在外二十年，如今才得以回国。你听说后不高兴，反而哭，你不愿意我返回晋国吗？"咎犯回答说："笾豆是用来盛食物的，席蓐是用来睡觉的，您却把它们丢弃了；手脚上有老茧，脸色发黑的，是劳而有功的人，您却让他们退到队伍的后面。现在我也有理由被归在后面，心中非常哀痛，所以哭了。况且我为您返回晋国欺骗了很多返回晋国的人，我自己都感到讨厌自己，何况您呢？"他连拜两拜就要告辞。晋文公阻止他说："俗话说：'修筑土地神坛的人，撩起衣服去放置土地神，建成后端正衣帽而祭祀。'现在你为我取得了国家，而不和我一起去治理；就像不讲礼貌去放置土地神，却不和我一起去祭祀一样。这怎么行呢？"文公解下马车左边的

马杀了，并在黄河边上起了誓。

郑县人卜子使其妻为裤，其妻问曰：“今裤何如？”夫曰：“象吾故裤。”妻子因毁新，令如故裤。

郑县人有得车轭者，而不知其名，问人曰：“此何种也？”对曰：“此车轭也。”俄又复得一，问人曰：“此是何种也？”对曰：“此车轭也。”问者大怒曰：“曩者①曰车轭（è），今又曰车轭，是何众也？此女欺我也！”遂与之斗。

卫人有佐弋者，鸟至，因先以其褑（yuān）②麾③之，鸟惊而不射也。

郑县人卜子妻之市，买鳖（biē）以归。过颍水，以为渴也，因纵而饮之，遂亡其鳖。

［注释］

①曩者：从前，这里是刚才之意。②褑：头巾。③麾：通“挥”。

［译文］

郑县有个叫卜子的人叫他的妻子做裤子，他妻子问：“现在这条裤子做成什么样子？”卜子说：“做得像我的旧裤子。”他妻子因而弄坏新裤子，使它像旧裤子。

郑县有人捡到一个车轭，但不知它的名称，就问别人说：“这是什么东西？”别人回答说：“这是车轭。”不久他又捡到一个车轭，又问别人说：“这是什么东西？”那人回答说：“这是车轭。”问话的人非常气愤地说：“刚才说是车扼，现在又说是车轭，车轭怎么这样多呢？你这是欺骗我！”于是和答话人打了起来。

卫国有个管射飞禽的小官，鸟一落下来，他就先用头巾向鸟挥动，鸟受惊飞走，他就不射箭了。

郑县人卜子的妻子来到集市，买了一只鳖回家，路过颍河时，她以为鳖口渴了，就放它到河里去喝水，结果丢了鳖。

夫少者侍长者饮，长者饮，亦自饮也。

一曰：鲁人有自喜①者，见长年②饮酒不能釂（jiào）③则唾之，亦效唾之。

一曰：宋人有少者亦欲效善，见长者饮无余，非斟酒饮也而欲尽之。

［注释］

①自喜：又作“自熹”，自乐，自我欣赏。②长年：年长者。③釂：喝干。

［译文］

有个年纪小的人侍候年纪大的人喝酒，年纪大的人喝一口，他自己也喝一口。

另一种说法：鲁国有个自以为高明的人，看见年纪大的人没能把杯中的酒喝完就呕吐，也仿效着呕吐起来。

另一种说法：宋国有个年轻的人也想仿效高明的行为，看见年纪大的人喝酒一饮而尽，尽管他不能喝酒也想一饮而尽。

书曰：“绅①之束之。”宋人有治者，因重带自绅束也。人曰：“是何也？”对曰：“书言之，固然。”

书曰：“既雕既琢，还归其朴。”梁人有治者，动作言学，举事于文，曰：“难之。”顾②失其实。人曰：“是何也？”对曰：“书言之，固然。”

［注释］

①绅：古代士大夫束在上衣外的大带子，这里义同“束”。②顾：反而。

［译文］

古书上说：“反复约束自己。”宋国有个研究这部书的人，就用很多的带子把自己束缚起来。别人问：“这是为什么？”他回答说：“书上是这样说的，本来应该这样做。”

古书上说：“又雕又琢，还原它的本来面目。”魏国有个研究这部书的人，一言一行都学习这句话，做任何事都讲究文饰，说道：“这很困难啊。”结果反而失去了他本来的样子。别人说：“这是为什么？”他回答说：“书上是这样说的，本来应该这样做。”

郢人有遗燕相国书者，夜书，火不明，因谓持烛者曰：“举烛。”云而过书“举烛”。举烛，非书意也。燕相受书而说之，曰：“举烛者，尚明也；尚明也者，举贤而任之。”燕相白①王，大说，国以治。治则治矣，非书意也。今世举学者多似此类。

郑人有且置履者，先自度其足而置之其坐，至之市而忘操之。已得履，乃曰：“吾忘持度。”反归取之。及反，市罢②，遂不得履(lǚ)。人曰：“何不试之以足？”曰：“宁信度，无自信也。”

[注释]

①白：告诉。②罢：散。

[译文]

郢地有个人要给燕相写一封信，晚上写信时，烛火不亮，就对拿烛的人说："把蜡烛举高。"嘴里说着"举烛"，信中也误写上了"举烛"。举烛，不是信中要表达的意思。燕相收到信后却解释说："举烛，也就是崇尚光明；崇尚光明的人，就是要选拔贤人加以任用。"燕相告诉燕王，燕王非常高兴，国家就得到治理。但这并不是信的本意。当代被提拔的学者大多都像这类人。

郑国有个打算买鞋的人，先自己量好脚，然后把量好的尺寸放在座位上，等到去集市时却忘了带上。已经在集市上挑好了鞋子，才说道："我忘记拿尺码了。"于是返回家里去取。等到再返回集市时，集市已经散了，结果没有买到鞋。有人说："为什么不用脚试试？"他说："我宁愿相信尺码，也不相信自己的脚。"

说　四

王登为中牟令，上言于襄主曰："中牟有士曰中章、胥己者，其身甚修，其学甚博，君何不举之？"主曰："子见之，我将为中大夫。"相室谏曰："中大夫，晋重列①也，今无功而受②，非晋臣之意。君其耳而未之目邪！"襄主曰："我取登，既耳而目之矣；登之所取，又耳而目之。是耳目人绝无已也。"王登一日而见③二中大夫，予之田宅。中牟之人弃其田耘、卖宅圃而随文学者，邑之半。

叔向御坐，平公请事，公腓痛足痹转筋而不敢坏坐。晋国闻之，皆曰："叔向贤者，平公礼之，转筋而不敢坏坐。"晋国之辞仕托慕叔向者，国之锤矣。

郑县人有屈公者，闻敌，恐，因死；恐已，因生。

[注释]

①重列：要职。②受：通"授"，授以。③见：介绍。

[译文]

王登任中牟县县令，向赵襄子进言说："中牟县有中章和胥己两位文士，他们的品行很好，学识很渊博，您为什么不推举他们呢？"赵襄子说："你见了就行，我将任命他们为中大夫。"赵襄子的家臣头目劝他说："中大夫是晋国的重要官职，现在他

们没有任何功劳就授以这么高的职位，不符合晋国提拔大臣的一贯主张。您恐怕也只是耳闻他们的名声，没有亲眼看到他们的实际情况吧！”赵襄子说：“我取用王登，就是既用耳朵打听，又用眼睛看了实际情况；王登选拔的人，又要我亲自用耳听和用眼看。这样亲自考察，就永远没有个完结。”王登在一天见了这两个人，被任命为中大夫，授予他们土地和房屋。中牟县的人放弃耕田除草的农活，卖掉住宅和菜园，去追随搞私学的文士的，占了这个地区人口的一半。

叔向陪晋平公坐着，平公和他商量事情，平公腿痛脚麻以至于抽筋，也不敢损坏礼貌的坐姿。晋国人听说后，都说：“叔向是个贤人，平公对他有礼，以致抽筋也不敢坐得不端正。”晋国仿效叔向辞去官职以及对于贵族的依附的人，占了全国的十分之一。

郑县有个叫屈公的人，听到敌人来了，很害怕，吓得昏死过去；害怕的情绪一过去，又活了过来。

赵主父使李疵(cī)视中山可攻不①也。还报曰：“中山可伐也。君不亟伐，将后齐、燕。”主父曰：“何故可攻？”李疵对曰：“其君见好岩穴之士，所倾盖②与车以见穷闾隘巷之士以十数，伉(kàng)礼③下布衣之士以百数矣。”君曰：“以子言论，是贤君也，安可攻？”疵曰：“不然。夫好显岩穴之士而朝之，则战士怠于行阵；上尊学者，下士居朝，则农夫惰于田。战士怠于行陈者，则兵弱也；农夫惰于田者，则国贫也。兵弱于敌，国贫于内，而不亡者，未之有也。伐之不亦可乎？”主父曰：“善。”举兵而伐中山，遂灭也。

[注释]

①不：通“否”。②倾盖：倾斜着车盖，喻车之多和巷之窄。与车，同乘一辆车，言其亲近。③伉礼：以平等的礼节相待。

[译文]

赵武灵王派李疵察看可不可以攻打中山国。李疵回来报告说：“可以攻打中山国。您不赶快攻打的话，就要落在齐国和燕国的后面。”赵武灵王说：“凭借什么借口攻打？”李疵回答说：“中山国君亲近隐居的人。他亲自驱车拜访并和他们同车，以便显扬居住在小街小巷里的读书人，人数要用十来计算。他用平等的礼节来对待不做官的读书人，人数要用百来计算了。”赵武灵王说：“按你的言论来说，中山国君是个贤能的君主，怎么可以攻打呢？”李疵说：“不是这样的，喜欢表彰隐士并让他们见到君主，那么战士在战场上就会懈怠；君主尊重学者，下等读书人高居朝廷，农夫就在田地里偷懒。战士打仗时懈怠，那么兵力就会衰弱；农夫在田地里偷懒，那么国家就会贫穷。兵力比敌人弱，国家内部贫穷，这样还不衰

亡的，是从未有过的事。攻打中山国不是可行的吗？”赵武灵王说：“很好。”于是起兵攻打中山国，随后消灭了它。

说　五

齐桓公好服紫，一国尽服紫。当是时也，五素不得一紫。桓公患之，谓管仲曰：“寡人好服紫，紫贵甚，一国百姓好服紫不已，寡人奈何？”管仲曰：“君欲止之，何不试勿衣紫也？谓左右曰：‘吾甚恶紫之臭①。’于是左右适有衣紫而进者，公必曰：‘少②却③，吾恶紫臭。’”公曰：“诺。”于是日，郎中莫衣紫；其明日，国中莫衣紫；三日，境内莫衣紫也。

一曰：齐王好衣紫，齐人皆好也。齐国五素不得一紫。齐王患紫贵。傅说王曰：“《诗》云：‘不躬不亲，庶民不信。’今王欲民无衣紫者，王以自解紫衣而朝。群臣有紫衣进者，曰：‘益远！寡人恶臭。’”是日也，郎中④莫衣紫；是月也，国中莫衣紫；是岁也，境内莫衣紫。

［注释］

①臭：气味。②少：通“稍”，稍微。③却：退后。④郎中：近臣。

［译文］

齐桓公喜欢穿紫色的衣服，于是全国的人就都穿紫色的衣服。因此这个时候，五匹素色的布都抵不上一匹紫色的布。齐桓公为此事担忧，对管仲说：“我喜欢穿紫色的衣服，紫色的衣服就特别贵，全国百姓喜欢穿紫色的衣服，日甚一日，不能停止，我该怎么办？”管仲说：“您想要制止这种情况，为何不尝试着自己不去穿紫色的衣服呢？您就对身边的人说：‘我特别厌恶紫衣服的气味。’如果在这个时候近侍中恰巧有穿紫衣服进见的人，您一定要说：‘稍微退后一点儿，我厌恶紫色衣服的气味。”’齐桓公说：“好吧。”就在这一天，君主的侍从官没有一个人穿紫色衣服；第二天，国都之中没有一个人穿紫色衣服；第三天，齐国境内没有一个人穿紫色衣服。

另一种说法：齐王喜欢穿紫色衣服，齐国人都喜欢穿紫色衣服。齐国五匹素布抵不上一匹紫布。齐王担心紫布太贵。他的太傅规劝齐王说：“《诗经》上说：‘君主对政事不躬亲，民众就不会相信。’现在大王要想使民众不穿紫色衣服，就请先自己脱下紫色衣服去上朝。群臣中有穿紫色衣服的人进见，就说：‘再离我远些，我厌恶紫色衣服的气味。”’齐王这样做的当天侍从官中就再没有一个穿紫色衣服的了；当月，

国都之中再没有一个穿紫色衣服的人；当年，齐国境内再没有一个穿紫色衣服的人。

郑简公谓子产曰："国小，迫于荆、晋之间。今城郭不完[1]，兵甲不备，不可以待不虞[2]。"子产曰："臣闭其外也已远矣，而守其内也已固矣，虽国小，犹不危之也。君其勿忧。"是以没简公身无患。

一曰：子产相郑，简公谓子产曰："饮酒不乐也。俎豆不大，钟鼓竽瑟不鸣，寡人之事不一，国家不定，百姓不治，耕战不辑睦(mù)，亦子之罪。子有职，寡人亦有职，各守其职。"子产退而为政五年，国无盗贼，道不拾遗，桃枣荫于街者莫有援也，锥刀遗道[3]三日可反。三年不变，民无饥也。

［注释］

①完：完整。②不虞：暗指兵戎之事。虞：意料。③遗道：丢在路上。

［译文］

郑简公对子产说："郑国很小，又屈居于楚国和晋国的中间受两个大国的胁迫。现在内城外城都不完整，兵器铠甲不齐备，不能用来应付意外事变。"子产说："我对郑国外围边境封锁得已足够严了，郑国内部的防守已足够牢了，虽然郑国很小，也还不会有什么危险。请您不必为这件事担忧。"因此直到郑简公去世，国家一直没有祸患。

另一种说法：子产担任郑相，郑简公对子产说："我饮酒也不快乐啊。奉祀规模不大，钟鼓竽瑟不够响，我的事务不能专一，国家不安定，百姓得不到治理，耕战之士不能和睦相处，这也有你的罪过。你有你的职责，我也有我的职责，咱们各自管好自己的职责吧。"子产下朝后，不再管祭祀之事而专门掌管政事。五年后，国内没有盗贼，路不拾遗，桃树枣树的果实遮蔽了街道，也没人伸手去摘，锥子刀子丢在路上，三天内就有人送回，这种情形，三年都没有改变，民众没有挨饿的。

宋襄公与楚人战于涿谷上。宋人既成列矣，楚人未及济[1]。右司马购强趋[2]而谏曰："楚人众而宋人寡，请使楚人半涉未成列而击之，必败。"襄公曰："寡人闻君子曰：'不重伤，不擒二毛[3]，不推人于险，不迫人于阨，不鼓不成列。今楚未济而击之，害义。请使楚人毕涉成阵而后鼓士进之。"右司马曰："君不爱宋民，腹心[4]不完，特为义耳。"公曰："不反列，且行法。"右司马反列。

楚人已成列撰(zhuàn)阵矣，公乃鼓之。宋人大败，公伤股。三日而死。此乃慕自亲仁义之祸。夫必恃人主之自躬亲而后民听从，是则将令人主耕以为食、服战[5]雁行也民乃肯耕战，则人主不泰危乎？而人臣不泰安乎？

［注释］

①未及济：没有完全过河。济：渡，过河。②趋：快步走。③二毛：两种颜色的毛发，指头发、胡子花白的人。④腹心：比喻国家的根本。⑤服战：从事打仗。服：从事。

［译文］

宋襄公和楚人在涿谷交战，宋国军队已经摆好了阵势，而楚国还没完全过河。宋国的右司马官购强快步上前进言道："敌众我寡，请让我们在楚国人过河过了一半还没有排成队列时去攻打他们，一定能把他们打垮。"宋襄公说："我听君子说过，'不要再伤害已经受了伤的人，不要俘虏头发花白的老兵，不要在别人危险时再推一把，不要把人逼入绝路，不要进攻没有摆好阵势的敌军。'如今楚军没有完全过河就去攻打，是有伤道义的。还是等楚国军队全部过了河，摆好阵势，再击鼓进攻他们。"右司马说："君王不爱惜宋国军民，不保全国家根本，只不过为的仁义虚名罢了。"宋襄公说："不快回到队伍里去，将按军法处置！"右司马回到队伍时，楚国人已经排好行列摆好阵势了，宋襄公这才击鼓进攻。宋国军队大败，宋襄公伤及大腿，三天后就死了。这就是追求亲自实行仁义的祸害。如果一定要依靠君主亲自去干，然后民众才听从，这就是要君主自己种田吃饭，像大雁一样自己排在队伍里打仗，然后民众才肯从事耕战，那么君主不是太危险了吗？而臣子不是太安逸了吗？

齐景公游少海，传骑[1]从中来谒曰："婴疾甚，且死，恐公后之。"景公遽起，传骑又至。景公曰："趋驾烦且[2]之乘，使驺(zōu)子[3]韩枢御之。"行数百步，以驺为不疾，夺辔代之御；可数百步，以马不进，尽释车而走。以烦且之良而驺子韩枢(shū)之巧，而以为不如下走也。

魏昭王欲与官事，谓孟尝君曰："寡人欲与官事。"君曰："王欲与官事，则何不试习读法？"昭王读法十余简而睡卧矣。王曰："寡人不能读此法。"夫不躬亲其势柄，而欲为人臣所宜为者也，睡不亦宜乎？

[注释]

①传骑：传递消息的骑兵。②烦且：良马名。③驺子：掌管马和车的人。

[译文]

齐景公在渤海边游玩，传递公文的骑士从国都赶来拜见说：“晏婴病得很严重，快要死了，恐怕您赶不上见他。”景公立刻起身，又有传递公文的骑士到达。景公说：“赶快驾上烦且马拉的车，叫马车官韩枢驾车。”才跑了几百步，景公认为韩枢赶车不快，夺过缰绳，代他驾车，又跑了几百步路，认为马不往前跑，就干脆丢下车子，徒步奔跑。凭着烦且这样的好马和车马官韩枢这样高超的驾驭本领，齐景公竟会认为不如自己下车跑得快。

魏昭王想亲自参与国家事务的管理，就对孟尝君说：“我想参与国家事务的管理。”孟尝君说：“大王想参与管理国家的事务，那么何不试着读国家的法令呢？”魏昭王只读了十几条法令就躺下打瞌睡了。魏昭王说：“我读不了这些法令。”如果君主不亲自掌握权势，却想做臣子应当做的事情，那么打瞌睡不也是很自然的吗？

孔子曰：“为人君者，犹盂[1]也；民，犹水也。盂方水方，盂圜(yuán)[2]水圜。”

邹君好服长缨，左右皆服长缨，缨甚贵。邹君患之，问左右，左右曰：“君好服，百姓亦多服，是以贵。”君因先自断其缨而出，国中皆不服长缨。君不能下令为百姓服度[3]以禁之，断缨出以示先民，是先戮(lù)[4]以莅[5]民也。

叔向赋猎，功多者受多，功少者受少。

韩昭侯谓申子曰：“法度甚不易行也。”申子曰：“法者，见功而与赏，因能而受官。今君设法度而听左右之请，此所以难行也。”昭侯曰：“吾自今以来知行法矣，寡人奚听矣。”一日，申子请仕其从兄官。昭侯曰：“非所学于子也。听子之谒，败子之道乎，亡其用子之谒？”申子辟[6]舍请罪。

[注释]

①盂：盛器。②圜：通“圆”，圆形。③服度：穿戴标准。④戮：通“僇”。这里用为羞辱的意思。⑤莅：治理。⑥辟：通“避”，回避，躲避。

[译文]

孔子说：“做君主的人好像盛水的盂，民众好像水。盂是方的，水就成方的；盂是圆的，水就成圆的。”

邹国国君爱用很长的帽带，近侍也都跟着用上了长的帽带，于是帽带价格很高。邹君为此担忧，问近侍，近侍说："您喜欢佩带，百姓也都跟着佩带，因此价格就昂贵了。"邹君于是先把自己的帽带割断才出巡，邹国民众也全都不再用长帽带了。君主不能下令指定民众穿戴的标准，却割断自己的帽带出巡，以示为人民先导，这是用先行侮辱自己的方法来治理民众。

叔向分配猎获物时，功劳多的分得多，功劳少的分得少。

韩昭侯对申不害说："法度很不容易推行。"申不害说："所谓的法，就是验明功劳而给予赏赐，根据才能来授予官职。如今您设立了法度，却又听从近侍的请求，这是法度难以推行的原因。"韩昭侯说："我从今以后知道如何推行法度了，知道怎样听取意见了。"一天，申不害请求委任他的堂兄做官。韩昭侯说："这不是我从你那儿学来的做法。要是听从你的请求，不就破坏你的治国原则了吗？我没法答应你的请求。"申不害避开正屋不住而请求给予处罚。

说　六

晋文公攻原，裹十日粮，遂与大夫期十日。至原十日而原不下，击金[1]而退，罢兵而去。士有从原中出者，曰："原三日即下矣。"群臣左右谏曰："夫原之食竭力尽矣，君姑待之。"公曰："吾与士期十日，不去，是亡吾信也。得原失信，吾不为也。"遂罢兵而去。原人闻曰："有君如彼其信也，可无归[2]乎？"乃降公。卫人闻曰："有君如彼其信也，可无从乎？"乃降公。

孔子闻而记之曰："攻原得卫者，信也。"

[注释]

①金：战鼓。②归：归附。

[译文]

晋文公攻打原国时，携带了十天的粮食，于是和大夫约定以十天为期限。到达原国十天，却没有攻下原国，文公鸣鼓收兵，准备撤退军队回去了。有个从原国都城中出来的文士说："原国再攻打三天就可攻下了。"群臣近侍进谏说："原国城内已经粮食枯竭，力量耗尽了，君主暂且等一等吧。"晋文公说："我和战士约期十天，还不离开的话，就是失掉了我的信用。得到原国而失掉信用，我是不干的。"于是收兵离去。原国人听到后说："君主有像他那样守信用的，怎么可以不归附他呢？"就向晋文公投降了。卫国人听到后说："君主有像他那样守信用的，怎么可以不跟从他呢？"于是投降了晋文公。

孔子听到后记录了这件事说："攻打原国而得到卫国，靠的是信用。"

文公问箕郑曰："救饿奈何？"对曰："信。"公曰："安信？"曰："信名，信事，信义。信名，则群臣守职，善恶不逾(yú)，百事不怠；信事，则不失天时，百姓不逾；信义，则近亲劝勉而远者归矣。"

吴起出，遇故人而止之食①。故人曰："诺，今②返而御③。"吴子曰："待公而食。"故人至暮不来，起不食待之。明日早，令人求故人。故人来，方与之食。

魏文侯与虞人期猎。明日，会④天疾风，左右止文侯，不听，曰："不可以风疾之故而失信，吾不为也。"遂自驱车往，犯⑤风而罢虞人⑥。

[注释]

①止之食：留故人吃饭。②今：立即。③御：进食。④会：适逢。⑤犯：冒着。⑥罢虞人：告诉虞人打猎之事作罢。

[译文]

晋文公问箕郑说："要救济饥荒该怎么做？"箕郑回答说："守信用。"文公说："怎样守信用呢？"箕郑说："在名位、政事、道义上都要守信用：名位上守信用，那么群臣就会尽职尽责，对善行恶行都不会去逾越，对各种政事不会懈怠；政事上守信用，就不会失去天时，百姓不会三心二意；道义上守信用，亲近的人就会努力工作，疏远的人就会前来归顺了。"

吴起出门，碰到了老朋友，打算留朋友一起吃饭。这个老朋友说："好吧。你先回去等我。"吴起说："我等您来吃饭。"老朋友到晚上还没来，吴起不吃饭等候着他。第二天早上，吴起派人去请老朋友。老朋友来了，吴起才和他一起吃饭。

魏文侯和虞人约定了打猎时间。第二天，恰逢天刮大风，近侍劝阻魏文侯不要再去，文侯不听，说："不可因风大的缘故而失掉信用，我不能那样处身行事。"于是亲自驾车前去，冒着风告诉虞人打猎的事作罢。

曾子之妻之市，其子随之而泣。其母曰："女还，顾反为女杀彘(zhì)。"适市来，曾子欲捕彘杀之。妻止之曰："特与婴儿戏耳。"曾子曰："婴儿非与戏也。婴儿非有知也，待父母而学者也，听父母之教。今子欺之，是教子欺也。母欺子，而不信其母，非以成教

也。”遂烹彘也。

楚厉王有警，为鼓以与百姓为戍。饮酒醉，过而击之也，民大惊。使人止之，曰：“吾醉而与左右戏，过击之也。”民皆罢。居数月，有警，击鼓而民不赴。乃更令明号[1]而民信之。

李悝警其两和[2]曰：“谨警敌人，旦暮且至击汝。”如是者再三而敌不至。两和懈(xiè)怠，不信李悝。居数月，秦人来袭之，至几夺其军。此不信之患。

一曰：李悝与秦人战，谓左和曰：“速上！右和已上矣。”又驰而至右和曰：“左和已上矣。”左右和曰：“上矣。”于是皆争上。其明年，与秦人战。秦人袭之，至几夺其军。此不信之患。

[注释]

①更令明号：重新申明号令。②两和：古时军队营垒之门，此借指军队。两和，指左右军。

[译文]

曾子的妻子上集市去，她的儿子跟在后面哭泣。母亲说：“你先回去，等我回来给你杀只猪吃。”她去集市回来，曾子打算抓猪来杀。妻子阻止说：“不过是和小孩开玩笑罢了。”曾子说：“孩子是不能和他开玩笑的。小孩没什么才智，是跟着父母学习的，完全听从父母的教诲。现在你欺骗了他，也就是教儿子学会骗人。做母亲的欺骗孩子，孩子就不相信母亲了，这不是对孩子进行教育的方法。”于是就把猪杀掉煮给孩子吃。

楚厉王遇到军情警报，就用击鼓的方法通知民众一起防守。一天，他喝酒喝醉后，错误地敲响了军鼓，民众都非常惊慌。楚厉王派人阻止民众说：“我是醉酒后和近侍开玩笑，误打了鼓。”于是民众都散去了。过了几个月，真的有军情警报，楚厉王击鼓，民众却不去备战。于是他更改命令，明确信号，这样民众才相信了他。

李悝警告左右营垒的军队说：“小心地警惕敌人，他们早晚就会来袭击你们。”像这样的警告说了好多次，但敌人没有来。左右营垒的军队都松懈了下来，不再相信李悝，过了几个月，秦国的军队前来袭击他们，几乎消灭李悝全军，这是不讲信用的祸害。

另一种说法：李悝和秦国人就要交战。他对左边营垒的军队说：“快上。右边营垒的军队已经上阵了。”又骑马到右边营垒的军队说：“左边营垒的军队已经上阵了。”左右两个营垒的士兵都说：“上阵吧。”于是都争先恐后地上了阵。到第二年，和秦国人交战。秦国人前来偷袭，差点儿消灭李悝全军。这是不讲信用的祸害。

有相与讼者。子产离之，而毋使通辞，到[1]至其言以告而

知也。

惠嗣公使人伪关市，关市呵难之，因事关市以金，关市乃合之。嗣公谓关市曰："某时有客过而予汝金，因谴②之。"关市大恐，以嗣公为明察。

［注释］

①到：通"倒"，颠倒。②谴：通"遣"，放过，打发。

［译文］

有两个相互争吵的人请子产为他们评理。子产把他们隔离在两处，让他们互相不能交谈。然后把他们两人的话都颠倒其词告诉对方，谁是谁非很快就知道了。

卫嗣公派人扮成经过关卡的人，这个人在过关时受到了主管官吏的刁难，那个人于是贿赂这个官吏，才得以顺利过关。后来，卫嗣公对那官吏说："某月某日，有个人给了你金钱，你就放他过关了。"关卡的管理官吏非常害怕，认为卫嗣公明察下情。

外储说左下第三十三

题解

本篇论述的是：赏罚得当则去私恩私怨、君主恃势则无往而不利、君主独尊的重要性、强调依法独断、从维护等级制度入手，重提去泰去甚、以公和君为焦点，否定一个“亲”字。

经　一

以罪受诛[1]，人不怨上，刖(yuè)[2]危[3]坐(zuò)[4]子皋；以功受赏，臣不德君，翟璜操右契[5]而乘轩[6]。襄王不知，故昭卯五乘而履屩。上不过任，臣不诬能，即臣将为夫少室周。

经　二

恃势而不恃信，故东郭牙议管仲；恃术而不恃信，故浑轩非文公。故有术之主，信赏以尽能，必罚以禁邪，虽有驳行，必得所利。简主之相阳虎，哀公问“一足”。

[注释]

①诛：这里是谴责、处罚的意思。②刖：一种削足的刑罚。③危：通“跪”。④坐：顾广圻云：今本“坐”作“生”。义为使……逃生。⑤右契：用以保证、证明的契约。⑥轩：一种有帷幕而前顶较高的车。

[译文]

由于犯罪而受到惩罚，被惩罚的人不会埋怨上级，所以被子皋处以刖刑的人反而保全了子皋；由于建立功劳而受到奖赏，臣下不会感激君主，所以翟璜理所当然地乘着尊贵的轩车。魏襄王不懂得这个道理，所以昭卯虽然有了五乘土地的待遇而还是认为是穿草鞋。君主不错误地用人，臣下不隐瞒有能力的人，那么臣下都将成为少室周那样忠诚的人。

君主依靠权势而不依靠臣下的诚信，所以东郭牙就妄议管仲；君主依靠权术而不依靠臣下的诚实，所以浑轩非议晋文公。因此懂得法术的君主，有功必赏，以便人

尽其能；有罪必罚，以便禁止奸邪；即使臣下有杂乱的行为，也一定有可以利用的地方。赵简子任阳虎为相室，充分发挥了他的才能。鲁哀公了解到夔只有一个特长，认为也足可利用。

经　三

失臣主之理，则文王自履而矜。不易朝燕①之处，则季孙终身庄②而遇贼。

经　四

利所禁，禁所利，虽神不行；誉所罪，毁所赏，虽尧不治。夫为门而不使入，委③利而不使进，乱之所以产也。齐侯不听左右，魏主不听誉者，而明察照群臣，则钜不费金钱，孱不用璧。西门豹请复治邺，足以知之。犹盗婴儿之矜裘与跀危子荣衣。子绰左右画，去蚁驱蝇。安得无桓公之忧索官与宣王之患臞(qú)马也？

[注释]

①燕：通“宴”。②庄：庄重。③委：聚集。

[译文]

丧失了君臣之间的伦理，周文王亲自系好鞋带却要夸耀一番。不改变在朝廷和平日在家时的行为举止，季孙尽管一生庄重，最终还是被人杀害了。

应当禁止的，反而使其得利，对于有利的，反而加以禁止，即使神通广大也是行不通的；该惩罚的，反而加以称赞，该奖赏的，反而加以诋毁，即便是尧也不能治理好国家。造了门而不让人进入，聚集了财利而不让人前去取，这就是祸乱之所以产生的原因。如果齐侯不听信近侍，魏王不听信捧场的人，而能洞察臣下的一切，那么钜就不会破费钱财。孱也不会花费宝玉了。根据西门豹请求再次治理邺地这件事，就足以明白这个道理。好像盗贼的孩子自夸有裘衣与受刑断足人的孩子为他父亲冬天不费裤子而感到荣耀一样。子绰左手画方右手画圆，就像拿肉去赶蚂蚁，拿鱼去驱苍蝇一样。如果不依法治国，怎能不发生齐桓公为臣下要求做官而担忧和韩宣为马的消瘦而忧虑一类的事情呢？

经　五

臣以卑俭为行，则爵不足以观赏；宠光无节，则臣下侵逼。说在苗贲皇非献伯，孔子议晏婴。故仲尼论管仲与孙叔敖。而出

入之容变，阳虎之言见[1]其臣也。而简主之应人臣也失主术。朋党相和[2]，臣下得欲，则人主孤；群臣公举，下不相和，则人主明。阳虎将为赵武之贤、解狐之公，而简主以为枳棘，非所以教国也。

迁銮舆曹操秉政

建安元年（公元196年），担任兖州刺史的曹操迎接刘协入驻洛阳。刘协赐曹操节钺，标志着了曹操“奉天子以令不臣”时代的开始。随后曹操胁迫刘协迁都到许（今河南许昌县），改称许都。

经 六

公室[3]卑则忌直言，私行胜[4]则少公功。说在文子之直言，武子之用杖；子产忠谏，子国谯怒；梁车用法而成侯收玺；管仲以公而国人谤怨。

[注释]

①见：通“现”。②相和：互相唱和，即狼狈为奸。③公室：诸侯的家族。④胜：盛行。

[译文]

臣下把卑下节俭作为行为准则，那么爵位就不足以让人们观摩和欣赏；尊宠和表彰没有节制，那么臣下就会侵害和威胁君主的利益。这个说法在“说五”中苗贲皇非孟献伯，孔子议论晏婴的节俭上。所以孔子要议论管仲和孙叔敖。阳虎说他在鲁、齐所荐举的臣子，当他在职和出逃时的态度完全不同。赵简子答复说要多栽橘柚、少栽枳棘，失去了君主应当掌握的法术。臣子勾结朋党，互相应和，他们的私欲就会得逞，君主就会孤立。群臣公推举荐人才，臣子之间不互相拉拢，君主就能明察。阳虎想做到赵武那样贤良、解狐那样公正，而赵简子却以为是栽了多刺的枳棘，这实在不是教化国人的方法。

诸侯的家族实力衰弱，就会忌讳直言，谋取私利的行为盛行，为国建功的人就会减少。有关解说范文子直言不讳，他的父亲用手杖打他；子产忠君进谏，他的父亲对他加以怒责；梁东行法不避亲贵，赵成侯夺了他的官印；管仲公正心待人，却遭到边防官的怨恨等几则故事中。

说　一

孔子相卫，弟子子皋为狱吏，刖(yuè)人足，所者守门。人有恶孔子于卫君者，曰：“尼欲作乱。”卫君欲执①孔子。孔子走，弟子皆逃。子皋从出门，跀危引之而逃之门下室中，吏追不得。夜半，子皋问跀危曰：“吾不能亏②主之法令而亲跀子之足，是子报仇之时也，而子何故乃肯逃我？我何以得此于子？”跀危曰：“吾断足也，固吾罪当之，不可奈何。然方公之狱治③臣也，公倾侧法令，先后臣以言，欲臣之免也甚，而臣知之。及狱决罪定，公憱(cù)④然不悦，形于颜色，臣见又知之。非私臣而然也。夫天性仁心固然也。此臣之所以悦而德公也。”

［注释］

①执：逮捕。②亏：损害。③狱治：按律治罪。④憱：通“蹙”，皱眉头。

［译文］

孔子在卫国担任相国，他的弟子子皋担任管理监狱的官员，子皋依法砍掉一个犯人的脚，让这个人看守大门。有个人在卫君面前中伤孔子，说：“孔子图谋作乱。”卫君打算捉拿孔子。孔子逃跑了，弟子们也都逃跑了。子皋跟着跑出大门，那个被他断足的守门人引导他逃到门边的地下室中，官吏没有抓到他。半夜，子皋问断足守门人说：“我不能破坏君主的法令，只得亲自砍掉了你的脚，现在正是你报仇的时候，为什么你却要帮我逃走？我凭什么得到你的帮助呢？”断足守门人说：“我被砍掉脚，本来就是我罪有应得，没有办法的事。但是当您按刑法给我定罪时，您反复推敲法令，先后为我说话，很想让我免罪，这些我也清楚。等到案子和罪行决定了，您皱着眉头很不高兴，脸色上都表露了出来，这我都清楚地看在眼里。您并不是徇私照顾我才这样做，而是与生俱来的仁爱之心本就这样。这便是我喜悦并要报答您的原因。”

孔子曰：“善为吏者树德，不能为吏者树怨。概①者，平量者也；吏者，平法者也。治国者，不可失平也。”

田子方从齐之魏，望翟黄乘轩骑驾出，方以为文侯也，移车异路而避之，则翟黄也。方问曰：“子奚乘是车也？”曰：“君谋欲伐中山，臣荐(jiàn)翟角而谋得果；且伐之，臣荐乐羊而中山拔；得中山，忧欲治之，臣荐李克而中山治：是以君赐此车。”方曰：“宠之称②功尚薄。”

［注释］

①概：刮平斗斛中粮食的工具，这里引申为刮平，不使过量之意。②称：衡量。

［译文］

孔子说：“善于做官的人会树立恩德，不会做官的人会树立怨仇。概这种器物是用来量平斗斛的，吏这种官员是使法律能公平实施的人。治理国家的人，不可以失去公平。”

田子方从齐国来到魏国，远远看见翟黄乘着尊贵的轩车出行，田子方以为是魏文侯，连忙把自己的车子赶到另一条路上回避。车到跟前，原来只有翟黄。田子方问道：“您怎么乘轩车？”翟黄说：“魏君计划着攻打中山，我推荐了翟角，使他的计划得以实现；将要攻打中山的时候，我推荐乐羊，使得中山被攻克了；夺得中山后，魏君忧虑如何治理，我推荐了李克，中山得以治理。因此，魏君就把这辆轩车赏赐给我。”田子方说：“翟黄得到的宠爱和他的功劳相比，还是薄了一些。”

秦、韩攻魏，昭卯西说而秦、韩罢；齐、荆攻魏，卯东说而齐、荆罢。魏襄王养之以五乘。卯曰：“伯夷以将军葬于首阳山之下，而天下曰：‘夫以伯夷之贤与其称仁，而以将军葬，是手足不掩也。’今臣罢四国之兵，而王乃与臣五乘，此其称功，犹羸①胜而履屩(juē)②。”

少室周者，古之贞廉洁悫(què)者也，为赵襄主力士。与中牟徐子角力③，不若也，入言之襄主以自代也。襄主曰：“子之处，人之所欲也，何为言徐子以自代？”曰：“臣以力事君者也。今徐子力多臣，臣不以自代，恐他人言之而为罪④也。”

一曰：少室周为襄主骖乘，至晋阳，有力士牛子耕，与角力而不胜。周言于主曰：“主之所以使臣骑乘者，以臣多力也。今有多力于臣者，愿进之。”

［注释］

①羸：这里指残缺折损的意思。②屩：屐，鞋。③角力：比力气。④为罪：被怪罪。

［译文］

秦、韩攻打魏国，昭卯到西边的秦国、韩国游说，结果两国退兵了；齐国、楚

国攻打魏国，昭卯东到齐国、楚国游说，结果两国也退兵了。魏襄王用五乘土地的待遇供养昭卯。昭卯说："伯夷按将军的礼仪葬在首阳山下，天下的人说：'凭伯夷的贤德和仁义，却只按将军的礼仪埋葬他，这就是连手脚都没有掩住的薄葬啊。'如今我说退了四个国家的军队，但魏王只给我五乘土地的待遇，这种待遇和我的功劳比起来，好比赚了很多钱的人却穿着很烂的草鞋一样。"

少室周是古代正直诚实的人，是赵襄子的侍卫。他和中牟的徐子比力气，不如徐子力气大，于是就把徐子推荐给赵襄子，让徐子取代自己做侍卫。赵襄子说："你的职位是别人希望得到的，为什么你要推荐徐子来取代自己呢？"少室周说："我凭力气侍奉君主，如今徐子的力气比我大，我不让他来代替我，恐怕别人说到这件事时您会怪罪我的。"

另一种说法：少室周担任赵襄子车驾右侧的卫士，有一次到了晋阳，有个叫牛子耕的大力士，两人比赛力气大小，少室周没能取胜。少室周对赵襄子说："您之所以让我担任车右卫士，是因为我力气大。如今有个比我力气更大的人，我愿意推荐他。"

说　二

齐桓公将立管仲，令群臣曰："寡人将立管仲为仲父。善者入门而左，不善者入门而右。"东郭牙中门而立。公曰："寡人立管仲为仲父，令曰：'善者左，不善者右。'今子何为中门而立？"牙曰："以管仲之智，为能谋天下乎？"公曰："能。""以断①，为敢行大事乎？"公曰："敢。"牙曰："君知能谋天下，断敢行大事，君因专属之国柄焉。以管仲能，乘公之势以治齐国，得无危乎？"公曰："善。"乃令隰(xí)朋治内、管仲治外以相参②。

晋文公出亡，箕郑挈壶餐而从，迷而失道，与公相失③，饥而道泣，寝饿而不敢食。及文公反国，举兵攻原，克而拔之。文公曰："夫轻忍饥馁之患而必全壶餐，是将不以原叛。"乃举以为原令。大夫浑轩闻而非之，曰："以不动壶餐之故，怙④其不以原叛也，不亦无术乎？"故明主者，不恃其不我叛也，恃吾不可叛也；不恃其不我欺也，恃吾不可欺也。

[注释]

①断：决断。②参：这里是分权并立的意思。③相失：走散。④怙：依仗，凭借。

［译文］

齐桓公准备确立管仲的尊贵地位，命令群臣说："我准备立管仲为仲父。赞成的进门后站在左边，不赞成的进门后站在右边。"东郭牙站在门中间。桓公说"我要立管仲为仲父，命令说：'赞成的站在左边，不赞成的站在右边。'你为什么站在大门中间？"东郭牙说："以管仲的智慧，能谋取天下吗？"齐桓公说："能"。东郭牙说："凭他的决断力，敢干一番事业吗？"齐桓公说："敢。"东郭牙说："如果他的智慧能够谋取天下，他的决断力足以敢干成大事，您因而就把国家权力全部交给了他。以管仲的才能，利用您的权势来治理齐国，您难道没有危险吗？"齐桓公说："说得好。"于是就命令隰朋治理朝廷内部的事务，管仲治理朝廷外部的事务，以便使他们相互制约。

晋文公出国流亡在外，箕郑提着食物跟随在他的身后。箕郑因为迷失了方向，和文公走散了，他饿得站在路上哭泣，越来越饿，却不敢吃掉食物。等到文公返回晋国，起兵攻打原国，战胜了敌人并占领了它。文公说："能忍受饥饿的痛苦而坚决保全食物，这样的人不会凭借原城而背叛我。"于是提拔箕郑做原城的行政长官。大夫浑轩听到后反对说："因为不动食物的缘故，就相信他不会凭借原城叛变，不也是没有掌握统治的权术吗？"所以英明的君主不依靠别人不背叛自己，而要依靠自己的不可能被背叛；不依靠别人不欺骗自己，而要依靠自己的不可以被欺骗。

阳虎议曰："主贤明，则悉心以事之；不肖，则饰奸而试之。"逐于鲁，疑于齐，走而之赵，赵简主迎而相之。左右曰："虎善窃人国政，何故相也？"简主曰："阳虎务①取之，我务守之。"遂执术而御之。阳虎不敢为非，以善事简主，兴主之强，几至于霸也。

鲁哀公问于孔子曰："吾闻古者有夔(kuí)②一足，其果信有一足乎？"孔子对曰："不③也，夔非一足也。夔者忿戾④恶心⑤，人多不说喜也。虽然，其所以得免于人害者，以其信也。人皆曰：'独此一，足矣'夔非一足也，一而足也。"哀公曰："审而是，固足矣。"

一曰：哀公问于孔子曰："吾闻夔一足，信乎？"曰："夔，人也，何故一足？彼其无他异，而独通于声。尧曰：'夔一而足矣。'使为乐正。故君子曰：'夔有一，足。'非一足也。"

［注释］

①务：致力。②夔：传说中一条腿的动物。③不：通"否"。④忿戾：残暴。⑤恶心：狠心。

[译文]

阳虎发议论说："君主贤明，就尽心竭力地去侍奉他；君主没有才能，就掩饰邪念去试探他。"阳虎被鲁国驱逐，被齐国怀疑，逃到赵国，赵简主欢迎他，而且让他做相国。赵简主的侍从说："阳虎善于窃取别国的政权，为什么还用他做相国？"赵简主说："阳虎致力于夺取政权，我致力于守住政权。"于是运用权术去驾驭阳虎。阳虎不敢做坏事，很好地侍奉赵简主，使赵简主强盛起来，几乎成了霸主。

鲁哀公向孔子询问说："我听说古代有个夔只有一只脚，它果真只有一只脚吗？"孔子回答说："不是的。夔并不是只有一只脚。因为夔这种东西残暴凶狠，人们大都不喜欢它。虽然这样，它之所以还能避免被人伤害，是因为它守信用。人们都说：'就凭这一点，就足够了。'夔不是仅有一只脚，而是有守信一点就足够了。"鲁哀公说："确实是这样的话，自然足够了。"

另一种说法：鲁哀公向孔子询问说："我听说夔只有一只脚，可信吗？"孔子说："夔是一个人，怎么会只有一只脚呢？他和别人没有什么不同，唯独能精通音律。尧说：'夔只精通一样就足够了。'于是派他做主管音乐的官，所以君子说：'夔只精通一样，就足够了。'并不是只有一只脚。"

说　三

文王伐崇，至凤黄虚[1]，袜系解，因自结。太公望曰："何为也？"王曰："上，君与处皆其师；中，皆其友；下，尽其使也。今皆先君之臣，故无可使也。"

一曰：晋文公与楚战，至黄凤之陵，履系解，因自结之。左右曰："不可以使人乎？"公曰："吾闻：上，君所与居，皆其所畏也；中，君之所与居，皆其所爱也；下，君之所与居，皆其所侮也。寡人虽不肖，先君之人[2]皆在，是以难之[3]也。"

[注释]

①虚：通"墟"，土丘。②先君之人：这里指老臣。③难之：难以使之。

[译文]

周文王攻打崇国，到凤黄墟时，袜带松开了，他就自己系好。姜太公说："为什么亲自系袜带？"周文王说："对上等的人，君王和他们相处时都看作是自己的老师；对中等的人都看作是自己的朋友；对下等的人都看作是自己可以使唤的人。现在我周围都是先父的旧臣，所以没有谁可以使唤了。"

另一种说法：晋文公和楚人交战，到了黄凤山，鞋带松开了，就自己系上。侍从说："不可以指使别人系吗？"晋文公说："我听说，对上等的人，君主和他们相处，都是

君主所敬畏的；对中等的人，君主和他们相处，都是君主所喜爱的人；对下等的人，君主和他们相处，都是君主所使唤的。我虽然不怎么样，但先父的旧臣都在身边，因此我难以使唤他们。”

季孙好士，终身庄，居处衣服常如朝廷。而季孙适懈[①]，有过失，而不能长为也。故客以为厌易己，相与怨之，遂杀季孙。故君子去泰[②]去甚[③]。

一曰：南宫敬子问颜涿聚曰：“季孙养孔子之徒，所朝服与坐者以十数而遇贼，何也？”曰：“昔周成王近优侏(zhū)儒以逞其意，而与君子断事，是能成其欲于天下。今季孙养孔子之徒，所朝服而与坐者以十数，而与优侏儒断事，是以遇贼。故曰：不在所与居，在所与谋也。”

[注释]

①适懈：偶尔疏忽。②泰：这里用为骄纵，傲慢之意。③甚：过分。

[译文]

季孙喜欢文士，一生都庄重，日常穿衣服也像在朝廷里一样。有一次季孙偶尔疏忽，衣着上出了差错，不能够长期保持。所以门客便以为是他讨厌和轻视自己，因而怨恨起来，随后杀了季孙。因此，君子行事要去掉傲慢，不要太过分。

另一种说法是：南宫敬子问颜涿聚说：“季孙蓄养孔子的门徒，穿着上朝时所穿的衣服同他坐在一起的人要以十为单位来计数，然而还是遭到杀害，为什么呢？”颜涿聚说：“从前周成王亲近优伶侏儒来使他的心情放松，但也和君子一同决断国家大事，因此能够满足他想得到天下的愿望。现在季孙蓄养孔子的门徒，穿着朝服和他坐在一起的有数十人，但和优伶侏儒一同决断国家大事，因此他遭到杀害。所以说，不在于和什么人相处，而在于和什么人商量大事。”

孔子御坐于鲁哀公，哀公赐之桃与黍(shǔ)。哀公请用。仲尼先饭[①]黍而后啖桃，左右皆掩口而笑。哀公曰：“黍者，非饭之也，以雪桃也。”仲尼对曰：“丘知之矣。夫黍者，五谷之长也。祭先王为上盛[②]。果蓏[③]有六，而桃为下，祭先王不得入庙。丘之闻也，君子以贱雪贵，不闻以贵雪贱。今以五谷之长雪果蓏之下，是从上雪下也。丘以为妨义，故不敢以先于宗庙之盛也。”

简主谓左右：“车席泰④美。夫冠虽贱，头必戴之；屦虽贵，足必履之。今车席如此，太美，吾将何屦以履之？夫美下而耗上，妨义之本也。”

［注释］

①饭：这里作动词用，吃饭的意思。②上盛：上等祭品。③蓏：瓜类的果实。④泰：通“太”，过分的意思。

［译文］

孔子坐在鲁哀公的身边，鲁哀公赏给他桃子和黍子。哀公说：“请吃吧。”孔子先吃黍子，后吃桃子，鲁哀公旁边的人都捂嘴偷笑。哀公说：“黍子并不是用来吃的，是用来擦拭桃子的。”孔子回答说：“我知道这种用法。黍子是五谷之首，祭祀先王时属于上等祭品。瓜果蔬菜有六种，而桃子属于下等品，祭先王时不能进入宗庙。我听说，君主用下等的东西擦拭高贵的东西，没听说过用高贵的东西擦拭下等的东西。现在用五谷中高贵的黍子去擦拭瓜果中最下等的桃子，这是用上等的去擦拭下等的。我认为这有害于礼义，所以不敢把桃子放到宗庙祭品的前面先吃。”

赵简主对侍从说：“车上铺的席子过分华丽了。帽子虽然做得粗糙并且价格低廉，但一定要戴在头上；鞋子虽然做得精细并且价格昂贵，但一定是踩在脚下。现在车上铺的席子，实在是太华美了！我该用什么鞋子去踩在上面呢？美化了下面而损耗了上面，就是妨害了义的根本。”

费仲说纣曰：“西伯昌贤，百姓悦之，诸侯附焉，不可不诛；不诛，必为殷祸。”纣曰：“子言，义主，何可诛？”费仲曰：“冠虽穿弊，必戴于头；履虽五采①，必践之于地。今西伯昌，人臣也，修义而人向②之，卒为天下患，其必昌乎？人臣不以其贤为其主，非可不诛也。且主而诛臣，焉有过？”纣曰：“夫仁义者，上所以劝下也，今昌好仁义，诛之不可。”三说不用，故亡。

齐宣王问匡倩曰：“儒者博乎？”曰：“不也。”王曰：“何也？”匡倩对曰：“博贵枭（xiāo），胜者必杀枭③。杀枭者，是杀所贵也。儒者以为害，故不博也。”又问曰：“儒者弋乎？”曰：“不也。弋者，从下害于上者也，是从下伤君也。儒者以为害，故不弋（yì）。”又问“儒者鼓瑟乎？”曰：“不也。夫瑟以小弦为大声，以大弦为小声，是大小易序，贵贱易位。儒者以为害义，故不鼓也。”宣王曰：

“善。”仲尼曰：“与其使民谄下也，宁使民谄上。”

［注释］

①五采：这里是色彩华美的意思。②向：依附。③枭：“枭”假借为“骁”，是勇健的意思。

［译文］

费仲劝说商纣王时说：“西伯侯姬昌很贤明，百姓喜欢他，诸侯依附他，不可以不杀掉他；如果不杀，一定会成为商朝的祸根。”商纣王说：“你说他是一个讲仁义的君主，哪能杀呢？”费仲说：“帽子虽然破旧，一定要戴在头上；鞋子虽然华丽，一定要踩在地上。如今西伯侯姬昌是个做臣子的，修行仁义而人们都依附他，成为天下的祸患，必然就是西伯侯姬昌吧？臣子不用他的才能为君主效劳，是不可不杀的。况且君主杀臣子，怎么会有过错呢？”商纣王说：“所谓的仁义是上级用来勉励下级的。如今西伯侯姬昌爱好仁义，杀掉他是不可以的。”费仲再三劝说，商纣王都不听，所以商朝终于灭亡了。

齐宣王问匡倩说：“儒家学者下棋吗？”匡倩说：“不下棋。”齐宣王说：“为什么？”匡倩回答说：“博弈的人重视勇健取胜，取胜的一方一定要杀掉勇健的一方。杀掉勇健的一方，也就是杀掉他所重视的。儒家学者认为这有害于礼义，所以不下棋。”齐宣王又问道：“儒家学者射鸟吗？”匡倩说：“不射。射鸟，是从下面伤害上面，就像臣下伤害君主。儒家学者认为这有害于礼义，所以不射鸟。”齐宣王又问：“儒家学者弹瑟吗？”匡倩说：“不弹瑟。瑟是以小的弦发出大声，以大的弦发出小声，即是把大小颠倒了次序，把贵贱改变了位置。儒家学者认为这有害于礼义，所以不弹瑟。”齐宣王说：“说得好。”孔子说：“与其使人们讨好下级，不如使他们讨好上级。”

说　四

钜(jù)者，齐之居士；孱者，魏之居士。齐、魏之君不明，不能亲照①境内而听左右之言，故二子费金璧②而求入仕也。

西门豹为邺令，清克③洁悫(què)，秋毫之端无私利也，而甚简④左右。左右因相与比周⑤而恶之。居期年，上计，君收其玺。豹自请曰：“臣昔者不知所以治邺，今臣得矣，愿请玺(xǐ)，复以治邺。不当，请伏斧锧之罪。”文侯不忍而复与之。豹因重敛(liǎn)百姓，急事左右。期年，上计，文侯迎而拜之。豹对曰：“往年臣为君治邺，而君夺臣玺；今臣为左右治邺，而君拜臣。臣不能治矣。”遂纳玺而去。文侯不受，曰：“寡人曩不知子，今知矣。愿子勉为寡人

治之。”遂不受。

［注释］

①照：明察。②费金璧：重金贿赂。③克：通“刻”，严格。④简：轻慢。⑤比周：勾结。

［译文］

钜是齐国的一个隐士，孱是魏国的一个隐士。齐、魏两国君主不明察，不能亲自洞察国内的情况而偏听亲信的话，所以这两个隐士重金贿赂来求得做官。

西门豹做邺地的县令，清廉克己正直，一丝半毫都不谋私利，但很轻慢君主的近侍。近侍因此相互勾结中伤他。过了一年，上级官员计算邺地的赋税和政绩，魏文侯收回了他的官印。西门豹主动请求说：“我过去不知道治理邺地的方法，现在我懂了，希望发还官印，让我重新治理邺地。如果治理不好，愿受重刑处死。”魏文侯不忍心拒绝，就把官印又交给了他。西门豹因而加重百姓的赋税，极力讨好君主近侍。过了一年，上级官员又计算邺地的赋税，魏文侯亲自迎接西门豹回来并拜谢他。西门豹回答说：“往年我为您治理邺地，而您要没收我的官印，现在我为您的近侍治理邺地，您反而要拜谢我。我不能治理邺地了。”于是交还官印就要离去。魏文侯不接受官印，说：“我过去不明白您，现在明白了。希望您尽力为我治理邺地。”所以没有接受西门豹的官印。

齐有狗盗之子与刖危子戏而相夸。盗子曰：“吾父之裘独有尾。”危子曰：“吾父独冬不失裤。”

子绰曰：“人莫能左画方而右画圆也。以肉去蚁，蚁愈多；以鱼驱蝇，蝇愈至。”

桓公谓管仲曰：“官少而索者众，寡人忧之。”管仲曰：“君无听左右之谓请，因能而受①禄，录功而与官，则莫敢索官。君何患焉？”

韩宣子曰：“吾马菽粟②多矣，甚臞(qú)，何也？寡人患之。”周市对曰：“使驺(zōu)③尽粟以食，虽无肥，不可得也。名为多与之，其实少，虽无臞，亦不可得也。主不审其情实，坐而患之，马犹不肥也。”

［注释］

①受：通“授”授以。②菽粟：豆、谷的总称，这里指喂马的饲料。③驺：养马的人。

［译文］

齐国有个盗贼的儿子与受刑砍断脚的人的儿子在一起相互夸耀。盗贼的儿子说：

"只有我父亲的皮衣上有尾巴。"断脚人的儿子说："只有我父亲冬天不费裤子。"

子绰说："没有人能够同时用左手画方，而用右手画圆。用肉去驱赶蚂蚁，蚂蚁会越来越多；用鱼去驱赶苍蝇，苍蝇会越聚越多。"

齐桓公对管仲说："官位少，但求取官位的人多，我对此很担忧。"管仲说："您不要听从亲信的请求，要根据才能而授予俸禄，记录功劳多少而给予官职，就没人敢索要官职了，您还担忧什么？"

韩宣子说："我的马有很多豆谷饲料，马却很瘦，为什么？我很担忧。"周市回答说："让养马的人用所有的饲料去喂马，即使不想让它肥，也是不可能不肥。名义上给了马很多饲料，实际上马吃得得很少，即使不想要它瘦，那也是不可能的。君王不去考察实情，而坐在这里担忧，马还是不会肥的。"

桓公问置吏于管仲，管仲曰："辩[1]察于辞，清洁于货，习人情，夷吾不如弦商，请立以为大理[2]。登降[3]肃让，以明礼待宾，臣不如隰(xí)朋，请立以为大行。垦草仞(rèn)邑，辟地生粟，臣不如宁戚，请以为大田。三军既成陈，使士视死如归，臣不如公子成父，请以为大司马。犯颜极谏，臣不如东郭牙，请立以为谏臣。治齐，此五子足矣；将欲霸王，夷吾在此。"

［注释］

①辩：通"辨"，分辨。②大理：掌管司法的官。③登降：外交活动时迎来送往的礼节。

［译文］

齐桓公向管仲询问设置官吏的事，管仲说："辨别清楚诉讼双方的言辞，廉洁不贪财物，能调节人情世故，我比不上弦商，请安排他担任司法大臣。登阶下阶，恭敬谦让，用明确无误的礼仪接待宾客，我比不上隰朋，请安排他担任外交大臣。开垦荒地，建设城市，开辟土地，种植粮食，我比不上宁戚，请安排他担任农业大臣。三军已经摆好阵势，使士兵能够视死如归，我比不上公子成父，请安排他担任军政大臣。冒犯君主脸色，极力劝谏，我比不上东郭牙，请安排他担任谏议大臣。治理好齐国，这五个人就够用了；若要成就霸王之业，则有我管夷吾在这里。"

说　五

孟献伯相晋，堂下生藿藜，门外长荆棘，食不二味，坐不重席，晋[1]无衣帛之妾，居不粟马，出不从车。叔向闻之，以告苗

赍皇。赍皇非之曰："是出主之爵禄以附下②也。"

一曰：孟献伯拜上卿，叔向往贺，门有御，马不食禾。向曰："子无二马二舆，何也？"献伯曰："吾观国人尚有饥色，是以不秣马；班③白者多以徒行，故不二舆。"向曰："吾始贺子之拜卿，今贺子之俭也。"向出，语苗赍皇曰："助吾贺献伯之俭也。"苗子曰："何贺焉？夫爵禄旗章④，所以异功伐别贤不肖也。故晋国之法，上大夫二舆二乘，中大夫二舆一乘，下大夫专乘，此明等级也。且夫卿必有军事，是故修车马，比卒乘，以备戎事。有难则以备不虞，平夷则以给朝事。今乱晋国之政，乏不虞之备，以成节，以洁私名，献伯之俭也可与？又何贺？"

[注释]

①晋：进的意思，引申为"内"。②附下：使下属亲附。③班白：头发花白，常用来形容年老。班，通"斑"。④旗章：旌旗和服饰，用以显示等级地位。

[译文]

孟献伯当了晋国相国，院子里生出野草，大门外长起荆棘，他吃饭没有两种菜，坐时不垫两层席子，在内室没有穿丝织品的姬妾，居家不用谷物喂马，外出没有副车跟着。叔向听说之后把这件事告诉给苗赍皇。苗赍皇非议说："这是弃置君主的爵禄赏赐来亲附下人。"

另一种说法：孟献伯被封为上卿，叔向前去祝贺，看见孟家门外有人喂马，马不吃谷子。叔向说："您没有副马、副车，为什么？"孟献伯说："我看到国内民众脸上还有饥色，因此不用谷子喂马；看到头发斑白的老人多半靠步行，所以不配备两辆车。"叔向说："我起先是来祝贺您封为上卿，现在要祝贺您的节俭了。"叔向出去后，告诉苗赍皇说："帮助我去祝贺孟献伯的节俭。"苗赍皇说："这有什么好祝贺的呢？爵位俸禄和旗帜奖章是用来区别功劳大小和贤能与否的。所以晋国的法律规定，上大夫配备两车两马。中大夫配备两车一马，下大夫配备正车一辆，这是用来标明等级的。再说卿一定要掌管军事，所以要修整车马，训练步兵、战车，用来防备战争之事。国家有难时就可以用来防备意外，国家太平时就可以用来上朝办事。现在他扰乱晋国的政事，缺乏对意外的防备，用这种方法来成全自己的节操，用来光耀私人的名声，孟献伯的这种俭省能容许吗？又值得祝贺什么呢？"

管仲相齐，曰："臣贵矣，然而臣贫。"桓公曰："使子有三归之家。"曰："臣富矣，然而臣卑。"桓公使立于高、国之上。曰："臣尊矣，然而臣疏。"乃立为仲父。孔子闻而非之曰："泰①

侈(chǐ)逼上。”

一曰：管仲父出，朱盖青衣[②]，置鼓而归，庭有陈鼎，家有三归。孔子曰：“良大夫也，其侈逼上。”

[注释]

①泰：通“太”，过分。②青衣：青色的车衣，当时表示地位高贵的装饰。

[译文]

管仲担任齐国的相国，说：“我的职位虽然很高贵了，但我还是很贫困。”齐桓公说：“让你拥有三处的家业。”管仲说：“我富有了，但我的地位还是很低。”桓公把管仲的地位提到高、国两姓贵族之上。管仲说：“我的地位尊贵了，但是我和您的关系很疏远。”于是桓公立管仲为仲父。孔子听到后非议说：“管仲威胁君主太过分了。”

另一种说法：管仲出门时，坐朱红车盖的车，穿青色衣服；下朝时用锣鼓开道回家。庭院陈列有大鼎，家里有十分之三的商税收入。孔子说：“管仲是个好大夫，但他侈得过分威胁到君主了。”

孙叔敖相楚，栈车[①]牝马，粝饼菜羹，枯鱼之膳，冬羔裘，夏葛衣，面有饥色。“则良大夫也，其俭逼下。”

阳虎去齐走赵，简主问曰：“吾闻子善树[②]人。”虎曰：“臣居鲁，树三人，皆为令尹；及虎抵罪于鲁，皆搜索于虎也。臣居齐，荐三人，一人得近王，一人为县令，一人为候吏；及臣得罪，近王者不见臣，县令者迎臣执缚[③]，候吏者追臣至境上，不及而止。虎不善树人。”主俯而笑曰：“树橘柚者，食之则甘，嗅之则香；树枳(jí)棘者，成而刺人。故君子慎所树。”

[注释]

①栈车：棚车，地位低下的士乘坐的车。②树：栽培。③执缚：捉拿捆绑。

[译文]

孙叔敖担任楚国的相国，坐的是母马拉的普通运输车，吃的是粗饭、菜羹以及干鱼之类的膳食，冬天穿小羊皮的皮衣，夏天穿葛布做的衣服，面上带着饥色。有人说：“他确实是个优秀大夫了，但他的俭省威胁到了下层官员。”

阳虎离开齐国逃到赵国，赵简主问道：“我听说你善于栽培人才。”阳虎说：“我在鲁国时栽培了三个人，都当上了令尹；等到我在鲁国获罪了，他们都来搜捕我。我在齐国时，推荐了三个人，一个人能接近国君，一个人当了县令，一个人做防守边疆的官吏；等到我在齐国获罪了，能接近国君的人回避我，做县令的人来找我准备捉拿

捆绑我。防守边疆的那个人追我直到边境，没有追上才罢休。因此说我阳虎不善于栽培人才。”赵简主低头笑着说：“种植橘树和柚树，吃它们的果实很甜，闻起来很香；种植枳棘和酸枣树，树长大后反而刺人。所以君子栽培人时要慎重。”

中牟无令。晋平公问赵武曰：“中牟，吾国之股肱，邯郸之肩髀。寡人欲得其良令也，谁使而可？”武曰：“刑伯子可。”公曰：“非子之仇也？”曰：“私仇不入公门。”公又问曰：“中府之令，谁使而可？”曰：“臣子可。”故曰：“外举不避仇，内举不避子。”赵武所荐四十六人，及武死，各就宾位[1]，其无私德[2]若此也。

平公问叔向曰：“群臣孰贤？”曰：“赵武。”公曰：“子党[3]于师人[4]。”“武立如不胜衣，言如不出口，然所举士也数十人，皆得其意，而公家甚赖之。及武子之生也不利于家，死不托于孤，臣敢以为贤也。”

［注释］

①宾位：宾客的位置。②无私德：没有私人之间的恩德。③党：偏袒。④师人：所师之人，这里指老上级。

［译文］

中牟这个地方没有县令。晋平公问赵武说：“中牟是我国的大腿和胳膊，邯郸的肩膀和髀骨。我想选用一个好县令，派谁去好呢？”赵武说：“邢伯子可以。”晋平公说：“他不是你的仇人吗？”赵武说：“我不把私人之间的恩怨带到公事中来。”晋平公又问道：“内库的主管，派谁才好呢？”赵武说：“我的儿子可以。”所以说：“举荐外人时不避开仇人，举荐自己人时不避开儿子。”赵武举荐的四十六个人，到他死后，来吊唁时都坐在宾客的位置上，他就是这样不考虑个人恩德。

晋平公问叔向说：“群臣中谁贤能？”叔向说：“赵武贤能。”晋平公说：“你偏袒你的老上级。”叔向说：“赵武站立时体力衰弱好像连穿的衣服都负担不了，讲话时好像笨拙的说不出话，可是他举荐的几十个人，都能发挥自己才能，而国家非常得力于他们。赵武的儿子出生后他也不为自家谋取私利，他死后又不将儿子委托给国家，我敢认为他是贤能的。”

解狐荐其仇于简主以为相。其仇以为且幸释己[1]也，乃因往拜谢。狐乃引弓送而射之，曰：“夫荐汝，公也，以汝能当[2]之也。夫仇汝，吾私怨也，不以私怨汝之故拥[3]汝于吾君。”故私怨不入公门。

一曰：狐举邢伯柳为上党守，柳往谢之，曰："子释罪，敢不再拜？"曰："举子，公也；怨子，私也。子往矣。怨子如初也。"

[注释]

①释己：消除对自己的怨恨。②当：担当，胜任。③拥：通"壅"，这里是埋没之意。

[译文]

解狐举荐他的仇人做赵简主的相。他的仇人以为解狐会消除对自己的仇怨，于是前去拜谢。解狐竟然拉开弓迎头射去，说："我举荐你是为公，因为你能胜任。仇恨你，是我的私怨。我不会因为怨恨你的缘故而让你在君主那里受到埋没。"所以私人恩怨不能带入公事中。

另一种说法：解狐推荐邢伯柳当上党郡的太守，邢伯柳前往拜谢，说："你不再怪罪我，岂敢不来拜谢？"解狐说："推荐你是公事，怨恨你是私事。你走吧，我跟从前一样怨恨你。"

郑县人卖豚（tún）[1]，人问其价。曰："道远日暮，安暇语汝。"

说　六

范文子喜直言，武子击之以杖："夫直议者不为人所容，无所容则危身。非徒危身，又将危父。"

子产者，子国之子也。子产忠于郑君，子国谯怒之曰："夫介异于人臣，而独于主。主贤明，能听汝；不明，将不汝听。听与不听，未可必知，而汝已离于群臣。离于群臣，则必危汝身矣。非徒危己也，又且危父也。"

[注释]

①豚：小猪。

[译文]

郑县有个人卖小猪，别人问他价钱，他说："道路又远，天色又晚，我哪有空告诉你。"

范文子说话喜欢直来直去，他父亲武子用手杖打他说："说话直的人不能被人所容忍，不被人容忍就危及自身。不只是危及自身，还将危及父亲。"

子产是子国的儿子，子产忠于郑国国君，子国发怒责骂他说："你孤傲地不同于其他臣子，而独自忠于君主。君主贤明，能听从你；君主不贤明，就不会听从你。听或不听，还不能知道，而你已经脱离群臣了。脱离了群臣，就一定会危及自身。不只

是危及自身，还将危及父亲。”

梁车新为邺（yè）令，其姊往看之，暮而后，门闭，因逾郭而入。车遂刖其足。赵成侯以为不慈，夺之玺而免之令。

管仲束缚，自鲁之齐，道而饥渴，过绮乌封人①而乞食。乌封人跪而食之，甚敬。封人因窃谓仲曰：“适幸，及齐不死而用齐，将何报我？”曰：“如子之言，我且贤之用，能之使，劳②之论。我何以报子？”封人怨之。

管仲

管仲，姬姓，管氏，名夷吾，字仲，被称为管子。是中国古代著名的哲学家、政治家、军事家。管仲是春秋时期法家代表人物，他的思想集中体现于《管子》一书。

[注释]

①封人：守边的官员。②劳：功劳。

[译文]

梁车刚刚担任邺县的县令，他姐姐前去看他，天黑了才赶到，这时城门已经关闭，于是梁车的姐姐翻墙进城，梁车就依法砍断了她的脚。赵成侯认为梁车不仁慈，就收回他的官印，罢免他的官职。

管仲被捆绑起来，从鲁国押送到齐国，路上又饥又渴，他路过绮乌边防时，就向边防官乞讨食物。绮乌的边防官跪着给管仲喂食，非常恭敬。边防官于是偷偷地对管仲说：“如果您能侥幸到齐国不死，并在齐国执政，您准备怎样报答我呢？”管仲说：“果真如你所说那样，我将任用贤能的人，使用有能力的人，论功行赏，我根据什么报答你呢？”边防官因此怨恨管仲。

外储说右上第三十四

题 解

本篇宣扬势治思想，继承并发扬了申子的术治思想，将老子的无为思想移用到统治术上。体现了韩非法治学说中的“法行所爱，不避亲贵”思想，并且进一步明确要明罚、必罚。本篇分别说明君主运用势、术、法控制臣下的道理。“经一”和“说一”说明君主必须牢牢掌握权势，把危险消灭在萌芽状态，使官吏置于君主的绝对控制之下。“经二”和“说二”说明君主必须掌握术，防止奸臣钻空子。“经三”和“说三”说明君主实行法治，一切按法办事，坚决清除混在朝内的权奸之臣。

君所以治臣者有三：

经 一

势不足以化则除之。师旷之对，晏子之说，皆舍势之易也而道行之难，是与兽逐走也，未知除患。患之可除，在子夏之说《春秋》也；“善持势者，蚤①绝其奸萌。”故季孙让②仲尼以遇③势，而况错④之于君乎？是以太公望杀狂矞，而臧获⑤不乘骥。嗣公知之，故而驾鹿；薛公知之，故与二栾⑥博。此皆知同异之反也。故明主之牧⑦臣也，说在畜乌。

[注释]

①蚤：通“早”。②让：责备。③遇：通“耦”，对等。④错：通“措”，举措。⑤臧获：这里用为古代奴婢的贱称之意。⑥栾：通“孪”，孪生子。⑦牧：统治，主管。

[译文]

君主用来管治臣下的方法有三种。

对用权势不能驯化的臣下，君主就要把他除掉。师旷的回答，晏婴的议论，都丢掉了利用权势来控制臣下这种容易的方法，而遵循了利用道德来感化臣民这种困难的方法，这就如同和野兽赛跑，还不知道除掉祸害。祸害可以除掉，这个道理在子夏解释《春秋》时所说的话中已表达出来了；“善于掌握权势的君主，很早就杜绝臣下作奸的苗头。”所以，季孙因为对等的权势被滥用而责备孔子，何况这样的举措是君主的行为呢？因此，姜太公杀掉不为君主所用的狂矞，而卑贱的奴仆不会去乘坐骏马。

卫嗣公懂得这个道理，所以拿鹿不能驾车来说明不能用如耳为相；薛公懂得这个道理，所以在一对孪生子赌博时用权术吓唬他们。这些都是懂得君臣之间利害相反的具体表现。所以明君统治臣下的道理，在养乌鸦的故事中可以体现出来。

经　二

人主者，利害之轺[①]毂(gǔ)[②]也，射[③]者众，故人主共矣。是以好恶见则下有因，而人主惑矣；辞言通则臣难言，而主不神矣。说在申子之言“六慎”，与唐易之言弋也。患在国羊之请变，与宣王之太息也。明之以靖郭氏之献十珥[④]也，与犀首。甘茂之道穴闻也。堂谿公知术，故问玉卮(zhī)[⑤]；昭侯能术，故以听独寝。明主之道，在申子之劝“独断”也。

[注释]

①轺：古代轻便的小马车。②毂：这里用为车轮中心的圆木之意，其周围与车辐的一端相接，中有圆孔，可以插轴。③射：这里用为谋求、逐取之意。④珥：这里用为中国古代的珠玉耳饰之意。⑤卮：古代一种盛酒器。

[译文]

君主，就像车轴一样是利害的中心，追求利益的人非常多，所以君主成了他们共同的目标。因此，君主如果表现出爱憎，就会被臣下利用，这样君主就容易被迷惑；君主把听到的话泄露出去，臣下就很难向君主进言，而君主也就不神明了。有关解说在《说二》中申不害讲君主应该在六个方面谨慎小心，和唐易鞠谈论射鸟的话中。不这样做的祸患在国羊用表示悔改来试探君主对他的态度以及韩宣王的近侍从宣王的叹息中窥探到他的态度的故事中。阐明上述观点的有：靖郭君献上十个玉珥测试齐威王爱哪个妾；甘茂派人从小洞里偷听到秦惠王的话，因而用计陷害犀首；堂公懂得术，所以问及玉杯无底来告诫君主不能把群臣的话泄露出去；韩昭侯能用术，所以才能听取堂公的话并且独自睡觉以免泄密。明君的治国原则，在申不害劝说君主遇事要能独断的议论中体现出来。

经　三

术之不行，有故[①]。不杀其狗，则酒酸。夫国亦有狗，且左右皆社鼠也。人主无尧之再诛，与庄王之应太子，而皆有薄媪[②]

之决蔡妪也。知贵、不能，以教歌之法先揆[3]之。吴起之出爱妻，文公之斩颠颉，皆违其情者也。故能使人弹疽者，必其忍痛者也。

说　一

赏之誉之不劝，罚之毁之不畏，四者加焉不变，则其除之。

［注释］

①故：缘故。②媪：对老年妇女的敬称，这里是对薄疑母亲的尊称。③揆：测量，大致估量。

［译文］

统治的方法不能推行总是有缘故的。卖酒人不杀掉他的恶狗，那么酒就会放酸。国家也有恶狗，况且君主身边的人都像是躲在土地庙里的老鼠。一般的君主不能像尧那样，一再杀掉反对自己的人；也不能像楚庄王答复太子那样，把坚决执法的臣子当作最好的臣子，就像薄老太那样，自家的主张却要取决于蔡巫婆。要区分一个人贤能与否，就用教歌之类的方法先估量一下。吴起因为爱妻织的布不符合规定而把她休掉，晋文公因爱臣颠颉不遵守法令而把他杀掉，都是违背自己感情的事情。所以能让人治疗毒疮的人，必然是那些能忍痛的人。

奖赏、称赞不能使他奋勉，惩罚、谴责不能使他害怕，赏、誉、罚、责这四种手段都用上也无动于衷，那么就除掉他。

齐景公之晋，从平公饮，师旷侍坐。景公问政于师旷曰："太师将奚以教寡人？"师旷曰："君必惠民[1]而已。"中坐[2]，酒酣，将出，又复问政于师旷曰："太师奚以教寡人？"曰："君必惠民而已矣。"景公出之舍，师旷送之，又问政于师旷。师旷曰："君必惠民而已矣。"景公归，思，未醒，而得师旷之所谓——公子尾、公子夏者，景公之二弟也，甚得齐民，家富贵而民说之，拟[3]于公室，此危吾位者也。今谓我惠民者，使我与二弟争民耶？于是反国，发廪粟以赋众贫，散府余财以赐孤寡，仓无陈粟，府无余财，宫妇不御者出嫁之，七十受禄米。鬻[4]德惠施于民也，已[5]与二弟争。居二年，二弟出走，公子夏逃楚，公子尾走晋。

［注释］

①惠民：施惠于民。②中坐：酒宴进行到一半。③拟：比拟，影响相匹敌。④鬻：

卖。⑤已：通“以”，凭借。

［译文］

齐景公到了晋国，陪晋平公饮酒，师旷在一旁陪坐。齐景公向师旷询问关于处理政事的问题，说：“您将用什么来教我呢？”师旷说：“您一定要施惠于民就办到了。”酒宴到一半的时候，酒喝得很畅快，齐景公将要出门，又向师旷请教如何处理政事：“您用什么来教我？”师旷说“您一定要施惠于民就能办到了。”景公出门回到住处，师旷送行。景公又向师旷请教政事。师旷说：“您一定要施惠于民就办到了！”景公回到住处，反复思索这句话，酒还没有醒，就明白了师旷说话的意思——公子尾、公子夏是齐景公的两个弟弟，在齐国很得民心。他们的家里都很富裕，民众又喜欢他们，可以和皇家相比，这是危害到我地位的事情。现在师旷叫我施惠于民，就是让我和两个弟弟争夺民心吧？于是景公返回齐国，打开米仓，把粮食分给贫困民众，散发国库中多余钱财去赏给孤寡人家。米仓没有陈年的粮食，国库没有多余的钱财，君主没有临幸过的宫女嫁了出去，七十岁以上的人可以得到国家的俸禄。齐景公向民众兜售恩德仁爱，用这种方法来和两个弟弟争夺民心。过了两年，两个弟弟出逃了，公子夏逃到楚国，公子尾逃到晋国。

景公与晏子游于少海，登柏寝之台而还望其国，曰：“美哉！泱(yāng)泱①乎，堂堂乎！后世将孰有此？”晏子对曰：“其田成氏乎！”景公曰：“寡人有此国也，而曰田成氏有之，何也？”晏子对曰：“夫田成氏甚得齐民。其于民也，上之请爵禄行诸大臣，下之私大斗斛区釜以出货，小斗斛(hú)区(ōu)釜(fǔ)以收之。杀一牛，取一豆肉，余以食士。终岁，布帛取二制焉，余以衣士。故市木之价，不加贵于山；泽之鱼盐龟鳖蠃②蚌，不贵于海。君重敛，而田成氏厚施。齐尝大饥，道旁饿死者不可胜数也，父子相牵而趋田成氏者不闻不生。故秦周之民相与歌之曰：‘讴②乎，其已乎！苞③乎，其往归田成子乎！’《诗》曰：‘虽无德与女，式歌且舞。’今田成氏之德而民之歌舞，民德归之矣。故曰：‘其田成氏乎！’”公泫然出涕曰：“不亦悲乎！寡人有国而田成氏有之。今为之奈何？”晏子对曰：“君何患焉？若君欲夺之，则近贤而远不肖，治其烦乱，缓其刑罚，振贫穷而恤(xù)孤寡，行恩惠而给不足，民将归君，则虽有十田成氏，其如君何？”

［注释］

①泱泱：与下文的“堂堂”都是指广阔、宏大的意意思。②蠃：通“螺”，软体

动物，体外包着锥形、纺锤形或椭圆形的硬壳，上有旋纹。③讴：这里用为齐声歌唱之意。④苞：本意为“包裹”之意。这里延伸为受保护之意。

[译文]

齐景公和晏子在渤海边游玩，登上柏寝的高台，回头眺望自己的国家，说：“真美啊，广大弘阔，雄伟壮丽！后世谁能拥有这样的国家？”晏子回答说：“大概是田成子吧！”齐景公说：“是我拥有这个国家，怎么说是田成子拥有的呢，为什么？”晏子回答说：“田成子很得齐国的民心。他对待民众，在朝廷上请求爵位俸禄赐给大臣，在民间私自增大斛、区、釜等量器出借粮食，在回收时缩小量器。杀一头牛，他只拿一盘肉，剩下的全部用来供养士人。一年的布帛，他只取七丈二尺，其余的都给士人穿。所以集市上木头的价格不比山上的贵，湖泊里的鱼、盐、龟、鳖、螺、蚌的价格不比海边的贵。您重重地搜刮财物，而田成子却重视施舍于人。齐国曾碰到大荒年，路边饿死的人不能数清，父子互相拉扯着投奔田成子的，没有听说活不下去的，所以全国民众都相互歌颂道：‘唱吧，就停在这儿！可以受到保护啊，我们去投奔田成子！’《诗经》上说：‘虽然没有什么恩德赠与你们，你们却高兴得又歌又跳。’现在从田成子的恩德和民众的歌舞来看，民众都将归向田成子了。所以说：‘大概是田成子吧。’”齐景公伤心流着眼泪说：“这太令人悲哀了！我拥有的国家却被田成子占去了。如今该怎么办呢？”宴子回答说：“您何必担忧呢？如果您想夺回国家，就接近贤能的人，疏远奸佞的人，治理国家纷杂混乱的局面，放宽国家的刑罚，救济贫困的人，抚恤孤寡老人，施行恩惠，资助不富裕的人，民众就会归心于您。那么即使有十个田成子，又能把您怎么样呢？”

或曰：景公不知用势，而师旷、晏子不知除患。夫猎者，托车舆（yú）之安，用六马之足，使王良①佐辔（pèi）②，则身不劳而易及轻兽③矣。今释车舆之利，捐六马之足与王良之御，而下走逐兽，则虽楼季之足无时及兽矣。托良马固车，则臧获有余。国者，君之车也；势者，君之马也。夫不处势以禁诛擅爱之臣，而必德厚以与天下齐行④以争民，是皆不乘君之车，不因马之利，舍车而下走者也。故曰：“景公不知用势之主也，而师旷、晏子不知除患之臣也。”

[注释]

①王良：古代善于驾车马的人。②佐辔：帮助驾驭。③轻兽：动作敏捷的野兽。④齐行：一样的行动，指施惠。

[译文]

有人说：景公不懂得驾驭权势，师旷、晏子不懂得除去祸患。打猎的人凭借车

子的安稳，依靠六匹马的脚力，用王良帮助驾车，那么身体不劳累就可以轻易地追上动作敏捷的野兽了。如今丢掉车厢的便利，舍弃六匹马的脚力以及王良的帮助，而下车跑着追逐野兽，那么即使是楼季那样的快腿也不能追上野兽。依靠良马和坚固的车子，就是奴仆驾车追赶野兽，力量也会有余。国家就像君主的车，权势就像君主的马。君主不运用权势来限制和处罚那些擅自施行仁爱的臣子，而一定要用丰厚的恩惠，和臣子保持行动一致用来争取爱民的名声，这样的做法，就像是不利用君主的车子，不依仗马的便利，舍弃车子而下地跑路一样。所以说："齐景公是不懂得运用权势的君主，而师旷、晏子是不懂得除去祸患的臣子。"“

子夏曰："《春秋》之记臣杀君、子杀父者，以十数矣。皆非一日之积也，有渐而以至矣。"凡奸者，行久而成积，积成而力多，力多而能杀，故明主蚤①绝之。今田常之为乱，有渐见②矣，而君不诛。晏子不使其君禁侵陵之臣，而使其主行惠，故简公受其祸。故子夏曰："善持势者，蚤绝奸之萌。"

[注释]

①蚤：通"早"。②见：通"现"。

[译文]

子夏说："《春秋》上所记载的臣杀君、子杀父的事件，多得要以十为单位来计算。这些事件不是一天就积累起来的，而是逐渐积累才到了这种地步的。"凡是奸诈邪恶的人，阴谋活动的时间长了，就会积累势力；积累多了，力量就大；力量足够大了，就能够进行杀伐，所以明君应该及早灭绝这种力量。现在田常作乱，已经有苗头露出来了，但君主不杀他。晏子不让他的君主禁止侵犯君主的臣子，却让他的君主施行恩惠，结果齐简公遭到祸害。所以子夏说："善于掌握权势的人，要及早杜绝奸邪的苗头。"

季孙相鲁，子路为郈令。鲁以五月起众为长沟，当此之为，子路以其私秩粟①为浆饭，要作沟者于五父之衢而餐②之。孔子闻之，使子贡往覆其饭，击毁其器，曰："鲁君有民，子奚为乃餐之？"子路怫然③怒，攘肱而入，请曰："夫子疾④由之为仁义乎？所学于夫子者，仁义也；仁义者，与天下共其所有而同其利者也。今以由之秩粟而餐民，不可何也？"孔子曰："由之野⑤也！吾以女知之，女徒未及也。女故⑥如是之不知礼也！女之餐之，为爱之也。夫礼，天子爱天下，诸侯爱境内，大夫爱官职，士爱其家，过其所爱曰侵。今鲁君有民而子擅爱之，是子侵也，不亦诬乎！"

言未卒，而季孙使者至，让曰：“肥也起民而使之，先生使弟子令徒役而餐之，将夺肥之民耶？”孔子驾而去鲁。以孔子之贤，而季孙非鲁君也，以人臣之资，假人主之术，蚤禁于未形，而子路不得行其私惠，而害不得生，况人主乎！以景公之势而禁田常之侵也，则必无劫弑之患矣。

［注释］

①秩粟：按官职等级得到的粮食。秩：职位，品级。②餐：这里是“给……吃的意思”。③怫然：忿怒的样子。④疾：恨。⑤野：粗野，指不懂礼。⑥故：通“固”，原来。

［译文］

季孙做鲁相，子路做郈邑的长官。鲁国在五月份发动民众开挖长沟，在开工期间，子路用自己的俸粮做成稀饭，邀请挖沟的人到五父路上来吃。孔子听说后，叫子贡去倒掉他的饭，砸烂盛饭的器皿，说：“这些民众是属于鲁君的，你干吗要给他们饭吃？”子路勃然大怒，握拳露臂走进来，质问说：“先生憎恨我施行仁义吗？从先生那里学到的，就是仁义；所谓仁义，就是与天下的人共同享有自己的东西，共同享受自己的利益。现在用我自己的俸粮去供养民众，为什么不行？”孔子说：“子路好粗野啊！我以为你懂了，你竟还不懂。你原来是这样的不懂得礼，你供养民众，是爱他们。礼法规定，天子爱天下，诸侯爱国境以内，大夫爱官职所辖，士人爱自己的家人，越过应爱的范围就叫冒犯。现在对于鲁君统治下的民众；你却擅自去爱，这是你在侵权，不也属胆大妄为吗！”话也没说完，季孙的使者就到了，责备说，“我发动民众而驱使他们，先生让弟子给他们饭吃，是想夺取我的民众吗？”孔子驾车离开了鲁国。以孔子的贤明，而季孙又不是鲁君，对于以臣子的身份，借用君主的权术，能在危害还没有形成之前就及早杜绝，使子路不能施行个人的恩惠，使危害不致发生，何况是君主呢？用齐景公的权势去禁止田常争取民众的越轨行为，那就必定不会出现被劫杀的祸患了。

太公望东封于齐，齐东海上有居士曰狂矞、华士昆弟[1]二人者立议曰：“吾不臣天子，不友诸侯，耕作而食之，掘井而饮之，吾无求于人也。无上之名，无君之禄，不事仕而事力。”太公望至于营丘，使吏执杀之以为首诛。周公旦从鲁闻之，发急传[2]而问之曰：“夫二子，贤者也。今日飨(xiǎng)[3]国而杀贤者，何也？”太公望曰：“是昆弟二人立议曰：‘吾不世天子，不友诸侯，耕作而食之，掘井而饮之，吾无求于人也。无上之名，无君之禄，不事仕

而事力。’彼不臣天子者，是望不得而臣也；不友诸侯者，是望不得而使也；耕作而食之，掘井而饮之，无求于人者，是望不得以赏罚劝禁也。且无上名，虽知，不为望用；不仰君禄，虽贤，不为望功。不仕，则不治；不任，则不忠。且先王之所以使其臣民者，非爵禄则刑罚也。今四者不足以使之，则望当谁为君乎？不服兵革而显，不亲耕耨[4]而名，又非所以教于国也。今有马于此，如骥之状者，天下之至良也。然而驱之不前，却之不止，左之不左，右之不右，则臧获虽贱，不托其足。臧获之所愿托其足于骥者，以骥之可以追利辟[5]害也。今不为人用，臧获虽贱，不托其足焉。已自谓以为世之贤士而不为主用，行极贤而不用于君，此非明主之所臣也，亦骥之不可左右矣，是以诛之。”

［注释］

①昆弟：兄弟。②急传：古代传递紧急公文的车，这里指传递紧急公文的信使。③飨：通“享”，这里是享受的意思。④耕耨：耕种。耨：锄草工具。⑤辟：通“避”，避开。

［译文］

姜太公受封在东方的齐国，齐国东海边上有两个隐居的读书人，名叫狂矞、华士，兄弟二人确定他们的为人宗旨时说：“我们不做天子的臣子，不与诸侯交朋友。靠自己亲自耕作吃饭，靠自己亲自挖井喝水，我们没有什么要向别人乞求的事情。我们不要君主给的名声，不要君主给的俸禄，不做官而要从事体力劳动。”姜太公到了齐都营丘，派官吏捕杀了他们，并把他们当作首先要惩罚的对象。周公旦在鲁国听到这件事后，马上派出紧急的传信专车前往，向姜太公询问说：“这两位是贤士。现在您享有封国而杀了贤能的人，为什么？”姜太公说：“这兄弟两个确定为人宗旨说：‘我们不做天子的臣子，不与诸侯交朋友。靠自己亲自耕作吃饭，靠自己亲自挖井喝水，我们没有什么要向别人乞求的事情。我们不要君主给的名声，不要君主给的俸禄，不做官而要从事体力劳动。’既然他们不做天子的臣子，那我就不可能把他们看作臣子了；他们不结交诸侯，那我就不可能派他们出使；靠自己耕种吃饭，靠自己挖井喝水，不求助于别人，那我就不可能依靠赏罚来勉励和约束他们。况且他们不要君主给的名声地位，虽然他们很聪明，却不能为我所用；他们不仰仗君主授予的俸禄，虽然贤明，却不能为我立功。他们不愿意做官就没有办法管教，不接受任用就对上不忠。再说先王之所以能驱使臣民，不是依靠爵禄，就是依靠刑罚。如今爵、禄、刑、罚这四种方式都不足以驱使他们，那么我能成为谁的主子呢？不打仗立功而显贵，不耕田种地而有名声，这又不是来训导国人的办法。如今有匹马在这儿，长得像良马的样子，是天

下最好的马。但驱赶它不前进，制止它也不停步，叫它向左它不向左，叫它向右它不向右，那么奴仆虽然低贱，也不会把脚力依托在它身上。奴仆之所以希望把脚力寄托在良马身上，是因为依托良马可以得到利益和避开危害。如今它不能被人支配，奴仆虽然低贱也不会把脚力依托在它身上。这两个人自以为是世上的贤士，而不愿被君主所利用，品行虽然贤能却不能被君主所利用，这不是明君可以利用的臣子，也就像良马不听从使唤一样。因此，我要杀掉他们。”

一曰：太公望东封于齐。海上有贤者狂矞，太公望闻之往请焉，三却马于门而狂不报见①也，太公望诛之。当是时也，周公旦在鲁，驰往止之，比②至，已诛之矣。周公旦曰：“狂矞，天下贤者也，夫子何为诛之？”太公望曰：“狂矞也议③不臣天子，不友诸侯，吾恐其乱法易教也，故以为首诛。今有马于此，形容似骥也，然驱之不往，引之不前，虽臧获不托足于其轸也。”

［注释］

①报见：答应见面。②比：等到。③议：通“义”，道义。

［译文］

另一种说法：姜太公被封在东方的齐国。东海边有个叫狂矞的贤士，姜太公听说后，前往请求见他，三次在门前停下马车，狂矞都不答应见面。姜太公因此把他杀了。此时，周公旦正好在鲁国，他立即驾车前来阻止。等赶到齐地，姜太公已经杀了狂矞。周公旦说：“狂矞是天下的贤士，您为什么要杀他？”姜太公说：“狂矞主张不做天子的臣子，不交结诸侯，我怕他扰乱法度改变教化，所以拿他作首先惩处的对象。如今有一匹马在这里，样子很像良马，但是驱赶它不走动，拉它也不前进，即使是奴仆也不会把脚力寄托在它拉的车子上。”

如耳说①卫嗣公，卫嗣公说②而太息。左右曰：“公何为不相也？”公曰：“夫马似鹿者而题之千金，然而有千金之马而无千金之鹿者，马为人用而鹿不为人用也。今如耳，万乘之相也，外有大国之意，其心不在卫，虽辨智，亦不为寡人用，吾是以不相也。”

［注释］

①说：游说。②说：高兴。

［译文］

如耳游说卫嗣公，卫嗣公觉得又高兴又叹息。他的近侍说：“您为什么不让他做相国呢？”卫嗣公说：“那跑起来像鹿的马可以标价千金，然而有价值千金的马，没

有价值千金的鹿，这是因为马能为人所用而鹿不能为人所用。现在如耳是做大国相国的材料，他有要到大国谋职的意愿，他的心不在卫国，虽然他有辩才和智谋，却不能为我所用，我因此不让他做相国。”

薛公之相魏昭侯也，左右有栾子①者曰阳胡、潘其，于王甚重，而不为薛公。薛公患之，于是乃召与之博，予之人百金，令之昆弟博；俄又益之人二百金。方博有间，谒者言客张季之子在门，公怫然怒，抚兵②而授谒者曰：“杀之！吾闻季之不为文也。”立有间，时季羽在侧，曰：“不然。窃闻季为公甚，顾其人阴未闻耳。”乃辍不杀客，大礼之，曰：“曩者闻季之不为文也，故欲杀之；今诚为文也，岂忘季哉！”告廪献千石之粟，告府献五百金，告驺私厩献良马固车二乘，因令奄③将宫人之美妾二十人并遗④季也。栾子因相谓曰：“为公者必利，不为公者必害，吾曹何爱不为公？”因斯竞劝而遂为之。薛公以人臣之势，假人主之术也，而害不得生，况错之人主乎！

夫驯乌断其下翎焉。断其下翎（líng），则必恃人而食，焉得不驯乎？夫明主畜臣亦然，令臣不得不利君之禄，不得无服上之名。夫利君之禄，服上之名，焉得不服？

[注释]

①栾子：孪生子。栾：通“孪”。②抚兵：拿着兵器。③奄：古同“阉”，指丧失了生殖能力的男人，因而称这种在宫中服役的人为奄。多指宦官。④遗：赠送。

[译文]

薛公担任魏昭王的相国时，魏昭王近侍中有一对孪生兄弟名叫阳胡、潘其，很受魏昭王的器重，但不肯替薛公效劳。薛公为此很担忧，于是就召他们来赌博。薛公给他们每人一百金，让他们兄弟二人赌博；一会儿又每人给了二百金。赌了不一会儿，传达官通报门客张季的儿子在门口。薛公勃然大怒，拿出兵器递给传达官说：“杀了他！我听说张季不肯为我效劳。”站了一会儿，刚好张季的党羽在边上，说：“不是这样的。我私下听说张季为您了很多力，只是他暗中出力，您还没有听说罢了。”于是薛公废止了杀人的命令，不再杀门客张季的儿子，并用很隆重的礼节接待他，说：“过去我听说张季不为我效劳，所以想杀他；现在知道他确实为我出力，我怎么能忘记他呢！”于是通知管粮仓的人送给他一千石粮食，通知管财库的人送给他五百金，通知养马的人从自己的马棚里献出好马和坚固的车子两辆送给他，又传令宦官把宫

中的二十个美女一并送给张季。阳胡、潘其两兄弟相互商议说：“既然为薛公效劳一定能获利，不为薛公效劳一定会受害，我们为什么不替薛公效劳呢？”因而互相劝勉终于替薛公效劳了。薛公只是凭借臣子的权势，假借君王的权术，尚且使祸害不能发生，何况是君主使用这些措施！

驯养乌鸦的人要剪断乌鸦的翅膀和尾巴下边的羽毛，剪断了乌鸦的翅膀和尾巴下边的羽毛后，乌鸦必然要依靠人喂养，怎能不驯服呢？明君蓄养臣子也是这样，要使臣子不得不贪图君主授予的俸禄，不得不臣服君主给他的名位。贪图君主给的俸禄，臣服于君主给的名位，怎么能不驯服呢？

说　二

申子曰：“上明见，人备之；其不明见，人惑之。其知①见，人饰之；不知见，人匿之。其无欲见，人司②之；其有欲见，人饵之。故曰：‘吾无从知之。惟无为可以规之。’”

一曰：申子曰：“慎而言也，人且知女；慎而行也，人且随女。而有知见也，人且匿（nì）女；而无知见也，人且意③女。女有知也，人且臧④女；女无知也，人且行⑤女。故曰：‘惟无为可以规⑥之。’”

［注释］

①知：通“智”，这里用为智慧、才智之意。②司：通“伺”，伺机。③意：意料、猜测。④臧：隐藏。⑤行：这里指察看的意思。⑥规：通“窥”，窥测。

［译文］

申不害说：“如果君主的明察显露了出来，那么人们就会防备他；如果君主的糊涂显露了出来，那么人们就会迷惑他。如果君主的智慧显露出来，那么人们就会美化他；如果君主的智慧不显露出来，那么人们就会蒙蔽他。如果君主没有欲望显露出来，那么人们就会探测他；如果君主有欲望显露出来，那么人们就要引诱他。所以说：‘我没有办法知道其中奥妙，只有什么都不做才可以窥测它的端倪。”

另一种说法：申不害说：“谨慎了言论，人们将会探测你；谨慎了行为，人们将会跟踪你。智慧显露出来了，人们将会躲开你；智慧不显露出来，人们将会算计你。有智慧，人们将躲避你；没有智慧，人们将对你采取行动。所以说，只有什么都不做才可以窥测其中奥妙。”

田子方问唐易鞠（jū）曰：“弋者何慎？”对曰：“鸟以数百目视子，子以二目御①之，子谨周②子廪。”田子方曰：“善。子加之弋，我

加之国。”郑长者闻之曰：“田子方知欲为廪，而未得所以为廪。夫虚无无见者，廪也。”

一曰：齐宣王问弋于唐易子曰：“弋者奚贵？”唐易子曰：“在于谨廪。”王曰：“何谓谨廪？”对曰：“鸟以数十目视人，人以二目视鸟，奈何不谨廪也？故曰：‘在于谨廪’也。”王曰：“然则为天下何以为此廪？今人主以二目视一国，一国以万目视人主，将何以自为廪乎？”对曰：“郑长者有言曰：‘夫虚静无为而无见也。’其可以为此廪乎！”

［注释］

①御：防备。②周：这里是指周密的意思。

［译文］

田子方问唐易鞠说：“射鸟的人要谨慎什么？”唐易鞠回答说：“鸟用几百只眼睛盯着你，你只用两只眼睛防备它们，因此你要周密地隐身在你的谷仓里。”田子方说：“好。你把这个道理用在射鸟上，我把这个道理用在治理国家上。”郑长者听到这件事后说：“田子方知道要藏身于谷仓，却不知道隐身的办法。那些虚静无为，不外露的人才能守护谷仓。”

另一种说法：齐宣王向唐易鞠求问射鸟的方法，说：“射鸟的人重视什么？”唐易鞠说：“在于谨慎地守护谷仓。”宣王说：“怎样才叫谨慎地守护谷仓？”唐易鞠说：“鸟用几十只眼睛盯着人，人只用两只眼睛看着鸟，怎么能不谨慎地守护谷仓。”宣王说：“那么用什么方法像守护谷仓那样来守护国家呢？现在君主用两只眼睛盯着全国，而一国的人用上万只眼睛盯着君主，君主用什么方法来守护国家这个谷仓呢？”唐易鞠回答说：“郑长者说过这样的话：‘虚静无为，不要外露，’大概这种方法就可以防卫国家这个谷仓了。”

国羊重于郑君，闻君之恶己也，侍饮，因先谓君曰：“臣适不幸而有过，愿君幸而告之。臣请变更，则臣免死罪矣。”

客有说韩宣王，宣王说而太息。左右引王之说之曰先告客以为德。

靖郭君之相齐也，王后死，未知所置，乃献玉珥[①]以知之。

一曰：薛公相齐，齐威王夫人死，中有十孺子[②]皆贵于王，薛公欲知王所欲立而请置一人以为夫人。王听之，则是说行于王，

而重于置夫人也；王不听，是说不行，而轻于置夫人也。欲先知王之所欲置以劝王置之，于是为十玉珥而美其一而献之。王以赋十孺子。明日[3]坐，视美珥之所在而劝王以为夫人。

［注释］

①玉珥：玉制的耳饰。②孺子：姬妾。③明日：次日。

［译文］

国羊受到郑君的重用，他听说郑君厌恶自己，就在侍奉郑君饮酒时，趁机先对郑君说："我如果不小心犯有错误，希望您能爱护我、告诉我。请让我改正过错，那样我就可以免除死罪了。"

有个客人向韩宣王游说，韩宣王很高兴而又叹息。君王的近侍就把韩宣王对说客表示满意的态度争先告诉说客，以此作为自己的恩德。

靖郭君田婴担任齐国的相国时，齐王的夫人死了，田婴不知道立谁为夫人，就进献珠玉耳饰来了解。

另一种说法：薛公田婴担任齐国的相国，齐王的夫人死了，宫中有十个姬妾都被齐王宠爱着，薛公想知道齐王打算立谁为夫人，然后向齐王请求立这个人为夫人。如果齐王听从了，就是建议取得成功，而且会因为立夫人这件事而被齐王看重；齐王不听，就是建议失败，因而在立夫人这件事上被齐王看轻。田婴想先知道齐王欲立的人，然后再去劝王立她为夫人，于是制作了十个珠玉耳饰，而其中一个制作得特别精美，并把它们一起献给齐王。齐王把十个耳饰送给十个姬妾。第二天薛公陪坐时，观察那只精美的耳饰戴在谁的耳朵上，就劝齐王立谁为夫人。

甘茂相秦惠王，惠王爱公孙衍，与之间[1]有所言，曰："寡人将相子。"甘茂之吏道穴闻之，以告甘茂。甘茂入见王，曰："王得贤相，臣敢再拜贺。"王曰："寡人托国于子，安更得贤相？"对曰："将相犀(xī)首。"王曰："子安闻之？"对曰："犀首告臣。"王怒犀首之泄，乃逐之。

一曰：犀首，天下之善将也，梁王之臣也。秦王欲得与之治天下，犀首曰："衍其人臣者也，不敢离主之国。"居期年，犀首抵罪于梁王，逃而入秦，秦王甚善之。樗(chū)里疾，秦之将也，恐犀首之代之将也，凿穴于王之所常隐语[2]者。俄而王果与犀首计，曰："吾欲攻韩，奚如？"犀首曰："秋可矣。"王曰："吾欲以国累子，子必勿泄也。"犀首反走[3]再拜曰："受命。"于是樗里疾也道

穴听之矣。郎中皆曰：“兵秋起攻韩，犀首为将。”于是日也，郎中尽知之；于是月也，境内尽知之。王召樗里疾曰：“是何匈匈④也，何道出？”樗里疾曰：“似犀首也。”王曰：“吾无与犀首言也，其犀首何哉？”樗里疾曰：“犀首也羁旅，新抵罪，其心孤，是言自嫁⑤于众。”王曰：“然。”使人召犀首，已逃诸侯矣。

［注释］

①间：私下。②隐语：讨论机密事。③反走：倒退着走，表示敬畏。④匈匈：乱纷纷的样子。⑤嫁：兜售。

［译文］

甘茂担任秦惠王的相。惠王宠爱公孙衍，和他私下有话说：“我将要立你为相。”甘茂手下的小官吏从墙洞里偷听到这件事，就告诉了甘茂。甘茂进见秦惠王，说：“大王得到贤相，我冒昧地来表示祝贺。”秦惠王说：“我把国家托付给你，怎么会另外得到贤相？”甘茂回答说：“您将要立犀首将军公孙衍为相。”秦惠王说：“你从哪听说的？”甘茂回答说：“公孙衍告诉我的。”惠王对公孙衍的泄密很生气，就把他赶走了。

另一种说法：犀首是天下很好的将领，是魏惠王的臣子。秦惠王想得到他和他一起治理国家，犀首说：“我是别人的臣子。不敢离开我君主的国家。”过了一年，犀首得罪了魏惠王，逃到秦国，秦王对他很好。樗里疾是秦国的将领，他担心犀首会替代他成为将军，于是在秦惠王经常说秘话的地方挖了一个小洞。不久秦惠王果真和犀首密谋，说：“我想攻打韩国，你认为怎么样？”犀首说：“到了秋天就可以。”素惠王说：“我想把国家大事托付给你，你一定不要外泄。”犀首倒退着走了几步，连连拜谢说：“接受命令。”这时候樗里疾也从小洞里听到他们的谈话。秦惠王近侍都说：“秋天起兵攻打韩国，犀首担任将领。”就在这一天里侍从都知道了，就在这个月里，国境以内的人都知道了。秦惠王召见樗里疾说：“为什么这样乱纷纷的？消息是从哪里传出去的？”樗里疾说：“好像是犀首传出去的。”秦惠王说：“我没有跟犀首讲过，你为什么说是犀首讲的呢？”樗里疾说：“犀首是在秦国寄居的外客，由于刚受过处罚，心里感到孤单，说这话可能是兜售自己。”秦惠王说：“很对。”于是派人召见犀首，犀首早已逃往别国了。

堂谿公谓昭侯曰：“今有千金之玉卮①，通而无当，可以盛水乎？”昭侯曰：“不可。”“有瓦器而不漏，可以盛酒乎？”昭侯曰：“可。”对曰：“夫瓦器，至贱也，不漏，可以盛酒。虽有乎千金之玉卮，至贵而无当，漏，不可盛水，则人孰注浆哉？今为人之主而漏其群臣之语，是犹无当之玉卮也。虽有圣智，莫尽其术，为

其漏也。”昭侯曰：“然。”昭侯闻堂谿公之言，自此之后，欲发天下之大事，未尝不独寝，恐梦言而使人知其谋也。

一曰：堂谿公见昭侯曰：“今有白玉之卮而无当，有瓦卮而有当。君渴，将何以饮？”君曰：“以瓦卮。”堂谿公曰：“白玉之卮美而君不以饮者，以其无当耶？”君曰：“然。”堂谿公曰：“为人主而漏泄其群臣之语，譬犹玉卮之无当。”堂谿公每见而出，昭侯必独卧，惟恐梦言泄于妻妾。

[注释]

①卮：一种器皿。

[译文]

堂谿公对韩昭侯说：“假如有个价值千金的玉杯，上下贯通而没有杯底，可以用来盛水吗？”韩昭侯说：“不可以。”堂谿公说：“有陶制的器皿不漏水，可以用来盛酒吗？”韩昭侯说：“可以。”堂谿公说：“那陶器是最不值钱的，如果不漏，就可用它来盛酒。有价值千金的玉杯，虽然昂贵，但没有底，不能盛水，那么还有什么人往里面斟酒呢？如今贵为人君却泄漏群臣的言论，这就好像没有底的玉杯一样。臣子们虽然有极高的智慧，他们也不肯献出自己的谋略，因为他们害怕被泄露出去。”韩昭侯说：“对。”韩昭侯听了堂谿公的话，自此以后，想对天下采取大的行动，没有不是单独睡觉的，因为害怕说梦话而让别人知道计谋。

另一种说法：堂谿公进见韩昭侯说：“假如有一个没有底的白玉杯，一个有底的陶瓷杯。你渴了，将用哪一个杯子喝水？”韩昭侯说：“用陶瓷杯。”堂谿公说：“白玉杯很美，而您不用它喝水，是因为它没有底吧？”韩昭侯说：“是这样的。”堂谿公说：“作为人们的君主泄露群臣的言论，就好像玉杯没有底。”堂谿公每次进见完出去后，韩昭侯必定单独睡觉，害怕讲梦话泄密给妻妾。

申子曰：“独视者谓明，独听者谓聪。能独断者，故可以为天下主。”

说　三

宋人有酤（gū）[1]酒者，升概[2]甚平，遇客甚谨，为酒甚美，县[3]帜（zhì）甚高，然而不售，酒酸。怪其故，问其所知。问长者杨倩，倩曰：“汝狗猛耶？”曰：“狗猛则酒何故而不售？”曰，“人畏焉。或令孺子[4]怀钱挈壶而往酤，而狗迓而龁[5]之，此酒所以酸而不售也。”

夫国亦有狗，有道之士怀其术而欲以明万乘之主，大臣为猛狗迎而龁人，此人主之所以蔽胁⑥，而有道之士所以不用也。故桓公问管仲：“治国最奚患？”对曰：“最患社鼠矣。”公曰：“何患社鼠哉？”对曰：“君亦见夫为社者乎？树木而涂之，鼠穿其间，掘穴托其中。熏之，则恐焚木；灌之，则恐涂阤⑦：此社鼠之所以不得也。今人君之左右，出则为势重而收利于民，入则比周而蔽恶于君。内间主之情以告外，外内为重，诸臣百吏以为富。吏不诛则乱法，诛之则君不安，据而有之，此亦国之社鼠也。”故人臣执柄而擅禁，明为己者必利，而不为己者必害，此亦猛狗也。夫大臣为猛狗而龁有道之士矣，左右又为社鼠而间主之情，人主不觉。如此，主焉得无壅(yōng)，国焉得无亡乎？

［注释］

①酤：卖。②概：刮平升斗的竹木片，引申为不过量的意思。③县：通“悬”，挂，吊在空中。④孺子：这里指童子。⑤龁：咬的意思。⑥蔽胁：被蒙蔽挟持。⑦阤：崩颓，坏落。

［译文］

申不害说：“能独自观察问题的叫作明，能独自听取意见的叫作聪；能独自决断的人，就可以做天下的帝王。”

宋国有一个卖酒的人，量酒非常公平，对待顾客非常殷勤，酿的酒非常醇美，酒旗挂得又高又明显，但酒卖不出去，都发酸了。他对此感到诧异，不知道什么缘故，就去问有知识的人，长老杨倩说：“你养的狗很凶吗？”他说：“狗非常凶猛。可是酒为什么就卖不出去呢？”杨倩说：“人们怕凶狗呀。有人让小孩子揣着钱拿着壶去你家买酒，凶狗却迎上来咬他。这就是酒变酸而卖不出去的原因。”国家也有这样的凶狗。有本事的贤士怀有治国的策略，想向国君表明，大臣却像凶狗一样迎上去乱咬，这也就是君主被蒙蔽和挟持以及有本事的贤士不能受到重用的原因。所以齐桓公问管仲：“治理国家最害怕什么？”管仲回答说：“最怕土地庙神坛里的老鼠呀。”齐桓公说：“干吗要怕土地庙神坛里的老鼠呢？”管仲回答说：“您曾见过建土地庙神坛的情形吗？把木头竖起来并且涂上泥巴；老鼠咬穿了木头，挖个洞藏身在里面，用烟火熏它，则害怕烧毁木料；用水灌它们，则害怕涂上的泥巴掉下来。这就是捉不到钻到神坛里的老鼠的原因。现在君主身边的近侍，在朝廷外就借君主的权势从民众那里刮取利益；在朝廷内就紧密勾结，在君主面前隐瞒罪恶。他们在宫内刺探君主的情况告诉宫外的同党，内外勾结加重权势，群臣百官借此取得富贵。这样的官吏不诛杀他们就会扰乱国家的法制；诛杀他们，君主又不得安宁。君主拥有他们，这就是国中的神坛钻进了

老鼠啊。”所以臣子掌握权势，并且操纵了法令，向人表明：为他出力的人就一定会得到好处，不为他出力的人就一定会有祸患。这种人就是凶狗。大臣既像凶狗一样迫害有本事的贤士，左右近侍又像神坛里的老鼠一样刺探君主内情，而君主却不能察觉。这样，君主怎能不受蒙骗，国家怎能不衰亡呢？

一曰：宋之酤(gū)酒者有庄氏者，其酒常美。或使仆往酤庄氏之酒，其狗龁(hé)人，使者不敢往，乃酤佗家之酒。问曰：“何为不酤庄氏之酒？”对曰：“今日庄氏之酒酸。”故曰：不杀其狗则酒酸。桓公问管仲曰：“治国何患？”对曰：“最苦社鼠。夫社，木而涂之，鼠因自托也。熏之则木焚，灌之则涂阤，此所以苦于社鼠也。今人君左右，出则为势重以收利于民，入则比周谩侮蔽恶以欺于君，不诛则乱法，诛之则人主危，据而有之，此亦社鼠也。”故人臣执柄擅禁，明为己者必利，不为己者必害，亦猛狗也。故左右为社鼠，用事者为猛狗，则术不行矣。

[译文]

另一种说法：宋国有个卖酒的人叫庄氏，他的酒的味道一直很美。有人派仆人去买庄氏的酒，庄氏家里的狗乱咬人，仆人不敢去，就买了佗家的酒。问他：“为什么不买庄氏的酒？”仆人回答说：“今天庄氏的酒变酸了。”所以说：不杀掉庄氏家里咬人的狗，酒就会变酸。齐桓公问管仲说：“治理国家担忧什么？”管仲回答说：“最怕神坛里的老鼠。土地神像是木制的，并且在上面涂上泥巴，老鼠趁势藏身在里面。用烟火熏它，木头就会被烧毁；用水灌它，涂上的泥巴就会掉下来。这就是人们痛恨神坛里的老鼠的原因。现在君主的左右近侍，在朝廷外利用君主的权势从民众那里刮取利益，在朝廷内就紧密勾结，欺瞒罪恶来蒙骗君主。不诛杀他们，就会扰乱国家的法制；诛杀他们，君主就会有危险。君主拥有了这样的人，也就有了神坛里的老鼠了。”所以臣子掌握权势又操纵法令，向人表明：为他出力的人一定会得到好处，不为他出力的人一定会有祸患。这也是凶狗。所以左右近侍像神坛里的老鼠，掌权的大臣像凶狗，治国的法术就不能推行了。

尧欲传天下于舜。鲧谏曰：“不祥哉！孰以天下而传之于匹夫乎？”尧不听，举兵而诛杀鲧于羽山之郊。共工又谏曰：“孰以天下而传之于匹夫乎？”尧不听，又举兵而诛共工于幽州之都。于是天下莫敢言无[1]传天下于舜。仲尼闻之曰：“尧之知舜之贤，非

其难者也。夫至乎诛谏者必传之舜，乃其难也。”一曰：“不以其所疑败其所察则难也。”

［注释］

①无：通“勿”，不要。

［译文］

尧想把天下传让给舜。鲧规劝道：“不吉利啊！怎能把天下传让给平民呢？”尧没有听从，起兵攻打鲧并在羽山郊外诛杀了鲧。共工又规劝道：“怎能把天下传让给平民呢？”尧没有听从，又起兵攻打共工并在幽州都城杀了他。于是天下没有人敢再说不要把天下传让给舜。孔子听到后说：“尧知道舜的贤能，并不是一件困难的事。至于杀掉那些劝阻的人并一定要把天下传给舜，确实是很困难的事。”另一种说法是：“不因为进谏的人提出疑问而败坏自己明察的事情才是困难的。”

荆庄王有茅门①之法曰：“群臣大夫诸公子入朝，马蹄践霤(liù)②者，廷理③斩其辀(zhōu)④，戮其御。”于是太子入朝，马蹄践霤，廷理斩其辀，戮其御。太子怒，入为王泣曰：“为我戮廷理。”王曰：“法者，所以敬宗庙，尊社稷。故能立法从令尊敬社稷者，社稷之臣也，焉可诛也？夫犯法废令不尊敬社稷者，是臣乘⑤君而下尚⑥校⑦也。臣乘君，则主失威；下尚校，则上位危。威失位危，社稷不守，吾将何以遗子孙？”于是太子乃还走，避舍露宿三日，北面再拜请死罪。

大禹治水

传说鲧死后尸体三年不腐烂，剖开他的尸体，这时禹就出来了，而鲧的尸体则化为黄龙飞走了。大禹继承父亲的遗志，继续治水，天帝派大神应龙相助。大禹终于依靠疏导和围堵两个方法的结合，制服了洪水。

一曰：楚王急召太子。楚国之法，车不得至于茆门。天雨，廷中有潦⑧，太子遂驱车至于茆门。廷理曰：“车不得至茆门。至茆门，非法也。”太子曰：“王召急，不得须⑨无潦。”遂驱之。廷理举殳⑩而击其马，败其驾。太子入为王泣曰：“延

中多潦，驱车至茆门，廷理曰‘非法也’，举殳击臣马，败臣驾。王必诛之。”王曰：“前有老主而不逾，后有储主而不属，矜矣！是真吾守法之臣也。”乃益爵二级，而开后门出太子。“勿复过。”

［注释］

①茅门：雉门，古代诸侯宫室有三道大门，其中第二道门叫雉门。②霤：屋檐下。③廷理：朝廷中的执法官。④辀：车辕。⑤乘：这里是凌驾的意思。⑥尚：通“上”。⑦校：这里是对抗、抗衡的意思。⑧潦：积水。⑨须：等待。⑩殳：古代一种兵器，用竹竿制成，一端有棱。

［译文］

楚庄王有关于进入内朝的法规：“群臣、大夫以及诸位公子进入朝廷，有马蹄踏到屋檐下滴水处的，由执法官砍断他的车辕，将他的车夫处以死罪，”有一天太子入朝，马蹄踩到屋檐下滴水的地方，执法官砍断他的车辕，杀了他的车夫。太子因此发怒了，进宫向楚庄王哭泣道：“您要替我报仇，杀了执法官。”楚庄王说：“法令是用来使宗庙得到敬重，使国家得到尊严的。所以能维护法制，遵从法令，使国家受到尊敬的，是国家的重臣，怎么可以诛杀呢？那些违犯法制，无视法令，不尊敬国家的，是臣下凌驾于君主之上，臣下侵犯君主。臣下凌驾于君主之上，那么君主就失去威势，臣下对抗君主，那么君主的地位就危险。失去了威势，处于危险地位，就不能保住国家政权，我拿什么来传给子孙？”于是太子就回头迅速跑开，躲避到外面露宿了三天，面北叩拜请给予死罪。

另一种说法：楚王非常着急地召见太子。楚国的法令规定，车子不能进入第二道门。天下着雨，宫廷中有积水，太子就把车子赶到了第二道门。执法官说：“车子不能进入第二道门。进入第二道门就是违反了法令。”太子说：“国王召见得很急，我不能等到没有积水再去。”说完就赶马向前。执法官举起兵器刺向太子的马，砍了太子的车。太子进去，对楚王哭诉道：“宫中积水很多，我赶车到了第二道门。执法官说不合法，并举起兵器刺伤我的马，砍了我的车。父王一定要杀了他。”楚王说：“前有年老的君主，他不逾越法规办事；后有继位的太子，他也不去依附，值得敬重啊！这真是我守法的臣子。”于是就给执法官增加了两级爵位，开了后门让太子出去，告诫道；“不要再犯类似的错误。”

卫嗣君谓薄疑曰：“子小寡人之国以为不足仕，则寡人力能仕子，请进爵以子为上卿。”乃进田万顷。薄子曰：“疑之母亲疑，以疑为能相万乘所不窕(tiǎo)①也。然疑家巫有蔡妪者，疑母甚爱信之，属②之家事焉。疑智足以信言家事，疑母尽以听疑也，然已与疑言者，亦必复决之于蔡妪也。故论疑之智能，以疑为能相万乘而

不窕也；论其亲，则子母之间也；然犹不免议之于蔡妪也。今疑之于人主也，非子母之亲也，而人主皆有蔡妪。人主之蔡妪，必其重人③也。重人者，能行私者也。夫行私者，绳之外也；而疑之所言，法之内也。绳之外与法之内，仇也，不相受④也。”

一曰：卫君之晋，谓薄疑曰：“吾欲与子皆⑤行。”薄疑曰：“媪也在中，请归与媪计之。”卫君自请薄媪。薄媪曰：“疑，君之臣也，君有意从之，甚善。”卫君曰：“吾以请之媪，媪许我矣。”薄疑归，言之媪也。曰：“卫君之受疑奚与媪？”媪曰：“不如吾爱子也。”“卫君之贤疑奚与⑥媪也？”曰：“不如吾贤子也。”“媪与疑计家事，已决矣，乃请决之于卜者蔡妪。今卫君从疑而行，虽与疑决计，必与他蔡妪败之。如是，则疑不得长为臣矣。”

[注释]

①窕：有空隙，没充满。不窕：有余力。②属：委托。③重人：这里指的是权臣。④不相受：不相容。⑤皆：通“偕”，共同，一起。⑥奚与：用法同“孰与”，“与……相比，怎么样”的意思。

[译文]

卫嗣君对薄疑说：“你认为我的国家小，不值得让你来做官，可是我有能力让你做官，请让我给你晋爵做上卿。”于是赐给他一万顷土地。薄疑说：“我的母亲很喜爱我，认为我能做到有万乘大国的相并还有余力。但我家巫师中有个姓蔡的老婆婆，我母亲非常喜爱并信任她，把家政都委托给她。我的智慧足以来管理家事，我的母亲也完全信任我。然而母亲已经和我商量过的事，也一定要由蔡婆婆再来决定。所以要论我的智慧与才能，母亲认为我能做万乘大国的相而有余力；要论亲密关系，则是母子的骨肉关系。即使这样，母亲还是免不了要和蔡婆婆复议我的意见。如今我和君主，不是母子之间的亲密关系，而君主身边还有很多类似蔡婆婆的人。君主身边的蔡婆婆，一定是权臣。权臣是能够行私的人。那些行私的人，是可以逍遥法外的；而我讲的，则是按法办事。非法与合法，是敌对的，是不相容的。”

另一种说法：卫君要去晋国，对薄疑说：“我想让你和我一起去。”薄疑说：“我的母亲在家里，请让我回去和她商量一下。”卫君亲自去请薄疑的母亲。薄疑母亲说：“薄疑是您的臣子，君主有意让他随从您，很好。”卫君对薄疑说：“我已经问过你的母亲了，她同意我的意见了。”薄疑回家，向母亲谈起这件事，说：“卫君对我的爱和您对我的爱比起来，怎么样呢？”老太太说：“不如我爱你。”薄疑说：“卫君的器重和您的器重比起来，怎么样呢？”老太太说：“不如我说你能干。”薄疑说：“您和我商量家事，已经决定了的，还一定要请教占卜的蔡老婆子后才决定。如今卫君想让我跟他一起去，虽已和我说定，日后必会和其他类似蔡老婆子的人来败坏我的计策，这样一来，我就不能长久地做臣子了。”

夫教歌者，使先呼而诎（qū）[1]之，其声反[2]清徵[3]者乃教之。

一曰：教歌者，先揆以法，疾呼中宫，徐呼中徵（zhǐ）。疾不中宫，徐不中徵，不可谓教。

［注释］

①诎：通“屈”，本意为委屈、弯曲，这里指音调的婉转曲折。②反：通“返”，这里指反复的意思。③清徵：清越的徵调。徵：古代五音之一。下文中的“宫”也是五音之一。

［译文］

教歌的人先叫学唱的人放声发音，然后转变音调。对那些能在转音之后回复到清越徵音的人，才教导他们。

另一种说法：教歌的人首先用音法测验，要求学唱的人急呼要合于宫调，慢呼要合于徵调。急呼不符合宫调，慢呼不符合徵调，就不能教他了。

吴起，卫左氏中人也，使其妻织组[1]而幅狭于度。吴子使更之，其妻曰：“诺。”及成，复度之，果不中度，吴子大怒。其妻对曰：“吾始经之而不可更也。”吴子出之。其妻请其兄而索。其兄曰：“吴子，为法者也。其为法也，且欲以与万乘致功，必先践之妻妾然后行之，子毋几[2]索入矣。”其妻之弟又重于卫君，乃因以卫君之重请吴子。吴子不听，遂去卫而入荆也。

一曰：吴起示其妻以组曰：“子为我织组，令之如是。”组已就而效[3]之，其组异善。起曰：“使子为组，令之如是，而今也异善，何也？”其妻曰：“用财若一也，加务善之。”吴起曰：“非语也。”使之衣归。其父往请之，吴起曰：“起家无虚言。”

［注释］

①组：一种丝织品，指有文采的宽带子。②几：这里是希望的意思。③效：比较。

［译文］

吴起是卫国左氏城里的人，他让他妻子织丝带，结果丝带比标准的尺度窄些。吴起让她改一下，他妻子说：“行。”等到织成，再一量，结果还是不符合标准，吴起

非常生气。他妻子回答说："我在开始织的时候就把经线确定好了。不可以更改了。"吴起休掉了她。吴起妻子请求哥哥去要求复婚。她哥哥说："吴起是制定法令的人，他制定法令，是想用法制来为大国建立功业。所以他必须先在他的妻妾身上实行，然后再推行，你不要希望能回去了。"吴起妻子的弟弟很受卫君看重，因此去请求吴起。吴起不听从，随后离开卫国到楚国去了。

另一种说法：吴起把一条丝织的带子拿给他妻子看过后，说："你为我织条丝带，就织成这个样子。"丝带织成后一经比较，新织的那条特别好。吴起说："让你织条丝带，要求与样品一样。如今织得特别好，为什么？"他妻子说："用的材料是一样的，只是特别多花了些工夫，所以更好。"吴起说："这违背了我的吩咐。"于是让她穿戴好，把她休回娘家。她父亲前去求情，吴起说："我在家从不说空话。"

晋文公问于狐偃(yǎn)曰："寡人甘肥周于堂，卮酒豆肉集于宫，壶酒不清，生肉不布①，杀一牛遍于国中，一岁之功②尽以衣士卒，其足以战民乎？"狐子曰："不足。"文公曰："吾弛关市之征而缓刑罚，其足以战民乎？"狐子曰："不足。"文公曰："吾民之有丧资者，寡人亲使郎中视事，有罪者赦之，贫穷不足者与③之，其足以战民乎？"狐子对曰："不足。此皆所以慎④产也；而战之者，杀之也。民之从公也，为慎产也，公因而迎杀之，失所以为从公矣。"曰："然则何如足以战民乎？"狐子对曰："令无得不战。"公曰："无得不战奈何？"狐子对曰："信赏必罚，其足以战。"公曰："刑罚之极安至？"对曰："不辟亲贵，法行所爱。"文公曰："善。"

[注释]

①布：陈放。②功：通"红"，这里指衣裳。③与：通"予"，给予。④慎：通"顺"，顺从、遵循、依顺的意思。

[译文]

晋文公向狐偃询问道："我把味道甘美的食物赐给了朝中所有的臣子，只有少量的酒肉放在宫内。酒酿成后还没有澄清就给大家饮，鲜肉还没有摆放起来就煮给大家吃，杀一头牛也要遍分国人，一年之中所织成的布都给士兵做衣服穿，这样做足以使民众为我打仗了吧？"狐偃说："还不足够。"文公说："我减轻关口和集市的税收并放宽刑罚，这样做足以使民众为我打仗了吧？"狐偃回答说："还不足够。这些都是依顺民众生产生存的办法。而要他们打仗，等于要使他们丧生。民众追随您，是为了依顺生产生存之道，您却违反他们的意愿而要使他们丧生，也就失去了民众跟从您的理

由了。”文公说：“那么，如何做才足以使民众为我打仗呢？”狐偃说：“使他们不得不去打仗。”文公说：“不得不去打仗应该怎么做呢？”狐偃回答说：“有功必赏，有罪必罚，这样足以使他们打仗了。”文公说：“怎样达到刑罚的最高点？”狐偃回答说：“刑罚不避开亲近和显贵的人，法治实施到你所宠爱的人。”文公说：“好。”

明日令田于圃陆，期①以日中为期②，后期者③行军法焉。于是公有所爱者曰颠颉后期，吏请其罪，文公陨涕而忧。吏曰：“请有事焉。”遂斩颠颉之脊，以徇百姓，以明法之信也。而后百姓皆惧曰：“君于颠颉之贵重如彼甚也，而君犹行法焉，况于我则何有矣。”文公见民之可战也，于是遂兴兵伐原，克之。伐卫，东其亩，取五鹿。攻阳。胜虢。伐曹。南围郑，反之陴④。罢宋围。还与荆人战城濮，大败荆人，返为践土之盟，遂成衡雍之义。一举而八有功。所以然者，无他故异物，从狐偃之谋，假颠颉(xié)之脊也。

夫痤疽之痛也，非刺骨髓，则烦心不可支也；非如是，不能使人以半寸砥石弹之。今人主之于治亦然：非不知有苦则安；欲治其国，非如是不能听圣知而诛乱臣者。乱臣者，必重人；重人者，必人主所甚亲爱也。人主所甚亲爱也者，是同坚白⑤也。夫以布衣之资，欲以离人主之坚白、所爱，是以解左髀说右髀者，是身必死而说不行者也。

[注释]

①期：约定。②期：期限。③后期者：迟到的人。④陴：女墙，代指城墙。⑤坚白：战国时名家、墨家一个重要的逻辑命题，同坚白，谓白石之坚硬与其白色不可分，这里比喻人主与重人关系之密切。

[译文]

第二天，命令在圃陆打猎，约定以中午为期限，迟到的人按军法处置。这时有一个晋文公宠爱的叫颠颉的人迟到了，官吏请君主给他定罪，晋文公掉着眼泪，非常犯愁。官吏说：“请让我对他用刑。”随即对颠颉处以腰斩，拿他的尸体向百姓巡示，用来表明法治的信用。此后百姓都很害怕，说：“国君对颠颉的宠爱是那么深切，尚且对他按法治罪，何况对于我们这些没有什么值得留情的人呢。”晋文公见百姓可用以打仗了，于是就起兵攻打原国，把它攻克了。又攻打卫国，让卫国田埂的方向改为

东西向，占领了卫国的五鹿。又攻取阳樊。战胜虢国。攻克了曹国。向南包围了郑国，破坏了郑国的城墙，解除楚国对宋国的包围。回兵和楚军在城濮开战，打败了楚军。回师后在践土举行盟会，接着又在衡雍与郑伯结盟。晋文公的一次举动就建立了八项功业。之所以能够这样，并没有其他原因，只是由于听从了狐偃的主张，借用了颠颉的脊梁使赏罚分明的缘故。

脓疮的疼痛，不像石针刺入骨髓那样疼痛，但搅得心里的烦苦难以支持下去；如果不是这样，也就不肯让人用半寸长的石针去刺它。如今君主治理国家也是这样，并不是不知道只有经过苦痛才能平安。要想治理好国家，如果不像这样就不能听信圣人智士而镇压作乱的奸臣。作乱的奸臣，一定是握有权势的人；握有权势的人，一定是君主非常宠爱的人。君主非常宠爱的人，就像坚和白不能离开石头一样不能独立存在，是不能离开君主而存在的。以老百姓的身份，想要把君主和他所亲近的权臣分开，等于是劝说右腿同意割掉左腿一样，就算以死谏君也不能成功的。

外储说右下第三十五

题　解

本篇论述了五个方面的问题：阐明君主的威德不能分于臣下；阐明君主恃势不恃爱；阐明君主不能借权于臣下，应处处保持独尊地位；将老子的无为学说落实到政治哲学上，提出君主“不亲细民，不躬小事”，要“有术以御之”；对“术”的补充和展开，具体说明如何“因事之理，则不劳而成”。总之，这一篇所论述的是如何巩固君主地位这个中心问题。

经　一

赏罚共则禁令不行。何以明之？以造父、于期。子罕为出彘，田恒为圃池，故宋君、简公弑。患在王良、造父之共车，田连、成窍之共琴也。

经　二

治强生于法，弱乱生于阿[1]，君明于此，则正赏罚而非仁下[2]也。爵禄生于功，诛罚生于罪，臣明于此，则尽死力而非忠君也。君通于不仁，臣通于不忠，则可以王矣。昭襄知主情[3]而不发五苑，田鲔知臣情故教田章，而公仪辞鱼。

［注释］

①阿：枉法，不依法办事。②仁下：仁爱地对待下属。③主情：做君主的道理。

［译文］

如果君臣共同掌握赏罚大权，那么法令就不能推行。如何来说明这个道理呢？用造父、于期的事来说明。子罕就像突然窜出来的猪，田恒就像田圃里的水池，所以宋君和齐简公最终被他们杀害了。其祸害表现在王良、造父共同驾驶一辆车而无法指挥马，田连、成窍共弹一张琴而不能成曲调。

治理国家使它安定、强大来自依法办事，国家的衰弱和动乱来自不依法办事，君主明白这个道理，就要端正赏罚制度而不要对下级讲仁爱。爵位和俸禄是靠自己的功劳，杀戮和惩罚是因为自己的罪行，臣子明白这个道理，就会卖命出力而不对君主效私忠。君主明白不讲仁爱的道理，臣子明白不讲私忠的道理，就可以称王天下了。秦昭王知道做君主的道理，所以不散发五苑的瓜果蔬菜去救济灾民，田鲔知道做臣子的道理，所以教育田章不要去愚忠于君主，所以公仪休虽爱吃鱼却不接受别人送的鱼，唯恐因此失去相位。

经　三

明主者，鉴于外也，而外事不得[1]不成，故苏代非齐王。人主鉴于上也，而居者不适不显，故潘寿言禹情。人主无所觉悟，方吾知之，故恐同衣同族，而况借于权乎！吴章知之，故说以佯，而况借于诚乎！赵王恶虎目而壅。明主之道，如周行人[2]之却卫侯也。

经　四

人主者，守法责成[3]以立功者也。闻有吏虽乱而有独善之民，不闻有乱民而有独治之吏，故明主治吏不治民。说在摇木之本与引网之纲。故失火之啬夫，不可不论也。救火者，吏操壶走火，则一人之用也；操鞭使人，则役万夫。故所遇术者，如造父之遇惊马，牵马推车则不能进，代御执辔持策则马咸骛[4]矣。是以说在椎[5]锻平夷，榜檠[6]矫直。不然，败在淖齿用齐戮闵王，李兑用赵饿主父也。

经　五

因事之理，则不劳而成。故兹郑之踞辕而歌以上高梁也。其患在赵简主税吏请轻重；薄疑之言“国中饱”，简主喜而府库虚，百姓饿而奸吏富也。故桓公巡民而管仲省腐财怨女。不然，则在延陵乘马不得进，造父过之而为之泣也。

[注释]

①得：与下文的“适”互训，是适当的意思。②周行人：周王朝的外交官。

③责成：责令臣下完成任务。④骛：奔驰。⑤椎：撞击的工具。⑥榜檠：这里用“榜檠”比喻法律。“榜”“檠”都是用来矫正弓弩的工具。

[译文]

那些英明的君主要借鉴国外的经验，然而对国外的事情借鉴不适当还是不能成功，于是就有苏代非议齐宣王的事情。君主要借鉴上古的事情，然而听隐士的话而借鉴不适当还是不能显耀自己，于是就有潘寿大谈夏禹传位的故事。君主对这些没有觉察到，方吾却懂得这个道理，所以他提到古礼上说穿同一衣服的人不坐同一辆车子，同一家族的人不住一起，何况把君主的权势随便转让给他人呢！吴章懂得这个道理，因此劝说君主即使是假的爱憎也不能表现出来，何况把真情流露给他人呢！赵王因厌恶老虎的眼睛而遮住自己的眼睛，结果却受到蒙蔽。明君的治国方法，应该像周王朝的外交官辞退卫文公那样维护君主尊严。

所谓君主，就是依靠严守法令，责令臣下完成任务来建立功业的人。只听说过虽然官吏胡作非为但仍然有自行守法的民众，没听说民众胡作非为时仍有自行依法办事的官吏，所以英明的君主应致力于管理好官吏而不去管理民众。有关的解说在动摇树木的根本、拉网要拉纲的故事里。所以失火时主管官员的作用是不可以不讨论的。救火时，主管官员自己提着水壶去灭火，只能起到一个人的作用；如果拿着鞭子指挥，就能驱使上万个人去救火。所以对待法术，就像造父遇到受惊的马一样，别人牵马推车还是不能前进，那就要夺过缰绳和马鞭代为驾驭，就能使几匹马一齐奔驰向前。因此这种说法可以用榔头、砧石是用来整治不平，榜檠是用来矫正不直的道理加以解释，如果不使用法术，失败就会如同淖齿在齐国掌权而杀死齐闵王，李兑在齐国掌权而饿死主父。

如果遵循事物发展的法则办事，那么就能不用劳苦而成功。所以兹郑坐在车辕上唱歌来吸引行人帮他把车推上高桥。不遵循事理的祸害表现在赵简子的税官请求收税的标准；在薄疑说“国中饱”，赵简子误认为国家富强而高兴，实际上却是府库空虚，百姓挨饿而奸邪的官员富裕的故事中。所以齐桓公视察民间发现有人家贫无妻，因而同意管仲发放国家多余财物、嫁出宫中多余妇女。不遵循事物发展的法则，就如同延陵卓子用自相矛盾的方法驾马而不能前进，造父路过遇见后为之哭泣的故事中。

说　一

造父御四马，驰骤周旋而恣欲于马。恣欲于马者，擅辔(pèi)策之制也。然马惊于出彘而造父不能禁制者，非辔策之严不足也，威分于出彘也。王子于期为驸驾，辔策不用而择欲于马，擅刍之水利也。然马过于圃池而驸驾败者，非刍水之利不足也，德分于圃池也。故王良、造父，天下之善御者也，然而使王良操左革①而

叱咤之，使造父操右革而鞭笞之，马不能行十里，共故也。田连、成窍，天下善鼓琴者也，然而田连鼓上、成窍擑(jiē)[2]下而不能成曲，亦共故也。夫以王良、造父之巧，共辔而御，不能使马，人主安能与臣共权以为治？以田连、成窍之巧，共琴而不能成曲，人主又安能与其臣共势以成功乎？

一曰：造父为齐王驸驾，渴马服成，效驾[3]圃中。渴马见圃池，去车走池，驾败。王子于期为赵简主取[4]道争千里之表，其始发也，彘(zhì)伏沟中，王子于期齐辔策而进之，彘(zhì)突出于沟中，马惊驾败。

[注释]

①革：通“勒”，带嚼子的马笼头。②擑：通“擪”，用一个手指按。③效驾：试验马拉车的情况。④取：通“趋”，奔驰。

[译文]

造父驾驭四匹马拉的车，一会儿向前奔驰，一会儿绕圈打转，非常得心应手。之所以能随心所欲地驭马，是因为他有独掌马缰和马鞭的能力。然而马被突然窜出来的猪所惊吓，造父不能再控制马车的原因，并不是马缰和马鞭的威力不够了，而是窜出来的猪把这种威力分散了。王子于期驾驭副车，不依靠马缰和马鞭，而是根据马的喜好，擅长用草料和水来控制。然而马经过草圃水池而这副车就失去控制的作用，并不是草料和水不够好，而是草圃水池分散了马的注意力。所以，王良、造父是天下善于驾驭马车的人，然而使王良掌握着左边的马勒大声吆喝，使造父掌握右边的马勒用鞭抽打，马也走不了十里路，这是由于两人共同驾驭一辆车的缘故。田连、成窍都是天下善于弹琴的人，然而让田连在琴首弹拨，而成窍在琴尾按琴弦，却不能弹成曲调，也是由于两人共用一物的缘故。况且凭王良、造父的高超技能，共掌马缰驾驭，而不能驱使马，君主怎能跟他的臣子共同掌权来治理国家呢？凭田连、成窍弹琴的技巧，共弹一琴尚且不能成乐曲，君主又怎能与臣下共用权势来建功立业呢？

另一种说法：造父作为齐王副车的车夫，他用控制马饮水的方法驯服了马，并在园圃里试车。干渴的马见了圃中水池，就离开车子奔向水池，试车因此失败。王良驾车为赵简子争夺长途赛马的锦标。刚出发时，有一头猪伏在路边的沟里，当王良快马加鞭前进时，猪突然从沟里窜出，使马受惊，因而驾车也失败了。

司城子罕谓宋君曰：“庆赏赐与，民之所喜也，君自行之；杀戮诛罚，民之所恶也，臣请当之。”宋君曰：“诺。”于是出威令，

诛大臣，君曰“问子罕”也。于是大臣畏之，细民[1]归之。处期年[2]，子罕杀宋君而夺政。故子罕为出彘以夺其君国。

简公在上位，罚重而诛严，厚赋敛而杀戮民。田成恒设慈爱，明宽厚。简公以齐民为渴马，不以恩加民，而田成恒以仁厚为圃池也。

一曰：造父为齐王駙驾，以渴服马，百日而服成。服成，请效驾齐王，王曰：“效驾于圃中。”造父驱车入圃，马见圃池而走，造父不能禁。造父以渴服马久矣，今马见池，骍[3]而走，虽造父不能治。今简公之以法禁其众久矣，而田成恒利之，是田成恒倾圃池而示渴民也。

[注释]

①细民：小民、平民。②期年：一年。③骍：凶悍的意思。

[译文]

司城子罕对宋恒侯说：“奖励、赏赐是民众喜爱的，请君主自己去施行它；杀戮、刑罚是民众所厌恶的，请让我来掌管它。”宋恒侯说：“好的。”于是发布了严格的命令，对于诛杀大臣之类的事，宋恒侯总说“去问子罕吧”。于是大臣都害怕子罕，平民百姓都归附子罕。过了一年，子罕杀了宋恒侯，夺取了他的政权。所以说，子罕就像突然窜出来的猪，夺取了宋恒侯的国家。

齐简公处在国君位置之上的时候，刑罚、诛杀都很严厉，赋税重，并且百姓遭到杀戮。田成子对百姓施行仁爱，显示宽厚。齐简公把齐国的民众当作干渴的马，不对他们施恩，而田成子就用仁厚作为草圃水池来吸引他们。

另一种说法：造父为齐王驾驭副车，用让马干渴的方法驯马，用一百天的时间把马驯成了。驯成后，他向齐王请求试验驾车，齐王说：“在草圃中试驾给我看。”造父把车赶入草圃，马看见圃中水池就奔驰过去，造父无法阻止。造父用使马干渴的方法驯马已有很长时间了，现在马一看见水池，就凶悍地跑去，即使造父也控制不住。如今齐简公用法令禁锢百姓已经很久了，而田成子却给百姓利益，这好比田成子倾倒出圃池里的水给陷于干渴中的百姓喝。

一曰：王子于期为宋君为千里之逐[1]。已驾，察手吻文。且发矣，驱而前之，轮[2]中绳；引而却之，马掩迹。拊（fǔ）[3]而发之。彘逸出于窦[4]中。马退而却，策不能进前也；马骍而走，辔不能正也。

一曰：司城子罕谓宋君曰：“庆贺赐予者，民之所好也，君自行之；诛罚杀戮者，民之所恶也，臣请当之。”于是戮细民而诛大臣，君曰：“与子罕议之。”居期年，民知杀生之命制于子罕也，故一国归焉。故子罕劫宋君而夺其政，法不能禁也。故曰：“子罕为出彘，而田成常为圃池也。”令王良、造父共车，人操一边辔(pèi)而入门闾，驾必败而道不至也。令田连、成窍共琴，人抚一弦而挥，则音必败、曲不遂矣。

[注释]

①逐：角逐。②轮：用力挥动。③拊：这里是抚摸、爱惜的意思。④窦：本意为洞，这里指沟壑。

[译文]

另一种说法：王良为宋君进行千里赛车的角逐。车马已经备好，他摩拳擦掌。将要出发，王良赶车打算前进，挥动中绳；他赶车后退，马的前蹄恰好掩盖了后蹄的脚印。他抚摸了一下马就策马出发，突然从路边的沟壑中窜出一头猪。马因此受惊而后退，鞭打也不能使它前进；接着马凶悍地乱跑，再拉缰绳也不能使它回到正道上了。

另一种说法：司城子罕对宋君说：“奖励、赏赐这类的事情是民众喜欢的，请君主自己去施行；杀戮、刑罚这类的事情是民众所厌恶的，请让我来掌管。”于是凡是屠戮百姓和诛杀大臣的事，宋君就说：“去和子罕商量吧。”这样过了一年，人们都认为生杀大权掌握在子罕手里，所以全国的民众都依附了他。所以子罕挟持宋君并夺取了他的政权，法令不能禁止他。所以说：“子罕就像是窜出的猪，田成子就像是圃中的水池。”让王良、造父共驾一辆车，一人掌握一边的缰绳让车进入大门，那么驾驭定会失败，而且走不到目的地。让田连、成窍共弹一张琴，一人按一根弦弹，弹奏就必定失败，而且弹不出曲调。

说　二

秦昭王有病，百姓里[1]买牛而家为王祷。公孙述出见之，入贺王曰：“百姓乃[2]皆里买牛为王祷。”王使人问之，果有之。王曰：“訾(zī)[3]之人二甲。夫非令而擅祷，是爱寡人也。夫爱寡人，寡人亦且改法而心与之相循者，是法不立；法不立，乱亡之道也。不如人罚二甲而复与为治。”

一曰：秦襄王病，百姓为之祷；病愈，杀牛塞祷[4]。郎中阎

遏、公孙衍出见之，曰：“非社腊之时也，奚自杀牛而祠社？”怪而问之。百姓曰：“人主病，为之祷；今病愈，杀牛塞祷。”阎遏、公孙衍说，见王，拜贺曰：“过尧、舜矣。”王惊曰：“何谓也？”对曰：“尧、舜，其民未至为之祷也。今王病而民以牛祷，病愈，杀牛塞祷，故臣窃以王为过尧、舜也。”王因使人问之，何里为之，訾其里正与伍老屯二甲。阎遏、公孙衍愧不敢言。居数月，王饮酒酣乐，阎遏(è)、公孙衍谓王曰：“前时臣窃以王为过尧、舜，非直⑤敢谀(yú)也。尧、舜病，且其民未至为之祷也；今王病，而民以牛祷，病愈，杀牛塞祷。今乃訾其里正与伍老屯二甲，臣窃怪之。”王曰：“子何故不知于此？彼民之所以为我用者，非以吾爱之为我用者也，以吾势之为我用者也。吾释势与民相收，若是，吾适⑥不爱而民因不为我用也，故遂绝爱道也。”

［注释］

①里：古代百姓居住的区域，人数多少不一。②乃：这里是竟然的意思。③訾：衡量、计量，这里是小罚的意思。④塞祷：向神灵还原。⑤直：故意。⑥适：偶尔。

［译文］

秦昭王生病了，每个里的百姓都买牛祭神，在家里为他祈祷。公孙述出门见到这种情形，于是入宫祝贺昭王说：“每个里的百姓都在买牛在家为您祈祷。”昭王派人查问，果然有这样的事情。秦昭王说：“罚他们每人出两副铠甲。没有命令而擅自祈祷，这是热爱我。如果因为他们热爱我，我也改变法令，用同样的心去喜爱他们，那样就不能建立法治；不能建立法治，是乱国亡身的道路。不如每人罚两副甲，重新回到用法治理的道路上来。”

另一种说法：秦昭王生病了，百姓都为他祈祷；病痊愈后，百姓杀牛向神还愿。侍从官阎遏、公孙衍出门见到了，说：“现在不是祭土地神和腊祭的时候，为什么要杀牛还愿呢？”他们感到奇怪，就问百姓。百姓们说：“国君生病了，我们为他祈祷；如今国君的病好了，就杀牛向神还愿。”阎遏、公孙衍很高兴，就去觐见昭王并拜贺道：“您胜过尧和舜了。”秦昭王吃惊地说：“怎么这么说？”他们答说：“尧和舜，在他们的统治下还没到百姓为他们祈祷的地步。现在大王生病了，百姓用牛许愿；大王的病好了，百姓杀牛还愿。所以我们私下认为大王是胜过尧和舜了。”于是秦昭王派人询问，看是哪个里的百姓是这样干的，并要惩罚该里的里正和伍老各罚两副甲。阎遏、公孙衍惭愧得不再说什么。过了几个月，秦昭王饮酒正痛快时，阎遏、公孙衍对昭王说：“前一段时间我们私下认为大王胜过尧和舜，并非胆敢故意讨好。尧和舜生病，百姓还不至于为他们祈祷；现在大王生病，百姓用牛许愿，大王病愈，百姓杀牛还愿。现在竟然各罚那个里的里正和伍老两副甲，我们私下感到奇怪。”秦昭王说：“你们怎么会不知道这里面的缘故呢？那些百姓之所以为我所用的原因，并不是因为我爱他们，他们才为我所用，而是因为我有权势才为我所用的。如果我放弃了权势和他们相互交结，那样的话，我偶尔不爱他们，他们马上就不为我所用了。所以，我才摈弃了仁爱的做法。”

秦大饥，应侯请曰：“五苑之草著[1]：蔬菜、橡果、枣栗，足以活民，请发[2]之。”昭襄王曰：“吾秦法，使民有功而受赏，有罪而受诛。今发五苑之蔬草者，使民有功与无功俱赏也。夫使民有功与无功俱赏者，此乱之道也。夫发五苑而乱，不如弃枣蔬而治。”一曰：“令发五苑之蓏(luǒ)[3]、蔬、枣、栗，足以活民，是用民有功与无功争取也。夫生而乱，不如死而治，大夫其释之。”

田鲔教其子田章曰：“欲利而[4]身，先利而君；欲富而家，先富而国。”

一曰：田鲔教其子田章曰：“主卖官爵，臣卖智力，故自恃无恃人。”

[注释]

①著：这里是贮藏、积蓄的意思。②发：这里是开放的意思。③蓏：瓜类植物的果实。④而：通“尔”，你，你的。

[译文]

秦国遭遇了严重的饥荒，应侯请求说：“五苑植物的积蓄，蔬菜、栋树果、枣子、栗子，都可以用来救济灾民，请您发放给灾民。”秦昭王说：“我们秦国的法令，是百姓有了功劳才能受赏，犯了罪才会受罚。如果开放五苑的蔬菜瓜果，却是让百姓不论有功还是无功都受到赏赐。不论有功无功都让百姓受到赏赐，那是使国家混乱的做法。如果开放五苑而使国家混乱，不如抛弃这些瓜果蔬菜而使国家得到太平。”另一种说法是：“如果命令开放五苑的瓜果蔬菜，就可以养活灾民，但会使有功的人和无功的人都去争夺。与其让他们活着使国家陷入混乱，不如让他们死掉而使国家安定，你们还是放弃这种主张吧！”

田鲔教育他的儿子田章说：“要想自己获得利益，首先要让你的君主获得利益；要想使家庭富裕，首先要使你的国家富裕。”

另一种说法：田鲔教育他的儿子田章说：“君主能够出卖的是官位和爵禄，臣子能够出卖的是智慧和力量，所以人只能依靠自己而不能依靠别人。”

公仪休相鲁而嗜鱼，一国尽争买鱼而献之，公仪子①不受。其弟子谏曰：“夫子嗜鱼而不受者，何也？”对曰：“夫唯嗜鱼，故不受也。夫即受鱼，必有下人之色；有下人之色，将枉于法；枉于法，则免于相。虽嗜鱼，此不必致我鱼，我又不能自给鱼。即无受鱼而不免于相，虽嗜鱼，我能长自给鱼。”此明夫恃人不如自恃也，明于人之为己者不如己之自为也。

说　三

子之相燕，贵而主断。苏代为齐使燕，王问之曰：“齐王亦何如主也？”对曰：“必不霸矣。”燕王曰：“何也？”对曰：“昔桓公之霸也，内事属②鲍叔，外事属管仲，桓公被发而御妇人，日游于市。今齐王不信其大臣。”于是燕王因益大信子之。子之闻之，使人遗苏代金百镒③，而听其所使。

一曰：苏代为秦使燕，见无益子之，则必不得事而还，贡赐又不出，于是见燕王，乃誉齐王。燕王曰：“齐王何若是之贤也？则将必王乎？”苏代曰：“救亡不暇，安得王哉？”燕王曰：“何也？”曰：“其任所爱不均④。”燕王曰：“其亡何也？”曰：“昔者齐桓公爱管仲，置以为仲父，内事理焉，外事断焉，举国而归之，故一匡天下，九合诸侯。今齐任所爱不均，是以知其亡也。”燕王曰：“今吾任子之，天下未之闻也？”于是明日张朝而听子之。

［注释］

①公仪子：对公仪休的敬称。②属：委托。③镒：古代重量单位，二十两（或说二十四两）为一镒。④均：通“钧”，重的意思。

［译文］

公仪休在鲁国担任相国，他爱吃鱼，全国的人都争着买鱼献给他，公仪休不收。他的弟子规劝说：“您爱吃鱼，却不收别人进献的鱼，为什么？”公仪休回答说：“正因为我爱吃鱼，才不收鱼。如果我收了，一定会有因承送鱼人的情而卑恭待人的表现；有卑恭待人的表现，就会违背法令；违背法令就会被免去相位。这样一来，我即使爱吃鱼，也一定不会再有人给我送鱼，我也不能自己买鱼了。如果我不收鱼，就不会

被免去相位，尽管再爱吃鱼，我也能够自己买鱼。”这是懂得依靠别人不如依靠自己，懂得靠别人相助不如自己依靠自己的道理。

子之担任燕国的相国，地位尊贵并专权独断。苏代替齐国出使燕国，燕王问他说：“齐宣王是一个什么样的君主？”苏代回答说：“齐宣王一定不会称霸天下了。”燕王说：“为什么？”苏代回答说：“过去齐桓公称霸天下时，朝廷内的事都委托给鲍叔牙，朝廷外的事委托给管仲，齐桓公披头散发和宫女厮混，每天在宫中街道上游玩。现在的齐王不相信他的大臣。”于是燕王就更加信任子之。子之听说后，派人赠给苏代一百镒黄金，并且听从他的任何吩咐。

另一种说法：苏代替齐国出使燕国，明白如果不能让子之获得好处，就一定不能办成事情回国，燕国给齐国的贡品和燕王给自己赏赐的东西也不会拿出来，于是见到燕王，就称赞齐王。燕王说：“齐王这样贤明，那不是一定要称霸天下了吗？”苏代说：“挽救灭亡尚且都来不及，怎么能称王呢？”燕王说：“为什么？”苏代说：“齐王对所任用的人的宠爱程度不重。”燕王说：“那么，齐国灭亡又是为什么呢？”苏代说：“过去齐桓公敬爱管仲，立他为仲父，国内大事由他处理，国外大事由他决断，全国的民众都归向他，所以他能够使天下归一，他多次会合诸侯。现在的齐王对任用的人宠爱不重，所以知道齐国要灭亡。”燕王说：“现在我任用子之，天下的人还没有听说呐。”于是第二天大行朝会，全听子之。

潘寿谓燕王曰：“王不如以国让子之。人所以谓尧贤者，以其让天下于许由，许由必不受也，则是尧有让许由之名而实不失天下也。今王以国让子之，子之必不受也，则是王有让子之之名而与尧同行也。”于是燕王因举国而属之，子之大重。

一曰：潘寿，阚（kàn）[1]者。燕使人聘之。潘寿见燕王曰：“臣恐子之之如益也。”王曰：“何益哉？”对曰：“古者禹死，将传天下于益，启之人因相与攻益而立启。今王信爱子之，将传国子之，太子之人尽怀印[2]，为子之之人无一人在朝廷者。王不幸弃群臣，则子之亦益也。”王因收吏玺，自三百石以上皆效[3]之子之，子之大重。

[注释]

①阚：望的意思。阚者比喻为隐者。②怀印：怀有官印，比喻掌权。③效：交给。

[译文]

潘寿对燕王说：“大王不如把国家让给子之。人们之所以认为尧很贤明，是因为他把天下让给了许由，而许由又肯定不接受，所以尧就有了让天下给许由的名声而实际上又没有失去天下。现在大王把国家让给子之，子之肯定不会接受，这样大王就有了让国家给子之的名声而与尧有同样贤明的行为。”于是燕王就把整个国家托付给了子之，于是子之就非常尊贵了。

另一种说法：潘寿是个隐士。燕王派人去聘请他。潘寿拜见燕王说：“我恐怕子之会像伯益一样。”燕王说：“怎么像伯益一样呢？”潘寿回答说：“古时禹死了以后，本打算把天下传给伯益，禹的儿子夏启的手下人就相互勾结攻打伯益而拥立夏启。现在大王信任并宠爱子之，打算把国家传给子之，而太子的手下人都是掌权的人，子之的手下人却没有一个在朝廷做官的。大王如果不幸死去，那么子之也要像伯益一样了。”燕王因而把官吏的印都收上来，俸禄在三百石以上的官印都交给子之处理，子之的地位大大提升了。

夫人主之所以镜照①者，诸侯之士徒也，今诸侯之士徒皆私门之党也。人主之所以自浅娋(shāo)②者，岩穴之士徒也，今岩穴之士徒皆私门之舍人也。是何也？夺褫(chǐ)③之资在子之也。故吴章曰：“人主不佯(yáng)憎爱人。佯爱人，不得复憎也；佯憎人，不得复爱也。”

一曰：燕王欲传国于子之也，问之潘寿，对曰：“禹爱益而任天下于益，已而以启人④为吏。及老，而以启为不足任天下，故传天下于益，而势重尽在启也。已而启与友党攻益而夺之天下，是禹名传天下于益，而实令启自取之也。此禹之不及尧、舜明矣。今王欲传之子之，而吏无非太子之人者也，是名传之而实令太子自取之也。”燕王乃收玺，自三百石以上皆效之子之，子之遂重。

[注释]

①镜照：借鉴的意思。②自浅娋：自惭形秽的意思。③褫：取消、剥夺。④启人：启的党徒。

[译文]

让君主用来作为借鉴的人，是那些诸侯手下的士人们，而如今诸侯手下的士人们都是一些个人门下的党羽。让君主感到自惭形秽的人，是那些隐居山林的士人们，而如今隐居山林的士人们都是一些个人门下的门客。这是为什么呢？因为剥夺的权力在子之手里。所以吴章说：“君主不能假装恨人或假装爱人。因为假装爱人，就不能再恨他；假装恨人，就不能再爱他了。”

另一种说法：燕王想把国家传给子之，于是向潘寿讨教，潘寿回答说：“禹喜爱伯益，要把天下托付给伯益，不久又让夏启手下的人担任官吏。禹到年老的时候，

又认为夏启不足以担任天下大事，所以把天下传给伯益，但权势都掌握夏启手中。不久夏启和他的朋党攻打伯益，夺了伯益的天下。这是禹名义上把天下传给伯益，而实际上是叫夏启自己夺取天下。这表明禹远远比不上尧和舜。现在大王想把国家传给子之，而官吏没有一个不是太子手下的人，这是名义上传子之而实际上让太子自己争取。”燕王于是收回官印，凡是俸禄在三百石以上的官印都交子之处理，子之地位于是就尊贵了。

方吾子曰：“吾闻之古礼：行不与同服者同车，不与同族者共家，而况君人者乃借其权而外其势乎！”

吴章谓韩宣王曰：“人主不可佯爱人，一日不可复憎；不可以佯憎人，一日不可复爱也。故佯憎佯爱之征[1]见，则谀者因资而毁誉之。虽有明主，不能复收，而况于以诚借人也！”

赵王游于圃中，左右以兔与虎而辍，盻[2]然环其眼。王曰：“可恶哉，虎目也！”左右曰：“平阳君之目可恶过此。见此未有害也，见平阳君之目如此者，则必死矣。”其明日，平阳君闻之，使人杀言者，而王不诛也。

［注释］

①征：迹象。②盻：这里是怒视的意思。

［译文］

方吾先生说：“我听说上古的礼仪是这样：在外出行不和穿同样服装的人坐同一辆车，居家不和同一家族的人共建一个家庭，何况做君主的把自己的权势让给他人呢？”

吴章对韩宣王说：“君主不可以假装爱人，否则，某一天就不能再恨他了；也不可以假装恨人，否则，某一天就不能再爱他了。所以假装恨或假装爱的迹象稍有表现，那么阿谀奉承的人就会凭借它去诋毁或称赞他人。即使是明君也不能再把爱憎收回来了，更何况是把真实的感情表露给别人呢！”

赵王在花园里游玩，侍从拿兔子给老虎吃但不真的给，老虎圆瞪着眼睛怒视着。赵王说：“这老虎的眼睛真让人感到可恶啊！”侍从说：“平阳君的眼睛比这老虎的眼睛还要可恶。看到老虎瞪眼并不可怕，看到平阳君瞪眼，那就要死人了。”第二天平阳君听说这件事后，派人杀了说这话的侍从，而赵王却不因此而责备平阳君。

卫君入朝于周，周行人[1]问其号，对曰：“诸侯辟疆。”周行人却[2]之曰：“诸侯不得与天子同号。”卫君乃自更曰：“诸侯燬[3]。”

而后内之。仲尼闻之曰:“远哉禁逼!虚名不以借人,况实事乎?”

说　四

摇木者一一摄④其叶,则劳而不遍;左右拊其本,而叶遍摇矣。临渊而摇木,鸟惊而高,鱼恐而下。善张网者引其纲,若一一摄万目而后得,则是劳而难;引其纲,而鱼已囊矣。故吏者,民之本、纲者也,故圣人治吏不治民。

救火者,令吏挈⑤壶瓮而走火,则一人之用也;操鞭箠⑥指麾而趣⑦使人,则制万夫。是以圣人不亲细民,明主不躬小事。

［注释］

①行人:处理外交事务的官员。②却:拒绝。③煅:这里用作人名。④摄:这里用作执、持之意。⑤挈:提,拧着。⑥箠:义同策,鞭打。⑦趣:通“促”,督促。

［译文］

卫国君主去朝见周天子,周天子的外交官问卫君的名号,卫君回答说:“我的诸侯名叫辟疆。”外交官拒绝他说:“诸侯的名号不能与天子名号相同。”卫君于是自己改了一个名号说:“我的诸侯名号是煅。”然后外交官才接纳了他。孔子听到这件事后说:“禁止冒犯君主,连虚名都不能拿来借给别人,更何况有关实权呢?”

摇树的人,如果逐一掀动树叶,即使摇得非常劳累,也不能把叶子全部揭遍;如果用手左右拍打树干,那么所有的树叶都会晃动。摇深潭边上的树,鸟会受惊而高飞,鱼会害怕而游到深处。善于张网捕鱼的人牵引渔网,如果逐一地拨弄网眼才去抓鱼,那就不但劳苦,而且很难捕到鱼;牵引网上的纲绳,鱼就全都被网住了。所以所谓的官吏是民众的树干和纲绳,因此圣明的君主管理官吏而不去管理民众。

救火时,如果让主管官员提着水壶水罐跑去救火,只能起一个人的作用;如果让主管官员挥动鞭子去指挥,驱使人们,那么就能役使上万的人去救火。因此圣明的君主不亲自治理民众,不亲自处理小事。

造父方耨①,时有子父乘车过者,马惊而不行,其子下车牵马,父子推车,请造父助我推车。造父因收器,辍②而寄载之,援其子之乘,乃始检辔持策,未之用也,而马咸骛③矣。使造父而不能御,虽尽力劳身助之推车,马犹不肯行也。今身使佚④,且寄载,有德于人者,有术而御之也。故国者,君之车也;势者,君之马也。无术以御之,身虽劳,犹不免乱;有术以御之,身处

佚乐之地，又致帝王之功也。

椎锻者，所以平不夷也；榜檠者，所以矫不直也。圣人之为法也，所以平不夷、矫不直也。

［注释］

①耨：锄草。②辍：停止（锄草）。③骛：疾驰。④佚：通“逸”，安逸。

［译文］

造父正在田间锄草，这时有父子坐车路过，马受惊停止前行，儿子下车拉马，父亲推车，还请造父帮助他们。于是造父停止锄草收拾好农具，把它寄放在车上，拽住那个儿子拉的马，才刚刚拿起缰绳和鞭子，马就一起向前疾驰起来。假使造父不会驾驭，即使全力帮忙推车，那马也是不会走的。现在他自身操作得很安逸，还把农具寄放在车上，又有恩德于人，这是因为有办法驾驭惊马的缘故。所以国家就像是君主的车，权势是君主的马。君主如果没有法术来驾驭它，即使自己很劳苦，国家还是不能免于混乱；有法术来驾驭它，不但能使自己安逸快乐，还能取得帝王的功业。

榔头、砧石等是用来整治不平的工具；榜檠是用来矫正弓弩的工具。圣人之所以制定法令，就是用来整治不平、矫正不直的。

淖齿之用齐也，擢①闵(mǐn)王之筋；李兑之用赵也，饿杀主父。此二君者，皆不能用其椎锻榜檠，故身死为戮而为天下笑。

一曰：入齐，则独闻淖(zhuō)齿而不闻齐王；入赵，则独闻李兑而不闻赵王。故曰：人主者不操术，则威势轻而臣擅名。

一曰：武灵王使惠文王莅政，李兑为相，武灵王不以身躬亲杀生之柄，故劫于李兑。

一曰：田婴相齐，人有说王者曰：“终岁之计，王不一以数日之间自听之，则无以知吏之奸邪得失也。”王曰：“善。”田婴闻之，即遽请于王而听其计。王将听之矣，田婴令官具押券斗石参升之计。王自听计，计不胜听，罢食后，复坐，不复暮食矣。田婴复谓曰：“群臣所终岁日夜不敢偷怠之事也，王以一夕听之，则群臣有为劝勉矣。”王曰：“诺。”俄而王已睡矣，吏尽揄刀削其押(yā)券②升石之计。王自听之，乱乃始生。

［注释］

①擢：抽。②押券：签过约的票证。

［译文］

淖齿在齐国得到任用，抽了齐闵王的筋；李兑在赵国得到任用，饿死了赵武主父。这两个君主都不能运用他们类似榔头、砧石和榜檠一样的法令，所以自己被杀死，还为天下人所耻笑。

另一种说法：到了齐国，只听说有淖齿，而不知道有齐王；到了赵国，只听说有李兑，而不知道有赵王。所以说，如果君主不掌握法术，那么威势就会减弱从而使大臣的名望就会垄断。

另一种说法：赵武灵王让他儿子惠文王临政，李兑任相国，武灵王不亲自掌握生杀大权，所以被李兑劫杀。

另一种说法：田婴做了齐国的相国。有人对齐王游说说："一年的财政结算，大王如果不花几天时间逐一亲自听取汇报，那么就无法知道官吏的营私舞弊和政事功过。"齐王说："好。"田婴听到后，就立即请求齐王听自己的财政结算。齐王打算听取汇报时，田婴让官吏准备好画过押的契约和记有斗石参升的账簿。齐王亲自听取财政结算，但听不胜听，吃完饭，又坐下来听，累得不再吃晚饭了。田婴又对齐王说："群臣一年到头日日夜夜不敢马虎和懈怠的事情，大王用一个晚上就处理好了，群臣肯定会因此得到鼓励的。"齐王说："好吧。"一会儿齐王就睡着了，官吏抽刀削掉那些画过押的契约和记有斗石参升的账簿。君主亲自听取结算，国家的混乱就是由此开始的。

说　五

兹郑子引辇[①]上高梁而不能支。兹郑踞辕而歌，前者止，后者趋，辇乃上。使兹郑无术以致人，则身虽绝力至死，辇犹不上也。今身不至劳苦而辇以上者，有术以致[②]人之故也。

赵简主出税[③]者，吏请轻重。简主曰："勿轻勿重。重，则利入于上；若轻，则利归于民。吏无私利而正矣。"薄疑谓赵简主曰："君之国中饱[④]。"简主欣然而喜曰："何如焉？"对曰："府库空虚于上，百姓贫饿于下，然而奸吏富矣。"

［注释］

①辇：古代的一种人力车。②致：招揽。③出税：派出去收税的官吏。④饱：这里是富裕的意思。

［译文］

兹郑拉车过高桥而没有力量上去。于是他坐在车辕上唱起了歌，前面行人停了下来，后面的行人赶上来，大家帮着推，车子在众人的帮助下才上了桥。假如兹郑没有办法招来人们帮忙，那么即使他用尽力气以至于累死，车子还是上不了桥。如今兹郑不用劳累而车却上了桥，是因为他有办法招揽人的缘故。

赵简主派出收税的官吏，官吏请示收税的轻重。赵简主说："不要太轻也不要太重。税收重了，利就归于国家；轻了，利就归于民众。官吏从中得不到私利，税收就适中了。"薄疑对赵简主说："您的国家中间的人富裕了。"赵简主高兴地说："怎么样呢？"薄疑回答说："国家的财库粮仓空虚匮乏，平民百姓贫穷饥饿，但是处在中间的奸吏富足了。"

齐桓公微服以巡民家，人有年老而自养①者，桓公问其故。对曰："臣有子三人，家贫无以妻之，佣未反。"桓公归，以告管仲。管仲曰："畜②积有腐弃之财，则人饥饿；宫中有怨女，则民无妻。"桓公曰："善。"乃论宫中有妇人而嫁之。下令于民曰："丈夫二十而室③，妇人十五而嫁。"

一曰：桓公微服而行于民间，有鹿门稷者，行年七十而无妻。桓公问管仲曰："有民老而无妻者乎？"管仲曰："有鹿门稷者，行年七十矣而无妻。"桓公曰："何以令之有妻？"管仲曰："臣闻之：上有积财，则民臣必匮(kuì)乏于下；宫中有怨女，则有老而无妻者。"桓公曰："善。"令于宫中"女子未尝御出嫁之"。乃令男子年二十而室，女年十五而嫁。则内无怨女，外无旷夫。

深宫仕女

一旦被选为宫女，女子便再也不能同家人团聚，深锁宫中，与外界隔绝。其中只有极个别的受到帝王宠爱才可升为嫔妃，绝大多数的宫女是在寂寞、凄清中孤独度日。

[注释]

①自养：自己料理生活。②畜：通"蓄"，积蓄。③室：娶妻成家。

[译文]

齐桓公穿着便服出访百姓家，有一个老年人自己料理生活，桓公问他什么缘故。老人回答说："我有三个儿子，家里很穷，无法为他们娶妻，出去当雇工还没有回来。"桓公回宫后，把这件事告诉管仲。管仲说："朝廷积蓄中有腐败而丢弃的财物，而民众就得挨饿；宫中有年长而不能出嫁的女子，民众就娶不到妻子。”齐桓公说：“说得好。”就考察宫中的女子然后让她们出嫁。对百姓下令道：“男子二十岁娶妻，女子十五岁嫁人。”

另一种说法：齐桓公穿着便服在民间寻访，有一个叫鹿门稷的人，已经七十还没有娶妻。齐桓公问管仲说：“有年老而没有妻子的人吗？”管仲说：“有个叫鹿门稷的人，已经七十了，却没有妻子。”齐桓公说：“怎样才能让他娶到妻子？”管仲说：“我听说：君主有积蓄财物，下面的臣民就一定贫穷困乏；宫中有年长而不能出嫁的女子，就会有民众老了还娶不到妻子。”齐桓公说：“说得好。”于是下令宫中，让那些君主没有临幸过的女子出嫁。又下令，男子二十娶妻，女子十五出嫁。这样宫内就没有年长而不能出嫁的女子，宫外也没有无妻的成年男子。

延陵卓子乘苍龙挑文之乘，钩饰在前，错缀[1]在后，马欲进则钩饰禁之，欲退则错缀(zhuì)贯之，马因旁出。造父过而为之泣涕，曰：“古之治人亦然矣。夫赏所以劝之，而毁存焉；罚所以禁之，而誉加焉。民中立而不知所由，此亦圣人之所为泣也。”

一曰：延陵卓子乘苍龙与翟文之乘，前则有错饰，后则有利缀，进则引之，退则策之。马前不得进，后不得退，遂避而逸，因下抽刀而刎其脚。造父见之，泣，终日不食，因仰天而叹曰：“策，所以进之也，错饰在前；引，所以退之也，利缀在后。今人主以其清洁[2]也进之，以其不适[3]左右也退之；以其公正也誉之，以其不听从也废之。民惧，中立而不知所由，此圣人之所为泣也。”

[注释]

①错缀：马鞭上交错的鞭针。②清洁：清正廉洁。③适：迎合。

[译文]

延陵卓子乘坐一辆由高大且毛色鲜艳的青马拉着的车，马身装饰华贵，前有钩、勒等物，后有上了针的鞭子。马想前进，钩、勒就会限制它，马想后退就有鞭针戳刺，于是马就从旁边跑出来。造父路过时看到了，就为马哭泣道：“古时治理民众也是这样。赏赐是用来勉励人的，但其中也夹杂着毁谤；刑罚是用来阻止犯罪的，但赞美却也混在里面。人们只好不进也不退。这也就是圣人为他们哭泣的原因。”

另一种说法：延陵卓子乘坐由高大且毛色鲜艳的青马拉着的车子，马装扮得十分华贵，前面有交错的钩、勒等饰物，后面有锋利的鞭针。马要前进就向后紧拉，马要后退就用鞭抽打。马既不能前进，也不能后退，于是就避开前后而乱跑，于是卓子

就下车抽刀砍断了马的腿。造父看见了，因而整天为马哭泣，也不吃饭，仰天叹息道：“马鞭是用来让马前进的，但有钩子勒在前；缰绳是用来让马后退的，又有鞭针在后。现在君主因为臣下廉洁而加以任用，却又因为他不迎合身边亲信而废黜他们；因为他公正而加以称赞，却又因为他不听从自己的话而予以辞退。人们因此而恐惧，站着不动，不进不退。这也就是圣人为他们哭泣的原因。”

难一第三十六

题解

韩非用“难”表达对前人成说的反驳，相当于今天的驳论文。文章对前人的行事、言论进行了辩驳和责难，从而申述了作者的一些政治主张和军事思想。

本篇分九章，讲了九个故事，多论尊主明法、君主权势、君道臣礼、实施赏罚等内容。首章提倡功利，反对忠信崇尚诈伪；次章提倡以赏罚和处势治国，反对君主“以身为苦”，以德化民；三章提倡“庆赏信而刑罚必”，反对儒家依靠推己及人的爱来治国；四章提倡不以礼之依违定是非，而以功罪定赏罚，反对孔子的礼；五章提倡明确君臣之间严格的等级关系，反对臣下极谏；六章明确君主与在野的处士的等级关系；七章强调依法而行，反对大臣之间分谤；八章强调以势治国，尊主明法；九章认为治国之忧不在于一用两用，而在于君主是否有术。

一

晋文公将与楚人战，召舅犯问之，曰：“吾将与楚人战，彼众我寡，为之奈何？”舅犯曰：“臣闻之：繁礼君子，不厌①忠信；战阵之间，不厌诈伪。君其诈之而已矣。”文公辞舅犯，因召雍季而问之，曰：“我将与楚人战，彼众我寡，为之奈何？”雍季对曰：“焚林而田②，偷取多兽，后必无兽；以诈遇民，偷取一时，后必无复。”文公曰：“善。”辞雍季，以舅犯之谋与楚人战以败之。归而行爵，先雍季而后舅犯。群臣曰：“城濮(pú)之事，舅犯谋也。夫用其言而后其身，可乎？”文公曰：“此非君所知也。夫舅犯言，一时之权③也；雍季言，万世之利也。”仲尼闻之，曰：“文公之霸也，宜哉！既知一时之权，又知万世之利。”

[注释]

①厌：满足。②田：通“畋”，打猎。③权：权宜之计。

[译文]

晋文公准备和楚国打仗，于是召来舅犯询问道：“我打算和楚国打仗，敌众我寡，对此该怎么办？”舅犯说：“我听说：讲究礼仪的君子，不知满足地追求忠诚和信用；

在交战的战场上，不嫌欺诈多。您使用欺诈的手段好了。”晋文公辞退舅犯，又召来雍季问道：“我准备和楚国打仗，敌众我寡，对此该怎么办？”雍季回答说：“用焚烧树林的方法来打猎，能暂且猎取很多野兽，但以后必定再也猎不到野兽了；用欺诈的手段对待民众，暂且能得到一时的利益，但以后难以再重复了。”晋文公说：“说得好。”辞退了雍季。晋文公用舅犯的谋略和楚国打仗，结果战胜了楚国。回来后用封爵行赏，却先赏雍季而后赏舅犯。群臣说：“城濮的胜仗，用的是舅犯的计谋。采用了他的计谋，而不先赏他，合适吗？”晋文公说：“这不是你们能明白的。舅犯的主张是权宜之计，雍季的主张才是符合长远利益的。”孔子听到后说：“晋文公称霸是理所当然的啊！他既懂得暂时的权宜之计，又懂得长远利益。”

或曰：雍(yōng)季之对，不当文公之问。凡对问者，有因问小大缓急而对也。所问高大，而对以卑狭，则明主弗受也。今文公问“以少遇众”，而对曰“后必无复”，此非所以应也。且文公不知一时之权，又不知万世之利。战而胜，则国安而身定，兵强而威立，虽有后复，莫大于此，万世之利奚患①不至？战而不胜，则国亡兵弱，身死名息②，拔拂(fú)③今日之死不及，安暇待万世之利？待万世之利，在今日之胜；今日之胜，在诈于敌；诈敌，万世之利而已。故曰：雍季之对，不当文公之问。且文公又不知舅犯之言。舅犯所谓“不厌诈伪”者，不谓诈其民，谓诈其敌也。敌者，所伐之国也，后虽无复，何伤哉？文公之所以先雍季者，以其功耶？则所以胜楚破军者，舅犯之谋也；以其善言耶？则雍季乃道其“后之无复”也，此未有善言也。舅犯则以兼之矣。舅犯曰“繁礼君子，不厌忠信”者：忠，所以爱其下也；信，所以不欺其民也。夫既以爱而不欺矣，言孰善于此？然必曰“出于诈伪”者，军旅之计也。舅犯前有善言，后有战胜，故舅犯有二功而后论，雍季无一焉而先赏。“文公之霸，不亦宜乎？”仲尼不知善赏也。

[注释]

①患：担心。②息：泯灭。③拔拂：祛除。拔：通“祓”，一种禳灾祈福的祭祀。

[译文]

有人说：雍季的回答没有针对晋文公提出的问题。凡是回答问题，要根据问题

的大小缓急来回答。

如果提出的问题博大，却用狭小的事理去回答，那么明君是不会接受的。如今晋文公问的是“以寡敌众”，而雍季回答却是“以后难以再重复了”，这不是针对问题而做出的回答。况且，晋文公既不懂得一时的权宜之计，也不懂得长远利益。如果取得战争的胜利，就会使国家安全，君主的地位稳定，兵力强盛，威势能够确立起来，即使以后能出现同样情况，也不会有比这次胜利获益更大的了，还担心什么长远利益不能到来呢？如果战争不能取得胜利，就会使国家灭亡，兵力削弱，君主就会身死名灭，想要免除眼前的灾难还来不及，哪有时间去等待长远利益呢？期待长远利益时，关键在于战胜敌军；今天的胜利，则在于对敌人使用欺诈手段；欺诈敌人，也是为了长远利益。所以说，雍季的回答没有针对晋文公的提问。再说文公也没有明白舅犯的话。舅犯所说“不嫌欺诈多”的话，并不是指欺诈民众，而是指欺诈敌人。敌人，是自己所要讨伐的国家，即使以后不能再用这种方式获利，又有什么损害呢？晋文公之所以先赏雍季，是因为他有功吗？然而用来战胜楚国打败楚军的，却是采用舅犯的计谋。是因为雍季说的话有用吗？然而雍季说“以后不能再用这种方法获利了”，这表明他并没有讲出什么正确意见。舅犯则已经兼有功劳和正确的意见。舅犯说：“讲究礼仪的君子，不满足地追求忠诚和信用。”忠诚，是用来爱护自己的下属的；信用，是用来对待民众的。如果既爱护下属又不欺骗民众，还有什么比这更好的呢？但他之所以一定主张采用欺诈手段，因为这是战争的谋略。舅犯在战前有正确的言论，后来又取得了战争的胜利，结果，舅犯兼有两个功劳却排在雍季后面受到奖赏，雍季没有一点功劳却排在舅犯的前面受赏。“晋文公称霸不也是理所当然的吗？”正表明孔子是不懂得如何正确奖赏啊。

二

历山之农者侵畔[1]，舜往耕焉，期年，甽[2]亩正。河滨之渔者争坻(chí)[3]，舜往渔焉，期年而让长。东夷之陶者器苦窳(yǔ)，舜往陶焉，期年而器牢。仲尼叹曰：“耕、渔与陶，非舜官也，而舜往为之者，所以救败也。舜其信仁乎！乃躬藉处苦而民从之。故曰：圣人之德化乎！”

［注释］

①畔：田界。②甽：同“畎”，田边水沟。③坻：水边高地。

［译文］

历山一带的农民相互侵占田界，于是舜到那里种田。一年后，各自的田界都端正了。黄河边的渔夫相互争夺水中高地，于是舜到那里打鱼，一年后，大家把高地都

让给年长的人。东夷的制陶工人制作出的陶器质量粗劣，于是舜到那里制陶，一年后，大家制出的陶器都很牢固。孔子叹息地说："种田、打鱼和制造陶器，都不是舜的职责，而舜却要去干这些活，是为了纠正败坏的风气。舜确实仁厚啊！居然能亲自吃苦操劳而使民众都跟随他。所以说，圣人的道德能感化人啊。"

或问儒者曰："方此时也，尧安在？"其人曰："尧为天子。""然则仲尼之圣尧奈何？圣人明察在上位，将使天下无奸也。今耕渔不争，陶器不窳，舜又何德而化？舜之救败也，则是尧有失也。贤舜，则去尧之明察；圣尧，则去舜之德化：不可两得也。楚人有鬻盾与矛者，誉之曰：'盾之坚，莫能陷①也。'又誉其矛曰：'吾矛之利，于物无不陷也。'或曰：'以子之矛陷子之盾，何如？'其人弗能应也。夫不可陷之盾与无不陷之矛，不可同世而立。今尧、舜之不可两誉，矛盾之说也。且舜救败，期年已一过，三年已三过。舜有尽，寿有尽，天下过无已者；以有尽逐无已，所止者寡矣。赏罚使天下必行之，令曰：'中(zhòng)程②者赏，弗中程者诛。'令朝至暮变，暮至朝变，日而海内毕矣，奚待期年？舜犹不以此说尧令从己，乃躬亲，不亦无术乎？且夫以身为苦而后化民者，尧、舜之所难也；处势而骄③下者，庸主之所易也。将治天下，释庸主之所易，道尧、舜之所难，未可与为政也。"

[注释]

①陷：刺穿。②中程：符合法令规定。③骄：通"矫"，纠正。

[译文]

有人问儒家的学者说："当舜做这些事情的时候，尧在哪里呢？"学者说："尧在做天子。"这个人又问："既然这样，孔子说尧是圣人又该怎么解释呢？圣人处在君主的位置上明察一切，会使天下没有奸诈邪恶。如果种田的、打鱼的都不互相争执，陶器也不粗劣，舜又何必用道德去感化他们呢？舜要纠正败坏的风气，这证明尧有过失。认为舜很贤明，就是否定尧的明察；认为尧很圣明，就是否定舜的德化：不可能二者都对。楚国有个卖矛和盾的人，称赞他的盾说：'我的盾是最坚固的，任何东西都不能够刺穿它。'又称赞他的矛说：'我的矛最锐利，没有什么东西是刺不穿的。'有人说：'拿你的矛来刺你的盾，结果会怎么样呢？'那个卖矛和盾的人无法回答了。那不能被刺穿的盾和没有什么刺不穿的矛，是不可能同时存在的。现在

尧和舜不能同时被称赞，这里面的道理是同上面讲到的矛和盾不能同时存在是一样的。再说舜纠正败坏的风气，一年纠正一个过错，三年纠正三个过错。像舜这样的人是有限的，人的寿命是有限的，而天下的过错却是无穷无尽的，以有限的寿命去克服没有尽头的错误，能纠正的毕竟太少了。奖赏和惩罚能使天下人必须遵行，命令说：‘符合条令的受到奖赏，不符合条令的受到惩罚。’法令早上下达，在傍晚的时候就纠正了错误，法令傍晚下达，第二天早上人们的过错就被纠正了；十天之内，全国的行为就可以纠正完毕，何苦要等上一年？舜不用这个道理来说服尧来使天下人听从自己，却要亲自操劳，不也是太没有统治手段了吗？况且那种以自身受苦来感化民众的做法，是尧舜难以做到的；掌握了权势而要纠正臣民过错的方法，平庸的君主也容易做到。要想治理天下，放弃平庸的君主都容易成功的方法，遵行尧舜都难以做到的方法，是不能说他懂得治国之道的。”

三

管仲有病，桓公往问之，曰：“仲父病，不幸卒于大命，将奚以告寡人？”管仲曰：“微①君言，臣故②将谒（yè）之。愿君去竖刁，除易牙，远卫公子开方。易牙为君主，惟人肉未尝，易牙烝其子首而进之。夫人情莫不爱其子，今弗爱其子，安能爱君？君妒而好内，竖刁自宫以治内。人情莫不爱其身，身且不爱，安能爱君？闻开方事君十五年，齐、卫之间不容数日行，弃其母，久宦不归。其母不爱，安能爱君？臣闻之：‘矜伪不长，盖虚不久。’愿君久去此三子者也。”管仲卒死，桓公弗行。及桓公死，虫出尸不葬。

［注释］

①微：通“无”，没有。②故：通“固”，本来。

［译文］

管仲病了，齐桓公去探望他，询问说：“仲父病了，如果由于寿数的原因而死去，有什么话准备告诉我呢？”管仲说：“没有您的问话，我本来也要告诉您的。希望您赶走竖刁，除掉易牙，远离卫公子开方。易牙主管您的伙食，只有人肉是您没有吃过的，易牙就把自己儿子的头蒸了献给您。人没有不喜爱自己儿子的，这是人之常情，如今易牙连自己的儿子都不爱，又怎么能爱您呢？您本性好妒并且喜欢女色，竖刁就阉割自己，以便管理后宫。人的本性没有不喜爱自己身体的，竖刁连自己身体都不爱，又怎么能爱您呢？卫公子开方侍奉您十五年，齐国距卫国没有几天行程，开方却丢下自己的母亲，做官很久也不回家。他连自己的母亲都不爱，又怎么能爱您呢？我听说：‘弄

虚作假不会长久，掩盖虚假不能持久。’希望您能除去这三个人。”管仲死了之后，齐桓公并没有按他的话去做。等到齐桓公死后，蛆虫爬出门外也没有得到埋葬。

或曰：管仲所以见告桓公者，非有度①者之言也。所以去竖刁、易牙者，以不爱其身，适②君之欲也。曰：“不爱其身，安能爱君？”然则臣有尽死力以为其主者，管仲将弗用也。曰“不爱其死力，安能爱君？”是君去忠臣也。且以不爱其身度③其不爱其君，是将以管仲之不能死公子纠度其不死桓公也，是管仲亦在所去之域矣。明主之道不然，设民所欲以求其功，故为爵禄以劝之；设民所恶以禁其奸，故为刑罚以威之。庆赏信而刑罚必，故君举功于臣而奸不用于上，虽有竖刁，其奈君何？且臣尽死力以与君市④，君垂爵禄以与臣市。君臣之际，非父子之亲也，计数之所出也。君有道，则臣尽力而奸不生；无道，则臣上塞主明而下成私。管仲非明此度数于桓公也，使去竖刁（diāo），一竖刁又至，非绝奸之道也。且桓公所以身死虫流出户不葬者，是臣重也。臣重之实，擅主也。有擅主之臣，则君令不下究，臣情不上通。一人之力能隔君臣之间，使善败不闻，祸福不通，故有不葬之患也。明主之道：一人不兼官，一官不兼事；卑贱不待尊贵而进，大臣不因左右而见；百官修通，群臣辐（fú）凑；有赏者君见其功，有罚者君知其罪。见知不悖于前，赏罚不弊⑤于后，安有不葬之患？管仲非明此言于桓公也，使去三子，故曰：管仲无度矣。

[注释]

①度：法度。②适：迎合。③度：忖度，衡量。④市：交易。⑤弊：通“蔽”，蒙蔽。

[译文]

有人说：管仲用来告诫齐桓公的话，不是懂法度的人所说的话。之所以要除去竖刁、易牙，是因为他们不爱自身，而去迎合君主的欲望。管仲说“不爱自己，又怎么能爱君主呢”，那么为君主拼死出力的人，管仲也不会任用了。他会说“不爱惜自己的生命和力气的人，怎么能爱君主”。这是要君主除掉忠臣啊。况且用不爱自身来推断他不爱君主，这就可以用管仲不能为公子纠而死来推断他不能为齐桓公而死，这样管仲也在被除去的范围之内了。明君的原则不是这样，他会设置臣民的欲望，并通过满足欲望来求得他们立功，所以制定爵位和俸禄来鼓励他们；设置臣民所厌恶的东西来禁止他们的奸佞行为，所以建立刑罚来威慑他们。奖赏要遵循诚信而刑罚坚定地执行，所以君主在臣子中选拔有功的人而奸佞的人不会被任用，即使有竖刁一类的人，又能把君主怎么样呢？况且臣下竭尽全力来换取君主的爵位和俸禄，君主设置爵位和俸禄来换取臣下的智慧和力气。君臣之间，不是父子那样的骨肉亲情，而是从计算利害出发的。君主有正确的治国原则，臣下就会尽力，奸邪也就不会产生；君主没有正确的治国原则，臣下对上就会蒙蔽君主，对下就会谋取私利。管仲并没有向齐桓公阐明这种统治方法。他让齐桓公赶走竖刁，除去一个竖刁，还是会出现另一个竖刁，这不是消除奸邪的方法。再说齐桓公死后蛆虫爬出门外也没有被埋葬的原因，是因为臣下的权势太重。臣下的权势太重，就是挟持君主。有了挟持君主的奸臣，君主的命令就不能向下贯彻到底，群臣的情况也不能上通到君主。

一个人的力量能够中断君臣之间的联系，使君主听不到好坏，不知道祸福，所以君主才有死后不葬的祸患。明君的治国原则是：一个人不能兼任其他官职，一个官员不能兼管其他事务；地位低的人不必等待地位高的人来推荐，大臣不必通过君主的近侍来引见；百官都能逐级互通，群臣好像车辐聚集到车毂上一样归附君主；受赏的人君主能看到他的功劳，受罚的人君主能知道他的罪过。君主事先对群臣的功过都知道得非常清楚，然后进行赏罚，这样就不会受到蒙蔽，怎么会有死后不得安葬的祸患呢？管仲不对齐桓公讲明这个道理，只是让他除掉这三个人，所以说管仲不懂法度。

四

襄子围于晋阳中，出围，赏有功者五人，高赫为赏首。张孟谈曰：“晋阳之事，赫无大功，今为赏首①，何也？”襄子曰：“晋阳之事，寡人国家危，社稷(jì)殆矣。吾群臣无有不骄侮之意者，惟赫子不失君臣之礼，是以先之。”仲尼闻之曰：“善赏哉！襄子赏一人而天下为人臣者莫敢失礼矣。”

［注释］

①赏首：受赏的第一个人。

［译文］

赵襄子被围困在晋阳城中，晋阳解围后，奖赏了有功的五个人，高赫是受赏的第一个人。张孟谈说：“晋阳的战事，高赫并没有立下大功，如今却是第一个受赏的人，为什么？”赵襄子说：“晋阳的战事，使我的国家处于危急之中，政权危险了。我的群臣都对我表现出骄傲轻慢的样子，只有高赫不失君臣之礼，因此首先奖赏他。”孔子听

到这件事后说："善于奖赏啊！襄子奖赏一个人，能使天下做臣子的都不敢失礼了。"

或曰：仲尼不知善赏矣。夫善赏罚者，百官不敢侵职[①]，群臣不敢失礼。上设其法，而下无奸诈之心。如此，则可谓善赏罚矣。使襄子于晋阳也，令不行，禁不止，是襄子无国，晋阳无君也，尚谁与守哉？今襄子于晋阳也，知氏灌(guàn)之，臼(jiù)灶生龟，而民无反心，是君臣亲也。襄子有君臣亲之泽[②]，操令行禁止之法，而犹有骄侮之臣，是襄子失罚也。为人臣者，乘[③]事而有功则赏。今赫仅不骄侮，而襄子赏之，是失赏也。明主赏不加于无功，罚不加于无罪。今襄子不诛骄侮之臣，而赏无功之赫，安在襄子之善赏也？故曰：仲尼不知善赏。

［注释］

①侵职：侵夺别人的职权。②泽：恩泽。③乘：这里是计算、计划的意思。

［译文］

有人说：孔子不懂得何为善于奖赏。善于赏罚的人，百官不敢侵夺职权，群臣不敢丧失礼仪。君主设置法令，臣下没有奸诈之心。这样的话，就可以算是善于赏罚了。假使襄子被围晋阳时，不能做到令行禁止，这就等于襄子失掉了国家，晋阳没有了主子，还有谁替他守城呢？现在襄子在晋阳被围，智伯引水灌城，石臼、锅灶进水，成了乌龟出没的场所，而百姓没有背叛，证明君臣之间的关系密切。襄子有君臣关系密切的恩泽，掌握着令行禁止的法令，这样也还有骄傲轻慢的臣子，证明襄子失于惩罚。做臣子的，谋事有功就赏。现在高赫仅仅是不骄傲轻慢，襄子却奖赏他，这是失于奖赏。明君的赏赐不授给无功的人，惩罚不施于无罪的人。现在襄子不责罚骄傲轻慢的臣子，而奖赏没有功劳的高赫，哪里看得出襄子是善于奖赏的呢？所以说，孔子不懂得何为善于奖赏。

五

晋平公与群臣饮，饮酣，乃喟(kuì)然叹曰："莫乐为人君，惟其言而莫之违。"师旷侍坐于前，援琴撞之。公披衽(rèn)[①]而避，琴坏于壁。公曰："太师谁撞？"师旷曰："今者有小人言于侧者，故撞之。"公曰："寡人也。"师旷曰："哑[②]！是非君人者之言也。"左右请除之，公曰："释之，以为寡人戒。"

［注释］

①披衽：撩开衣襟。②哑：叹词。

［译文］

晋平公和群臣在一起喝酒，喝得痛快了，于是感慨叹息说："没有什么比做君主更快乐的事情了，只有君主的话没人敢违背。"师旷在晋平公前面陪坐，拿起琴撞了过去。晋平公撩开衣襟躲避，琴被墙撞坏了。晋平公说："太师拿琴撞谁？"师旷说："现在身边有个小人说话，所以拿琴撞他。"晋平公说："说话的人是我呀。"师旷说："呀！这不是做君主的人该讲的话。"晋平公的近侍要求处罚师旷，晋平公说："放了他，把这件事作为我的鉴戒。"

吹律造乐

师旷，春秋时著名乐师。他生而无目，故自称盲臣、瞑臣。晋平公喜欢新声，曾听师涓演奏新曲，师旷当场批评是"靡靡之音""亡国之音"。师旷认为要通过音乐来传播德行。

或曰：平公失君道，师旷失臣礼。夫非其行而诛其身，君子于臣也；非其行则陈其言，善谏不听则远其身者，臣之于君也。今师旷非①平公之行，不陈人臣之谏，而行人主之诛，举琴而亲②其体，是逆上下之位，而失人臣之礼也。夫为人臣者，君有过则谏，谏不听则轻爵禄以待之，此人臣之礼也。今师旷非平分之过，举琴而亲其体，虽严父不加于子，而师旷行之于君，此大逆之术也。臣行大逆，平公喜而听之，是失君道也。故平公之迹不可明也，使人主过于听而不悟其失；师旷之行亦不可明也，使奸臣袭③极谏(jiàn)而饰弑君之道。不可谓两明，此为两过。故曰：平公失君道，师旷亦失臣礼矣。

［注释］

①非：批评。②亲：近，这里是撞的意思。③袭：因袭，效仿。

［译文］

有人说：平公丧失了做君主的原则，师旷丧失了做臣子的礼节。认为对方的做法不对，就惩罚他，这是君主对臣下的做法；认为对方的做法不对，就陈述自己的意见，如果善意地劝谏仍然不听，就远离他，这是臣下对君主的态度。如今师旷认为晋

平公的做法不对，不去劝谏，反而使用君主才能使用的惩罚，拿琴去撞晋平公的身体，这是颠倒了君臣的位置，因而丧失了臣下的礼节。做臣子的，君主有过失就劝谏，劝谏不听就放弃爵位和俸禄，来等待君主省悟，这是才是臣下应有的礼仪。现在师旷认为晋平公的做法不对，就拿琴去撞晋平公的身体，即使严厉的父亲也不会这样对待儿子，师旷却这样对待君主，这是大逆不道的做法。臣下做了大逆不道的事，君主反而高兴地听从，这是丧失了做君主的原则。所以晋平公的言行不应该张扬，它会使君主在听劝上犯错误而觉察不到错误；师旷的做法也不应该张扬，它会使奸臣因袭劝谏的美名来掩饰杀君的行径。这两种做法都不应该张扬，这是两种错误。所以说：晋平公丧失了做君主的原则，师旷丧失了当臣子的礼节。

六

齐桓公时，有处士①曰小臣稷，桓公三往而弗得见。桓公曰："吾闻布衣之士不轻爵禄，无以易②万乘(shèng)之主；万乘之主不好仁义，亦无以下③布衣之士。"于是五往乃得见之。

［注释］

①处士：没做官的读书人。②易：轻视。③下：礼遇。

［译文］

在齐桓公时期，有个没做官的读书人名叫小臣稷，齐桓公三次前去拜访他也没能见到他。齐桓公说："我听说穿着布衣的平民百姓不轻视爵位俸禄，就没有轻视拥有万乘兵车的大国君主的资本；大国君主不爱好仁义，也就没有谦卑地礼遇平民百姓的肚量。"于是去了五次才见到小臣稷。

或曰：桓公不知仁义。夫仁义者，忧天下之害，趋一国之患，不避卑辱谓之仁义。故伊尹以中国①为乱，道为宰干汤；百里奚以秦为乱，道虏干穆公。皆忧天下之害，趋一国之患，不辞卑辱，故谓之仁义。今桓公以万乘之势，下匹夫之士，将欲忧齐国，而小臣不行，见小臣之忘民也。忘民不可谓仁义。仁义者，不失人臣之礼，不败君臣之位者也。是故四封之内，执会而朝名曰"臣"，臣吏分职受事名曰"萌"②。今小臣在民萌之众，而逆君上之欲，故不可谓仁义。仁义不在焉，桓公又从而礼之。使小臣有智能而遁桓公，是隐也，宜刑；若无智能而虚骄矜桓公，是诬也，宜戮。

小臣之行，非刑则戮。桓公不能领臣主之理而礼刑戮之人，是桓公以轻上侮君之俗教于齐国也，非所以为治也。故曰：桓公不知仁义。

［注释］

①中国：这里指夏桀统治的中原一带。②萌：通“民”“氓”，民众。

［译文］

有人说：齐桓公不懂得仁义。所谓仁义，就是忧虑天下的灾害，奔赴国家的祸患，而不顾及个人的卑贱和屈辱，这样才叫仁义。所以伊尹认为中原地区的混乱，通过做厨师的途径来向成汤求得任用；百里奚认为秦国混乱，通过做俘虏的途径来向秦穆公求得任用。他们都是忧虑天下的灾害，奔赴国家的祸患，因而不顾及个人的卑贱和屈辱，所以称之为仁义。如今齐桓公用万乘大国君主的权势，谦卑地去见一个普通的读书人，要和他一起忧虑齐国的政事，而小臣稷不愿出来做官，这就是小臣稷忘记了民众。忘记了民众不可以称之为仁义。所谓仁义，就是不败坏做臣子的礼节，不颠倒君臣之间的位置。因此四方国境之内，拿着账簿朝见君主的，叫作“臣”；臣子的下属官吏按不同职务分管事物的，叫作“萌”。如今小臣稷处于民萌之列，而又违背君主的意愿，因而不能称之为仁义。仁义不在小臣稷身上，齐桓公却依从仁义之士的礼数礼遇他。假使小臣稷有智慧才能而回避齐桓公，那是躲避，应当对他进行惩罚；假使小臣稷没有智慧才能而虚伪地在齐桓公面前显示骄傲自大，那是欺骗，就应当把他杀掉。小臣稷的行为，要么该罚要么该杀。齐桓公不能整顿君臣伦理而去礼遇应该受到惩处或杀戮的人，这是齐桓公用轻视和侮慢君主的风气来教化齐国，决不能成为治理国家的方法。所以说：齐桓公不懂得仁义。

七

靡(mí)笄(jī)之役，韩献子将斩人。郄(xì)献子闻之，驾往救之。比至，则已斩之矣。郄子因曰：“胡不以徇①？”其仆曰：“曩(nǎng)②不将救之乎？”郄子曰：“吾敢不分谤乎？”

［注释］

①徇：用巡行的方式示众。②曩：刚才。

［译文］

晋国与齐国在靡笄的战役中，晋国的韩献子要斩杀人。郄献子听说后，驾车前去救人。等他赶到时，人已经被斩杀了。郄献子就说：“为什么不用他巡行示众？”郄献子的仆人说：“先前您不是要救他吗？”郄献子说：“我怎敢不为韩献子分担别人

的指责呢？”

或曰：郄子言，不可不察也，非分谤也。韩子之所斩也，若罪人，不可救，救罪人，法之所以败也，法败则国乱；若非罪人，则劝之以徇，劝之以徇，是重不辜①也，重不辜，民所以起怨者也，民怨则国危。郄子之言，非危则乱，不可不察也。且韩子之所斩若罪人，郄子奚分焉？斩若非罪人，则已斩之矣，而郄子乃至，是韩子之谤已成而郄子且后至也。夫郄子曰“以徇”，不足以分斩人之谤，而又生徇之谤。是子言分谤也？昔者纣为炮烙，崇侯、恶来又曰斩涉者之胫也，奚分于纣之谤？且民之望于上也甚矣，韩子弗得，且望郄子之得之也；今郄子俱弗得，则民绝望于上矣。故曰：郄子之言非分谤也，益谤也。且郄子之往救罪也，以韩子为非也；不道其所以为非，而劝之“以徇”，是使韩子不知其过也。夫下使民望绝于上，又使韩子不知其失，吾未得郄子之所以分谤者也。

[注释]

①重不辜：无辜的人得到双重的冤枉。

[译文]

有人说：郄献子的话，不能不加以考察，因为它不是为了分担别人对韩献子的指责。韩献子要斩的人如果有罪，就不可以去救，救有罪的人，是法令之所以败坏的原因，法令败坏，国家就会混乱；如果不是罪人，郄献子就不能劝韩献子将尸体巡行示众，劝韩献子将尸体巡行示众，这样就会使无辜的人得到双重的冤枉，双重冤枉，正是民众产生怨恨的原因，民众有了怨恨，国家就危险了。郄献子的话，要么使国家产生危险要么使国家产生混乱，所以他的话不能不明察。况且韩献子要斩的若是罪人，郄献子要分担什么指责呢？要斩的人如果不是罪人，那么已经斩杀了，郄献子才到，那么韩献子被指责已经构成而郄献子过后才赶到，又怎么能分担指责呢？郄献子说把尸体巡行示众，不足以分担韩献子斩人招来的指责，而且会增加因为对尸体巡行示众而带来的指责。这就是郄献子所谓的分担指责。过去商纣设置了炮烙之刑，崇侯、恶来又建议砍掉涉水者的小腿，这哪里能分担民众对纣王的指责呢？况且民众对上面按法办事的希望是很强烈的，假使韩献子没能做到，民众就会希望郄献子能够做到；如今郄献子同样没有做到，那么民众对上面就绝望了。所以说：郄献子的话不是分担别人对韩献子的指责，而是增加了人们的指责。再说郄献子前去救人，是认为韩献子错

了；但郄献子不讲明韩献子做错的原因，而劝他拿尸体巡行示众，这是使韩献子不知道自己的过错。使下面的民众对上面绝望，又使韩献子不知道自己的过错，我不知道郄献子是怎样来分担指责的。

八

桓公解管仲之束缚而相之。管仲曰："臣有宠矣，然而臣卑。"公曰："使子立高、国之上。"管仲曰："臣贵矣，然而臣贫。"公曰："使子有三归之家。"管仲曰："臣富矣，然而臣疏。"于是立以为仲父。霄略①曰："管仲以贱为不可以治贵，故请高、国之上；以贫为不可以治富，故请三归；以疏为不可以治亲，故处仲父。管仲非贪。以便治②也。"

[注释]

①霄略：人名，生平无考。②便治：便于治理。

[译文]

齐桓公替管仲解开了捆绑在他身上的绳索并请他担任相国。管仲说："我已经得宠了，但我地位还很低下。"齐桓公说："把你的地位提到到高、国这两大贵族之上。"管仲说："我地位尊贵了，但我还很贫穷。"齐桓公说："让你享有三归的俸禄这样丰厚的家业。"管仲说："我富裕了，但我和您的关系还很疏远。"于是齐桓公立管仲为仲父。霄略说："管仲认为地位低下的人不可以治理国家，所以要求位在高、国两大贵族之上；他认为穷人不能治理富人，所以请求有俸禄丰厚的家业；他认为和君主关系疏远的人不能治理和君主关系亲密的人，所以成为了仲父。这并不是说管仲贪婪，而是为了便于治理。"

或曰：今使臧获奉君令诏①卿相，莫敢不听，非卿相卑而臧获尊也，主令所加，莫敢不从也。今使管仲之治不缘②桓公，是无君也，国无君不可以为治。若负③桓公之威，下桓公之令，是臧获之所以信④也，奚待高、国、仲父之尊而后行哉？当世之行事、都丞(chéng)之下征令者，不辟尊贵，不就卑贱。故行之而法者，虽巷伯信乎卿相；行之而非法者，虽大吏诎⑤乎民萌。今管仲不务尊主明法，而事增宠益爵，是非管仲贪欲富贵，必暗而不知术也。

故曰：管仲有失行，霄略有过誉。

［注释］

①诏：诏令，告示。②缘：依靠。③负：依恃，依赖。④信：通“伸”，使自己的意志得以实现。⑤诎：通“屈”，屈服。

［译文］

有人说：假使让奴仆奉君主之命去昭告卿相，没有谁敢不听从，这并不是因为卿相地位低下而奴仆地位尊贵，而是因为有君主的命令加在他们的身上，没有人敢不服从。假使管仲治理国家而不依靠齐桓公的旨意，就等于没有君主，国家没有君主就不能进行治理。如果依靠齐桓公的威势，下达齐桓公的命令，这是奴仆都可以使自己的意志得以实现的条件，为什么要等待有了像高、国、仲父那样的高贵地位后才能行事呢？当今行事、都丞这些小官下达征兵征税的命令，不回避尊贵的人，不欺侮卑贱的人。所以，如果依法办事，即使宦官也可以使卿相服从；如果不依法办事的话，即使大官也会屈服于平民百姓。如今管仲不致力于尊敬君主、彰显法度，而是干着增加宠信和爵位俸禄的事情，如果不是管仲贪心富贵，就一定是他愚昧而不懂得法术。所以说：管仲有错误的行为，霄略有错误的赞美。

九

韩宣王问于樛留：“吾欲两用①公仲、公叔，其可乎？”樛留对曰：“昔魏两用楼、翟（zhái）而亡西河，楚两用昭、景而亡鄢（yān）、郢。今君两用公仲、公叔，此必将争事而外市②，则国必忧矣。”

［注释］

①两用：同时重用。②外市：通过结交外部势力谋取私利。

［译文］

韩宣王向樛留询问：“我想同时重用公仲和公叔这两人，可以吗？”樛留回答说：“从前魏国同时重用楼鼻、翟强而失去了黄河以西的领土，楚国同时重用昭氏和景氏而失去了鄢地和郢地。现在您要同时重用公仲和公叔，他们必将因为争权而勾结外部势力谋取私利，国家就一定要有忧患了。”

或曰：昔者齐桓公两用管仲、鲍叔，成汤两用伊尹、仲虺（huǐ）。夫①两用臣者国之忧，则是桓公不霸，成汤不王也。湣王一用淖齿，而身死乎东庙；主父一用李兑，减食而死。主有术，两用不为患；无术，两用则争事而外市，一则专制而劫弑。今留无术以

规上，使其主去两用一，是不有西河、鄢、郢之忧，则必有身死减食之患，是樛留未有善以知之知言也。

［注释］

①夫：若，假如。

［译文］

有人说：过去齐桓公同时重用管仲和鲍叔，成汤王同时重用伊尹和仲虺。如果同时重用两个大臣是国家的忧患，那么齐桓公就不能称霸，成汤王也不能称王了。齐湣王只重用淖齿一个人，结果自己被淖齿杀死在东庙；赵武灵王只重用李兑一个人，结果自己被李兑围困而饿死。君主如果有手段，即使同时重用两个人也不会使国家有忧患；君主如果没有手段，那么同时重用两个人就会因争权而勾结外部势力谋取私利，重用一个人就会使大臣专权而劫杀君主。现在樛留不能用法术去劝说君主，却叫他的君主不同时重用两个人而只重用一个人。这种做法，即便没有丧失西河、鄢、郢的忧患，也定会有杀身和饿死的祸害。这就是说，樛留没有好的见解向君主恰当进言。

难二第三十七

题 解

本文七章，第一章提出“刑当无多，不当无少”，反对省刑；第二章提出不能无功而赏，有过必罚，反对仁政；第三章否定孔子对文王仁和智的评价；第四章提出成就功业需要“君臣俱有力”；第五章提出君主只要凭着手中的官职和爵禄就不会“劳于索人”，同时要防范夺权篡位；第六章讨论如何利用天时和人事增加国家收入的问题；第七章提倡实行信赏必罚，反对君主身先士卒。

一

景公过①晏子，曰：“子宫小，近市，请徙子家豫章之圃。”晏子再拜而辞曰：“且婴家贫，待市食，而朝暮趋②之，不可以远。”景公笑曰：“子家习③市，识贵贱乎？”是时景公繁于刑。晏子对曰：“踊(yǒng)④贵而屦(jù)贱。”景公曰：“何故？”对曰：“刑多也。”景公造然⑤变色曰：“寡人其暴乎！”于是损刑五。

[注释]

①过：探访。②趋：奔走，这里是去购买的意思。③习：熟悉。④踊：指受过刖足刑的人所穿的一种鞋子。⑤造然：吃惊而惨痛的样子。

[译文]

齐景公去探访晏子，说：“您的住宅太小，又靠近集市，请您搬到豫章的园林中去。”晏子再三拜谢推辞说：“我家穷，靠上集市买食物过日子，早晚都要赶集，不能离集市太远。”齐景公笑着说：“您家人熟悉集市的行情，知道什么东西贵什么东西便宜吗？”这时齐景公施行的刑罚很多。晏子回答说：“断脚人穿的踊贵，常人穿的鞋便宜。”齐景公说：“这是什么原因？”晏子回答说：“是刑罚太多了。”齐景公惊讶得脸色大变，说：“我大概太残暴了吧！”于是减去五种刑罚。

或曰：晏子之贵踊(yǒng)，非其诚也，欲便辞以止多刑也。此不察治之患也。夫刑当无多，不当无少。无以不当闻，而以太多说，无术之患也。败军之诛以千百数，犹北①不止；即治乱之刑如恐不胜，而奸尚不尽。今晏子不察其当否，而以太多为说，不亦妄

乎？夫惜草茅[2]者耗禾穗，惠盗贼者伤良民。今缓刑罚，行宽惠，是利奸邪而害善人也，此非所以为治也。

[注释]

①北：败退。②草茅：这里指庄稼中的杂草。

[译文]

有人说：晏子说踊贵，并非是他的由衷之言，他是想借此来劝说齐景公不要多用刑罚。这是他不懂治国之道才造成的过错。刑罚恰当就不嫌多，刑罚不恰当就无所谓少。晏子不以刑罚是否恰当来劝告齐景公，而以用刑太多来劝说齐景公，这是不懂法术的过错。打败仗的军队被杀掉的人数以千计，还是败逃不止；即使治理祸乱的刑罚用得唯恐不够，而奸邪还是不能除尽。如今晏子不去考察齐景公的刑罚是否恰当，而拿刑罚太多劝说齐景公，不是很荒唐吗？爱惜庄稼中的杂草就会损害庄稼，对盗贼宽容就会损害良民。现在减轻刑罚，实行宽惠政策，就是对奸邪便利而损害好人，这不是用来治理国家的办法。

二

齐桓公饮酒醉，遗其冠，耻之，三日不朝。管仲曰："此非有国之耻也，公胡其[1]不雪之以政？"公曰："故其善！"因发仓囷[2]赐贫穷，论囹圄(líng yǔ)出薄罪。处三日而民歌之曰："公胡不复遗冠乎？"

[注释]

①故其：句首复合语气词。②囷：圆形的谷仓。

[译文]

齐桓公喝酒喝醉了，弄丢了帽子，他觉得羞耻，三天没有上朝。管仲说："这并不是作为国君的耻辱，您何不搞好政事来洗刷它呢？"齐桓公说："您说得多好啊！"于是打开粮仓接济贫苦的人，审查囚犯放掉罪轻的人。过了三天，民众就唱歌称赞道："齐桓公为什么不再弄丢帽子呢！"

或曰：管仲雪桓公之耻于小人，而生桓公之耻于君子矣。使桓公发仓囷而赐贫穷，论囹圄而出薄罪，非义也，不可以雪耻；使[1]之而义也，桓公宿[2]义，须遗冠而后行之，则是桓公行义非为遗冠也？是虽雪遗冠之耻于小人，而亦生遗义之耻于君子矣。且夫发囷仓而赐贫穷者，是赏无功也；论囹圄(líng yǔ)而出薄罪者，是不诛

过也。夫赏无功，则民偷幸[3]而望于上；不诛过，则民不惩而易为非。此乱之本也，安可以雪耻哉？

［注释］

①使：假使。②宿：留，即不实行。③偷幸：侥幸。

［译文］

有人说：管仲在小人中洗刷了桓公的耻辱，却在君子中滋长了桓公的耻辱。假使桓公开仓赈济贫苦的人，审查囚犯放掉轻罪的人，不合乎义的话，就不能洗刷耻辱；假使这样做是合乎义的，桓公不及时去做，而要等到丢了帽子才去做，那么桓公的行义岂不是因为丢了帽子？这样说来，即使在小人中洗刷了丢帽的耻辱，却又在君子中滋长了失义的耻辱。况且开仓赈济穷人，这是赏赐无功的人；审查囚犯放掉轻罪的人，这不是惩罚有罪的人。赏赐无功的人，民众就会侥幸地希望从君主那里获得意外的赏赐；不惩罚有罪的人，民众不受惩罚就容易为非作歹。这是国家混乱的根源，怎能用来洗刷耻辱呢？

三

昔者文王侵孟、克莒、举酆(fēng)，三举事而纣恶之。文王乃惧，请入洛西之地、赤壤之国方千里，以请解[1]炮烙之刑。天下皆说。仲尼闻之，曰："仁哉，文王！轻千里之国而请解炮烙之刑。智哉，文王！出千里之地而得天下之心。"

［注释］

①解：废除。

［译文］

从前周文王侵占盂地、攻克莒地、夺取酆地，做了这三件事后，导致了商纣王的厌恶。周文王感到害怕，要求进献给纣王洛水西边的土地，即赤壤地方方圆千里的土地，用来请求废除炮烙这种酷刑。天下的百姓都很高兴。孔子听说后称："周文王真仁慈啊！不看重方圆千里的土地而请求废除炮烙这种酷刑。周文王真聪明啊！献出方圆千里的土地而得到天下的人心。"

或曰：仲尼以文王为智也，不亦过乎？夫智者，知祸难之地而辟[1]之者也，是以身不及于患也。使文王所以见恶于纣者，以其不得人心耶，则虽索人心以解恶可也。纣以其大得人心而恶之，

已②又轻地以收人心，是重见疑也，固③其所以桎梏(zhì gù)④、囚于羑(yǒu)里也。郑长者有言："体道，无为无见也。"此最宜于文王矣，不使人疑之也。仲尼以文王为智，未及此论也。

[注释]

①辟：通"避"，避开。②已："已而"的省文，不久的意思。③固：通"故"，本来。④桎梏：脚镣手铐，这里作动词，指带上刑具。

[译文]

有人说："孔子认为周文王很聪明，不也是错的么？"所谓聪明的人，是那些知道祸患的根源所在从而能够避开的人，因此自身不会遭遇到祸患。假使周文王被商纣王憎恨的原因，是因为周文王不得人心，那么文王虽用求得人心的办法来解除商纣王的憎恶也是可行的。商纣王因周文王非常得人心而厌恶他，他自己又轻易放弃土地而争取人心，这就更使商纣王怀疑。正因如此，他才被戴上刑具监禁在羑里。郑长者说过这样的话："能领会道的人是无所作为，不会表现的。"这话最适用于周文王了，因为可以不被人怀疑。孔子认为周文王聪明，还没有达到郑长者观点的水平。

四

晋平公问叔向曰："昔者齐桓公九合诸侯，一匡天下，不识臣之力也？君之力也？"叔向对曰："管仲善制割①，宾胥无善削缝②，隰(xí)朋善纯缘③，衣成，君举而服之。亦臣之力也，君何力之有？"师旷伏琴而笑之。公曰："太师奚笑也？"师旷对曰："臣笑叔向之对君也。凡为人臣者，犹炮宰④和五味而进之君。君弗食，孰敢强之也？臣请譬之：君者，壤地也；臣者，草木也。必壤地美，然后草木硕大。亦君之力，臣何力之有？"

[注释]

①制割：裁剪。②削缝：缝纫。③纯缘：装饰衣边。④炮宰：厨师。炮，通"庖"。

[译文]

晋平公问叔向说："从前齐桓公多次会合诸侯，一匡天下，不知是依靠臣子的力量，还是依靠君主的力量？"叔向回答说："管仲善于裁剪，宾胥无善于缝纫，隰朋善于装饰衣边，衣服做成了，君主拿起来穿上。这是臣子的力量，君主发挥了什么力量呢？"

师旷趴在琴上笑起来。晋平公说:“太师笑什么?”师旷回答说:“我笑叔向回答君主的话。大凡做臣子的,就像厨师调好了五味送给君主吃。君主不吃,谁敢强迫他吃呢?让我打个比方:君主好比土地,臣子好比草木。必须是土地肥沃,然后草木才茂盛。这是君主的力量,臣子出了什么力呢?”

或曰:叔向、师旷之对,皆偏辞也。夫一匡天下,九合诸侯,美之大者也,非专君之力也,又非专臣之力也。昔者宫之奇在虞,僖(xī)负羁(jī)在曹,二臣之智,言中事,发中功,虞、曹俱亡者,何也?此有其臣而无其君者也。且蹇(jiǎn)叔处干而干亡,处秦而秦霸,非蹇叔愚于干而智于秦也,此有君与无臣也。向曰“臣之力也,”不然矣。昔者桓公宫中二市,妇闾二百,被发而御妇人。得管仲,为五伯长,失管仲、得竖刁而身死,虫流出户不葬。以为非臣之力也,且不以管仲为霸;以为君之力也,且不以竖刁为乱。昔者晋文公慕于齐女而亡①归,咎(jiù)犯极谏,故使反晋国。故桓公以管仲合,文公以舅犯霸,而师旷曰“君之力也,”又不然矣。凡五霸所以能成功名于天下者,必君臣俱有力焉。故曰:叔向、师旷之对,皆偏辞也。

[注释]

①亡:通“忘”,不记得。

[译文]

有人说:叔向、师旷的回答,都是片面的说法。齐桓公匡正天下,多次会合诸侯,是好业绩中最好的了,不能只依靠君主的力量,也不能只依靠臣子的力量。过去宫之奇在虞国,僖负羁在曹国,两位臣子都有很高的智慧,所预料的话都能成为现实,所采取的行动都能带来功利,虞、曹终于都灭亡了的原因,是什么呢?这是因为只具备了臣子的力量却没有具备君主的力量。再说蹇叔在虞国时虞国灭亡,到秦国后秦国称霸,并非蹇叔在虞国就笨,到秦国就聪明,而是取决于有没有好的君主。叔向所说的“靠臣子的力量”,是不对的。过去齐桓公宫中有两处集市,妇女住的里巷之门就有二百处,齐桓公披头散发去玩弄妇女。任用管仲,就成为五霸中居于首位的人;失去管仲,任用竖刁而自身死亡,蛆虫爬出门外也得不到安葬。如果认为这不是臣子的力量,就说不上因为管仲而称霸;如果认为这是君主的力量,就谈不到因为竖刁而产生祸患。过去晋文公爱恋齐国的女子而不想回国,咎犯极力劝谏,因此才使他返回晋国。所以齐桓公因管仲而会合诸侯,晋文公因咎犯而称霸天下,而师旷所说的“这是靠君主的力量”，也是不对的。春秋五霸之所以都能在天下成功扬名的原因，必然是君臣都出力了。所以说：叔向和师旷的回答都是片面的说法。

五

齐桓公之时，晋客至，有司请礼①。桓公曰：“告仲父”者三。而优笑曰：“易哉，为君！一曰仲父，二曰仲父。”桓公曰：“吾闻君人者劳于索人，佚②于使人。吾得仲父已难矣，得仲父之后，何为不易乎哉？”

［注释］

①请礼：请示用什么礼节。②佚：通“逸”，安逸。

［译文］

齐桓公期间，有晋国的客人来访，负责接待的官吏请问用什么礼仪。齐桓公说了三遍“去请示仲父管仲”。身边的优伶笑着说：“做君主真容易啊！一次两次告知仲父就行了。”齐桓公说：“我听说做君主的要寻求人才很费力，使用人时就安逸了。我得到仲父已经费力了，得到仲父之后，为什么不能容易些呢？”

或曰：桓公之所应优，非君人者之言也。桓公以君人为劳于索人，何索人为劳哉？伊尹自以为宰干汤，百里奚自以为虏干穆公。虏，所辱也；宰，所羞也。蒙羞辱而接君上，贤者之忧世急也。然则君人者无逆贤而已矣，索贤不为人主难。且官职，所以任贤也；爵禄，所以赏功也。设官职，陈爵禄，而士自至，君人者奚其劳哉？使人又非所佚也。人主虽使人，必以度量准①之，以刑名参之；以事遇于法则行，不遇于法则止；功当其言则赏，不当则诛。以刑名收臣，以度量准下，此不可释也，君人者焉佚哉？

索人不劳，使人不佚，而桓公曰：“劳于索人，佚于使人”者，不然。且桓公得管仲又不难。管仲不死其君而归桓公，鲍叔轻官让能而任之，桓公得管仲又不难，明矣。已得管仲之后，奚遽易哉？管仲非周公旦。周公旦假为天子七年，成王壮，授之以政，

非为天下计也，为其职也。

［注释］

①准：考察。

［译文］

有人说：桓公回答优伶之人的话，不像是做君主的人该讲的话。齐桓公认为君主寻求人才费力，寻求人才需要费什么力呢？伊尹自己去做厨师向商汤献策求得任用，百里奚自己去当了俘虏向秦穆公献策求得任用。当俘虏是令人耻辱的事，做厨师是令人羞耻的事。之所以不惜蒙受耻辱和羞耻来接近君主，因为贤明的人忧虑天下，其心情是急切的。那么君主只要不拒绝贤明的人就足够了，所以寻求贤明的人对君主来说并不是难事。况且官职是用来任用贤明的人的，爵位俸禄是用来奖赏有功劳的人的。设置官职，安排爵位俸禄，人才自会到来，君主需要费什么力呢？使用人也并不是安逸的事。君主虽然是使用人，但必须用法度来规范他们，用名实是否相符来检验他们；事情合于法就实行，不合于法就禁止；功劳同主张相符就加以奖赏，不符合就给以惩罚。用名实相符来选用臣子，用法度来衡量臣下，这是不可以放弃的，做君主的哪能安逸呢？寻求人才不费力，使用人才不安逸，齐桓公却说“寻求人才费力，使用人才安逸”，所以这话不对。况且齐桓公得到管仲并不难。管仲不为他的主人公子纠殉身而归顺齐桓公，鲍叔不看重自己的职位而让给有才能的管仲担任，齐桓公得到管仲并不难，是很明白了。在得到管仲之后，哪里就能从此安逸了呢？管仲不是周公旦。周公旦代行天子之事七年，等待成王长大，便把政权交给成王，周公旦不是为自己得到天下，而为了尽他的职责。

夫不夺子而行天下者，必不背死君而事其仇；背死君而事其仇者，必不难夺子而行天下；不难夺子而行天下者，必不难夺其君国矣。管仲，公子纠之臣也，谋杀桓公而不能，其君死而臣桓公，管仲之取舍非周公旦，可知也。若使管仲大贤也，且为汤、武。汤、武，桀、纣之臣也；桀、纣作乱，汤、武夺之。今桓公以易居其上，是以桀、纣之行居汤、武之上，桓公危矣。若使管仲不肖人也，且为田常。田常，简公之臣也，而弑其君。今桓公以易①居其上，是以简公之易居田常之上也，桓公又危矣。管仲非周公旦以明矣，然为汤、武与田常，未可知也。为汤、武，有桀、纣之危；为田常，有简公之乱也。已得仲父之后，桓公奚遽（jù）易哉？若使桓公之任管仲，必知不欺己也，是知不欺主之臣也。然虽知不欺主之臣，今桓公以任管仲之专借竖刁、易牙，虫流出

户而不葬，桓公不知臣欺主与不欺主已明矣，而任臣如彼其专也，故曰：桓公暗主。

[注释]

①易：轻慢之心。

[译文]

不篡夺幼主君位而去治理天下的人，必定不肯背叛先君而去侍奉先君的仇敌；背叛先君而去侍奉先君仇敌的人，必然不会难于夺取幼主君位而统治天下；不会难于篡夺幼主君位而统治天下的人，必然不会难于夺取他的君主的国家。管仲是公子纠的臣子，谋杀齐桓公未遂，他侍奉的主人死了，又去做齐桓公的臣子，管仲的取舍不像周公旦，所以很难预料他的德行。假使管仲是个大贤人，那么他将成为商汤王和周武王那样的人。商汤王和周武王是夏桀和商纣的臣子；夏桀王和商纣王搞乱了国家，商汤王和周武王就夺取了他们的君位。现在齐桓公以轻慢之心处于管仲之上，这就好比有桀、纣一样的行为而处在汤、武之上，齐桓公是很危险啊。假使管仲德行不好，他将成为田常那样的人。田常是齐简公的臣子，结果杀死了君主齐简公。现在桓公以轻慢之心处在管仲之上，这就好比齐简公以轻慢之心地处在田常之上，齐桓公又很危险了。管仲不是周公旦已经清楚了，但是他将做商汤王、周武王还是做田常，难以预料。如果做商汤王、周武王，齐桓公就会有夏桀王、商纣王那样的危险；如果做田常，齐桓公就有齐简公那样的祸乱。已经得到管仲之后，齐桓公哪里就能安逸呢？假使齐桓公任用管仲时，确实知道他不会欺骗自己，证明齐桓公能识别不欺骗君主的臣子。但是即使齐桓公能识别不欺骗君主的臣子。如今他像信任管仲那样使用竖刁、易牙，以致死后蛆虫爬出门外还不能安葬。这说明齐桓公不能识别臣子是否会欺主，而他任用臣子又是那样专一，所以说：齐桓公是昏庸糊涂的君主。

六

李兑治中山，苦陉令上计而入多。李兑曰：“语言辨①，听之说②，不度于义，谓之窕言③。无山林泽谷之利而入多者，谓之窕货④。君子不听窕言，不受窕货。子姑免矣。”

[注释]

①辨：通“辩”，动听。②说：通“悦”，高兴。③窕言：淫辞。窕：妖艳的意思。④窕货：指徒有其炫目的外表而没有实际用途的财物。

[译文]

李兑治理中山，苦陉县的县令年终上报时钱粮收入多。李兑说：“言语动听，听了叫人感到高兴，但不符合常理，这种话叫作淫辞。没有山林川泽等自然资源而收入多的，这种收入叫窕货。君子不听窕言，不接受窕货。你暂且被罢免职务吧。”

或曰：李子设辞曰：“夫言语辩，听之说，不度于义者，谓之窕言。”辩，在言者；说，在听者：言非听者也。所谓不度于义，非谓听者，必谓所听也。听者，非小人，则君子也。小人无义，必不能度之义也；君子度之义，必不肯说也。夫曰：“言语辩，听之说，不度于义”者，必不诚之言也。入多之为窕货也，未可远行也。李子之奸弗蚤禁，使至于计，则遂过也。无术以知而入多，入多者，穰(ráng)[1]也，虽倍入，将奈何？举事慎阴阳之和，种树[2]节[3]四时之适，无早晚之失、寒温之灾，则入多。不以小功妨大务，不以私欲害人事，丈夫尽于耕农，妇人力于织纴，则入多。务于畜养之理，察于土地之宜，六畜遂，五谷殖，则入多。明于权计，审于地形、舟车、机械之利，用力少，致功大，则入多。利商市关梁之行，能以所有致所无，客商归之，外货留之，俭于财用，节于衣食，宫室器械周于资用，不事玩好，则入多。入多，皆人为也。若天事，风雨时，寒温适，土地不加大，而有丰年之功，则入多。人事、天功二物者皆入多，非山林泽谷之利也。夫无山林泽谷之利入多，因谓之窕货者，无术之言也。

男耕女织

男耕女织是我国古代社会家庭最为常见的一种自然分工方式。封建社会中的小农经济，多为一家一户经营，男人种田，女人织布。生产出来的产品都用来自己消费或绝大部分用来自己消费，而不是进行商品交换，是一种自给自足的自然经济。

[注释]

①穰：丰收。②种树：种植作物。③节：适应。

[译文]

有人说：李兑提出的论点认为：“言语动听，听了叫人感到高兴，但不符合常理，这种话叫作淫辞。”判断动听与否在于说话的人，判断喜欢与否在于听话的人。说话的人并不是听话的人。所谓说话不符合常理，不是指听话的人，就是指听到的话。听话的人不是小人就是君子。小人不懂得常理，必然不能用常理去衡量它；君子用常理去衡量它，必然就会不高兴了。所谓“言语动听，听了让人感到高兴，但不符合常理”，必然是不可靠的话。收入多叫做窕货，不是到处都通用的道理。李兑对于奸邪的行为不及早禁止，一直等到年终上报，这是李兑造成的过错。李兑没有办法去了解情况而只知道收入多了；收入多，是因为庄稼丰收，即使有加倍的收入，又怎么样呢？做事情要顺应四季阴阳的结合，种植作物要适应四季作合理的安排，没有种早、种迟的失误和天寒、天热的灾祸，收入就多。不用小事妨害要务，不因个人的欲望而损害人们的劳动，男子尽力于农耕，女子致力于纺织，收入就多。注意饲养牲畜的道理，按照土地的情况合理种植，六畜兴旺，五谷丰登，收入就多。善于权衡计划，了解地形、舟车和机械的便利，花的力气就少，得到的功效就大，收入也就多。使商市、关口、桥梁利于通行，能用自己多余的东西换取没有的东西，客商都聚集而来，外来的货物都能存留下来，在财物上节俭，在衣服食物上节约，宫室、器具合于实用，不追求珍贵的玩物，收入就多。收入增多，都是人为的。如果风雨适时，冷暖适宜，即使土地不增加，却有丰收的年景，收入就多。人的努力，天时的作用，这两方面都能使收入增多，并不是只能靠山林川泽给予的利益才能使收入增多，却硬把它们叫做窕货，是不懂法术的言论。

七

赵简子围卫之郛(fú)郭①，犀盾、犀橹(lǔ)②，立于矢石之所不及，鼓之而士不起。简子投枹(fú)③曰：“乌乎④！吾之士数弊⑤也。”行人烛过免胄(zhòu)⑥而对曰：“臣闻之：亦有君之不能耳，士无弊者。昔者吾先君献公并国十七，服国三十八，战十有二胜，是民之用也。献公没，惠公即位，淫衍暴乱，身好玉女，秦人恣侵，去绛十七里，亦是人之用也。惠公没，文公授之，围卫，取邺，城濮之战，五败荆人，取尊名于天下，亦此人之用也。亦有君不能耳，士无弊也。”简子乃去盾、橹，立矢石之所及，鼓之而士乘之，战大胜。简子曰：“与吾得革车千乘，不如闻行人烛过之一言也。”

[注释]

①郛郭：外城。②犀盾：与下文的“犀橹”都是指用犀牛皮制作的大小盾牌。③枹：鼓槌。④乌乎：通“呜呼”，语气词。⑤数弊：快速疲惫。数：通“速”，快速。⑥免胄：脱下头盔。胄：头盔。

[译文]

赵简子包围卫国国都的外城，拿着大大小小用犀牛皮做的盾牌，站在箭和滚石不能到达地方，击鼓命令战士们向前冲，然而战士却不响应。赵简子扔了鼓槌说："哎呀！我的战士这么快就疲困了。"外交官烛过脱下头盔回答说："我听过这样的话：只有君主不会使用战士，战士是不会疲困的。过去我们的先君晋献公吞并了十七个国家，使三十八个国家归顺，打了十二次胜仗，用的就是这些民众。晋献公死了，惠公成为君主，他荒淫无度，残暴昏乱，喜欢美女，所以秦人肆意侵占晋国，离晋都绛城只有十七里，也是用的这些民众。晋惠公死后，晋文公成为君主，围攻卫国，夺取了邺地，在城濮之战中，五次打败楚军，成就了霸主之名，用的也还是这些民众。只有君主不会使用战士的，没有战士会疲困的。"赵简子于是丢掉大小盾牌，站在箭和滚石能够到达的地方，击鼓命令战士向前冲，战士闻声响应登上了城墙，打了个大胜仗。赵简子说："与其让我得到一千辆兵车，还不如听到外交官烛过的这一番话。"

或曰：行人未有以说也，乃道惠公以此人是败，文公以此人是霸，未见所以用人也。简子未可以速去盾、橹也。严亲在围，轻犯矢石，孝子之所爱亲也。孝子爱亲，百数之一也。今以为身处危而人尚可战，是以百族之子于上皆若孝子之爱亲也，是行人之诬也。好利恶害，夫人之所有也。赏厚而信，人轻敌矣；刑重而必，人不北矣。长行徇上，数百不一人；喜利畏罪，人莫不然。将①众者不出乎莫不然之数②，而道乎百无失人之行，行人未知众之道也。

[注释]

①将：统率。②数：道理、手段。

[译文]

有人说：外交官烛过并没有说出什么大道理，他只是说晋惠公用这些人而失败，晋文公用这些人却称霸了，并没有指出用人的办法。赵简子不能因为这些话就这么快丢掉大小盾牌。敬爱的父亲被包围，儿子不怕箭和滚石的危险前去援救，是因为孝子敬爱父母。孝子敬爱父母，一百个人中才有一个。现在认为君主亲自处于危险之中才能使战士为自己打仗，就是认为分属于各个宗族的战士对于君主，都像孝子敬爱父母一样，这是外交官的谎言。喜好利厌恶危害，是人固有的本性。赏赐丰厚并且严守信用，人们就不怕敌人，不畏死；刑罚严厉且坚决实行，人们就不敢败逃了。凭着高尚的品德，能为了君主而义无反顾地牺牲自己，几百人中挑不出一个；喜欢得赏而害怕犯罪，人没有不是这样的。统率士兵的人不采用必要的手段，而根据百人中没有一个能做到的高尚品行，说明外交官并不懂得使用战士的办法。

难三第三十八

题 解

本篇主要由八章组成，第一章反对子思道人善隐人恶，防止臣下比周欺上；第二章提出君主要警惕有二心的臣子，不要听信他们的巧言；第三章针对管仲的“三难”，提出新三难从而巩固君主集权；第四章反对孔子的一些主张，提出“知下”的政治学说；第五章反对子产察奸之法，提出恃势恃法不恃一己之耳目；第六章进一步强调君主要自恃、恃势；第七章反对管子“观饰行以定赏罚”的主张；第八章反对管子光明磊落的主张，提出“法莫如显，而术不欲见”。

一

鲁穆公问于子思曰：“吾闻庞（xiàn）**痫氏之子不孝，其行奚如？”子思对曰：“君子尊贤以崇德，举善以观民。若夫过行，是细人之所识[①]也，臣不知也。”子思出。子服厉伯入见，问庞痫氏子，子服厉伯对曰：“其过三。”皆君之所未尝闻。自是之后，君贵子思而贱子服厉伯也。**

[注释]

①识：通“志”，记住。

[译文]

鲁穆公问子思：“我听说庞痫氏的孩子不守孝道，他的行为如何？”子思回答说：“君子以尊重贤人来崇尚道德，推举好人好事来给民众做出示范。至于有过错的行为，那是小人才会记住的，我不知道。”子思出去了。子服厉伯进见，穆公问他庞痫氏孩子的行为，子服厉伯回答说：“这孩子的过错有三条。”这些都是穆公没有听说过的。从此以后，穆公看重子思而轻视子服厉伯。

或曰：鲁之公室，三世劫于季氏，不亦宜乎？明君求善而赏之，求奸而诛之，其得之一也。故以善闻之者，以说善同于上者也；以奸闻之者，以恶奸同于上者也：此宜赏誉之所及也。不以奸闻，是异于上而下比周于奸者也，此宜毁罚之所及也。今子思

不以过闻而穆公贵之，厉伯以奸闻而穆公贱之。人情皆喜贵而恶贱，故季氏之乱成而不上闻，此鲁君之所以劫也。且此亡王之俗，取(zhōu)[1]、鲁之民所以自美，而穆公独贵之，不亦倒乎?

［注释］

①取：通“陬”，地名。

［译文］

有人说：鲁国的君权，被季孙氏控制已经三代了，不是应该的吗？英明的君主发现好事就给予赏赐，发觉奸佞行为就给予惩罚，赏赐和惩罚的目的是一致的。所以把好人好事报告给君主的人，说明他在喜好好人好事这一点上是与君主相同的；把坏人坏事报告给君主的人，说明他在厌恶坏人坏事这一点上也是与君主相同的：这两种人都是应该奖赏和赞誉的。不把坏人坏事报告给君主，是和君主不同心而和坏人紧密勾结的行为，这是应该谴责和处罚的。如今子思不把庞橺氏儿子的过错告知鲁穆公，鲁穆公却尊重他；厉伯把庞橺氏儿子的过错告知鲁穆公，鲁穆公却鄙视他。人的心情都是喜欢受尊重而厌恶被鄙视的，所以季氏已经犯上作乱了，却没人向上报告，这就是鲁国国君被挟持的原因。况且这种使君主丧失权势的风气，是陬、鲁一带的人自我欣赏的东西，而鲁穆公偏偏要推崇它，不是颠倒了吗？

二

文公出亡，献公使寺人[1]披攻之蒲城，披斩其袪(qū)[2]，文公奔翟(dí)。惠公即位，又使攻之惠窦，不得也。及文公反国，披求见。公曰：“蒲城之役，君令一宿，而汝即至[3]；惠窦之难，君令三宿，而汝一宿，何其速也？”披对曰：“君令不二。除君之恶，惟恐不堪[4]。蒲人、翟人，余何有焉？今公即位，其无蒲、翟乎？且桓公置射钩而相管仲。”君乃见之。

［注释］

①寺人：指宦官。②袪：袖口。③即至：指即日赶到。④不堪：不能胜任。

［译文］

晋文公逃亡在外，晋献公派宦官披到蒲城去攻打他。披斩断了他的衣袖，晋文公出逃到翟城。晋惠公即位，又派披到惠窦攻打晋文公，没有成功。等到晋文公返回晋国，披求见晋文公。晋文公说：“蒲城的事，晋献公限令你一夜赶到，而你当天就赶到了；惠窦的事，晋惠公限令你过三夜赶到，而你一夜之间就赶到了，为何这样迅速啊！”披回答说：“君主的命令说一不二。除掉君主厌恶的人，唯恐不能胜任，管你是蒲人还是狄人呢？现在您即位了，难道就没有追到蒲、狄那样的仇人吗？再说齐桓公不记管仲射中带钩，而任他为相的事。”晋文公于是接见了披。

或曰：齐、晋绝祀(sì)①，不亦宜乎？桓公能用管仲之功而忘射钩之怨，文公能听寺人之言而弃斩祛之罪，桓公、文公能容二子者也。后世之君，明不及二公；后世之臣，贤不如二子。不忠之臣以事不明之君，君不知，则有燕操、子罕、田常之贼；知之，则以管仲、寺人自解②。君必不诛而自以为有桓、文之德，是臣仇而明不可烛③，多假之资，自以为贤而不戒，则虽无后嗣，不亦可乎？且寺人之言也，直饰君令而不贰者，则是贞于君也。死君复生，臣不愧，而后为贞。今惠公朝卒而暮事文公，寺人之不贰(èr)何如？

［注释］

①绝祀：断绝香火，这里指灭国。②自解：自我辩解。③烛：审察。

［译文］

有人说：齐国、晋国灭亡，不是理所当然的吗？齐桓公能任用管仲而建立功业，却忘掉了他射中自己钩带的仇恨；晋文公能听从宦官披的说辞，却饶恕了他斩断自己衣袖的罪责：这是齐桓公、晋文公能够宽容他们。后世的君主，不如齐桓公、晋文公明智；后世的臣子，不如管仲和披贤能。让不忠的臣子去侍奉不明智的君主，君主如果没有察觉，就会出现燕国公孙操杀掉燕惠文王、子罕杀掉宋桓侯、田常杀掉齐简公那样的祸患；君主如果察觉了，那么奸臣就会用管仲、宦官披的事例来自我辩解。君主如果不处罚他们而自认为有齐桓公、晋文公的德行，就是任用仇人当臣子而自己的智慧不能洞察阴谋，反而给他们提供更多的活动条件，自认为他们很贤能而不加戒备。那么他们即使丧失了政权，不也是理所当然的吗？况且按照宦官披的话，只要花言巧语地说遵守君命不能三心二意，就是忠于君主。君主死而复生，臣子无愧于心，这才叫作忠贞。如今晋惠公早上死去，披晚上就侍奉晋文公，宦官披究竟是怎样的没有二心啊！

三

人有设桓公隐①者曰：“一难，二难，三难，何也？”桓公不能对，以告管仲。管仲对曰：“一难也，近优②而远士。二难也，

去其国而数之海。三难也，君老而晚置太子。”桓公曰：“善。”不择日而庙礼太子。

［注释］

①隐：隐语、谜语。②优：优伶、弄臣。

［译文］

有人给齐桓公出了个隐语说：“一难，二难，三难，是指什么？”齐桓公不能回答，拿它问管仲。管仲回答说：“第一个灾难，是指君主亲近弄臣而疏远文士；第二个灾难，是指君主离开自己的国都而多次去海边游玩；第三个灾难，是指君主年迈却晚立太子。”齐桓公说：“说得好。”于是没有择定吉日就在宗庙里举行设立太子的仪式。

或曰：管仲之射隐①，不得也。士之用不在近远，而优俳(pái)侏儒固人主之所与燕也，则近优而远士而以为治，非其难者也。夫处世而不能用其有，而悖不去国，是以一人之力禁一国。以一人之力禁一国者，少能胜之。明能照②远奸而见隐微，必行之令，虽远于海，内必无变。然则去国之海而不劫杀，非其难者也。楚成王置商臣以为太子，又欲置公子职，商臣作难，遂弑(shì)成王。公子宰，周太子也，公子根有宠，遂以东州反，分而为两国。此皆非晚置太子之患也。夫分势不二，庶孽卑，宠无藉，虽处大臣，晚置太子可也。然则晚置太子，庶孽(niè)③不乱，又非其难也。物之所谓难者，必借人成势而勿侵害己，可谓一难也。贵妾不使二后，二难也。爱孽不使危正适，专听一臣而不敢偶君④，此则可谓三难也。

［注释］

①射隐：猜谜语的意思。射：猜度。②照：洞察。③庶孽：妃妾的儿子。④偶君：与君主相匹敌。

［译文］

有人说：管仲猜隐语，并没有猜中。文士的使用不在于和君主离得远近，而优伶侏儒本来就是和君主一起娱乐的人，那么治理国家时亲近优伶而远离文士，这并不是君主的灾难。君主处在有权势的地位而不能运用他所掌握的权势，反而糊涂地认为不能离开国都，这是用一个人的力量来控制一个国家。用一个人的力量来控制一个国家，很少能够胜任。君主的智慧能洞察远处的奸邪，发现隐蔽的祸患，他的命令必定得到执行，即使远游到海边，国内一定不会发生变乱。那么离开国都去海边游玩而不被劫杀，并不是君主的灾难。楚成王立商臣为太子，后来又想改立公子职，于是商臣作乱，杀了成王。公子宰是周王朝太子，其弟公子根很受宠爱，于是凭借东州争夺君位，周分成东、西两个国家。这些都不是晚立太子的祸患。如果在权力的分配上不并重，把庶出儿子的地位压低，宠爱他们但不给他们资本，这样庶子即使做了大臣，晚立太子也是可以的。既然如此，那么晚立太子，庶子不作乱，也不是君主的灾难。事情中称得上困难的，一定要给予他人权力来形成威势，却又不能让对方侵害自己，这可以说是第一件困难的事情。宠爱妃妾，却又不使她与正妻地位相等，这是第二件困难的事情。喜爱庶子，却不想让他威胁太子，专听一个大臣的话，却又要他不敢与君主匹敌，这可以说就是第三件困难的事情了。

四

叶公子高问政于仲尼，仲尼曰："政在悦近而来远。"哀公问政于仲尼，仲尼曰："政在选贤。"齐景公问政于仲尼，仲尼曰："政在节财。"三公出，子贡问曰："三公问夫子政一也。夫子对之不同，何也？"仲尼曰："叶都大而国小，民有背心，故曰'政在悦近而来远'。鲁哀公有大臣三人，外障距(jù)[1]诸侯四邻之士，内比周而以愚其君，使宗庙不扫除，社稷(jì)不血食者，必是三臣也，故曰'政在选贤'。齐景公筑雍门，为路寝[2]，一朝而以三百乘之家赐者三，故曰'政在节财'。"

孔子乘辂图

春秋时期，孔子到各诸侯国游历，时常遭受冷遇，无法施展抱负。然而，孔子因"仁"和"礼"思想受到后世历代帝王的礼遇和重视。在孔子去世的第二年，鲁哀公就以孔子所居立庙，汉代先后有五位皇帝亲幸曲阜祀拜孔子。

［注释］

①距：通"拒"，拒绝。②路寝：台名。

［译文］

楚国的叶公子高向孔子询问治国的方法，孔子说："治国的方法在于使近处的人喜欢自己，使远方的人归顺自己。"鲁哀公向孔子询问治国的方法，孔子说："治国的方法

在于选用贤才。”齐景公向孔子询问治国的方法，孔子说：“治国的方法在于节约财物”。这三个人走了，子贡问道；“三个人间您同样问的是治国的方法，您回答他们的话却不同，为什么？”孔子说：“叶公子的封地附城大而都城小，民众有背叛之心，所以我说治国的方法在于使近处的人喜欢自己，使远方的人归顺自己。鲁哀公有三个大臣，他们对外阻挡拒绝四邻诸侯的士人到鲁国来，对内结党营私来愚弄君主。使宗庙得不到治理，社稷得不到血祭的敬重，一定是因为这三个大臣的缘故。所以我说治国的方法在于选用贤才。齐景公修筑雍门，建造路寝高台，一个早上就赏赐了三个人，每个人都得到可以出三百套马车的户数，所以我说治国的方法在于节约财物。”

或曰：仲尼之对，亡国之言也。叶民有倍[1]心，而诚说之“悦近而来远”，则是教民怀惠。惠之为政，无功者受赏，而有罪者免，此法之所以败也。法败而政乱，以乱政治败民，未见其可也。且民有倍心者，君上之明有所不及也。不绍叶公之明，而使之悦近而来远，是舍吾势之所能禁而使与不行惠以争民，非能持势者也。夫尧之贤，六王之冠也。舜一徙而成邑，而尧无天下矣。有人无术以禁下，恃为舜而不失其民，不亦无术乎？明君见小奸于微，故民无大谋；行小诛于细，故民无大乱。此谓“图难于其所易也，为大者于其所细也。”今有功者必赏，赏者不得[2]君，力之所致也；有罪者必诛，诛者不怨上，罪之所生也。民知诛罚之皆起于身也，故疾功利于业，而不受赐于君。“太上，下智有之。”此言太上之下民无说也，安取怀惠之民？上君之民无利害，说以“悦近来远”，亦可舍已[3]。

[注释]

①倍：通“背”，背弃。②得：通“德”，感激。③已：通“矣”，罢了。

[译文]

有人说：孔子的回答，是亡国的言论。害怕民众对国君有背叛之心，孔子却劝说“使近处的人喜欢，使远处的人归顺”，这便是要教民众寄希望于恩赐。以恩赐作为治国手段，没有功劳的可以得到赏赐，犯了罪的可以得到免罚，这是法制败坏的原因。法制败坏，政治就会混乱，用混乱的政治去治理败坏的民众，还没有见过能行得通的。再说民众有背叛之心，是由于君主的明察还有不周到的地方。不去增强叶公子高的洞察能力，却让他取悦近处的人，招抚远方的人，这是舍弃自身权势的制约作用，让他和他的臣子一样用施惠手段去争夺民众，这种方法不能掌握权势。尧的贤明，位于尧、

舜、禹、汤、文、武六王之首，然而舜搬迁一次，所到之处就形成新的城邑，结果尧失去了天下。有人不能用术来控制臣下，寄托于仿效舜而不失民心，不也是没有治国的办法吗？明智的君主能从细微处发现小的坏事，所以民众就不会有大的阴谋；对微小的邪恶实行轻罚，所以民众不会有大乱。这就是《老子》说的“处理难事要从简单的地方着手，处理大事要从微小的地方开始”。现在有功的人一定得到赏赐，受到赏赐的人并不感激君主的恩德，因为这是出力得来的；犯罪的人一定受到惩罚，受到惩罚的人并不怨恨君主，因为这是罪行造成的。民众知道受罚受赏的原因都在于自己的行为，所以急于在事业上谋取功利，而不接受君主的恩赐。“太上，下智有之。”《老子》这话是说，最高明的君主统治下的民众没有什么爱悦可言！哪里还有什么希望恩赐的民众呢？最高明的君主统治下的民众对君主不讲利害，“劝君主取悦近处的人，招抚远方的人”，也可以作罢了！

哀公有臣外障距内比周以愚其君，而说之以“选贤”，此非功伐之论也，选其心之所谓贤者也。使哀公知三子外障距内比周也，则三子不一日立矣。

哀公不知选贤，选其心之所谓贤，故三子得任事。燕子哙贤子之而非孙卿，故身死为僇①；夫差智太宰嚭而愚子胥，故灭于越。鲁君不必知贤，而说以选贤，是使哀公有夫差(chāi)、燕哙(kuài)之患也。明君不自举臣，臣相进也；不自贤，功自徇也。论之于任，试之于事，课②之于功，故群臣公政而无私，不隐贤，不进不肖。然则人主奚劳于选贤？

[注释]

①僇：羞辱。②课：考核。

[译文]

鲁哀公有些臣子对外阻挡、拒绝士人到鲁国来，对内结党营私来愚弄君主，而孔子劝说“哀公选用贤人”，这不是根据功劳来选用贤人的言论，而是要君主选择心目中所谓的贤人。如果让哀公知道孟孙、季孙、叔孙三人对外阻挡拒绝士人到鲁国来，对内结党营私，那么这三个人一天都呆不下去。

哀公不知道选用贤人，只选他心目中的所谓的贤人，所以这三个人能够担任重要的职位。燕王哙认为子之贤能而荀况没有贤能，结果自己被杀，成为人们羞辱的对象。吴王夫差认为太宰嚭聪明而伍子胥愚蠢，结果被越国灭掉。鲁哀公不一定知道什么才是贤能，却拿选择贤人来劝说他，这是让哀公有夫差、燕王哙一样的祸患。明智的君主不凭个人心愿提拔臣子，臣子自会互相进荐；不自以为谁是贤人，立功的人自会随之而来。用办事能力鉴别他们，用实际工作去测试他们，从成绩大小上考核他们，

所以群臣公正办事不徇私，不隐瞒贤人，不推荐不贤的人。既然这样，君主为何还要劳累地去选拔贤人呢？

景公以百乘之家赐，而说以“节财”，是使景公无术使智富之侈，而独俭于上，未免于贫也。有君以千里养其口腹，则虽桀、纣不侈焉。齐国方三千里而桓公以其半自养，是侈于桀、纣也；然而能为五霸冠者，知侈俭之地也。为君不能禁下而自禁者谓之劫，不能饰下而自饰者谓之乱，不节下而自节者谓之贫。明君使人无私，以诈而食者禁；力尽于事、归利于上者必闻，闻者必赏；污秽为私者必知，知者必诛。然，故忠臣尽忠于公，民士竭力于家，百官精克于上，侈倍景公，非国之患也。然则说之以节财，非其急者也。

夫对三公①一言而三公可以无患，知下②之谓也。知下明，则禁于微；禁于微，则奸无积；奸无积，则无比周；无比周，则公私分；分私分，则朋党散；朋党散，则无外障距内比周之患。知下明，则见精沐；见精沐，则诛赏明，诛赏明，则国不贫。故曰：一对而三公无患，知下之谓也。

[注释]

①三公：指上文叶公子高、鲁哀公、齐景公。②知下：了解下情。

[译文]

齐景公用可出百套马车的封地进行赏赐，而孔子却劝说“节约财力”，这是要使景公没有办法去了解富家的奢侈，而独自一人在上面节俭，结果仍不能避免贫穷。君主要是用方圆千里的土地上的收入供养自己的口腹，那么即使是夏桀王、商纣王也没有他那样奢侈。齐国方圆三千里，而齐桓公用一半收入来供养自己，这比夏桀王、商纣王还要奢侈。然而齐桓公之所以能成为五霸之首，是因为他懂得在哪些地方奢侈，在哪些地方节俭。做君主的不能禁止臣下而只能约束自己的，叫作劫持；君主不能整治臣下而只是检点自己，叫作混乱；君主不能节制臣下而只是节制自己，叫作贫困。明智的君主使民众没有私心，使以诈骗为生的人不能存在；尽力办事，把利益归于君主的人，君主一定知晓，知晓了一定给予赏赐；行为污秽而图谋私利的人，君主一定明察，明察了就一定加以惩罚。这样的话，忠臣必能为公家尽忠，民众必能为家庭卖力，群臣百官在朝廷上必能克己公正，即使比齐景公奢侈几倍，也不是国家的祸患。那么用节约财力劝说齐景公，并非当务之急。

用一句话来回答叶公子高、鲁哀公、齐景公这三个人，就可以使他们没有祸患，那就是要了解下情。下情了解得非常清楚，奸佞处于萌芽状态就能被禁止；奸佞在萌芽状态就被禁止，恶行就无从积累；恶行无从积累，结党营私的事就不会发生；结党营私的事不会发生，公私就会分明；公私分明，朋党就会解散；朋党解散，就不会对外阻挡拒绝士人到鲁国来，对内形成结党营私的祸患，下情了解得非常清楚，那么观察问题就心明眼亮；观察问题心明眼亮，赏罚就公正；赏罚公正，国家就不贫困。所以说，用一句话回答就可以使三个人没有祸患，也就是说要了解下情。

五

郑子产晨出，过东匠之闾①，闻妇人之哭，抚其御之手而听之。有间，遣吏执而问之，则手绞（jiǎo）②其夫者也。异日，其御问曰："夫子何以知之？"子产曰："其声惧。凡人于其亲爱也，始病而忧，临死而惧，已死而哀。今哭已死，不哀而惧，是以知其有奸也。"

［注释］

①闾：村落单位，古代二十五家为一闾。②绞：缢死。

［译文］

郑国的子产早晨出门，经过东匠闾时，听见有妇女在哭泣，子产按住车夫的手，让他停车，仔细听那哭声。过了一会儿，子产派差役把那个妇女抓来审问，原来她就是亲手缢死丈夫的人。后来有一天，子产的车夫问他说："您怎么知道那妇女就是凶手？"子产说："她的哭声含有恐惧。一般说来，大家对于亲爱的人，刚有病时是忧愁，临死时是恐惧，死后则是悲哀。现在她为了已经死了的丈夫哭泣，不是悲哀而是恐惧，所以知道这里面有奸情。"

或曰：子产之治，不亦多事乎？奸必待耳目之所及而后知之，则郑国之得奸者寡矣。不任典①成②之吏，不察参伍之政，不明度量，恃尽聪明劳智虑而以知奸，不亦无术乎？且夫物众而智寡，寡不胜众，智不足以遍知物，故则因物以治物。下众而上寡，寡不胜众者，言君不足以遍知臣也，故因人以知人。是以形体不劳而事治，智虑不用而奸得。故宋人语曰："一雀过羿（yì），必得之，则羿诬③矣。以天下为之罗，则雀不失矣。"夫知奸亦有大罗，不失

其一而已矣。不修其理，而以己之胸察④为之弓矢，则子产诬矣。老子曰："以智治国，国之贼也。"其子产之谓矣。

［注释］

①典：掌管。②成：调解、判决狱讼。③诬：诓骗，胡扯。④胸察：主观臆断。

［译文］

有人说：子产处理事情，不也是太多事了吗？奸情一定要等亲自耳闻目睹，然后才能察觉到，那么郑国查到的奸情就太少了。不任用主管狱讼的官吏，不采用多方面考察验证的处理办法，不彰明法度，而依靠竭尽聪明劳心费神去了解奸情，不也是缺少治国手段吗？况且天下事物众多而个人的才智有限，少不能胜多，个人的才智难以普遍地了解事物，所以要利用事物来治理事物。臣下多而君主少。少不胜多是指君主不能普遍地了解众多的臣下，所以要依靠人来了解人。因此不劳累身体就办好事情，不使用脑力就能了解奸情。所以宋人有句话说："每一只麻雀飞过羿的身边，羿一定要把它射下来，那就是羿在胡扯。只有把天下作为罗网，所有的麻雀就都不能逃脱。"了解奸情也要使用大罗网，只要不失去手段就行了。不整顿法制，而用自己的主观臆断作为察奸的手段，那是子产在胡扯。老子说："凭个人智慧来治理国家，是国家的祸患。"大概就是说子产吧。

六

秦昭王问于左右曰："今时韩、魏孰与始强？"右左对曰："弱于始也。""今之如耳、魏齐孰与曩(nǎng)之孟常、芒卯？"对曰："不及也。"王曰："孟常、芒卯率强韩、魏，犹无奈寡人何也。"左右对曰："甚然。"中期推琴而对曰："王之料①天下过矣。夫六晋之时，知氏最强，灭范、中行而从②韩、魏之兵以伐赵，灌以晋水，城之未沈③者三板。知伯出，魏宣子御，韩康子为骖(cān)乘。知伯曰：'始吾不知水可以灭人之国，吾乃今知之。汾水可以灌安邑，绛(jiàng)水可以灌平阳。'魏宣子肘韩康子，康子践宣子之足，肘足乎车上，而知氏分于晋阳之下。今足下虽强，未若知氏；韩、魏虽弱，未至如其晋阳之下也。此天下方用肘足之时，愿王勿易④之也。"

［注释］

①料：估计。②从：使……从，即率领。③沈：通"沉"，没入水中。④易：轻

视，掉以轻心。

［译文］

秦昭王问身边的侍从：“现在的韩国和魏国与它们的建国初期相比，哪个时候更强大？”侍从回答说：“比刚建国时衰弱。”秦昭王说：“现在的如耳、魏齐和过去的孟尝君、芒卯相比，谁更能干呢？”侍从回答说：“比不上啊。”秦昭王说：“孟尝君和芒卯率领强大的韩、魏联军，尚且不能把我怎么样哩。”侍从回答说：“确实是这样。”乐师中期推琴回答说：“大王您错误地估计了天下的形势。晋国的六卿执政时期，智伯氏最强大，他灭掉范氏、中行氏，率领韩、魏联军去攻打赵襄子，引晋水灌城，城墙只剩下三板的高度没有没入水中了。智伯出兵，魏宣子驾车，韩康子在旁边保护。智伯说：‘开始我不知道水可以用来灭掉别人的国家，现在我才知道。汾水可以用来灌魏城安邑，绛水可以用来灌韩邑平阳。’魏宣子用肘碰了一下韩康子，韩康子踩了一下魏宣子的脚，肘和脚在车上碰在一起，智伯的土地就在晋阳城下被瓜分了。如今您虽然强大，却比不上智伯；韩、魏虽然弱小，还不至于像它们在晋阳城下那样只能听命于他国。现在正是诸侯各国肘脚碰在一起暗中合纵抗秦的时候，希望大王不要掉以轻心。”

或曰：昭王之问也有失，左右中期之对也有过。凡明主之治国也，任其势。势不可害，则虽强天下无奈何也，而况孟常、芒卯、韩、魏能奈我何？其势可害也，则不肖如如耳、魏齐及韩、魏犹能害之。然则害与不侵，在自恃而已矣，奚问乎？自恃其不可侵，则强与弱奚其择焉？失在不自恃，而问其奈何也，其不侵也幸矣。申子曰：“失之数而求之信，则疑矣。”其昭王之谓也。知伯无度，从韩康、魏宣而图以水灌灭其国，此知伯之所以国亡而身死，头为饮杯之故也。今昭王乃问孰与始强，其畏有水人[1]之患乎？虽有左右，非韩、魏之二子也，安有肘足之事？而中期曰“勿易”，此虚言也。且中期之所官，琴瑟也。弦不调，弄[2]不明，中期之任也，此中期所以事昭王者也。中期善承其任，未慊[3]昭王也，而为所不知，岂不妄哉？左右对之曰“弱于始”与“不及”则可矣，其曰“甚然”则谀也。申子曰：“治不逾官，虽知不言。”今中期不知而尚言之。故曰：昭王之问有失，左右中期之对皆有过也。

［注释］

①水人：用水淹人。②弄：曲调。③慊：这里是满足的意思。

[译文]

有人说：昭王的提问有失误的地方，侍从和中期的回答也有错误之处。大凡明智的君主治理国家，依靠的是他的权势。权势不受到侵害，那么即使天下最强大的国家也不能把我怎么样，何况是孟尝君、芒卯以及韩国、魏国，又能把我怎么样呢？君主的权势如果受到侵害，那么像无能的如耳、魏齐等人以及弱小的国家如韩、魏也能加以侵害。既然这样，那么受到侵害和不受到侵害，只需要在于依靠自己罢了，又何须问别人呢？依靠自己不受侵害，那么又何必去管别人的强和弱呢？韩昭王的过错在于不依靠自己，却问敌人能把我怎样，那么不受到侵害也只是侥幸罢了。申不害说："丢掉手段而要别人忠实，那就是糊涂了。"恐怕说的就是韩昭王了。智伯没有分寸，率领韩康子、魏宣子而企图用水灌城灭掉他们的国家，这就是智伯国亡身死、头盖骨被做成饮杯的缘故。如今韩昭王却问起目前的韩、魏与最初建国的韩、魏哪个更强大，难道是害怕有引水灌城而反而自取灭亡的祸患吗？虽有侍从在旁，可他们并不是韩康子、魏宣子，哪有肘与脚相碰的勾当呢？而中期却说"不要轻视"，这是一句不切实际的空话。况且中期掌管的是琴瑟。弦不调和，调不清楚，是中期的责任，这才是中期之所以侍奉韩昭王的原因。中期应当出色地做好职责之事，不使韩昭王感到不满足，反而去管他不懂的事，这不是很荒谬吗？侍从回答说："比最初建国时衰弱"和"不如过去"还可以，说"很对"就是奉承了。申不害说："做事不要越权，不是自己的事即便知道也不要讲。"如今中期不知道却还要发表意见。所以说，昭王的提问有失误的地方，侍从和中期的回答都有错误的地方。

七

管子曰："见其可，说之有证①；见其不可，恶之有形②。赏罚信③于所见，虽所不见，其敢为之乎？见其可，说之无证；见其不可，恶之无形。赏罚不信于所见，而求所不见之外，不可得也。"

或曰：广廷严居，众人之所肃也；宴室独处，曾、史之所侵也。观人之所肃，非行情也。且君上者，臣下之所为饰也。好恶在所见，臣下之饰奸物以愚其君，必也。明不能烛远奸，见隐微，而待之以观饰行，定赏罚，不亦弊乎？

[注释]

①证：证明，凭证。②形：通"刑"，惩罚。③信：作动词，相当于兑现。

[译文]

管子说："君主看到合法可行的事情，喜欢它就给以奖赏的证明；看到非法不可行的事情，要给以厌恶它的惩罚。对于亲眼目睹的事情，奖赏和惩罚能够兑现，那么，虽然有看不见的，但谁还敢胡作非为呢？看到合法可行的事情，虽然喜欢却没有奖赏作为证明；看到非法不可行的事情，虽然厌恶却没有惩罚做出表示。对于亲眼目睹的事，奖赏和惩罚都没有兑现，却要求查出看不到的违法行为，那是不可能的。”

有人说：在大庭广众和严肃的场合，人人都会表现得很严肃、恭敬；在休息的私室独居，即便曾参、史鱼也会放纵、随意。观察人们在严肃场合的行动举止，并不是他们行为的全部真实情况。再说作为君主，臣下在他面前是要掩饰的。如果只凭自己的所见决定喜好与厌恶，那么臣下就会掩饰自己的奸邪行为来愚弄君主，这是一定的。君主即使明察也不能洞悉远处的坏人和隐蔽的坏事，却要根据看到的伪装行为去对待臣下，决定赏罚，不也是受蒙蔽的吗？

八

管子曰：“言于室，满于室；言于堂，满于堂：是谓天下王。”

或曰：管仲之所谓“言室满室、言堂满堂”者，非特谓游戏饮食之言也，必谓大物也。人主之大物①，非法则术也。法者，编著之图籍，设之于官府，而布②之于百姓者也。术者，藏之于胸中，以偶众端而潜③御群臣者也。故法莫如显，而术不欲见。是以明主言法，则境内卑贱莫不闻知也，不独满于堂；用术，则亲爱近习莫之得闻也，不得满室。而管子犹曰“言于室满室，言于堂满堂”，非法术之言也。

[注释]

①大物：大事。②布：公布。③潜：暗中。

[译文]

管仲说：“在屋里讲话，声音能充满屋；在殿堂上讲话，声音能传遍整个殿堂。这个人就能称为天下之主。”

有人说：管仲所谓的“在屋里说话声音满屋、在殿堂上讲话声音满堂”，并不是专指饮食游戏方面的话，必定说的是大事。君主的大事，不是法治，就是手段。法是编写成图书典籍，设置在官府里，进而公布到民众中去的。手段是藏在君主胸中，用来处理各种各样事情并且能暗中驾驭群臣的。所以法是越公开越好，手段却不该显示出来。因此，明智的君主谈法时，就是国内卑贱的人也没有不知道的，不仅仅传遍整个殿堂；使用手段时，就连君主宠幸的亲信也没有谁能打听得到，更不能让满屋子的人都知道。而管子却还说“在屋里说话，声音满屋，在殿堂上讲话，声音满堂”，这就不是合乎法术的言论了。

难四第三十九

题 解

本篇共四章，第一章提出“君有失，故臣有得”，提醒君主牢牢地把握住自己的势位；第二章提出“臣之忠诈，在君所行”，要求君主知微、无救赦；第三章提出报恶要“不得晚”，要求君主能“见难”而“独制”；第四章提出不仅不能使不肖者炀己，同时还要不使贤者炀己。

一

卫孙文子聘于鲁，公登亦登[1]。叔孙穆子趋进曰：“诸侯之会，寡君未尝后卫君也。今子不后寡君一等，寡君未知所过也。子其少安。”孙子无辞，亦无悛(quān)[2]容。穆子退而告人曰：“孙子必亡。亡臣而不后君，过而不悛，亡之本也。”

[注释]

①公登亦登：《左传·襄公七年》杜预注：“礼，登阶，臣后君一等。”公登亦登是违礼举动。②悛：悔改。

[译文]

卫国的孙文子被国君派到鲁国进行国事访问，鲁襄公登上台阶，他也同时登上台阶。鲁卿叔孙穆子快步上前向孙文子进言说：“各国诸侯聚会时，敝国君主的位置从来没有排在卫国君主的后面。现在您不比敝国君主后一步，敝国君主不知道有过错的地方。请您稍微慢一点。”孙文子没有回答，也没有悔改的神色。叔孙穆子回来告诉别人说：“孙文子一定会灭亡。忘记臣子的身份并且不走在君主后面，有了过错还不知道悔改，这是灭亡的根源。”

或曰：天子失道[1]，诸侯伐之，故有汤、武。诸侯失道，大夫伐之，故有齐、晋。臣而伐君者必亡，则是汤、武不王，晋、齐不立也。孙子君于卫，而后不臣于鲁，臣之君也。君有失也，故臣有得也。不命亡于有失之君，而命亡于有得之臣，不察。鲁不得诛卫大夫，而卫君之明不知不悛之臣。孙子虽有是二也，巨

以亡？其所以亡其失，所以得君也。

［注释］

①失道：这里指失去权势。

［译文］

有人说：天子失去统治国家的权势，诸侯就会讨伐他，所以才有商汤王灭夏、周武王灭商的事。诸侯失去统治国家的权势，大夫就会讨伐他，所以才有齐国、晋国废君夺位的事。如果做臣子却讨伐君主的必定灭亡，那么商汤、武王就不会称王天下了，韩、赵、魏三家和田氏也不能立国了。孙文子在卫国掌握了君主的权势，后来在鲁国又不以使臣的身份向鲁君行礼，是以臣子的身份做出君主才能做的事情。君主失去了治国的权势，才导致臣子在权势上有所得。不说灭亡在有失误的君主身上，却说灭亡在有所得的臣子身上，这是不明察。鲁国不能处罚卫国的大夫，而卫国的君主又不能识别不知悔改的臣子，孙文子虽然有忘记使臣身份和不知悔改这两种表现，哪会灭亡呢？他正是因为忘记了自己的这种过失，所以才能取得君主的权势。

或曰：臣主之施，分也。臣能夺君者，以得相踦①也。故非其分②而取者，众之所夺也；辞其分而取者，民之所予也。是以桀索岷山之女，纣求比干之心，而天下离；汤身易名，武身受詈(lì)，而海内服；赵咺(xuān)③走山，田氏外仆，而齐、晋从。则汤、武之所以王，齐晋之所以立，非必以其君也，彼得之而后以君处之也。今未有其所以得，而行其所以处，是倒义而逆德也。倒义，则事之所以败也；逆德，则怨之所以聚也。败亡之不察，何也？

［注释］

①踦：不平衡。②分：分内所有的。③咺：通“宣”，赵咺即赵宣子。

［译文］

有人说：君臣的设立是根据名分。臣子之所以能夺得君主的位置，是因为所获得的有偏重不平衡所造成的。所以不属于份内应取得的，众人都会来夺取；辞去本分而取得的，是民众所给予的。因此夏桀索得岷山的琬、琰二女，商纣取出比干的心脏，结果天下人都背离了他们；商汤自身改变姓名，武王自身受到责骂，结果天下的人都归顺了；赵宣子逃进深山避难，田氏外逃当仆人，结果齐、晋两国民众都听从他们。那么商汤、武王之所以称王天下，田氏和三晋中的赵氏之所以立国，并不一定是因为他们君主的原因，而是因为他们得到民众的拥护以后才当上君主的。现在孙文子还没有得到民众的拥护，却做着君主才能做的事情，这是违反道义和品德的。违反道义，是事情失败的原因；违反品德，是怨恨聚集的原因。连失败和灭亡的原因都不了解，为什么呢？

二

鲁阳虎欲攻三桓，不克而奔齐，景公礼之。鲍文子谏曰：“不可。阳虎有宠于季氏而欲伐于季孙，贪其富也。今君富于季孙，而齐大于鲁，阳虎所以尽诈也。”景公乃囚阳虎。

或曰：千金之家，其子不仁，人之急利甚也。桓公，五伯[1]之上也，争国而杀其兄，其利大也。臣主之间，非兄弟之亲也。劫杀之功[2]，制万乘(shèng)而享大利，则群臣孰非阳虎也？事以微巧[3]成，以疏拙败。群臣之未起难也，其备未具也。群臣皆有阳虎之心，而君上不知，是微而巧也。阳虎贪，知于天下，以欲攻上，是疏而拙也。不使景公加诛(zhū)于齐之巧臣，而使加诛于拙虎，是鲍文子之说反也。臣之忠诈，在君所行也。君明而严，则群臣忠；君懦而暗，则群臣诈。知微之谓明，无救赦之谓严。不知齐之巧臣而诛鲁之成乱，不亦妄乎？

［注释］

[1]伯：通“霸”，五伯，即五霸。[2]功：这里是效果的意思。[3]微巧：隐蔽巧妙。

［译文］

鲁国的阳虎想攻打孟孙、叔孙、季孙三家，失败后逃到齐国，齐景公对他以礼相待。鲍文子劝谏说：“不行。阳虎受宠于季孙却想攻打季孙氏，是贪图季孙氏的财富。如今您比季孙氏还要富裕，而齐国又比鲁国大，这是阳虎竭尽全力欺诈的原因。”于是齐景公就拘禁了阳虎。

有人说：富裕的家庭，他们的儿子就不仁爱，因为人们追求利益的心情非常急切。齐桓公是五霸之首，为了争当国君而杀掉哥哥，是因为国君的利益实在是太大了。君臣之间没有兄弟之间的亲情。劫杀的成果，是能统治大国而享有大利，那么群臣中哪一个不是阳虎呢？事情因办得隐蔽巧妙而成功，因办得疏忽笨拙而失败。群臣之所以还没有作乱，是因为条件还不具备。群臣都有阳虎一样的心思，而君主处于上面而不知道，可见群臣办得隐蔽而巧妙。阳虎的贪婪，是天下人都知道的，他因为贪欲而攻击季孙氏，是疏忽而笨拙的。不叫齐景公去处罚齐国奸巧之臣，却叫他去处罚笨拙的阳虎，这是鲍文子的话说反了。臣子的忠顺或欺诈，取决于君主的作为。君主明察而严厉，群臣就会忠顺；君主懦弱而昏庸，群臣就会欺诈。能察觉隐情的叫明察，不赦免罪行的叫严厉。不知道齐国隐蔽巧妙的奸臣而去处罚鲁国已经作乱的笨臣，不是很荒谬的吗？

或曰：仁贪不同心。故公子目夷辞宋，而楚商臣弑父；郑去疾予弟，而鲁桓弑兄。五伯兼并，而以桓律人，则是皆无贞廉也。且君明而严，则群臣忠。阳虎为乱于鲁，不成而走，入齐而不诛，是承①为乱也。君明则诛，知阳虎之可以济乱也，此见微之情也。语曰："诸侯以国为亲。"君严则阳虎之罪不可失，此无救赦之实也。则诛阳虎，所以使群臣忠也。未知齐之巧臣而废明乱之罚，责于未然而不诛昭昭之罪，此则妄矣。今诛鲁之罪乱以威群臣之有奸心者，而可以得季、孟、叔孙之亲，鲍文之说，何以为反？

[注释]

①承：承受，这里是容忍的意思。

[译文]

有人说：仁爱的人和贪心的人心地是不同的。所以公子目夷让出宋国的君位，而楚国商臣却逼死他的父亲；郑国的去疾把君位让给弟弟，而鲁桓公杀掉了哥哥。五霸都想着兼并，而以齐桓公为标准来衡量人，那就没有忠贞廉洁的人了。如果说"君主明察而严厉，群臣就会忠顺"。那么阳虎在鲁国作乱，失败后逃跑，逃到齐国而不诛杀他的话，这是容忍他在齐国作乱。君主明察就应该诛杀他，因为知道阳虎会造成叛乱的，这是看到了隐蔽的事情。常言说："诸侯要与别的国家多亲近。"君主严厉，就不应放过阳虎的罪行，这是不赦免罪行的实情。杀了阳虎，是为了让群臣忠顺。没有发现齐国奸巧的臣子而免掉对公开叛乱的阳虎的惩罚，追究还没有发生的事情而不惩罚明显的罪行，这才是荒谬。如今依靠惩处在鲁国叛乱的罪犯阳虎，用来威慑臣子中心怀奸佞念头的人，而又可以博得鲁国季孙、孟孙、叔孙的亲善，鲍文子的话，怎么能说是反的呢？

三

郑伯将以高渠弥为卿，昭公恶之，固谏不听。及昭公即位，惧其杀己也，辛卯，弑昭公而立子亶(dǎn)也。君子曰："昭公知所恶矣。"公子圉曰："高伯其为戮乎，报恶已甚矣。"

或曰：公子圉之言也，不亦反乎？昭公之及于难者，报恶晚也。然则高伯之晚于死者，报恶甚也。明君不悬怒，悬怒，则

臣罪轻举[1]以行计，则人主危。故灵台之饮，卫侯怒而不诛，故褚师作难[2]；食鼋(yuán)之羹(gēng)，郑君怒而不诛，故子公杀君。君子之举“知所恶”，非甚之也，曰：知之若是其明也，而不行诛焉，以及于死。故“知所恶”，以见其无权也。人君非独不足于见难而已，或不足于断制，今昭公见恶，稽[3]罪而不诛，使渠弥含憎惧死以侥幸，故不免于杀，是昭公之报恶不甚也。

[注释]

①轻举：轻率地采取行动。②作难：作乱。③稽：拖延。

[译文]

郑庄公打算任用高渠弥为卿，而郑昭公很讨厌高渠弥，再三劝阻，郑庄公也没有听从。到了郑昭公当上君主，高渠弥怕他杀害自己，就在辛卯这天，杀了郑昭公而立公子亶为国君。君子说：“郑昭公知道自己讨厌的人。”公子圉说：“高渠弥应该被杀戮吧！他报复别人对他的厌恶也太过分了。”

有人说：公子圉的话，不是说反了吗？郑昭公被杀，是因为他惩处讨厌的人太迟了。既然这样，高渠弥比郑昭公死得晚，恰恰因为他对郑昭公进行了过分的报复。明君不会把愤怒悬而不决，假使把愤怒悬而不决，不对罪臣及时给予处罚，罪臣就会轻率地采取计谋，这样君主就危险了。因此，在灵台饮酒时，卫出公对褚师发怒，却不及时给予处罚，结果就发生了褚师作乱的事；吃大鳖的浓汁时，郑灵公对子公发怒，而不及时给予处罚，结果子公就杀死了郑灵公。君子指出郑昭公“知所恶”，并没有把事情说得太过分，他的意思是：郑昭公既然已经知道得如此清楚，却不立即把高渠弥杀掉，才导致自己被杀。所以说“郑昭公知道自己厌恶的人”，意在表明他不懂得权衡得失。君主不只是不能充分地看到祸难，有时还会不能及时做出决断并加以制裁。如今郑昭公表露了对高渠弥的厌恶，又拖延他的罪过，不给以惩处，结果使高渠弥怀恨在心，害怕被郑昭公杀掉而想侥幸作乱，所以郑昭公最终不能免于被杀的结局，这是因为他惩处自己厌恶的人不严厉所造成的恶果。

或曰：报恶甚者，大诛报小罪。大诛报小罪也者，狱之至也。狱之患，故非在所以诛也，以仇之众也。是以晋厉公灭三郤而栾、中行作难，郑子都杀伯咺(xuān)而食鼎起祸，吴王诛子胥而越句践成霸。则卫侯之逐，郑灵之弑，不以褚师之不死而公父之不诛也，以未可以怒而有怒之色，未可诛而有诛之心。怒其当罪，而诛不逆人心，虽悬奚害？夫未立有罪，即位之后，宿罪[1]而诛，齐胡之所

以灭也。君行之臣，犹有后患，况为臣而行之君乎？诛既不当，而以尽为心，是与天下有仇也。则虽为戮，不亦可乎！

[注释]

①宿罪：旧罪。

[译文]

有人说：过分报复厌恶自己的人，就是用大的惩罚来报复小的罪过。用大的惩罚来报复小的罪过，是最严酷的刑狱。刑狱的祸患，本来并不在于惩罚的方法，而在于惩罚不当引起更多人的仇恨。因此晋厉公杀掉郤氏三卿，而栾书、中行偃二卿就作乱了；郑国的子都杀掉伯咺，而食鼎就作乱了；吴王夫差杀掉伍子胥，越王勾践就乘机灭掉吴国称霸了。那么卫出公被驱逐，郑灵公被杀，并不因为卫出公没有杀掉褚师以及郑灵公没有惩罚子公，而是因为不该发怒却表现出发怒的脸色，对不该杀戮的人产生了杀戮的想法。如果君主发怒符合臣子的罪过，即使把臣子诛杀了，君主也不会违背人心，即使推延惩罚，又有什么害处呢？君主未即位之前臣子有了罪，即位之后却因臣子的旧罪而进行惩罚，这就是齐君胡公靖之所以灭亡的原因。君主对臣子采取行动，尚且留下后患，何况作为臣子而对君主采取行动呢？处罚的方法已经不当，还想斩尽杀绝，这便是与天下人为敌了。那么公子圉说高渠弥该杀，不也是可以的吗？

四

卫灵公之时，弥子瑕有宠，专于卫国。侏儒有见公者曰：“臣之梦浅①矣。”公曰：“奚梦？”“梦见灶者，为见公也。”公怒曰：“吾闻见人主者梦见日，奚为见寡人而梦见灶乎？”侏儒曰：“夫日兼照天下，一物不能当也。人君兼照一国，一人不能壅（yōng）也。故将见人主而梦日也。夫灶，一人炀焉，则后人无从见矣。或者一人炀君邪？则臣虽梦灶，不亦可乎？”公曰：“善。”遂去雍鉏（chú），退弥子瑕，而用司空狗。

[注释]

①浅：实践，应验。

[译文]

卫灵公时，弥子瑕非常受宠信，独揽卫国的大权。有个侏儒在谒见卫灵公时说：“我的梦应验了。”卫灵公问：“什么梦？”“梦见灶了，预示将要见到您。”卫灵公生气地说：“我听说将要见到君主的人会梦见太阳。为什么你将要见我会梦见灶呢？”侏儒说：“太

阳普照天下，一件东西是遮挡不住它的。君主普照一国，一个人是蒙蔽不了他的。所以将要见到君主的人会梦见太阳。灶就不同了如果一个人在灶门烤火，那后面的人就无法看见火光了。或许就有一个人烤火而挡住君主了吧？那么即使我梦见灶，难道不可以吗？”卫灵公说：“说得好。”于是罢免雍鉏，辞退弥子瑕，而任用司空史狗。

或曰：侏(zhū)儒善假于梦以见主道矣，然灵公不知侏儒之言也。去雍鉏，退弥子瑕，而用司空狗者，是去所爱而用所贤也。郑子都贤庆建而壅焉，燕子哙贤子之而壅焉。夫去所爱而用所贤，未免使一人炀己也。不肖者炀主，不足以害明；今不加知而使贤者炀(yàng)主己，则必危矣。

或曰：屈到嗜芰(jì)①，文王嗜菖蒲菹②，非正味也，而二贤尚之，所味不必美。晋灵侯说参(shēn)无恤(xù)，燕哙贤子之，非正士③也，而二君尊之，所贤不必贤也。非贤而贤用之，与爱而用之同。贤诚贤而举之，与用所爱异状。故楚庄举叔孙而霸，商辛用费仲而灭，此皆用所贤而事相反也。燕哙虽举所贤，而同于用所爱，卫奚距然哉？则侏儒之未可见也。君壅而不知其壅也，已见之后而知其壅也，故退壅臣，是加知之也。曰“不加知而使贤者炀己则必危”，而今以加知矣，则虽炀己，必不危矣。

[注释]

①芰：菱角。②菹：腌菜。③正士：正直的人。

[译文]

有人说：侏儒善于假借梦来阐明君主的为君之道，但是卫灵公并没有理解侏儒的话。罢免雍鉏，辞退弥子瑕，任用司空史狗，这是辞去自己宠爱的人而用自认为贤明的人。郑国的子都认为庆建很贤明，结果却被蒙蔽了，燕王哙认为子之贤明，结果却被蒙蔽了。辞去自己宠爱的人而起用自认为贤明的人，并不能免除使一个人受蒙蔽的祸患。不贤明的人蒙蔽君主，不足以损害君主的明察；现在君主不加以了解而让贤明人蒙蔽自己，那就一定危险了。

有人说：屈到喜欢吃菱角，周文王喜欢吃用菖蒲做的腌菜，这两样东西都不是真正的美味，这两位贤人却很喜爱，可知人们喜欢的味道并不一定是美味的。晋灵公喜欢参无恤，燕王哙认为子之贤明，参无恤、子之都不是正直的人，但两个君主尊重他们，可见君主认为贤明的人并不一定是真正贤明的人。不是贤明的人而作为贤明的人来任用，和因为宠爱而任用是相同的道理。君主认为贤明的人的确贤明而提拔他，和君主任用宠爱的人是不一样的。所以楚庄玉因提拔了孙叔敖而称霸，商纣任用了费仲而灭亡，这些都是任用自己认为贤明的人而出现相反结果的实例。燕王哙虽然用了他认为贤明的人，其实与任用他宠爱的人情形是一样的，卫灵公哪里是同样情形呢？这是侏儒还没有认识到的。君主被蒙蔽而不知道受到蒙蔽，听侏儒话后知道自己受了蒙蔽，因此辞退蒙蔽自己的臣子，证明他对此有了进一步的认识。说什么“不加以了解而让贤人蒙蔽自己，那就一定危险”，现在已经加以了解了，那么他们即使蒙蔽自己，也一定没有危险了。

难势第四十

题解

“难”，是责难辩驳的意思；“势”，是指权势、威势，它是一种具有绝对权威而不能不服从的强制力。难势，就是责难辩驳势治学说。本篇讨论是的“贤”和“势”在政治中的地位和作用。先设为尚贤的学者对于慎到势治学说的问难，接着是韩非对于这问难的问难，很有战国策士的雄辩风采。尚贤者悬尧、舜为高标，以尧、舜之治明任贤之功。韩非则把任贤等同于任尧、舜，而尧、舜不世出，治乱又如救饿，故治国不待贤。况且贤与势如冰炭，于是任势自然必须舍贤，是说亦不免为“两末之议”也。

慎子[1]曰：飞龙乘云，腾蛇游雾，云罢雾霁(jì)，而龙蛇与蚓蚁同矣，则失其所乘也。贤人而诎(qū)[2]于不肖者，则权轻位卑也；不肖而能服于贤者，则权重位尊也。尧为匹夫，不能治三人；而桀(jié)为天子，能乱天下：吾以此知势位之足恃而贤智之不足慕也。夫弩(nǔ)弱而矢高者，激于风也；身不肖而令行者，得助于众也。尧教于隶属而民不听，至于南面而王天下，令则行，禁则止。由此观之，贤智未足以服众，而势位足以屈贤者也。

螣蛇

螣蛇，传说中的一种能飞的蛇，螣蛇虽然无足，却比多技的鼯鼠更能腾云驾雾，游走空中。螣蛇多与神龟并称，因此被视为玄武的分身。

应慎子曰：飞龙乘云，腾蛇游雾，吾不以龙蛇为不托于云雾之势也。虽然，夫择贤而专任势，足以为治乎？则吾未得见也。夫有云雾之势而能乘游之者，龙蛇之材美也；今云盛而蚓弗能乘也，雾醲(nóng)[3]而蚁不

能游也，夫有盛云酞雾之势而不能乘游者，蚓蚁之材薄也。今桀、纣南面而王天下，以天子之威为之云雾，而天下不免乎大乱者，桀、纣之材薄也。

［注释］

①慎子：慎到，战国时赵人，约在公元前 395 年—前 315 年在世，曾讲学于齐国的稷下学官，其所提出的势治学说被韩非继承发挥，有《慎子》残篇流传。②诎：通“屈”，屈服。③酞：通“浓”，含某种成分多，与“淡”相对。

［译文］

慎到说：飞龙乘云飞翔，腾蛇乘雾游动，一旦云开雾散，龙、蛇就跟蚯蚓、蚂蚁一样了，这是因为它们失去了腾空飞行的凭借。贤能的人之所以屈服于不贤能的人，是因为贤能的人权力小、地位低，而不贤能的人有时能让贤能人屈服，是因为权力大、地位高的缘故。尧如果是一个平民，连三个人都管不住；如果让桀作天子，却能搅乱天下：我因此得知，权势地位是值得依赖的，而贤能才智是不值得羡慕的。弓弩软弱而箭头飞得很高，这是因为借助了风力推动的缘故；自身没有贤能而发布命令得以推行，这是因为得到了众人的帮助。尧如果是个奴隶，而在平民百姓中施行教化，平民百姓不会听他的；等他南面称王统治天下的时候，就能有令则行，有禁则止。由此看来，贤能才智不足以制服民众，而权势地位足以使贤能的人屈服。

回应慎到的人说：飞龙乘云飞翔，腾蛇驾雾游行，我并不认为龙蛇没有依托云雾的势。虽说这样，舍弃贤能才智而只依靠权势，难道就能够治理好国家吗？那可是我从来没有见过的。有了云雾的依托，就能腾云驾雾飞行，是因为龙蛇本身资质高；现在同样是厚云，蚯蚓并不能腾云，同样是浓雾，蚂蚁并不能驾雾。有了厚云浓雾的依托，而不能腾云驾雾飞行，是因为蚯蚓、蚂蚁本身资质低。说到夏桀、商纣南面称王统治天下的情况，是他们把天子的威势作为依托，而天下仍然不可避免地大乱了，这是因为夏桀、商纣的资质低。

且其人以尧之势以治天下也，其势何以异桀之势也，乱天下者也。夫势者，非能必使贤者用之，而不肖者不用之也。贤者用之则天下治，不肖者用之则天下乱。人之情性，贤者寡而不肖者众，而以威势之利济乱世之不肖人，则是以势乱天下者多矣，以势治天下者寡矣。夫势者，便治而利乱者也。故《周书》曰：“毋为虎傅翼，将飞入邑，择人而食之。”夫乘不肖人于势，是为虎傅翼也。桀、纣为高台深池以尽民力，为炮烙以伤民性，桀、纣得成肆行者，南面之威为之翼也。使桀（jié）、纣为匹夫，未始行一而

身在刑戮（lù）矣。势者，养虎狼之心而成暴乱之事者也，此天下之大患也。势之于治乱，本未有位也，而语专言势之足以治天下者，则其智之所至者浅矣。

［译文］

而且慎到认为尧凭权势来治理天下，而尧的权势和桀的权势没有什么不同，结果却是桀把天下搅乱了。所谓权势，既不一定能让贤能的人使用它，也不能让没有贤的人不使用它。贤能的人使用它天下就太平，没有贤能的人使用它天下就混乱。按人的本性说，贤能的人少而没有贤能的人多，如果用权势的便利来帮助那些扰乱社会的没有贤能的人，在这种情况下，用权势来扰乱天下的人就多了，用权势来治理天下的人就少了。所谓权势，既便于治理天下，也有利于扰乱天下。所以《周书》上说："不要为老虎添上翅膀，否则它将飞进城邑，任意吃人。"要是让没有贤能的人凭借权势，这就好比给老虎添上了翅膀。夏桀、商纣造高台、挖深池而耗尽民间的人力、财力，用炮烙的酷刑伤害民众的性命。夏桀、商纣能够胡作非为，是因为天子的威势成了他们的翅膀。假使夏桀、商纣只是普通的人，那么在他们还没有干坏事之前就已经被处死了。可见权势是滋长虎狼之心、造成暴乱事件的因素，所以是天下的大祸害。权势对于国家的太平或混乱，本来没有什么固定的对应关系，可是慎到的言论专讲权势足以用来治理天下，他的智力所能达到的程度未免太浅薄了。

夫良马固车，使臧（zāng）获御之则为人笑，王良①御之而日取千里。车马非异也，或至乎千里，或为人笑，则巧拙相去远矣。今以国位为车，以势为马，以号令为辔（pèi），以刑罚为鞭策，使尧、舜御之则天下治，桀、纣御之则天下乱，则贤不肖相去远矣。夫欲追速致远，不知任王良；欲进利除害，不知任贤能：此则不知类之患也。夫尧舜亦治民之王良也。

［注释］

①王良：春秋战国时期晋国的一个善于驾驭马车的人。

［译文］

那好马和好车，如果让奴仆驾驭就要被人讥笑，而让王良驾驭却能日行千里。车马没有什么不同，有的人驾驭能日行千里，有的人驾驭却被人讥笑，这是因为驾车的灵巧和笨拙相差得太远了。假如把国家当作车，把权势当作马，把号令当作缰绳，把刑罚当作马鞭，让尧、舜来驾驭就能天下太平，让桀、纣来驾驭就会天下大乱，可见贤和不贤相差得太远了。要想跑得快走得远，却不知道需要任用王良；要想取得利益祛除祸害，却不知道任用贤能；这是不懂得类比的祸患。那尧、舜也就是治理民众

方面的王良。

复应之曰：其人以势为足恃以治官；客曰“必待贤乃治”，则不然矣。夫势者，名一而变无数者也。势必于自然，则无为言于势矣。吾所为言势者，言人之所设也。夫尧、舜生而在上位，虽有十桀、纣不能乱者，则势治也；桀、纣亦生而在上位，虽有十尧、舜而亦不能治者，则势乱也。故曰：“势治者则不可乱，而势乱者则不可治也。”此自然之势也，非人之所得设也。

若吾所言，谓人之所得设也而已矣，贤何事焉？何以明其然也？客曰：“人有鬻矛与盾者，誉其盾之坚，‘物莫能陷也’，俄而又誉其矛曰：‘吾矛之利，物无不陷也。’人应之曰：‘以子之矛，陷子之盾，何如？’其人弗能应也。”以为不可陷之盾，与无不陷之矛，为名不可两立也。夫贤之为势不可禁，而势之为道也无不禁，以不可禁之贤与无不禁之势，此矛盾之说也。夫贤势之不相容亦明矣。

［译文］

又有人回应说：这个人认为权势足可以依靠用来治理百官。而驳斥慎到的人说：“一定要等到贤人，才能治理好天下”，这是不对的。所谓权势，名称只有一个，但含义却是变化无穷的。如果权势一定要属于客观自然，那就不用讨论它了。我所要讨论的权势，是人为设立的。假如尧、舜生来就处在君主的位置上，即使有十个桀、纣也不能扰乱天下，这就叫作“势治”；假如桀、纣同样生来就处在君主的位置上，即使有十个尧、舜也不能治好天下，这就叫作“势乱”。所以说；如果“势治”，就不可能被扰乱，如果“势乱”，则不可能被治理好。这都是自然的趋势，不是人能设立的权势。

像我说的那样，是说人能设立的权势罢了，关贤能什么事呢？怎样证明我的话是对的呢？有人说：有个卖矛和盾的人，称赞他的盾很坚固，夸耀说“没有东西能刺穿它”，一会儿又称赞他的矛说：“我的矛很锐利，没有什么东西是刺不穿的。”有人驳斥他说：“用你的矛刺你的盾，结果会怎么样呢？”他没法回答。因为不能刺穿的盾和没有东西是刺不穿的矛，在道理上是不能并存的。那贤能作用于权势是不可以禁止的，而权势作为治理的手段就可以无所不禁，用不可以禁止的权势，与无所不禁的手段相提并论，这就是矛盾的说法。所以贤能和权势的不能相容也就很清楚了。

且夫尧、舜、桀、纣千世而一出，是比肩随踵而生也。世之治者不绝于中，吾所以为言势者，中也。中者，上不及尧、舜，而下亦不为桀、纣。抱法处势则治，背法去势则乱。今废势背法而待尧、舜，尧、舜至乃治，是千世乱而一治也。抱法处势而待桀、纣，桀、纣至乃乱，是千世治而一乱也。

且夫治千而乱一，与治一而乱千也，是犹乘骥(jì)、䮘(ěr)[1]而分驰也，相去亦远矣。夫弃隐栝(kuò)[2]之法，去度量之数，使奚仲[3]为车，不能成一轮。无庆赏之劝，刑罚之威，释势委法，尧、舜户说而人辨之，不能治三家。夫势之足用亦明矣，而曰“必待贤”，则亦不然矣。且夫百日不食以待粱肉，饿者不活；今待尧、舜之贤乃治当世之民，是犹待粱肉[4]而救饿之说也。

[注释]

①骥、䮘：二者皆为古代名马。②隐栝：矫正木材弯曲的工具。隐：通“檃”。③奚仲：传说中古代善于造车的人。④粱肉：指精美的食物。

[译文]

再说，像尧、舜、桀、纣这样的人，一千年出现一次，就算是接踵而至了。世上的君主不断地产生于中等人才之中，我之所以要讨论权势，是为了这些中等人才。中等才能的君主，与上相比，及不上尧、舜，与下相比，不至于成为桀、纣。他们守着法度掌握权势就可以使国家得到治理，背离法度，丢掉权势就会使国家混乱。假如废弃权势、背离法度，要等尧、舜出现才使国家太平，这是千世混乱，而一世太平。掌握法度、据有权势，等待桀、纣，等着桀、纣出现才使国家混乱，这是千世太平，而一世混乱。

况且，太平一千世才有一世混乱，和混乱一千世才有一世太平相比，就像骑着千里马背道而驰，相差得太远了。如果放弃矫正木材的工具，丢掉度量尺寸的技术，就是让奚仲造车，也不能造出一个轮子。没有奖赏的鼓励，没有刑罚的威严，放弃了权势，不实行法治，只凭尧、舜的劝说，逢人就宣传辩论，连三户人家也管不好。权势的重要作用也够明显的了，而你说“一定要等待贤人”，那也就不对了。如果让人一百天不吃去等待好饭菜，挨饿的人就活不成；现在要等待尧、舜这样的贤人来治理当代的民众，这好比等将来的好饭菜来解救饥饿的说法一样。

夫曰：“良马固车，臧获御之则为人笑，王良御之则日取乎千里”，吾不以为然。夫待越人之善海游者以救中国之溺人，越人

善游矣，而溺者不济矣。夫待古之王良以驭今之马，亦犹越人救溺之说也，不可亦明矣。夫良马固车，五十里而一置①，使中手御之，追速致远，可以及也，而千里可日致也，何必待古之王良乎？且御，非使王良也，则必使臧获败之；治，非使尧、舜也，则必使桀、纣乱之。此味非饴蜜也，必苦莱、亭历②也。此则积辩累辞，离理失术，两末之议也，奚可以难夫道理之言乎哉？客议未及此论也。

[注释]

①置：驿站。②亭历：又写作“葶苈”，一种植物，籽味苦，可入药。

[译文]

反驳慎到的人说：“那好马和好车，如果让奴仆驾驭就要被人讥笑，而让王良驾驭却能日行千里。”我不认为这种观点是对的。等待越国善于游泳的人来救中原地区落水的人，越人固然善于游泳，但落水的人等不及了。如果要等待古代的王良来驾驭当今的车马，与等越人来救落水者的情形是一样的，显然也是行不通的。好马好车，再加上相隔五十里设一个驿站，让中等车夫来驾驭，要想跑得快走得远，是可以办到的，一千里路程一天也可以到达，何必等待古代的王良呢？况且驾车，要是不用王良，就一定要让奴仆们把事办糟；治理国家，要是不用尧、舜，就一定要让桀、纣把国家搞乱。这就好比这个味道不是蜜糖，就一定是苦菜。这也就是堆砌言辞，违背常理，脱离法术，而趋于极端化的理论，怎能用来责难那种合乎道理的言论呢？你的贤治议论赶不上这种势治议论。

问辩第四十一

题 解

“问辩”，就是询问辩论。本篇的主旨在于利用问答的形式来阐明百家争辩产生的原因以及制止争辩的方法。认为辩“生于上之不明”，提出“言行而不轨于法令者必禁”，明确以功利标准反对百家争鸣。

或问曰：“辩安生乎？”

对曰：“生于上之不明也。”

问者曰：“上之不明因生辩也，何哉？”

对曰：“明主之国，令者，言最贵者也；法者，事最适者也。言无二贵，法不两适，故言行而不轨于法令者必禁。若其无法令而可以接诈、应变、生利、揣事者，上必采其言而责其实。言当，则有大利；不当，则有重罪。是以愚者畏罪而不敢言，智者无以讼，此所以无辩之故也。乱世则不然：主有令而民以文学非之，官府有法，而民以私行矫之。人主顾[1]渐[2]其法令而尊学者之智行，此世之所以多文学也。夫言行者，以功用为之的彀(gòu)[3]者也。夫砥砺杀矢而以妄发，其端未尝不中秋毫也，然而不可谓善射者，无常仪的也。设五寸之的，引十步之远，非羿、逢蒙不能必中者，有常仪的也。故有常，则羿(yì)、逢蒙以五寸的为巧，无常，则以妄发之中秋毫为拙。今听言观行，不以功用为之的彀，言虽至察，行虽至坚，则妄发之说也。是以乱世之听言也，以难知为察，以博文为辩；其观行也，以离群为贤，以犯上为抗[4]。人主者说辩察之言，尊贤抗之行，故夫作法术之人，立取舍之行，别辞争之论，而莫为之正。是以儒服带剑者众，而耕战之士寡；坚白、无厚之词章[5]，而宪令之法息。故曰：上不明，则辩生焉。”

[注释]

①顾：反而。②渐：通“潜”，淹没，相当于放弃的意思。③彀：这里用为箭靶之意。的彀，意指射箭要射中目标为标准。④抗：通“亢”，这里是指刚强的意思。⑤词章：诗文的总称。

[译文]

有人问道：“辩说是怎样产生的呢？”

韩非回答说：“产生于君主的不明智。”

问话的人说：“君主不明智就能产生辩说，为什么呢？”

韩非回答说：“在明智的君主统治的国家里，命令是最尊贵的言辞，而法律是处理政事的最高准则。除了命令，没有第二种尊贵的言辞；除了法律，没有第二套行事准则；所以不符合法令的言论和行动必须禁止。如果言论不以法令为依据，但可以对付欺诈、适应事变、谋得利益、推断事理的，君主必须采纳这种言论并进而责求它的效果。言论与实效若相符，就给以重赏；言论和实效若不相符，就给以重罚。因此愚笨的人畏罪而不敢说话，聪明的人没有什么可争论的。这就是辩说之所以不存在的原因。乱世就不是这样了。君主有命令，而平民可以凭借学术主张加以反对；官府有法律，而平民可以通过私人行为来违反。君主反而放弃法令而尊崇学者的智慧和行为，这就是世上有那么多人崇尚学术活动的原因。言行要以功用为它的目标。磨快射猎用的箭，用于毫无目的地乱射，箭头未必不曾不射中细小的东西，但是不能称为善于射箭的人，因为没有固定的靶子。设立直径五寸的箭靶，拉开十步的距离，不是羿和逄蒙就不能一定射中，是因为有了固定的靶子。因此有固定的目标，那么羿和逄蒙能够射中五寸的靶子就算是技艺高的；没有固定的靶子，胡乱发射即使射中微小的东西，仍然算是技艺差的。现在听取言论，观察行为，不把功用作为目标，言论虽然很明察、行为虽然很刚直，不过是些胡乱的言论。因此，乱世之中，听取言论，应把隐微难辨作为明察，把博学多闻作为雄辩；观察行为时把远离社会作为贤能，把违抗君主作为刚直。做君主的喜欢这种明察，雄辩的言论，尊重这种贤能、刚直的行为，所以那些制订法术的人，虽然确定了行为的标准，分清了争辩的是非，但没有人加以肯定。因此儒生、游侠多了，耕种和打仗的人就少了；‘坚白’‘无厚’的诡辩风行起来，宪章法令就会遭到破坏而消亡。所以说君主不明察，辩说就产生了。”

问田第四十二

题 解

“问田”作为标题，没有特别意义，是取篇首二字为标题，还有战国初期的命题作风。全篇共分两段。首段提出选拔官吏必须逐级提拔，要具有丰富的实践经验；第二段表明了法家不惮患祸而图民萌之利的精神，并认为这就是法家的“仁智之行”。

徐渠问田鸠(jiū)曰：“臣闻智士不袭下[1]而遇君，圣人不见功而接上。今阳城义渠，明将也，而措于屯伯；公孙亶(dǎn)回，圣相也，而关于州部，何哉？”田鸠曰：“此无他故异物，主有度、上有术之故也。且足下独不闻楚将宋觚(gū)而失其政，魏相冯离而亡其国？二君者驱于声词，眩乎辩说，不试于屯伯，不关乎州部，故有失政亡国之患。由是观之，夫无屯伯之试，州部之关，岂明主之备哉！”

堂谿公谓韩子曰：“臣闻服礼辞让，全之术也；修行退智，遂之道也。今先生立法术，设度数，臣窃以为危于身而殆于躯。何以效之？所闻先生术曰：‘楚不用吴起而削乱，秦行商君而富强。二子之言已当矣，然而吴起支[2]解而商君车裂者，不逢世遇主之患也。’逢遇不可必也，患祸不可斥[3]也。夫舍乎全遂之道而肆乎危殆之行，窃为先生无取焉。”韩子曰：“明先生之言矣。夫治天下之柄，齐民萌之度，甚未易处也。然所以废先王之教，而行贱臣之所取者，窃以为立法术，设度数，所以利民萌[4]便众庶之道也。故不惮乱主暗上之患祸，而必思以齐民萌之资利者，仁智之行也。惮乱主暗上之患祸，而避乎死亡之害，知明夫身而不见民萌之资利者，贪鄙之为也。臣不忍向贪鄙之为，不敢伤仁智之行。先王有幸臣之意，然有大伤臣之实。”

［注释］

①袭下：由下而上逐级提拔。②支：通“肢”。③斥：排除。④民萌：民众。

［译文］

徐渠向田鸠询问说：“我听说智士不用由下而上逐级提拔就能被君主赏识，圣人不用显示出成绩就能被君主接纳。如今阳城的义渠是个英明的将领，可他只是被安置在一个小小的屯长位置；公孙亶回是个很杰出的相国，也安排做过地方官，为什么呢？”田鸣回答：“这没有别的缘故，只因为君主掌握了法度和手段。况且，难道您没听说楚国用宋觚担任将领而败坏了政事，魏国任用冯离为相而断送了国家？两国的君主都被花言巧语所驱使，被诡辩利说所迷惑，没有用低级职务来考验，不具备基层工作的经历，结果给国家带来了败坏和灭亡的祸患。由此看来，那种不经低级职务和基层工作考验的办法，哪里是明智的君主应该采取的措施啊！”

堂谿公对韩非说：“我听说遵循古礼、懂得谦让，是保全自己的手段；修养品行、韬光养晦，是达到顺心如意的途径。现在您设立法术，规定制度，我私下认为会给您生命带来危险。用什么进行验证呢？听说您曾讲道：‘楚国不采用吴起的主张，使国力削弱，社会混乱；秦国实行商鞅的主张使国家富足，国力强大。吴起、商鞅的主张已经被证明是正确的，可是吴起却被肢解，商鞅也被车裂，是因为没碰上好的世道和明智的君主而带来的祸患。’遭遇什么是不能确定的，祸患是不可能被排除的。放弃保全自己和顺心如意的道路而不顾一切地去干冒险的事，为您着想，我认为这是不可取的。”韩非说：“我了解您的意思了。整治天下的权柄，统一民众的法度，是非常不容易施行的。但之所以要废除先王的礼治，而实行我的法治主张，是因为我抱定了这样的主张，即设立法术、制定规章制度，是有利于广大民众的做法。我之所以不害怕会有昏君乱主带来祸患，而坚持考虑用法度来统一民众的利益，是因为这是仁爱明智的表现。害怕昏君乱主带来祸患，而逃避死亡的危险，明哲保身而看不见民众的利益，那是贪生而卑鄙的行为。我不愿选择贪生而卑鄙的行为，不敢做出毁坏仁爱明智的事情。您有爱护我的心意，但实际上又大大伤害了我。”

定法第四十三

题解

“定法”就是确定名副其实的赏罚原则，完善法令。本篇通过对于前辈法术家慎到、商鞅各执一隅的危害性进行分析，表明了法术二者不可或缺的思想。从中可以看出韩非思想的渊源以及法家思想在韩非手上出现的创造性发展。从本篇可以看出韩非的法治思想有三个来源：势源于慎到，法源于商鞅，术源于申不害。韩非对前人的思想既有继承又有发展，提出“时移备变”的观点。

问者曰：“申不害、公孙鞅，此二家之言孰急于国？”

应之曰：“是不可程①也。人不食，十日则死；大寒之隆②，不衣亦死。谓之衣食孰急于人，则是不可一无也，皆养生之具也。今申不害言术而公孙鞅为法。术者，因任③而授官，循名而责实，操杀生之柄(bǐng)，课群臣之能者也。此人主之所执也。法者，宪令著于官府，刑罚必于民心，赏存乎慎法④，而罚加乎奸令者也。此臣之所师也。君无术则弊于上，臣无法则乱于下，此不可一无，皆帝王之具也。”

[注释]

①程：比较。②隆：极、盛，即顶点。③任：这里是能力的意思。④慎法：这里指守法的人。

[译文]

问话的人说：“申不害和商鞅，这两家的学说哪一家对于治理国家更急需？”

韩非回答他说：“这是不能比较的。人不吃饭，十天后就会饿死；在极寒冷的天气下，不穿衣服就会冻死。若问衣服和食物哪一种是人更急需的，应该说是缺一不可的，都是维持生命所必须具备的。如今申不害提倡运用术而商鞅主张推行法。所谓术，就是依据才能授予官职，按照名位要求实际功效，掌握生杀大权，考核群臣的能力。这些都是君主应该掌握的。所谓法，就是由官府明文公布，让赏罚制度深入民心，奖赏谨慎守法的人，惩罚触犯法令的人。这些是臣下应该遵循的。君主没有术，在上面就会受蒙蔽；臣下没有法，在下面就会闹乱子；所以术和法缺一不可，都是称王天下必须具备的东西。”

问者曰："徒术而无法，徒法而无术，其不可何哉？"

对曰："申不害，韩昭侯之佐也。韩者，晋之别国也。晋之故法未息[①]，而韩之新法又生；先君之令未收，而后君之令又下。申不害不擅(shàn)其法，不一其宪令，则奸多。故利在故法前令则道之，利在新法后令则道之，利在故新相反，前后相勃[②]，则申不害虽十使昭侯用术，而奸臣犹有所谲其辞矣。故托万乘之劲韩，十七年而不至于霸王者，虽用术于上，法不勤饰[③]于官之患也。公孙鞅之治秦也，设告相坐而责其实，连什伍而同其罪，赏厚而信，刑重而必。是以其民用力劳而不休，逐敌危而不却，故其国富而兵强；然而无术以知奸，则以其富强也资人臣而已矣。及孝公、商君死，惠王即位，秦法未败也，而张仪以秦殉(xùn)韩、魏。惠王死，武王即位，甘茂以秦殉周。武王死，昭襄王即位，穰(rǎng)侯越韩、魏而东攻齐，五年而秦不益尺土之地，乃城其陶邑之封。应侯攻韩八年，成其汝南之封。自是以来，诸用秦者，皆应、穰之类也。故战胜，则大臣尊；益地，则私封立：主无术以知奸也。商君虽十饰其法，人臣反用其资。故乘强秦之资数十年而不至于帝王者，法不勤饰(shì)于官，主无术于上之患也。"

[注释]

①息：废止。②勃：通"悖"，混乱，相冲突。③饰：通"饬"，整饬。

[译文]

有人问道："只用术而不用法，或只用法而不用术，都是不可行的，具体情形究竟如何呢？"

韩非回答说："申不害辅佐韩昭侯，韩国是从晋国分出来的。晋国的旧法没有废除，而韩国的新法又已公布；晋君的旧法令没有收回，而韩君的新法令又已下达。申不害不能专一地推行新法，没有使韩国的法令统一，奸邪的事必然增多。所以奸人认为若旧法令对自己有利，就依照旧法令行事；若新法令对自己有利，就依照新法令行事；他们从旧法和新法前后政令的矛盾中谋取利益，那么申不害即使多次让韩昭侯运用术，奸臣仍然有办法诡辩。所以，申不害凭借兵力雄厚的韩国，即使经过十七年的努力也没能成就霸业，就是因为君主虽然在上面用术，但没有在官吏中频繁整顿法令，结果带来了害处。商鞅治理秦国，制定了告奸和连坐的制度来考察犯罪的实情，使什

伍之家同受罪责，该赏就一定赏，该罚就一定罚。因此秦国人民努力耕作，疲惫了也不休息，追击敌人时，尽管很危险也不退却，结果虽使秦国国富民强，但没有用术来识别奸臣，那不过是用秦国的富强帮助群臣罢了。到秦孝公时，商鞅死了，秦惠王继位，秦国的变法措施没有废除，但张仪把秦国的力量牺牲在逼迫韩国、魏国上面。秦惠王死后，秦武王继位，甘茂把秦国的力量牺牲在与周国打仗上。秦武王死后，秦昭襄王继位，穰侯越过韩国、魏国向东攻打齐国，过了五年，秦国没有增加一尺土地，而穰侯却增加了陶邑的封地。应侯范雎攻打韩国达八年之久，给他自己增加了汝南的封地。从那时起，许多在秦国执政的人，都是应侯、穰侯之类的人。所以打了胜仗，大臣就变得尊贵起来；扩大了地盘，就有了私人的封地。这是君主不能用术去明察奸邪的缘故。商鞅纵然频繁地整顿法令，他的成果却被臣下利用了。所以凭借秦国雄厚的实力，经过了几十年还没有成就帝王霸业，就是因为官府虽然不断地整顿法令，但君主在上面不能用术，结果带来了害处。”

问者曰：“主用申子之术，而官行商君之法，可乎？”

对曰：“申子未尽于术，而商君未尽于法也。申子言：‘治不逾官，虽知弗言’。治不逾官，谓之守职也可；知而弗言，是不谓过也。人主以一国目视，故视莫明焉；以一国耳听，故听莫聪焉。今知而弗言，则人主尚安假借①矣？商君之法曰：‘斩一首者爵一级，欲为官者为五十石之官；斩二首者爵二级，欲为官者为百石之官。’官爵之迁与斩首之功相称也。今有法曰：‘斩首者令为医、匠。’则屋不成而病不已。夫匠者手巧也，而医者齐药②也，而以斩首之功为之，则不当其能。今治③官者，智能也；今斩首者，勇力之所加也。以勇力之所加而治智能之官，是以斩首之功为医、匠也。故曰：二子之于法术，皆未尽善也。”

[注释]

①假借：利用。②齐药：调配药物。齐：通“剂”。③治：担当。

[译文]

问话的人说：“君主采用申不害的术，官府实行商鞅的法，这样可以吗？”

韩非回答说：“申不害的术还不够完善，商鞅的法也不够完善。申不害说：‘办事不能越权，越权的事即使知道了也不能说出去。’办事不能越权，可以说是守职；知道了却不说出去，这是不告发罪行。君主用全国人的眼睛去看，因此没有谁比他看得更清楚；用全国人的耳朵去听，因此没有谁比他听得更清楚。如果知道了也不报告，那么君主依靠什么来做自己的耳目呢？商鞅的法令规定：‘杀死一个敌人小头目，可以升爵一级，若想做官，可以得到年俸五十石的官职；杀死两个敌人小头目的，可以升爵两级，若想做官，可以得到年俸一百石的官职。’官职和爵位的提升跟杀敌立功的多少是相对应的。如果有法令规定：‘让杀敌立功的人去做医生或工匠。’那么他盖不成房屋，也治不好病。工匠是有精巧手艺的，医生是会配制药物的，如果用杀敌立功的人来干这些事，那就与他们的才能不相对应。如今做官的人，要有智慧和才能；而杀敌立功的人，依靠的是勇气和力量。如果让依靠勇气和力量的人去担任需要智慧和才能的官职，那就等于让杀敌立功的人去当医生、工匠一样。所以说：申不害的术和商鞅的法，都没有达到完善的地步。”

说疑第四十四

题解

“说疑”，意思是为君主释疑解惑，君主所疑的对象，从文中看来是五种窥窃君权、惑乱民心的奸臣。本篇首先提出禁奸之法：“太上禁其心，其次禁其言，其次禁其事。”禁之之法则是“远仁义，去智能，服之以法”，接着列举大量历史上的“亡国之臣”“不令之民”“疾争强谏”之臣、“逼君”“谋上”之臣、“谄谀之臣”展开论述，然后提出举臣之法，文章最后以倡导破除乱国之“四拟”作结。

凡治之大者，非谓其赏罚之当也。赏无功之人，罚不辜之民，非所谓明也。赏有功，罚有罪，而不失其人，方①在于人者也，非能生功止过者也。是故禁奸之法，太上禁其心，其次禁其言，其次禁其事。今世皆曰：“尊主安国者，必以仁义智能”，而不知卑主危国者之必以仁义智能也。故有道之主，远仁义，去智能，服之以法。是以誉广而名威，民治而国安，知用民之法也。凡术也者，主之所执也；法也者，官之所师也。然使郎中日闻道于郎门②之外，以至于境内日见法，又非其难者也。

昔者有扈(hù)氏③有失度④，讙(huān)兜氏⑤有孤男⑥，三苗有成驹，桀(jié)有侯侈(chǐ)，纣有崇侯虎，晋有优施，此六人者，亡国之臣也。言是如非，言非如是，内险以贼，其外小谨，以征其善；称道往古，使良事沮；善禅⑦其主，以集精微，乱之以其所好：此夫郎中左右之类者也。

往世之主，有得人而身安国存者，有得人而身危国亡者。得人之名一也，而利害相千万也，故人主左右不可不慎也。为人主者诚明于臣之所言，则别贤不肖如黑白矣。

[注释]

①方：这里是仅仅的意思。②郎门：这里指君臣议政的地方。郎：通“廊”。

③有扈氏：传说中夏朝一个部落名。④失度：人名。⑤谨兜氏：传说中尧时的一个部落名。⑥孤男：人名。⑦禅：通“擅”，控制。

[译文]

治国的大事，不仅指赏罚得当。赏无功的人，罚无罪的人，不能称作明察。赏有功的人，罚有罪的人，且全无遗漏，作用仅局限在个别人身上，并不能起鼓励立功和禁止犯罪的作用。因此，禁止奸邪的办法，首要的是禁止奸邪的思想，其次是禁止奸邪的言论，再次是禁止奸邪的行为。现在世上的人都说“给君主带来尊崇，国家带来安定的，必然要靠仁义智能”，却不知道导致君主卑下、国家危乱的，必定因为仁义智能。所以掌握法术的君主，摒弃仁义，废除智能，用法来使人服从。因此声誉远播而名震四海，百姓太平而国家安定，在于君主懂得使用民众的方法。一般而论，术是君主应该掌握的，法是官吏应该遵循的。既然这样，那么派遣侍从官员每天把法治的道理传达到宫门之外，直到境内的民众每天都看到法令，也并非是一件困难的事。

过去有扈氏有个臣子叫失度，谨兜氏有个臣子叫孤男，三苗有个臣子叫成驹，夏桀有个臣子侯侈，商纣有个臣子叫崇侯虎，晋国有个臣子叫优施，这六个人都是导致国家灭亡的臣子。他们把是说成非，把非说成是，内心阴险毒辣，外表小心谨慎，用以表明自己善良；称颂远古，使好事变坏；善于控制君主，收集君主隐微的意向，以投合君主的爱好来扰乱君主：这些都是郎中官和左右侍从一类的人。

以往的君主，有的得到大臣后身安国存，有的得到大臣后身危国亡。得到大臣这一点是相同的，但利弊相差极大，所以君主对于左右近臣不能不加倍小心。做君主的确实能明察臣子说的话，那么区别贤与不贤的人就像区别黑白那样清楚了。

若夫①许由、续牙、晋伯阳、秦颠颉(jié)、卫侨如、狐不稽、重明、董不识、卞随、务光、伯夷、叔齐，此十二者，皆上见利不喜，下临难不恐，或与②之天下而不取，有萃(cuì)③辱之名，则不乐食谷之利。夫见利不喜，上虽厚赏，无以劝之；临难不恐，上虽严刑，无以威之：此之谓不令之民也。此十二人者，或伏死于窟穴，或槁死于草木，或饥饿于山谷，或沉溺于水泉。有如此，先古圣王皆不能臣，当今之世，将安用之？

[注释]

①若夫：至于。②与：通“予”，给予。③萃：通“瘁”，劳累。

[译文]

至于许由、续牙、晋伯阳、秦颠颉、卫侨如、狐不稽、重明、董不识、卞随、务光、伯夷、叔齐，这十二个人，都是看到了利益不动心，面临危险不畏惧的。有的给他天下都不接受，一旦遇到劳累和屈辱，就不愿接受官府的俸禄。见到利益不动心的人，

即使君主厚赏，也不能勉励他；面临危险不畏惧的人，即使君主重罚，也不能征服他：这叫作不服从命令的人。这十二个人，有的隐居，最后死在山洞里，有的枯槁，最后死在荒野上，有的在深山里饿死，有的投水自尽。有了这样的人，古代的圣王都不能让他们做臣子，当今之世，又能派他们什么用场呢？

若夫关龙逄、王子比干、随季梁、陈泄治、楚申胥、伍子胥，此六人者，皆疾争强谏以胜其君。言听事行，则如师徒之势；一言而不听，一事则不行，则陵①其主以语，待之以其身，虽身死家破，要②领不属（zhǔ）③，手足异处，不难为也。如此臣者，先古圣王皆不能忍也，当今之时，将安用之？

[注释]

①陵：通“凌”，侵犯，欺辱。②要：通“腰”，胯上胁下的部分，在身体的中部。③属：连接。

[译文]

至于夏桀时期的关龙逄，商纣时期的比干、随国的季梁、陈国的泄治、楚国的申胥、吴国的伍子胥，这六个人，都与君主激烈争辩，并强行劝谏来压服君主。若君主采取了他们的主张处理政事，就会出现如同师徒之间不平等的形势；若君主对他们有一句话语不听从，一件事情不照办，他们就用强硬的措施来侵凌君主；不顾身家性命来等待处理，即使家破人亡，身首分离，手脚异处，也不畏惧。像这样的臣子，古代的圣王都不能容忍，当今之世，又怎么用他们呢？

若夫齐田恒、宋子罕、鲁季孙意如、晋侨如、卫子南劲、郑太宰欣、楚白公、周单荼、燕子之，此九人者之为其臣也，皆朋党比周以事其君，隐正道而行私曲①，上逼君，下乱治，援外以挠内，亲下以谋上，不难为也。如此臣者，唯圣王智主能禁之，若夫昏乱之君，能见之乎？

若夫后稷（jì）、皋陶、伊尹、周公旦、太公望、管仲、隰（xí）朋、百里奚、蹇（jiǎn）叔、舅犯、赵襄、范蠡、大夫种、逢同、华登，此十五人者为其臣也，皆夙兴夜寐，卑身贱体，竦②心白意；明刑辟、治官职以事其君，进善言、通道法而不敢矜其善，有成功立事而不敢伐其劳；不难破家以便国，杀身以安主，以其主为高天泰山

之尊，而以其身为壑(hè)谷鬴(fǔ)③洧之卑；主有明名广誉于国，而身不难受壑谷鬴洧之卑。如此臣者，虽当昏乱之主尚可致功，况于显明之主乎？此谓霸王之佐也。

［注释］

①私曲：谋取私利的奸佞行为。②竦：恭敬。③鬴：通“釜”，与后文“洧”都是指水名。

［译文］

至于齐国的田常、宋国的子罕、鲁国的季孙如意、晋国的孙侨如、卫国的子南劲、郑国的太宰欣，楚国的白公胜、周国的单荼、燕国的子之，这九个人作为君主的臣子，他们行事，都是通过结党营私来侍奉君主，干些不走正道、谋取私利的勾当，对上威逼君主，对下破坏国家安稳，对外勾结敌对势力来扰乱国内政事，拉拢下属来对付君主，做来毫无顾忌。像这样的臣子，只有圣王明主才能加以控制，至于那些昏君乱主，能看得出来吗？

至于后稷、皋陶、伊尹、周公旦、太公望、管仲、隰朋、百里奚、蹇叔、舅犯、赵襄、范蠡、文种、逢同、华登，这十五个人作为臣子，他们行事，都是早起晚睡，自谦自卑，恭敬地表白内心的想法；严明地执行刑法，尽职尽责地侍奉自己的君主，进献好的建议，懂得治国的法术而不敢自我夸耀，立功成事之后也不敢自恃劳苦功高；为了国家利益，不顾家庭残破，为了君主的安全，不惜献出生命；把君主看成上天和泰山一样的贵重，把自身看成谷底和河床一样低下；君主在全国有美好的名声而广泛的荣誉，而自己安于接受谷底和河床一样低下的地位。像这样的臣子，即使遇到昏君乱主仍然能够建立功业，何况遇到贤明的君主呢？这就叫作霸王的助手啊。

若夫周滑之、郑王孙申、陈公孙宁、仪行父、荆芋尹申亥、随少师、越种(chóng)干、吴王孙额(é)、晋阳成泄、齐竖刁、易牙，此十二人者之为其臣也，皆思小利而忘法义，进则掩蔽①贤良以阴暗其主，退则挠乱百官而为祸难；皆辅其君，共其欲，苟得一说于主，虽破国杀众，不难为也。有臣如此，虽当圣王尚恐夺之，而况昏乱之君，其能无失乎？有臣如此者，皆身死国亡，为天下笑。故周威公身杀，国分为二；郑子阳身杀，国分为三；陈灵公身死于夏征舒氏；荆灵王死于乾谿②之上；随亡于荆；吴并于越；知伯灭于晋阳之下；桓公身死七日不收。故曰：谄谀之臣，唯圣王知之，而乱主近之，故至身死国亡。

[注释]

①掩蔽：堵塞。②谿：通“溪”。

[译文]

至于西周的滑之、郑国的王孙申、陈国的公孙宁、仪行父、楚国的芋尹申亥、随国的少师、越国的种干、吴国的王孙额、晋国的阳成泄、齐国的竖刁、易牙等，这十二个人作为臣子，都是为了谋取小利而忘记法律、道义，在上面则埋没、堵塞贤良去蒙蔽君主，在下面则扰乱百官而兴祸作乱；他们辅佐君主，就是迎合君主的欲望，若能取得君主的一点欢心，即使败坏国家、残杀民众，他们也轻易办到。像这样的臣子，即使是圣明的君王也害怕被夺权，何况那些昏君乱主，哪能不失去权柄呢？任用这些臣子的君主，都身死国亡，从而被天下人耻笑。所以周威王被杀，国家被分为两个；郑国的君主子阳被杀，国家被分为三个。陈灵公死于夏征舒之手，楚灵玉死在乾溪之上，随国被楚国所灭，吴国被越国吞并，智伯被杀害在晋阳城下，桓公死后六十七天得不到安葬。所以说：阿谀奉承的臣子，只有圣明君主才能识破，而昏君乱主却去亲近他们，因而落到身死国亡的下场。

圣王明君则不然，内举不避亲，外举不避仇。是在焉，从而举之；非在焉，从而罚之。是以贤良遂进而奸邪并退，故一举而能服诸侯。其在记[1]曰：尧有丹朱，而舜有商均，启有五观，商有太甲，武王有管、蔡。五王之所诛者，皆父兄子弟之亲也，而所杀亡其身、残破其家者何也？以其害国伤民败法类也。观其所举，或在山林薮泽岩穴之间，或在囹(líng)圄(yǔ)缧(xiè)绁(xiè)[2]缠索之中，或在割烹刍(chú)牧饭牛之事。然明主不羞其卑贱也，以其能，为可以明法，便国利民，从而举之，身安名尊。

[注释]

①记：历史典籍。②缧绁：绳索。囹圄、缧绁、缠索都是监狱的意思。

[译文]

圣王明君却不这样，在选拔臣子时，对内不回避自己的亲眷，对外不排斥自己的仇敌。如果是正确的，就任用；如果是错误的，就处罚。因此，贤良的人得到了任用，而奸邪之臣都被斥退，所以一个举措就能使诸侯臣服。在历史典籍的记载中，尧时有儿子丹朱，舜时有儿子商均，夏启时有儿子太康等五人，商汤时有孙子太甲，武玉时有弟弟管叔、蔡叔。这五个帝王惩罚的，都是自己的父兄子弟一类的亲人，为什么要使他们受到家庭破灭、被流放的惩罚呢？因为他们祸国殃民，败坏法治。请看圣王选拔的人，有的隐居在山林洞穴之中，有的被囚禁在监狱之中，有的干着宰割烹调、

割草放牧、喂牛等的活计。然而明君不嫌弃他们卑贱的地位，因为他们的才能，可以彰明法度，有利于国家和民众，根据这点选拔他们，君主地位得到了巩固，声望得到了提高。

乱主则不然，不知其臣之意行[1]，而任之以国，故小之名卑地削，大之国亡身死。不明于用臣也。无数[2]以度其臣者，必以其众人之口断之。众人所誉，从而悦之；众之所非，从而憎之。故为人臣者破家残赇[3]，内构党与、外接巷族以为誉，从阴约结以相固也，虚相与爵禄以相劝也。曰：“与我者将利之，不与我者将害之。”众贪其利，劫其威：“彼诚喜，则能利己；忌怒，则能害己。”众归而民留[4]之，以誉盈于国，发闻于主。主不能理其情，因以为贤。彼又使谲诈之士，外假为诸侯之宠使，假之以舆马，信之以瑞节[5]，镇[6]之以辞令，资之以币帛，使诸侯淫说其主，微挟私而公议。所为使者，异国之主也；所为谈者，左右之人也。主说其言而辩其辞，以此人者天下之贤士也。内外之于左右，其讽一而语同。大者不难卑身尊位以下之，小者高爵重禄以利之。夫奸人之爵禄重而党与弥众，又有奸邪之意，则奸臣愈反而说之，曰：“古之所谓圣君明王者，非长幼世，及以次序也；以其构党与，聚巷族，逼上弑君而求其利也。”彼曰：“何知其然也？”因曰：“舜逼尧，禹逼舜，汤放桀，武王伐纣。此四王者，人臣弑其君者也，而天下誉之。察四王之情，贪得人之意也；度其行，暴乱之兵也。然四王自广措也，而天下称大焉；自显名也，而天下称明焉。则威足以临天下，利足以盖世，天下从之。”又曰：“以今时之所闻，田成子取齐，司城子罕取宋，太宰欣取郑，单氏取周，易牙之取卫，韩、魏、赵三子分晋，此八人者，臣之弑其君者也。”奸臣闻此，蹶然举耳以为是也。故内构党与，外摅巷族，观时发事，一举而取国家。且夫内以党与劫弑其君，外以诸侯之权骄易其国，隐正道，持私曲，上禁君，下挠治者，不可胜数也。

是何也？则不明于择臣也。记曰：“周宣王以来，亡国数十，其臣弑其君取国者众矣。”然则难之从内起与从外作者相半也。能一尽其民力，破国杀身者，尚皆贤主也。若夫转身法易位，全众传国，最其病也。

[注释]

①意行：思想和行为。②数：通“术”，法术，方法。③睟：财物，财产。④留：依附。⑤瑞节：使者手上的凭证。⑥镇：通“重”，这里是以示庄重的意思。

[译文]

昏君乱主却不这样，他们不了解臣子的思想和行为，却把国家大权托付给他们，所以轻者君主名望低微、国土丧失，重者国家灭亡、君主身死，原因在于君主不懂得任用臣子。不能用法术来衡量、考察臣子，必然根据众人的议论来判断他们的好坏。众人称赞，就喜爱；众人诽谤，就憎恶。所以做臣子的不惜倾家荡产地花费钱财，在朝廷内结成同党、在朝廷外勾结地方势力来制造声誉，用暗中订立盟约来加强勾结，用口头上封官许愿来给予鼓励。说什么“顺从我的就能得到好处，不顺从我的只能遭遇祸害”。众人贪图他给的好处，又胁迫于他的威势，认为：“真能使他高兴了，就会让我得到好处；把他惹怒了，就会伤害自己。”所以众人都依附于他，民众也靠拢他，把一片赞美声传遍全国，传达到君主那里。君主又不能弄清楚实情，因此认为他是贤人。奸臣还会派出诡诈的人，在外充当别国宠信的使者，把马车借给他，使人相信，教他外交辞令使他被认为是庄重的，用贵重的礼物资助他，让他作为外国使者来游说本国君主，带着暗中帮着奸臣说话的私心而议论公事。替谁做使者呢，是为别国的君主；替谁讲话呢，是为君主左右的奸臣。君主喜欢使者的话，认为他讲得有道理，从而认为他称赞的奸臣是天下的贤士。国家内外对于君主身边的那个奸臣，都异口同声地暗示君主：重者要君主甘愿卑身让位而居于其下，轻者赏赐高爵厚禄使奸臣得到大利。奸臣位高而禄厚，党羽越聚越多，又有篡夺君权的野心，他的党羽就会变本加厉地迎合他的心意，劝他说：“古代那些所谓的圣明君主，并不是父子兄弟依次传授王位；而是依靠在朝廷内结成同党，在朝廷外勾结地方势力，威逼和杀害君主而谋求大利的。”奸臣问：“如何知道是这样的？”党羽就说：“舜逼迫尧，禹逼迫舜，汤放逐桀，武王讨伐纣。这四个王，都是以臣子的身份而杀了自己的君主，而天下都称赞他们。考察四个王的心思，是出于得到天下的野心；衡量他们的行为，是使用了暴乱的武力。然而这四个王虽扩充势力，天下的人却称赞他们了不起；他们夸耀名声，天下的人却称赞他们很高明。这样，威势足以凌驾天下，利益足以压倒一世，于是天下人都顺从他们了。”又说：“根据现在知道的，田成子夺取了齐国，司城子罕夺取了宋国，太宰欣夺取了郑国，单荼夺取了周国，易牙夺取了卫国，韩、赵、魏三国瓜分了晋国，这八个人，都是臣子杀死自己的君主而自立的。”奸臣听到这些话，急忙竖起耳朵点头称是。所以在朝廷内结成同党，在朝廷外勾结地方势力，窥测时机，发动政变，一举而夺取国家政权。再说，对内利用党羽挟持或杀害君主，对外利用诸侯势力来颠覆自己的国家，是背离了正道，心怀阴谋，对上钳制君主，对下扰乱统治，这样的奸臣，数也数不清。这是什么原因呢？原因在于君主不懂得选择臣子。史书记载说："周宣王以来，亡国之君就有几十个，其中属于臣子杀死君主而夺取国家政权的情形非常多。"那么祸患从国家内部产生和从国家外部兴起的各占一半。能集中民众的力量抵抗祸乱，即使国家灭亡，丢掉性命，还都算是贤明的君主。至于改变法令，君臣易位，把整个国家和全体民众拱手交给别人，这才是最大的错误。

为人主者，诚明于臣之所言，则虽罼弋(bì yì)驰骋，撞钟舞女，国犹且存也；不明臣之所言，虽节俭勤劳，布衣恶食，国犹自亡也。赵之先君敬侯，不修德行，而好纵欲，适身体之所安，耳目之所乐，冬日罼弋，夏浮淫，为长夜，数日不废御觞(shāng)，不能饮者以筒灌其口，进退不肃、应对不恭者斩于前。故居处饮食如此其不节也。制刑杀戮如此其无度也，然敬侯享国①数十年，兵不顿于敌国，地不亏于四邻，内无君臣百官之乱，外无诸侯邻国之患，明于所以任臣也。燕君子哙(kuài)，邵公奭(shì)之后也，地方数千里，持戟数十万，不安子女②之乐，不听钟石之声，内不堙(yān)污池台榭，外不罼弋田猎，又亲操耒耨(lěi nòu)以修畎亩。子哙之苦身以忧民如此其甚也，虽古之所谓圣王明君者，其勤身而忧世不甚于此矣。然而子哙身死国亡，夺于子之，而天下笑之。此其何故也？不明乎所以任臣也。

[注释]

①享国：统治国家。②子女：这里指美女。

[译文]

做君主的，若真能洞察臣子的言论，那么即使打猎骑马，沉溺享乐，国家还是可以保全的；若不能洞察臣子的言论，即使节俭勤劳，布衣粗食，国家还是要灭亡的。赵国的前任君主敬侯，不修炼德行和操守，而喜欢尽情享乐，满足于身体的安适，耳目的快乐，冬天射箭打猎，夏天泛舟游玩，不分昼夜地饮酒，一连几天都不放下酒杯，不会喝酒的用竹筒对着嘴巴往里灌，进退不严肃，回答不恭敬的，就在席前杀死。所以，尽管起居饮食是如此没有节制，处罚杀戮是如此的没有标准，但是敬侯在位几十年，军队不曾被敌国挫败，土地不曾被四邻侵占，在内部没有群臣百官闹事，在外部没有邻国侵略的祸患，这些都是懂得如何任用臣子的缘故。燕王哙是召公的后裔，拥有方圆几千里的国土，数十万的士兵。他不沉溺于女色，不听声乐，在宫内不兴建深池高台，在宫外不射箭打猎，还亲自拿着农具来整治田地。子哙甘受劳苦来为民众牟利达到了这样的程度，即使那些古代的圣王明君，他们不辞辛劳地为国事操心，也比不上子哙，但是子哙身死国亡，君位被子之所篡夺，自身被天下人耻笑。这是什么原因呢？就是因为不懂得任用臣子啊。

故曰：人臣有五奸，而主不知也。为人臣者，有侈用财货赂以取誉者，有务[1]庆赏赐予以移众[2]者，有务朋党徇[3]智尊士以擅逞[4]者，有务解免赦罪狱以事威者，有务奉下直曲[5]、怪言、伟服、瑰称以眩[6]民耳目者。此五者，明君之所疑也，而圣主之所禁也。去此五者，则谍诈之人不敢北面立谈；文[7]言多、实行寡而不当法者，不敢诬情以谈说。是以群臣居则修身，动则任力，非上之令不敢擅作疾言诬事，此圣王之所以牧臣下也。彼圣主明君，不适疑物以窥其臣也。见疑物而无反者，天下鲜矣。故曰：孽（niè）有拟适（dí）之子，配有拟妻之妾，廷有拟相之臣，臣有拟主之宠，此四者，国之所危也。故曰：内宠并后，外宠贰政，枝子配适，大臣拟主，乱之道也。故《周记》曰："无尊妾而卑妻，无孽适子而尊小枝，无尊嬖臣而匹上卿，无尊大臣以拟其主也。"四拟者破，则上无意、下无怪也；四拟不破，则陨身灭国矣。

［注释］

①务：致力。②移众：收买民心。③徇：顺从、听从。④擅逞：专权，胡作非为。⑤直曲：以直为曲，即颠倒是非。⑥眩：迷惑。⑦文：文饰。

［译文］

所以说：臣子中有五种奸邪行为，而君主却没有识破。做臣子的，有滥用财物行贿来骗取声誉的，有致力于奖赏赐予来收买民众的，有致力于结党营私网罗智士来专权的，有凭借免除赋役、赦免罪犯来提高声威的，有致力于迎合下属而颠倒是非和用危言耸听、奇装异服、漂亮称号来迷惑人们视听的。这五种人，是明君所疑虑、圣君所禁止的；除去这五种人，那么诡辩和奸诈的人就不敢在君主面前言不由衷了。漂亮的话说得多、而实事做得少，行为不合法令的人，就不敢歪曲事实来取悦君主了。因此，群臣休闲时就会加强自身修养，做事时就会尽职尽责，没有君主的命令是不敢自作主张、乱说乱动的，这是圣明君主用来驾驭臣子的方法。那些圣明的君主，并不局限于在可疑的事上猜测臣子。碰到可疑的事而不反过来联系到其他事、弄清真相的情形天下少见。所以说：庶子中有和嫡子行事相同的人，配偶中有和正妻尊荣相等的妾，朝廷中有和国相权势相同的大臣，臣子中有和君主地位相当的宠臣，这四种情况，是使国家陷于危险的根源。所以说：内廷的宠妃与王后并列，外朝的宠臣与君主争权，庶子和嫡子匹敌，大臣和君主相当，都是通向祸乱的必经之路。所以《周记》上说："不要抬高妾的身价而压低正妻的地位，不要降低嫡子的地位而抬高庶出儿子的身份，不要看重宠臣而使他们与上卿匹敌，不要因为尊敬大臣而使他的权势与君主相当。"上述四种混淆上下关系的做法一旦被摧毁，君主就没有顾忌，臣下就没有邪行；这四种做法要是不被摧毁，便会君主身死、国家灭亡。

诡使第四十五

题解

韩非从重农战之本、抑工商之末的观点出发，认为人君在使役民众时存在着严重的悖反，这就是“诡使”之意。韩非认为世人所乐道而又受人主礼遇的高、贤、重、忠、烈士、勇夫、正、廉、齐、勇、愿、仁、长者等实是“不使”治国的二心私学者；相反，被认为是窭、愚、怯、不肖、陋的人却是守法之民，是国家农战政策的依靠对象。因此，韩非为后者鸣不平，要求立法令、废私学，禁其行、破其群、散其党，使莫得为私，然后上能胜下。

圣人之所以为治道者三：一曰“利”，二曰“威”，三曰“名”。夫利者，所以得民也；威者，所以行令也；名者，上下之所同道也。非此三者，虽有不急矣。今利非无有也，而民不化[1]上；威非不存也，而下不听从；官非无法也，而治不当名。三者非不存也，而世一治一乱者，何也？夫上之所贵与其所以为治相反也。

夫立名号，所以为尊也；今有贱名轻实者，世谓之“高”。设爵位，所以为贱贵基也；而简上不求见者，世谓之“贤”。威利，所以行令也；而无利轻威者，世谓之“重”。法令，所以为治也；而不从法令为私善者，世谓之“忠”。官爵，所以劝民也；而好名义不进仕者，世谓之“烈士”。刑罚，所以擅威也；而轻法不避刑戮死亡之罪者，世谓之“勇夫”。民之急名也，甚其求利也；如此，则士之饥饿乏绝者，焉得无岩居苦身以争名于天下哉？故世之所以不治者，非下之罪，上失其道也。常贵其所以乱，而贱其所以治，是故下之所欲，常与上之所以为治相诡也。

[注释]

①化：感化。

[译文]

圣人治理国家的措施有三种：一是利禄，二是权威，三是名位。利禄是用来赢得民众的，权威是用来推行政令的，名位是君臣共同遵行的准则。除了这三种，即使还有别的措施，也不是很急迫。如今有利禄，民众却不被君主感化；有权威，民众却不去服从；官府虽然设有法令，但办事时没有严格按照法令的规定。这三种措施不是不存在，但社会有时安定，有时混乱，为什么呢？是因为君主所推崇的东西和他用来治理国家的措施相违背。

设立名位称号，本是用来表示尊贵的；如今却有人轻视名位和实权，世俗却称赞这种行为为“高”。设立爵位等级，本是用来作为区别贵贱的基础，但是对君主傲慢而不愿求见的人，世俗却称赞他们为“贤”。权威是用来推行政令的，而对于那些无视利禄和轻视权威的人，世俗却称赞他们为“重”。法令是用来治理国家的，但对于那些不遵从法令而徇私的人，世俗却称赞他们为“忠”。官爵是用来勉励民众的，但对于那些追求声誉而不肯做官的人，世俗却称赞他们为“烈士”。刑罚是用来独揽权威的，但对于那些无视法令、不怕刑罚的亡命之徒，世俗却称赞他们是为“勇士”。民众急于追求名声，超过了追求实利；这样，一些沦落到饥饿贫困境地的士人，哪能不隐居深山折磨自己以便在天下挣得名声呢？所以，社会不得安宁的原因，不是下面的罪过，而是君主失去了治国的原则。君主经常尊重那些造成祸乱的行为，而轻视那些能使社会安定的措施，因此下层人士所向往的，就经常和君主应该用来治国的措施背道而驰。

今下而听其上，上之所急也。而惇（dūn）①悫（què）②纯信，用心怯言，则谓之“窭（jù）”③。守法固，听令审，则谓之“愚”。敬上畏罪，则谓之“怯”。言时节，行中适，则谓之“不肖”。无二心私学，听吏从教者，则谓之“陋”。

司九月菊花花神陶渊明

陶渊明曾为官八十多天便弃职而去，从此归隐田园。他在诗中指责是非颠倒的上流社会、反映仕途的险恶、表现退隐后怡然陶醉的心情。但韩非子对这种追求声誉而不肯做官的人却并不认可。

难致④，谓之“正”。难予，谓之“廉”。难禁，谓之“齐”。有令不听从，谓之“勇”。无利于上，谓之“愿”⑤。少欲、宽惠、行德，谓之“仁”。重厚自尊，谓之“长（zhǎng）者”。私学成群，谓之“师徒”。闲静安居，谓之“有思”。损仁逐利，谓之“疾”。险⑥躁佻反覆，谓之“智”。先为人而后自为，类名号，言泛爱天

下，谓之“圣”。言大本，称而不可用，行而乘于世者，谓之“大人”。贱爵禄，不挠上者，谓之“杰”。下渐[7]行如此，入则乱民，出则不便也。上宜禁其欲，灭其迹，而不止也，又从而尊之，是教下乱上以为治也。

［注释］

①惇：敦厚。②悫：诚恳。③窭：拘谨。④致：招致。⑤愿：谨慎、厚道。⑥险：尖刻。⑦渐：浸淫，逐渐影响。

［译文］

如今让臣子听从君主，是君主所迫切渴望的。但对于敦厚诚恳、纯朴守信、做事专心、说话谨慎的行为，却被认为是“窭”。严格遵守法度，认真听从政令，却被认为是“愚”。尊敬君主，唯恐犯罪，却被认为是“怯”。言论适合时宜而有分寸，行为符合法度而恰如其分，却被认为是“不肖”。对君主没有二心而不从事私学，听从官吏而谨遵教化，却被认为是“陋”。

不受君主的召唤，却被认为是“正”。不受君主奖赏，却被认为是“廉”。不受君主的制约，却被认为是“齐”。对命令不听从，却被认为是“勇”。对君主没有益处，却被认为是“愿”。缺乏上进精神，与世无争，善于行德施惠，却被认为是“仁”。为人持重并且妄自尊大，却被尊为“长者”。私立学派，拉帮结派，却被称为“师徒”。沉默寡言，安于现状，毫无建树，却被称为“有忍”。损害道义，追逐私利，却被称为“疾”。凶险浮躁，轻佻无常，却被称为“智”。主张先人后己，对官爵高低同等看待，宣扬博爱天下的，却被称为“圣”。鼓吹一般原则和毫无规律可言而实际不可用的理论，干起事来有悖社会常法的，却被称为是“大人”。轻视爵位俸禄，不归顺君主统治的，却被称为“杰”。臣下逐渐习染这种风气到如此地步，在内会扰乱民众，在外会不利于自己的国家。君主本该禁止他们的欲望，废除他们的非法活动，这样尚且阻挡不住，还要去推波助澜尊重他们，这是教导臣下犯上作乱，却认为是天下大治了。

凡上之所以治者，刑罚也；今有私行义者尊。社稷之所以立者，安静也；而躁险谗谀者任。四封之内所以听从者，信与德也；而陂（bì）知[1]倾覆[2]者使。令之所以行，威之所以立者，恭俭听上也；而岩居非世者显。仓廪（lǐn）之所以实者，耕农之本务也；而綦（qí）组[3]、锦绣、刻画为末作者富。名之所以成，城池之所以广者，战士也；今死士[4]之孤饥饿乞于道，而优笑酒徒之属乘车衣丝。赏禄，所以尽民力易下死也；今战胜攻取之士劳而赏不沾[5]，而卜筮（shì）、视手理、狐蛊（gǔ）[6]为顺辞[7]于前者日赐。上握度量，所以擅生杀之柄也；今守

度奉量之士欲以忠婴上⑧而不得见，巧言利辞行奸轨⑨以幸偷世者数御。据法直言，名刑相当，循绳墨，诛奸人，所以为上治也，而愈疏远；谄施顺意从欲以危世者近习。悉租税，专民力，所以备难充仓府也，而士卒之逃事伏匿、附托有威之门以避徭赋而上不得者万数。夫陈善田利宅，所以战士卒也，而断头裂腹、播骨乎平原野者，无宅容身，身死田夺；而女妹有色，大臣左右无功者，择宅而受，择田而食。赏利一从上出，所以善制下也；而战介之士不得职，而闲居之士尊显。上以此为教，名安得无卑，位安得无危？夫卑名危位者，必下之不从法令、有二心务私学反逆世者也；而不禁其行、不破其群以散其党，又从而尊之，用事者过矣。上世之所以立廉耻者，所以厉下也；今士大夫不羞污泥丑辱而宦，女妹私义之门不待次而宦。赏赐，所以为重也；而战斗有功之士贫贱，而便辟优徒超级。名号诚信，所以通威⑩也；而主掩障，近习女谒(yè)并行，百官主爵迁人，用事者过矣。大臣官人，与下先谋比周，虽不法行，威利在下，则主卑而大臣重矣。

[注释]

①陂知：狡猾。陂：偏。知：通“智”，智巧。②倾覆：倾覆，反复无常。③綦组：丝织品。④死士：阵亡的战士。⑤不沾：一点也轮不到。霑：通“沾”。⑥狐虫：虫当是“蛊”字之误。狐蛊，为人祛除邪祟的一种活动。⑦顺辞：曲意逢迎的话。⑧婴上：这里是为君上服务的意思。婴：通“撄”，接触、触犯。⑨轨：通“宄”，泛指坏人、歹徒。⑩通威：使君主的威严得以为民众知晓。

[译文]

凡是君主用来治理国家，依靠的是刑罚；现在自行其是的人却得到尊重。国家之所以设立，其目的是为了社会安定，而使人们有一个好的生活环境；而现在那些浮躁凶险、搬弄是非阿谀奉承的人却受到任用。四境之内的人之所以服从国君的统治，是因为统治者的信义和德行，但现在那些狡猾奸诈而惯于诬陷倾轧的人却得到任用。法令得以实行，威严得以树立，需要臣下恭敬虔诚地听从君主，但现在那些在深山隐居、攻击现实的人却声名显赫。粮仓能够充实，依靠的是把农耕作为本业，但现在那些从事纺织、刺绣、雕刻这类末业的人反而富裕。名望能够树立，地域能够扩大，依靠的是打仗的士兵，但现在阵亡战士的孤儿却要忍受饥饿，到处流浪乞讨，而那些优伶酒徒却能坐高车大马，穿锦衣绣。赏赐俸禄是用来换取民众为君主服务的，而现在

有战功的人却劳而不赏，那些在君主面前占卜、看手相、装神弄鬼、巧言奉承的人却得以经常被奖赏。君主掌握法律条令是为了掌控生杀大权，但现在奉公守法的人想用逆耳的忠言向君主进谏却不被接见，而那些花言巧语、内外行奸、侥幸投机的人却经常得到晋见。根据法令直言不讳，名实相符，遵循有关规定，铲除奸邪的人，为的是辅助君主治理国家，但君主却疏远他们；而那些逢迎取媚、顺从君主的意愿和欲望而危害国家的人却成了君主的亲信。征收租税，集中民力，是为了防备国难，充实仓库，而士兵逃避耕战，隐藏起来，依附于权门贵族来逃避徭役赋税，结果使君主失去了劳力，这样的人数以万来计。拿出良田、屋舍作为赏赐，是为了鼓励士兵奋勇作战，而一方面，那些身首异处，死在荒野上的战士，活着的时候没有房子住，死后，他的田地还要被夺走；另一方面，有姿色的少女和没有功劳的大臣以及亲信们，却挑选好的房屋和田地放纵享受。赏赐全部由君主颁发，是为了方便君主驾驭臣下，但披甲作战的士兵得不到赏赐和职位，游手好闲而被称为学者的人却得到厚赏。君主将这些反常现象作为教化，名声怎能不卑下，怎能不危险到君主的权位？使君主名声卑下、权位危险的人，一定就是那些不服从法令、怀有二心而专搞私学、反叛社会的人。如果对他们的行为不禁止，不解散他们的党羽，反而去尊重他们，那就是当权者的过错了。君主树立廉耻，是用来劝勉臣下的。现在士大夫却不以肮脏卑鄙的勾当为耻而做官，有裙带关系和私人交情的人不按官阶次第而升官。赏赐是用来使人尊贵的，但现在英勇作战的有功之士却贫贱不堪，而那些谄媚逢迎的人和优伶酒徒却得以越级做官。名号和功业相符合关系到君主的威势和尊严，然而现实是君主受到蒙蔽，近臣宫女同时玩弄权势，各个部门都能给人爵位和提升官位。这些反常现象表明当权者的措施已经严重失调了。大臣任人为官，先与亲信密谋策划，结党营私，尽管他们不按法律行事，但赏罚大权已被臣下操纵了，结果君主地位变得卑贱而大臣权势变重了。

夫立法令者，以废私也。法令行而私道废矣。私者，所以乱法也。而士有二心私学、岩居窞(dàn)路、托伏深虑，大者非世，细者惑下；上不禁，又从而尊之以名，化之以实，是无功而显，无劳而富也。如此，则士之有二心私学者，焉得无深虑、勉知诈与诽谤法令，以求索与世相反者也？凡乱上反世者，常士有二心私学者也。故《本言》[1]曰：“所以治者，法也；所以乱者，私也。法立，则莫得为私矣。”故曰：道私者乱，道法者治。上无其道，则智者有私词，贤者有私意。上有私惠，下有私欲，圣智成群，造言作辞，以非法措于上。上不禁塞，又从而尊之，是教下不听上、不从法也。是以贤者显名而居，奸人赖赏而富。贤者显名而居，奸人赖赏而富，是以上不胜下也。

［注释］

①本言：书名或篇名，已经失传。

［译文］

确立法令的目的是为了废止私行。法令能够实行，私行就必然被废止。私行是法令混乱的原因。现在那些怀有二心专搞私学、隐居山林、深思熟虑的士人，严重的则诽谤现实，轻微的则造谣惑众。君主对这些行为不加以禁止，反而进一步用美名提升他们的地位，用实利提拔他们，结果就是使没有功劳的人显贵，不付出劳动的人富有。这样一来，怀有二心专搞私学的士人如何不会挖空心思、玩弄智巧和诽谤法令，去拼命追求那些和当代政治背道而驰的东西呢？多半危害君主统治，反对现实社会的就是那些身怀异心大搞私学的人。所以《本言》说：“国家安定依靠的是法令，国家混乱原因在于私行。如果法令建立起来的话，就没有人再行私了。”所以说：偏向于私行的，社会必然混乱；偏向于法令的，社会一定安定。君主不用法令来统治，聪明的人就有违反法令的言论，贤能的人就有违反法令的企图。君主有法外的恩惠，下面就有非法的欲望，圣人和智者就会拉帮结派地制造谣言和诡辩，用非法的手段对付君主。君主不严令禁止，反而对这些人加以尊崇，那就是教育下属不服从君主，不听从法令。结果就造成了贤人凭借显赫的名声处在高位，奸人依赖赏赐变得富裕的现象。贤人凭借显赫的名声处在高位，奸人依赖赏赐变得富裕，正因如此，君主便不能再控制臣下了。

六反第四十六

题 解

“六反”，就是六种奸伪的人，本应该被斥责反而被称赞；六种耕战之人本应该受到称赞反而被斥责。本篇从功利观点出发，先指出社会上分别存在着六种“奸伪无益”之民和“耕战有益”之民，前者本应受到诛罚却得到了称赞，后者本应得到奖赏却受到了贬抑。据此，文章又进一步反对仁爱、轻刑、足民，提倡君主以威严治国、以能立竿见影的信赏必罚劝禁。

畏死远难(nàn)，降北之民也，而世尊之曰“贵生之士”。学道立方，离法之民也，而世尊之曰“文学之士”。游居①厚养，牟(móu)食之民也，而世尊之曰“有能之士”。语曲牟知②，伪诈之民也。而世尊之曰“辩智之士”。行剑攻杀，暴憿之民也，而世尊之曰“磏(lián)③勇之士”。活贼匿奸，当死之民也，而世尊之曰“任誉之士”。此六民者，世之所誉也。赴险殉诚，死节之民，而世少之曰“失计之民”也。寡闻从令，全法之民也，而世少之曰“朴陋之民”也。力作而食，生利之民也，而世少之曰“寡能之民”也。嘉厚纯粹④，整谷之民也，而世少之曰“愚戆之民”也。重命⑤畏事，尊上之民也，而世少之曰“怯慑之民”也。挫贼遏奸，明上之民也，而世少之曰“谄谗之民”也。此六民者，世之所毁也。奸伪无益之民六，而世誉之如彼；耕战有益之民六，而世毁之如此：此之谓“六反”。布衣循私利而誉之，世主听虚声而礼之，礼之所在，利必加焉。百姓循私害而訾(zǐ)⑥之，世主壅于俗而贱之，贱之所在，害必加焉。故名赏在乎私恶当罪之民，而毁害在乎公善宜赏之士，索国之富强，不可得也。

[注释]

①游居：到处游说寄居别国。②牟知：卖弄智慧。知：通“智”，智慧。③磏：

通“廉”，廉洁。④纯粹：这里是单纯朴实的意思。⑤重命：尊重命令。⑥訾：诋毁。

［译文］

畏惧死亡，逃避危难，原本是投降败逃的人，世俗却尊称他们是“珍惜生命的雅士”。学做神仙，设立方术，原本是背离法治的人，世俗却尊称他们是“大有学问的文士”。到处游说寄居别国，有着丰厚的给养的人，原本是社会的寄生虫，世俗却尊称他们是“有能耐的人”。歪理诡辩，卖弄智巧，原本是虚伪奸诈的人，世俗却尊称他们是“辩士智士”。行侠舞剑，喜斗好杀，原本是凶暴而冒险的人，世俗却尊称他们是“刚强威武的勇士”。包庇盗贼，隐藏坏人，原本是该判死刑的人，世俗却尊称他们是“仗义舍身的名士”。这六种人，是世俗舆论所赞美的。奔赴国难，为主献身，原本是舍生取义的人，世俗却贬斥他们是“失多得少的人”。没有多少见识，服从命令，原本是保全法令的人，世俗却贬斥他们是“浅薄愚昧的人”。尽心耕作，自食其力，原本是创造财富的人，世俗却贬斥他们是“没有才能的人”。品德优良，单纯朴实，原本是正派善良的人，世俗却贬斥他们是“蠢笨呆板的人”。尊重命令，谨慎办事，原本是尊重君主的人，世俗却贬斥他们是“胆小怕事的人”。打击奸佞，止住奸人，原本是提醒君主的人，世俗却贬斥他们是“奉承讨好的人”。这六种人，是世俗舆论所诋毁的。奸诈虚伪而对国家无益的六种人，世俗是那样地赞美他们；努力耕战而有益于国家的六种人，世俗却这样地诋毁他们：这就叫作六反。平民从私利出发称赞前六种人，当代的君主听到的是虚名而尊重这些人，而得到尊重的，一定会得到好处。百姓从私害出发诋毁后六种人，当代的君主受世俗的蒙蔽而鄙视他们，而受到鄙视的，一定会受到迫害。结果声誉和赏赐归于在私底下干坏事且应当被判罪的人，而诋毁和迫害却给了为国家做好事且应当奖赏的人。这样还想求得国家的富强，是不可能的。

古者有谚曰：“为政犹沐也，虽有弃发，必为之。”爱弃发之费而忘长发之利，不知权者也。夫弹痤者痛，饮药者苦，为苦惫之故不弹痤(cuó)饮药，则身不活，病不已矣。今上下之接[1]，无子父之泽[2]，而欲以行义禁下，则交必有郄[3]矣。且父母之于子也，产男则相贺，产女则杀之。此俱出父母之怀衽，然男子受贺，女子杀之者，虑其后便，计之长利也。故父母之于子也，犹用计算之心以相待也，而况无父子之泽乎？今学者之说人主也，皆去求利之心，出相爱之道，是求人主之过父母之亲也，此不熟于论恩，诈而诬也，故明主不受也。圣人之治也，审于法禁，法禁明著，则官法；必于赏罚，赏罚不阿[4]，则民用。民间官治则国富，国富则兵强，而霸王之业成矣。霸王者，人主之大利也。人主挟大

利以听治，故其任官者当能，其赏罚无私。使士民明焉，尽力致死，则功伐可立而爵禄可致，爵禄致而富贵之业成矣。富贵者，人臣之大利也。人臣挟大利以从事，故其行危至死，其力尽而不望⑤。此谓君不仁，臣不忠，则可以霸王矣。

［注释］

①接：相交，交往。②泽：恩惠，恩情。③郄：通“隙”，隔阂。④阿：偏袒，偏私。⑤望：埋怨，责备。

［译文］

古代有句谚语说：“执政就好像洗头一样，即使会有一些头发脱落，还是必须要洗的。”看重头发脱落的损耗而忘记促使头发生长的好处，是不懂得权衡利害得失。针刺痈疮非常疼痛，吃药非常苦涩，因为苦痛的缘故就不刺痈和吃药，就救不了性命，治不好病。现在君主与臣子之间的交往，没有父子间的恩泽，却想通过施行仁义去控制臣下，那么君臣之间的交往必定会出现裂痕。何况父母对于子女，生了男孩就互相祝贺，生了女孩就要把她杀掉。子女都出自父母的怀抱，然而男孩受到祝贺，女孩被杀的原因，是考虑到今后的利益，从长远利益进行打算的。所以，父母对于子女，尚且通过计算利弊来对待，况且是对于没有父子间恩泽的人呢？现在学者游说君主，都要君主抛开追求利益的打算，而采用互相仁爱的原则，这是要求君主有超过父母对于子女的亲情，也就属于不善于谈论恩泽问题的谎言和欺诈了，所以明智的君主是不会接受的。圣人治理国家，一是能详细地考察法律禁令，法律禁令彰显了，官府的事务就会得到妥善的治理；二是能坚决地实行赏罚制度，赏罚没有偏差，民众就会听从命令。民众听从命令，官府的事务就得到了妥善的处理，国家就变得富强；国家变得富强了，兵力就会强盛。结果，统一天下的大业也就随之完成了。统一天下，是君主最大的利益。君主心怀统一天下的目标来治理国家，所以他依据能力来任用官员，实行赏罚不带私心。要让士人民众明白，为国家尽力拼死，就可以建立功劳，就可以获得爵禄；获得了爵禄，就完成了富贵的事业。富贵是臣子最大的利益。臣子心怀取得富贵的目标来办事，所以他们会冒着生命危险办事，竭尽全力，死而无怨。这叫作君主不讲仁爱，臣下不讲忠心，就可以因此统一天下了。

夫奸必知则备①，必诛则止；不知则肆②，不诛则行。夫陈轻货于幽隐，虽曾、史可疑也；悬百金于市，虽大盗不取也。不知，则曾、史可疑于幽隐；必知，则大盗不取悬金于市。故明主之治国也，众③其守而重其罪，使民以法禁而不以廉止。母之爱子也倍父，父令之行于子者十母；吏之于民无爱，令之行于民也万父。母积爱而令穷，吏威严而民听从，严爱之策亦可决矣。且父母之

所以求于子也，动作则欲其安利也，行身则欲其远罪也。君上之于民也，有难则用其死，安平则尽其力。亲以厚爱关[4]子于安利而不听，君以无爱利求民之死力而令行。明主知之，故不养恩爱之心而增威严之势。故母厚爱处[5]，子多败，推爱也；父薄爱教笞（chī），子多善，用严也。

[注释]

①备：戒备，小心。②肆：放纵。③众：这里是增加人数的意思。④关：安排。⑤处：对待。

[译文]

奸人在一定能被察觉的情况下，才会戒备小心；在一定要受到惩罚的情况下，才不会再犯。在不能被察觉的情况下，就会放纵；在不会受到惩罚的情况下，他就要横行。把廉价的东西放在偏僻的地方，即使是曾参、史鳝这样有修养的人也会有偷窃的嫌疑；把百金放置在闹市之中，即使有名的盗贼也不敢取走。若不被察觉，曾参、史鳝也有可能在暗处干坏事的嫌疑；若一定会被察觉，大盗就不敢取走放在闹市的百金。所以明智的君主治理国家，增加守卫的人数，重重地惩罚罪犯，使民众因为法令而受到约束，而不依靠廉洁的品德来停止作恶。母亲爱护子女要是父亲爱护子女的几倍，然而父亲严令子女的效果却十倍于母亲；官吏对于民众没有爱心，然而对于民众发号施令，其效果更要万倍于父亲。母亲宠爱子女过分了，她的命令就行不通；官吏运用刑罚的威严，就能让人服从命令。采用威严的策略好，还是采用仁爱的策略好呢，由此也可以得到决断了。况且父母在子女身上寄予了希望，想要子女在行动上是安全有利的，在做人上是不会犯罪的。君主对于民众，在遇到危难时，想要他们拼死作战，在安定时，想要他们尽力耕作。父母怀着深厚的爱，把子女安排在安全有利的环境中，但子女不听从父母的命令；君主在不依靠爱与利的条件下要求民众为自己出死力，命令却行得通。明君懂得这里面的道理，所以不培养仁爱之心而加强威严之势。所以母亲对子女厚爱，子女多数不优秀，这是宠爱的结果；父亲不偏爱，常用体罚，子女多数很优秀，是因为严厉的结果。

触龙说赵太后

战国时期，齐国要赵太后的小儿子长安君为人质。赵太后溺爱长安君，执意不肯。触龙以“爱子则为之计深远”的道理，说服赵太后，让长安君出质于齐，换取救兵，解除危难。

今家人之治产也，相忍以饥寒，相强以劳苦，虽犯军

旅之难，饥馑(jǐn)之患，温衣美食者，必是家也；相怜以衣食，相惠以佚①乐，天饥岁荒，嫁妻卖子者，必是家也。故法之为道，前苦而长利；仁之为道，偷②乐而后穷。圣人权其轻重，出其大利，故用法之相忍，而弃仁人之相怜也。学者之言皆曰“轻刑”，此乱亡之术也。凡赏罚之必者，劝禁也。赏厚，则所欲之得也疾；罚重，则所恶之禁也急。夫欲利者必恶害，害者，利之反也。反于所欲，焉得无恶(wù)？欲治者必恶乱，乱者，治之反也。是故欲治甚者，其赏必厚矣；其恶乱甚者，其罚必重矣。今取于轻刑者，其恶乱不甚也，其欲治又不甚也。此非特无术也，又乃无行。是故决③贤、不肖、愚、知之策，在赏罚之轻重。且夫重刑者，非为罪人也。明主之法，揆④也。治贼，非治所治也；治所治也者，是治死人也。刑盗，非治所刑也；治所刑也者，是治胥靡也。故曰：重⑤一奸之罪而止境内之邪，此所以为治也。

[注释]

①佚：通“逸”，安逸。②偷：这里是苟且的意思。③决：判断，决断。④揆：揣测，猜度。⑤重：这里是从重处罚的意思。

[译文]

如今普通人家治理产业，用饥饿和寒冷来相互勉励，用劳累和苦难来相互督促，即使遭到战争的灾难，荒年的祸患，仍然能吃饱穿暖的，一定是这样的人家；用好吃好穿来相互爱怜，用安逸享乐来相互照顾，遇到灾荒之年，卖妻卖儿的，一定是这样的人家。所以把法作为治国原则，虽在开始时艰苦，日后定会得到长远利益；把仁作为治国原则，虽有一时的快乐，日后必定会陷入穷困。圣人权衡法和仁的轻重，选择利益最大的一方，所以用法来相互强制，而抛弃仁的相互怜爱。学者的言论都说要减轻刑罚，这是使国家混乱、使自己身死的方法。大凡赏罚坚决，是为了鼓励立功和禁止犯罪。赏赐丰厚，想得到的东西就会很快地得到；刑罚严厉，厌恶的东西就得以很快禁止。要想得到利益的人必然厌恶祸害，祸害是和利益相互对立的。违反自己的欲望，怎能不厌恶呢？想要把国家治理好的人必然厌恶动乱，动乱是与安定相对立的。因此迫切希望把国家治理好的人，赏赐一定丰厚；非常厌恶动乱的人，刑罚一定很严厉。现在主张减轻刑罚的人，不太厌恶动乱，也不太想把国家治理好。这种人不仅不懂策略，而且也不懂道理。因此判断一个人是否贤能、是否愚笨的方法，在于他对赏罚轻重的看法。何况严厉的刑罚，不单是为了惩罚罪人。明君的法度是供人们度量行为的准则。惩治大盗，不只是惩治大盗自己；如果只是惩治大盗自己，那么仅仅是惩

治了一个死囚。对小偷用刑，不只是惩治小偷自己；如果只是惩治小偷自己，那仅仅是惩治了一个苦役犯。所以说：严惩一个坏人的罪行来禁止境内的奸邪，这才是惩治的目的。

重罚者，盗贼也；而悼惧[1]者，良民也。欲治者奚疑于重刑名！若夫厚赏者，非独赏功也，又劝一国。受赏者甘利，未赏者慕业，是报一人之功而劝境内之众也，欲治者何疑于厚赏！今不知治者皆曰："重刑伤民，轻刑可以止奸，何必于重哉？"此不察于治者也。夫以重止者，未必以轻止也；以轻止者，必以重止矣。是以上设重刑者而奸尽止，奸尽止，则此奚伤于民也？所谓重刑者，奸之所利者细，而上之所加焉者大也。民不以小利加大罪，故奸必止者也。所谓轻刑者，奸之所利者大，上之所加焉者小也。民慕其利而傲其罪，故奸不止也。故先圣有谚曰："不踬（zhì）[2]于山，而踬于垤（dié）[3]。"山者大，故人顺[4]之；垤微小，故人易之也。今轻刑罚，民必易之。犯而不诛，是驱国而弃之也；犯而诛之，是为民设陷也。是故轻罪者，民之垤也。是以轻罪之为民道也，非乱国也，则设民陷也，此则可谓伤民矣！

［注释］

①悼惧：这里是畏惧的意思。②踬：被东西绊倒。③垤：小土堆。④顺：通"慎"，谨慎，小心。

［译文］

受到严厉惩罚的是盗贼，因而害怕犯罪的是良民。想把国家治理好的人对严厉的刑罚还有什么需要顾忌的呢！至于丰厚的赏赐，不只是奖赏功劳，还可以鼓励全国民众。受到赏赐的乐于得到赏赐，没有得到赏赐的羡慕得到赏赐的人的功业。这是对建立功业的酬劳并且鼓励了国内的民众。想把国家治理好的人对厚赏还有什么需要顾忌的呢！现在不懂得治理国家的人都说："严厉的刑罚会伤害民众，如果轻罚已经能够制止奸邪了，何必要实行严厉的刑罚呢？"这是不懂得治理国家的言论。用严厉的刑罚能够制止的，轻罚未必能够制止；用轻罚能够制止的，严厉的刑罚一定能制止。因此在君主设置严厉的刑罚的条件下，奸邪全部能够得到制止；奸邪全部能够得到制止，又怎么会伤害到民众呢？所谓严厉的刑罚，是要使奸人得到的利益小，而君主给予的惩罚重。人们不想因为小的利益而蒙受大罪，所以奸邪一定能够被制止。而轻罚，是要使奸人得到的利益大，而君主给予的惩罚轻。人们向往大的利益而不怕犯罪，所

以不能制止奸邪。所以先圣有句谚语说："人不会被高山绊倒，反而会被小土堆绊倒。"山大，所以人们会小心谨慎；土堆小，所以人们粗心大意。要是实行轻罚，民众一定会忽视它。民众犯了罪而不被处罚，等于驱使民众犯罪而抛弃他们；让人犯了罪再加以惩罚，等于给民众设置了陷阱。因此，轻罚正如会使民众不经意而摔跤的小土堆。因而把轻罚作为治理民众的原则，不是导致国家混乱，就是为民众设置陷阱，这才叫伤害民众啊！

今学者皆道书策之颂(sòng)语①，不察当世之实事，曰："上不爱民，赋敛常重，则用不足而下恐上，故天下大乱。"此以为足其财用以加爱焉，虽轻刑罚，可以治也。此言不然矣。凡人之取重赏罚，固已足之后也；虽财用足而后厚爱之，然而轻刑，犹之乱也。夫当家②之爱子，财货足用，货财足用则轻用，轻用则侈泰。亲爱之则不忍，不忍则骄恣。侈泰则家贫，骄恣则行暴。此虽财用足而爱厚，轻利之患也。凡人之生也，财用足则隳③于用力，上治懦则肆于为非。财用足而力作者，神农也；上治懦而行修者，曾、史也，夫民之不及神农、曾、史亦明矣。老聃有言曰："知足不辱，知止不殆。"夫以殆辱之故而不求于足之外者，老聃也。今以为足民而可以治，是以民为皆如老聃。故桀(jié)贵在天子而不足于尊，富有四海之内而不足于宝。君人者虽足民，不能足使为天子，而桀未必以为天子为足也，则虽足民，何可以为治也？故明主之治国也，适其时事以致财物，论其税赋以均贫富，厚其爵禄以尽贤能，重其刑罚以禁奸邪，使民以力得富，以事致贵，以过受罪，以功致赏，而不念慈惠之赐，此帝王之政也。

[注释]

①颂语：浮华不实的话。颂：通"容"。②当家：这里指母亲。③隳：通"堕"，懒惰。

[译文]

如今的学者都称道典籍中浮华不实的话，而不考察当时的实际情况，说什么："君主不爱护民众，赋税总是很重，于是民众因用度不足而对君主心生怨恨，所以导致天下大乱。"这种说法认为：如果让百姓财用富足并施以仁受，即使减轻刑罚，也可以把国家治理好。这种说法其实是不对的。大凡受到严惩的人，本来就是在财用富足之后才犯罪的；即使财用富足后君主施以仁爱，并进一步地采用轻刑，还是会使国家走向混乱。母亲溺爱子女，提供的财货足够他们花费了；财货足够花费，他们就会滥用；而滥用，就会挥霍无度。溺爱子女，就不狠心加以约束；不狠心加以约束，就会使他们骄横放纵。挥霍无度，会导致家境贫困；骄横放纵，行为就会暴虐。这就是财用富足并施以仁爱、使用轻刑造成的祸患。大凡人的本性，财用富足了，就会在劳作上变得懒惰，君主软弱了，就会使罪恶行为更加放肆。财用富足还努力劳作的，只有古代的神农；君主治国手段软弱而自己品行良好的，只有曾参、史䲡。民众不及神农、曾参、史䲡是非常清楚的。老子说："知道满足就不会受到耻辱，知道适可而止就不会有危险。"因为危险和耻辱的缘故，在满足之后不再有其他要求的人，只有老子。如今认为使民众富足就可以把国家治理好，这是把民众都看作是老子了。所以夏桀贵为天子而不满足于自己的尊贵，富有四海而不满足于自己的财富。做君主的纵然使民众富足，但不能使他们富足得像天子一样，而夏桀也未必认为作了天子就满足了，那么纵然使民众富足，又怎么能用来作为治国的原则呢？所以，明智的君主治理国家，顺应时务来获得财物，确定赋税来调节贫富，丰厚地奖赏爵禄使人们竭尽才能，加重刑罚来禁止奸邪，使民众依靠自己的努力变得富裕，依靠建立功业来获得尊贵的地位，由于犯罪受到惩罚，由于立功获得奖赏，而不考虑仁慈恩惠的赏赐，这是获得帝王大业的政治措施。

人皆寐，则盲者不知；皆嘿[①]，则喑(yīn)[②]者不知。觉而使之视，问而使之对，则喑盲者穷矣。不听其言也，则无术者不知；不任其身也，则不肖者不知。听其言而求其当，任其身而责其功，则无术不肖者穷矣。夫欲得力士而听其自言，虽庸人与乌获不可别也；授之以鼎俎，则罢[③]健效矣。故官职者，能士之鼎俎(zǔ)也，任之以事而愚智分矣。故无术者得于不用，不肖者得于不任。言不用而自文以为辩，身不任者而自饰以为高。世主眩其辩、滥[④]其高而尊贵之，是不须视而定明也，不待对而定辩也，喑盲者不得矣。明主听其言必责其用，观其行必求其功，然则虚旧[⑤]之学不谈，矜诬[⑥]之行不饰矣。

[注释]

①嘿：通"默"，这里是不出声，不说话的意思。②喑：哑，不能说话。③罢：通"疲"，疲弱。④滥：多，这里是推崇的意思。⑤虚旧：空洞陈腐的意思。⑥矜诬：自吹自擂、弄虚作假。

[译文]

人都睡着了，就不知道谁是瞎子；都不说话，就不知道谁是哑巴。睡醒后让他

们看东西，提问题让他们来回答，那么瞎子、哑巴就暴露了出来。不听他说话，就不能发现没有本领的人；不让他任职，就不能发现没有德才。听他说话并要求他做出相应的行为，让他任职并要求他能把事情办成，那么没有本领、没有德行的人就暴露出来了。要想得到大力士，只靠他自己的介绍，就无法区别普通人和乌获了。把巨鼎大案交给他们举，是疲弱还是勇健很明显就能区别出来。所以官职是试验人们才能的巨鼎大案，让他们办事，是愚蠢还是聪明就区别出来了。所以没有本领的人因为君主不检查他的言论而从中谋取利益，德才不好的人因为君主不任用他办事而从中谋取利益。君主不检查他的言论，他就自吹善辩；君主不任用他办事，他就自我吹嘘认为自己很高明。当代君主迷惑于他的善辩，推崇他的高明，从而使他们得到尊贵的地位，这是没等到看东西就断定他能看见东西，没等到说话就判定他口才好，这样就无法判断出瞎子和哑巴了。明智的君主听取言论一定要责求实用，观察行为一定要责求功效，这样，空洞陈腐的学说就没有人再谈了，自吹自擂、弄虚作假的行为就掩饰不住了。

八说第四十七

题 解

本篇开篇就提出了八种世俗观念违背了功利原则，进而提倡功与赏、能与事相参，并以是否利于耕战作为检验标准。强烈反对任用辩智修洁之士，要求废止学术活动；鉴于“当今争于力”，所以反对远于事功的礼治，大力提倡“出其小害计其大利”的法治，提出“仁暴者，皆亡国者也”的理论。最后还是回到诛重臣的论题上，目的是巩固“有土之君”的权势。

为故人行私谓之“不弃”，以公财分施①谓之“仁人”，轻禄重身谓之“君子”，枉法曲亲谓之“有行(xíng)”，弃官宠交谓之“有侠”，离世遁上谓之“高傲”，交争逆令谓之“刚材②”，行惠取众谓之“得民”。不弃者，吏有奸也；仁人者，公财损也；君子者，民难使也；有行者，法制毁也；有侠者，官职旷也；高傲者，民不事也；刚材者，令不行也；得民者，君上孤也。此八者，匹夫之私誉，人主之大败也。反此八者，匹夫之私毁，人主之公利也。人主不察社稷之利害，而用匹夫之私誉，索国之无危乱，不可得矣。

[注释]

①施：这里是施予、散发的意思。②刚材：这里指刚直的人才。

[译文]

为老朋友徇私被称为“不抛弃老朋友”，把公家财产分送给别人被称为“仁爱的人”，轻视利禄看重自身被称为“君主”，违反法制偏袒亲属被称为“品行好”，放弃官职看重私交被称为“侠义”，离开世俗避开君主被认为“清高傲世”，私自斗殴违抗禁令被称为“刚直的人才”，施行恩惠笼络民众被称为“得民心”。不抛弃老朋友，官吏就会行奸；做仁爱的人，国家财富就有所损失；做君子，民众就不服从命令；品行好，法制就遭到破坏；讲侠义，官职就会出现空缺；清高傲世，民众就不侍奉君主；做刚直的人，法令就不能推行；得民心，君主就会被孤立。这八种名声，对个人来说是私誉，对君主来说则是大祸。与这八种相反的，对个人来说是恶名，对君主来说是大利。君主不考察对于国家的利害关系，而采纳个人的私誉，要想国家没有危乱，是不可能

做到了。

任人以事，存亡治乱之机也，无术以任人，无所任而不败。人君之所任，非辩智则修洁也。任人者，使有势也。智士者未必信也，为多其智，因惑其信也。以智士之计，处乘势之资而为其私急，则君必欺焉。为智者之不可信也，故任修士者，使断事也。修士者未必智，为洁其身、因惑其智。以愚人之所惛(hūn)①，处治事之官而为所然，则事必乱矣。故无术以用人，任智则君欺，任修则君事乱，此无术之患也。明君之道，贱德义贵，下必坐②上，决诚以参，听无门户，故智者不得诈欺。计功而行赏，程能而授事，察端而观失，有过者罪，有能者得，故愚者不任事。智者不敢欺，愚者不得断，则事无失矣。

［注释］

①惛：通“昏”，糊涂。②坐：告发。

［译文］

任用什么人办事，是国家安定存亡的关键。不依靠法术来任用人才，没有一次任用不是失败的。君主要任用的人，不是有口才、有智巧，就是品行好的人。任用人才，是使他有权有势。聪明的人不一定可靠，只因为赞赏他的智辩，就以为他们可靠而加以任用。聪明的人凭着他们的计谋，再加上处的地位和手中的权势而去干私人的急事，君主就一定会受到欺骗。因为聪明人不可靠，所以君主可能去任用那些老好人，叫他们处理政事。老好人不一定有智谋，只是由于觉得他们品德纯洁，就以为他们有智谋。这种人是用愚夫的糊涂，处在治理国家政事的高位上，自以为是地处理问题，政事一定会被搞乱。所以没有政治法术而用人，任用聪明人的话，君主就会受欺骗；任用老好人的话，君主的政事会被搞乱。这就是没有政治法术带来的祸患。明君的治国原则是：地位低下的能够议论地位高贵的；官吏有罪，下属不告发则以同罪论处；用检验的方法判明事情的真相；不偏听偏信；所以聪明的人无法弄假行欺。按功行赏，根据才能授以职位，分析事情的起因来考察官吏的过失，有过错的人给予处罚，有才能的人给予奖赏，所以愚蠢的人就不能担任政事了。聪明的人不敢行骗了，愚蠢的人不能决断，政事就不会失误了。

察士然后能知之，不可以为令，夫民不尽察。贤者然后行之，不可以为法，夫民不尽贤。杨朱、墨崔(dí)，天下之所察也，干世乱而卒不决，虽察而不可以为官职之令。鲍焦、华角，天下之所贤

也，鲍焦木枯，华角赴河，虽贤不可以为耕战之士。故人主之察，智士尽其辩焉；人主之所尊，能士能尽其行焉。今世主察无用之辩，尊远功[①]之行，索国之富强，不可得也。博习辩智如孔、墨，孔、墨不耕耨(nòu)，则国何得焉？修孝寡欲如曾、史，曾、史不战攻，则国何利焉？匹夫有私便，人主有公利。不作而养足，不仕而名显，此私便也；息文学而明法度，塞私便而一功劳，此公利也。错[②]法以道[③]民也，而又贵文学，则民之所师法也疑；赏功以劝民也，而又尊行修，则民之产利也惰。夫贵文学以疑法，尊行修以贰功，索国之富强，不可得也。

[注释]

①远功：没有实际的功效。②错：通“措”，施行，使用。③道：通“导”，引导。

[译文]

只有明察的人才能通晓的东西，不可以用来作为法令，因为民众不都是明察的。只有贤能的人才能做到的事情，不可以用来作为法律，因为民众不都是贤能的。杨朱和墨翟是天下公认明察的人，但他们打算整顿乱世，却始终找不到解决的办法。他们的学说虽然明察，却并不能作为官方的法令。鲍焦和华角是天下公认贤能的人，鲍焦抱木而死，华角投河自尽，他们虽然贤能，却并不能成为耕作打仗的人。所以，君主要在哪方面加以明察的，智士就在这方面尽力巧辩；君主要在哪方面予以推崇的，能人就在这方面全力去干。当代没有实际功效的行为被君主认为是可尊的，而君主想求得国家的富强，这是不可能的事。像孔子、墨子那样知识渊博、机智巧辩的人，但他们不去耕作，国家能得到什么好处呢？像曾参、史鳍那样讲究孝道、清心寡欲的人，但他们不去打仗，国家能得到什么利益呢？个人有私利，君主有公利。不耕作而能够给养充足，不做官而能够声名显赫，这是私利；废除私学而彰显法度，堵塞私利而一律按功行赏，这是公利。一方面施行法令来引导民众，另一方面却又推崇私学，民众就会对遵守法令产生怀疑；一方面奖赏功劳来鼓励民众，另一方面却又崇尚修身养性，民众就会懒于耕战。推崇私学而使法令受到怀疑，崇尚修身养性而使论功行赏出现双重标准，要想求得到国家的富强是不可能的。

搢笏(jìn hù)[①]干戚[②]，不适[③]有方[④]铁銛(xiān)[⑤]；登降周旋，不逮日中奏[⑥]百；《狸首》射侯，不当强弩趋发；干城距衡冲，不若堙(yīn)穴伏橐(tuó)。古人亟于德，中世逐于智，当今争于力。古者寡事而备简，朴陋

而不尽，故有珧铫（yáo yáo）[7]而推车者。古者人寡而相亲，物多而轻利易让，故有揖让而传天下者。然则行揖让，高慈惠，而道仁厚，皆推政也。处多事之时，用寡事之器，非智者之备也；当大争之世，而循揖让之轨，非圣人之治也。故智者不乘推车，圣人不行推政也。

［注释］

①搢笏：古代大臣上朝时手中所拿的狭长板子，可以在上面记事。②干戚：这里指用于舞蹈的兵器道具，干：盾。戚：大斧。③适：通“敌”，抵挡，比得上。④有方：一种有刃的长兵器。⑤铁铦：古代锸一类的短兵器。⑥奏：通“走”。⑦珧铫：古时用蚌壳制成的农具。

［译文］

用笏板和仪仗用的兵器道具，敌不过真刀实枪的长短兵器；讲究升降转身烦琐礼仪，其效用难以和日行百里的士卒训练相提并论；奏着《狸首》乐章而演习射靶的仪式，比不上硬弓劲射的真功夫；捍卫城邑、抗拒冲车的防御战术，不敌通过地道水灌烟熏的进攻战术。古代人竞争的是道德，中世人竞争的是智谋，现代人竞争的是力量。古时候需要办理的事少而设施简单，器具粗陋且不完善，所以有用蚌壳做的农具和简陋的手推车。古时候人少而互相亲爱，物品丰富而轻视财利、容易谦让，所以有拱手把天下让给别人的作法。既然如此，那么他们行礼谦让，推崇仁慈恩惠，称道仁义忠厚，这些政治措施是属于原始时代的。如今是一个多事的时代，却仍用少事时代的简陋器具，这不是聪明人该遵行的办法；处在竞争的社会，却仍遵循守礼的老规矩，这不是圣人治理国家的原则。所以聪明人不坐古代的手推车，圣人不采用手推车式的原始社会的措施。

法所以制事，事所以名功[1]也。法有立而有难，权其难而事成，则立之；事成而有害，权其害而功多，则为之。无难之法，无害之功，天下无有也。是以拔千丈之都，败十万之众，死伤者军之乘[2]，甲[3]兵[4]折挫，士卒死伤，而贺战胜得地者，出其小害计其大利也。夫沐者有弃发，除者伤血肉。为人见其难，因释其业，是无术之事也。先圣有言曰：“规有摩而水有波，我欲更之，无奈之何！”此通权之言也。是以说有必立而旷于实者，言有辞拙而急于用者。故圣人不求无害之言，而务无易之事。人之不事衡石[5]者，非贞廉而远利也，石不能为人多少，衡不能为人轻重，

求索不能得，故人不事也。明主之国，官不敢枉法，吏不敢为私利，货赂不行，是境内之事尽如衡石也。此其臣有奸者必知，知者必诛。是以有道之主，不求清洁之吏，而务必知之术也。

[注释]

①名功：显示功效。名：明的意思。②乘：通“垂”，三分之一的意思。③甲：盔甲。④兵：兵器。⑤衡石：古代计量用器。

[译文]

法律是用来制约事情的，事情是用来显示功效的。设立法制如遇到了困难，权衡到虽有困难但能成事，则应该设立；事情成功虽有害处但功大于过，就应该实施。不遇到困难的法制，不伴随害处的事务，天下间是没有这种情况的。因此攻克千丈的大都城，击败十万的敌军，尽管我方伤亡人数达到三分之一，盔甲和兵器严重受损，士卒伤亡惨重；但仍然要因为打了胜仗、获得疆土而庆贺。庆贺的原因是因为付出的代价小而获利大。洗头总有脱发，手术治疗总会流血伤肉。若有人看到这点难处，就放弃要做的事情，就是不懂得权衡利弊。先圣说过这样的话：“圆规再精确同样存在误差，水面再平静也会存在波纹。我想改变这种状况，是没有办法的！”这是明白权衡利弊的说法。因此主张言论有道理但不切实际的，言论有词句笨拙但能立即付诸实施的。所以圣人不强求挑不出毛病的言论，而是致力于那些不可改变的事务。人们不在衡量的器具上打主意，并不是因为他们正直廉洁，不追求财利，而是因为衡量的器具本身不能给人增多或减少财物，衡量的器具本身不能给人加重或减轻财物，对它们有要求并不能得到什么；所以人们不去多打主意。明君的国家，官员不敢违法犯禁，下属不敢谋取私利，人们不用财物行贿，这样，国内的事务就会都像衡量的器具一样公正无私。这样，大臣中干坏事的就一定会被察觉，察觉了的就一定给予惩罚。所以懂得法治的君主，不寻求廉洁的官吏，而致力于掌握一定能察觉臣下奸邪行为的方法。

慈母之于弱子也，爱不可为前。然而弱子有僻行，使之随师；有恶病，使之事医。不随师则陷于刑，不事医则疑于死。慈母虽爱，无益于振刑救死，则存子者非爱也。子母之性，爱也；臣主之权，策①也。母不能以爱存家，君安能以爱持国？明主者通②于富强，则可以得欲矣。故谨于听治，富强之法也。明其法禁，察其谋计。法明则内无变乱之患，计得于外无死虏之祸。故存国者，非仁义也。仁者，慈惠而轻财者也；暴者，心毅③而易④诛者也。慈惠，则不忍；轻财，则好与⑤。心毅，则憎心见于下；易诛，

则妄杀加于人。不忍，则罚多宥赦；好与，则赏多无功。憎心见，则下怨其上；妄诛，则民将背叛。故仁人在位，下肆而轻犯禁法，偷幸而望于上；暴人在位，则法令妄而臣主乖[6]，民怨而乱心生。故曰：仁暴者，皆亡国者也。

[注释]

①策：算计。②通：这里是通晓的意思。③心毅：这里指心狠。④易：轻易，随便。⑤与：通“予”，施予。⑥乖：这里指离心离德。

[译文]

慈母溺爱孩子，没有比慈母爱子更深厚的了。但是孩子有不良行为，就得让他跟从先生求学；有了重病，就得让他看病治疗。不跟从先生学习，就会犯法受刑；不看病治疗，就会有死亡的危险。母子之间的天性，是爱；君臣之间的权衡，是算计。母亲尚且不能用爱来保全家庭，君主怎能用爱来统治国家呢？明智的君主通晓使国家富强的办法，就可以达到自己的目的。所以谨慎地处理政事，就是使国家富强的方法。君主应该严格申明法令，明察计谋。法令严明，则内部就没有动荡叛乱的祸患；计谋得当，则对外就没有国破被掳的灾难。所以保全国家靠的不是仁义道德。讲究仁义道德，也就是要博爱慈惠并看轻财利；暴戾的人，则心狠并随便杀伐。博爱慈惠的人，就不会下狠心；看轻财利，就乐善好施。心地残忍，憎恶态度就会暴露下属面前；随便杀伐，就会胡乱地杀害无辜。不下狠心，就会赦免许多应该受罚的人；乐善好施，就会赏赐许多没有功劳的人。憎恶态度显露出来，就会使臣民怨恨君主；胡乱地杀害无故，民众就会背叛君主。所以仁爱的人处于君位上，臣下就会胡作非为而轻易犯法，以侥幸的心理希望得到君主的恩惠；暴人处在君位上，法令就会妄行，君臣就会离心离德，民众就会怨声载道而产生叛乱心理。所以说：仁爱和残暴，二者都能导致国家灭亡。

不能具[1]美食而劝饿人饭，不为能活饿者也；不能辟草[2]生粟[3]而劝贷施赏赐，不能为富民者也。今学者之言也，不务本作而好末事，知道[4]虚圣[5]以说民，此劝饭之说。劝饭之说，明主不受也。

书约而弟子辩，法省而民讼简，是以圣人之书必著论，明主之法必详尽事。尽思虑，揣得失，智者之所难也；无思无虑，挈[6]前言而责后功，愚者之所易也。明主虑愚者之所易，以责智者之所难，故智虑力劳不用而国治也。

酸甘咸淡，不以口断而决于宰尹⑦，则厨人轻君而重于宰尹矣。上下⑧清浊，不以耳断而决于乐正⑨，则瞽(gǔ)工⑩轻君而重于乐正矣。治国是非，不以术断而决于宠人，则臣下轻君而重于宠人矣。人主不亲观听，而制断在下，托食于国者也。

［注释］

①具：这里是具备的意思。②辟草：垦荒。③粟：这里代指粮食。④知道：巧诈地称道。知：通“智”。道：称道。⑤虚圣：对今天没有实际意义的往古圣贤。⑥挈：提，拿。⑦宰尹：主管伙食的官员。⑧上下：这里指声音高低。⑨乐正：掌管音乐的官员。⑩瞽工：宫廷乐师。

［译文］

不具备丰盛的食物而去劝饿人吃饭，不能救活挨饿的人；不能开垦荒地生产粮食而去劝君主施舍赏赐，不能算是造福民众的人。当今学者的言论，不主张致力于农战而是要追求仁政，只知道巧诈地称道古代的圣人来取悦民众，这就相当于凭空劝人吃饭之类的说教了。凭空劝人吃饭的说教，明君是不接受的。

书的内容写得太简略，弟子就会争论不休，法律条文太省略，民众就会争论不休而轻慢法律。因此圣人著书一定鲜明地显示观点，明君的法律一定要详尽地包括各种事宜。竭尽思虑，估量得失，聪明的人也感到困难；不用思考，根据已有的法律条例来责求当前事务的功效，愚笨的人也容易做到。明君采用愚笨的人也容易做到的途径，不采用聪明人也感到困难的途径，所以不用劳心劳力，就可以把国家治理好。

酸甜咸淡的味道如何，如果不亲自品尝而取决于主管饭食的官员的决断，厨师们就会轻视君主而尊重主管饭食的官员。音乐的高低清浊，如果不亲自判断而取决于主管乐队的官吏，宫廷乐师就会轻视君主而尊重主管乐队的官吏。治国的是非得失，如果不通过政治手段来判断而取决于宠臣，臣下就会轻视君主而尊重宠臣了。君主不亲自了解政事，而依靠臣下来决断一切，君主就会与寄居在国内的客人一样了。

使①人不衣不食而不饥不寒，又不恶死，则无事上之意。意欲不宰于君，则不可使也。今生杀之柄在大臣，而主令得行者，未尝有也。虎豹必不用其爪牙而与鼷(xī)②鼠同威，万金之家必不用其富厚而与监门同资。有土之君，说人不能利，恶人不能害，索人欲畏重己，不可得也。

人臣肆意陈欲曰“侠”，人主肆意陈欲曰“乱”；人臣轻上曰“骄”，人主轻下曰“暴”。行理同实，下以受誉，上以得非。人臣大得，人主大亡。

明主之国，有贵臣，无重臣。贵臣者，爵尊而官大也；重臣者，言听而力多者也。明主之国，迁官袭级，官爵受功，故有贵臣。言不度行而有伪，必诛，故无重臣也。

［注释］

①使：这里是假使的意思。②鼷：鼠类的一种。

［译文］

假使人们不吃不穿而不饿不冷，又不怕死，这样就没有侍奉君主的意愿了。意愿不受君主主宰，则君主就无法支使了。如果让生杀大权落于大臣手中，而君主的命令仍然得以贯彻执行的，这样的情况是从来没有过的。虎豹如果不用它的爪牙，则与小鼠的威风无异；拥有万贯家财的人如果不使用他雄厚的资产，则和看门人一样贫穷。拥有国土的君主如果喜欢某人而不能给他赏赐，憎恶某人而不能给他处罚，则要想求得别人畏惧并尊重自己，是不可能的。

臣子肆意妄为被说成“侠”，君主肆意妄为被说成“乱”；臣下轻慢君主被说成“骄”，君主轻慢臣下被说成“暴”。这两种行为本质是相同的，但臣下因此受到称赞，君主因此遭到诽谤。臣子得到巨大好处，君主却要蒙受重大损失。

在明君的国家里，有贵臣而没有重臣。所谓贵臣，就是爵位高而官职大的官员；所谓重臣，就是其主张被君主采用而势力很大的臣子。在明君的国家里，升官晋爵是根据他们的功劳，所以就有贵臣出现。而对于那些言行不一、弄虚作假的人，必然地给予重罚，所以就没有重臣存在。

八经第四十八

题 解

“八经”，即八项治国的基本原则，本篇所论述的都是为君王服务的计谋，是君主牢牢把持权力和地位的具体操作方法。这八个方面的原则是：因情、主道、起乱、立道、参言、听法、类柄、主威。作者用语较他篇古奥难懂，但因事涉具体方法，意义反更直露，文风的峻刻和思想的惨刻结合得浑然一体。

一、因情

凡治天下，必因①人情。人情者，有好恶，故赏罚可用；赏罚可用，则禁令可立而治道具矣。君执柄以处势，故令行禁止。柄者，杀生之制也；势者，胜众之资也。废置无度则权渎(dú)，赏罚下共则威分。是以明主不怀爱而听，不留说而计。故听言不参，则权分乎奸；智力不用，则君穷乎臣。故明主之行制也天，其用人也鬼。天则不非，鬼则不困。势行教严，逆而不违，毁誉一行而不议。故赏贤罚暴，举善之至者也；赏暴罚贤，举②恶之至者也：是谓赏同罚异。赏莫如厚，使民利之；誉莫如美，使民荣之；诛莫如重，使民畏之；毁莫如恶，使民耻之。然后一③行其法，禁诛于私家④，不害功罪。赏罚必知之，知之，道尽矣。

[注释]

①因：依据。②举：这里是鼓励、怂恿的意思。③一：这里是坚决的意思。④私家：指大臣之家。

[译文]

凡是治理天下，必须依据人之常情。人之常情，有偏好和厌恶两种趋性，因此可以使用赏和罚这两种措施；赏和罚可以同时采用，那么法令就可以因此建立起来，治国政策也就具备了。君主掌握了权势之柄而处于有势的地位，所以能够令行禁止。权柄有决定生杀的权力，势位是制服众人的条件。废除什么，建立什么，如果没有度，那么权势就被轻慢了，如果赏罚的权力与臣下共掌，那么君主的威势就被分散了。因此，明君不怀有爱心去听取意见，不抱成见去计谋事情。所以听取意见不加验证的话，权力就会被奸臣分化；不能使大家使用智慧，君主就会受臣下困窘。所以明君使用权力时像天一样公正无私，任用臣下时像鬼神一样神妙莫测。公正无私，就不会遭到非议，神秘莫测，就不会陷入困境。君主运用权势，管教严厉得与人情有违背，但臣民即使有抵触情绪，也不敢违背，毁誉褒贬专一于法制而不变，人们就不会议论纷纷。所以奖赏贤人，惩罚暴行，是鼓励做好事到了极致；奖赏暴行，惩罚贤人，是鼓励干坏事到了极致：这就是奖赏同意自己的人，惩罚不同意自己的人。赏赐最好是优厚一些，使民众觉得有利；赞扬最好是美好一些，使民众感到荣耀；惩罚最好是严重一些，使民众感到害怕；贬斥最好是残酷一些，使民众感到羞耻。然后坚决把法制贯彻下去，禁止大臣之家私自惩罚，不让他们妨害赏功罚罪的制度。赏罚是君主一定要清楚；清楚的话，治国方略就完备了。

二、主道

力不敌众，智不尽物。与其用一人，不如用一国，故智力敌而群物胜。揣中(chuǎizhòng)则私劳，不中则任过。下君尽己之能，中君尽人之力，上君尽人之智。是以事至而结智，一听而公会。听不一则后悖于前，后悖于前则愚智不分；不公会则犹豫而不断，不断则事留①。自取一，则毋道堕壑(hè)②之累。故使之讽，讽定而怒。是以言陈之曰，必有策籍。结智者事发而验，结能者功见而谋成败。成败有征，赏罚随之。事成则君收其功，规败则臣任其罪。君人者合符犹不亲，而况于力乎？事智犹不亲，而况于悬③乎？故其用人也不取同，同则君怒。使人相用则君神，则下尽。下尽，则臣上不因④君，而主道毕矣。

［注释］

①事留：事情很久得不到决断。②堕壑：这里比喻臣子设的陷阱。③悬：猜度。④因：这里是利用的意思。

［译文］

仅靠一个人的力量，是比不过大家的力量；仅靠一个人的智慧，是不能知晓天下万物的。君主与其靠自己的智慧和力量，不如用一国人的智慧和力量，所以就能敌得过众人的智力而胜过万物。君主遇事只靠自己猜度的话，即使对了，也要花费自己精力；一旦错了，就要自己承担责任。下等的君主竭尽自己的才能，中等的君主竭尽别人的力量，上等的君主竭尽别人的智慧。因此遇到事情时，就要集中众人的智慧，

一一听取大家的议论，然后把大家的意见集中起来。如果君主不一一听取大家的议论，臣下后来发表的意见就可能悖于原先的看法，这样君主就不能分清臣下的愚智。如果君主不把大家的意见集中起来，自己就会犹豫不决，犹豫不决的话，事情也就得不到及时处理。君主有主见地采取一种中肯意见，就不会有掉入臣下所设的陷阱里的危险。所以，要让臣下提出建议，然后威严地责令他完成。因此群臣发表言论时，一定要有记录。出谋划策的人，等事情发生后，君主要加以检验；贡献能力的人，等功效表现出来后，君主要对成败进行分析。成败经过核实，随之进行奖赏或惩罚。事情成功了，君主就收取他们的功劳；谋划失败了，臣下就承担其中的罪责。做君主的，对合符验身这样容易做的事还不亲自去做，何况是要动手操劳的事呢？君主对用智费心的事还不亲自去做，何况是要百般推测的事呢？所以君主用人时，不取彼此意见相同的人；意见相同，君主就要严厉地加以斥责。使臣下相互制约而同为君主所用，那么君主就能神秘莫测，臣下也就会竭尽自己的智能；臣下竭尽智能，就不会向上钻君主的空子，而君主驾驭臣下的方略也就完备了。

三、起乱

知臣主之异利者王(wàng)，以为同者劫，与共事者杀。故明主审公私之分，审利害之地，奸乃无所乘。乱之所生六也：主母，后姬，子姓[1]，弟兄，大臣，显贤。任吏责臣，主母不放[2]。礼施异等，后姬不疑；分势不贰，庶适[3]不争；权籍不失，兄弟不侵；下不一门，大臣有拥[4]；禁赏必行，显贤不乱。臣有二因[5]，谓外内也。外曰畏，内曰爱。所畏之求得，所爱之言听，此乱臣之所因也。外国之置诸吏者，结[6]诛亲昵(nì)重帑(tǎng)[7]，则外不籍矣；爵禄循功，请者俱罪，则内不因矣。外不籍[8]，内不因，则奸充塞矣。官袭节而进，以至大任，智也。其位至而任大者，以三节持之：曰质，曰镇，曰固。亲戚妻子，质也；爵禄厚而必，镇也；参伍责怒，固也。贤者止于质，贪饕(tāo)化于镇，奸邪穷于固。忍不制则下上，小不除则大诛，而名实当则径之。生害事，死伤名，则行饮食；不然，而与其仇：此谓除阴奸也。医[9]曰诡，诡曰易。见功而赏，见罪而罚，而诡乃止。是非不泄，说谏不通，而易乃不用。父兄贤良播出曰游祸，其患邻敌多资。僇辱之人近习曰狎贼，

其患发忿疑辱之心生。藏怒持罪而不发曰增乱，其患侥幸妄举之人起。大臣两重提衡而不踦（qī）曰卷祸，其患家隆劫杀之难作。脱易不自神曰弹威，其患贼夫酖（zhèn）毒之乱起。此五患者，人主之不知，是有劫杀之事。废置之事，生于内则治，生于外则乱。是以明主以功论之内，而以利资之外，故其国治而敌乱。即乱之道：臣憎，则起外若眩；臣爱，则起内若药⑩。

［注释］

①子姓：子孙的意思。②放：放肆。③适：通“嫡”，这里指正妻所生的孩子。④拥：通“壅”，堵塞。⑤因：凭借。⑥结：通“诘”，谴责，问罪。⑦帑：钱财。⑧籍：通“藉”，凭藉。⑨医：通“翳”，蒙蔽。⑩药：这里指毒药。

［译文］

君主懂得君臣利益的不同之处，才能称王天下，君主若认为君臣利益是相同的，就会被臣下挟制，君主与臣下共掌大权，就会被臣下杀害。所以明君详察公私的分别与各自的利害所在，奸臣就没有机会可乘。动乱发生于六种情况之中：君主的母后，君主的妻妾，君主的子孙，君主的兄弟，大臣和有名的贤人。任用官吏，责求臣下，太后就不敢放肆；礼仪上区分不同的等级，妻和妾的界限就不会混淆；权势不分给庶子，嫡庶不会互相争夺；不丧失权位，君主的兄弟就不敢侵犯；臣民不被私门控制，权臣也就不敢蒙蔽君主；坚决施行禁令和赏赐，有名的贤人就不敢暗中作乱。臣子的凭借有两种，即国外势力和宫中亲信。国外势力是君主所害怕的，宫中亲信是君主所宠爱的。君主对国外的要求总是给予满足，对亲信的主张总是言听计从，这就是乱臣所要利用的。他国暗中安插官吏的情况一旦发生，君主就必须追查和惩办与之密切相关并接受贿赂的人，臣子就不敢借助于外国的势力了。君主按照功劳赏赐爵禄，对于没有功劳而请求爵禄的人，就连同替他请求的人一起治罪，左右侍从就不敢成为臣子作乱的凭借了。他国势力无从借助，宫中亲信无从利用，那么内奸和外奸作乱的道路就都被堵塞了。逐级提拔官吏，一直到担任重大的官职，才是聪明的用人方法。对于位高权重的人，有三种不

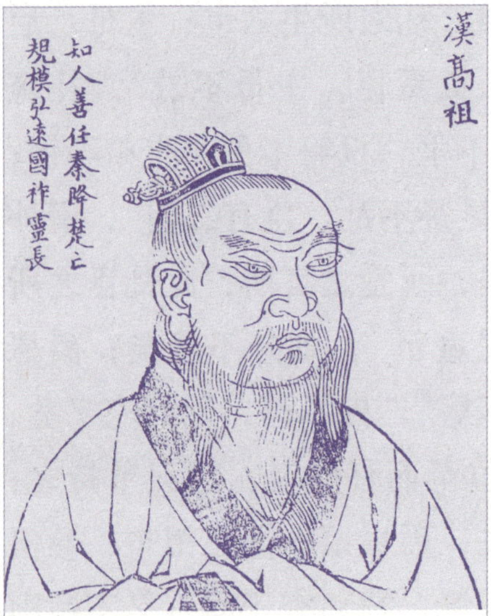

刘邦论功行赏

刘邦称帝后，要进行封赏，群臣认为曹参多次负伤，攻城夺地，功劳最多，应该排在第一位。刘邦则认为萧何总是救自己和汉军于绝境，是万世的功勋，于是准萧何可带剑穿鞋上殿。

同办法来加以控制：一是人质，一是安其心之物，一是忠心不二。厚待他们的亲戚妻子并严加看管，叫作质；给予丰厚的爵禄并且坚决实行，叫作镇；检验言论，督责实效，叫作固。贤者因有人质而不敢妄自行动，贪婪的人因有了钱财而消除野心，奸邪的人因有种种约束而无计可施。容忍而不制裁，臣下就会犯上；小的奸邪不除掉，势必要发展为大的诛罚。可见罪名和罪行相符时就该严加惩罚。留着这些人要坏事，杀掉又会败坏名声，就通过饮食毒死他，否则就让他的仇敌杀掉他。这叫作除阴奸。蒙蔽也就是诡诈，诡诈也就是变化无常。君主能够见功行赏，见罪行罚，奸臣就不敢诡诈。君主不泄露对是非的判断，也不透漏臣下的谏说，奸臣就不敢使用随机应变的手段。君主的父兄和有才能的人逃亡在外叫作游祸，它的危害在于增加了敌人的力量。君主与受过刑罚的人亲昵叫作狎贼，它的危害在于这种人的愤恨和隐藏在心底的耻辱会发作。君主隐藏自己的愤怒不表现出来，掌握了臣下的罪行而不揭露，叫作增乱，它的危害在于心怀侥幸而轻举妄动的人会活动起来。君主同时重用两个大臣，且这两个人的权势相当，叫作卷祸，它的危害在于使私家势力变得强大，会发生劫杀君主的灾难。君主随随便便而不能表现出神妙莫测，叫作弹威，它的危害在于后妃用毒酒害死夫君的乱子会发生。这五种祸患，君主如果不能察觉，就有被劫杀的灾难。官吏的任用和罢免，由自己决定则叫作治，由外国势力控制则叫作乱。因此，明君在国内讲究功效，而在国外凭借利益，从而能使本国安定而敌国混乱。引致危乱的途径是：臣下被君主憎恶，就凭借外国势力，使君主如同得头晕病；臣下被君主宠爱，就凭借君主的左右亲信肆意妄为，使君主像吃了暗中下的毒药一样。

四、立道

参伍之道：行参以谋多，揆伍以责失。行参必拆[1]，揆伍必怒。不拆则渎上，不怒则相和。拆之征足以知多寡，怒之前不及其众。观听之势，其征在比周而赏异也，诛毋谒(yè)而罪同。言会众端，必揆之以地，谋之以天，验之以物，参之以人。四征者符，乃可以观矣。参言以知其诚，易视[2]以改其泽，执见以得非常。一用以务近习，重言以惧远使。举往以悉其前，即迩[3]以知其内，疏置[4]以知其外。握明以问所暗，诡使以绝黩(dú)泄。倒言以尝所疑，论反以得阴奸。设谏以纲独为，举错[5]以观奸动。明说以诱避过，卑适以观直谄。宣闻以通未见，作斗以散朋党。深一[6]以警众心，泄异以易其虑。似类则合其参，陈过则明其固[7]。知罪辟罪以止威，阴使时循[8]以省(xǐng)衷。渐更以离通比。下约[9]以侵[10]其上：相室，

约其廷臣；廷臣，约其官属；军吏，约其兵士；遣使，约其行介；县令，约其辟吏；郎中，约其左右；后姬，约其宫媛。此之谓条达之道。言通事泄，则术不行。

[注释]

①拆：这里是剖析的意思。②易视：改变观察的视角。③迩：近的意思。④疏置：安置到边远地方。⑤举错：这里指任免官吏。错：通“措”。⑥深一：深入地调查一件事。⑦固：这里指问题的症结。⑧循：通“巡”，到各地去来回走动察看。⑨约：这里是监督的意思。⑩侵：这里指告发。

[译文]

检验考察的途径是：通过严格参验来谋取功效，通过交互衡量来责罚过失。严格参验，必须对臣下的言行进行剖析；交互衡量，必须对臣下的过错加以问责。不进行剖析，奸人就会欺瞒君主，不加以问责，臣下就会结成朋党，互相勾结。通过剖析的结论足以看出臣下的功效有多少，严加责罚之前，不要把意图泄露给众人。观察臣下行为和听取臣下意见的一些情况是，臣下有密切勾结的迹象，君主就赏赐那些与之离异的人；臣下知晓奸情却不告发，君主就将他和坏人以同罪论处。对于言论，要汇集多方面的情况，一定要凭借地利加以衡量，参照天时加以考虑，运用物理加以验证，适应人情加以分析。这四方面的迹象都符合了，就可以明了是非。分析臣下的言论，用以明了他是否忠诚于君主，改变观察的角度，从而了解他的真面目，根据了解的情况，以便了解臣下的反常行为。一人专职，使左右亲近之人为自己卖力。反复强调禁令，让出使远方的大臣感到畏惧，列举往事来了解臣下的旧况。留在近处的人了解臣下的内情，安置在远方的人探知外面的情况。掌握表面现象来探问暗地里的情况，运用诡使方法驾驭群臣来杜绝侮慢行为。用正话反说来探知自己疑惑的事，从反面考察来了解隐蔽的奸邪活动。设置间谍来窥察大臣的独断，任免官吏来观察奸臣的动静。公开宣传法制用来诱导臣民避免过错。谦卑地对待臣下以观察他们是正直还是奉承讨好。广泛地散布已经了解的消息以便据此探知尚未暴露的隐情。挑动坏人内斗来瓦解他们的小集团。深入探究一件事情的真相使众人有所警戒。故意泄露不同的意见使坏人改变企图。通过比较鉴别之法分析貌同实异之事物。列举臣下过失，要指明他问题的症结。知道臣下的罪过，就要对他的罪过用刑，用来禁止他的私威。暗中派使者不时地巡察各地官吏，以便了解他们是否忠诚。逐步更换官吏，以便离散官吏中的小团体。在下面设置监督的官吏，以便告发他们的上级：针对相国，就依靠廷臣来监督；针对廷臣，就依靠他属下的官吏来监督；针对军吏，就依靠兵士来监督；针对派遣的使者，就依靠他的随从人员监督；针对县令，就依靠他任命的属吏来监督；针对郎中，就依靠他的侍从来监督；针对后姬，就依靠宫女来监督。这就叫作条达之道。假如把臣下的告密和要办的事情泄露了出去，君主考察臣下的政治手段也就无法施行了。

五、类柄

明主，其务在周密。是以喜见[1]则德偿，怒见则威分。故明主之言隔塞而不通，周密而不见。故以一得十者，下道也；以十得一者，上道也。明主兼行上下，故奸无所失。伍、闾、连、县而邻，谒[2]过赏，失[3]过诛。上之于下，下之于上，亦然。是故上下贵贱相畏以法，相诲以利。民之性，有生之实，有生之名。为君者有贤知之名，有赏罚之实。名实俱至，故福善必闻矣。

［注释］

①见：通“现”，表现出来。②谒：告发的意思。③失：这里指不告发。

［译文］

明君最要紧的事情，是致力于周密。因此，如果君主把喜爱表现出来，臣下就会据此表现自己，从而窃取君主的恩德，如果君主把愤怒表现出来，臣下就会据此隐藏自己，从而瓜分君主的威势。所以明君的言论要隔着能堵塞的东西而不表露出来，紧锁密闭而不泄漏出来。所以用一个人察明十个人的阴谋活动，是统治下层的途径；用十个人察明一个人的阴谋活动，是揭露上面的途径。明君若能上下兼用，则坏人不会有所遗漏。伍、闾、连、县各层组织的人像邻居一样处于互相监督之中，告发坏人就受赏，不告发坏人就受罚。上级对下级，下级对上级，也是如此。所以上面和下面、贵者和贱者，在法制面前都互相畏惧，在公益面前都互相劝勉。对人性的要求，既有生的实惠，又有生的名声。做君主的，既有贤明、智慧的名声，又要有赏罚的实权。名和实都得到了满足，所以大福大善的名声必能广泛流传。

六、参言

听不参，则无以责下；言不督乎用，则邪说当上。言之为物也以多信[1]，不然之物，十人云疑，百人然乎，千人不可解也。呐[2]者言之疑，辩者言之信。奸之食上也，取资乎众，籍信乎辩，而以类饰其私。人主不餍（yàn）忿[3]而待合参，其势资下也。有道之主听言，督其用，课其功，功课[4]而赏罚生焉，故无用之辩不留朝。任事者知不足以治职，则官收。说大而夸则穷端[5]，故奸得而怒。无故而不当为诬，诬而罪臣。言必有报[6]，说必责用也，故朋党

之言不上闻。凡听之道，人臣忠论以闻奸，博论以内⑦一，人主不智则奸得资。明主之道，己喜，则求其所纳；己怒，则察其所构；论于已变之后，以得毁誉公私之征。众谏以效智故，使君自取一以避罪，故众之谏也败。君之取也，无副言⑧于上以设将然，令符言于后以知谩诚语。明主之道，臣不得两谏，必任其一语；不得擅行，必合其参，故奸无道进矣。

［注释］

①多信：这里的意思是指说的人多了，就信以为真。②呐：通“讷”，木讷。③餍忿：盛怒。④功课：功效得到检验。⑤穷端：追根究底。⑥报：复的意思，即核实。⑦内：通“纳”，接受。⑧副言：另一种或几种可能性。

［译文］

君主听取意见不进行检验，就无法责求臣下，不考察言论是否有用，臣下就会用邪说迎合君主。言论这种东西，重复得多了，就能使人们信以为真了。对于本不真实的东西，听十个人说，就会疑惑，听一百个人说，就会倾向于相信，听一千个人说，就会确信不疑了。木讷的人说的话使人怀疑，善于辩说的人说的话使人相信。奸臣危害君主，得力于人多，凭借辩说而取得信任，用类似的事情加以掩饰他的私心。君主不盛怒斥责来对待，不用事实去加以验证，那么君主的权势就要被奸臣所利用。知道治国道路的君主在听取臣下的意见时，会督察它的作用，考核它的功效。功效得到了检验，而赏罚因此确定下来，所以无用的辩说不会留在朝廷之内。办事的人，如果其智慧不足以胜任他所担任的职位，就罢官。对说话大而不当、浮夸不实的，要追根究底，这样就能察觉坏人并严厉斥责。无故而言行不符，就是行骗，臣下行骗，就要治罪。对臣下的言论一定要核实，对臣下的主张一定责求效用，所以朋党的观点就不敢对君主陈说。听取言论的方法，总是要求让臣下忠实地谈论，君主可以从中了解奸情，总是要广泛地听取，君主得以接受其中一种意见。君主如果不明智，坏人就会利用空子。明君听取言论的原则是，对于使自己高兴的话，就要求兑现，对于使自己恼怒的话，就追究根源。等到君主的情绪稳定之后再下结论，以便获取臣下是诽谤还是赞扬、是为公还是为私的真凭实据。采用几种说法进献来玩弄智巧，诱使君主自己从中采取一种意见来逃避罪责，所以让臣子同时进献几种说法是行不通的。君主所选取的，是不要让臣下在一种意见之外又附加另一种可能性，而应使谏言跟以后的事实相符合，据此来准确判断谏言是诚实的还是欺诈的话。明君所要采用的方略是，绝对不容许臣下作模棱两可的进说，一定要他们挑出一种；绝不容许他们独断专行，一定要与参验相符合，这样奸臣的进路就给堵死了。

七、听法

官之重也，毋法也；法之息也，上暗也。上暗无度，则官擅为；官擅为，故奉[1]重无前；奉重无前，则征多；征多故富。官之富重也，乱功之所生也。明主之道取于任，贤于官，赏于功。言程，主喜，俱必利；不当，主怒，俱必害；则人不私父兄而进其仇雠（chóu）[2]。势足以行法，奉足以给事，而私无所生，故民劳苦而轻官。任事者毋重，使其宠必在爵；处官者毋私，使其利必在禄；故民尊爵而重禄。爵禄，所以赏也；民重所以赏也，则国治。刑之烦也，名之缪[3]也，赏誉不当则民疑，民之重名与其重赏也均。赏者有诽焉，不足以劝；罚者有誉焉，不足以禁。明主之道，赏必出乎公利，名必在乎为上。赏誉同轨，非诛俱行。然则民无荣于赏之内。有重罚者必有恶名，故民畏。罚，所以禁也；民畏所以禁，则国治矣。

［注释］

①奉：通“俸”，俸禄。②仇雠：仇敌。雠：通“仇”。③缪：通“谬”，错误，差错。

［译文］

官吏权势过大，是因为没有法度；法度不起作用，是因为君主昏庸。君主昏庸没有章程，官吏就胡作非为；官吏胡作非为，结果俸禄就会不断地增加到无限；俸禄不断地增加到无限，要征收的租税就多；租税征收多了，官吏就越发富裕。官吏富裕，权势又很大，这是混乱的政事造成的。明君治国总是挑选能干的人，赞扬忠于职守的人，奖赏有功劳的人。大臣推荐的人要是符合标准，君主就喜欢，推荐者和被推荐者都能得到赏赐；推荐的人不符合标准，君主就恼怒，推荐者和被推荐者都会受到处罚。这样，进言的人就不敢偏袒自己的父兄而情愿推荐有才能的仇敌了。君主给臣下的权势足以执行法令，俸禄足以满足办好公事，私利无从产生了。所以民众虽然劳苦，但并不感到赋税繁重。不要让办事的人权势太重，而要使他们得到的宠赏只反映在爵位上；不要让当官的人谋取私利，而要使他们的利益只反映在俸禄上。所以臣民重视爵位而看重俸禄。爵位和俸禄是君主用来奖赏臣民的，臣民重视君主用来奖赏的爵位和俸禄，国家就能治理好。刑罚混乱，赐名有误，奖赏和赞扬不当，就会使臣民产生怀疑，因为臣民对赞扬和赏赐同样重视。对受赏的人有所非议，就不能鼓励立功；对受罚的人有所赞扬，就不能禁止奸邪。明君的做法总是使受奖赏一定因为他有功，受赞

扬一定是因为他为君主效劳。奖赏和赞扬一致，贬斥和处罚并行。既然这样，那么民众虽然受到赏赐也不感到荣耀。受到重罚的人必有恶名，所以民众害怕。刑罚是用来禁止奸邪的；臣民害怕刑罚，国家就治理好了。

八、主威

行（xíng）义示则主威分，慈仁听则法制毁。民以制畏上，而上以势卑下，故下肆很触而荣于轻君之俗，则主威分。民以法难犯上，而上以法挠慈仁，故下明爱施而务赇纳之政，是以法令隳[1]。尊私行以贰主威，行赇纳以疑法，听之则乱治，不听则谤主，故君轻乎位而法乱乎官，此之谓无常之国。明主之道，臣不得以行义成荣，不得以家利为功，功名所生，必出于官法。法之所外，虽有难行，不以显焉，故民无以私名。设法度以齐民，信赏罚以尽民能，明诽誉以劝沮。名号、赏罚、法令三隅[2]。故大臣有行则尊君，百姓有功则利上，此之谓有道之国也。

[注释]

①隳：毁坏。②三隅：角落，引申为方面。意为三方面相结合。

[译文]

如果个人的德行和道义得到表彰，那么君主的威势就会分散；如果听信仁慈的说教，那么法律制度就会败坏。臣民因为法制而畏惧君主，君主因为权势使臣民屈服。如果臣民肆无忌惮地违反法令并藐视君上，那么君主的威势就分散了。臣民因为有法制约束而不敢违反君主，君主却听信仁慈说教去扰乱法治的推行，结果臣民就会公开追求施舍，热衷于枉法贿赂的腐败政治。那么，法令就会败坏。尊崇臣下的私行而分享君主的威势，施行贿赂而动摇法制，君主无动于衷就要扰乱法制，加以制止就要受到诽谤，因而君主地位被人看轻，政府法制被人败坏。这就形成了那没有法度的国家。明君的治国原则是，不允许臣下靠个人品行来得到荣誉，不允许臣下因私家利益而获得功名。功名的取得，必须根据国家的法制。在法制规定之外，即使有着别人难以具备的品行，也不给以表彰，所以臣民就没有因私利而得到名声的。设立法度来统一民众，用赏罚有信来发挥民众的作用，用明确称誉和贬斥的标准来鼓励好事和禁止坏事。名号、赏罚、法令这三个方面是互相结合的。所以大臣有所作为的话，就在于尊重君主；民众有了功劳的话，就在于有功于君主。这就叫作有法度的国家。

五蠹第四十九

题解

“蠹”是蛀虫的意思,“五蠹”,就是五种蛀虫,即五类破坏法治的人,指的是学者(儒家)、言谈者(纵横家)、带剑者(游侠刺客)、患御者(逃避兵役的人)、商工之民(商人和手工业者)。国君应该严禁他们的活动,甚至应加以消除。韩非从进化的历史观出发,认为“上古竞于道德,中世逐于智谋,当今争于气力”,因而反复申述“事因于世,而备适于事”的理论。认为不同的时代应当有不同的治国方法。鉴于此“急世”,提出“仁之不可以为治”,而要以农战为立国之本。韩非认为要使国家富强,君权巩固,必须“除此五蠹之民”,“养耿介之士”。并具体到“明主之国,无书简之文,以法为教;无先王之语,以吏为师;无私剑之捍,以斩首为勇”,如此才能实现“无事则国富,有事则兵强”的强大国家。本篇历来被认为是韩非最杰出的代表作。

上古之世,人民少而禽兽众,人民不胜禽兽虫蛇。有圣人作①,构木为巢以避群害,而民悦之,使王(wàng)天下,号曰有巢氏。民食果蓏(luǒ)蚌蛤,腥臊恶臭而伤害腹胃,民多疾病。有圣人作,钻燧(suì)②取火以化腥臊,而民说之,使王天下,号之曰燧人氏。中古之世,天下大水,而鲧、禹决渎③。近古之世,桀、纣暴乱,而汤、武征伐。今有构木钻燧于夏后氏之世者,必为鲧(gǔn)、禹笑矣;有决渎于殷、周之世者,必为汤、武笑矣。然则今有美尧、舜、汤、武、禹之道于当今之世者,必为新圣笑矣。是以圣人不期④修古⑤,不法常可,论世之事,因为之备。宋有人耕田者,田中有株⑥,兔走触

守株待兔

韩非子举例守株待兔的故事,原意是旨在强调变革的重要性。原比喻不经过努力而得到成功的侥幸心理。现也比喻死守狭隘经验,不知变通。

株，折颈而死，因释其耒（lěi）[7]而守株，冀复得兔。兔不可复得，而身为宋国笑。今欲以先王之政，治当世之民，皆守株之类也。

［注释］

①作：兴起。②燧：上古取火的器具。③决渎：疏浚河道。决：排出堵塞物。渎：小沟，小渠，亦指河川。④期：指望。⑤修古：修习远古的东西。⑥株：树根、树桩。⑦耒：农具。

［译文］

在上古时代，人口稀少而禽兽众多，人敌不过禽兽虫蛇的侵害。这时候有圣人出现了，他架起木头搭成鸟巢一样的窝棚，用来避免禽兽虫蛇的侵害，人们因此很喜爱他，推举他称王天下，称他为有巢氏。当时人们吃的是野生的瓜果和蚌蛤，腥臊难闻而且伤害肠胃，人们因此经常得疾病。这时候有圣人出现了，他发明钻木取火的方法烧烤食物，除掉腥臊臭味，人们因此很喜爱他，推举他称王天下，称他为燧人氏。到了中古时代，天下洪水泛滥，鲧和禹先后负责疏浚河道。近古时代，夏桀和商纣的统治残暴昏乱，于是商汤和周武王起兵讨伐他们。如果在夏朝之后，还有人用架木搭巢和钻木取火的办法生活，那一定会被鲧、禹耻笑了；如果到了殷周时代，还有人要把疏浚河道作为要务的话，那就一定会被商汤、武王所耻笑。然而今天要是还有人推崇尧、舜、禹、汤、武王的统治措施可以用在当今之世，必然要被现代的圣人耻笑了。因此圣人不指望搬用远古的方法，不死守陈规旧俗，而是根据当前社会的实际情况，制定相应的措施。宋国有个在田里耕作的人，田中有一个树桩，一只兔子奔跑时撞在树桩上，碰断了脖子死了，从此这个宋人便放下手中的农具，守在树桩旁边，希望再捡到撞树而死的兔子。他当然不可能再得到兔子，反而成了宋国的一个笑话。现在假使还要用先王的政治措施来治理当代的民众，那就无疑是守株待兔之类的人了。

古者丈夫[1]不耕，草木之实足食也；妇人不织，禽兽之皮足衣也。不事力而养[2]足，人民少而财有余，故民不争。是以厚赏不行，重罚不用，而民自治。今人有五子不为多，子又有五子，大父[3]未死而有二十五孙。是以人民众而货财寡，事力劳而供养薄，故民争，虽倍赏累罚而不免于乱。

［注释］

①丈夫：这里指成年男子。②养：给养，供养。③大父：这里指祖父。

［译文］

古时候成年男子不用耕种，野生的草木果实足够吃；妇女不用纺织，禽兽的皮足够穿。不用费力地从事劳动而供养充足，这是因为人口少而财物有余，所以人们之间不相互争夺，因而不实行厚赏与重罚，而民众自然安定无事。如今人们有五个儿子也不算多，每个儿子又各有五个儿子，祖父还没有死就会有二十五个孙子。因此，人口众多，而财物缺乏，费尽力气劳动，而给养却很微薄，所以民众互相争夺，即使加倍地奖赏和不断地惩罚，仍然免不了要发生混乱。

尧之王天下也，茅茨(cí)①不翦②，采椽(chuán)不斫③；粝(lì)粢(zī)④之食，藜(lí)藿(huò)⑤之羹；冬日麑(ní)裘，夏日葛衣；虽监门之服养，不亏于此矣。禹之王天下也，身执耒臿(chā)⑥以为民先，股无胈，胫(jìng)不生毛，虽臣虏⑦之劳，不苦于此矣。以是言之，夫古之让天子者，是去监门之养，而离臣虏之劳也，古传天下而不足多也。今之县令，一日身死，子孙累世絜(xié)驾，故人重之。是以人之于让也，轻辞古之天子，难去今之县令者，薄厚之实异也。夫山居而谷汲者，膢腊(là)而相遗(wèi)以水；泽居苦水者，买庸⑧而决窦。故饥岁之春，幼弟不饷；穰岁之秋，疏客必食。非疏骨肉爱过客也，多少之实异也。是以古之易财，非仁也，财多也；今之争夺，非鄙也，财寡也。轻辞天子，非高也，势薄也；争士橐(tuó)⑨，非下也，权重也。故圣人议多少、论薄厚为之政。故罚薄不为慈，许严不为戾，称俗而行也。故事因于世，而备适于事。

[注释]

①茨：用茅草盖的屋顶。②翦：通“剪”，修剪。③斫：砍、削之意。④粝粢：粗劣的食物。⑤藿：豆叶。⑥臿：铁锹。⑦臣虏：这里是奴仆的意思。臣：指男性奴隶。⑧庸：通“佣”，雇佣的意思。⑨橐：通“托”，依附的意思。

[译文]

尧统治天下的时候，他住的屋子是用茅草盖的屋顶并且不加修剪，连栋木椽子都不砍削；吃的是粗劣的食物，喝的是用野菜和豆叶做的汤；冬天穿小鹿皮衣，夏天穿葛布衣，就是现在看门奴仆的生活，也不比这更差。禹统治天下的时候，亲自拿着木叉锹锄带领人们干活，累得大腿上没有肉，小腿上不长汗毛，就是奴仆们的劳役也不比这苦。根据这种情况来说，古代把天子的位置禅让给别人的事，是去掉看门人一般的供养，摆脱奴仆般繁重的劳役罢了，所以把天子之位传给别人也并不值得赞美。如今的县令，一旦死了，他的子孙几代总有高车大马的待遇，所以人们都很看重县令这个官职。因此，人们对于让位这件事，可以轻易地辞掉古代的天子，却难以舍弃今天的县官，这是因为待遇上的多少不一样。居住在山上要到谷底取水，逢年过节用水作为礼品互相馈赠；居住在洼地饱受水涝灾害的人，却要雇人来挖沟排水。所以在荒

年青黄不接的时候，就是幼小的弟弟也不给他饭吃；在丰收的秋天，即使是疏远的过客也总要招待吃喝。不是有意疏远自己的骨肉而偏爱过路的客人，而是因为粮食的多少不一样。因此，古人轻视财物，并不是因为仁义，而是因为财多；今人互相争夺，并不是因为卑鄙，而是由于财少。古人轻易辞掉天子的职位，并不是什么风格高尚，而是因为权势很小；今人争夺官位或依附权势，也不是什么品德低下，而是因为权大势重。所以圣人要衡量财物多少、权势大小的实际情况来制定政策。刑罚轻并不是仁慈，刑罚重并不是残暴，而是适应社会状况来办事而已。所以，政事要根据时代变化，措施要适应变化的社会。

古者文王处丰、镐之间，地方百里，行仁义而怀①西戎，遂王天下。徐偃(yǎn)王处汉东，地方五百里，行仁义，割地而朝者三十有六国。荆文王恐其害己也，举兵伐徐，遂灭之。故文王行仁义而王天下，偃王行仁义而丧其国，是仁义用于古不用于今也。故曰：世异则事异。当舜之时，有苗不服，禹将伐之。舜曰："不可。上德不厚而行武，非道也。"乃修教三年，执干②戚③舞，有苗乃服。共工之战，铁铦④矩者及乎敌，铠甲不坚者伤乎体。是干戚用于古不用于今也。故曰：事异则备变。上古竞于道德，中世逐于智谋，当今争于气力。齐将攻鲁，鲁使子贡说之。齐人曰："子言非不辩也，吾所欲者土地也，非斯言所谓也。"遂举兵伐鲁，去门十里以为界。故偃王仁义而徐亡，子贡辩智而鲁削。以是言之，夫仁义辩智，非所以持⑤国也。去偃王之仁，息子贡之智，循徐、鲁之力使敌万乘(shèng)，则齐、荆之欲不得行于二国矣。

[注释]

①怀：安抚、抚慰的意思。②干：盾牌。③戚：古代兵器，一种大斧。④铁铦：铁锸一类的工具。⑤持：这里是保有、保全的意思。

[译文]

古代周文王地处丰、镐一带，领土不过方圆百里，他施行仁义而感化了西戎，进而统治了天下。徐偃王统治着汉水以东的地区，方圆有五百里，他也施行仁义，有三十六个国家向他割地朝贡。楚文王害怕他会危害到自己，便出兵攻打徐国，并把徐国消灭了。所以周文王施行仁义而得到了天下，而徐偃王施行仁义却亡了国，这证明推行仁义只适用于古代而不适用于现在。所以说：时代不同了，政事就会随之不同。在舜统治天下的时候，苗族不服从，禹主张用武力去讨伐，舜说："不可以。君主德

行不深厚而使用武力，不是正确的道路。”于是便用三年时间加强德教，拿着盾牌和大斧跳舞，苗族终于归服了。到了共工打仗的时候，武器短的会被敌人击中，铠甲不坚固的就会伤到身体。这表明拿着盾牌和大斧跳舞的德政方法只能用于古代而不能用于当今。所以说：情况变了，措施也要跟着改变。上古的时候，人们在道德上竞争高低，中古的时候人们在智谋上争夺优劣，当今社会人们在力量上较量强弱。齐国准备攻打鲁国，鲁国派子贡去说服齐人。齐人说：“你的话说得不是不巧妙，然而我想要的是土地，而不是你所说的空话。”于是出兵攻打鲁国，把齐国的国界扩大到距鲁国都城只有十里远的地方。所以说徐偃王施行仁义而使徐国灭国，子贡机智善辩而鲁失了领土。由此看来，仁义道德、机智善辩之类，都不是用来保全国家的正道。如果当初抛弃徐偃王的仁义，不采用子贡的巧辩，而是依靠这两个国家的实力，去抵抗有万辆兵车的强敌，那么齐、楚的野心也就不会在这两个国家里得逞了。

夫古今异俗，新故异备。如欲以宽缓之政，治急世①之民，犹无辔(pèi)策而御駻(hàn)马，此不知之患也。今儒、墨皆称先王兼爱天下，则视民如父母。何以明其然也？曰：“司寇行刑，君为之不举乐②；闻死刑之报，君为流涕。”此所举先王也。夫以君臣为如父子则必治，推是言之，是无乱父子也。人之情性莫先于父母，皆见爱而未必治也，虽厚爱矣，奚遽不乱？今先王之爱民，不过父母之爱子，子未必不乱也，则民奚遽治哉？且夫以法行刑，而君为之流涕，此以效仁，非以为治也。夫垂泣不欲刑者，仁也；然而不可不刑者，法也。先王胜其法，不听其泣，则仁之不可以为治亦明矣。

［注释］

①急世：急剧变动的时代。②举乐：演奏音乐。

［译文］

古代和现在的社会风俗不同，新旧政治措施也不一样。如果想用宽松的政策去治理处于急剧变动时代中的民众，就好比在没有缰绳和鞭子的情况下去驾驭烈马，这是不明智带来的祸害。现在，儒家和墨家都称颂先王，说他们爱惜普天之下的一切民众，而且认为民众就像父母。用什么证明先王如此呢？他们说：“司寇执行刑法时，君主为此停止演奏音乐；听到罪犯被处决后，君主难过得流下眼泪。”这就是他们所赞美的先王。他们认为君臣关系如果能像父子一样，那么国家必然能够得到治理，由此推论，就不会存在关系不和睦的父子了。从人类本性上说，没有什么感情能比得上父母疼爱子女，然而大家都一样疼爱子女，家庭却未必就和睦。君主即使深爱臣民，

何以见得天下就不会发生动乱呢？再说先王的爱民不会超过父母爱子女，子女不一定不背弃父母，那么民众何以就能靠仁爱治理好吗？况且按照法令执行刑法，而君主为之流泪，这不过是用来表现仁爱罢了，而不是用来治理国家的。流泪而不想用刑，这是君主的仁爱；然而不得不用刑，这是法治的需要。先王首先要执行法令，并不会因为同情而不实行，那么不能用仁爱来治理国家的道理也就很明白了。

且民者固服于势，寡能怀于义。仲尼，天下圣人也，修行明道以游海内，海内说其仁、美其义而为服役者七十人。盖贵仁者寡，能义者难也。故以天下之大，而为服役者七十人，而仁义者一人。鲁哀公，下主也，南面君[1]国，境内之民莫敢不臣。民者固服于势，诚易以服人，故仲尼反为臣而哀公顾为君。仲尼非怀其义，服其势也。故以义则仲尼不服于哀公，乘势则哀公臣仲尼。今学者之说人主也，不乘必胜之势，而务行仁义则可以王，是求人主之必及仲尼，而以世之凡民皆如列徒，此必不得之数也。

［注释］

①君：这里是统治的意思。

［译文］

况且民众本来就屈服于权势，很少能被仁义感化。孔子是天下的圣人，他修养身心，宣扬儒道，周游列国，可是天下喜欢他的仁义学说并肯为他效劳的人才七十来个。可见崇尚仁爱的人少，能行义的人实在难得。所以天下这么大，愿意为孔子效劳的只有七十人，而奉行仁义的人只有孔子一人。鲁哀公是个才智低下的君主，他能统治整个国家，而国内没有敢于不服从的人。民众总是屈服于权势，权势也确实可以用来使人服从，所以孔子只能做了臣子，而鲁哀公却成了君主。孔子并不是服从于鲁哀公的仁义，而是屈服于他的权势。因此，凭借讲仁义，孔子就不会屈服于鲁哀公；凭借权势，鲁哀公却可以使孔子俯首称臣。现在的学者们游说君主，不是要君主依靠可以取胜的权势，而致力于宣扬施行仁义就可以称王天下，这就是要求君主一定能像孔子那样，要求天下民众都像孔子的门徒。这必然是不能实现的。

今有不才之子，父母怒之弗为改，乡人诮（qiào）[1]之弗为动，师长教之弗为变。夫以父母之爱、乡人之行、师长之智，三美加焉，而终不动，其胫（jìng）毛不改。州部[2]之吏，操官兵，推公法，而求索奸人，然后恐惧，变其节，易其行矣。

故父母之爱不足以教子，必待州部之严刑者，民固骄于爱、听于威矣。故十仞(rèn)之城，楼季弗能逾者，峭也；千仞之山，跛牂[3]易牧者，夷[4]也。故明王峭其法而严其刑也。布帛寻常[5]，庸人不释；铄金百溢[6]，盗跖(zhí)不掇[7]。不必害，则不释寻常；必害手，则不掇百溢。故明主必其诛也。是以赏莫如厚而信，使民利之；罚莫如重而必，使民畏之；法莫如一而固，使民知之。故主施赏不迁，行诛无赦，誉辅其赏，毁随其罚，则贤、不肖俱尽其力矣。

[注释]

①谯：通“诮”，责骂。②州部：当时的基层行政机关。③牂：母羊。④夷：这里是平缓的意思。⑤寻常：古时长度计算单位，八尺为寻，两寻为常。⑥溢：通“镒”，一镒二十两，一说二十四两。⑦掇：拾取。

[译文]

现在假定有一个不成材的儿子，父母愤怒地责骂他，他并不悔改；乡邻们加以责备，他不动心；师长教育他，他也不改变。用父母的疼爱、乡邻的帮助、师长的智慧这三方面的优势同时加在他的身上，而他却始终无动于衷，连他小腿上的一根汗毛都没有改变。然而当地方上的官吏拿着兵器，依法执行公务，追查坏人的时候，他才恐惧了，改掉了陋习和恶行。

所以父母的疼爱不足以教育好子女，必须依靠官府执行严厉的惩罚，这是因为人们受到疼爱就娇纵，遇到威势就屈服的缘故。因此，十丈高的城墙，即使是善于攀高的楼季也不能越过的，因为太陡；千丈高的大山，就是瘸腿的母羊也容易被赶上去放牧，因为坡度平缓。所以明君总要严峻立法并严格用刑。十几尺布帛，一般人见了也舍不得放手；熔化着的百镒黄金，即使是盗贼也不会拾取。不一定受害的时候，十几尺的布帛也不肯丢掉；肯定会烧伤手时，就是百镒黄金也不敢去拿。所以明君一定要严格执行刑罚。因此，施行奖赏最好是丰厚而且能兑现，使人们有所图谋；进行刑罚最好严厉而且肯定，使人们有所畏惧；法令最好是一贯而且坚固，使人们都能明白。所以君主施行奖赏不可以随意改变，执行刑罚不轻易赦免。对受赏的人同时给予荣誉，对受罚的人同时给予诋毁。这样一来，不管贤还是不贤的人，都会尽力为国了。

今则不然。其有功也爵之，而卑其士[1]官也；以其耕作也赏之，而少[2]其家业也；以其不收也外[3]之，而高其轻世也；以其犯禁罪之，而多[4]其有勇也。毁誉、赏罚之所加者相与悖缪[5]也，故法禁坏而民愈乱。今兄弟被侵，必攻者，廉也；知友被辱，随仇者，贞也。廉贞之行成，而君上之法犯矣。人主尊贞廉之行，而

忘犯禁之罪，故民程[6]于勇，而吏不能胜也。不事力而衣食，谓之能；不战功而尊，则谓之贤。贤能之行成，而兵弱而地荒矣。人主说贤能之行，而忘兵弱地荒之祸，则私行立而公利灭矣。

［注释］

①士：通“仕”，做官。②少：轻视，与“高”相反。③外：这里是疏远的意思。④多：这里是赞扬的意思。⑤缪：通“谬”，错误，差错。⑥程：通“逞”，显示，施展，炫耀，卖弄。

［译文］

如今却不是这样。因为他有功劳才授予他爵位，却又鄙视他做官；因为他努力耕种才奖赏他，却又限制他的家业；因为他不接受爵位俸禄才疏远他，却又推崇他轻视世俗名利；因为他违犯禁令才惩罚他，却又称赞他勇敢。如此毁、誉、赏、罚，执行起来就是自相矛盾，所以法令禁令被破坏，民众越来越混乱。现在假如兄弟受到侵犯就一定帮他反击的人，被认为是正直；朋友被侮辱就跟随着他去报仇的人，被认为是忠贞。这种正直和忠贞的风气形成了，而君主的法令就被冒犯了。君主推崇这种正直和忠贞的行为，却忽视了他们违犯法令的罪过，所以人们敢于逞一时之勇而触犯禁令，而官吏制服不了他们。对于不从事耕作就有吃有穿的人，就认为他有本事；对于没有作战立功就获得尊贵地位的人，就认为他有才能。这种本事和才能养成了，而国家的兵力就衰弱了，土地也荒芜了。君主赞赏这种本事和才能，却忘却兵弱地荒的祸患，那么谋私的行为就会得逞，而国家的利益就要丧失了。

儒以文乱法，侠以武犯禁，而人主兼礼之，此所以乱也。夫离法[1]者罪，而诸先生以文学取；犯禁者诛，而群侠以私剑养。故法之所非，君之所取；吏之所诛，上之所养也。法、趣[2]、上、下，四相反也，而无所定，虽有十黄帝不能治也。故行仁义者非所誉，誉之则害功；文学者非所用，用之则乱法。

楚之有直躬，其父窃羊，而谒[3]之吏。令尹曰：“杀之！”以为直于君而曲于父，报而罪之。以是观之，夫君之直臣，父子暴子也。鲁人从君战，三战三北[4]。仲尼问其故，对曰：“吾有老父，身死莫之养也。”仲尼以为孝，举而上之。以是观之，夫父之孝子，君之背臣也。故令尹诛而楚奸不上闻，仲尼赏而鲁民易降北。上下之利，若是其异也，而人主兼举匹夫之行，而求致社稷之福，必不几[5]矣。

[注释]

①离法：犯罪的意思。离：通“罹”，触犯。②趣：通“取”。③谒：这里是报案的意思。④北：这里是败北逃跑的意思。⑤几：指望、机会的意思。

[译文]

儒家利用文献典籍来扰乱法治，游侠使用武力违犯禁令，而君主对这两种人都要加以礼待，这就是国家混乱的根源。违犯法令的本该判罪，而那些儒生却靠着文章学说得到任用；违犯禁令的本该处罚，而那些游侠却靠着充当刺客得到供养。所以，法令所反对的，成了君主重用的；官吏要处罚的，成了权贵供养的。法令反对与君主重用，官吏处罚与权贵供养，四者互相矛盾，而没有确立一定的标准，即使有十个黄帝，也不能把天下治理好。所以对于宣扬仁义的人不应当给以称赞，如果称赞了，就有害于功业；对于从事文章学术的人不应当给以任用，如果任用了，就会破坏法治。

楚国有个叫直躬的人，他的父亲偷了羊，他到令尹那儿告发了这件事，令尹说：“杀掉他。”人们认为他对君主正直而对父亲不孝。所以报告官府判了他的罪。由此看来，君主的忠臣倒成了父亲的逆子。鲁国有个人跟随君王去打仗，三次打仗三次都败北逃跑。孔子向他询问原因，他说：“我家中有年老的父亲，我死后就没人奉养他了。”孔子认为这是孝子，便推举他做了官。由此看来。父亲的孝子恰恰是君主的叛臣。所以令尹杀了告发父亲的直躬，楚国的坏人坏事就没有人再向上告发了；孔子奖赏逃兵，鲁国人作战就要轻易地投降逃跑。君臣之间的利害得失是如此不同，而君主却既想推崇平民百姓谋求私利的行为，又想求得国家的繁荣富强，这是肯定没指望的。

古者仓颉(jié)之作书也，自环者谓之私，背私谓之公，公私之相背也，乃仓颉固以知之矣。今以为同利者，不察之患也，然则为匹夫计者，莫如修行义而习文学。行义修则见信，见信则受事；文学习则为明师，为明师则显荣：此匹夫之美也。然则无功而受事，无爵而显荣，为有政如此，则国必乱，主必危矣。故不相容之事，不两立也。斩敌者受赏，而高慈惠之行；拔城者受爵禄，而信廉爱之说；坚甲厉兵以备难，而美荐绅①之饰；富国以农，距②敌恃卒，而贵文学之士；废敬上畏法之民，而养游侠私剑之属。举行如此，治强不可得也。国平养儒侠，难至用介士③，所利非所用，所用非所利。是故服事者④简其业，而于游学者日众，是世之所以乱也。

[注释]

①荐绅：插上宽大的衣带。古代官吏上朝时把朝笏插在衣带间，叫作缙绅。荐：

通“搢”，插。②距：通“拒”，抵挡，抵抗。③介士：指披甲的人。介：独特的意思。④服事者：这里指从事于耕战的人。

[译文]

古时候，仓颉创造文字，把围着自己绕圈子的叫作“私”，与“私”相对的叫作“公”。公和私互相背离，是仓颉本来就知道的道理。如今还有人认为公与私的利益是相同的，这是犯了没有不考察的错误，然而为平民百姓考虑，不如修养品行和道义，以及学习文献典籍。修养好品行和道义就会得到君主信任。得到君主信任就可以做官；学习文献典籍就可以成为高明的老师。成了高明的老师就会显荣。对个人来说，这是最美的事了。然而没有功劳的也能做官，没有爵位也能显荣，如果形成这样的政治局面，那么国家就一定陷入混乱，君主就一定面临危险了。所以，互不相容的事情，是不能并存的。杀敌的人受到赏赐，却又崇尚仁爱的行为；攻克城池的人授予爵禄，却又信奉兼爱的学说；用坚固的铠甲、锋利的兵器来防备战乱，却又赞美儒服的宽袍大带；国家富足要依靠农民，抵抗敌人要依靠士兵，却又重视从事文章学术的儒生；不用那些尊重上级敬畏法律的民众，而去供养游侠刺客之类的人。君主如此理政，要想把国家治理得强盛是不可能的。国家太平的时候供养儒生和游侠，危难来临的时候要用披甲的士兵，国家给予利益的人并不是国家所要用的人，而国家所要用的人又得不到任何好处。因此，从事耕战的人荒废了自己的事业，而游侠和儒生却一天天多了起来，这就是社会陷于混乱的原因所在。

且世之所谓贤者，贞信之行也；所谓智者，微妙之言也。微妙之言，上智之所难知也。今为众人法，而以上智之所难知，则民无从识之矣。故糟糠不饱者不务粱肉，短褐①不完者不待文绣。夫治世之事，急者不得，则缓者非所务也。今所治之政，民间之事，夫妇所明知者不用，而慕上知之论，则其于治反矣。故微妙之言，非民务也。若夫贤良贞信之行者，必将贵不欺之士；不欺之士者，亦无不欺之术也。布衣相与交，无富厚以相利，无威势以相惧也，故求不欺之士。今人主处制人之势，有一国之厚，重赏严诛，得操其柄，以修明②术之所烛③，虽有田常、子罕之臣，不敢欺也，奚待于不欺之士？今贞信之士不盈于十，而境内之官以百数，必任贞信之士，则人不足官。人不足官，则治者寡而乱者众矣。故明主之道，一法④而不求智，固术⑤而不慕信，故法不败，而群官无奸诈矣。

[注释]

①短褐：僮仆所穿的粗布衣服。短：通“裋”，粗布衣服。②修明：修习并巧妙地运用。③烛：洞察。④一法：专一地实行法治。⑤固术：坚定地使用权术。

[译文]

况且社会上所谓的贤能，是指忠贞诚信的行为；所谓的有智慧，是指说一些深奥玄妙的言辞。那些深奥玄妙的言辞，就连最聪明的人也很难理解。如今制定民众都得遵守的法规，却使用那些连最聪明的人也难以理解的言辞，那么民众就更没办法弄懂了。所以，连糟糠都吃不饱的人，是不会致力于米饭和鱼肉的；连童仆的粗布衣服都穿不上的人，是不会期望华丽衣衫的。治理社会事务，紧急的事还没有得到解决，那么不紧迫的事就不必忙着去办。如今治理国家的政治措施，凡是属于民间的事，就连普通人都明白的道理也不采用，却去追求连最聪明的人都难以理解的言辞，其结果只能是背道而驰了。所以那些深奥玄妙的言辞，不是民众所需要的。若要推崇忠贞诚信的品行，必将尊重那些诚实不欺的人；而诚实不欺的人，也没有不被欺骗的办法。平民之间互相交往，没有丰厚的钱财可以互相利用，没有权势可以互相威胁，所以才要寻求诚实不欺的人。如今君主有制服民众的权势，有整个国家的财富，对于赏赐和惩罚都能够掌握权柄，可以修习并巧妙地运用法术来洞察事情，那么即使有田常、子罕一类的臣子也是不敢欺骗的，何必要寻找那些诚实不欺的人呢？如今忠贞诚信的人不满十个，而国家需要的官吏却数以百计，如果一定要任用忠贞诚信的人的话，那么合格的人不够应付官职的需要，合格的人不能应付需要，那么能够把政事治理好的官就少，而会把政事搞乱的官就多了。所以明君治理国家的方法，在于专一地实行法治，而不是去寻求有智的人；在于坚定地使用权术，而不是欣赏忠信的人。这样，法治就不会遭到破坏而群臣们也不敢胡作非为了。

今人主之于言也，说其辩而不求其当焉；其用于行也，美其声而不责其功。是以天下之众，其谈言者务为辨而不周于用，故举先王言仁义者盈廷，而政不免于乱；行身者竞于为高而不合于功，故智士退处岩穴，归①禄不受，而兵不免于弱，政不免于乱，此其故何也？民之所誉，上之所礼，乱国之术也。今境内之民皆言治，藏商、管之法者家有之，而国贫，言耕者众，执耒者寡也；境内皆言兵，藏孙、吴之书者家有之，而兵愈弱，言战者多，被甲者少也。故明主用其力，不听其言；赏其功，必禁无用。故民尽死力以从其上。夫耕之用力也劳，而民为之者，曰：可得以富也。战之为事也危，而民为之者，曰：可得以贵也。今修文学，

习言谈，则无耕之劳而有富之实，无战之危而有贵之尊，则人孰不为也？是以百人事智而一人用力。事智者众，则法败；用力者寡，则国贫：此世之所以乱也。

［注释］

①归：这里是赠送的意思。

［译文］

如今君主对于臣民的言论。喜欢它的诡辩而不管它是否与事实相符；对于臣下的行事，只称赞他的名声而不责求是否有功效。因此天下很多人说起话来总是致力于诡辩而不考虑是否切合实用，结果弄得称颂先王、高谈仁义的人充满朝廷，而政局仍然处于混乱之中；立身处世的人致力于清高，不去做实际工作，所以有才智的人隐居山林，不接受赠送的财物，而国家的兵力仍不能免于削弱，国家的政局不能免于混乱，这究竟是怎么造成的呢？因为民众所称赞的，君主所尊重的，都是些使国家混乱的做法。如今国内的民众都在谈论如何治理国家，家家都藏有商鞅和管仲的法典，国家却越来越穷，这是因为空谈耕作的人太多，而拿起农具种地的人太少。国内的民众都在谈论如何打仗，家家都藏有孙子和吴起的兵书，国家的兵力却越来越弱，这是因为空谈打仗的人太多，而穿起铠甲上阵杀敌的人太少。所以明君只使用民众的力量，不听信高谈阔论；奖赏人们的功劳，坚定地禁止那些无用的言行。这样民众就会竭尽全力为君主出力。耕种是花力气吃苦的事情，而民众愿意去干，因为他们认为可以因此变得富足。打仗是十分危险的事情，而民众愿意去干，因为他们认为可以因此获得显贵。如今只要擅长文章学术，能言善辩，不需要耕种的劳苦就可以变得富足，不需要冒险打仗便可以得到尊贵的官爵，那么人们谁不乐意这样干呢？所以就出现了一百个人从事于智力活动，却只有一个人从事于耕战事业的状况。从事于智力活动的人多了，法治就会败坏；致力于耕战事业的人少了，国家就会变得贫穷。这就是社会混乱的原因。

故明主之国，无书简之文，以法为教；无先王之语，以吏为师；无私剑之捍①，以斩首为勇。是境内之民，其言谈者必轨于法，动作者归之于功，为勇者尽之于军。是故无事则国富，有事则兵强，此之谓王资。既畜②王资而承③敌国之舋(xìn)④，超五帝侔(móu)⑤三王者，必此法也。

［注释］

①捍：通“悍”，凶悍。②畜：通“蓄”，积聚，保存。③承：通“乘”，趁机。④舋：通“衅”，间隙，破绽。⑤侔：相等，齐。

［译文］

因此，在明君统治的国家里，没有文献典籍等方面的文章，而是用法律来教育民众；禁绝先王的言论，而任用执法的官吏为老师；没有游侠刺客的凶悍，而只以杀敌立功为勇敢。这样，国内民众的一切言论都必须遵循法令，所有的行为都必须取得功效，一切勇力都必须用到从军打仗上。因此，没有战事，国家就富足，有了战事，兵力就强盛，这便奠定了称王天下的资本。既拥有称王天下的资本，又善于利用敌国的弱点；建立超过五帝、赶上三王的功业，一定得采用这种办法。

今则不然，士民纵恣于内，言谈者为势于外，外内称恶，以待强敌，不亦殆乎！故群臣之言外事者，非有分于从衡[1]之党，则有仇雠(chóu)之忠[2]，而借力于国也。从者，合众弱以攻一强也；而衡者，事一强以攻众弱也：皆非所以持国也。今人臣之言衡者，皆曰："不事大，则遇敌受祸矣。"事大未必有实，则举图而委[3]，效[4]玺而请兵矣。献图则地削，效玺则名卑，地削则国削，名卑则政乱矣。事大为衡，未见其利也，而亡地乱政矣。人臣之言从者，皆曰："不救小而伐大，则失天下，失天下则国危，国危而主卑。"救小未必有实，则起兵而敌大矣。救小未必能存，而伐大未必不有疏，有疏则为强国制矣。出兵则军败，退守则城拔[5]。救小为从，未见其利，而亡地败军矣。是故事强，则以外权士[6]官于内；救小，则以内重求利于外。国利未立，封土厚禄至矣；主上虽卑，人臣尊矣；国地虽削，私家富矣。事成，则以权长重；事败，则以富退处。人主之听说于其臣，事未成则爵禄已尊矣；事败而弗诛，则游说之士孰不为用缯缴(zēngzhuó)[7]之说而侥幸其后？故破国亡主以听言谈者之浮说。此其故何也？是人君不明乎公私之利，不察当否之言，而诛罚不必其后也。皆曰："外事，大可以王，小可以安。"夫王者，能攻人者也；而安，则不可攻也。强，则能攻人者也；治，则不可攻也。治强不可责于外，内政之有也。今不行法术于内，而事智于外，则不至于治强矣。

［注释］

①从衡：合纵连横。从，通"纵"，古人认为南北为纵向，东西为横向，这里是

合纵的意思。衡，通“横”，连横之意。②忠：通“衷”，内心。③委：托付，这里指献图。④效：这里是献出的意思。⑤拔：攻克的意思。⑥士：通“仕”，做官。⑦缯缴：带丝线的箭，射出后可以收回。缯缴之说，指有得无失的虚言。缯，射鸟的短箭。缴：系在箭尾的丝线。

［译文］

如今却不是这样，儒士、民众在国内恣意妄为，游说者在国外造就自己的势力，他们内外作恶，就这样来对付强敌，不是太危险了吗？所以那些谈论外交问题的臣子们，不是属于合纵或连横中的朋党有关系，就是怀有借国家力量来报私仇的隐衷。所谓合纵，就是联合许多弱小的国家去攻打一个强大的国家；所谓连横，就是依附一个强国去攻打其他弱小的国家。这些都不是保全国家的办法。如今那些主张连横的臣子都说：“不依附大国，一遇强敌人就得遭殃。”依附大国不一定有什么实际效应，还必须先献出国家的地图和君主的玺印，才能请求军事援助。献出地图，本国的领土就缩小了；呈上玺印，君主的声望就降低了。领土缩小了，国家就削弱了；声望降低了，政治上就混乱了。依附大国实行连横，还来不及看到什么好处，就已丧失了领土，搞乱了政治。那些主张合纵的臣子都说：“不援救小国去进攻大国，就失了各国的信任；失去了各国的信任，国家就面临危险；国家面临危险。君主的地位就降低了。”援救小国不一定有什么实际的利益，还要发兵去与大国为敌。援救小国未必能保存它，而进攻大国未必就不失误，一旦有失误，就会被大国控制了。如果出兵，军队就要吃败仗；如果退守，城池就会被攻破。援救小国实行合纵，还来不及看到什么好处，却已使国土被侵吞，军队被打败。所以，依附强国，只能使那些搞连横的人凭借外国势力在国内谋取高官；援救小国，只能使那些搞合纵的人凭借国内的势力从国外得到好处。国家利益还没有明确，而臣下就先获得了封地和厚禄。君主的地位降低了，而臣下的地位抬高了；国家土地削减了，而臣子却变富了。事情如果成功，纵横家们就会依仗权势长期被重用；事情如果失败，纵横家们就会凭借获得的财富引退。君主如果听信这些合纵、连横的臣下的游说，事情还没办成就已给了他们很高的爵位俸禄，事情失败也不会受到处罚，那么，那些游说的人谁不愿意心存侥幸地去干这种有得无失的事呢？所以国家破灭，君主身亡，都是因为听信了纵横家的花言巧语造成的。这是什么缘故呢？这是因为君主不能分辨公私利益，不考察言论的是非，事败之后也没有坚决地实行处罚。纵横家们都说：“进行外交活动，收效大的可以统一天下，收效小的也可以保全国家。”那统一天下的人，指的是能够打败别国；那保全国家，指的是本国不受侵犯。兵强就能攻打别国，国家安定就不可能被人侵犯。而国家的强大和安定不可以求助于外交，只能靠搞好内政。如今不在国内推行法术，却要一心在外交上费尽心机，就必然达不到国家安定富强的目的了。

鄙谚曰：“长袖善舞，多钱善贾[1]。”此言多资之易为工也。故治强易为谋，弱乱难为计。故用于秦者，十变而谋希[2]失；用于燕(yān)者，一变而计希得。非用于秦者必智，用于燕者必愚也，盖治

乱之资异也。故周去秦为从，期年而举[3]；卫离魏为衡，半岁而亡。是周灭于从，卫亡于衡也。使周、卫缓其从衡之计，而严其境内之治，明其法禁，必其赏罚，尽其地力以多其积，致其民死以坚其城守，天下得其地则其利少，攻其国则其伤大，万乘之国莫敢自顿于坚城之下，而使强敌裁其弊也，此必不亡之术也。舍必不亡之术而道必灭之事，治国者之过也。智困于内而政乱于外，则亡不可振也。

范雎死里逃生

范雎曾在魏国中大夫须贾门下做事，出使齐国时受到齐襄王的赏识。魏国宰相知道后认为他里通卖国，对他严刑拷打。范雎装死被卷草席中扔掉，才得逃脱。

[注释]

①贾：做买卖。②希：通“稀”，稀少，很少。③举：这里是被攻取的意思。

[译文]

俗话说：“长袖善舞，多钱善贾。”这就是说条件越充裕，事情就越容易办好。所以国家安定强盛，谋事就容易成功，国家衰弱混乱，计划就很难实现。所以把计谋用在秦国，即使改变十次也很少失败，把计谋用在燕国，即使改变一次也很难成功。这并不是被秦国任用的人智慧很高，被燕国任用的人智慧很低，而是因为这两个国家治理混乱的条件不同。所以西周背弃秦国参与合纵，只经过一年就被攻克了；卫国背离魏国参与连横，仅半年工夫就灭亡了。这就是说合纵灭了西周，连横亡了卫国。假使西周和卫国不急于听从合纵连横的计谋，而是将国内政治严加整顿，明定法律禁令，信守赏罚制度，努力开发土地来增加积蓄，引导民众拼死去坚守城池；那么，别的国家夺得他们的土地利益将会减少，而进攻这个国家带来的伤亡就会增多。拥有万乘兵车的大国不敢自我拖累在坚城之下，从而促使强敌自己去衡量其中的害处，这才是使本国不会灭亡的办法。抛弃这种不会亡国的办法，却去走必会招致亡国的道路，这是治理国家的人的过错。外交努力陷于困境，内政建设陷于混乱，那么国家的灭亡就无法挽救了。

民之政计，皆就[1]安利如辟危穷。今为之攻战，进则死于敌，退则死于诛，则危矣。弃私家之事而必汗马之劳，家困而上弗论，

则穷矣。穷危之所在也，民安得勿避？故事私门[2]而完解舍[3]，解舍完则远战，远战则安。行货赂而袭[4]当涂者[5]则求得，求得则私安，私安则利之所在，安得勿就？是以公民[6]少而私人[7]众矣。

夫明王治国之政，使其商工游食之民少而名卑，以寡趣本务而趋末作。今世近习之请行，则官爵可买；官爵可买，则商工不卑也矣。奸财货贾得用于市，则商人不少矣。聚敛倍农而致尊过耕战之士，则耿介之士寡而高价之民多矣。

［注释］

①就：趋近，追求。②私门：指权门豪族。③解舍：官署房屋。解，通“廨”，旧时官吏办公的地方。④袭：依附。⑤当涂者：指当权者。涂，通“途”。⑥公民：这里指为国出力的人。⑦私人：这里指依附权门豪族的人。

［译文］

人们的通常打算，都是追求安逸和利益而避开危险和穷苦。现在让他们去打仗，前进就会被敌人杀死，后退要受军法处置，就处于危险之中了。抛弃个人的家业，坚决去承受作战的劳苦，家里有困难上面也不过问，就置于穷困之中了。面临穷困和危险的处境，民众怎能不逃避呢？所以他们就去服差役，投靠私门贵族，求得免除兵役，兵役免除了就可以远离战争，远离战争也就可以保证安全了。用钱财进行贿赂并去投靠当权者，就可以达到个人欲望，个人的欲望一旦达到也就得到了实际利益。保证自身安全是看得见的利益，怎能不追求呢？这样一来，为君主出力的人就少了，为权臣效劳的人就多了。

明智的君主治理国家的政策，总是要使工商业者和游手好闲的人尽量减少。而且使他们名位卑下，因为从事农耕的人太少而致力于工商业的人太多。现在社会上向君主亲近的侍臣行贿请托的风气很盛行，这样官爵就可以买到；官爵可以买到，那么工商业者的地位就不会卑贱了。投机取巧商业活动可以在市场上通行，那么商人就不会少了。他们搜括到的财富超过了农民收入的几倍，他们获得的尊贵地位又超过从事耕战的人，结果光明正直的人就减少，而从事工商业的人就会增多。

是故乱国之俗：其学者，则称先王之道以籍[1]仁义，盛容服而饰辩说，以疑[2]当世之法，而贰[3]人主之心。其言古者，为[4]设诈称，借于外力，以成其私，而遗社稷之利。其带剑者，聚徒属，立节操，以显其名，而犯五官之禁[5]。其患御者，积于私门，尽货赂，而用重人之谒，退汗马之劳。其商工之民，修治苦窳(yǔ)[6]之

器，聚弗靡[7]之财，蓄积待时，而侔(móu)农夫之利。此五者，邦之蠹也。人主不除此五蠹之民，不养耿介之士，则海内虽有破亡之国，削灭之朝，亦勿怪矣。

［注释］

①籍：通“藉”，依托，凭借。②疑：这里是扰乱的意思。③贰：惑乱。④为：通“伪”，虚假。⑤五官之禁：泛指国家的禁令。五官，指司徒、司马、司空、司士、司寇。⑥苦窳：粗劣。⑦弗靡：奢侈。弗，通“费”。

［译文］

因此，造成国家混乱的社会风气是：那些著书立说的人，称颂先王之道借重仁义进行说教，讲究仪容服饰而文饰言辞，用以扰乱当今的法制，惑乱君主的决心。那些纵横家们，弄虚作假，虚构事实，借助于国外的力量来谋求私利，却把国家的利益抛在了一边。那些游侠刺客，聚集党徒，标榜气节，用来显身扬名，而触犯国家的禁令。那些逃避兵役的人，聚集在权臣贵族门下，肆意行贿，依仗重臣的请托，逃避从军作战的劳苦。那些工商业者，制造粗劣的器具，积累奢侈财物，囤积居奇，待机出售，谋夺农民的利益。上述这五种人，都是国家的蛀虫。君主如果不除掉这五种像蛀虫一样的人，不广罗光明正大的人，那么天下即使出现破败沦亡的国家，地削名除的朝廷，也不足为怪了。

显学第五十

题解

“显学”，就是显赫的学问、显赫的学派，这是指当时的儒家和墨家两大学派。韩非在本篇中对这两个学派，特别是儒家学派进行了猛烈的抨击，并阐明了他的政治主张。韩非以功利主义的刑名参验为手段，以法度为立场，抨击取舍不同的儒家学派、墨家学派是“愚诬之学，杂反之行”。在抨击的同时，他希望人君利用权势禁止学术讨论，对异己的思想者“宜去其身而息其端”；认为民智“不足师用”，反对儒、墨提出的“得民之心”。这些思想都比较集中地体现出了韩非的法家思想，对后世专制集权的文化专制政策产生了深远的影响。它们不仅是我们研究韩非法治思想的重要作品，而且也是研究中国学术思想史的珍贵资料。

世之显学，儒、墨也。儒之所至[1]，孔丘也。墨之所至，墨翟(dí)也。自孔子之死也，有子张之儒，有子思之儒，有颜氏之儒，有孟氏之儒，有漆雕氏之儒，有仲良氏之儒，有孙氏之儒，有乐正氏之儒。自墨子之死也，有相里氏之墨，有相夫氏之墨，有邓陵氏之墨。故孔、墨之后，儒分为八，墨离为三，取舍相反不同[2]，而皆自谓真孔、墨，孔、墨不可复生，将谁使定[3]世之学乎？孔子、墨子俱道尧、舜，而取舍不同，皆自谓真尧、舜，尧、舜不复生，将谁使定儒、墨之诚乎？殷、周七百余岁，虞、夏二千余岁，而不能定儒、墨之真；今乃[4]欲审尧、舜之道于三千岁之前，意者[5]其不可必[6]乎！无参验而必之者，愚也；弗能必而据之者，诬也。故明据先王，必定尧、舜者，非愚则诬也。愚诬之学，杂反[7]之行，明主弗受也。

［注释］

①至：这里是造诣最高的意思。②相反不同：互相矛盾，观点歧异。③定：判别真假的意思。④乃：反而。⑤意者：推测之词。⑥必：确定。⑦杂反：杂乱矛盾。

［译文］

世上最显赫的学派是儒家和墨家。儒家的代表人物是孔丘，墨家的代表人物是

墨翟。自孔子死后，有子张儒学，有子思儒学，有颜氏儒学，有孟氏儒学，有漆雕氏儒学，有仲良氏儒学，有孙氏儒学，有乐正氏儒学。自墨子死后，有相里氏墨学，有相夫氏墨学，有邓陵氏墨学。所以孔子、墨子死后，儒家分为八派，墨家分为三派，他们对孔、墨学说的取舍相互矛盾，观点歧异，却都认为是得了孔、墨的真传，孔、墨两人不能复活，谁能判别这些学派的真假呢？孔子、墨子全都称赞尧、舜，但他们的取舍非常不同，却都自称得到了真正的尧舜之道。尧和舜不能复活，谁来判别儒、墨两家的真假呢？自儒家所称道的殷周时代距离现在已经七百多年了，墨家所推崇的虞夏时代距离现在已经两千多年了，这已经不能判断儒、墨所讲的是否真实了，而现在还要去考察三千多年前尧舜的思想，看来是更加无法确定了。不用事实加以检验就对事物作出判断，这叫作愚蠢；不能正确判断就引为根据，这叫作欺骗。所以，公开宣称依据先王之道，武断地对尧舜全盘肯定，不是愚蠢，就是欺骗。对于这种愚蠢欺骗的学说，杂乱矛盾的行为，明智的君主是不能接受的。

墨者之葬也，冬日冬服，夏日夏服，桐棺三寸，服丧三月，世以为俭而礼之。儒者破家而葬，服丧三年，大毁扶杖，世主以为孝而礼之。夫是墨子之俭，将[①]非孔子之侈也；是孔子之孝，将非墨子之戾[②]也。今孝、戾、侈、俭俱在儒、墨，而上兼礼之。漆雕之议[③]，不色挠[④]，不目逃，行曲则违于臧获，行直则怒于诸侯，世主以为廉而礼之。宋荣子之议，设[⑤]不斗争，取不随仇[⑥]，不羞囹圄(líng yǔ)，见侮不辱，世主以为宽而礼之。夫是漆雕之廉，将非宋荣之恕也；是宋荣之宽，将非漆雕之暴也。今宽、廉、恕、暴俱在二子，人主兼而礼之。自愚诬之学、杂反之辞争，而人主俱听之，故海内之士，言无定术[⑦]，行无常议。夫冰炭不同器而久，寒暑不兼时而至，杂反之学不两立而治。今兼听杂学缪行同异之辞，安得无乱乎？听行如此，其于治人又必然矣。

[注释]

①将：应该，应当。②戾：乖戾，违反人情。③议：主张。④挠：这里是屈服的意思。⑤设：提倡。⑥随仇：立即复仇。⑦定术：固定的道理。

[译文]

墨家对于葬礼的看法是，冬天死就穿冬天的衣服，夏天死就穿夏天的衣服，只要三寸厚的桐木棺材，守丧三个月就行了，世上的君主认为这是节俭，并尊崇他们。儒家主张即使倾家荡产也要风光大葬，守丧要守三年，要悲痛到身体损伤到只能扶杖而行的程度，世上的君主认为这是尽孝，也非常尊崇他们。如果尊崇墨子的节俭，那就应该反对孔子的奢侈；如果尊崇孔子的尽孝，那就应该反对墨子的乖戾。而如今的情况是尽孝和乖戾、奢侈和节俭同时存在于儒、墨两家的学说之中，君主对这两者都要加以尊礼。漆雕氏的主张是脸上不显露屈服顺从的表情，眼里看不出怯懦逃避的神色，自己错了，就连奴仆也要避让，自己做得对，敢与诸侯抗争。世上的君主认为这是为人耿直而加以尊礼。宋荣子的主张则是完全不提倡斗争，绝对不要立即报仇，进了监狱不感到羞愧，被人欺侮不觉得耻辱。世上的君主认为这是宽恕而加以尊崇。如果赞成漆雕氏的为人耿直，那就应该反对宋荣子的为人随和；如果赞成宋荣子的宽恕，那就应该反对漆雕氏的暴戾。现在是宽容与耿直、随和与凶暴都包括在这两个人的主张之中，而君主对他们都要加以尊礼。这显然是愚蠢骗人的学说、杂乱相反的论争，而君主对两者都听信不疑，结果世上的人，说话没有固定的道理，办事没有固定主张。冰和炭是不能长久放在同一个容器中的，寒冷和暑热不会同时到来，杂乱相反的学说不能兼收并蓄而把国家治理好。现在君主对于那种杂乱、荒谬和互相矛盾的言行全都听信，哪能不造成混乱呢？如此听言、行事，君主在治理民众方面也就必然如此了。

今世之学士语治者，多曰："与贫穷地以实无资。"今夫与人相善也，无丰年旁入[①]之利而独以完给[②]者，非力[③]则俭也。与人相若也，无饥馑、疾疢[④]、祸罪之殃独以贫穷者，非侈则堕也。侈而堕者贫，而力而俭者富。今上征敛于富人以布施于贫家，是夺力俭而与侈堕也，而欲索民之疾作而节用，不可得也。

今有人于此，义不入危城，不处军旅，不以天下大利易其胫一毛，世主必从而礼之，贵其智而高其行，以为轻物重生之士也。夫上所以陈良田大宅，设爵禄，所以易民死命也。今上尊贵轻物重生之士，而索民之出死[⑤]而重殉上事，不可得也。藏书策，习谈论，聚徒役，服文学而议说，世主必从而礼之，曰："敬贤士，先王之道也。"夫吏之所税，耕者也；而上之所养，学士也。耕者则重税，学士则多赏，而索民之疾作而少言谈，不可得也。立节参明，执操不侵，怨言过于耳，必随之以剑，世主必从而礼之，以为自好之士。夫斩首之劳不赏，而家斗之勇尊显，而索民之疾战距[⑥]敌而无私斗，不可得也。国平则养儒侠，难至则用介士[⑦]。所养者非所用，所用者非所养，此所以乱也。且夫人主于听学也，

若是其言，宜布之官而用其身；若非其言，宜去其身而息其端[8]。今以为是也，而弗布于官；以为非也，而不息其端。是而不用，非而不息，乱亡之道也。

［注释］

①旁入：额外收入。②完给：生活条件充裕。③力：这里是勤劳的意思。④疚：长期生病。⑤出死：献出生命。⑥距：通“拒”，抵抗，抵挡。⑦介士：这里指武士。⑧息其端：禁绝于刚露头的时候。端：开端。

［译文］

如今的学者在谈到国家治理问题时总是说：“将土地分给那些贫穷的人，以便使这些缺少财富的人富足起来。”如今的情况是，和别人的条件差不多，不是丰收年，就不会有额外的收入，但有的人独能使生活条件充裕的，原因不是在于勤劳，就是在于节俭。和别人的条件差不多，不存在荒年、长期生病、横祸、犯罪等问题，却独有他陷入贫穷，原因不是在于奢侈，就是在于懒惰。奢侈和懒惰的人会贫穷，而勤劳和节俭的人能富足。如今君主向富足的人家征收财物分给贫穷的人家，这是从勤俭节约的人的手中抢夺财物而把它们送给奢侈懒惰的人，这样还想督促民众努力耕作，省吃俭用，是根本不可能的。

假使有个人，坚决不进入危险的城池，不参军打仗，不愿意用天下的大利来换自己小腿上的一根毫毛，当世的君主一定会礼遇他，看重他的才识，赞扬他的品行，认为他是轻视财物珍惜生命的人。君主拿良田和宽敞的住宅作为赏赐，设置官爵和俸禄，目的是换取民众去拼死效命。如今君主既然尊重那些轻视财物珍惜生命的人，又想要求民众献出生命，看重为国事做出牺牲，这事根本不可能的。收藏书册，讲究辩说，聚徒讲学，从事文章学术事业来进行游说，对于这类人，当代的君主一定会礼遇他，说什么“尊敬贤士是先王的统治之道”。官吏们征税的对象是种田的人，而君主供养的却是那些著书立说的学士。对于种田的人征收很重的赋税税，对于学士却给予丰厚的赏赐，这样一来，要想督责民众多努力耕作而少说空话，是根本不可能的。讲求气节，标榜高明，坚持操守不受侵侮，听到怨恨自己的话，马上就拔出了剑，对于这样的人，当代的君主也一定会礼遇他，认为他们是爱惜自我的人。对那些在战场英勇杀敌的人不给予奖赏，而对那些逞勇报私仇的人反而使之尊贵，这样一来，要想求得民众奋勇杀敌而不去私斗，是根本不可能的。国家没有战事时供养儒生和侠客，危难到来时用武士打仗。所供养的人不是所要用的人，所要用的人不是所供养的人，这就是发生祸乱的根源。再说，君主在听取一种学说的时候，如果认为是对的，就应该正式向官府公布，并任用倡导的人。如果认为是错误的，就应该驱赶他们，并禁止他们的言论。如今是认为正确的，却不在官府予以公布；认为错误的，又不从根本上加以禁止。对的不采纳，错的不禁止，这是导致国家混乱和灭亡的做法。

澹(tán)台子羽，君子之容也，仲尼几而取之，与处久而行不称其

貌。宰予之辞，雅而文也，仲尼几而取之，与处久而智不充其辩。故孔子曰：“以容取人乎，失之子羽；以言取人乎，失之宰予。”故以仲尼之智而有失实之声。今之新辩滥乎宰予，而世主之听眩乎仲尼，为悦其言，因任其身，则焉得无失乎？是以魏任孟卯之辩，而有华下之患；赵任马服之辩，而有长平之祸。此二者，任辩之失也。夫视锻锡①而察青黄②，区(ōu)冶不能以必剑；水击鹄(hú)雁，陆断驹马，则臧获不疑钝利。发齿吻形容，伯乐不能以必马；授车就驾，而观其末涂③，则臧获不疑驽④良。观容服，听辞言，仲尼不能以必士；试之官职，课⑤其功伐⑥，则庸人不疑于愚智。故明主之吏，宰相必起于州部⑦，猛将必发于卒伍。夫有功者必赏，则爵禄厚而愈劝；迁官袭级，则官职大而愈治。夫爵禄大而官职治，王(wàng)之道也。

[注释]

①锻锡：古代锻炼金属时掺的锡。②青黄：锻炼金属时火焰的颜色。③涂：通“途”。④驽：劣马。⑤课：考核。⑥功伐：功绩。⑦州部：古代的基层行政单位。

[译文]

澹台子羽有着君子的风度，孔子相信他是真君子，就收留他，同他相处时间长了，却发现他的品行与仪表不相符。宰予说起话来非常文雅，孔子认为他真的文雅，就收他为徒，同他相处很长时间，却发现他的智力远不如口才。因此孔子说：“以貌取人，在子羽身上我出来差错；以言取人，在宰予身上我出了差错。”看来，即使像孔子这样明智的人，还在看人上感叹失误。现在盛行的巧辩之辞大大超过了宰予，而当代君主的判断力不及孔子，因为喜欢他的言论，就去任用他这个人，这怎么能不出差错呢？因此，魏国听信孟卯的辩辞，结果带来了华阳之战的惨败；赵国听信赵括的纸上谈兵，造成了长平之战惨败的大祸。这两件事，都是任用能言善辩的人而造成的恶果。如果铸剑时只看所掺的锡的多少和火焰的颜色，就是欧冶子也不能断定剑的好坏；用这把剑在水上砍杀死鹄雁，在陆上斩杀马匹，就是奴婢也不会把剑的利钝搞错。如果只是掰开马口看牙齿和马的外形，就是伯乐也不能判断马的好坏；可是架上马车，看马究竟能跑多远，就是奴婢也会把马的优劣看得清清楚楚。如果只看一个人的相貌、服饰，只听他说话议论，就是孔子也难以断定他的才能如何；可是让他在官职上试一试，考核办事成效，就是平常人也能分辨出是愚笨还是聪明了。所以，明君手下的高官，宰相定是从地方基层中提拔，猛将一定是从士兵队伍中提拔。有功劳的人必定受赏，那么俸禄越优厚他们就越受鼓励；逐级提升官职，那么官职越高，办事就越有功效。高

官厚禄，公务大治，是称王天下的正确道路。

磐(pán)石千里，不可谓富；象人[1]百万，不可谓强。石非不大，数非不众也，而不可谓富强者，磐不生粟，象人不可使距[2]敌也。今商官[3]技艺之士亦不垦而食，是地不垦，与磐石一贯[4]也。儒侠毋军劳，显而荣者，则民不使，与象人同事也。夫祸知磐石象人，而不知祸商官儒侠为不垦之地、不使之民，不知事类[5]者也。

故敌国之君王虽说吾义，吾弗入贡而臣；关内之侯虽非吾行，吾必使执禽而朝。是故力多则人朝，力寡则朝于人，故明君务力。夫严家无悍虏，而慈母有败子。吾以此知威势之可以禁暴，而德厚之不足以止乱也。

夫圣人之治国，不恃人之为吾善[6]也，而用其不得为非也。恃人之为吾善也，境内不什[7]数；用人不得为非，一国可使齐[8]。为治者，用众而舍寡，故不务德而务法。夫必恃自直之箭，百世无矢；恃自圜(yuán)[9]之木，千世无轮矣。自直之箭，自圜之木，百世无有一，然而世皆乘车射禽者何也？隐栝之道用也。虽有不恃隐栝(guā)而有自直之箭、自圜之木，良工弗贵也。何则？乘者非一人，射者非一发也。不恃赏罚而恃自善之民，明主弗贵也。何则？国法不可失，而所治非一人也。故有术之君，不随适然[10]之善，而行必然之道。

［注释］

①象人：泥人，偶人。②距：通“拒”，抵抗，抵挡。③商官：靠金钱捐官的商人。④一贯：一样。⑤事类：事情的类似性。⑥为吾善：自觉地为我做好事。⑦什：通“十”。⑧齐：整顿。⑨圜：通“圆”。⑩适然：偶然。

［译文］

拥有巨石千里，不能算是富有；拥有百万偶人，不能算是强大。石头不是不大，偶人的数目也不是不多，但不能说是富强的原因是：巨石上不能生产粮食，偶人不能用来抵抗敌人。现在官商和手工业者都是不靠种田吃饭的，这样土地得不到耕种，与巨石是一样的。儒生和游侠没有军功和功劳，却能够显贵和出名，那就是不同使唤的人，和偶人的作用是一样的。现在能看到巨石和偶人带来的祸害，却看不到官商、儒生、

游侠也是有地不垦、不能使用的人，同样是个祸害，这样的人不懂得事情的类似性。

因此，实力抗衡的别国君主尽管喜欢我们的仁义，我们却并不能让他进贡称臣；国内的封侯虽然反对我们的行为，我们却一定让他拿着礼物来朝拜。可见力量大就有人来朝拜，力量小则不得不去朝拜别人，所以明智的君主务求发展实力。在严厉的家庭中不会有强悍不驯的奴仆，而在慈母的溺爱下却会出败家子。我因此得知威严和权势能够禁止暴力，而德行再好也不足以制止混乱。

圣人治理国家，不是依赖民众自觉为自己做好事，要的是人们不敢做坏事的局面。要是靠民众自觉地为自己做好事，整个国家找不出十个；要是形成人们不敢做坏事的局面，整个国家都能够得到整顿。治理国家的人需要采用多数人都能够遵守的措施，而不是只有少数人才能做到的办法，因此不应该推崇德治，而应该实行法治。自然挺直的箭杆，几千年也造不出箭来。自然长成的圆木，几万年也造不成车轮。自然长成的箭杆和圆木，既然几万年也没有一个，那为什么大家还都能有车坐、还都能射箭打猎呢？因为运用了加工木材的工具和方法。虽然也有不经过加工就自然合用的直杆和圆木，但好工匠是不重视的。为什么呢？因为要坐车的不止一个人，射箭打猎也不只发一箭。虽然也有不靠赏罚就能自行去做好事的人，但英明的君主是不重视的。为什么呢？因为国家的法制不可以丧失，而所要统治的也不止一个人。所以有办法的君主，不依赖偶然的天生善行，而推行必然的法治措施。

今或谓人曰："使子必智而寿"，则世必以为狂。夫智，性也；寿，命也。性命者，非所学于人也，而以人之所不能为说人，此世之所以谓之为狂①也。谓之不能然，则是谕②也，夫谕性也。以仁义教人，是以智与寿说也，有度之主弗受也。故善毛啬(qiáng)、西施之美无益吾面，用脂泽粉黛则倍其初。言先王之仁义，无益于治；明吾法度，必吾赏罚者，亦国之脂泽粉黛也。故明主急其助而缓其颂，故不道仁义。

今巫祝之祝人曰："使若千秋万岁。"千秋万岁之声括③耳，而一日之寿无征④于人，此人所以简⑤巫祝也。今世儒者之说人主，不善今之所以为治，而语已治之功；不审官法之事，不察奸邪之情，而皆道上古之传，誉先王之成功。儒者饰辞曰："听吾言则可以霸王。"此说者之巫祝，有度之主不受也。故明主举实事，去无用；不道仁义者故，不听学者之言。

［注释］

①狂：通“诳”，欺骗。②谕：明白地告知。③括：通“聒”，声音嘈杂，使人厌烦。④征：验证，证明。⑤简：怠慢，倨傲。

［译文］

如果对别人说：“一定使你既聪明又长寿。”那么大家肯定会认为这是欺骗。人的智力，是天生的；人的寿命，是命里注定的。这种天生和命定的东西，不是能从别人那里学来的。用别人做不到的事情去讨好他，这是人们认为是欺骗的原因。向别人说那些无法做到的事，这便是明白地告知，那明明白白说出来的恰恰是天性如此。用仁义教人，与用智力和寿命取悦他人是一样的，有法度的君主是不会接受的。所以，称赞毛嫱、西施的美丽，并不能使自己变得好看；用脂泽粉黛化妆，就能比原来漂亮许多。空谈先王的仁义，对于治理国家没有什么好处；彰明国家的法度，坚决执行国家的赏罚制度，这样才能使国家强大起来，这与化妆的作用是相同的。所以英明的君主急切地追求有效的手段，而不去理睬虚妄的颂扬，所以不讲什么仁义道德。

如今的巫祝为人祈祷时总是说：“愿你长生千秋，万寿无疆！”这种千秋万岁的声音在耳边喋喋不休，使人厌烦，可是没有使人多活一天的验证，这就是人们怠慢巫祝的原因。如今世上的儒家游说君主时，不谈现在应该如何治理国家，反而说一些过去治理国家取得的功绩；不去考察官府法令这些事务，不了解奸诈邪恶的实情，却都去称道上古流传的美誉和先王的功绩。儒家粉饰他们的言谈，说什么：“要是听从我的主张，就可以称王称霸。”这就是游说者中的巫祝，有法度的君主是不会接受的。所以，英明的君主办实事，抛弃无用的空谈，不讲究什么仁义道德，也不听信学者的言论。

今不知治者必曰：“得民之心。”欲得民之心而可以为治，则是伊尹、管仲无所用也，将听民而已矣。民智之不可用，犹婴儿之心也。夫婴儿不剔（tī）首[1]则腹痛，不揊（pì）[2]痤（cuó）则寖益[3]，剔首、揊痤必一人抱之，慈母治之，然犹啼呼不止，婴儿子不知犯其所小苦致其所大利也。今上急耕田垦草以厚民产也，而以上为酷；修刑重罚以为禁邪也，而以上为严；征赋钱粟以实仓库、且以救饥馑备军旅也，而以上为贪；境内必知介[4]而无私解，并力疾斗所以禽[5]虏也，而以上为暴。此四者所以治安也，而民不知悦也。夫求圣通之士者，为民知之不足师用[6]。昔禹决江浚河而民聚瓦石，子产开亩树桑，郑人谤訾。禹利天下，子产存郑人，皆以受谤，夫民智之不足用亦明矣。故举士而求贤智，为政而期适[7]民，皆

乱之端，未可与为治也。

［注释］

①揊首：在头上挑针砭刺，可止腹痛。②揊：破开，割开。③寖益：逐渐加重。寖，逐渐。④介：铠甲，代指武装。⑤禽：通“擒”。⑥师用：学习和采用。⑦适：迎合。

［译文］

如今，不懂治理国家的人一定会说：“要得民心。”如果得了民心就能够治理好国家，那么伊尹、管仲就没有用处了，只要听任民众就好了。民众的认识如同婴儿的心智，是不能信从的。婴儿不在头上挑针砭刺，就会肚子痛，不割开痤，就会逐渐加重；而要给婴儿挑针砭刺和不割开痤，必须由一个人抱着，由慈母给他处理，即使这样他也哭喊不停，因为婴儿并不知道吃这点小苦能带来大的好处。如今君主加紧督促开垦荒地、耕种农田，为的是增加民众的收入，却被认为太残酷的；制定刑法，加重惩罚，为的是禁止奸邪，却被认为太严厉；征收钱粮的赋税，充实仓库，为的是把它们用于救济灾荒、供养军队，却被认为太贪婪；境内民众都懂得武装起来上阵杀敌而不会逃避服兵役，为的是征服敌人，却被认为太凶狠。上述四项措施，是治国安民的凭借，可是民众却不欢迎。君主之所以要寻求圣明通达的人，是因为民众的认识不足以学习和采纳。以前大禹疏通江河，而民众却用瓦石去填塞；子产提倡开荒种桑，而郑国民众却要责骂。大禹使天下人获得了利益，子产使郑国人得以保全，都受到了诽谤，可见民众的认识显然不足以用来明察。所以选拔人才时希望得到贤人智士，治理国家时指望顺应民众心理，都是造成混乱的根源，是不可能用来治理好国家的。

忠孝第五十一

题 解

“忠孝”，忠于君主、孝顺父母的意思。本篇是针对儒家忠孝学说的翻案文章。提出“臣事君，子事父，妻事夫。三者顺则天下治，三者逆则天下乱”的命题。表面上看与儒家的忠孝没有区别，而实质上是反对儒家君君臣臣、父父子子三纲的。儒家认为君不君，才有臣弑君；父不父，才有子弑父，这才使得社会混乱。社会混乱的根源在于君主失德。君主失德，则他的统治是可以推翻的。所以汤武革命在儒家看来是正义之举。他从巩固君主地位立论，提出“臣事君，子事父，妻事夫”是“天下之常道”，要维护这个常道，就需要“上法而不上贤”。认为即使是暴君，臣下也不可以取代，更不可以弑杀，君永远是君，臣永远是臣，臣不事君，天下则乱。所以，韩非认为汤、武士弑君之臣，是大逆之举，将儒家所推崇的忠孝典型尧舜等指责为曲父、弑君之人。这与儒家“祖述尧、舜，宪章文、武”成了鲜明对照。进而又批判了道家“恬淡之学”“恍惚之言”和纵横家的“虚言”。

天下皆以孝悌忠顺之道为是也，而莫知察孝悌[1]忠顺之道而审行之，是以天下乱。皆以尧舜之道为是而法之，是以有弑君，有曲[2]于父。尧、舜、汤、武或反君臣之义，乱后世之教者也。尧为人君而君其臣，舜为人臣而臣其君，汤、武为人臣而弑其主、刑其尸，而天下誉之，此天下所以至今不治者也。夫所谓明君者，能畜[3]其臣者也；所谓贤臣者，能明法辟、治官职以戴[4]其君者也。今尧自以为明而不能以畜舜，舜自以为贤而不能以戴尧；汤、武自以为义而弑其君长，此明君且常与而贤臣且常取也。故至今为人子者有取其父之家，为人臣者有取其君之国者矣。父而让子，君而让臣，此非所以定位一教[5]之道也。

臣之所闻曰：“臣事君，子事父，妻事夫。三者顺则天下治，三者逆则天下乱，此天下之常道也。”明王贤臣而弗易也，则人主虽不肖，臣不敢侵也。今夫上[6]贤任智无常[7]，逆道也，而天下常以为治。是故田氏夺吕氏于齐，戴氏夺子氏于宋。此皆贤且智

也，岂愚且不肖乎？是废常上贤则乱，舍法任智则危。故曰：上法而不上贤。

［注释］

①悌：弟弟敬爱兄长。②曲：弯曲，引申为忤逆。③畜：驯服，这里指驾驭。④戴：拥戴。⑤定位一教：确定名位，统一教化。⑥上：通“尚”，尊敬。⑦无常：不按照常道。

［译文］

天下的人都认为孝悌忠顺之道是正确的，却没有人考察孝悌忠顺之道的内容并慎重地实行，因此照成天下混乱。天下的人都认为尧、舜之道正确而效法它，因此才发生了臣子杀死君主、儿子背叛父亲的事情。尧、舜、汤、武之间也有违反君臣之间道义原则、扰乱后世政教的行为。尧本来是君主，却把君位退让给自己的臣子，舜本来是臣子，却把自己的君主贬为臣子，商汤作为夏桀的臣子却杀了夏桀，周武王本来是商纣的臣子却割下商纣的脑袋示众。然而天下的人却称赞他们的行为，这就是天下至今不能得到安定的原因。所谓英明的君主，是能够驯服臣子的人；所谓贤能的臣子，是能够彰明法律、尽心职守、拥戴君主的人。如今的情形是，尧自以为很英明，却不能驯服舜，舜自以为贤能，却不能拥戴尧；商汤、周武自以为行为合理，却杀了自己的君主，这就是自称为英明的君主却常常失去权位，而自称为贤能的臣子却常常篡夺权位的情形。所以直到现在还有做儿子的夺取父亲家业、做臣子的夺取君主的国家的事情发生。父亲让权给儿子，君主让位给臣下，绝不是确定名位、统一教化的正确做法。

我听说：“臣子服侍君主，儿子服侍父亲，妻子服侍丈夫，这三种秩序理顺后，天下就能够得到治理；如果违背了这三种秩序，天下就会混乱。这是天下的正常法则。”就是英明的君主、贤能的臣子也不能变更。既然这样，那么即使君主不够贤明，臣子也不敢侵犯。现在尊崇贤人、任用智者没有一定之规，是悖逆之道，一般人却总认为是治国之道。正因如此，在齐国田氏能够夺取吕氏的政权，在宋国戴氏能够夺取子氏的政权。这些人都是有才能又有智慧的人，哪里是既愚蠢又不贤的人呢？由此看来，废弃常道去尊崇贤人就会发生混乱，舍弃法制而任用智者就会产生危险。所以说：要尊崇法制而不要尊崇贤人。

记①曰：“舜见瞽瞍(gǔ sǒu)，其容造焉②。孔子曰：当是时也，危哉，天下岌岌(jí jí)！有道者，父固不得而子，君固不得而臣也。”臣曰：孔子本未知教悌忠顺之道也。然则有道者，进不为臣主，退不为父子耶？父之所以欲有贤子者，家贫则富之，父苦则乐之；君之所以欲有贤臣者，国乱则治之，主卑则尊之。今有贤子而不为父，则父之处家也苦；有贤臣而不为君，则君之处位也危。然则父有

贤子，君有贤臣，适足以为害耳，岂得利焉哉？所谓忠臣，不危其君；孝子，不非其亲。今舜以贤取君之国，而汤、武以义放弑其君，此皆以贤而危主者也，而天下贤之。古之烈士，进不臣君，退不为家，是进则非其君，退则非其亲者也。且夫进不臣君，退不为家，乱世绝嗣之道也。是故贤尧、舜、汤、武而是烈士，天下之乱术也。瞽瞍为舜父而舜放之，象为舜弟而杀之。放父杀弟，不可谓仁；妻帝二女而取天下，不可谓义。仁义无有，不可谓明。《诗》云："普天之下，莫非王土；率土之滨，莫非王臣。"信若《诗》之言也，是舜出则臣其君，入则臣其父，妾其母，妻其主女也。故烈士内不为家，乱世绝嗣；而外矫③于君，朽骨烂肉，施于土地，流于川谷，不避蹈水火。使天下从而效之，是天下遍死而愿夭也。此皆释世而不治是也。

［注释］

①记：前代典籍，以下所引分别见今本《孟子·万章》和《墨子·非儒》。②造焉：局促不安。③矫：这里是忤逆、作对的意思。

［译文］

前代典籍记载说："舜面对父亲瞽瞍的朝见，表现出局促不安的样子。孔子说：'在那种时候，真危险啊，天下已经很危险了！对于道德高尚的人来说，瞽瞍的确不能再把舜当儿子看待，而君主诚然不该再把瞽瞍当臣子看待。'"我认为：孔子原本未必知道孝悌忠顺之道。照他的说法来看，难道道德高尚的人，在朝廷就不能做君主的臣子，在家里就不能做父亲的儿子吗？做父亲的之所以希望儿子贤能，是因为家庭贫穷时他能使家庭富足，父亲痛苦时他能使父亲高兴。做君主的之所以希望有贤能的臣下，是因为当国家混乱时他能够治理混乱，当君主卑下时他能够加以尊崇。如今有了贤能的儿子却不管父亲，那么父亲在家里是多么的痛苦；有了贤能的臣子却不管君主，那么君主处在君位上是多么的危险。既然如此，那么父亲有贤能的儿子、君主有贤能的臣子反而足以成为祸害，哪里还能得到什么好处呢？所谓忠臣，应该不使君主处于险境；所谓孝子，不应该非议亲人。如今的情形是，舜凭借他的贤能夺取了君主的国家，而商汤、周武凭借道义流放、杀害了他们的君主，他们都是因为贤能而危害到了君主的人，天下的人却认为他们是贤能的。古代刚烈的人，在朝廷上不臣服君主，在家里不养亲，这类人若在朝廷上就会反对君主，在家里就会反对亲长。进一步说，在朝廷上不向君主称臣，在家里不治家养亲，这是扰乱社会、断子绝孙的行径。因此，既要称颂尧、舜、汤、武的贤能，又要肯定刚烈的人，是扰乱天下的手段。瞽瞍是舜的父亲，

而舜流放了他，象是舜的弟弟，却被舜杀死了。舜流放父亲、杀害弟弟，不能称之为仁；把君主的两个女儿娶来做妻子，从而取得天下，不能称之为义。既没有仁也没有义，不能称之为明智。《诗经》上说：“普天之下的土地没有不是君主的，四海之内的民众没有不是君主的。”假使真如《诗经》上所说的，舜在朝廷上把君主当臣子，在家里把父亲当臣下，把母亲当奴婢，娶了君主的两个女儿做妻子。所以，刚烈的人的行为是：在家里，不为家庭着想，扰乱社会，断绝后代；在朝廷上跟君主作对，即使尸骨腐烂，散在野地，流入河谷，也不怕赴汤蹈火。如果让天下的人都仿效他们，这就会造成天下到处出现死人的情况，而大家都不怕早死。他们都是置社会于不顾而不想把它治理好的人。

世之所为烈士者，虽众独行，取异①于人，为恬淡之学②而理恍惚之言③。臣以为恬淡，无用之教也；恍惚，无法之言也。言出于无法，数出于无用者，天下谓之察。臣以为人生必事君养亲，事君养亲不可以恬淡；之人必以言论忠信法术，言论忠信法术不可以恍惚。恍惚之言，恬淡之学，天下之惑术也。孝子之事父也，非竞取父之家也；忠臣之事君也，非竞取君之国也。夫为人子而常誉他人之亲曰：“某子之亲，夜寝早起，强力生财以养子孙臣妾。”是诽谤其亲者也。为人臣常誉先王之德厚而愿之，诽谤其君者也。非其亲者知谓不孝，而非其君者天下此贤之，此所以乱也。故人臣毋称尧舜之贤，毋誉汤、武之伐④，毋言烈士之高，尽力守法，专心于事主者为忠臣。

[注释]

①取异：标新立异的意思。②恬淡之学：清静寡欲不热衷名利的学说。③恍惚之言：遥远不切实际的言论。④伐：功业。

[译文]

社会上称道的烈士是这样的人，他们脱离众人，自行其是，标新立异，与众不同，提倡清心寡欲的学说，研究遥远不切实际的言论。我认为，清心寡欲是毫无用处的说教，不切实际是无法用法术管制的谬论。这种无视法治的谬论和毫无用处的说教，却被天下人认为是明察的。我认为，人生在世一定要服侍君主、奉养亲人，而要服侍君主、奉养亲人就不能是清心寡欲；治理民众一定要提倡忠诚、守法的言论，要提倡忠诚、守法的言论，就不能是不切实际。不切实际的言辞，清心寡欲的说教，都是天下的骗术。孝子侍奉父亲，不是为了争夺父亲的家业；忠臣侍奉君主，不是为了争夺君主的国家。如果做儿子的经常称赞别人的父亲，说什么：“某人的父亲，起早贪黑，努力发财致

富用来养活子孙奴婢。”这就等于是在非议自己的父亲。做臣子的经常称颂先王仁德，并倾慕不已，这就等于是在非议自己的君主。做儿子的非议父亲，人们懂得这是不孝；而做臣子的非议君主，天下人却都去称赞，这就是天下混乱的根源。所以，做臣子的不称颂尧舜的贤德，不赞美商汤周武的功绩，不谈论刚烈人士的清高，而竭尽全力维持法令，专一用心地侍奉君主，才是真正的忠臣。

古者黔首①悗(mèn)密②惷(chǔn)③愚，故可以虚名取也。今民儇诇(xuānxiòng)④智慧，欲自用⑤，不听上。上必且劝之以赏，然后可进；又且畏之以罚，然后不敢退。而世皆曰：“许由让天下，赏不足以劝；盗跖(zhí)犯刑赴难，罚不足以禁。”臣曰：未有天下而无以天下为者，许由是也；已有天下而无以天下为者，尧、舜是也。毁廉求财，犯刑趋利，忘身之死者，盗跖是也。此二者，殆物也。治国用民之道也，不以此二者为量⑥。治也者，治常者也；道也者，道常者也。殆物妙言，治之害也。天下太上之士，不可以赏劝也；天下太下之士，不可以刑禁也。然为太上士不设赏，为太下士不设刑，则治国用民之道失矣。

［注释］

①黔首：这里指民众。②悗密：勤勉。③惷：通“蠢”。④儇诇：巧诈。⑤自用：自作主张。⑥量：衡量，引申为标准。

［译文］

古代的民众勤勉而愚蠢，所以可以用虚名来骗取。如今的民众巧诈而聪明，总是自作主张，不肯听从君主的命令。君主一定要用赏赐的办法加以劝勉，然后才能使他们进取；同时又要用刑罚的办法使他们畏惧，然后才能使他们不敢后退。而世上的人却都说：“许由把统治天下的权力都推掉了，说明赏赐不足以勉励；盗跃触犯刑律而奔赴危难，说明惩罚不足以禁止。”我认为：没有拥有过天下而不把天下当作一回事的，许由是属于这种人；已经拥有天下而不把天下当作一回事的，尧、舜属于这种人。败坏廉洁的德行去谋求财富，触犯刑律去追求私利，不顾个人死活的，盗跖属于这种人。这些都是危险的行为。治理国家、统治民众的方式是不能把这些作为衡量的标准。统治措施是针对普通情况而言，政治方式是指导正常行为的。危险的物品和微妙的言论，都是治理国家的祸害。天下那些极端廉直的人士，用赏赐来劝勉是不可行的；天下那些极端凶恶的人，用刑罚来禁止是不可行的。但是，如果因为存在极端廉直的人就不设立奖赏，因为存在极端凶恶的人就不设立刑罚，那也就把治理国家和使用民众的准则抛弃了。

故世人多不言国法而言从[1]横。诸侯言从者曰："从成必霸"；而言横者曰："横成必王"。山东[2]之言从横未尝一日而止也，然而功名不成，霸王不立者，虚言非所以成治也。王者独行[3]谓之王，是以三王不务离合而正[4]，五霸不待从横而察，治内以裁外而已矣。

［注释］

①从：通"纵"，合纵的意思。②山东：崤山以东，指中原。③独行：独断专行，即独裁。④正：这里是治理好的意思。

［译文］

因而社会上许多人不谈国家的法制而谈纵横。那些谈论合纵的诸侯说："只要合纵成功，就一定能称霸。"而谈论连横的诸侯却说："只要连横成功，就一定能称王。"中原六国大谈纵横不曾有一天停止过，然而没有一个能成就功名、称王称霸的，因为凭借空话是不能成功地治理好国家的。当君王的能独断专行才算得上称王，所以夏、商、周三代开国君王不致力于纵横捭阖的方略就能匡正天下，春秋五霸不搞纵横捭阖的方略就能明察天下，他们不过是在治理好内政的基础上来自如地制定对外政策罢了。

人主第五十二

题 解

“人主”，就是君主。本篇提出人主“制天下而征诸侯”最重要的依靠是威势。因此君主必须注意不能使大臣左右“得威”“擅势”，而必须任用法术贤智之士。失去威势，人主便“身危国亡”。人主失去威势的主要危险来自于“大臣得威，左右擅势”。为了防止“大臣太贵”“左右太威”，要牢牢掌握住君主的威势，不许臣下染指。在对待人主的威势上，朝中存在两股势不两立的势力，即文中所说的“法术之士与当途之人不相容”。所以，韩非认为人主应该坚决任用法术之士，以便与“当涂之臣”做斗争。

人主之所以身危国亡者，大臣太贵，左右太威也。所谓贵者，无法①而擅行②，操国柄而便私者也。所谓威者，擅权势而轻重者也。此二者，不可不察也。夫马之所以能任重引车致远道者，以筋力也。万乘之主、千乘之君所以制天下而征诸侯者，以其威势也。威势者，人主之筋力也。今大臣得威，左右擅势，是人主失力，人主失力而能有国者，千无一人。虎豹之所以能胜人执百兽者，以其爪牙也，当使虎豹失其爪牙，则人必制之矣。今势重者，人主之爪牙也，君人而③失其爪牙，虎豹之类也。宋君失其爪牙于子罕，简公失其爪牙于田常，而不蚤④夺之，故身死国亡。今无术之主，皆明知宋、简之过也，而不悟其失，不察其事类者也。

[注释]

①无法：目无法纪或不守法制。②擅行：独断专行。③而：这里是如同的意思。④蚤：通“早”。

[译文]

君主之所以会遇到身危国灭的情况，是因为大臣过于显贵，近侍过于逞威。所谓显贵，就是目无法纪而独断专行，掌握了国家大权却谋取私利。所谓逞威，就是独揽权势而为所欲为。对这两种人，一定要加以明察。马之所以能拉着很重的车到远方去，凭借的是肌肉的力量。大、中国家的君主之所以能统治天下攻打诸侯，凭借的是威势。威势也就是君主的肌肉力量。如今大臣显贵，亲信逞威，这种情况就是君主失去了威势；君主失去了威势还能保全国家的，一千人中也没有一个。虎豹之所以能够

战胜人以及捕获其他各种野兽，靠的是它有尖爪利牙，如果去掉尖爪利牙，人就一定能够制服它。如今，威势正是君主的尖爪利牙，要是统治别人而丢失了威势，如同虎豹去掉尖爪利牙一样。宋桓公把他的威势丢给了子罕，齐简公把他的威势丢给了田常，又不早点夺回来，终致身死国亡。现在不懂得法术的君主都明知宋桓公、齐简公有过错，却不能觉察他们失误的根源，是不懂得君主失去威势跟虎豹失去尖爪利牙两事相类。

且法术之士与当涂①之臣，不相容也。何以明之？主有术士，则大臣不得制断，近习②不敢卖重；大臣、左右权势息，则人主之道明矣。今则不然，其当途之臣得势擅事以环③其私，左右近习朋党比周④以制疏远，则法术之士奚⑤时得进用，人主奚时得论裁？故有术不必用，而势不两立，法术之士焉得无危？故君人者非能退大臣之议，而背左右之讼，独合乎道言也；则法术之士安能蒙死亡之危而进说乎？此世之所以不治也。明主者，推功而爵禄，称能而官事，所举者必有贤，所用者必有能，贤能之士进，则私门之请止矣。夫有功者受重禄，有能者处大官，则私剑之士安得无离于私勇而疾距敌，游宦之士焉得无挠于私门而务于清洁矣？此所以聚贤能之士，而散私门之属也。

[注释]

①涂：通“途”。②近习：指君主左右的亲信。③环：营，谋求。④比周：紧密勾结，植党营私。⑤奚：什么。

[译文]

况且，法术之士与当权大臣是互不相容的。何以证明？君主任用法术之士，大臣就不能专制独断，近侍也不敢卖弄威势；大臣和近侍的权势消除后，君主的治国原则才得以体现。如今却不是这样的。那些当权大臣掌握权柄，把持政务，营求私利，左右亲信紧密勾结、植党营私来挟制关系疏远的人，那么法术之士何时能被任用，君主何时能论断裁决？所以，法术主张不一定被采用，又与权臣不相容，主张法术的人怎能没有危险？所以，做君主的如果不能排除大臣的议论，抛开左右的诬告，独自做出符合原则的判断，那么法术之士哪能冒着死亡的危险而向君主进说呢？这就是国家不得治理的症结所在。英明的君主，按照功劳封爵赏禄，衡量才能进官任职，选拔的人一定有好的品德，任用的人一定有优秀才能，贤能的人得以任用，私门的请托就行不通了。有功劳的人获得了优厚的俸禄，有能力的人得到了重要职位，那么寄养在私门的侠士怎么能不抛掉私勇而去尽力抵抗敌人，靠游说谋官的人又怎么能不离开私门

而一定要保持节操呢？这就是聚集贤能人才而离散私门党徒的必经之路。

今近习者不必智，人主之于人也或有所知而听之，入因与近习论其言，听近习而不计其智，是与愚论智也。其当途者不必贤，人主之于人或有所贤而礼之，入因与当途者论其行，听其言而不用贤，是与不肖论贤也。故智者决策于愚人，贤士程[①]行于不肖，则贤智之士奚时得用，而主之明塞矣。昔关龙逄说[②]桀而伤其四肢，王子比干谏纣而剖其心，子胥忠直夫差而诛于属镂。此三子者，为人臣非不忠，而说非不当也。然不免于死亡之患者，主不察贤智之言，而蔽于愚不肖之患也。今人主非肯用法术之士，听愚不肖之臣，则贤智之士、孰敢当三子之危而进其智能者乎？此世之所以乱也。

［注释］

①程：衡量，品评。②说：劝谏。

［译文］

如今的情形是：君主的近侍不一定聪明，而君主对于某人，有时欣赏他的智慧而听取了他的意见，回头又同近侍谈论这个人的言论。听信近侍的话，却不先衡量一下他的智力，这就成了同愚蠢的人评论有智慧的人。当权的人不一定贤良，而君主对于某人，有时欣赏他的贤良而给以礼遇，回头又同当权的人谈论这个人的品行。听信当权者的话，而不用贤良的人，这就成了同没有德才的人评论有德才的人。所以有智慧的人，其主张反而要由愚蠢的人来决断；有德才的人，其品行反而要由无德才的人来衡量。如此一来，品德好、有智慧的人便失去了被任用的机会，而君主就被蒙蔽了。过去关龙逄劝谏夏桀，结果四肢都被肢解了；王子比干劝谏商纣，结果心脏都被剖开了；伍子胥对吴王夫差忠诚，结果死于属镂的剑下。这三个人，做臣子并不是不够忠诚，说出的建议并不是不恰当，但是最终没有避开死亡的祸患，原因在于君主不明察贤士和智者的主张，而受到了蠢材和恶人的蒙蔽。现在，君主如果不去任用法术之士，反而听从没有智慧、没有德才的臣子的话，那么品德好、有智慧的法术之士，还有谁敢冒着关龙逄、比干、伍子胥那样的危险，去进献自己的智慧和才能呢？这就是社会动乱的根源。

饬令第五十三

题 解

“饬令”意为君主使自己的命令公正不偏。君主为了使命令公正不偏就应该提倡“饬令”“任功”“好力”“重刑少赏”和“利出一空”，反对“任善”“好言”“多赏轻刑”和政出多头。

饬①令，则法不迁；法平，则吏无奸。法已定矣，不以善言售法。任功，则民少言；任善，则民多言。行法曲断②，以五里断者王，以九里断者强，宿③治者削。

以刑治，以赏战，厚禄以用术。行都④之过，则都无奸市。物⑤多末众，农弛⑥奸胜，则国必削。民有余食，使以粟出爵，必以其力，则农不怠。三寸之管毋当，不可满也。授官爵出利禄不以功，是无当也。国以功授官与爵，此谓以成智谋，以威勇战，其国无敌。国以功授官与爵，则治见者省，言有塞⑦，此谓以治去治，以言去言，以功与爵者也。

[注释]

①饬：整顿，使齐整。②曲断：在乡村等基层断案。曲，乡曲，偏僻的地方。③宿：旧有的，积久的。④行都：巡行都邑。⑤物：这里指珍玩淫巧之物。⑥农弛：农事荒废。⑦言有塞：句中“有”当作“者”，言者塞，言谈者就不能施展他的巧辩。

[译文]

整顿法令，使法令齐整，法令就不会随意改变；法令平正，官吏就无从成奸。法令既然已经确定，就不要因为善良言论使法令受到损害。按功劳来任用官吏，那么民众就不会崇尚空谈，按善言来任用官吏，那么民众就会崇尚空谈。执行法令，实行乡里断案制度，以五个乡里为断案单位的国家，能够称王天下，以九个乡里为断案单位的国家，能够变得强大，而案子拖延解决的国家就会削弱。

要用刑罚来治理国家，用赏赐来鼓励作战，实行丰厚的俸禄制度来紧密配合政治策略。巡查都邑中的违法行为，那么都邑中就没有违法买卖。崇尚珍玩淫巧之物，则工商业者多，农事就荒废了，奸邪势盛，这样一来，国家就必定削弱。民众有了剩余的粮食，就让他们捐出粮食来买官爵，若官爵的取得一定得凭自己的力量，农事就

不会荒废了。三寸长的竹管如果没有底子，是装不满的。授以官爵、给出俸禄如果不根据功劳，也如同没有底子的竹管一样。国家按照功劳授予官职和爵位，这叫作用功绩来集中智谋，用威势来鼓励英勇作战，这样的国家是无敌的。国家按照功劳授予官职和爵位，治国就能省事，言谈者就不能施展他的巧辩，这叫作以简明法治排除烦琐人治，以法律条文排除无用言论，因为是按功劳授予官爵的。

故国多力，而天下莫之能侵也。兵出必取，取必能有之；案①兵不攻必富。朝廷之事，小者不毁，效②功取官爵，廷虽有辟③言，不得以相干④也，是谓以数治。以力攻者，出一取十；以言攻者，出十丧百。国好力，此谓以难攻⑤；国好言，此谓以易攻。

[注释]

①案：通“按”。②效：献出。③辟：通“僻”，邪僻。④干：触犯，冒犯。⑤难攻：这里的意思是敌人难以来进攻。

[译文]

所以，国家实力雄厚，天下就没有谁敢侵犯。派兵攻打的话，则一定能够攻取，攻取之后一定能够长期占有；不出兵攻打的话，则国家必定富强。朝廷上的政事，即使是小事情也不准诽谤，只有靠立功才能取得官爵，朝廷上即使有邪僻的人说话，也不能触犯这种做法。这就叫作用规章制度治理国家。凭借实力进攻敌人，出一分力能取得十分力的成果；凭借空谈进攻敌人，即时出了十分力也会受到巨大的损失。国家崇尚实力，这叫作使敌人难以来进攻；国家崇尚空谈，这叫作使敌人轻易就来进攻。

重刑少赏，上爱民，民死赏①；多赏轻刑，上不爱民，民不死赏。利出一空②者，其国无敌；利出二空者，其兵半用；利出十空者，民不守。重刑明民③，大制使人，则上利。行刑，重其轻者，轻者不至，重者不来，此谓以刑去刑。罪重而刑轻。刑轻则事生，此谓以刑致④刑，其国必削。

[注释]

①死赏：拼命争取赏赐。②一空：一个源头。空，通“孔”。③明民：使百姓明白（法令）。④致：招致。

[译文]

刑罚重，赏赐轻，这是君主爱护臣民，臣民就拼命争取赏赐；赏赐重，刑罚轻，这是君主不爱护臣民，臣民就不会拼命争取赏赐。赏赐的唯一来源只在于君主一人，这样的国家就会天下无敌；赏赐有两个来源，军队就只有一半的人能够任用；赏赐有十个来源，民众就保不住了。用重刑促使民众明白法令的威力，用强大的法律驱使人们为国尽力，这样才是对君主有利的。执行刑罚时，对轻罪要重罚，这样人们才会避免犯轻罪，不敢犯重罪。这叫作用重刑来使民众不触犯刑罚。要是对重罪轻刑的话，刑罚轻了，犯法的事就容易发生。这叫作用轻刑引致民众触犯刑罚，而这样的国家一定会削弱。

心度第五十四

题　解

“心度”，就是民心和法度。本篇从立国用民之道的立论出发，重点论述了民心和法度之间的关系，强调要用法度来服民心。韩非认为，国之要务在于统一民心，而治民的根本在于明法，使赏罚行于天下。这是一篇宣扬法治的短论。文章根据“刑胜而民静”的现象提出“法者，王之本也；刑者，爱之自也”，又因为民性“好佚恶劳”，提出“法与时移而禁与能变”的主张，最后指出使国家富强的方法是“闭外塞私”并自“恃其不可乱”。

圣人之治民，度①于本，不从②其欲，期于利民而已。故其与之刑，非所以恶民，爱之本也。刑胜而民静，赏繁而奸生，故治民者，刑胜③，治之首也，赏繁，乱之本也。夫民之性，喜其乱而不亲其法。故明主之治国也，明赏，则民劝功④，严刑，则民亲法。劝功，则公事不犯，亲法，则奸无所萌。故治民者，禁奸于未萌；而用兵者，服战⑤于民心。禁先其本者治，兵战其心⑥者胜。圣人之治民也，先治者强，先战者胜。夫国事务先而一民心，专举公而私不从，赏告而奸不生，明法而治不烦，能用四者强，不能用四者弱。夫国之所以强者，政也；主之所以尊者，权也。故明君有权有政，乱君亦有权有政，积⑦而不同，其所以立异也。故明君操权而上重，一政而国治。故法者，王之本也；刑者，爱之自⑧也。

［注释］

①度：考虑，衡量。②从：通“纵”，放纵。③刑胜：刑罚严峻的意思。④劝功：努力去立功。劝，勉励，努力。⑤服战：服从打仗。⑥兵战其心：使他们的心里有战争的观念。⑦积：这里是逐渐的意思。⑧自：“鼻”的古字，初始，发端。

［译文］

圣人治理民众，是从根本上衡量的，而不是放纵民众的欲望，他只希望能给民众带来实际利益罢了。所以当君主对民众施行刑罚，并不能说明他憎恨民众，而是从

爱护民众的根本利益出发的。刑罚严峻，民众就安定；赏赐泛滥，奸邪就会滋生。所以对于治理民众来说，刑罚严峻是治理国家的首务，赏赐泛滥是国家混乱的根源。民众的本性是喜欢那能导致混乱的赏赐而不喜欢刑罚。所以明智的君主治理国家，若明定奖赏，那么民众就努力立功；若刑罚严厉，那么民众就服从法令。民众努力立功，那么政府的事务就不受侵扰；民众服从法令，那么奸邪就无从产生。所以治理民众，要把奸邪扼杀在萌芽状态；用兵作战，要使服从打仗的宗旨深入民心。禁令能先治本的才有效，用兵能使民众有战争的观念才能取胜服。圣人治理民众，能先治本的才能够强大，能先使人在心理服从打仗才能取胜。国家大事要争先恐后，就要统一民心；要专行公务，就必须杜绝私欲；要奖赏告奸，奸邪就不会产生；要明定法度，政务就不会烦乱。能做到这四点，国家就能强盛；不能做到这四点的，国家就会衰弱。国家之所以强大，凭借的是政治措施；君主之所以尊贵，依赖的是权力。所以，明君有权力并采取政治措施，昏君也有权力并采取政治措施，而结果逐渐变得不同，是因为各自确立的原则不同。明君掌握权势，地位就尊贵，坚决地实行法制的专政，国家就太平。所以，法令是称王天下的根本，刑罚是爱护民众的根本。

夫民之性，恶劳而乐佚①，佚则荒，荒则不治，不治则乱，而赏刑不行于天下者必塞。故欲举大功而难致而力者，大功不可几②而举也；欲治其法而难变其故③者，民乱，不可几而治也。故治民无常，唯治为法。法与时转则治，治与世宜则有功。故民朴而禁之以名则治，世知维④之以刑则从。时移而治不易者乱，能治众而禁不变者削。故圣人之治民也，法与时移而禁与能变。

[注释]

①佚：通“逸”，安逸。②几：希望，指望。③故：这里指旧法。④维：约束。

[译文]

民众的本性是好逸恶劳。安逸就会荒废事业，事业荒废了，国家就治理不好，国家治理不好社会就要混乱，如果赏罚不能在全国实行，国家事业就必定受到壅堵和限制。所以想要建立大功却难于招致民众的力量，大功是不会有希望成就的；想要搞好法治却难于改变旧法，社会混乱的局面是没有希望治理好的。所以治理民众没有一成不变的常规，只有法度才是治世的法宝。法度顺应时代的变迁而改变就能治理好国家，统治方法与社会的实际情况相符合就能获得功效。所以，民众质朴，只要用名誉进行控制就可以治理好，民智开化了，只有用刑罚加以约束才能使人顺从。时代变迁了而统治方式却没有改变的，社会必然混乱。智能之士越来越多而禁令规定一成不变的国家必然会削弱。所以圣人治理民众，法制和时代同步变动，禁令和智能水平同步变更。

能越[①]力于地者富，能起[②]力于敌者强，强不塞者王。故王道在所闻，在所塞，塞其奸者必王。故王术不恃外之不乱也，恃其不可乱也。恃外不乱而治立者削，恃其不可乱而行法者兴。故贤君之治国也，适于不乱之术。贵爵，则上重，故赏功爵任[③]而邪无所关。好力者其爵贵，爵贵则上尊，上尊则必王。国不事力而恃私学者其爵贱；爵贱，则上卑；上卑者必削。故立国用民之道也，能闭外塞私而上[④]自恃者，王可致也。

[注释]

①越：发扬，发挥。②起：调动。③爵任：把爵禄授给有能力的人。④上：通“尚”，崇尚。

[译文]

能在农耕上充分发挥力量的国家就会富裕，能在打仗时充分调动力量的国家就会强盛，而富裕、强盛不被阻止的国家就可以称王天下。所以称王天下的途径在于充分发扬什么以及阻止什么，能够阻止奸邪行为的，一定能称王天下。所以称王天下的方法不是凭借外部不乱，而是凭借自身的不可扰乱。指望外部不乱而立国治民，国家就会削弱；指望自身的不可扰乱而推行法治，国家就会兴盛。所以贤明的君主在治理国家时，要立足于能使自身不可扰乱的治国方法。民众认为爵位很尊贵，那么君主的权势就被看重，所以赏赐有功的人，把爵位赐给能胜任的人，这样坏人就无可乘之机。专心发展实力的国家，它的爵位就会贵重；爵位贵重了，君主就会受到尊敬；君主受到尊敬了，就一定能称王天下。国家不事耕战而依赖私学，它的爵位就会被看轻；爵位被看轻了，君主的威望就要降低；君主的威望降低了，国家一定会削弱。所以立国治民的原则在于：能够禁闭外势，阻塞私行并崇尚自强自立，就可以达到称王天下的目的。

制分第五十五

题 解

“制分”的意思是君主实行赏罚时要掌握一定的界限。本篇根据好利禄恶刑罚的民性提出君上要“掌好恶以御民力”，并在此基础上认为君主“宜分刑赏为急”，掌握刑赏的界限，要“法必严以重之”，要“去微奸”，要任数不任人，任法不任慧。

夫凡国博[1]君尊者，未尝非法重而可以至乎令行禁止于天下者也。是以君人者分爵制禄，则法必严以重之。夫国治则民安，事乱则邦危。法重者得人情，禁轻[2]者失事实[3]。且夫死力者，民之所有者也，情莫不出其死力以致其所欲；而好恶者，上之所制也，民者好利禄而恶刑罚。上掌好恶以御民力，事实不宜失矣，然而禁轻事失者，刑赏失也。其治民不秉法为善也，如是，则是无法也。

故治乱之理，宜务分刑赏为急。治国者莫不有法，然而有存有亡；亡者，其制刑赏不分也。治国者，其刑赏莫不有分：有持以异为分，不可谓分；至于察君之分，独分也。是以其民重法而畏禁，愿毋抵罪而不敢胥[4]赏。故曰：不待刑赏而民从事矣。

［注释］

①博：广大。②禁轻：法禁松弛。③失事实：失却政事的实际功效。④胥：通“须”，等待。

［译文］

凡是国土广大、君主独尊的国家，都是由于法制严厉而可以在天下达到令行禁止的。因此君主在划分爵位、制定俸禄时，要重视法律且要严格执行。国家治理得好，民众就安定；政事混乱，国家就危险。法制严厉是符合人之常情的，法禁松弛就会使政事失却实际功效。况且拼命出力，是民众本来就具备的，他们的心理无非是想拼命出力来求得他们渴望得到的东西；而民众喜欢什么厌恶什么是君主能够控制的。民众喜欢利禄，厌恶刑罚，君主掌握民众的好恶借以驾驭他们，政事的实际功效就不应该丧失了。既然如此，那么法禁松弛、政事失去实际功效的原因是刑赏不当。君主治理

民众不秉持法度除恶务善，如此这样，也就等于没有法制了。

所以治理国家混乱的原则，是应该致力于区分刑赏的界限。没有哪位君主在治理国家时不实行一定的法令，然而结果却是既有保存了下来的也有被灭亡了的；国家灭亡的原因在于它的法制中刑赏不分。要治理一个国家，没有哪位君主在实行刑赏时不加区分，然而有的所谓的“区分”，只是拿不同标准进行区分，实际上并不能称之为真正的区分。至于明察的君主区分刑赏，则是君主独自控制赏罚的界限。因此明君统治下的民众都重视法制畏惧禁令，既希望不要犯罪，又不敢等待赏赐。所以说：不等到用刑用赏，民众就都服服帖帖地做事了。

是故夫至治之国，善以止①奸为务。是何也？其法通乎人情，关乎治理也。然则去微奸之道奈何？其务令之相规②其情者也。则使相窥奈何？曰：盖里相坐③而已。禁尚有连于己者，理不得相窥，唯恐不得免。有奸心者不令得忘，窥者多也。如此，则慎己而窥彼，发④奸之密。告过者免罪受赏，失奸⑤者必诛(zhū)连刑。如此，则奸类发矣。奸不容细，私告任坐使然也。

夫治法之至明者，任数不任人。是以有术之国，不用誉则毋适⑥，境内必治，任数也。亡国使兵公行乎其地，而弗能圉禁者，任人而无数也。自攻者人也，攻人者数也。故有术之国，去言而任法。

[注释]

①止：防止。②规：通“窥”，窥察。③里相坐：同里之人有罪，一里之人皆被连坐。④发：告发，揭发。⑤失奸：不告发奸佞。⑥适：通“敌”。

[译文]

因此，那得到了最好的治理的国家，善于把防止奸邪行为的发生作为急务，这是为什么呢？因为法制不仅与人情相通，而且与政事紧密相关。既然如此，那么去掉那些隐蔽的奸邪行为要用什么方法呢？关键在于一定要使民众互相窥察彼此的隐情。那么又怎样使民众互相窥察呢？大致来说，也就是同里之人有罪，一里之人皆被连坐罢了。假定禁令有与自己相关的，从情理上看他们不得不相互监视，唯恐不能免除祸患。不允许有奸心的人成为漏网之鱼，靠的是有众多的窥察者。这样一来，民众对自己就小心谨慎，而对别人就进行窥察。揭发坏人的隐秘，揭发的人能免除获罪，受到赏赐，有奸不报的人一定要连带受刑。如能这样，作奸犯科的人都会被揭发出来。连最细小的奸邪行为都不存在，是实行暗中告密和连坐制度的结果。

对法律整饬得极其严明的君主，依靠的是法术而不是人才。因此有好法术的国家，

不需名扬四海就能天下无敌，国家内部得到治理，依靠的是法术；丧失了国家的主权，让敌兵公开地在境内活动而不能禁止的原因，是依靠人才而不依靠法术。自取灭亡，是人为的因素在起作用；进攻别国，是法术的力量在起作用。所以在有法术的国家里，总是排斥空谈而依靠法术。

凡畸功①之循约②者难知，过刑③之于言者难见也，是以刑赏惑乎贰(èr)④。所谓循约难知者，奸功也。臣过之难见者，失根也。循理不见虚功，度情诡乎奸根，则二者安得无两失也？是以虚士⑤立名于内，而谈者⑥为略于外，故愚⑦、怯⑧、勇⑨、慧⑩相连而以虚道属俗而容乎世。故其法不用，而刑罚不加乎僇(lù)人。如此，则刑赏安得不容其二？实故有所至，而理失其量，量之失，非法使然也，法定而任慧也。释法而任慧者，则受事者安得其务？务不与事相得，则法安得无失，而刑安得无烦？是以赏罚扰乱，邦道差误，刑赏之不分白也。

[注释]

①畸功：这里指靠虚报冒充等不正当手段取得的功劳。②循约：这里指论功行赏的条例。③刑：通“形”。④贰：这里指表里不一。⑤虚士：这里指靠虚报冒充获取功劳的人。⑥谈者：指游说的人。⑦愚：这里指文学之士。⑧怯：这里指贵生之士。⑨勇：这里指游侠、私斗之士。⑩惠：这里指智辩之士。

[译文]

凡属靠虚报冒充等不正当手段取得的功劳只凭论功行赏的条例是难以识破的，凡属经漂亮的言辞掩饰的错误是难以发现的，因此无论是刑罚还是奖赏都容易被表里不一的情况惑乱。依据条例而难以识别的功勋就是奸功；臣子的那些难以发现的过失，就是过失的根本。依据条例则不能发现虚功，根据常情去揣测就会被奸邪欺骗。如此看来，刑罚和赏赐怎能不都出现差错呢？因此，靠虚报冒充获取功劳的人在国内享有盛誉，游说的人在国外谋划，结果文学之士、贵生之士、私斗之士、智辩之士串通一气，用空虚无用的说教迎合世俗、取悦百姓，所以那些法令得不到执行，刑罚不能加在罪人身上。这样的话，刑罚和奖赏怎么会不发生变异呢？实际功效本来摆在面前，但按常理去推测就失去了应有的度量，度量出现了错误，并不是法度造成的，尽管法制已经明确的确定，却偏偏要迷信私智，那么办事的官员怎能把握要领？事务要领不能与事务统一起来，那么法令哪能不出差错，而刑罚又哪能不烦乱？因此，赏罚混乱不堪，国家的法令出现差误，是由于刑赏没有分辨明白。

图书在版编目(CIP)数据

图解韩非子 / 韩非子著,崇贤书院释译. —合肥:黄山书社,2015.11

(经典传家系列丛书)

ISBN 978-7-5461-5307-0

Ⅰ.①图… Ⅱ.①韩… ②崇… Ⅲ.①法家 ②《韩非子》-通俗读物 Ⅳ.①B226.5-49

中国版本图书馆 CIP 数据核字(2015)第 286443 号

总 策 划 李 克
选题策划 汤吟菲 白剑峰
编辑统筹 刘 春
责任编辑 程 景
装帧设计 未 氓
责任印制 戚 帅
出版发行 时代出版传媒股份有限公司(http://www.press-mart.com)
黄山书社(http://www.hspress.cn)
地址邮编 合肥市政务文化新区翡翠路 1118 号出版传媒广场 7 层 230071
印 刷 安徽联众印刷有限公司
版 次 2016 年 3 月第 1 版
印 次 2019 年 6 月第 3 次印刷
开 本 700mm×1000mm 1/16
字 数 480 千
印 张 31
书 号 ISBN 978-7-5461-5307-0
定 价 27.80 元

服务热线 0551-63533706

销售热线 0551-63533761

官方直营书店(http://hsssbook.taobao.com)

版权所有 侵权必究

凡本社图书出现印装质量问题,
请与印制科联系。

联系电话 0551-63533725